ZUIGAORENMINJIANCHAYUAN
SIFA JIESHI ZHIDAOXING ANLI LIJIE YU SHIYONG

2013-2014

最高人民检察院
司法解释 指导性案例
理解与适用

最高人民检察院法律政策研究室 编著

【权威解读·要旨提示·析案答疑·应用指南】

中国检察出版社

图书在版编目（CIP）数据

最高人民检察院司法解释指导性案例理解与适用．2013～2014／最高人民检察院法律政策研究室编著．—北京：中国检察出版社，2015.4

ISBN 978－7－5102－1368－7

Ⅰ．①最…　Ⅱ．①最…　Ⅲ．①法律解释－中国②案例－中国③法律适用－中国　Ⅳ．①D920.5

中国版本图书馆 CIP 数据核字(2015)第 013241 号

最高人民检察院司法解释指导性案例理解与适用

2013～2014

最高人民检察院法律政策研究室　编著

出版发行：中国检察出版社
社　　址：北京市石景山区香山南路 111 号（100144）
网　　址：中国检察出版社（www.zgjccbs.com）
编辑电话：(010)68650028
发行电话：(010)68650015　68650016　68650029
经　　销：新华书店
印　　刷：北京玺诚印务有限公司
开　　本：720 mm×960 mm　16 开
印　　张：37.5 印张
字　　数：688 千字
版　　次：2015 年 4 月第一版　　2019 年 1 月第六次印刷
书　　号：ISBN 978－7－5102－1368－7
定　　价：79.00 元

出版说明

最高人民检察院就检察工作中具体应用法律的问题制定的司法解释是司法实践中司法人员执法的重要规则依据。2010年7月制定的《最高人民检察院关于案例指导工作的规定》，明确规定检察机关指导性案例由最高人民检察院公开发布，作为指导全国检察机关工作的一种形式。通过选编检察机关办理的在认定事实、证据采信、适用法律和规范裁量权等方面具有普遍指导意义的案例，为全国检察机关依法办理案件提供指导和参考。司法解释和指导性案例对于统一法律适用、维护法律的公正实施具有重要意义。

同时，最高人民检察院还发布了为数不少的事实上对法律适用活动产生重大乃至决定性影响的司法文件，这些司法文件包括却不限于“条例”、“办法”等。

为帮助读者准确理解和适用最高人民检察院发布的司法解释、指导性案例及司法文件，以指导司法实践，我们特别编辑出版了《最高人民检察院司法解释指导性案例理解与适用》一书，本书全面收录了2013年、2014年最高人民检察院及最高人民检察院与最高人民法院等部门联合制定发布的司法解释（含重要司法文件，目录以实施时间先后为序）36部，指导性案例19个。除了个别文件外，都附有司法解释起草者或指导性案例选编者撰写的理解与适用文章。同时，为了便于读者收集整理，我们今后将每年出版一册，敬请期待。

2015年3月

目　录

一、司法解释、司法文件

二、指导性案例

一、司法解释、司法文件

最高人民法院、最高人民检察院
关于办理渎职刑事案件适用法律若干问题的解释（一）

（2012年7月9日最高人民法院审判委员会第1552次会议、2012年9月12日最高人民检察院第十一届检察委员会第79次会议通过　2012年12月7日公布　2013年1月9日起施行　法释〔2012〕18号）

为依法惩治渎职犯罪，根据刑法有关规定，现就办理渎职刑事案件适用法律的若干问题解释如下：

第一条　国家机关工作人员滥用职权或者玩忽职守，具有下列情形之一的，应当认定为刑法第三百九十七条规定的“致使公共财产、国家和人民利益遭受重大损失”：

（一）造成死亡1人以上，或者重伤3人以上，或者轻伤9人以上，或者重伤2人、轻伤3人以上，或者重伤1人、轻伤6人以上的；

（二）造成经济损失30万元以上的；

（三）造成恶劣社会影响的；

（四）其他致使公共财产、国家和人民利益遭受重大损失的情形。

具有下列情形之一的，应当认定为刑法第三百九十七条规定的“情节特别严重”：

（一）造成伤亡达到前款第（一）项规定人数3倍以上的；

（二）造成经济损失150万元以上的；

（三）造成前款规定的损失后果，不报、迟报、谎报或者授意、指使、强令他人不报、迟报、谎报事故情况，致使损失后果持续、扩大或者抢救工作延误的；

（四）造成特别恶劣社会影响的；

（五）其他特别严重的情节。

第二条　国家机关工作人员实施滥用职权或者玩忽职守犯罪行为，触犯刑法分则第九章第三百九十八条至第四百一十九条规定的，依照该规定定罪处罚。

国家机关工作人员滥用职权或者玩忽职守，因不具备徇私舞弊等情形，不符合刑法分则第九章第三百九十八条至第四百一十九条的规定，但依法构成第三百九十七条规定的犯罪的，以滥用职权罪或者玩忽职守罪定罪处罚。

第三条 国家机关工作人员实施渎职犯罪并收受贿赂，同时构成受贿罪的，除刑法另有规定外，以渎职犯罪和受贿罪数罪并罚。

第四条 国家机关工作人员实施渎职行为，放纵他人犯罪或者帮助他人逃避刑事处罚，构成犯罪的，依照渎职罪的规定定罪处罚。

国家机关工作人员与他人共谋，利用其职务行为帮助他人实施其他犯罪行为，同时构成渎职犯罪和共谋实施的其他犯罪共犯的，依照处罚较重的规定定罪处罚。

国家机关工作人员与他人共谋，既利用其职务行为帮助他人实施其他犯罪，又以非职务行为与他人共同实施该其他犯罪行为，同时构成渎职犯罪和其他犯罪的共犯的，依照数罪并罚的规定定罪处罚。

第五条 国家机关负责人员违法决定，或者指使、授意、强令其他国家机关工作人员违法履行职务或者不履行职务，构成刑法分则第九章规定的渎职犯罪的，应当依法追究刑事责任。

以"集体研究"形式实施的渎职犯罪，应当依照刑法分则第九章的规定追究国家机关负有责任的人员的刑事责任。对于具体执行人员，应当在综合认定其行为性质、是否提出反对意见、危害结果大小等情节的基础上决定是否追究刑事责任和应当判处的刑罚。

第六条 以危害结果为条件的渎职犯罪的追诉期限，从危害结果发生之日起计算；有数个危害结果的，从最后一个危害结果发生之日起计算。

第七条 依法或者受委托行使国家行政管理职权的公司、企业、事业单位的工作人员，在行使行政管理职权时滥用职权或者玩忽职守，构成犯罪的，应当依照《全国人民代表大会常务委员会关于〈中华人民共和国刑法〉第九章渎职罪主体适用问题的解释》的规定，适用渎职罪的规定追究刑事责任。

第八条 本解释规定的"经济损失"，是指渎职犯罪或者与渎职犯罪相关联的犯罪立案时已经实际造成的财产损失，包括为挽回渎职犯罪所造成损失而支付的各种开支、费用等。立案后至提起公诉前持续发生的经济损失，应一并计入渎职犯罪造成的经济损失。

债务人经法定程序被宣告破产，债务人潜逃、去向不明，或者因行为人的责任超过诉讼时效等，致使债权已经无法实现的，无法实现的债权部分应当认定为渎职犯罪的经济损失。

渎职犯罪或者与渎职犯罪相关联的犯罪立案后，犯罪分子及其亲友自行挽回的经济损失，司法机关或者犯罪分子所在单位及其上级主管部门挽回的经济损失，或者因客观原因减少的经济损失，不予扣减，但可以作为酌定从轻处罚的情节。

第九条 负有监督管理职责的国家机关工作人员滥用职权或者玩忽职守，致使不符合安全标准的食品、有毒有害食品、假药、劣药等流入社会，对人民群众生命、健康造成严重危害后果的，依照渎职罪的规定从严惩处。

第十条 最高人民法院、最高人民检察院此前发布的司法解释与本解释不一致的，以本解释为准。

《关于办理渎职刑事案件适用法律若干问题的解释（一）》理解与适用

陈国庆　韩耀元　卢宇蓉　吴峤滨*

2013年1月8日，最高人民法院、最高人民检察院联合公布了《关于办理渎职刑事案件适用法律若干问题的解释（一）》（以下简称《解释》），自1月9日起施行。《解释》针对惩治渎职犯罪中遇到的法律适用问题进一步明确了滥用职权罪、玩忽职守罪的定罪量刑标准以及渎职罪共性的法律适用问题。为便于深入理解和掌握《解释》的基本精神和主要内容，现就《解释》的有关问题解读如下。

一、制定《解释》的背景及过程

渎职犯罪不仅直接损害人民群众切身利益，损害党和政府的形象和诚信。同时还是各种贪污贿赂、经济犯罪的重要诱因。党和国家对依法惩治和预防渎职罪高度重视。2010年12月21日，中办、国办联合转发了高检院会同中央纪委、中央政法委等8个部门制定的《关于加大惩治和预防渎职侵权违法犯罪工作力度的若干意见》（以下简称《意见》）。《意见》首次提出了渎职是严重腐败的命题，要求把反渎职作为党风廉政建设和反腐败斗争的重要组成部分，把反渎职侵权工作纳入惩治和预防腐败体系的整体格局，放在更加突出的位置来抓。《意见》全面部署了加大惩治和预防渎职侵权违法犯罪力度的重点任务和主要措施，明确要求"两高"加强对办案中相关法律应用问题的研究，重点解决渎职侵权犯罪定罪量刑标准、数罪并罚，徇私舞弊和损失后果认定、侦查与审判管辖衔接以及渎职侵权犯罪处罚偏轻等问题，及时作出司法解释。

2011年3月起，"两高"共同启动司法解释的研究制定工作，在最高人民检察院《关于渎职浸权犯罪案件立案标准的规定》（以下简称《立案标准》）的基础上，结合司法实践中遇到的法律适用问题，共同研究起草了"两高"《关于办理渎职犯罪案件具体应用法律若干问题的解释（征求意见稿）》，并在全国法院系统、检察院系统内征求意见，听取了中央纪委、中央政法委、全国人大常委会法工委、国家安监总局、国家食品药品监督管理局等有关中央单位的意见和建议。2011年11月，"两高"联合召开了专家论证会，听取了北京

* 作者单位：最高人民检察院法律政策研究室。

大学、中国人民大学、北京师范大学等单位的专家学者的意见。

经综合各方面的意见，多次研究修改，2012 年 7 月 9 日由最高人民法院审判委员会第 1552 次会议、2012 年 9 月 12 日由最高人民检察院第十一届检察委员会第 79 次会议分别审议通过了该《解释》。

二、《解释》的主要内容及说明

《解释》共十条，主要规定滥用职权罪、玩忽职守罪的定罪量刑标准和渎职罪的共性问题。

（一）关于《解释》的标题

《解释》采用最高人民法院、最高人民检察院《关于办理渎职刑事案件适用法律若干问题的解释（一）》的标题，主要考虑：在研究起草渎职罪司法解释之初，拟制定一个统一的司法解释，一揽子解决渎职罪共性的法律适用问题及所有渎职罪名的定罪量刑标准。但由于渎职罪涉及罪名比较多，共有 37 个罪名，且涉及面较广，几乎涵盖社会生活的各个领域，在一个司法解释里不便于对所有具体问题统一作出规定。为了提高效率，确保质量，我们将一个司法解释拆分为三个部分，依次排序为渎职罪解释（一）、解释（二）和解释（三）。本《解释》即为渎职罪解释（一），主要规定滥用职权罪、玩忽职守罪的定罪量刑标准和渎职罪的共性问题；另两个解释将规定渎职罪其余 35 个特别罪名的定罪量刑标准，其中，解释（二）将规定司法工作人员在诉讼活动中渎职犯罪的定罪量刑标准；解释（三）将规定其他国家机关工作人员渎职犯罪的定罪量刑标准。在解释（二）、解释（三）出台之前，司法实践中对于一些特别罪名的定罪量刑标准的掌握，可以继续适用《立案标准》的规定，并适当参考《解释》关于滥用职权罪、玩忽职守罪的定罪量刑标准的规定。

（二）关于滥用职权罪和玩忽职守罪的定罪量刑标准

《解释》第一条共分两款。第一款规定了滥用职权罪、玩忽职守罪的入罪门槛，即刑法第三百九十七条第一档量刑幅度中滥用职权或者玩忽职守“致使公共财产、国家和人民利益遭受重大损失”的认定问题，具体包括四种情形：（1）造成死亡 1 人以上，或者重伤 3 人以上，或者轻伤 9 人以上，或者重伤 2 人、轻伤 3 人以上，或者重伤 1 人、轻伤 6 人以上的；（2）造成经济损失 30 万元以上的；（3）造成恶劣社会影响的；（4）其他致使公共财产、国家和人民利益遭受重大损失的情形。

《解释》第一条第一款规定在《立案标准》关于滥用职权案、玩忽职守案有关规定基础上作了适当修改，主要修改之处如下：一是将滥用职权罪和玩忽职守罪的定罪量刑标准合二为一。《立案标准》中滥用职权案的立案标准略低于玩忽职守案，现将两罪标准合二为一，主要考虑：刑法第三百九十七条对滥用职权罪和玩忽职守罪作了并列规定，两罪的法定刑完全相同，实践中滥用职权罪和玩忽职守罪立案有时难以区分，规定统一入罪门槛既有利于及时立案，也不影响判决时根据案件具体情况准确定罪和在量刑时予以区别。本款中将滥用职权和玩忽职守罪的定罪量刑标准作统一规定，并不是否认两罪犯罪构成上的本质区别，而只是规定统一的入罪门槛和量刑幅度。二是对伤亡人数的比例关系进行了调整，大体上按照1死亡、3重伤、9轻伤的比例进行规定。三是删去“严重中毒”的规定，主要是考虑到“严重中毒”与伤亡后果存在一定的交叉，而且实践中对“严重中毒”缺少明确的认定依据。四是在经济损失的认定上作统一规定，不区分“个人财产与公共财产或者法人、其他组织财产”，也不区分“直接经济损失与间接经济损失”。前者主要出于平等保护，方便实践操作；后者主要是认为区分直接经济损失和间接经济损失的做法有时影响损失计算的确定性，为此，《解释》第八条对“经济损失”的认定作出专门规定。此外，将滥用职权罪的定罪标准由《立案标准》确定的20万元以上提至30万元。也符合当前社会发展实际。五是删去“造成公司、企业等单位停业、停产、破产”的规定，主要考虑到公司、企业有大有小，以此判断危害后果具有不确定性，统一以经济损失为判断标准更具合理性和可操作性。六是删去了《立案标准》关于滥用职权案应予立案情形规定中的“弄虚作假，不报、缓报、谎报或者授意、指使、强令他人不报、缓报、谎报情况，导致重特大事故危害结果继续、扩大，或者致使抢救、调查、处理工作延误的”规定。七是删去《立案标准》中玩忽职守案应予立案情形中“海关、外汇管理部门的工作人员严重不负责任，造成100万美元以上外汇被骗或者逃汇1000万美元以上的”规定。八是删去《立案标准》中“严重损害国家声誉”的规定，主要考虑国家声誉比较抽象、原则，实践中不易把握，用“造成恶劣社会影响”也可以概括。需要注意的是，在司法实践中，对国家机关工作人员滥用职权或者玩忽职守造成上述“严重中毒”、“公司、企业等单位停业、停产、破产”、“严重损害国家声誉”等后果的，不意味着就不定罪处罚，而是应该根据案件具体情况，认定造成的人员伤亡、经济损失、社会影响等情况，适用《解释》第一条第一款的相应规定，有的可以适用《解释》第一条第一款第四项兜底条款“其他致使公共财产、国家和人民利益遭受重大损失的情形”追究刑事责任。

《解释》第一条第二款是关于滥用职权罪和玩忽职守罪第二档量刑幅度的适用标准，即滥用职权或者玩忽职守“情节特别严重”的认定问题，具体包括五种情形：（1）造成伤亡达到前款第一项规定人数3倍以上的；（2）造成经济损失150万元以上的；（3）造成前款规定的损失后果，不报、迟报、谎报或者授意、指使、强令他人不报、迟报、谎报事故情况，致使损失后果持续、扩大或者抢救工作延误的；（4）造成特别恶劣社会影响的；（5）其他特别严重的情节。相对于第一款规定而言，一是人身伤亡数量标准掌握在3倍的比例关系。经济损失数额标准掌握在5倍的比例关系予以规定。二是将“造成前款规定的损失后果，不报、缓报、谎报或者授意、指使、强令他人不报、缓报、谎报事故情况，致使损失后果持续、扩大或者抢救工作延误的”作为“情节特别严重”的情形之一予以规定。这里采用结果加情节的标准，既明确了处罚的依据是造成了损失后果，又将有不报、缓报、谎报作为加重处罚的情节，体现了对此类行为的从严处理，增强了可操作性。三是规定了“造成特别恶劣社会影响的”和“其他特别严重的情节”的兜底性规定。

（三）关于滥用职权罪、玩忽职守罪与渎职罪其余35个特别罪名的关系和法律适用问题

刑法第三百九十七条规定了渎职罪的一般罪名，即滥用职权罪和玩忽职守罪，第三百九十八条至第四百一十九条还结合特殊主体、特殊领域规定了渎职罪的35个特别罪名。关于渎职罪的一般罪名与特别罪名在法律适用上主要存在两个问题：一是刑法关于特别罪名的构成要件设置比较复杂。如必须是特殊主体、具备“徇私舞弊”等，实践中，这些特殊要件往往因为事实或者证据原因难以满足，办案部门对渎职行为不构成渎职罪的特别罪名能否适用一般渎职罪处理的认识不一致。二是特别罪名虽构成要件设置复杂，但其法定刑规定有的却比一般罪名要轻（如刑法第四百一十八条招收公务员、学生徇私舞弊罪），法定刑设置不相协调。经研究认为，渎职犯罪法定刑之间不协调是立法问题，应通过立法途径加以解决；对于一般渎职罪与特殊渎职罪的法律适用问题，则可以通过司法解释解决。

《解释》第二条第一款明确国家机关工作人员实施渎职行为，符合特殊渎职罪规定的，应当依照特殊渎职罪处理。因为刑法第三百九十七条第一款和第二款均已明确规定本法另有规定的，依照规定，对于符合刑法第三百九十八条至第四百一十九条规定的特殊渎职罪构成要件的，只能按照该特殊渎职罪追究其刑事责任。

《解释》第二条第二款明确了国家机关工作人员的渎职行为不符合渎职罪的特别罪名的规定，但是符合一般罪名规定的，可以按照一般罪名，即滥用职权罪、玩忽职守罪追究其刑事责任，以防止放纵犯罪。第二款主要参考了《立案标准》有关规定的精神。经征求意见，形成共识认为，特殊渎职罪不构成的情况下以一般渎职罪处理，并不违反特别法优于一般法的处理原则。

（四）关于对实施渎职犯罪同时构成受贿罪实行数罪并罚的规定

实践中，对实施刑法第三百九十九条规定以外的渎职犯罪同时构成受贿罪的是从一重处罚还是数罪并罚存在认识分歧，各地做法不一，有必要通过司法解释予以明确。

《解释》第三条明确规定，国家机关工作人员实施渎职犯罪并收受贿赂，同时构成受贿罪的，除刑法另有规定外，以渎职犯罪和受贿罪数罪并罚。主要考虑：一是从一重罪论处不能全面体现法律对国家机关工作人员渎职犯罪和利用职权受贿犯罪的否定评价，既不利于更好地实现罪刑相适应原则，也不利于对渎职犯罪的查处。实践中存在两方面倾向：一方面，受贿罪的法定刑一般都会比徇私舞弊类渎职犯罪的法定刑高，这类犯罪往往仅立案为单纯的贪污贿赂案件，只要查实了受贿问题后往往就不再追查渎职问题，致使受贿行为造成的严重渎职后果被掩盖；另一方面，有的地方为确保能以渎职罪名判决。在深挖受贿上积极性不高，甚至人为掩盖较大数额的受贿犯罪，造成重罪轻判，大案小查，影响打击效果。二是受贿犯罪不以为他人实际谋取利益，更不以渎职为他人谋取非法利益为构成要件，渎职犯罪和受贿犯罪的犯罪构成相互独立，行为人实质上实施了两个独立的犯罪行为，不存在重复评价的问题。

（五）关于渎职罪相关共同犯罪的处理原则

《解释》第四条共分三款。第一款明确了国家机关工作人员实施放纵他人犯罪或者帮助他人逃避刑事处罚类渎职行为的，依照渎职犯罪的规定定罪处罚。放纵他人犯罪或者帮助他人逃避刑事处罚是渎职犯罪中较为典型的一类行为，刑法规定了徇私枉法罪、徇私舞弊不移交刑事案件罪、徇私舞弊不征、少征税款罪、放纵走私罪、放纵制售伪劣商品犯罪行为罪、办理偷越国（边）境人员出入境证件罪、放行偷越国（边）境人员罪、帮助犯罪分子逃避处罚罪等多个罪名。尽管这些渎职犯罪多数发生在有关违法犯罪行为实施过程当中，但是由于国家机关工作人员并没有其他犯罪的共同故意，不构成其他犯罪。因此，根据该款明确规定国家机关工作人员实施渎职行为，放纵他人犯罪或者帮助他人逃避刑事处罚，构成犯罪的，依照渎职犯罪的规定定罪处罚。

《解释》第四条第二款明确了国家机关工作人员与他人共谋，利用职务行为帮助他人实施其他犯罪行为，同时构成渎职犯罪和其他犯罪共同犯罪的，从一重处罚。在这种情况下，国家机关工作人员虽然只实施了一个渎职行为，但其与他人共谋，其渎职行为同时是其他犯罪的帮助行为，触犯了多个罪名，这属于想象竞合犯，应当从一重处断。比如，列车上的乘警与盗窃团伙共谋，在行窃时故意不在现场。以此为窃贼提供作案条件。这里，行为人因为有盗窃的共同故意，单纯的渎职行为不足以评价其行为性质，但如果实行数罪并罚，将会对其渎职行为进行重复评价。所以，在渎职犯罪和盗窃罪中从一重罪处断，更符合罪刑相适应原则。

《解释》第四条第三款明确了国家机关工作人员分别利用其职务行为和以非职务行为与他人共同实施其他犯罪行为，同时构成渎职犯罪和其他犯罪共司犯罪的，实行数罪并罚。这种情况下，行为人实施了多个独立的行为，即渎职行为和参与实施他人犯罪的其他行为，触犯了多个罪名，应当数罪并罚。比如，国家机关工作人员与他人合谋走私，为其提供了部分走私资金，之后又利用其缉私职务上的便利将走私船只放行，使得走私犯罪得以顺利实施，就应当认定走私罪和放纵走私罪，实行数罪并罚。

（六）关于承担渎职罪刑事责任的责任人员认定问题

《解释》第五条共分两款，明确规定，国家机关负责人员违法决定，或者指使、授意、强令其他国家机关工作人员违法履行职务或者不履行职务，或者以“集体研究”形式实施渎职犯罪，应依法追究负有责任人员的刑事责任；而对于具体执行人员，可视具体情节决定是否追究刑事责任或者从轻处罚。

实践中，对于多人特别是上下级共同实施的渎职犯罪，违法决定的负责人员往往以仅负有间接的领导责任为自己开脱罪责，或者以经集体研究为托辞推诿责任。一些国家机关工作人员明知自己的行为背离职责要求，但迫于组织或者主管领导的压力，未能正确履行职责，导致国家和人民利益遭受重大损失，实践中往往只追究一线执行人员的刑事责任，而对于负有更大责任的作出决策的主管领导则不作为犯罪处理。这种“抓小放大”的现象违背了问责机制的基本要求，既不公平，也不利于预防和惩处犯罪。经研究认为，不论以何种形式实施的渎职犯罪，首先都应对负有责任的决策、决定人员依法追究刑事责任。本条内容主要参考了公务员法第五十四条的规定：“公务员执行公务时，认为上级的决定或者命令有错误的，可以向上级提出改正或者撤销该决定或者命令的意见；上级不改变该决定或者命令。或者要求立即执行的，公务员应当执行该决定或者命令，执行的后果由上级负责，公务员不承担责任；但是，公务员执行明显违法的决定或者命令的，应当依法承担相应的责任。”

（七）关于渎职罪追诉期限的计算问题

《解释》第六条明确，以危害结果为条件的渎职犯罪的追诉期限，从危害结果发生之日起计算；有数个危害结果的，从最后一个危害结果发生之日起计算。

司法实践中，渎职犯罪的危害结果通常具有滞后性，一些渎职犯罪的危害结果甚至在渎职行为实施多年之后才发生或呈现出来。由于多数渎职犯罪都是结果犯，且渎职犯罪的法定刑期普遍不高，实践中往往因为渎职行为的危害结果尚未发生，难以追究刑事责任，而等到危害结果发生或呈现出来后，又可能因渎职行为已过追诉期限不能追究刑事责任。因此，对应当从何时开始计算追诉期限有必要予以明确。

经研究认为，刑法规定追诉期限自“犯罪之日”起计算，以危害结果为条件的渎职犯罪的“犯罪之日”应为危害结果发生之日。2003 年《全国法院审理经济犯罪案件工作座谈会纪要》（以下简称《纪要》）也规定：“玩忽职守行为造成的重大损失当时没有发生，而是玩忽职守行为之后一定时间发生的，应从危害结果发生之日起计算玩忽职守罪的追诉期限。”本条参照《纪要》的规定精神，将适用范围扩大到所有以危害结果为条件的渎职犯罪，并对存在数个危害后果的情形作出规定。

（八）关于渎职罪主体国家机关工作人员的认定问题

《解释》第七条明确，依法或者受委托行使国家行政管理职权的公司、企业、事业单位的工作人员，在行使行政管理职权时滥用职权或者玩忽职守，构成犯罪的，应当依照全国人大常委会《关于〈中华人民共和国刑法〉第九章渎职罪主体适用问题的解释》的规定，适用渎职罪的规定追究刑事责任。

由于渎职犯罪易发领域的权力运行和职权行使具有特殊性和复杂性，加之事权不明、职能交叉等问题，实践中对国家机关工作人员的认定存在一定困难。从司法实践看，刑法关于渎职犯罪的主体规定主要存在两个问题：一是仅限于国家机关工作人员，与实际发案情况不完全相符合。部分渎职犯罪中，刑法规定的主体往往没有条件实施，而有条件实施的又不符合主体规定，如招收公务员、学生徇私舞弊罪、失职造成珍贵文物损毁、流失罪。二是国家机关工作人员的范围不明确，具体认定有分歧。经研究认为，第一个问题属于立法问题，应当通过立法途径加以解决，第二个问题有必要在司法解释中予以明确。

除了刑法第九章国家机关工作人员渎职罪之外，刑法第一百六十八条还规定了国有公司、企业、事业单位人员的失职、滥用职权犯罪。2002 年全国人大常委会《关于〈中华人民共和国刑法〉第九章渎职罪主体适用问题的解释》规定：“在依照法律、法规规定行使国家行政管理职权的组织中从事公务的人员，或者在受国家机关委托代表国家机关行使职权的组织中从事公务的人员，或者虽未列入国家机关人员编制但在国家机关中从事公务的人员，在代表国家机关行使职权时，有渎职行为，构成犯罪的，依照刑法关于渎职罪的规定追究刑事责任。”实践中对于 2002 年立法解释规定的“组织”是否包括国有公司、企业、事业单位存在不同意见。经研究认为，刑法第一百六十八条针对企业管理事务，2002 年立法解释关于渎职罪主体范围的界定限于国家行政管理事务。根据 2002 年立法解释的精神，依法或者受委托行使国家行政管理职权的公司、企业、事业单位的工作人员，在行使行政管理职权时可以成为渎职罪的犯罪主体。

（九）渎职罪中经济损失的认定问题

《解释》第八条共分三款。第一款明确《解释》中的“经济损失”，是指渎职犯罪或者与渎职犯罪相关联的犯罪立案时已经实际造成的财产损失，包括为挽回渎职犯罪所造成损失而支付的各种开支、费用等。《立案标准》中将“经济损失”分为直接经济损失和间接经济损失：“直接经济损失”，是指与行为有直接因果关系而造成的财产损毁、减少的实际价值；“间接经济损失”，是指由直接经济损失引起和牵连的其他损失，包括失去的在正常情况下可以获得的利益和为恢复正常的管理活动或者挽回所造成的损失所支付的各种开支、费用等。《解释》统一采用“经济损失”的表述，不再区分直接经济损失和间接经济损失，但其计算范围实际上已基本涵盖了原有的直接经济损失和间接经济损失。只是间接经济损失中在正常情况下可以获得的利益即预期收益部分，根据近年来司法解释规定未纳入经济损失的计算范围。征求意见过程中，有意见提出，“经济损失”是指犯罪立案时确已造成的经济损失的规定存在局限。渎职犯罪界定经济损失的情况比较复杂，有些案件的经济损失在立案时可以确定，也有些案件的经济损失在立案时可能尚未完全显现或者处于持续扩大状态。经研究，根据该意见对第一款进行了完善，增加了“立案后至提起公诉前持续发生的损失，应一并计入渎职犯罪造成的经济损失”的表述。

《解释》第八条第二款明确债务人经法定程序被宣告破产，债务人潜逃、去向不明，或者因行为人的责任超过诉讼时效等，致使债权已经无法实现的，无法实现的债权部分应当认定为渎职犯罪的经济损失。本款规定与《立案标准》的有关规定保持一致。

《解释》第八条第三款明确渎职犯罪或者与渎职犯罪相关联的犯罪立案后，犯罪分子及其亲友自行挽回的经济损失，司法机关或者犯罪分子所在单位及其上级主管部门挽回的经济损失，或者因客观原因减少的经济损失，不予扣减，但可以作为酌定从轻处罚的情节。本款规定与《立案标准》和2009年“两高”《关于办理职务犯罪案件认定自首、立功等量刑情节若干问题的意见》的规定保持一致。

（十）关于对食品、药品监管领域的渎职犯罪予以从严惩处的原则

《解释》第九条强调，负有监督管理职责的国家机关工作人员滥用职权或者玩忽职守，致使不符合安全标准的食品、有毒有害食品、假药、劣药等流入社会，对人民群众生命、健康造成严重危害后果的，依照渎职罪的规定从严惩处。

食品、药品安全事关人民群众生命健康，事关社会和谐稳定大局。近年来，“三鹿奶粉”、“瘦肉精”、“地沟油”、“毒胶囊”等危害食品、药品安全的刑事案件多发高发，某些负有监管职责的国家机关工作人员的渎职行为导致食品、药品安全监管缺失、不到位。有效遏制食品、药品安全犯罪，必须依法严惩食品、药品监管渎职犯罪。对此，社会各界反映强烈，有必要回应社会关切，突出本解释的刑事政策导向。

（十一）关于《解释》的效力规定

《解释》第十条是关于《解释》的效力规定。考虑到《解释》对此前“两高”相关司法解释的内容作了修改完善，本条明确规定以前发布的司法解释与本解释不一致的，以本解释为准。此外，对于《立案标准》中与《解释》不冲突，或者《解释》没有作出规定的相关内容，《立案标准》仍然继续适用。

最高人民法院、最高人民检察院关于废止1980年1月1日至1997年6月30日期间制发的部分司法解释和司法解释性质文件的决定

（2012年11月19日最高人民法院审判委员会第1560次会议、2012年12月19日最高人民检察院第十一届检察委员会第83次会议通过　2013年1月4日公布　2013年1月18日施行　法释〔2013〕1号）

为适应形势发展变化，保证国家法律统一正确适用，根据有关法律规定和审判、检察工作实际需要，最高人民法院、最高人民检察院会同有关部门，对1980年1月1日至1997年6月30日期间联合制发的司法解释和司法解释性质文件进行了集中清理。现决定废止1980年1月1日至1997年6月30日期间制发的44件司法解释和司法解释性质文件。废止的司法解释和司法解释性质文件从本决定施行之日起不再适用，但过去依据下列司法解释和司法解释性质文件对有关案件作出的判决、裁定仍然有效。

决定废止的1980年1月1日至1997年6月30日期间制发的部分司法解释和司法解释性质文件目录

（44件）

序号	司法解释和司法解释性质文件名称	发文日期、文号	废止理由
1	最高人民法院、最高人民检察院关于转发《全国人民代表大会常务委员会（80）人大常委会字第10号通知》的通知	1980年3月11日 〔80〕法办字第10号 高检办字〔1980〕第5号	通知已过适用期。

续表

序号	司法解释和司法解释性质文件名称	发文日期、文号	废止理由
2	最高人民法院、最高人民检察院、公安部关于执行人大常委会《关于刑事诉讼法实施问题的决定》的几点具体意见的通知	1980年4月3日 〔80〕法研字第11号 高检研字〔1980〕第4号 〔80〕公发（研）65号	通知已过适用期。
3	最高人民法院、最高人民检察院、公安部、司法部关于民航系统的案件由地方公安机关、人民检察院和人民法院受理的通知	1980年5月14日 〔80〕法研字第16号 高检办字〔1980〕13号 〔80〕公发（经）92号 〔80〕司发普字第86号	刑事诉讼法、民事诉讼法及相关司法解释已有明确规定。
4	最高人民法院、最高人民检察院、公安部、交通部关于交通部直属港航系统的案件批捕、起诉、审判问题的通知	1980年7月22日 〔80〕法交字第1号 高检刑字〔1980〕第42号 〔80〕公发（交）128号 〔80〕交公安字1515号	刑事诉讼法及相关司法解释对相关问题已有规定。
5	最高人民法院、最高人民检察院、公安部关于被判刑劳改的罪犯在交付执行时应附送结案登记表，在执行期间的变动情况应通知有关单位的通知	1980年8月26日 〔80〕法研字第24号 高检监字〔1980〕第14号 〔80〕公发（劳）147号	通知内容已被监狱法、看守所条例等规定吸收。
6	最高人民法院、最高人民检察院、公安部对于未逮捕的罪犯可根据判决书等文书收监执行	1980年12月11日 〔80〕法研字第30号 高检刑字〔1980〕第66号 〔80〕公发（审）212号	批复内容已被刑事诉讼法及相关司法解释吸收。
7	最高人民法院、最高人民检察院、司法部、公安部关于罪犯减刑、假释和又犯罪等案件的管辖和处理程序问题的通知	1980年12月26日 〔80〕法研字第29号 高检监字〔1980〕第17号 〔80〕司法普302号 〔80〕公发（劳）219号	刑事诉讼法、刑法已有新规定。

续表

序号	司法解释和司法解释性质文件名称	发文日期、文号	废止理由
8	最高人民法院、最高人民检察院、公安部关于一九八〇年底未审结的案件时限计算问题的通知	1981年2月3日 〔81〕法研字第4号 〔81〕高检发（刑）8号 〔81〕公发（研）第15号	通知已过适用期。
9	最高人民检察院、最高人民法院关于继续受理铁路运输系统案件的通知	1981年3月2日 〔81〕高检发（刑）9号 〔81〕法交字第1号	社会形势发生变化，不再适用。
10	最高人民法院、最高人民检察院关于共同犯罪案件中对检察院没有起诉，法院认为需要追究刑事责任的同案人应如何处理问题的联合批复	1981年7月21日 〔81〕法研字第17号 〔81〕高检发（研）28号	批复与刑事诉讼法的规定相冲突。
11	最高人民法院、最高人民检察院关于审理强奸案件应慎重处理被害人出庭问题的通知	1982年11月1日 〔82〕法研字第15号	通知内容已经不适用。
12	最高人民法院、最高人民检察院、公安部关于判处无期徒刑、死刑的第一审普通刑事案件由中级人民法院管辖的通知	1983年12月2日 〔83〕法研字第23号	社会形势发生变化，不再适用。
13	最高人民法院、最高人民检察院、公安部关于依法惩处利用摘除节育环进行违法犯罪活动的分子的联合通知	1983年12月10日 〔83〕法研字第25号	社会形势发生变化，不再适用。
14	最高人民法院、最高人民检察院、公安部、司法部关于正确处理死刑罪犯遗书遗物等问题的通知	1984年1月11日 〔84〕法研字第1号	刑事诉讼法及相关司法解释已有规定。
15	最高人民法院、最高人民检察院、公安部印发《关于当前办理拐卖人口案件中具体应用法律的若干问题的解答》的通知	1984年3月31日 〔84〕法研字第3号	刑法及相关司法解释已有规定。
16	最高人民法院、最高人民检察院、公安部印发《关于当前办理强奸案件中具体应用法律的若干问题的解答》的通知	1984年4月26日 〔84〕法研字第7号	刑法及相关司法解释已有新规定。

续表

序号	司法解释和司法解释性质文件名称	发文日期、文号	废止理由
17	最高人民法院、最高人民检察院、公安部、司法部关于抓紧从严打击制造、贩卖假药、毒品和有毒食品等严重危害人民生命健康的犯罪活动的通知	1985 年 7 月 12 日 法（研）发〔1985〕15 号	通知已无指导意义。
18	最高人民法院、最高人民检察院印发《关于当前办理经济犯罪案件中具体应用法律的若干问题的解答（试行）》的通知	1985 年 7 月 18 日 〔85〕高检会（研）3 号	刑法及相关司法解释已有新规定。
19	最高人民法院、最高人民检察院、公安部关于及时查处在经济纠纷案件中发现的经济犯罪的通知	1985 年 8 月 19 日 法（研）发〔1985〕17 号	制定依据已失效。
20	最高人民法院、最高人民检察院关于处理海南岛倒买倒卖汽车和倒买倒卖外汇等犯罪案件注意事项的通知	1985 年 10 月 22 日 法（刑一）通〔1985〕4 号	制定依据已被修改或废止。
21	最高人民法院、最高人民检察院、公安部对于惩处倒卖车、船票的犯罪分子如何适用法律条款的问题的批复	1986 年 3 月 18 日 法（研）复〔1986〕9 号	制定依据已被修改，刑法有新规定。
22	最高人民法院、最高人民检察院关于当前办理盗窃案件中适用法律问题的补充通知	1986 年 9 月 17 日 法（研）发〔1986〕26 号	刑法已有新规定。
23	最高人民法院、最高人民检察院、公安部关于在审理经济纠纷案件中发现经济犯罪必须及时移送的通知	1987 年 3 月 11 日 法（研）发〔1987〕7 号	通知精神已被刑事诉讼法及相关司法解释所吸收。
24	最高人民法院、最高人民检察院关于严格依法处理道路交通肇事案件的通知	1987 年 8 月 12 日 法（研）发〔1987〕21 号	刑法、刑事诉讼法及相关司法解释已有新规定。
25	最高人民法院、最高人民检察院印发《关于办理盗伐、滥伐林木案件应用法律的几个问题的解释》的通知	1987 年 9 月 5 日 法（研）发〔1987〕23 号	刑法及相关司法解释已有新规定。

续表

序号	司法解释和司法解释性质文件名称	发文日期、文号	废止理由
26	最高人民法院、最高人民检察院关于正确执行两个《补充规定》的通知	1988年1月27日 高法明电〔1988〕7号	制定依据已被废止，通知不再适用。
27	最高人民法院、最高人民检察院关于如何适用刑法第一百五十三条的批复	1988年3月16日 〔88〕高检会（研）字第3号	刑法及相关司法解释已有明确规定。
28	最高人民法院、最高人民检察院、公安部关于坚决制止将已决犯、未决犯游街示众的通知	1988年6月1日 高法明电〔1988〕46号	通知中的相关内容已在1992年11月14日《最高人民法院、最高人民检察院、公安部关于依法文明管理看守所在押人犯的通知》中作出明确规定。
29	最高人民法院、最高人民检察院关于摘要转发《依法查处非法出版犯罪活动工作座谈会纪要》的通知	1988年11月11日 法（研）发〔1988〕28号	刑法及相关司法解释已有新规定。
30	最高人民法院、最高人民检察院关于税务人员参与偷税犯罪的案件如何适用法律的批复	1988年12月3日 法（研）发〔1988〕29号	刑法已有新规定。
31	最高人民法院、最高人民检察院关于印发《关于办理反革命暴乱和政治动乱中犯罪案件具体应用法律的若干问题的意见》的通知	1989年8月1日 法（研）发〔1989〕19号	制定依据已被修改或废止。
32	最高人民法院、最高人民检察院关于印发《关于贪污、受贿、投机倒把等犯罪分子必须在限期内自首坦白的通告》的通知	1989年8月15日 法（研）发〔1989〕21号	通知已过适用期。
33	最高人民法院、最高人民检察院印发《关于执行〈关于惩治贪污罪贿赂罪的补充规定〉若干问题的解答》的通知	1989年11月6日 法（研）发〔1989〕35号	制定依据已被废止，刑法对贪污、贿赂罪已有新规定。

续表

序号	司法解释和司法解释性质文件名称	发文日期、文号	废止理由
34	最高人民法院、最高人民检察院、公安部、司法部关于办理少年刑事案件建立互相配套工作体系的通知	1991年6月1日 法（研）发〔1991〕17号	通知精神已被刑事诉讼法及相关司法解释吸收和代替。
35	最高人民检察院、最高人民法院关于盗窃、贪污粮食数额如何计算问题的意见	1991年7月27日 高检会〔1991〕15号	相关司法解释已有新规定。
36	最高人民法院、最高人民检察院关于盗伐、滥伐林木案件几个问题的解答	1991年10月17日 法（研）发〔1991〕31号	制定依据已被修改，刑法及相关司法解释已有新规定。
37	最高人民法院、最高人民检察院印发《关于办理偷税、抗税刑事案件具体应用法律的若干问题的解释》的通知	1992年3月16日 法发〔1992〕12号 高检会〔1992〕5号	制定依据已被修改，刑法及相关司法解释已有新规定。
38	最高人民检察院、最高人民法院、公安部、安全部、司法部、外交部关于对驻华使、领馆探视被羁押本国公民的安排机关进行调整的通知	1992年8月26日 高检会〔1992〕25号	1995年6月20日《外交部、最高人民法院、最高人民检察院、安全部、司法部关于处理涉外案件若干问题的规定》对相关问题已作出明确规定。
39	最高人民法院、最高人民检察院印发《关于执行〈全国人民代表大会常务委员会关于严惩拐卖、绑架妇女、儿童的犯罪分子的决定〉的若干问题的解答》的通知	1992年12月11日 法发〔1992〕41号 高检会〔1992〕35号	制定依据已被刑法吸收，刑法对相关问题已有规定。
40	最高人民法院、最高人民检察院印发《关于执行〈全国人民代表大会常务委员会关于严禁卖淫嫖娼的决定〉的若干问题的解答》的通知	1992年12月11日 法发〔1992〕42号 高检会〔1992〕36号	制定依据已被刑法吸收，刑法对相关问题已有规定。

续表

序号	司法解释和司法解释性质文件名称	发文日期、文号	废止理由
41	最高人民法院、最高人民检察院印发《关于办理盗窃案件具体应用法律若干问题的解释》的通知	1992年12月11日 法发〔1992〕43号 高检会〔1992〕37号	刑法及相关司法解释已有新规定。
42	最高人民法院、最高人民检察院关于依法严惩破坏计划生育犯罪活动的通知	1993年11月12日 法发〔1993〕36号	通知依据已被修改，刑法及相关司法解释已有新规定。
43	最高人民法院、最高人民检察院印发《关于办理伪造、倒卖、盗窃发票刑事案件适用法律的规定》的通知	1994年6月3日 法发〔1994〕12号 高检会〔1994〕25号	制定依据已被废止，刑法已取消投机倒把罪、伪造税票罪。
44	最高人民法院、最高人民检察院印发《关于办理人民法院、人民检察院共同赔偿案件若干问题的解释》的通知	1997年6月27日 法发〔1997〕16号 高检会〔1997〕1号	通知内容与2010年4月修改的国家赔偿法有关规定相冲突。

最高人民检察院
关于废止1980年1月1日至1997年6月30日期间制发的部分司法解释和司法解释性质文件的决定

（2012年4月25日最高人民检察院第十一届检察委员会第75次会议通过 2013年1月4日公布 2013年1月18日施行）

为了适应完善中国特色社会主义法律体系的总体要求，保证国家法律的统一正确实施，最高人民检察院对1980年1月1日至1997年6月30日期间单独制发和联合其他单位制发的司法解释和司法解释性质文件进行了集中清理。现决定：

1. 对最高人民检察院1980年1月1日至1997年6月30日期间单独制发的25件司法解释和司法解释性质文件予以废止。

2. 经征得有关单位同意，对最高人民检察院与有关单位1980年1月1日至1997年6月30日期间联合制发的2件司法解释性质文件予以废止。

决定废止的1980年1月1日至1997年6月30日期间单独制发的司法解释和司法解释性质文件目录

（25件）

序号	司法解释和司法解释性质文件名称	发文日期、文号	废止理由
1	最高人民检察院关于劳改犯加刑案件的公判和通奸案件的处理问题的请示报告的批复	1980年5月8日 〔1980〕高检监函第1号	刑法及相关法律、司法解释已有新规定。
2	最高人民检察院关于在办理强奸案件中可否检查处女膜问题的批复	1981年7月27日 〔81〕高检刑函第137号	刑事诉讼法及相关司法解释已作出规定。
3	最高人民检察院关于批捕外籍犯问题的通知	1982年11月1日 〔82〕高检刑函第99号	相关司法解释已有新规定。

续表

序号	司法解释和司法解释性质文件名称	发文日期、文号	废止理由
4	最高人民检察院关于上级检察院能否调阅下级人民法院审判卷宗问题的批复	1985年4月27日 高检研发字〔1985〕第14号	该批复的内容已被2010年6月11日《最高人民法院办公厅、最高人民检察院办公厅关于调阅诉讼卷宗有关问题的通知》所替代。
5	最高人民检察院关于转发四川省人民检察院《关于检察机关办案人员到外省、外县执行搜查任务应当同当地检察机关取得联系的请示》的通知	1986年6月21日 高检二发字〔1986〕第26号	2000年10月12日《最高人民检察院关于人民检察院侦查协作的暂行规定》已作出规定。
6	最高人民检察院关于破坏电力设备罪几个问题的批复	1986年12月9日 高检研发字〔1986〕第16号	相关司法解释已作出规定。
7	最高人民检察院“关于执行法（研）发（1987）6号文件有关问题的请示”的批复	1987年8月10日 高检研发字〔1987〕第7号	刑法及相关司法解释已作出规定。
8	最高人民检察院关于非邮电工作人员非法开拆他人信件并从中窃取财物案件定性问题给广东省人民检察院的批复	1989年9月15日 高检法发字〔1989〕第2号	刑法已作出规定。
9	最高人民检察院关于检察机关受理后被告人死亡的经济犯罪案件赃款赃物如何处理问题的批复	1990年6月12日 高检研发字〔1990〕第5号	刑事诉讼法已作出规定。
10	最高人民检察院关于进一步加强举报工作的通知	1990年10月9日 高检发控字〔1990〕13号	2009年4月23日修订的《人民检察院举报工作规定》已作出规定。
11	最高人民检察院关于贩卖假毒品案件如何定性问题的批复	1991年4月2日 高检发研字〔1991〕2号	相关司法解释已作出规定。

续表

序号	司法解释和司法解释性质文件名称	发文日期、文号	废止理由
12	最高人民检察院关于下发《人民检察院办案工作中的保密规定》的通知	1991年9月20日 高检发保委字〔1991〕2号	该规定的内容已被2005年11月16日《最高人民检察院办公厅关于印发〈人民检察院办案工作中的保密规定〉和〈关于确定检察机关工作秘密的意见〉的通知》所替代。
13	最高人民检察院关于管教干警强奸女犯案件管辖问题的批复	1992年3月2日 高检发监字〔1992〕1号	刑事诉讼法及相关司法解释已作出规定。
14	最高人民检察院关于在厂（矿）区内机动车造成伤亡事故的犯罪案件如何定性处理问题的批复	1992年3月23日 高检发研字〔1992〕3号	刑法及相关司法解释已作出规定。
15	最高人民检察院关于重申检察机关赴外地办案的几项规定	1992年9月12日 高检发〔1992〕29号	2000年10月12日《最高人民检察院关于人民检察院侦查协作的暂行规定》已作出规定。
16	最高人民检察院办公厅关于印发《人民检察院看守所检察工作规范（试行）》和《关于劳改、劳教检察工作实行经常化、制度化的意见》的通知	1992年10月7日 高检办发〔1992〕19号	该通知的制定依据已被废止。
17	最高人民检察院关于印发《最高人民检察院关于加强举报工作的决定》的通知	1993年3月27日 高检发控字〔1993〕4号	该决定的内容已被2009年4月23日修订的《人民检察院举报工作规定》所替代。
18	最高人民检察院关于如何计算被盗手持式移动电话机价值的批复	1993年6月18日 高检发研字〔1993〕2号	形势已变化，该批复不再适用。
19	最高人民检察院关于加强举报工作的通知	1993年9月4日 高检发举字〔1993〕3号	该通知的内容已被2009年4月23日修订的《人民检察院举报工作规定》所替代。

续表

序号	司法解释和司法解释性质文件名称	发文日期、文号	废止理由
20	最高人民检察院关于办理离退休国家工作人员受贿罪案件有关问题的批复	1993年11月10日 高检发研字〔1993〕10号	该批复的制定依据已被废止。
21	最高人民检察院关于严格贯彻执行《中华人民共和国对外贸易法》的通知	1994年8月2日 高检发研字〔1994〕8号	刑法对该通知涉及的定罪问题已作出规定。
22	最高人民检察院关于认真执行《劳动法》、《城市房地产管理法》和《预算法》的通知	1994年12月30日 高检发研字〔1994〕10号	刑法、刑事诉讼法对该通知涉及的重大责任事故罪、强迫劳动罪及案件管辖等问题已作出规定。
23	最高人民检察院关于盐酸二氢埃托啡是否属毒品及适用法律问题的批复	1996年11月28日 高检发研字〔1996〕6号	刑法及相关司法解释已作出规定。
24	最高人民检察院办公厅关于复查刑事申诉案件有关问题的通知	1996年12月5日 〔1996〕高检办发第102号	该通知的制定依据已被废止。
25	最高人民检察院关于被判处徒刑宣告缓刑仍留原单位工作的罪犯在缓刑考验期内能否调动工作的批复	1997年1月20日 高检发释字〔1997〕2号	该批复的内容已被2012年1月10日《最高人民法院、最高人民检察院、公安部、司法部关于印发〈社区矫正实施办法〉的通知》所替代。

决定废止的1980年1月1日至1997年6月30日期间与有关单位联合制发的司法解释性质文件目录

（2件）

序号	司法解释性质文件名称	发文日期及、文号	废止理由
1	最高人民检察院、监察部关于在两个《通告》规定期限内受理自首坦白的贪污贿赂案件相互移送问题的联合通知	1989年10月23日〔89〕高检发电32号	通知适用期已过，相关司法解释已作出规定。
2	最高人民检察院、邮电部印发《关于查处邮电工作人员渎职案件的暂行规定》的通知	1990年6月20日〔1990〕高检会（法）字第12号	刑法、刑事诉讼法已作出规定。

最高人民检察院关于行贿犯罪档案查询工作的规定

（2013年1月16日由最高人民检察院第十一届检察委员会第八十四次会议通过　2013年2月6日公布并施行）

第一章　总　　则

第一条　为了充分发挥法律监督职能作用，有效遏制贿赂犯罪，促进诚信建设，服务经济社会科学发展，人民检察院实行行贿犯罪档案查询制度。

第二条　人民检察院统一建立全国行贿犯罪档案库，录入行贿犯罪信息，向社会提供查询。

第三条　行贿犯罪档案查询工作应当依法、客观、及时、便利。

单位、个人应用行贿犯罪档案查询结果应当正当、诚实、守信，不得滥用。

第四条　人民检察院不参与、不干预对经查询有行贿犯罪记录的单位和个人的具体处置。

第五条　人民检察院应当对行贿犯罪档案查询结果应用情况进行跟踪、了解。

第六条　人民检察院在行贿犯罪档案查询工作中，应当保障当事人的合法权益，不得泄露国家秘密、商业秘密和个人隐私。

第七条　人民检察院行贿犯罪档案查询工作接受社会监督。

第二章　行贿犯罪档案库

第八条　人民检察院收集、整理、存储经人民检察院立案侦查并由人民法院生效判决、裁定认定的行贿罪、单位行贿罪、对单位行贿罪、介绍贿赂罪等犯罪信息，建立行贿犯罪档案库。

第九条　人民检察院自人民法院判决、裁定生效之日起30日内将行贿犯罪等信息录入行贿犯罪档案库。

第十条　行贿犯罪等信息一经录入不得修改、删除。但是，下列情形除外：

（一）人民法院对贿赂犯罪案件改判的；

（二）录入信息内容存在错误、遗漏的。

第三章 查询受理

第十一条 单位和个人可以根据需要直接到人民检察院申请查询行贿犯罪档案，也可以通过电话或者网络预约查询。

第十二条 国家机关主管部门对有关单位或者个人进行行贿犯罪档案查询的，由同级人民检察院受理。

国家机关主管部门以外的单位对其他单位或者个人进行行贿犯罪档案查询的，由申请单位住所地人民检察院受理。

第十三条 公司、企业对本公司、企业进行行贿犯罪档案查询的，由公司、企业住所地或者业务发生地人民检察院受理。

个人对本人进行行贿犯罪档案查询的，由个人住所地人民检察院受理。

第十四条 涉及国（境）外的行贿犯罪档案查询，由省级以上人民检察院受理。

第十五条 申请查询应当提交查询申请和身份证明。

单位申请查询的，应当提交查询申请（加盖单位公章），经办人有效身份证明及复印件，以及相关证明材料。申明查询事由，详细提供被查询单位名称和组织机构代码，被查询个人的姓名和身份证号码。

公司、企业申请查询的，还应当提交企业营业执照（副本）原件以及复印件。

个人申请查询的，应当提交查询申请，本人有效身份证明以及复印件。

受委托进行查询的，还应当提交委托方的委托证明、受委托方的相关证明、经办人的有效身份证明以及复印件。

第十六条 人民检察院对符合条件、事由正当的查询申请应当受理；对不符合条件、无正当事由的查询申请，不予受理，并应当说明理由。

第十七条 人民检察院对国家机关主管部门、有关单位提出的以下针对其他单位或者个人的行贿犯罪档案查询，应当受理：

（一）为招标进行资格审查需要的；

（二）为采购进行供应商资格审查需要的；

（三）为行业管理、市场管理、业务监管等进行资质、资格审查需要的；

（四）为信用管理需要的；

（五）为招聘、录用、选任人员等人事管理需要的；

（六）纪检监察、司法机关为办案需要的；

（七）金融机构为贷款进行资信审查需要的；

（八）其他应当受理的情形。

第十八条 人民检察院对公司、企业、个人提出的以下针对本公司、企业、本人的行贿犯罪档案查询，应当受理：

（一）公司、企业根据有关部门或者单位招标要求，为投标需要的；

（二）公司、企业、个人为信贷需要的；

（三）公司、企业、个人为从事商贸合作或者谈判需要的；

（四）个人为求职、应聘需要的；

（五）公司、企业、个人应国（境）外公司、企业或者组织要求，为在国（境）外投标、融资、信贷、商贸合作或者谈判等需要的；

（六）其他应当受理的情形。

第十九条 人民检察院对国际组织、有关国家或者我国香港、澳门、台湾等地区的单位为在中国境内招标、投资、信贷、商贸合作或者谈判而提出的针对其他单位、个人的行贿犯罪档案查询，应当受理。

人民检察院对国（境）外公司、企业、个人为在中国境内投标、融资、信贷、商贸合作或者谈判而提出的针对本公司、企业、个人在中国境内实施的行贿犯罪档案查询，应当受理。

第四章 查询与告知

第二十条 人民检察院应当根据查询申请进行查询，在受理查询之日起3个工作日内将查询结果告知查询单位和个人。

对于涉外查询，在受理查询之日起5个工作日内将查询结果告知查询单位和个人。

第二十一条 查询结果以查询告知函的形式告知查询单位和个人，加盖人民检察院行贿犯罪档案查询专用章。

行贿犯罪档案查询告知函自出具之日起2个月内有效，复印件无效。

第二十二条 查询结果告知的内容包括：

（一）有无行贿犯罪记录；

（二）有行贿犯罪记录的，应当列明作出判决、裁定的人民法院，判决时间和结果，行贿犯罪的实施时间和犯罪数额；

（三）有多次行贿犯罪的，依人民法院判决、裁定的时间顺序，列明所有行贿犯罪记录；

（四）对有行贿犯罪记录但已经进行整改并采取预防措施的单位，可以附加告知有关整改和预防的信息；

（五）其他相关内容。

第二十三条 行贿犯罪信息的查询期限为10年。单位犯罪自人民法院判决、裁定生效之日起，个人犯罪自刑罚执行完毕之日起，超过10年的，行贿犯罪信息不向社会提供查询。但是，纪检监察、司法机关为办案需要提出的查询，以及有关部门和单位依据法律法规、管理规定提出具体期限的查询除外。

多次行贿犯罪的，自人民法院最后一次判决、裁定生效之日起计算行贿犯罪信息的查询期限。

第五章　应用与反馈

第二十四条 单位和个人应当按照查询申请的事由应用查询结果，不得用于查询申请事由之外的其他事项，不得利用查询结果进行不正当竞争或者从事非法活动。

第二十五条 有关单位根据相关法律法规、管理规定的要求，对经查询有行贿犯罪记录的单位和个人进行处置的，应当将处置结果在30日内反馈提供查询结果告知函的人民检察院。

人民检察院应当对处置结果进行登记备案，并跟踪、了解相关情况。

第二十六条 人民检察院应当与国家机关主管部门、纪检监察、司法机关以及有关单位加强联系与协作，建立合作机制，实现信息交流与共享，推动行贿犯罪档案查询结果的合理应用。

第六章　异议与投诉

第二十七条 查询单位和个人、被查询单位和个人，以及其他利益相关单位和个人，可以针对下列情形，向人民检察院提出书面异议：

（一）查询结果告知函存在瑕疵，需要核查予以确认或者重新出具的；

（二）查询结果与事实不符，需要更正的；

（三）录入信息内容存在错误、遗漏，需要更正或者补充的；

（四）其他情形。

提出异议时，应当提交必要的证据材料。

第二十八条 查询结果异议由受理查询并提供查询结果告知函的人民检察

院受理。

人民检察院应当对受理的异议进行复核，在受理异议后5个工作日内回复异议申请人。

对于情况复杂的异议，可以适当延长复核时间，但是复核时间最长不得超过20个工作日。

第二十九条 对人民检察院的复核意见仍有异议的，可以申请上一级人民检察院重新复核。

上一级人民检察院的重新复核为最终复核。

最高人民检察院受理的查询异议的复核为最终复核。

第三十条 单位和个人认为行贿犯罪档案查询工作侵害其合法权益的，可以向省级以上人民检察院进行投诉。省级以上人民检察院受理投诉后应当及时调查处理，并予以答复。

第七章 法律责任

第三十一条 任何单位和个人不得伪造、变造行贿犯罪档案查询结果告知函，构成犯罪的，依法追究刑事责任。

第三十二条 有关部门、单位及其工作人员违反相关法律法规、管理规定，对经查询有行贿犯罪记录的单位和个人应当处置而不处置，或者滥用行贿犯罪档案查询结果，造成严重后果或者恶劣影响的，应当追究相关人员的法律责任或者其他责任。

第三十三条 人民检察院行贿犯罪档案查询工作人员违反法律、纪律规定和保密规定的，应当追究相应责任。构成犯罪的，依法追究刑事责任。

第八章 附 则

第三十四条 本规定由最高人民检察院负责解释。

第三十五条 本规定自发布之日起施行。2009年6月10日最高人民检察院颁布施行的《关于行贿犯罪档案查询工作规定》同时废止。

《关于行贿犯罪档案查询工作的规定》解读

柳晞春*

为了进一步推行行贿犯罪档案查询制度，更好地发挥这项制度的功能作用，有效服务经济社会科学发展，2013年1月16日最高人民检察院第十一届检察委员会第八十四次会议通过了《关于行贿犯罪档案查询工作的规定》（以下简称《工作规定》），为正确理解、适用《工作规定》，现对《工作规定》解读如下：

一、《工作规定》出台的背景

从2006年1月1日起，检察机关正式开展行贿犯罪档案查询工作，受理社会查询。几年来，在各有关主管部门和单位的大力支持下，行贿犯罪档案查询工作取得长足发展，得到了中央的充分肯定和社会各界的广泛认可。2011年7月，最高人民检察院组建行贿犯罪档案查询管理中心，对查询工作实行统一管理。2012年2月，最高人民检察院举行行贿犯罪档案查询系统全国联网开通仪式，正式启动了联网查询平台，行贿犯罪档案查询系统完成了全国联网，实现了查询的本地化。由于社会查询需求不断增长，近年来检察机关受理查询的数量不断攀升，据统计，2006年至2011年底，全国检察机关共受理查询139万次，被处置单位1983家，个人3075人，尤其是2009年之后查询量剧增，2009年的查询量是2008年的近2倍，2010年、2011年查询量均比2009年的查询量增加12倍。全国联网之后查询量进一步增多，2012年上半年查询量同比增长了35%。与此同时，社会对行贿犯罪档案查询工作的要求和标准更加严格，寄予的期望更高。为了满足社会日益增长的查询需求，进一步推行行贿犯罪档案查询制度，更好地发挥其功能作用，必须加强查询工作制度建设，对查询工作实行规范管理。但是2009年6月10日施行的《关于行贿犯罪档案查询工作规定》（以下简称《2009年工作规定》），在查询系统全国联网之后查询工作迅速发展和大幅变化的情况下，已无法满足工作需要，必须进行全面修订，对信息收集、录入，查询受理、查询告知，查询期限、事由与条件，查询结果应用与反馈，异议与投诉及其处理等作全面的规范。

《工作规定》的出台还与诚信建设息息相关。近些年来，我国社会生活中

---

* 作者单位：最高人民检察院职务犯罪预防厅行贿犯罪档案查询管理中心主任。

诚信缺失问题日益凸显，由此引发大量社会问题，社会各界和广大群众强烈要求采取得力措施，有效化解诚信危机，加强诚信建设势在必行。检察机关应适应形势发展的需要对《2009年工作规定》进行全面修改，强化行贿犯罪档案查询工作促进诚信建设的功能，切实在诚信建设中发挥更为积极的作用。

二、对《工作规定》相关问题说明

（一）关于体例结构

《工作规定》是行贿犯罪档案查询工作的总规范，包括总则、行贿犯罪档案库、查询受理、查询与告知、应用与反馈、异议与投诉、法律责任、附则8章，共35条。《工作规定》充分体现了检察特色，是对检察机关开展行贿犯罪档案查询工作创新与实践的系统归纳、概括和制度化表述，突出了检察机关的职能定位、原则要求，明确了行贿犯罪档案库建设、查询受理与形式审查、查询与告知、应用与反馈等工作制度。同时，又充分借鉴当前我国诚信建设、征信管理等方面的经验、作法、模式，与通行的诚信建设规范的体例基本保持一致，都包括信息收集、录入、查询、异议、投诉、法律责任等内容，充分体现了行贿犯罪档案查询工作服务诚信建设的价值。

（二）关于《工作规定》对《2009年工作规定》的修改

《2009年工作规定》共11条，没有分章。《工作规定》对《2009年工作规定》作了大幅修改：一是由于增加条文较多，所以增列了目录。二是删除了4条，即第二条、第四条、第十条、第十一条，分别是关于查询工作职责由预防部门具体负责的规定，关于行贿犯罪档案录入信息内容具体信息项的规定，关于查询工作纪律、要求的规定，关于非罪行为信息的规定。三是对另外7条作了修改或进一步细化。四是增加了28条新内容。

（三）关于行贿犯罪档案查询工作内部管理的规定

由于查询工作有很强的社会性，须面对社会不同单位和个人，兼顾检察机关、国家机关主管部门和有关单位，以及不特定的单位和个人等，所以，《工作规定》没有将检察机关对查询工作内部管理的内容统揽在内。这使得《工作规定》简练、清楚，易于被理解，也便于执行。《工作规定》执行一段时间之后，将制订一个配套文件，对检察机关执行《工作规定》的程序、步骤、要求以及查询工作管理作出具体规定。

（四）关于非罪行贿行为的规范问题

由于非罪行贿行为信息的查询和应用十分特殊、敏感、复杂，为避免将非罪行贿行为信息和行贿犯罪信息一起规范可能引起不解、误解和分歧。对《2009年工作规定》所规范的信息范围作了限制，即完全限于行贿犯罪信息，而不包括非罪行贿行为信息。非罪行贿行为信息的录入、查询和应用将适时作专门规定。

三、《工作规定》的主要内容

（一）关于行贿犯罪档案查询工作的目的任务与原则性要求

行贿犯罪档案查询工作的目的有两个层次，第一层次是充分发挥法律监督职能作用，有效遏制贿赂犯罪，促进诚信建设。《工作规定》对《2009年工作规定》作了两点修改：一是将“遏制和防范职务犯罪，打击商业贿赂违法犯罪”修改为“有效遏制贿赂犯罪”，使表述更为直接、准确；二是将“促进社会信用体系建设”修改为“促进诚信建设”，与十八大报告对诚信建设的要求和表述一致。第二层次是服务经济社会科学发展。《工作规定》将《2009年工作规定》中的“服务社会主义市场经济”，修改为“服务经济社会科学发展”，使得服务的着眼点和范围更为广泛、更加准确，更符合科学发展观的要求。

《工作规定》对行贿犯罪档案查询工作提出了6个原则性的要求：

1. 依法、客观、及时、便利原则。这是对检察机关的要求。“依法”是指录入、修改、删除信息要严格依据人民法院判决、裁定，根据判决、裁定载明的内容录入、修改、删除信息。“客观”是指行贿犯罪档案应当客观、真实地记载、反映单位、个人行贿犯罪的历史记录，要与判决书、裁定书所记载内容保持完全一致，不能凭主观予以更改。“及时”是指应当按《工作规定》要求，在限定时间内将行贿犯罪等信息录入行贿犯罪档案库。“便利”是指要采取实际措施，为查询单位和个人提供便利条件，提供优质、高效的查询服务。

2. 正当、诚实、守信原则。这是对单位和个人应用查询结果的要求。“正当”，即要出于正当的目的，采取正当的方式应用查询结果。“诚实、守信”，即在应用查询结果时应当诚实、守信，完全按查询申请提出的事由使用查询结果，不得用于查询申请事由之外的其他目的。“不得滥用”，是指单位和个人不得滥用查询结果，即不得随意改变用途，不得用于不正当竞争，不得用于非法目的。

3. 不参与、不干预原则。这是对检察机关的要求。体现了人民检察院在查询工作中到位不越位、尽职不越权的职能定位。在行贿犯罪档案查询工作中，人民检察院负责建立行贿犯罪档案库，受理查询并提供查询结果，但是不参与、不干预对经查询有行贿犯罪记录的单位和个人的具体处置。“不参与”、“不干预”不是一回事，同时强调“不参与”和“不干预”才能保证检察机关准确的职能定位。检察机关推行行贿犯罪档案查询制度的目的是服务经济建设、市场诚信和社会管理，不能借行贿犯罪档案查询工作具体地参与、干预经济建设和市场运营。过分参与或者干预招投标或政府采购等经济、社会活动，有越权之嫌，且效果不好。坚持不参与、不干预的原则是检察机关开展行贿犯罪档案查询工作的一条铁的纪律，不允许检察机关参与、干预对有行贿犯罪记录的单位和个人的具体处置，不得妨碍具体行政权、管理权的正常行使。这项基本原则既是对社会、公众作出的公开承诺，也是为了避免查询工作中发生越权、越位的现象，以确保查询工作的综合效果。

4. 跟踪、了解原则。即人民检察院应当对行贿犯罪档案查询结果的应用情况进行跟踪、了解。在行贿犯罪档案查询工作中，人民检察院有权对有关部门和单位应用行贿犯罪档案查询结果的情况进行跟踪，以了解情况，保证查询结果得到正当、有效的应用。实践中，有关部门和单位对此予以认同，检察机关与有关部门、单位相互之间配合默契，共同推动了查询工作的深入开展，已经建立了成熟、有效的查询结果应用情况反馈机制。对行贿犯罪档案查询结果进行跟踪、了解是行贿犯罪档案查询工作整个工作链条的一个重要的组成部分，可以避免一些部门和单位对查询结果应用情况反馈时出现遗漏、迟缓等问题，同时，也能有效制止或者纠正那些违反《工作规定》、有关法律法规及各地、各部门的管理规定，对查询结果置若罔闻，或者滥用结果，以及伪造、变造查询结果的行为。

5. 权益保障和保密原则。检察机关在行贿犯罪档案查询工作中，要保障当事人的合法权益，同时不得泄露国家秘密、商业秘密和个人隐私。

6. 主动接受监督原则。检察机关开展行贿犯罪档案查询工作接受社会监督，是检察工作主动接受社会监督的体现。查询工作作为一项社会性工作，更应主动接受社会监督。

（二）关于行贿犯罪档案库

行贿犯罪档案库是人民检察院依一定的规则和标准，将人民法院生效判决、裁定所确认的行贿罪、单位行贿罪、对单位行贿罪、介绍贿赂罪等犯罪信息进行收集、整理、录入、存储而建立的犯罪信息库。目前，检察机关已经统一建立了全国行贿犯罪档案库。为了保证依法、客观，人民检察院应完全根据法院判决、裁定文书载明的内容收集、录入信息，做到与录入内容与判决书、裁定书完全一致。为了保证及时将信息录入行贿犯罪档案库，规定了录入时限，即人民检察院应当自人民法院判决、裁定生效之日起30日内将行贿犯罪等信息录入行贿犯罪档案库。为了保证行贿犯罪档案库的严肃性和准确性，严格规定行贿犯罪等信息一经录入不得修改、删除。考虑到实际情况，规定了两种可以修改、删除的例外情形：一是人民法院对贿赂犯罪案件改判的；二是录入信息内容存在错误、遗漏的。由于上述两种情形的出现会导致录入信息内容发生变化，将与客观事实不符，所以应予以修改或者删除。

（三）关于查询受理

1. 查询的方式。《工作规定》第十一条明确了单位和个人进行查询的三种方式：一是来人查询，即直接到人民检察院申请查询，二是通过电话进行查询，三是通过网络进行查询。但是，由于通过电话和网络无法核对查询单位和个人的确切身份，所以，目前电话查询和网络查询还仅限于预约查询。

2. 查询受理管辖分工。全国联网后，各级人民检察院均可在本地对全国行贿犯罪档案库进行查询，不必一律按级别分工，但是检察机关与有关主管部门的工作协作又须按级别对应开展，所以确立了按级别受理与按住所地受理相结合的查询管辖原则。从是否对本单位、本人进行查询的角度出发，可以将行贿犯罪档案查询分为两种类型，一是“查他”型，二是“自查”型。前者是指有关主管部门、单位查询其他单位和个人的行贿犯罪档案，后者是指单位和个人查询本单位和本人的行贿犯罪档案。“查他”型查询的受理由《工作规定》第十二条规定，即国家机关主管部门对有关单位或者个人进行行贿犯罪档案查询的，由同级人民检察院受理。国家机关主管部门以外的单位对其他单位或者个人进行行贿犯罪档案查询的，由申请单位住所地人民检察院受理。“自查”型查询的受理由《工作规定》第十三条规定，不受级别限制。公司、企业查询本公司、企业行贿犯罪档案的，有选择的权利，即可以选择到住所地或者业务发生地人民检察院进行查询。个人查询本人的，只能由本人住所地的人民检察院受理。另外，由于涉外查询比较特殊，所以规定由省级以上人民检察院受理。

3. 申请查询的条件。《工作规定》第十六条规定，符合条件的查询申请才能受理，不符合条件的不予受理。这里“条件”是指对查询申请的形式要求，即要提供查询申请和身份证明。提供了查询申请和身份证明，才能让受理查询的工作人员清楚是何单位、何人进行查询，查询事由是什么，以及被查询的单位和个人的具体情况如何，也才能按照提供的被查询单位和个人的信息付诸查询。具体讲，所要提交的材料和证明可以分为三种情况：一是单位申请查询，需提交查询申请（加盖单位公章），经办人有效身份证明及复印件，以及相关证明材料。在查询申请中应申明查询事由，详细提供被查询单位名称和组织机构代码，被查询个人的姓名和身份证号码。其中公司、企业申请查询的，还需提交企业营业执照（副本）原件以及复印件，当然，国家机关主管部门也可以出具介绍信。二是个人申请查询，应当提交查询申请，本人有效身份证明以及复印件。三是受委托进行查询的，除需提供委托方的有关证明材料之外，还应提交委托方的委托证明、受委托方的相关证明、经办人的有效身份证明以及复印件。

4. 查询事由。即引起查询的缘由。《工作规定》在系统总结行贿犯罪档案查询工作实践的基础上，以列举的方式列明了查询事由。

“查他”型的查询主要是基于管理、审查的需要，包括以下情形：为招标进行资格审查需要的；为采购进行供应商资格审查需要的；为行业管理、市场管理、业务监管等进行资质、资格审查需要的；为信用管理需要的；为招聘、录用、选任人员等人事管理需要的；纪检监察、司法机关为办案需要的；金融机构为贷款进行资信审查需要的；以及其他应当受理的情形。

“自查”型的查询主要是因管理、审查方的需要而引起的，包括以下情形：公司、企业根据有关部门或者单位招标要求，为投标需要的；公司、企业、个人为信贷需要的；公司、企业、个人为从事商贸合作或者谈判需要的；个人为求职、应聘需要的；公司、企业、个人应国（境）外公司、企业或组织要求，为在国（境）外投标、融资、信贷、商贸合作或者谈判等需要的；其他应当受理的情形。

5. 涉外查询。在行贿犯罪档案查询工作实践中，检察机关接到一些涉外查询申请，主要有两种情形：一是国内单位和个人为了赴国（境）外开展业务而提出的查询申请，二是国（境）外单位和个人提出的查询申请。至于“三资”企业提出的查询，并没有归入涉外查询的范围，主要是由于这些企业是在我国境内注册，受我国法律规范。《工作规定》对涉外查询的情形作了明确规定：第一类，国（境）内公司、企业、个人应国（境）外公司、企业或组织要求，为在国（境）外投标、融资、信贷、商贸合作或者谈判等需要而查询本公司、企业或者本人的。尽管查询主体是国内公司、企业和个人，但是使用查询结果的却是国（境）外的组织或者公司、企业。第二类，国（境外）单位和个人的涉外查询。又分两种情况：一是国际组织、有关国家或者中国香港、澳门、台湾地区等的单位为在中国境内招标、投资、信贷、商贸合作或者谈判而提出的针对其他单位、个人的行贿犯罪档案查询；二是国（境）外公司、企业、个人为在中国境内投标、融资、信贷、商贸合作或者谈判而提出的针对本公司、企业、本人在中国境内实施的行贿犯罪档案查询。

《工作规定》将国（境）外单位查询其他单位和个人行贿犯罪档案的范围限定为在中国（境）内开展经济贸易活动，不包括其他社会活动。国（境）外公司、企业、个人提出针对本公司、企业、本人的行贿犯罪档案查询，仅限定为其在中国境内实施的行贿犯罪，因为在国（境）外的行贿犯罪在中国境内无从建档，如果需要，有关部门和单位应让其从其本国、本地区查询。

（四）关于查询与告知

1. 查询与告知的时限。对于一般的查询应当在受理查询之日起 3 个工作日内将查询结果告知查询单位和个人；对于涉外查询，应在受理查询之日起5个工作日内将查询结果告知查询单位和个人。

2. 告知方式。人民检察院根据查询申请进行查询之后，以查询告知函的形式，载明行贿犯罪档案查询结果的详细内容，告知查询申请单位和个人。在查询结果告知函上，应加盖人民检察院行贿犯罪档案查询专用章。

3. 查询结果告知函的有效期。行贿犯罪档案查询结果告知函自出具之日起2个月内有效，复印件无效。设定有效期可以起到两方面的作用：一是可以避免无限期使用和滥用查询结果告知函。如果无期限规定，一些单位或者个人可能持一份查询结果告知函到处使用或者无限期使用，这是不严肃的。二是避免使用已变更的行贿犯罪记录。人民检察院根据新生效的判决、裁定不断录入、更新信息，行贿犯罪档案处于动态的、不断更新变化之中，本月与上月的犯罪档案信息不同，本月查询无犯罪记录的，下个月很可能有犯罪记录。不设定有效期，会造成查询记录不准确，造成不公正、不公平。

4. 查询结果告知的内容。对于有、无行贿犯罪记录的两种情形，告知内容完全不同。无行贿犯罪记录的，应明确告知，经查询被查询单位或个人无行贿犯罪记录。有行贿犯罪记录的，应详细列明作出判决、裁定的人民法院，判决时间和结果，行贿犯罪的实施时间和犯罪数额。有多次行贿犯罪记录的，应依人民法院判决、裁定的时间顺序，列明所有行贿犯罪记录。与《2009年工作规定》相比，《工作规定》增加了两项新的告知内容，一是有多次行贿犯罪记录的查询结果告知规定，目的是加强对有多次犯罪记录的单位和个人的惩戒力度。二是增加了附加告知有行贿犯罪记录的单位整改和预防的信息，这是一个特别规定，希望在惩恶同时起到扬善的作用，促使那些公司企业通过整改和预防，改过自新。

5. 行贿犯罪信息的查询期限。行贿犯罪信息的查询期限是指人民检察院对社会提供查询的行贿犯罪信息的限定期间。《2009年工作规定》中没有关于查询期限的规定，即此前人民检察院提供查询的行贿犯罪信息都无查询期限限制，行贿犯罪信息从最早录入之时起一直向社会提供查询。本次修订《工作规定》时，充分考虑了行贿犯罪档案查询工作的功能、价值，以及社会各方的实际情况和具体要求，将行贿犯罪信息的查询期限规定为10年。

在确定查询期限时，主要考虑了以下因素：一是充分、有效地发挥行贿犯罪档案查询工作对遏制贿赂犯罪、促进公正公平竞争，促进诚信建设的功能作用。在当下贿赂犯罪还十分严峻，仍然存在高发、多发、重发趋势，运用刑罚手段对行贿犯罪进行惩罚力度均不够强的情况下，更应通过行贿犯罪档案查询工作厉行廉洁准入，在刑罚之后通对行贿犯罪予以惩戒，以弥补对行贿犯罪科罪定刑和处罚力度不够强的不足。所以，对查询期限的规定不宜过短。二是慎重考虑有、无行贿犯罪记录的单位和个人的利益和反映。对于有行贿犯罪记录的公司、企业和个人来讲，如果查询期限太长，将影响其经营发展和经济利益。对于占绝对多数的无行贿犯罪记录的单位和个人来讲，如果查询期限太短，将无法满足其惩戒、规范和限制行贿犯罪，实现公平、公正竞争的强烈要求，所以在综合考虑、兼顾各方的基础上，我们在确定查询期限时作了折中处理。三是与有关国家机关主管部门、单位已制订或即将制订的关于诚信建设、征信工作的条例、办法等的规定相协调。行贿犯罪信息的查询期限不应低于有关主管部门、单位规定的不良行为信息、犯罪记录的效力期限。实际上，不良行为的有效期限、非罪行贿信息的查询期限、行贿犯罪信息的查询期限之间存在一定的梯次关系，行贿犯罪信息的查询期限应当最长。四是有关国家机关主管部门、单位、个人的实际查询需求。行贿犯罪信息的查询期限一般应高于这些部门、单位依据法律、法规以及廉洁准入等规定对行贿犯罪档案查询提出的具体期限，同时应当尽量满足这些部门、单位对经查询有行贿犯罪记录单位和个人进行处置的需要。

《工作规定》还对查询期限的起点时间作了规定，单位犯罪从人民法院判决、裁定生效之日起算，个人犯罪自刑罚执行完毕之日起算。之所以规定单位犯罪的查询期限从判决、裁定生效之日起算，主要是因为单位犯罪的刑罚不是自由刑，执行判决不会导致其无法经营，但是以执行完毕之日为查询期限起点，将会导致存在从判决生效至执行完毕之间的监管“空档”，而且执行完毕信息的获取也并不容易，也会增大实际操作难度。之所以规定个人犯罪的查询期限自刑罚执行完毕之日起算，主要是因为个人在被判处自由刑之后其人身将受到限制，无法正常参与社会活动和经济活动，以判决生效时间为起算点限制其参与经济活动和社会活动无实际意义。

（五）关于应用与反馈

行贿犯罪档案查询工作中的应用是指单位和个人持有并运用人民检察院出具的查询告知函从事经济、政治、社会、文化活动的行为。一般来讲，单位和个人查询行贿犯罪档案都是出于一定的目的或需要，有一个查询事由，这实际上在人民检察院与申请查询的单位和个人之间形成了一个“约定”。本着诚实、守信的原则，单位和个人应当按照查询申请的事由去应用查询结果告知函，但是这并不能天然地、绝对地杜绝违反约定的现象发生。为了避免一些单位和个人违反“约定”滥用查询结果，《规定》作了禁止性规定，即单位和个人必须按照查询申请的事由应用查询结果，不得用于查询事由之外的事项，也不能用于不正当竞争或者从事非法活动。

为了促进单位对行贿犯罪档案查询结果的正当、合理应用，《工作规定》第二十五条规定了查询结果应用的反馈制度，即作为应用一方，有关单位应当根据相关法律法规、管理规定的要求，对经查询有行贿犯罪记录的单位和个人进行处置，并将处置结果在30日内反馈给提供查询结果告知函的人民检察院。作为提供查询结果告知函的一方，人民检察院应当对有关单位的处置结果进行登记备案，并跟踪了解相关情况。

为了建立长效机制，推动行贿犯罪档案查询结果的合理应用，以更好地发挥作用，《工作规定》还对人民检察院加强与有关部门、单位的联系与协作和信息交流共享作了明确要求。

（六）关于异议与投诉

行贿犯罪档案查询工作中的异议是指对行贿犯罪档案查询结果持有不同的意见：提出异议并请求复核是有关单位和个人主张、维护自身合法权益的一种途径，也是一种救济性措施。根据《工作规定》，异议应以书面的形式提出，并且应当提供必要的证据材料。

关于异议的主体。根据《工作规定》，异议的主体包括三类：一是查询单位和个人，二是被查询单位和个人，三是利益相关的单位和个人。

关于异议的情形。根据《工作规定》，可以提出书面异议的情形主要包括三种：一是查询结果告知函存在瑕疵，需要核查予以确认或者重新出具的。如主管部门发现查询告知函可能系伪造或者变造的。二是查询结果与事实不符，需要更正的。如有的单位和个人本无行贿犯罪记录，但是查询后却显示有犯罪记录，或者时间、数额不合实际。还有的是对某个特定单位和个人持有的查询告知函存在异议，大家都知道某单位或者个人有行贿犯罪记录但经查询后却告知无行贿犯罪记录。三是录入信息内容存在错误、遗漏，需要更正或者补充的。

关于异议的受理与处理。《工作规定》对异议的受理机关、处理时限、复核等作了明确规定。规定异议由受理查询并提供查询结果告知函的人民检察院受理。规定异议处理时限为受理异议后5个工作日，对于情况复杂的异议，可以适当延长复核时间，但是最长不得超过20个工作日。规定复核实行两级复核制。如果当事人对复核意见仍有异议的，可以申请重新复核。上一级人民检察院的重新复核为最终复核。但是，最高人民检察院对受理的查询异议的首次复核即为最终复核。

关于投诉处理。投诉是进行查询的单位和个人维权的基本途径，也是监督和促进检察机关加强查询工作管理的重要方式。申请查询的单位和个人如果认为行贿犯罪档案查询工作侵害了其合法权益的，可以向省级以上人民检察院进行投诉，省级以上人民检察院受理投诉后应及时调查处理并予以答复。

（七）关于法律责任

《工作规定》中对法律责任的规定主要包括三方面内容：一是对伪造、变造查询告知函的行为的追究。根据刑法规定，伪造、变造查询结果告知函的行为将侵犯行贿犯罪档案查询工作的正常、管理和信誉，构成犯罪的，应以伪造、变造、买卖国家机关公文、证件、印章罪追究刑事责任。二是对有关部门、单位及其工作人员违反相关法律法规、管理规定的行为的处理。主要是指对经查询有行贿犯罪记录的单位和个人应当处置而不处置，或者滥用行贿犯罪档案查询结果，造成严重后果或者恶劣影响的行为，应当由有关主管部门和单位负责追究相关人员的法律责任或者其他责任。三是对检察机关行贿犯罪档案查询工作人员违反纪律、法律的行为的处理。如果检察机关工作人员违反法律、纪律规定和保密规定，应当追究相应的责任，构成犯罪的，应当依法追究刑事责任。

最高人民检察院
关于加强和改进刑事申诉检察工作的意见

（2013年3月22日公布并施行 高检发〔2013〕5号）

为深入贯彻落实党的十八大精神，充分发挥刑事申诉检察职能，更好地保障公民合法权益、促进司法公正廉洁、维护社会和谐稳定，现就加强和改进刑事申诉检察工作提出如下意见：

一、加强和改进刑事申诉检察工作的总体要求

1. 加强和改进刑事申诉检察工作的重要性紧迫性。提出申诉、取得国家赔偿是我国宪法规定的公民基本权利。近年来，各级检察机关坚持执法为民、服务大局，不断加大刑事申诉检察工作力度，有效发挥了维护人民群众利益、维护社会和谐稳定和公平正义的作用，但刑事申诉检察工作仍然薄弱，在执法理念、办案力度、制度机制、能力素质等方面都亟待改进。当前，人民群众通过刑事申诉、申请国家赔偿等法律规定的途径和手段维护自身权益的意识不断增强，诉求不断增长。党的十八大强调，要更加注重发挥法治在国家治理和社会管理中的重要作用，健全权力运行制约和监督体系，畅通和规范群众诉求表达、利益协调、权益保障渠道，提高做好新形势下群众工作的能力，对刑事申诉检察工作提出了更高要求。各级检察机关要从深入贯彻落实党的十八大精神，践行执法为民宗旨，加强和创新社会管理，强化法律监督和自身监督，坚持和发展中国特色社会主义检察制度，切实尊重和保障人权，更好维护社会和谐稳定和公平正义的高度，切实加强和改进刑事申诉检察工作。

2. 刑事申诉检察的职能定位和主要职责。刑事申诉检察是人民检察院依法办理刑事申诉、国家赔偿和刑事被害人救助案件的职能活动，是检察机关法律监督职能的重要组成部分，是司法救济程序的重要环节，承担着权利救济保障、司法活动监督、自身执法监督、社会矛盾化解等多重职能。随着有关法律的修改和检察改革的深入，刑事申诉检察职责不断拓展，主要有：（1）受理、审查和复查不服人民检察院刑事诉讼终结处理决定的申诉案件，依法作出维持或者纠正的决定；（2）受理、审查和复查不服人民法院生效刑事裁判的申诉

案件，对确有错误的依法提出抗诉或再审检察建议并出席再审法庭，监督纠正刑事审判监督程序中的违法行为；（3）统一办理人民检察院作为赔偿义务机关的刑事赔偿案件，对人民法院赔偿委员会刑事赔偿决定、民事行政诉讼赔偿决定和人民法院生效行政赔偿裁判依法进行监督；（4）对有关刑事被害人或其近亲属进行救助。

3. 刑事申诉检察工作的基本原则。

——客观公正，依法办案。严格按照法定权限和程序行使职权，以事实为根据、以法律为准绳，客观中立、不偏不倚，理性平和、文明规范地处理诉求、办理案件，确保办理的每一起案件经得起法律、历史和人民的检验。

——实事求是，依法纠错。坚持从实际出发，全面审查证据，正确认定事实，准确适用法律，既维护生效司法决定和裁判的稳定性、严肃性，又依法坚决纠正确有错误的司法决定和裁判，维护司法公正，保障公民合法权益。

——全面审查，公开高效。坚持全面审查、全案复查，不受申诉范围和理由的限制，不受原案件处理决定和裁判的影响。深化司法公开，提高办案效率，依法保障人民群众的知情权、参与权、表达权、监督权。

——便利申诉，积极救济。坚持执法为民，畅通申诉渠道，从有利于保障当事人合法权益出发，着力解决群众申诉反映的实际问题。简化救济程序，加强救助工作，最大限度满足群众合法合理诉求，彰显司法人文关怀。

——全面履职，注重效果。依法全面履行刑事申诉检察职责，加强和改进新形势下群众工作，把维护权益与维护稳定、执行法律与执行政策、司法监督与司法救济、执法办案与化解矛盾结合起来，实现法律效果与政治效果、社会效果有机统一。

4. 加强和改进刑事申诉检察工作的总体思路。当前和今后一个时期，检察机关要认真学习贯彻党的十八大精神，以邓小平理论、“三个代表”重要思想和科学发展观为指导，紧紧围绕党和国家工作大局，牢固树立“六观”、“六个有机统一”、“四个必须”等检察工作发展理念和执法理念，准确把握刑事申诉检察职能定位和基本原则，坚持以执法办案为中心，按照加强权利救济、加强监督制约、加强矛盾化解的总要求，着力加大刑事申诉、国家赔偿和刑事被害人救助案件办理力度，着力解决申诉反映的突出问题，着力提高执法规范化、队伍专业化水平，推动刑事申诉检察工作科学发展、规范发展、创新发展，为维护公民合法权益、维护社会和谐稳定、维护社会主义法治作出积极贡献。

二、大力抓好刑事申诉案件办理工作

5. 加大办理刑事申诉案件力度。坚持以执法办案为中心，按照数量、质量、效率、效果、安全有机统一的要求，认真做好各类刑事申诉案件的审查和立案复查工作。对各类刑事申诉案件都要及时受理、依法处理、按时办结，努力做到受理一件、办理一件、息诉一件。正确把握立案标准，对符合立案标准的刑事申诉案件及时立案复查，坚决克服该立不立、有案不办的现象。适应人民群众日益增长的司法诉求，加大刑事申诉案件复查力度，提高办案效率。注重结合办案发现刑事申诉案件背后的司法不公、不廉问题，及时移送职务犯罪线索。坚持纠错与防错并举，注重通过办案深入分析职务犯罪侦查、审查逮捕、审查起诉等执法办案环节存在的突出问题，有针对性地提出加强源头治理、促进规范执法的意见建议，更好发挥内部监督作用。

6. 着力提高刑事申诉案件抗诉质量。坚持敢于监督、善于监督、依法监督、规范监督、事后监督，完善符合刑事审判监督程序和刑事申诉案件特点的法律监督工作模式。贯彻依法、坚决、准确、及时、有效的监督原则，正确掌握抗诉标准，准确提出抗诉意见。坚持全面审查，重点审查有争议的案件事实、证据和法律适用问题，增强抗诉的针对性。探索实行检察官会议制度，完善专家咨询制度，加强对抗诉案件的集体研究和审查把关，定期进行案件质量分析，组织开展办案质量评查，促进提高抗诉案件质量。推行抗诉书说理制度，认真履行出席再审法庭等职责，综合运用抗诉、再审检察建议等手段，促进人民法院依法改判。正确处理监督与配合的关系，健全与人民法院及有关部门的沟通协调机制，共同研究解决刑事申诉案件办理中的实际问题。

7. 把化解矛盾、群众工作贯穿办案始终。坚持把办理刑事申诉案件与落实善后息诉措施、做好群众工作有机结合起来，尽最大努力化解社会矛盾。注意端正执法态度，充分听取申诉意见，主动及时沟通答复，耐心细致做好释疑解惑、析法说理工作，妥善解决法度之外、情理之中的实际问题，促进案结事了人和。主动商请人大代表、政协委员、人民监督员、律师、法学专家等介入公开审查和矛盾化解，加强与有关方面的协调配合，积极采取释法说理、心理咨询、帮扶救助、教育疏导等多种方式，尽力做好善后息诉工作。建立申诉风险提示制度，引导当事人依法理性表达诉求、维护权益。落实涉检信访终结制度，对依法终结的申诉案件主动协调有关部门落实教育帮扶和矛盾化解等工作措施。加强申诉案件风险评估预警，确保办案安全和效果。

8. 构建科学分工、高效运转的办案工作格局。合理划分和明确不同层级检察院的办案职责，高检院和省级检察院的职责主要是办理申诉案件，加强对下指导，加强理论研究和立法调研，加强工作规范化建设和制度建设；地市级检察院的职责主要是办理申诉案件，加强工作调研和对下指导，加强本地区案件的协调办理；基层检察院的职责主要是办理本院受理的申诉案件和上级检察院交办、转办案件，通过再审检察建议加强同级监督，以及受上级检察院指派出庭等工作。地市级、县级检察院要加大对首次申诉案件的审查和复查力度，提高办案质量和效率，努力把申诉案件化解在基层。省级检察院要加大对重大、重点申诉案件的审查和复查力度，对确有错误的要坚决、及时、依法予以监督纠正，充分发挥办案表率、带动作用。

9. 建立适应检察工作一体化的刑事申诉案件办理机制。根据检察机关领导体制特点，建立上下一体、分工协作、密切配合的刑事申诉案件办理机制。在办理刑事申诉案件中，既坚持分级管辖、分级办理，又注重发挥上级检察院的业务指导和组织协调作用，统一调配办案力量，对有关刑事申诉案件采取交办、转办、督办、参办等方式进行复查。各级检察院及内设部门在刑事申诉案件办理中要相互支持配合，下级检察院对已经本院办理的申诉案件要配合上级检察院做好案件调查、释法说理、善后息诉等工作，原办案部门对不服检察机关处理决定的申诉案件要配合刑事申诉检察部门做好案件调查、释法说理、善后息诉等工作。

三、扎实推进国家赔偿和刑事被害人救助工作

10. 依法及时办理刑事赔偿案件。树立依法、公平、及时赔偿的理念，及时受理、认真审查刑事赔偿申请，凡符合赔偿条件的都应依法、及时给予赔偿，严禁滥用免责条款规避赔偿责任、拖延履行赔偿义务。坚持从保障赔偿请求人合法权益出发，改进办理刑事赔偿案件的方式方法，探索建立赔偿权利告知制度，主动为当事人提供便利，协调做好赔偿决定执行工作。

11. 积极开展国家赔偿监督。准确把握国家赔偿监督工作的任务和方式方法，客观理性、依法规范履行国家赔偿监督职责。畅通和拓宽案件来源渠道，不断加大监督力度。突出监督重点，着力加强对该赔不赔、赔偿决定明显错误以及存在司法人员贪赃枉法行为等案件的监督。完善监督手段，依法准确提出重新审查意见并加强跟踪监督，保证监督实效。

12. 深入推进刑事被害人救助工作。主动加强与有关部门的协商协调，争取支持配合，落实救助经费，保障救助工作健康深入开展。坚持依申请救助和依职权救助相结合，细化救助程序，健全沟通机制，加强内部联动，增强救助工作合力和实效。完善救助条件、范围，重点开展不起诉案件刑事被害人救助工作，积极稳妥开展其他案件刑事被害人救助工作。建立健全刑事被害人救助工作与刑事申诉案件善后息诉、刑事和解等工作的衔接机制，以及与其他司法救助、社会救助工作的联动机制，统筹解决群众的法律问题和实际困难。加强经验总结、调查研究和制度建设，推动刑事被害人救助工作

法制化进程。

四、努力提高刑事申诉检察工作规范化、专业化水平

13. 建立健全刑事申诉检察工作规范。根据刑事申诉检察职能定位和职责范围，健全执法办案基本规范，强化执法办案刚性要求，保障刑事申诉检察工作健康有序开展。针对刑事申诉、国家赔偿和刑事被害人救助等案件办理中存在的相关规定不明确、执法随意性大等问题，进一步细化程序规定，完善办案规则，明确执法标准，严格执法要求，实现各项执法办案工作规范化。加强与有关立法、司法机关的协调配合，完善刑事申诉检察相关法律、司法解释和制度规范。建立案例指导制度，加强类案研究，统一执法标准。按照统一受案、全程管理、动态监督、案后评查、综合考评的执法办案管理机制要求，加强刑事申诉案件管理。积极推进刑事申诉检察信息化建设，注重发挥信息化在规范执法办案、方便群众申诉等方面的作用。

14. 完善落实公开审查、“两见面”等办案制度。严格落实刑事申诉案件公开审查制度，准确把握公开审查的原则、程序和要求，综合运用多种形式加大公开审查力度，注重公开审查制度与人民监督员制度、群众工作制度等有机结合，提高公开审查工作水平和实效。积极探索公开审查下基层、到社区、进乡村和网上公开等贴近群众、经济简便的新方式新举措，更好地以公开促公正、赢公信。坚持和完善复查刑事申诉案件“两见面”制度，在立案复查和复查终结时都要与申诉人见面，认真听取和解决申诉人反映的问题，妥善做好复查决定执行和善后息诉工作。实行刑事申诉、刑事赔偿案件分析报告制度，定期剖析原案办理中的突出问题，向有关部门提出改进意见和建议。

15. 改革刑事申诉检察文书说理制度。按照严格依法、准确规范、公开公正的要求，深化刑事申诉检察文书改革，完善内容和形式，依法规范使用，进一步增强文书的针对性、说理性、公开性。加大刑事申诉检察文书释法说理力度，无论是纠正或者维持原处理决定、抗诉或者不抗诉、赔偿或者不赔偿，都要针对申诉请求和理由，从事实认定、证据采信、法律适用等方面，理性、平和、文明、规范地进行回应，增强文书说服力、公信力。完善审查终结报告等内部工作文书，强化善后息诉工作预案，重视对自身执法问题的分析，促进源头防控和内部制约。

16. 推进复合型、专业化刑事申诉检察队伍建设。深入学习贯彻党的十八大精神，扎实开展党的群众路线教育实践活动，提高思想政治素质。加强业务培训，拓宽培训途径，创新培训方法，利用各种培训平台和资源强化正规化培训，保证每两年对各级刑事申诉检察部门人员轮训一遍。广泛开展岗位练兵、业务竞赛、案例研讨、以案代训等活动，着力提高审查复查案件、出庭支持抗

诉、发现纠正违法能力特别是群众工作能力和舆情应对引导能力，注意培养熟练掌握多项业务的复合型人才。采取挂职锻炼、岗位实践等方式建立和完善上下级院、东中西部刑事申诉检察人员交流培养机制，建立全国和省级刑事申诉检察人才库，开展优秀办案能手和精品案件评选活动，不断提高队伍专业化水平。加强反腐倡廉和纪律作风建设，强化监督管理，严明办案纪律，改进执法作风，树立廉洁办案、公正执法、热情服务的良好形象。

五、切实加强对刑事申诉检察工作的领导

17. 坚持把刑事申诉检察工作放在更加重要的位置来抓。刑事申诉检察工作是检察机关的重要业务，各级检察院党组和检察长要切实把这项工作纳入重要议事日程，经常听取汇报，研究部署工作，支持刑事申诉检察部门依法履行职责，采取有力措施推动形成刑事申诉检察业务与其他检察业务协调发展的工作格局。各级检察院分管检察长要亲自指挥部署，加强组织协调，及时解决案件办理、队伍建设等重大问题，对重大复杂案件亲自牵头办理、亲自做善后息诉工作。相关业务部门要支持配合刑事申诉检察部门的工作，自觉接受监督制约，共同做好善后息诉工作。

18. 加强刑事申诉检察业务指导。上级检察院要经常派员深入基层，检查下级检察院开展刑事申诉检察工作特别是办理刑事申诉案件和开展新增业务工作的情况，总结推广经验，发现存在问题，提出指导意见。要将宏观指导与个案指导有机结合起来，健全业务工作情况定期通报制度，探索建立网上案件讨论平台和指导案例库，既加强工作督导，狠抓工作落实，又加强案件督办，认真落实案件报备审查等制度。建立和完善刑事申诉检察工作科学考核评价体系，发挥考评机制的激励和导向作用。下级检察院对本地区刑事申诉检察工作的重要部署、重大案件以及存在的突出问题要及时向上级检察院请示报告，对上级检察院的决策部署和决定要不折不扣贯彻执行。加强上下联系，做到信息渠道畅通，情况和问题反映真实，及时发现和解决工作中的问题。

19. 完善刑事申诉检察工作保障。高度重视、切实加强刑事申诉检察机构建设，有条件的省级、地市级检察院和办案任务较重的基层检察院可以实行刑事申诉检察机构与控告检察机构分设，没有分设的应设置专门的办案组、明确专门的检察人员负责刑事申诉检察业务。根据刑事申诉检察业务发展实际需要，适当增加刑事申诉检察部门人员编制，选调年富力强、具有刑事出庭和民事行政检察办案经验的复合型人才充实刑事申诉检察队伍，优化队伍年龄、知识、专业结构。配齐配强刑事申诉检察部门领导班子。要把严格要求与关心爱护结合起来，对刑事申诉检察工作业绩突出的先进集体、先进个人及时给予记功表彰和晋职晋级。加强刑事申诉检察装备保障建设，完善公开审查、心理疏

导、远程讯问和出席再审法庭等工作所需设施和经费保障。

20. 重视刑事申诉检察理论研究。积极创造条件，通过课题制、举办征文活动、理论研讨等方式提供理论研究平台和载体，大力加强刑事申诉检察基础理论和应用理论研究，注重加强对刑事申诉检察基本属性、职能定位、运行程序、监督手段、制度机制及相关法律问题和实务问题的研究，深入探索刑事申诉检察工作发展规律，不断完善中国特色社会主义刑事申诉检察理论体系，为刑事申诉检察工作创新发展提供有力的理论支持。

最高人民检察院

2013 年 3 月 22 日

《关于加强和改进刑事申诉检察工作的意见》解读

吴旭明*

2013年3月25日，最高人民检察院《关于加强和改进刑事申诉检察工作的意见》（以下简称《意见》）正式印发实施。《意见》是最高人民检察院制定的关于全面加强和改进刑事申诉检察工作的指导性规范文件，对于深入贯彻落实党的十八大精神，推进刑事申诉检察工作创新发展，充分发挥刑事申诉检察在保障公民合法权益、促进司法公正廉洁、维护社会和谐稳定。其中的职能作用，具有十分重要的意义。现就《意见》主要内容作简要介绍。

一、《意见》的主要内容

《意见》共5个部分20条，主要内容有以下几方面：

（一）《意见》明确提出加强和改进刑事申诉检察工作的总体要求

1. 明确了刑事申诉检察的职能定位。根据我国相关法律规定，刑事申诉检察的职能和功能价值可以从四个层次来认识：从整个国家权力配置来看，它属于检察权的重要内容，是检察机关法律监督职责的重要组成部分，具有鲜明的法律监督属性，也是我国检察制度的重要特色之一；从刑事诉讼活动来看，刑事诉讼法和国家赔偿法对之都有明确规定，它属于再审程序的重要环节，同时是刑事审判监督、国家赔偿监督的重要方面，是法律明确规定的特别司法救济手段；从检察机关内部来看，它专门办理刑事申诉、国家赔偿和刑事被害人救助案件，对检察机关职务犯罪侦查、审查逮捕、审查起诉等自身执法办案活动具有事后监督职能；从社会治理来看，它是运用法治方式化解社会矛盾的重要形式，具有维护社会和谐稳定和社会公平正义的作用。对此，《意见》第二条明确规定："刑事申诉检察是人民检察院依法办理刑事申诉、国家赔偿和刑事被害人救助案件的职能活动，是检察机关法律监督职能的重要组成部分，是司法救济程序的重要环节，承担着权利救济保障、司法活动监督、自身执法监督、社会矛盾化解等多重职能。"同时，根据检察机关内部职责分工，《意见》明确了刑事申诉检察的四项基本职责。这些规定使刑事申诉检察的职能定位和基本职责有了科学界定，内涵和外延更加清晰。

2. 确立了刑事申诉检察工作的基本原则。《意见》在总结实践经验的基础

* 作者单位：最高人民检察院刑事申诉检察厅。

上，集中提炼了反映刑事申诉检察工作内在规定性的5条基本原则，为刑事申诉检察工作科学发展提供了重要指南和依据。“客观公正、依法办案”原则，要求检察机关严格按照法定权限和程序行使刑事申诉检察职权，以事实为根据、以法律为准绳，客观中立、不偏不倚，理性平和、文明规范地处理诉求、办理案件，依法平等保护被告方与被害方权利，既不能违法滥用监督权、充当申诉人的“代理人”，也不能因为原办案机关和办案人员是“自己人”而有所偏袒、放弃监督。“实事求是、依法纠错”原则，要求坚持从实际出发，全面审查证据，正确认定事实，准确适用法律，既维护生效司法决定和裁判的稳定性、严肃性，又依法坚决纠正确有错误的司法决定和裁判，维护司法公正，保障公民合法权益。“全面审查、公开高效”原则，要求坚持全面审查、全案复查，不受申诉范围和理由的限制，不受原案件处理决定和裁判的影响；深化司法公开，提高办案效率，依法保障人民群众的知情权、参与权、表达权、监督权。“便利申诉、积极救济”原则，要求坚持执法为民，畅通申诉渠道，从有利于保障当事人合法权益出发，着力解决群众申诉反映的实际问题；简化救济程序，加强救助工作，最大限度满足群众合法合理诉求，彰显司法人文关怀。“全面履职、注重效果”原则，要求依法全面履行刑事申诉检察职责，加强和改进新形势下群众工作，把维护权益与维护稳定、执行法律与执行政策、司法监督与司法救济、执法办案与化解矛盾结合起来，实现法律效果与政治效果、社会效果有机统一。

3. 提出了刑事申诉检察工作的发展思路。在认真分析当前面临的形势和工作实际的基础上，《意见》明确了当前和今后一个时期刑事申诉检察工作的总体思路。概括起来就是，坚持“一个中心”，即坚持以执法办案为中心；以“三个加强”为总要求，即要求加强权利救济、加强监督制约、加强矛盾化解；以“三个着力”为总任务，即着力加大刑事申诉、国家赔偿和刑事被害人救助案件办理力度，着力解决申诉反映的突出问题，着力提高执法规范化、队伍专业化水平；以“三个发展、三个维护”为总目标，即努力推动刑事申诉检察工作科学发展、规范发展、创新发展，为维护公民合法权益、维护社会和谐稳定、维护社会主义法治作出积极贡献。这一总体思路，是以党的十八大精神为指导，针对当前刑事申诉检察工作实际特别是存在的突出问题而提出来的，是顺应新形势新任务要求特别是人民群众的新期待而提出来的，体现了以人为本和全面、协调、可持续的发展要求，体现了实事求是、与时俱进、改革创新的精神，是科学明确、全面完整、切实可行的。

（二）突出强调以执法办案为中心加强和改进刑事申诉检察工作

《意见》不仅强调要以执法办案为中心，而且从多方面对执法办案工作提出了重要指导意见：

一是明确要求加大办案力度。刑事申诉检察作为司法救济的特别手段，具有正反两方面的作用，一方面有利于对司法活动进行监督，保证案件处理客观公正；另一方面也会对法律关系的稳定性造成破坏，影响司法权威。因此，办理刑事申诉案件要坚持公正与效率相统一。在办案数量上实事求是，对于一些案情简单，申诉理由不充分而原处理决定并无不当的案件。可以在初步审查后结案；集中精力立案复查一些影响重大、申诉人提出新的事实理由、确有可能存在重要实证或程序错误的案件。同时，刑事申诉检察是再审程序启动的前提条件之一，是检察机关处理刑事案件的最后程序，一旦申诉人的申请不能得到管辖机关的支持，就很难再得到其他法律救济。这就要求必须加大申诉复查力度，畅通权利救济渠道，保证正当的申诉及时进入司法救济程序，保证确有错误的司法处理决定和裁判得到及时发现和纠正。在平衡各方面情况的基础上，《意见》要求对各类刑事申诉案件都要及时受理、依法处理、按时办结，对符合立案标准的刑事申诉案件要及时立案复查，坚决克服该立不立、有案不办的现象；并且强调，要适应人民群众日益增长的司法诉求，加大刑事申诉案件复查力度。

二是注重办案质量和效率。从一定程度上讲，进入刑事申诉、国家赔偿环节的案件，都是疑难复杂案件，都是事关当事人切身利益、社会高度关注的案件，必须注重办案质量和效率，确保办成铁案。从实践看，一些刑事申诉案件审查复查“走程序”，没有解决存在的疑难问题，未能有效回应当事人诉求和保障其合法权益，导致申诉人层层上访、重复申诉；有的刑事申诉和刑事赔偿案件久拖不决，导致当事人长期上访。这些问题制约了刑事申诉检察职能的发挥，也影响了检察机关执法公信力。《意见》高度重视解决办案质量和效率不高的问题，明确提出要按照数量、质量、效率、效果、安全有机统一的要求，认真做好各类刑事申诉案件的审查和立案复查工作；要求及时受理、认真审查刑事赔偿申请，凡符合赔偿条件的都应依法、及时给予赔偿，严禁滥用免责条款规避赔偿责任、拖延履行赔偿义务；强调贯彻依法、坚决、准确、及时、有效的监督原则，正确掌握抗诉标准。准确提出抗诉意见，着力提高刑事申诉案件抗诉质量。这些意见具有很强的现实针对性和指导性。

三是强调通过办案切实加强监督。刑事申诉检察具有鲜明的法律监督属性，其监督职能表现在两个方面：一方面，它是加强司法活动监督、维护司法公正的重要形式；另一方面，它也是加强自身执法监督、确保检察权公正行使的有效手段。因此，无论是办理不服检察机关处理决定的刑事申诉案件和刑事赔偿案件，还是办理不服法院生效裁判的刑事申诉案件，都要增强监督意识，注重通过办案切实加强监督。为此，《意见》从多个方面提出了指导意见：其一，强调敢于监督、善于监督、依法监督、规范监督、事后监督，完善符合刑事审判监督程序和刑事申诉案件特点的法律监督工作模式，认真履行出席再审法庭等职责，综合运用抗诉、再审检察建议等手段，强化对生效刑事裁判的监督；其二，强调通过办案深入分析职务犯罪侦查、审查逮捕、审查起诉等执法办案环节存在的突出问题，有针对性地提出加强源头治理、促进规范执法的意见建议，更好地发挥内部监督作用；其三，强调结合办案发现刑事申诉案件背后的司法不公、不廉问题，及时移送职务犯罪线索；其四，要求积极开展国家赔偿监督，畅通和拓宽案件来源渠道，不断加大监督力度。这将有利于刑事申诉检察更好发挥推进法治中国建设、维护社会公平正义的作用。

四是强调做好化解矛盾、善后息诉工作。刑事申诉案件是社会矛盾的具体反映，依法处理刑事申诉案件的过程就是依法调处和化解社会矛盾的过程。《意见》第七条对此作了专门规定，明确要求把办理刑事申诉案件与落实善后息诉措施、做好群众工作有机结合起来，尽最大努力化解社会矛盾；充分听取申诉意见，主动及时沟通答复，耐心细致做好释疑解惑、析法说理工作，妥善解决法度之外、情理之中的实际问题，促进案结事了人和；加强协调配合，积极采取释法说理、心理咨询、帮扶救助、教育疏导等多种方式做好善后息诉工作。特别是对缠访闹访的申诉案件，强调落实涉检信访终结制度，对依法终结的申诉案件主动协调有关部门落实教育帮扶和矛盾化解等工作措施。实践中要按照《意见》要求，注重提高运用法治思维和法治方式处理申诉问题的能力，做到依法办理案件与做好善后息诉工作并重，使办理刑事申诉案件的过程成为依法维权、依法维稳的过程，为加强和创新社会管理提供有力的法治保障。

（三）科学创建推动刑事申诉检察工作发展的制度机制

《意见》认真总结基层探索和实践经验，创建和提出了一系列推动刑事申诉检察工作科学发展、规范发展、创新发展的制度机制。主要有以下几个方面：

在健全制度规范，推动规范发展方面：一是健全执法办案基本规范。针对刑事申诉、国家赔偿和刑事被害人救助等案件办理中存在的相关规定不明确、执法随意性大等问题，进一步细化程序规定，完善办案规则，明确执法标准，严格执法要求，实现各项执法办案工作规范化。2013 年将集中精力开展《人民检察院复查刑事申诉案件规定》的修改研究工作，对申诉案件的受理、审查、处理做出明细的规定。二是完善落实公开审查制度。注重公开审查制度与人民监督员制度、群众工作制度等有机结合，提高公开审查工作水平和实效。积极探索公开审查下基层、到社区、进乡村和网上公开等贴近群众、经济简便的新方式新举措。三是坚持和完善复查刑事申诉案件“两见面”制度，更好听取和解决申诉人反映的问题，妥善做好复查决定执行和善后息诉工作。四是建立案例指导制度，定期发布典型案例，加强类案研究，统一执法标准。五是按照统一受案、全程管理、动态监督、案后评查、综合考评的执法办案管理机制要求，加强刑事申诉案件管理。

在解决突出矛盾，推动科学发展方面：一是针对刑事申诉办案任务与人员分布“倒三角”结构性矛盾，提出构建科学分工、高效运转的办案工作格局，建立适应检察工作一体化的刑事申诉案件办理机制。特别强调要充分发挥上级院的办案组织协调作用和基层院的办案主力作用，加大上级院对办案任务和力量的统一调配力度，加大基层院复查首次申诉案件和办理上级院交办、转办案件力度，要求基层院注重通过再审检察建议加强同级监督，做好受上级院指派出庭等办案工作，推动刑事申诉检察工作重心下移。二是针对刑事申诉案件来源的被动性、监督的事后性和办案作用的两面性，强调建立和完善刑事申诉检察工作科学考核评价体系，发挥考评机制的激励和导向作用。特别是要扭转简单地以受案数等办案数量为指标，轻办案质量、效率和效果考核的倾向。三是针对刑事申诉案件处理复杂且涉及多个部门的情况，要求健全内外沟通协调机制。如《意见》第六条要求，正确处理监督与配合的关系，健全与人民法院及有关部门的沟通协调机制，共同研究解决刑事申诉案件办理中的实际问题；第九条要求，各级检察院及内设部门在刑事申诉案件办理中要相互支持配合，做好案件调查、释法说理、善后息诉等工作。

在提升工作水平，推动创新发展方面：一是建立刑事申诉风险提示制度，引导当事人依法理性表达诉求、维护权益。这是针对有的当事人对申诉结果期望过高、结案后仍然无理取闹的现象，总结基层实践经验而提出的。二是建立刑事申诉、刑事赔偿案件分析报告制度，定期剖析原案办理中的突出问题，向有关部门提出改进意见和建议。三是改革刑事申诉检察文书说理制度。加大刑事申诉检察文书释法说理力度，无论是纠正或者维持原处理决定、抗诉或者不抗诉、赔偿或者不赔偿，都要针对申诉请求和理由，从事实认定、证据采信、法律适用等方面，理性、平和、文明、规范地进行回应，增强文书说服力、公信力。四是健全刑事被害人救助工作机制。完善救助条件、范围，建立健全刑事被害人救助工作与刑事申诉案件善后息诉、刑事和解等工作的衔接机制，以及与其他司法救助、社会救助工作的联动机制，统筹解决群众的法律问题和实际困难。

（四）高度重视解决刑事申诉检察工作发展的保障问题

加强和改进刑事申诉检察工作，需要坚强有力的保障。最高人民检察院对解决制约刑事申诉检察工作发展的保障问题高度重视，在《意见》中提出了一系列完善保障的措施。

一是明确要求把刑事申诉检察工作放在更加重要的位置来抓。加强和改进刑事申诉检察工作，领导是关键。《意见》要求，各级检察院党组和检察长要切实把这项工作纳入重要议事日程，经常听取汇报，研究部署工作，支持刑事申诉检察部门依法履行职责，采取有力措施推动形成刑事申诉检察业务与其他检察业务协调发展的工作格局。特别是对涉及自身内部问题的案件，要克服怕得罪人、怕影响形象等思想。支持刑事申诉检察部门该纠正的坚决纠正，该赔偿的坚决赔偿。各级院分管检察长要亲自指挥部署，加强组织协调，及时解决案件办理、队伍建设等重大问题。对重大复杂案件亲自牵头办理、亲自做善后息诉工作。

二是突出强调专业化刑事申诉检察队伍建设。加强和改进刑事申诉检察工作，队伍是根本，也是保证。特别是当前刑事申诉检察办案数量不断增长、工作要求日益提高，迫切需要高素质。专业化队伍作保障。《意见》提出，要加强业务培训，保证每两年对各级刑事申诉检察部门人员轮训一遍；广泛开展岗位练兵、业务竞赛、案例研讨、以案代训等活动；着力提高审查复查案件、出庭支持抗诉、发现纠正违法能力特别是群众工作能力和舆情应对引导能力。同时，《意见》提出了加强队伍建设的长效机制，要求建立和完善上下级院、东中西部刑事申诉检察人员交流培养机制，建立全国和省级刑事申诉检察人才库，开展优秀办案能手和精品案件评选活动，不断提高队伍专业化水平。

三是高度重视刑事申诉检察机构建设和人员配备。一些地方刑事申诉检察机构不健全、人员配备偏弱、办案力量不足，不适应刑事申诉检察工作特别是新增业务发展的需要。《意见》坚持从实际出发，提出加强刑事申诉检察机构建设，有条件的省级、地市级检察院和办案任务较重的基层检察院可以实行刑事申诉检察机构与控告检察机构分设，没有分设的应设置专门的办案组、明确专门的检察人员负责刑事申诉检察业务。根据刑事申诉检察业务发展实际需要，适当增加刑事申诉检察部门人员编制，选调年富力强、具有刑事出庭和民事行政检察办案经验的复合型人才充实刑事申诉检察队伍，优化队伍年龄、知识、专业结构。

二、贯彻《意见》要注意的问题

《意见》是从更高层次、更高水平上推动刑事申诉检察工作创新发展的指导性文件，贯彻《意见》必须解决好思想观念、工作思路、办案模式等带有全局性、根本性、深层次的问题。

一要注意思想认识的转变，一些地方刑事申诉检察工作长期被动应付甚至出现边缘化倾向，与这些地方检察机关和检察人员特别是领导对这项工作重视不够、抓得不紧有很大关系。刑事申诉检察是监督制约权力、保障救济权利的工作，是纠正司法错误、伸张公平正义的工作，是检察机关保障人权最重要的职能之一。特别是那些因“死者归来”、“真凶投案”才得以平反昭雪的冤错案件，既反映了极少数执法人员人权观念的淡漠，也反映了刑事申诉检察工作的薄弱。一定要把思想统一到《意见》上来，从深入贯彻落实党的十八大精神，践行执法为民宗旨，加强和创新社会管理，强化法律监督和自身监督，坚持和发展中国特色社会主义检察制度，切实尊重和保障人权，更好地维护社会和谐稳定和公平正义的高度，切实加强和改进刑事申诉检察工作。

二要注意执法理念的更新。贯彻《意见》，首先要注意彻底扭转实践中长期遗留和不同程度存在的重打击轻保护、重维稳轻维权、重配合轻监督、重办案轻息诉等片面的观念，以正确的执法理念引领刑事申诉检察工作科学发展。特别是要树立打击保护并重的理念，既要维护和发挥刑罚惩治犯罪的功用，又要考虑刑罚的严厉性及其错用的严重危害性，做到对冤错案件“零容忍”；树立公正效率兼顾的理念，既加大办案力度，维护司法公正，又严把立案标准，节约司法资源；树立维权就是维稳的理念，真正通过依法公正办理申诉案件，保障公民合法权益，促进社会矛盾的“柔性”化解和彻底消解；树立纠错防错并举的理念，既依法纠正司法错误，又注重原因分析，促进源头治理；树立办案息诉统筹的理念，把善后息诉工作贯穿于刑事申诉案件办案的始终；树立监督配合相容的理念，在配合中不忘监督职责，在监督中加强相互配合，共同维护司法公正和公信。

三要注意工作布局的调整。在实践中，要适应《意见》要求，及时调整刑事申诉检察工作布局，实现科学发展。尤其要牢牢把握刑事申诉检察的基本职责，全面加强办理不服检察机关处理决定申诉案件、办理不服法院生效刑事裁判申诉案件、办理国家赔偿案件和办理刑事被害人救助案件四项工作，做到统筹兼顾、相互促进，实现全面、协调发展；牢牢把握刑事申诉检察的法律监督属性，把工作重点放到履行监督职责上来，切实增强监督意识，全面强化对内、对外监督，充分发挥维护司法公正、推进法治中国建设的作用；牢牢把握刑事申诉检察的业务工作特性，把工作重心放到执法办案上来，大力抓好刑事申诉、国家赔偿等各类案件的办理工作，通过办案履行监督职责、保障救济权利、化解社会矛盾，通过办案彰显和强化刑事申诉检察的地位和作用。

四要注意办案模式的变革。执法办案是刑事申诉检察工作的中心，《意见》关于加强和改进刑事申诉检察工作的新举措新要求，最终都要落实到执法办案上来。因此，贯彻《意见》必须适应新要求，推进办案模式的变革。

尤其要实现以下几个方面的转变：办案要求上，要从片面注重办案数量向办案数量、质量、效率、效果、安全有机统一的要求转变；办案流程上，要从受理、审查、复查等数个办案环节向自受理至抗诉、出席再审法庭等全程办案转变；办案手段上，要从作出审查结论、提出抗诉意见等单一手段向直接抗诉、提出再审检察建议、移送职务犯罪线索、提交分析报告等多种手段并用转变；办案内容上，要从书面审查、复核证据等简单办案向全面复查、质证辩论等“高技术含量”办案转变；办案类型上，要从侧重申诉案件办理向申诉案件、监督案件、救助案件全面办理转变；办案组织上，要从单一组织办案向上下协作、一体办案转变；办案效果上，要从就案办案向办案、监督、救济、息诉统筹兼顾，实现“三个效果”有机统一转变。

五要注意工作作风的改进。良好的工作作风是《意见》落实的可靠保障，尤其是当前，刑事申诉检察工作还比较薄弱，《意见》落实中既有不少“老大难”问题也会遇到不少新情况，更需要树立和发扬优良作风。特别是要树立和发扬开拓创新、与时俱进的作风，面对刑事申诉检察工作发展中的风险和挑战，注重加强理论研究，勇于进行实践探索，以理论创新、机制创新推动工作创新；树立和发扬真抓实干、务实求进的做法，针对《意见》提出的各项任务，细化、实化、强化工作措施，逐项抓好落实；树立和发扬顽强拼搏、克难奋进的作风，着力破解“申诉难”、“息诉难”等问题，切实扭转刑事申诉检察工作薄弱的状况；树立和发扬上下一心、团结共进的作风，加强组织领导、业务指导、沟通协调和工作报告，共同解决工作中遇到的实际困难和问题，合力推动刑事申诉检察工作平衡、协调、健康发展。

军人违反职责罪案件立案标准的规定

（2013年2月26日公布　2013年3月28日施行　政检〔2013〕1号）

为了依法惩治军人违反职责犯罪，保护国家军事利益，根据《中华人民共和国刑法》、《中华人民共和国刑事诉讼法》和其他有关规定，结合军队司法实践，制定本规定。

第一条　战时违抗命令案（刑法第四百二十一条）

战时违抗命令罪是指战时违抗命令，对作战造成危害的行为。

违抗命令，是指主观上出于故意，客观上违背、抗拒首长、上级职权范围内的命令，包括拒绝接受命令、拒不执行命令，或者不按照命令的具体要求行动等。

战时涉嫌下列情形之一的，应予立案：

（一）扰乱作战部署或者贻误战机的；

（二）造成作战任务不能完成或者迟缓完成的；

（三）造成我方人员死亡一人以上，或者重伤二人以上，或者轻伤三人以上的；

（四）造成武器装备、军事设施、军用物资损毁，直接影响作战任务完成的；

（五）对作战造成其他危害的。

第二条　隐瞒、谎报军情案（刑法第四百二十二条）

隐瞒、谎报军情罪是指故意隐瞒、谎报军情，对作战造成危害的行为。

涉嫌下列情形之一的，应予立案：

（一）造成首长、上级决策失误的；

（二）造成作战任务不能完成或者迟缓完成的；

（三）造成我方人员死亡一人以上，或者重伤二人以上，或者轻伤三人以上的；

（四）造成武器装备、军事设施、军用物资损毁，直接影响作战任务完成的；

（五）对作战造成其他危害的。

第三条　拒传、假传军令案（刑法第四百二十二条）

拒传军令罪是指负有传递军令职责的军人，明知是军令而故意拒绝传递或者拖延传递，对作战造成危害的行为。

假传军令罪是指故意伪造、篡改军令，或者明知是伪造、篡改的军令而予以传达或者发布，对作战造成危害的行为。

涉嫌下列情形之一的，应予立案：

（一）造成首长、上级决策失误的；

（二）造成作战任务不能完成或者迟缓完成的；

（三）造成我方人员死亡一人以上，或者重伤二人以上，或者轻伤三人以上的；

（四）造成武器装备、军事设施、军用物资损毁，直接影响作战任务完成的；

（五）对作战造成其他危害的。

第四条 投降案（刑法第四百二十三条）

投降罪是指在战场上贪生怕死，自动放下武器投降敌人的行为。

凡涉嫌投降敌人的，应予立案。

第五条 战时临阵脱逃案（刑法第四百二十四条）

战时临阵脱逃罪是指在战斗中或者在接受作战任务后，逃离战斗岗位的行为。

凡战时涉嫌临阵脱逃的，应予立案。

第六条 擅离、玩忽军事职守案（刑法第四百二十五条）

擅离、玩忽军事职守罪是指指挥人员和值班、值勤人员擅自离开正在履行职责的岗位，或者在履行职责的岗位上，严重不负责任，不履行或者不正确履行职责，造成严重后果的行为。

指挥人员，是指对部队或者部属负有组织、领导、管理职责的人员。专业主管人员在其业务管理范围内，视为指挥人员。

值班人员，是指军队各单位、各部门为保持指挥或者履行职责不间断而设立的、负责处理本单位、本部门特定事务的人员。

值勤人员，是指正在担任警卫、巡逻、观察、纠察、押运等勤务，或者作战勤务工作的人员。

涉嫌下列情形之一的，应予立案：

（一）造成重大任务不能完成或者迟缓完成的；

（二）造成死亡一人以上，或者重伤三人以上，或者重伤二人、轻伤四人以上，或者重伤一人、轻伤七人以上，或者轻伤十人以上的；

（三）造成枪支、手榴弹、爆炸装置或者子弹十发、雷管三十枚、导火索或者导爆索三十米、炸药一千克以上丢失、被盗，或者不满规定数量，但后果严重的，或者造成其他重要武器装备、器材丢失、被盗的；

（四）造成武器装备、军事设施、军用物资或者其他财产损毁，直接经济损失三十万元以上，或者直接经济损失、间接经济损失合计一百五十万元以上的；

（五）造成其他严重后果的。

第七条 阻碍执行军事职务案（刑法第四百二十六条）

阻碍执行军事职务罪是指以暴力、威胁方法，阻碍指挥人员或者值班、值勤人员执行职务的行为。

凡涉嫌阻碍执行军事职务的，应予立案。

第八条 指使部属违反职责案（刑法第四百二十七条）

指使部属违反职责罪是指指挥人员滥用职权，指使部属进行违反职责的活动，造成严重后果的行为。

涉嫌下列情形之一的，应予立案：

（一）造成重大任务不能完成或者迟缓完成的；

（二）造成死亡一人以上，或者重伤二人以上，或者重伤一人、轻伤三人以上，或者轻伤五人以上的；

（三）造成武器装备、军事设施、军用物资或者其他财产损毁，直接经济损失二十万元以上，或者直接经济损失、间接经济损失合计一百万元以上的；

（四）造成其他严重后果的。

第九条 违令作战消极案（刑法第四百二十八条）

违令作战消极罪是指指挥人员违抗命令，临阵畏缩，作战消极，造成严重后果的行为。

违抗命令，临阵畏缩，作战消极，是指在作战中故意违背、抗拒执行首长、上级的命令，面临战斗任务而畏难怕险，怯战怠战，行动消极。

涉嫌下列情形之一的，应予立案：

（一）扰乱作战部署或者贻误战机的；

（二）造成作战任务不能完成或者迟缓完成的；

（三）造成我方人员死亡一人以上，或者重伤二人以上，或者轻伤三人以上的；

（四）造成武器装备、军事设施、军用物资或者其他财产损毁，直接经济损失二十万元以上，或者直接经济损失、间接经济损失合计一百万元以上的；

（五）造成其他严重后果的。

第十条 拒不救援友邻部队案（刑法第四百二十九条）

拒不救援友邻部队罪是指指挥人员在战场上，明知友邻部队面临被敌人包围、追击或者阵地将被攻陷等危急情况请求救援，能救援而不救援，致使友邻部队遭受重大损失的行为。

能救援而不救援，是指根据当时自己部队（分队）所处的环境、作战能力及所担负的任务，有条件组织救援却没有组织救援。

涉嫌下列情形之一的，应予立案：

（一）造成战斗失利的；

（二）造成阵地失陷的；

（三）造成突围严重受挫的；

（四）造成我方人员死亡三人以上，或者重伤十人以上，或者轻伤十五人以上的；

（五）造成武器装备、军事设施、军用物资损毁，直接经济损失一百万元以上的；

（六）造成其他重大损失的。

第十一条 军人叛逃案（刑法第四百三十条）

军人叛逃罪是指军人在履行公务期间，擅离岗位，叛逃境外或者在境外叛逃，危害国家军事利益的行为。

涉嫌下列情形之一的，应予立案：

（一）因反对国家政权和社会主义制度而出逃的；

（二）掌握、携带军事秘密出境后滞留不归的；

（三）申请政治避难的；

（四）公开发表叛国言论的；

（五）投靠境外反动机构或者组织的；

（六）出逃至交战对方区域的；

（七）进行其他危害国家军事利益活动的。

第十二条 非法获取军事秘密案（刑法第四百三十一条第一款）

非法获取军事秘密罪是指违反国家和军队的保密规定，采取窃取、刺探、收买方法，非法获取军事秘密的行为。

军事秘密，是关系国防安全和军事利益，依照规定的权限和程序确定，在一定时间内只限一定范围的人员知悉的事项。内容包括：

（一）国防和武装力量建设规划及其实施情况；

（二）军事部署，作战、训练以及处置突发事件等军事行动中需要控制知悉范围的事项；

（三）军事情报及其来源，军事通信、信息对抗以及其他特种业务的手段、能力，密码以及有关资料；

（四）武装力量的组织编制，部队的任务、实力、状态等情况中需要控制知悉范围的事项，特殊单位以及师级以下部队的番号；

（五）国防动员计划及其实施情况；

（六）武器装备的研制、生产、配备情况和补充、维修能力，特种军事装备的战术技术性能；

（七）军事学术和国防科学技术研究的重要项目、成果及其应用情况中需要控制知悉范围的事项；

（八）军队政治工作中不宜公开的事项；

（九）国防费分配和使用的具体事项，军事物资的筹措、生产、供应和储备等情况中需要控制知悉范围的事项；

（十）军事设施及其保护情况中不宜公开的事项；

（十一）对外军事交流与合作中不宜公开的事项；

（十二）其他需要保密的事项。

凡涉嫌非法获取军事秘密的，应予立案。

第十三条 为境外窃取、刺探、收买、非法提供军事秘密案（刑法第四百三十一条第二款）

为境外窃取、刺探、收买、非法提供军事秘密罪是指违反国家和军队的保密规定，为境外的机构、组织、人员窃取、刺探、收买、非法提供军事秘密的行为。

凡涉嫌为境外窃取、刺探、收买、非法提供军事秘密的，应予立案。

第十四条 故意泄露军事秘密案（刑法第四百三十二条）

故意泄露军事秘密罪是指违反国家和军队的保密规定，故意使军事秘密被不应知悉者知悉或者超出了限定的接触范围，情节严重的行为。

涉嫌下列情形之一的，应予立案：

（一）泄露绝密级或者机密级军事秘密一项（件）以上的；

（二）泄露秘密级军事秘密三项（件）以上的；

（三）向公众散布、传播军事秘密的；

（四）泄露军事秘密造成严重危害后果的；

（五）利用职权指使或者强迫他人泄露军事秘密的；

（六）负有特殊保密义务的人员泄密的；

（七）以牟取私利为目的泄露军事秘密的；

（八）执行重大任务时泄密的；

（九）有其他情节严重行为的。

第十五条 过失泄露军事秘密案（刑法第四百三十二条）

过失泄露军事秘密罪是指违反国家和军队的保密规定，过失泄露军事秘密，致使军事秘密被不应知悉者知悉或者超出了限定的接触范围，情节严重的行为。

涉嫌下列情形之一的，应予立案：

（一）泄露绝密级军事秘密一项（件）以上的；

（二）泄露机密级军事秘密三项（件）以上的；

（三）泄露秘密级军事秘密四项（件）以上的；

（四）负有特殊保密义务的人员泄密的；

（五）泄露军事秘密或者遗失军事秘密载体，不按照规定报告，或者不如实提供有关情况，或者未及时采取补救措施的；

（六）有其他情节严重行为的。

第十六条 战时造谣惑众案（刑法第四百三十三条）

战时造谣惑众罪是指在战时造谣惑众，动摇军心的行为。

造谣惑众，动摇军心，是指故意编造、散布谣言，煽动怯战、厌战或者恐怖情绪，蛊惑官兵，造成或者足以造成部队情绪恐慌、士气不振、军心涣散的行为。

凡战时涉嫌造谣惑众，动摇军心的，应予立案。

第十七条 战时自伤案（刑法第四百三十四条）

战时自伤罪是指在战时为了逃避军事义务，故意伤害自己身体的行为。

逃避军事义务，是指逃避临战准备、作战行动、战场勤务和其他作战保障任务等与作战有关的义务。

凡战时涉嫌自伤致使不能履行军事义务的，应予立案。

第十八条 逃离部队案（刑法第四百三十五条）

逃离部队罪是指违反兵役法规，逃离部队，情节严重的行为。

违反兵役法规，是指违反国防法、兵役法和军队条令条例以及其他有关兵役方面的法律规定。

逃离部队，是指擅自离开部队或者经批准外出逾期拒不归队。

涉嫌下列情形之一的，应予立案：

（一）逃离部队持续时间达三个月以上或者三次以上或者累计时间达六个月以上的；

（二）担负重要职责的人员逃离部队的；

（三）策动三人以上或者胁迫他人逃离部队的；

（四）在执行重大任务期间逃离部队的；

（五）携带武器装备逃离部队的；

（六）有其他情节严重行为的。

第十九条 武器装备肇事案（刑法第四百三十六条）

武器装备肇事罪是指违反武器装备使用规定，情节严重，因而发生责任事故，致人重伤、死亡或者造成其他严重后果的行为。

情节严重，是指故意违反武器装备使用规定，或者在使用过程中严重不负责任。

涉嫌下列情形之一的，应予立案：

（一）影响重大任务完成的；

（二）造成死亡一人以上，或者重伤二人以上，或者轻伤三人以上的；

（三）造成武器装备、军事设施、军用物资或者其他财产损毁，直接经济损失三十万元以上，或者直接经济损失、间接经济损失合计一百五十万元以上的；

（四）严重损害国家和军队声誉，造成恶劣影响的；

（五）造成其他严重后果的。

第二十条 擅自改变武器装备编配用途案（刑法第四百三十七条）

擅自改变武器装备编配用途罪是指违反武器装备管理规定，未经有权机关批准，擅自将编配的武器装备改作其他用途，造成严重后果的行为。

涉嫌下列情形之一的，应予立案：

（一）造成重大任务不能完成或者迟缓完成的；

（二）造成死亡一人以上，或者重伤三人以上，或者重伤二人、轻伤四人以上，或者重伤一人、轻伤七人以上，或者轻伤十人以上的；

（三）造成武器装备、军事设施、军用物资或者其他财产损毁，直接经济损失三十万元以上，或者直接经济损失、间接经济损失合计一百五十万元以上的；

（四）造成其他严重后果的。

第二十一条 盗窃、抢夺武器装备、军用物资案（刑法第四百三十八条）

盗窃武器装备罪是指以非法占有为目的，秘密窃取武器装备的行为。

抢夺武器装备罪是指以非法占有为目的，乘人不备，公然夺取武器装备的行为。

凡涉嫌盗窃、抢夺武器装备的，应予立案。

盗窃军用物资罪是指以非法占有为目的，秘密窃取军用物资的行为。

抢夺军用物资罪是指以非法占有为目的，乘人不备，公然夺取军用物资的行为。

凡涉嫌盗窃、抢夺军用物资价值二千元以上，或者不满规定数额，但后果严重的，应予立案。

第二十二条 非法出卖、转让武器装备案（刑法第四百三十九条）

非法出卖、转让武器装备罪是指非法出卖、转让武器装备的行为。

出卖、转让，是指违反武器装备管理规定，未经有权机关批准，擅自用武器装备换取金钱、财物或者其他利益，或者将武器装备馈赠他人的行为。

涉嫌下列情形之一的，应予立案：

（一）非法出卖、转让枪支、手榴弹、爆炸装置的；

（二）非法出卖、转让子弹十发、雷管三十枚、导火索或者导爆索三十米、炸药一千克以上，或者不满规定数量，但后果严重的；

（三）非法出卖、转让武器装备零部件或者维修器材、设备，致使武器装备报废或者直接经济损失三十万元以上的；

（四）非法出卖、转让其他重要武器装备的。

第二十三条 遗弃武器装备案（刑法第四百四十条）

遗弃武器装备罪是指负有保管、使用武器装备义务的军人，违抗命令，故意遗弃武器装备的行为。

涉嫌下列情形之一的，应予立案：

（一）遗弃枪支、手榴弹、爆炸装置的；

（二）遗弃子弹十发、雷管三十枚、导火索或者导爆索三十米、炸药一千克以上，或者不满规定数量，但后果严重的；

（三）遗弃武器装备零部件或者维修器材、设备，致使武器装备报废或者直接经济损失三十万元以上的；

（四）遗弃其他重要武器装备的。

第二十四条 遗失武器装备案（刑法第四百四十一条）

遗失武器装备罪是指遗失武器装备，不及时报告或者有其他严重情节的行为。

其他严重情节，是指遗失武器装备严重影响重大任务完成的；给人民群众生命财产安全造成严重危害的；遗失的武器装备被敌人或者境外的机构、组织和人员或者国内恐怖组织和人员利用，造成严重后果或者恶劣影响的；遗失的武器装备数量多、价值高的；战时遗失的；等等。

凡涉嫌遗失武器装备不及时报告或者有其他严重情节的，应予立案。

第二十五条 擅自出卖、转让军队房地产案（刑法第四百四十二条）

擅自出卖、转让军队房地产罪是指违反军队房地产管理和使用规定，未经有权机关批准，擅自出卖、转让军队房地产，情节严重的行为。

军队房地产，是指依法由军队使用管理的土地及其地上地下用于营房保障的建筑物、构筑物、附属设施设备，以及其他附着物。

涉嫌下列情形之一的，应予立案：

（一）擅自出卖、转让军队房地产价值三十万元以上的；

（二）擅自出卖、转让军队房地产给境外的机构、组织、人员的；

（三）擅自出卖、转让军队房地产严重影响部队正常战备、训练、工作、生活和完成军事任务的；

（四）擅自出卖、转让军队房地产给军事设施安全造成严重危害的；

（五）有其他情节严重行为的。

第二十六条 虐待部属案（刑法第四百四十三条）

虐待部属罪是指滥用职权，虐待部属，情节恶劣，致人重伤、死亡或者造成其他严重后果的行为。

虐待部属，是指采取殴打、体罚、冻饿或者其他有损身心健康的手段，折磨、摧残部属的行为。

情节恶劣，是指虐待手段残酷的；虐待三人以上的；虐待部属三次以上的；虐待伤病残部属的；等等。

其他严重后果，是指部属不堪忍受虐待而自杀、自残造成重伤或者精神失常的；诱发其他案件、事故的；导致部属一人逃离部队三次以上，或者二人以上逃离部队的；造成恶劣影响的；等等。

凡涉嫌虐待部属，情节恶劣，致人重伤、死亡或者造成其他严重后果的，应予立案。

第二十七条 遗弃伤病军人案（刑法第四百四十四条）

遗弃伤病军人罪是指在战场上故意遗弃我方伤病军人，情节恶劣的行为。

涉嫌下列情形之一的，应予立案：

（一）为挟嫌报复而遗弃伤病军人的；

（二）遗弃伤病军人三人以上的；

（三）导致伤病军人死亡、失踪、被俘的；

（四）有其他恶劣情节的。

第二十八条 战时拒不救治伤病军人案（刑法第四百四十五条）

战时拒不救治伤病军人罪是指战时在救护治疗职位上，有条件救治而拒不救治危重伤病军人的行为。

有条件救治而拒不救治，是指根据伤病军人的伤情或者病情，结合救护人员的技术水平、医疗单位的医疗条件及当时的客观环境等因素，能够给予救治而拒绝抢救、治疗。

凡战时涉嫌拒不救治伤病军人的，应予立案。

第二十九条 战时残害居民、掠夺居民财物案（刑法第四百四十六条）

战时残害居民罪是指战时在军事行动地区残害无辜居民的行为。

无辜居民，是指对我军无敌对行动的平民。

战时涉嫌下列情形之一的，应予立案：

（一）故意造成无辜居民死亡、重伤或者轻伤三人以上的；

（二）强奸无辜居民的；

（三）故意损毁无辜居民财物价值五千元以上，或者不满规定数额，但手段恶劣、后果严重的。

战时掠夺居民财物罪是指战时在军事行动地区抢劫、抢夺无辜居民财物的行为。

战时涉嫌下列情形之一的，应予立案：

（一）抢劫无辜居民财物的；

（二）抢夺无辜居民财物价值二千元以上，或者不满规定数额，但手段恶劣、后果严重的。

第三十条　私放俘虏案（刑法第四百四十七条）

私放俘虏罪是指擅自将俘虏放走的行为。凡涉嫌私放俘虏的，应予立案。

第三十一条　虐待俘虏案（刑法第四百四十八条）

虐待俘虏罪是指虐待俘虏，情节恶劣的行为。

涉嫌下列情形之一的，应予立案：

（一）指挥人员虐待俘虏的；

（二）虐待俘虏三人以上，或者虐待俘虏三次以上的；

（三）虐待俘虏手段特别残忍的；

（四）虐待伤病俘虏的；

（五）导致俘虏自杀、逃跑等严重后果的；

（六）造成恶劣影响的；

（七）有其他恶劣情节的。

第三十二条　本规定适用于中国人民解放军的现役军官、文职干部、士兵及具有军籍的学员和中国人民武装警察部队的现役警官、文职干部、士兵及具有军籍的学员以及执行军事任务的预备役人员和其他人员涉嫌军人违反职责犯罪的案件。

第三十三条　本规定所称“战时”，是指国家宣布进入战争状态、部队受领作战任务或者遭敌突然袭击时。部队执行戒严任务或者处置突发性暴力事件时，以战时论。

第三十四条　本规定中的“违反职责”，是指违反国家法律、法规，军事法规、军事规章所规定的军人职责，包括军人的共同职责，士兵、军官和首长的一般职责，各类主管人员和其他从事专门工作的军人的专业职责等。

第三十五条 本规定所称“以上”，包括本数；有关犯罪数额“不满”，是指已达到该数额百分之八十以上。

第三十六条 本规定中的“直接经济损失”，是指与行为有直接因果关系而造成的财产损毁、减少的实际价值；“间接经济损失”，是指由直接经济损失引起和牵连的其他损失，包括失去在正常情况下可能获得的利益和为恢复正常管理活动或者为挽回已经造成的损失所支付的各种费用等。

第三十七条 本规定中的“武器装备”，是实施和保障军事行动的武器、武器系统和军事技术器材的统称。

第三十八条 本规定中的“军用物资”，是除武器装备以外专供武装力量使用的各种物资的统称，包括装备器材、军需物资、医疗物资、油料物资、营房物资等。

第三十九条 本规定中财物价值和损失的确定，由部队驻地人民法院、人民检察院和公安机关指定的价格事务机构进行估价。武器装备、军事设施、军用物资的价值和损失，由部队军以上单位的主管部门确定；有条件的，也可以由部队驻地人民法院、人民检察院和公安机关指定的价格事务机构进行估价。

第四十条 本规定自2013年3月28日起施行。2002年10月31日总政治部发布的《关于军人违反职责罪案件立案标准的规定（试行）》同时废止。

《军人违反职责罪案件立案标准的规定》理解与适用

韩耀元　王文利　吴峤滨*

2013年2月26日，最高人民检察院、解放军总政治部联合印发了《军人违反职责罪案件立案标准的规定》（以下简称《立案标准》）。《立案标准》根据刑法、刑事诉讼法和其他有关规定，结合军队司法实践，对2002年解放军总政治部《关于军人违反职责罪案件立案标准的规定（试行）》（以下简称《2002年立案标准》）作了全面系统的修订，明确了刑法第十章规定的31种军人违反职责犯罪的立案标准。为便于深入理解和掌握《立案标准》的基本精神和主要内容，现就《立案标准》的有关问题解读如下：

一、制定《立案标准》的背景、过程及意义

最高人民检察院、解放军总政治部联合制发《立案标准》，主要出于以下几方面考虑：一是与国家法治建设进程相适应。《2002年立案标准》试行10年来，对于惩治军人违反职责犯罪，教育官兵正确履行职责，维护国家军事利益和部队纯洁巩固发挥了重要作用。近年来，随着国家法治建设不断推进，《2002年立案标准》有的内容明显滞后，与有关法律法规不相一致；有的标准存在不足，与社会发展实际不尽符合；有的表述不够准确，影响司法机关理解把握和适用。因此，亟须修改完善，重新修订颁布。二是与军队建设形势任务相适应。相较十年前，现阶段我军建设所处的社会环境、担负的使命任务发生很大变化，特别是随着军事斗争准备拓展深化，武器装备科技含量日益增大，官兵履行职责面临的挑战和考验更加严峻。军人违反职责罪案件的立案标准，涵盖部队作战行动、军事秘密、武器装备、内外关系等很多领域，涉及履行职责的方方面面，应随着形势任务的变化作出相应调整，使之更加适应军队建设的需要。修订颁发《立案标准》，正是为了应对军队建设形势任务发展变化对军人履行职责提出的新挑战，更好地为维护部队纯洁，巩固和提高战斗力，顺利完成各项任务提供重要保障。三是与依法从严治军要求相适应。依法治军、从严治军是强军之基。军人违反职责罪案件立案标准，根据我国刑法分则第十章的规定，细化明确了31种军人违反职责犯罪行为应予立案的具体情形，既是查办案件、惩治犯罪的基本遵循，也是规范和引导军人依法正确履行职责的

---

* 作者单位：最高人民检察院法律政策研究室。

行为准则，对于保证国家法律在军队的统一、正确实施具有重要意义。作为与国家刑法相配套、具有法律效力的司法解释性质文件，《立案标准》的印发施行，体现了依法治军、从严治军方针的内在要求，为进一步完善军事司法制度，夯实强军之基，实现党在新形势下的强军目标提供了重要法律保障。

自2011年6月起，最高人民检察院、解放军总政治部共同启动《立案标准》的研究制定工作。通过专题调研、召开会议等方式听取了有关部门、单位的意见和建议，书面征求了全国人大常委会法工委、最高人民法院、公安部等中央机关和解放军四总部有关部门、军事科学院、国防大学、西安政治学院、大连舰艇学院等军内单位的意见。在研究制定工作中，严格依据刑法规定，坚持罪刑法定、罪责刑相适应的原则，充分体现军法从严、战时从严的要求，注重吸取军队司法工作实践中有益的经验，重点对《2002年立案标准》中与国家有关法律法规不一致、与军队建设形势任务不适应和立案标准不够具体细化以及文字表述不够严谨规范等内容，进行了修改完善，较大的修改共120余处。修订后的《立案标准》共40条，对31种军人违反职责罪案件立案标准作了具体规定，调整了其中14种案件39项涉嫌犯罪情形的立案起点，同时对《立案标准》的适用范围，以及“战时”、“违反职责”、“武器装备”、“军用物资”等名词定义等作了明确界定，使《立案标准》更具规范性、权威性和可操作性。

综合各方面的意见，经多次研究修改，最高人民检察院、解放军总政治部于2013年2月26日联合印发《立案标准》，自3月28日起施行。

《立案标准》是具有法律效力的司法解释性质文件，为司法机关查办军人违反职责犯罪案件提供了法律依据。《立案标准》的施行，是最高人民检察院、解放军总政治部进一步推进军队军事法治建设，完善军事司法制度，提高军队刑事司法水平，拓展和深化军事斗争法律工作，增强官兵能打仗、打胜仗的使命感和责任感以及巩固提高部队战斗力的重大举措，对于贯彻落实依法治军、从严治军方针，有效预防和惩治军人违反职责犯罪，教育广大官兵、执行军事任务的预备役人员和其他人员依法履职尽责，具有重要意义。

二、制定《立案标准》的主要原则

研究制定《立案标准》，主要遵循以下三个原则：一是坚持战斗力标准。军人违反职责罪作为国家刑法典的重要组成部分，是保证部队作战行动和军事斗争准备顺利实施、维护国家军事利益的重要军事刑法。它所包含的31种具体犯罪行为，与作战直接相关、只能在战时发生的有14种，平时和战时都可能发生的为17种。修订《立案标准》，始终着眼于建设一支听党指挥、能打胜仗、作风优良的队伍这个强军目标，以巩固提高战斗力、保障作战胜利为根本出发点和落脚点，从维护部队作战秩序、维护战斗力生成物质基础、维护军事秘密安全、维护军队内外关系等方面对立案标准作了相应的修改和完善。二是贯彻宽严相济刑事政策。这次修订《立案标准》，着眼于惩治极少数、教育大多数，既强调军法从严、战时从严，又坚持罪责刑相适应，根据国家有关法规调整了一些案件的立案起点。比如，故意泄露军事秘密案中，《立案标准》明确只要泄露机密级军事秘密1项（件）以上的就应立案，更加突出加强对军事秘密的保护；拒不救援友邻部队案中，《立案标准》将立案起点从造成友邻部队武器装备、军事设施、军用物资损毁的直接经济损失30万元以上，提高到100万元以上，主要是与刑法关于遭受重大损失的要求相一致，从而控制刑事打击面。三是突出规范性及权威性。修订起草过程中，在深入调研论证的基础上，充分听取了有关中央机关、军内单位的意见和建议，逐条、逐字、逐句进行修改完善，力求更加准确、严谨、规范。同时，充分吸收司法实践经验，注重与刑法、有关军事法规和司法解释相统一，注意研究解决司法实践中迫切需要并且有条件处理的矛盾问题，以保持权威性和稳定性。《立案标准》由最高人民检察院和解放军总政治部联合颁发，既保证了司法解释主体的适格，也使其更具法律效力。

三、《立案标准》的主要内容

《立案标准》共40条。其中，第一条至第三十一条为核心部分，是关于军人违反职责罪31种案件的具体立案标准，是对刑法相关条文的进一步阐释和细化。第三十二条规定了文件的适用范围，第三十三条至第四十条对“战时”、“违反职责”、“武器装备”、“军用物资”、“直接经济损失”、“间接经济损失”等名词的定义和施行时间等事项进行了明确。

作为《立案标准》的主体内容，军人违反职责罪31种案件的具体立案标准是这次修改最集中的地方。整个《立案标准》，较大的修改共有120余处，调整了其中14种案件39项涉嫌犯罪情形的立案起点，主要体现在以下几个方面：一是注重与有关法律法规和司法解释相统一。《2002年立案标准》试行以来，最高人民检察院相继颁发了关于渎职侵权案件立案标准的规定、渎职侵权重特大案件标准等司法解释和司法解释性质文件。《立案标准》关于军人违反职责罪渎职侵权类案件的立案标准按照军法从严的原则，作了相应调整，确保与相关司法解释有效衔接。此外，《立案标准》根据中央军委新颁布的《中国人民解放军保密条例》，对军事秘密的概念和内容进行了修改，如军一级部队的番号不再作为保密事项予以保留，等等，目的也是与军事法规保持一致。二是将过于宽泛的标准加以具体细化。主要是把《2002年立案标准》中较为笼统、宽泛的立案标准适当加以量化，便于理解把握和具体适用。比如，遗弃武器装备案中，原立案标准规定“凡涉嫌违抗命令，遗弃武器装备的，应予立案”，这一标准打击面过宽，不符合罪责刑相适应原则。修改时参照非法出卖、转让武器装备案的立案标准规定了遗弃枪支、手榴弹、爆炸装置等四种情形，并设置了数量标准。再如，虐待部属案中，根据刑法原意，“情节恶劣”和“致人重伤、死亡或者造成其他严重后果的”是构成犯罪的两个必备要件，但原立案标准中有的并不同时具备，如“虐待三人以上，或者多次虐待部属的”可认定为情节恶劣，但并不一定会造成重伤等严重后果。修改时把构成两个要件的情形具体分列，并将多次虐待的次数确定为三次以上，使立案标准更加细化明确，便于司法实践中操作。三是力求符合经济社会发展和军队建设实际。随着我国经济社会发展，《2002 年立案标准》中关于财产价值的衡量、军事术语的内涵等都已发生了很大变化，应坚持与时俱进，适时修改完善。比如，擅自出卖、转让军队房地产案中，原立案标准规定“出卖、转让军队土地、林木 1000 平方米以上，或者房屋 3000 平方米以上，或者价值 30 万元以上的，应予立案”，但当前土地、林木 1000 平方米和房屋 3000 平方米的价值与 30 万元的标准差距较大，这次修改时删去了土地、林木等项目和面积数值，统一用房地产价值 30 万元来衡量。再如，战时违抗命令案中，按照军事常识理解，违抗命令不仅表现为命令下达时拒绝接受，也表现为命令下达后拒不执行等多种现象，新立案标准在解释违抗命令时把后者纳入进来，使之切合部队实际，更加严谨准确。

最高人民法院、最高人民检察院
关于办理盗窃刑事案件适用法律若干问题的解释

（2013年3月8日最高人民法院审判委员会第1571次会议、2013年3月18日最高人民检察院第十二届检察委员会第1次会议通过 2013年4月2日公布 2013年4月4日施行 法释〔2013〕8号）

为依法惩治盗窃犯罪活动，保护公私财产，根据《中华人民共和国刑法》、《中华人民共和国刑事诉讼法》的有关规定，现就办理盗窃刑事案件适用法律的若干问题解释如下：

第一条 盗窃公私财物价值一千元至三千元以上、三万元至十万元以上、三十万元至五十万元以上的，应当分别认定为刑法第二百六十四条规定的“数额较大”、“数额巨大”、“数额特别巨大”。

各省、自治区、直辖市高级人民法院、人民检察院可以根据本地区经济发展状况，并考虑社会治安状况，在前款规定的数额幅度内，确定本地区执行的具体数额标准，报最高人民法院、最高人民检察院批准。

在跨地区运行的公共交通工具上盗窃，盗窃地点无法查证的，盗窃数额是否达到“数额较大”、“数额巨大”、“数额特别巨大”，应当根据受理案件所在地省、自治区、直辖市高级人民法院、人民检察院确定的有关数额标准认定。

盗窃毒品等违禁品，应当按照盗窃罪处理的，根据情节轻重量刑。

第二条 盗窃公私财物，具有下列情形之一的，“数额较大”的标准可以按照前条规定标准的百分之五十确定：

（一）曾因盗窃受过刑事处罚的；

（二）一年内曾因盗窃受过行政处罚的；

（三）组织、控制未成年人盗窃的；

（四）自然灾害、事故灾害、社会安全事件等突发事件期间，在事件发生地盗窃的；

（五）盗窃残疾人、孤寡老人、丧失劳动能力人的财物的；

（六）在医院盗窃病人或者其亲友财物的；

（七）盗窃救灾、抢险、防汛、优抚、扶贫、移民、救济款物的；

（八）因盗窃造成严重后果的。

第三条 二年内盗窃三次以上的，应当认定为“多次盗窃”。

非法进入供他人家庭生活，与外界相对隔离的住所盗窃的，应当认定为“入户盗窃”。

携带枪支、爆炸物、管制刀具等国家禁止个人携带的器械盗窃，或者为了实施违法犯罪携带其他足以危害他人人身安全的器械盗窃的，应当认定为“携带凶器盗窃”。

在公共场所或者公共交通工具上盗窃他人随身携带的财物的，应当认定为“扒窃”。

第四条 盗窃的数额，按照下列方法认定：

（一）被盗财物有有效价格证明的，根据有效价格证明认定；无有效价格证明，或者根据价格证明认定盗窃数额明显不合理的，应当按照有关规定委托估价机构估价；

（二）盗窃外币的，按照盗窃时中国外汇交易中心或者中国人民银行授权机构公布的人民币对该货币的中间价折合成人民币计算；中国外汇交易中心或者中国人民银行授权机构未公布汇率中间价的外币，按照盗窃时境内银行人民币对该货币的中间价折算成人民币，或者该货币在境内银行、国际外汇市场对美元汇率，与人民币对美元汇率中间价进行套算；

（三）盗窃电力、燃气、自来水等财物，盗窃数量能够查实的，按照查实的数量计算盗窃数额；盗窃数量无法查实的，以盗窃前六个月月均正常用量减去盗窃后计量仪表显示的月均用量推算盗窃数额；盗窃前正常使用不足六个月的，按照正常使用期间的月均用量减去盗窃后计量仪表显示的月均用量推算盗窃数额；

（四）明知是盗接他人通信线路、复制他人电信码号的电信设备、设施而使用的，按照合法用户为其支付的费用认定盗窃数额；无法直接确认的，以合法用户的电信设备、设施被盗接、复制后的月缴费额减去被盗接、复制前六个月的月均电话费推算盗窃数额；合法用户使用电信设备、设施不足六个月的，按照实际使用的月均电话费推算盗窃数额；

（五）盗接他人通信线路、复制他人电信码号出售的，按照销赃数额认定盗窃数额。

盗窃行为给失主造成的损失大于盗窃数额的，损失数额可以作为量刑情节考虑。

第五条 盗窃有价支付凭证、有价证券、有价票证的，按照下列方法认定盗窃数额：

（一）盗窃不记名、不挂失的有价支付凭证、有价证券、有价票证的，应当按票面数额和盗窃时应得的孳息、奖金或者奖品等可得收益一并计算盗窃数额；

（二）盗窃记名的有价支付凭证、有价证券、有价票证，已经兑现的，按照兑现部分的财物价值计算盗窃数额；没有兑现，但失主无法通过挂失、补领、补办手续等方式避免损失的，按照给失主造成的实际损失计算盗窃数额。

第六条 盗窃公私财物，具有本解释第二条第三项至第八项规定情形之一，或者入户盗窃、携带凶器盗窃，数额达到本解释第一条规定的"数额巨大"、"数额特别巨大"百分之五十的，可以分别认定为刑法第二百六十四条规定的"其他严重情节"或者"其他特别严重情节"。

第七条 盗窃公私财物数额较大，行为人认罪、悔罪，退赃、退赔，且具有下列情形之一，情节轻微的，可以不起诉或者免予刑事处罚；必要时，由有关部门予以行政处罚：

（一）具有法定从宽处罚情节的；

（二）没有参与分赃或者获赃较少且不是主犯的；

（三）被害人谅解的；

（四）其他情节轻微、危害不大的。

第八条 偷拿家庭成员或者近亲属的财物，获得谅解的，一般可以不认为是犯罪；追究刑事责任的，应当酌情从宽。

第九条 盗窃国有馆藏一般文物、三级文物、二级以上文物的，应当分别认定为刑法第二百六十四条规定的"数额较大"、"数额巨大"、"数额特别巨大"。

盗窃多件不同等级国有馆藏文物的，三件同级文物可以视为一件高一级文物。

盗窃民间收藏的文物的，根据本解释第四条第一款第一项的规定认定盗窃数额。

第十条 偷开他人机动车的，按照下列规定处理：

（一）偷开机动车，导致车辆丢失的，以盗窃罪定罪处罚；

（二）为盗窃其他财物，偷开机动车作为犯罪工具使用后非法占有车辆，或者将车辆遗弃导致丢失的，被盗车辆的价值计入盗窃数额；

（三）为实施其他犯罪，偷开机动车作为犯罪工具使用后非法占有车辆，或者将车辆遗弃导致丢失的，以盗窃罪和其他犯罪数罪并罚；将车辆送回未造成丢失的，按照其所实施的其他犯罪从重处罚。

第十一条 盗窃公私财物并造成财物损毁的，按照下列规定处理：

（一）采用破坏性手段盗窃公私财物，造成其他财物损毁的，以盗窃罪从重处罚；同时构成盗窃罪和其他犯罪的，择一重罪从重处罚；

（二）实施盗窃犯罪后，为掩盖罪行或者报复等，故意毁坏其他财物构成犯罪的，以盗窃罪和构成的其他犯罪数罪并罚；

（三）盗窃行为未构成犯罪，但损毁财物构成其他犯罪的，以其他犯罪定罪处罚。

第十二条 盗窃未遂，具有下列情形之一的，应当依法追究刑事责任：

（一）以数额巨大的财物为盗窃目标的；

（二）以珍贵文物为盗窃目标的；

（三）其他情节严重的情形。

盗窃既有既遂，又有未遂，分别达到不同量刑幅度的，依照处罚较重的规定处罚；达到同一量刑幅度的，以盗窃罪既遂处罚。

第十三条 单位组织、指使盗窃，符合刑法第二百六十四条及本解释有关规定的，以盗窃罪追究组织者、指使者、直接实施者的刑事责任。

第十四条 因犯盗窃罪，依法判处罚金刑的，应当在一千元以上盗窃数额的二倍以下判处罚金；没有盗窃数额或者盗窃数额无法计算的，应当在一千元以上十万元以下判处罚金。

第十五条 本解释发布实施后，《最高人民法院关于审理盗窃案件具体应用法律若干问题的解释》（法释〔1998〕4号）同时废止；之前发布的司法解释和规范性文件与本解释不一致的，以本解释为准。

附：最高人民法院、最高人民检察院批复各地办理盗窃刑事案件执行的具体数额标准

2013 年 4 月 2 日《最高人民法院、最高人民检察院关于办理盗窃刑事案件适用法律若干问题的解释》施行后，根据各地报送的具体数额标准，“两高”于2013 年6 月14 日下发《关于办理盗窃刑事案件执行具体数额标准问题的批复》（法〔2013〕138 号），同意各地执行数额标准。

各地报送的办理盗窃刑事案件具体数额标准

	数额较大（1000－3000）	数额巨大（3 万－10 万）	数额特别巨大（30 万－50 万）
北京	2000 元	6 万元	40 万元
天津	2000 元	6 万元	40 万元
河北	2000 元	6 万元	40 万元
山西	2000 元	5 万元	40 万元
内蒙古	1500 元	3 万元	40 万元
辽宁	2000 元	7 万元	40 万元
吉林	2000 元	3 万元	30 万元
黑龙江	1500 元	5 万元	35 万元
上海	1000 元	3 万元	30 万元
江苏	2000 元	5 万元	40 万元
浙江	3000 元	8 万元	40 万元
安徽	2000 元	5 万元	40 万元
福建	3000 元	6 万元	30 万元
江西	1500 元	5 万元	40 万元
山东	2000 元	6 万元	40 万元
河南	2000 元	5 万元	40 万元
湖北	贫困县（市）1000 元；其他地区 2000 元	贫困县（市）3 万元；其他地区 5 万元	贫困县（市）30 万元；其他地区 50 万元

续表

	数额较大 (1000－3000)	数额巨大 (3万－10万)	数额特别巨大 (30万－50万)
湖南	2000元	5万元	40万元
广东	一类地区3000元； 二类地区2000元	一类地区10万元； 二类地区6万元	一类地区50万元； 二类地区40万元
广西	1500元	4万元	40万元
海南	1500元	3万元	30万元
重庆	2000元	6万元	40万元
四川	1600元 牧区盗窃牛马3000元	5万元	35万元
贵州	1000元	3万元	30万元
云南	1500元	4万元	35万元
西藏	城镇2000元； 农牧区1000元	城镇5万元； 农牧区3万元	城镇40万元； 农牧区30万元
陕西	2000元	4万元	40万元
甘肃	2000元	6万元	40万元
青海	2000元	3万元	30万元
宁夏	1500元	3万元	30万元
新疆	2000元	5万元	30万元
兵团	2000元	5万元	30万元
军检	3000元	8万元	40万元

《最高人民法院、最高人民检察院关于办理盗窃刑事案件适用法律若干问题的解释》理解与适用

陈国庆　韩耀元　宋　丹*

《最高人民法院、最高人民检察院关于办理盗窃刑事案件适用法律若干问题的解释》（以下简称《解释》），分别经2013年3月8日最高人民法院审判委员会第1571次会议、2013年3月18日最高人民检察院第十二届检察委员会第1次会议审议通过，自2013年4月4日起施行。为便于司法工作人员正确理解和适用《解释》的相关规定，现对《解释》解读如下：

一、《解释》的制定背景及过程

盗窃犯罪是最为常见多发、对公私财产安全危害极大、严重影响人民群众安全感的一类犯罪。检察机关始终高度重视依法惩处盗窃犯罪，先后单独和联合其他部门制发了《最高人民法院、最高人民检察院、公安部关于盗窃罪数额认定标准问题的规定》、《最高人民法院、最高人民检察院、公安部关于铁路运输过程中盗窃罪数额认定标准问题的规定》、《最高人民检察院关于单位有关人员组织实施盗窃行为如何适用法律问题的批复》等一系列司法解释和司法解释性质文件，明确了司法实践中盗窃犯罪的相关法律适用问题，对于依法惩治盗窃犯罪，保护公私财产，发挥了重要作用。

随着我国经济社会的发展，盗窃犯罪出现了一些新情况和新问题：有的犯罪分子专门在医院、车站等人群聚集地盗窃他人财物；有的犯罪分子为了逃避刑事打击，多次实施盗窃，每次数额都不大；一些窃电、窃水、窃气行为，因盗窃数额较难查实而影响了刑事责任的追究。2011年2月，《刑法修正案（八）》对盗窃罪的规定作了重大修改，将盗窃罪的入罪条件由原来规定的“数额较大或者多次盗窃的”修改为“数额较大的，或者多次盗窃、入户盗窃、携带凶器盗窃、扒窃的”，并删除了盗窃罪可以判处死刑的规定。因此，有必要根据《刑法修正案（八）》的规定和盗窃犯罪的新情况、新问题，制定新的盗窃罪解释。

2013年初，最高人民检察院与最高人民法院共同研究起草了《解释》（征求意见稿），在全国检察院系统、法院系统内部征求意见的基础上，听取了全

* 作者单位：最高人民检察院法律政策研究室。

国人大常委会法工委、公安部、司法部等有关中央单位的意见和建议。2月，召开了专家论证会，听取了专家学者的意见。经综合各方面的意见，多次研究修改，形成了《解释》，并经最高人民检察院检委会、最高人民法院审委会分别审议通过。

二、《解释》的主要内容

《解释》共十五条，主要规定了以下内容：(1) 盗窃罪"数额较大"、"数额巨大"、"数额特别巨大"的认定标准；(2) 盗窃"数额较大"的特殊认定标准；(3) "多次盗窃"、"入户盗窃"、"携带凶器盗窃"、"扒窃"的认定；(4) 盗窃数额的认定方法；(5) 盗窃罪"其他严重情节"、"其他特别严重情节"的认定；(6) 盗窃数额虽已达到较大标准，但可以不起诉或者免予刑事处罚的情形；(7) 偷拿家庭成员或者近亲属财物的处理；(8) 盗窃文物的定罪数额认定标准；(9) 偷开他人机动车的处理；(10) 盗窃财物并造成财物毁损的处理；(11) 盗窃未遂的处理；(12) 单位组织、指使盗窃的处理；(13) 盗窃罪判处罚金的标准；(14) 解释的效力。

(一) 盗窃罪"数额较大"、"数额巨大"、"数额特别巨大"的认定标准

《解释》第一条共分四款。第一款明确了刑法第二百六十四条规定的"数额较大"、"数额巨大"、"数额特别巨大"。与1998年3月《最高人民法院关于审理盗窃案件具体应用法律若干问题的解释》(以下简称《98年解释》) 的规定相比，盗窃"数额较大"的起点标准由原来规定的500元至2000元提高至1000元至3000元，"数额巨大"、"数额特别巨大"的起点标准分别由原来规定的5000元至2万元、3万元至10万元提高到3万元至10万元、30万元至50万元。主要考虑：作为多发性侵财犯罪，惩治盗窃犯罪既要考虑经济社会发展状况和人民群众收入增长情况，也要充分考虑人民群众的财产安全感、现实治安状况、刑罚适用总体趋势及与相关司法解释的协调。因此，本款规定一是根据居民人均收入增长情况（据统计，1997年全国城镇居民人均可支配收入5160元，农村居民人均纯收入2090元；2012年全国城镇居民人均可支配收入23903元；农村居民人均纯收入7724元，分别增长4.6倍和3.7倍)，适当提高了一般盗窃罪入罪门槛；二是为体现罪责刑相适应原则，对"数额巨大"、"数额特别巨大"的标准作了较大幅度提高；三是根据《刑法修正案(八)》的有关规定，对"多次盗窃"、"入户盗窃"、"携带凶器盗窃"、"扒窃"没有规定具体的数额标准。

第二款规定，各省级人民法院、人民检察院可以根据本地区经济发展状况，并考虑社会治安状况，在第一款规定的数额幅度内，确定本地区执行的具体数额标准，报最高人民法院、最高人民检察院批准。与《98年解释》的规

定相比，将“报最高人民法院、最高人民检察院备案”修改为“报最高人民法院、最高人民检察院批准”。主要考虑：为维护国家法制统一，司法解释权应该由“两高”行使，不应将犯罪数额的解释权再授权地方司法机关。

第三款规定，在跨地区运行的公共交通工具上盗窃，盗窃地点无法查证的，盗窃“数额较大”、“数额巨大”、“数额特别巨大”的标准，应当根据受理案件所在地的省级人民法院、人民检察院确定的数额标准认定。需要说明的是，适用本款规定的盗窃案件，一是发生在“公共交通工具上”；二是“跨地区运行”；三是“盗窃地点无法查证”。至于“受理案件所在地”，应该根据有关规定确定。

第四款明确了盗窃违禁品按盗窃罪处理的，以犯罪的情节轻重量刑。

（二）盗窃“数额较大”的特殊认定标准

《解释》第二条规定，在具备一些从严惩处的情形下，对盗窃罪“数额较大”的标准可以按照《解释》第一条规定标准的百分之五十确定。本条规定，避免了盗窃罪“唯数额论”的不足，较好地解决了依法惩治社会危害性严重的盗窃犯罪问题，更好地贯彻了宽严相济刑事政策中从严的方面，是《解释》规定盗窃罪数额标准的一大特点。

本条共列举了八项特殊情形。第一、二项规定“曾因盗窃受过刑事处罚的”、“一年内曾因盗窃受过行政处罚的”可以盗窃“数额较大”标准的百分之五十确定入罪门槛。主要考虑：一是根据调研情况，当前盗窃犯罪分子很大一部分是具有盗窃惯习受过刑事处罚或者行政处罚的人员；二是类似问题在刑法中也有规定，如刑法第一百五十三条（走私普通货物、物品罪）规定——一年内因走私被给予二次行政处罚后又走私的，处三年以下有期徒刑或者拘役，并处偷逃应缴税额一倍以上五倍以下罚金。

第三项规定“组织、控制未成年人盗窃的”可以降低入罪数额标准，主要针对组织、控制未成年人盗窃案件多发、社会危害性更为严重的实际情况。该项与刑法第二百六十二条之二组织未成年人进行违反治安管理活动罪存在一定的竞合，当组织、控制未成年人实施盗窃，依法应以盗窃罪论处时，定罪量刑的数额标准按一般标准的百分之五十掌握。

第四项规定“在自然灾害、事故灾害、社会安全事件等突发事件期间，在事件发生地盗窃的”，主要考虑在突发事件发生地实施盗窃犯罪，造成危害后果更为严重。如在灾区盗窃受灾群众财物的，不仅侵犯了他人财产权利，还可能引起部分灾区群众不满情绪，引发社会不稳定因素。为从严打击此类盗窃犯罪，本项规定对盗窃犯罪发生的时间、地点均作出了具体的规定，界定为“突发事件期间”和“事件发生地”，以指导司法实践准确适用。

第五项规定“盗窃残疾人、孤寡老人、丧失劳动能力人的财物的”，主要从注重保护特殊人群财产权利的角度出发作出规定。

第六项规定“在医院盗窃病人或者其亲友财物的”，主要考虑：在医院这一特殊场所行窃，盗窃的往往是就医人员的“救命钱”，行为人主观恶性相对更大，客观危害也更为严重。实践中适用本项规定，应该把握盗窃行为发生地为“医院”的范围，窃取对象是用于救治病人的财物。

第七项规定“盗窃救灾、抢险、防汛、优抚、扶贫、移民、救济款物的”，由于救灾、抢险等救济款物属于特殊用途款物，一旦被盗不仅是财产上的损失，还可能造成严重危害后果，如在地震灾区盗窃食品、医药等救灾物资，不仅侵犯了国家和他人财产权利，还可能影响国家救灾工作的顺利进行。需要注意的是，盗窃特殊款物的，没有行为时间、地点限制，不论盗窃是否发生在灾害发生期间或者灾害发生地，只要被盗财物性质属于救灾、抢险、优抚等特殊款物的，均可适用本项规定。

第八项规定“因盗窃造成严重后果的”，主要包括因盗窃引起被害人自杀、精神失常、伤残等严重后果的情形，本项规定为兜底条款，以适应司法实践的复杂情况。

（三）“多次盗窃”、“入户盗窃”、“携带凶器盗窃”、“扒窃”的认定

2011 年 2 月《刑法修正案（八）》增加规定“入户盗窃”、“携带凶器盗窃”、“扒窃”为盗窃犯罪，如何认定这几类行为，各方面尚存不同意见。《解释》第三条在严格遵循立法精神前提下，结合有关司法解释规定及各方面意见，对“多次盗窃”、“入户盗窃”、“携带凶器盗窃”、“扒窃”作出了规定。

第一款规定，二年内盗窃三次以上的，应当认定为“多次盗窃”。实践中认定多次盗窃，应注意把握：一是盗窃三次以上，有时间限制，为“二年内”；二是三次盗窃行为并不要求均为“未经处理的”，如三次中有受过刑事处罚或者行政处罚的，也应该算在“三次”内。

第二款规定，非法进入供他人家庭生活与外界相对隔离的住所盗窃的，应当认定为“入户盗窃”。本款主要借鉴了 2005 年 6 月《最高人民法院关于审理抢劫、抢夺刑事案件适用法律若干问题的意见》中“户”的规定。有意见认为，“家庭”的内涵不好界定，对于单身生活是否属于家庭生活这样的问题有争议。经研究，仍然保留了“供他人家庭生活”的规定，以体现“户”的功能特征。

第三款规定，携带枪支、爆炸物、管制刀具等国家禁止个人携带的器械或者为了实施违法犯罪携带其他足以危害他人人身安全的器械盗窃的，应当认定为“携带凶器盗窃”。借鉴了 2000 年 11 月《最高人民法院关于审理抢劫案件

具体应用法律若干问题的解释》第六条“携带凶器抢夺”的规定。

第四款规定，在公共场所或者公共交通工具上盗窃他人随身携带的财物的，应当认定为“扒窃”。有意见认为，“随身携带”界定困难，对于放在椅背上、座椅下或者行李架上的财物是否属于“随身携带”尚存在不同认识，建议改为“贴身携带”。经研究认为，规定为“贴身携带”：一是同样存在对一些特殊行为认定难的问题；二是有可能不当缩小打击面。一般认为，“随身携带”应该理解为一种实际的支配或者控制的占有状态。随身携带的财物包括被害人带在身上与其有身体接触的财物，以及虽未依附于身体，但置于被害人身边，可用身体随时直接触摸、检查的财物。

需要注意的是，实施“多次盗窃”、“入户盗窃”、“携带凶器盗窃”、“扒窃”行为，构成犯罪不需要盗窃数额达到一定标准。但根据刑法第十三条的规定，对于情节显著轻微，危害不大的上述行为，不应认定为犯罪。

（四）盗窃数额的认定方法

《解释》第四条、第五条对盗窃数额的认定方法作出规定。与《98年解释》对各类涉案财物的数额认定都作出细致规定相比，第四、五条作了较大的修改，主要依据为当前对涉案财物价格的认证实践情况。一是第四条第一款第一项对一般性财物的价格认证作了原则性规定，明确“被盗财物有有效价格证明的，根据有效价格证明认定；无有效价格证明，或者根据价格证明认定盗窃数额明显不合理的，应当按照有关规定委托估价机构估价”。二是对无法通过估价机构估价的财物数额认定作出了专门规定。主要考虑：首先，《98年解释》的不少规定已不适应当前经济社会发展实际。如规定“黄金、白银按国家定价计算”、“不属于馆藏三级以上的一般文物，包括古玩、古书画等，按国有文物商店的一般零售价计算，或者按国家文物主管部门核定的价格计算”、“邮票、纪念币等收藏品、纪念品，按国家有关部门核定的价格计算”等，在征求意见中，国家发展和改革委员会价格认证中心明确提出，这些物品均不在政府定价之列，相关部门无权也未曾公布过“核定价格”。其次，《98年解释》的有些规定难以实际操作。如规定“流通领域的商品，按市场零售价的中间价格计算；属于国家定价的……”、“农副产品，按农贸市场同类产品的中等价格计算”、“废品，按物资回收利用部门的收购价格计算”等，根据国家发展和改革委员会价格认证中心意见，目前我国90%以上商品的价格已经实行市场调节，各种商品市场条件多种多样，价格形成机制各有不同，对价格准确性、合理性认定的专业要求很高。实践中对有关被盗财物，如无有效证明确认其价值的，由司法人员根据市场中间价格作出认定，实际无法操作，只能是交由专业机构估价，之后由司法人员根据估价意见，结合其他证据作出认定。

第四条第一款第二至五项对一些无法委托估价机构估价的特殊物品，规定了专门的数额认定方法。一是借鉴了《98年解释》和2010年10月《最高人民法院关于审理伪造货币等案件具体应用法律若干问题的解释（二）》的相关内容，专门规定了盗窃外币，使用明知是盗接他人通信线路、复制他人电信码号的电信设备、设施，盗接他人通信线路、复制他人电信码号出售等行为的数额认定方法。即第二项规定“盗窃外币的，按照盗窃时中国外汇交易中心或者中国人民银行授权机构公布的人民币对该货币的中间价折合成人民币计算；中国外汇交易中心或者中国人民银行授权机构未公布汇率中间价的外币，按照盗窃时境内银行人民币对该货币的中间价折算成人民币，或者该货币在境内银行、国际外汇市场对美元汇率，与人民币对美元汇率中间价进行套算”。第四项规定“明知是盗接他人通信线路、复制他人电信码号的电信设备、设施而使用的，按照合法用户为其支付的费用认定盗窃数额；无法直接确认的，以合法用户的电信设备、设施被盗接、复制后的月缴费额减去被盗接、复制前六个月的月均电话费推算盗窃数额；合法用户使用电信设备、设施不足六个月的，按照实际使用的月均电话费推算盗窃数额”。第五项规定“盗接他人通信线路、复制他人电信码号出售的，按照销赃数额认定盗窃数额”。二是根据盗窃犯罪实际情况，补充规定了盗窃电力、燃气、自来水等财物数额的认定方法。即第三项规定“盗窃电力、燃气、自来水等财物，盗窃数量能够查实的，按照查实的数量计算盗窃数额；盗窃数量无法查实的，以盗窃前六个月月均正常用量减去盗窃后计量仪表显示的月均用量推算盗窃数额；盗窃前正常使用不足六个月的，按照正常使用期间的月均用量减去盗窃后计量仪表显示的月均用量推算盗窃数额”。

第五条明确了盗窃有价支付凭证、有价证券、有价票证的数额认定办法。一是对于盗窃不记名、不挂失有价票证的，由于此类票证能够即时兑现，失主无法通过挂失、补领、补办手续等方式避免损失，第一项仍沿用了《98年解释》的规定，并根据地方司法机关意见，将《98年解释》中的“案发时”改为“盗窃时”，规定按票面数额和盗窃时应得的孳息、奖金或者奖品等可得收益一并计算盗窃数额。二是对于盗窃记名有价票证的，由于此类票证失主可通过及时办理挂失、补领等手续避免损失，数额认定应以行为人实际兑现或者给失主造成的损失为计算依据。因此，本条第二项明确以实际兑现的财物或给失主造成的实际损失认定盗窃数额。

（五）盗窃罪“其他严重情节”、“其他特别严重情节”的认定

《解释》第六条对盗窃罪“其他严重情节”、“其他特别严重情节”作出

规定。一是提档处罚的前提。与《98 年解释》规定的“盗窃数额达到‘数额较大’、‘数额巨大’的起点”相比，修改为“数额达到本解释第一条规定的‘数额巨大’、‘数额特别巨大’的百分之五十”，主要从体现罪责刑相适应原则考虑，盗窃罪属于财产犯罪，盗窃数额是反映、决定此类犯罪社会危害程度的基本因素，原来规定盗窃数额达到“较大”、“巨大”的起点标准，具有特定情形，即可提档处罚，过于严格。二是几种特殊的情形。与《98 年解释》的规定相比作了较大修改：删除了原第 1 目（犯罪集团的首要分子或者共同犯罪中情节严重的主犯）、第 2 目（盗窃金融机构的）、第 3 目（流窜作案危害严重的）、第 4 目（累犯）、第 5 目（导致被害人死亡、精神失常或者其他严重后果的）、第 7 目（盗窃生产资料，严重影响生产的）和第 8 目（造成其他重大损失的），修改完善为本解释第二条第三至八项，以及入户盗窃、携带凶器盗窃。主要考虑：（1）1997 年刑法已删除了主犯从重处罚的规定；（2）《刑法修正案（八）》删除了盗窃金融机构的规定；（3）随着经济社会发展，人口流动频繁，实践中多数盗窃犯罪均是外地人实施，再保留“流窜作案”的规定，将导致一部分案件都要提档量刑，可能不当加重刑事打击力度；（4）累犯从重处罚刑法已有专门规定；（5）“导致被害人死亡、精神失常或者其他严重后果的”、“盗窃生产资料，严重影响生产的”、“造成其他重大损失的”均可以第二条第八项规定的“造成严重后果”认定；（6）“入户盗窃”、“携带凶器盗窃”较一般盗窃行为对公民人身安全危害性更大，有必要加重处罚。

（六）盗窃情节轻微可不起诉或者免除处罚的情形

《解释》第七条对盗窃财物数额虽然已经达到了“数额较大”标准，但犯罪情节轻微，可以不起诉或者免予刑事处罚的情形作出规定，主要借鉴了 2011 年 3 月《最高人民法院、最高人民检察院关于办理诈骗刑事案件具体应用法律若干问题的解释》（以下简称《诈骗解释》）第三条的规定。本条在法律规定的框架内，规定在案件办理过程中可以根据犯罪情节的具体情况作出区别对待，有利于指导、规范办案，贯彻宽严相济刑事政策。需要说明的是：一是“可以不起诉或者免予刑事处罚”针对的是盗窃财物数额达到较大标准的行为，即已经构成盗窃犯罪的行为。二是本条列举的可以不起诉或者免予刑事处罚的四种情况，前提是行为人认罪、悔罪，退赃、退赔，结合全案情况来考虑，才可认为犯罪情节轻微。三是对于不起诉或者免予刑事处罚的，必要时由有关部门予以行政处罚。如果根据《治安管理处罚法》的规定应当处罚的，由治安管理部门予以相应的治安处罚。

（七）偷拿家庭成员或者近亲属财物的处理

《解释》第八条借鉴了《98 年解释》第一条第四项和《诈骗解释》第四

条的规定，明确“偷拿家庭成员或者近亲属的财物，获得谅解的，一般可不认为是犯罪；追究刑事责任的，应当酌情从宽”。与《98 年解释》相比，一是将“自己家的财物”修改为“家庭成员的财物”；二是增加了“近亲属谅解”的规定；三是将“一般可不按犯罪处理”修改为“一般可不认为是犯罪”。

（八）盗窃文物的定罪数额认定标准

《解释》第九条明确了盗窃文物的定罪数额标准。与《98 年解释》相比，本条规定提高了盗窃国有馆藏文物的量刑幅度，完善了盗窃民间收藏文物的数额认定方法，加大了对盗窃文物犯罪的打击力度。根据当前文物价值认定的实际情况，对于国有馆藏文物，国家只定级不定价，分为一般文物、三级文物、二级文物和一级文物；对于民间收藏的文物，不定级，涉案民间文物需要认定数额的，一般以购买价格认定或者委托估价。据此，本条对国有馆藏文物和民间收藏文物的定罪数额标准分别作了规定。

一是对盗窃国有馆藏文物的，《98 年解释》规定，盗窃国家三级文物、二级文物、一级文物的，在刑法规定的盗窃“数额较大”、“数额巨大”、“数额特别巨大”对应的刑罚幅度内处罚。本条相应降低了入罪标准，提高了量刑幅度，规定盗窃国有馆藏一般文物、三级文物、二级以上文物的，应当分别认定为“数额较大”、“数额巨大”、“数额特别巨大”。

二是明确盗窃多件不同等级国有馆藏文物的，三件同级文物可以视为一件高一级文物。比如，盗窃了 3 件一般文物和 2 件三级文物，3 件一般文物可视为 1 件三级文物，与另外 2 件三级文物一同可以视为 1 件二级文物，应当认定为盗窃“数额特别巨大”。

三是对于民间收藏文物的数额认定方法，根据文物部门的意见，将《98 年解释》规定的“按国有文物商店的一般零售价计算，或者按国家文物主管部门核定的价格计算”修改为“根据本解释第四条第一款第一项的规定认定盗窃数额”，即“有有效价格证明的，根据有效价格证明认定；无有效价格证明，或者根据价格证明认定盗窃数额明显不合理的，应当按照有关规定委托估价机构估价”。

（九）偷开他人机动车的处理

《解释》第十条明确了偷开机动车辆的几种情形及处理，对《98 年解释》第十二条第三、四项规定作出调整和完善：一是根据有关方面意见，在第一项的规定中，删除了“为练习开车、游乐等目的”的规定，以避免客观归罪的争议，规定：“偷开机动车，导致车辆丢失的，以盗窃罪定罪处罚。”二是《98 年解释》第十二条第三项规定：“为盗窃其他财物，盗窃机动车辆当犯罪工具使用的，被盗机动车辆的价值计入盗窃数额；为实施其他犯罪盗窃机动车辆的，以盗窃罪和所实施的其他犯罪实行数罪并罚。为实施其他犯罪，偷开机动车辆当犯罪工具使用后，将偷开的机动车辆送回原处或者停放到原处附近，车辆未丢失的，按照其所实施的犯罪从重处罚。”考虑到这一规定不尽清晰，导致实践中对于为盗窃其他财物，偷开机动车当犯罪工具使用后，将偷开的机动车辆送回原处或者停放到原处附近，车辆未丢失的，是否也应将车辆价值计入盗窃数额，常存在认识分歧。本条分别列举了两项对有关情形予以明确：第二项规定，为盗窃其他财物，偷开机动车作为犯罪工具使用后非法占有车辆，或者将车辆遗弃导致丢失的，被盗车辆的价值计入盗窃数额；第三项规定，为实施其他犯罪，偷开机动车作为犯罪工具使用后非法占有车辆，或者将车辆遗弃导致丢失的，以盗窃罪和其他犯罪数罪并罚，将车辆送回未造成丢失的，按照其所实施的其他犯罪从重处罚。

（十）盗窃财物并造成财物毁损的处理

《解释》第十一条明确了盗窃公私财物并造成财物毁损的处理。根据有关部门反映的情况，对《98年解释》第十二条第五项的规定作了进一步完善。一是针对《98年解释》规定的“实施盗窃犯罪，造成公私财物损毁的”在实践中常存在不同认识，本条第一项明确了“采用破坏性手段盗窃公私财物，造成其他财物损毁的，以盗窃罪从重处罚；同时构成盗窃罪和其他犯罪的，择一重罪从重处罚”。二是对盗窃行为未构成犯罪但损毁财物的，根据具体案件情况可能构成故意毁坏财物罪或者其他犯罪，本条第三项明确“盗窃行为未构成犯罪，但损毁财物构成其他犯罪的，以其他犯罪定罪处罚”。

（十一）盗窃未遂的处理

《解释》第十二条对盗窃未遂应该追究刑事责任的情形作出规定。主要考虑：盗窃犯罪是侵财性犯罪，犯罪社会危害性主要通过窃取财物的数额体现出来；对于盗窃未遂虽未取得财物，但盗窃情节严重的，也应该依法追究刑事责任。本条第一款列举了盗窃未遂应该追究刑事责任的三种情形，即“以数额巨大的财物为盗窃目标的”、“以珍贵文物为盗窃目标的”、“其他情节严重的情形”。需要说明的是，对于“入户盗窃”、“携带凶器盗窃”、“扒窃”没有实际窃取财物的，是否需要追究刑事责任，应该根据具体案件情况综合认定：如以数额巨大的财物或者珍贵文物为盗窃目标，或者具有盗窃行为严重威胁到被害人人身安全等严重情节的，应当定罪处罚；结合全案情况，盗窃情节显著轻微危害不大的，按照刑法第十三条规定处理，不应认定为犯罪。

第二款明确了盗窃既有既遂又有未遂的处理原则，借鉴了《诈骗解释》第六条的规定，即“分别达到不同量刑幅度的，依照处罚较重的规定处罚；

达到同一量刑幅度的，以盗窃罪既遂处罚”。

（十二）单位组织、指使盗窃的处理

《解释》第十三条明确了单位组织、指使盗窃的处理原则，规定：“单位组织、指使盗窃，符合刑法第二百六十四条及本解释有关规定的，以盗窃罪追究组织者、指使者、直接实施者的刑事责任。”对刑法没有规定单位犯罪主体，但实践中以单位名义、为单位利益实施的有关犯罪，能否追究直接负责的主管人员和其他直接责任人员的刑事责任，过去存在较大争议。随着以单位形式实施犯罪行为的不断增多，这类行为越来越凸显严重的社会危害性。2002年8月《最高人民检察院关于单位有关人员组织实施盗窃行为如何适用法律问题的批复》明确，单位有关人员为谋取单位利益组织实施盗窃行为，情节严重的，应当依照刑法第二百六十四条的规定以盗窃罪追究直接责任人员的刑事责任。近期制定的一些司法解释，如2011年8月“两高”《关于办理危害计算机信息系统安全刑事案件应用法律若干问题的解释》第八条、2012年12月“两高”《关于办理妨害国（边）境管理刑事案件应用法律若干问题的解释》第七条均作了类似规定。本条借鉴了相关规定，明确单位组织、指使盗窃，符合刑法及解释有关规定的，以盗窃罪追究组织者、指使者、直接实施者的刑事责任。一方面，满足了司法实践惩治单位组织实施盗窃行为的需要；另一方面，统一了单位能否成为盗窃犯罪主体的争论。

（十三）盗窃罪判处罚金的标准

《解释》第十四条规定了盗窃罪判处罚金的标准，沿用了《98年解释》第十三条的内容，规定：“因犯盗窃罪，依法判处罚金刑的，应当在一千元以上盗窃数额的二倍以下判处罚金；没有盗窃数额或者盗窃数额无法计算的，应当在一千元以上十万元以下判处罚金。”有意见提出，可对“没有盗窃数额”和“盗窃数额无法计算”分别确定不同的罚金数额幅度，“没有盗窃数额”的可低一些。经研究认为，区分不同情况确定罚金刑幅度确有一定道理，但区分不同情况如何确定具体的数额幅度，尚需要司法实践的考证；规定“一千元以上十万元以下”这一较为宽泛的数额幅度，可以更好地适应实践情况。

（十四）解释的效力

《解释》第十五条规定了解释的效力，明确了解释与其他有关盗窃犯罪解释和规范性文件的关系。明确废止了1998年3月《最高人民法院关于审理盗窃案件具体应用法律若干问题的解释》；解释发布施行后，之前发布的司法解释和规范性文件与解释不一致的，以本解释为准。

最高人民法院、最高人民检察院
关于废止1997年7月1日至2011年12月31日期间
制发的部分司法解释和司法解释性质文件的决定

（2013年2月18日最高人民法院审判委员会第1569次会议、2013年2月1日最高人民检察院第十一届检察委员会第85次会议通过　2013年3月1日公布　2013年4月8日施行　法释〔2013〕6号）

为适应形势发展变化，保证国家法律统一正确适用，根据有关法律规定和审判、检察工作实际，最高人民法院、最高人民检察院会同有关部门，对1997年7月1日至2011年12月31日期间联合制发的司法解释和司法解释性质文件进行了集中清理。现决定废止1997年7月1日至2011年12月31日期间制发的4件司法解释和司法解释性质文件。废止的司法解释和司法解释性质文件从本决定施行之日起不再适用，但过去依据下列司法解释和司法解释性质文件对有关案件作出的判决、裁定仍然有效。

决定废止的1997年7月1日至2011年12月31日期间制发的部分司法解释和司法解释性质文件目录

（4件）

序号	司法解释和司法解释性质文件名称	发文日期、文号	废止理由
1	最高人民法院、最高人民检察院关于适用《关于办理人民法院、人民检察院共同赔偿案件若干问题的解释》有关问题的答复	2001年2月1日高检发释字〔2001〕1号	与全国人大常委会《关于修改〈中华人民共和国国家赔偿法〉的决定》有关规定冲突。

续表

序号	司法解释和司法解释性质文件名称	发文日期、文号	废止理由
2	最高人民法院、最高人民检察院、司法部关于印发《关于适用普通程序审理“被告人认罪案件”的若干意见（试行）》和《关于适用简易程序审理公诉案件的若干意见》的通知	2003年3月14日 法发［2003］6号	《关于适用普通程序审理“被告人认罪案件”的若干意见（试行）》和《关于适用简易程序审理公诉案件的若干意见》与刑事诉讼法的相关规定不一致。
3	最高人民法院、最高人民检察院关于刑事赔偿义务机关确定问题的通知	2005年7月5日 高检会［2005］1号	与全国人大常委会《关于修改〈中华人民共和国国家赔偿法〉的决定》有关规定冲突。
4	最高人民法院、最高人民检察院关于死刑第二审案件开庭审理程序若干问题的规定（试行）	2006年9月21日 法释［2006］8号	该规定的内容已被刑事诉讼法及相关司法解释取代。

最高人民检察院
关于废止1997年7月1日至2012年6月30日期间制发的部分司法解释性质文件的决定

（2012年8月30日最高人民检察院第十一届检察委员会第78次会议通过 2013年3月1日公布 2013年4月8日施行）

为了适应完善中国特色社会主义法律体系的总体要求，保证国家法律的统一正确实施，最高人民检察院对1997年7月1日至2012年6月30日期间单独制发和联合其他单位制发的司法解释和司法解释性质文件进行了集中清理。现决定对最高人民检察院1997年7月1日至2012年6月30日期间单独制发的11件司法解释性质文件予以废止。

决定废止的1997年7月1日至2012年6月30日期间单独制发的司法解释性质文件目录

（11件）

序号	司法解释性质文件名称	发文日期、文号	废止理由
1	最高人民检察院关于重新明确监所检察部门办案范围的通知	1998年6月12日 高检发监字〔1998〕2号	该通知的内容已在2008年3月《最高人民检察院关于印发〈人民检察院监狱检察办法〉、〈人民检察院看守所检察办法〉、〈人民检察院劳教检察办法〉和〈人民检察院监外执行检察办法〉的通知》中作出明确规定。
2	最高人民检察院关于对已生效的中止诉讼的裁定能否提出抗诉的答复	1999年9月10日 高检发研字〔1999〕13号	民事诉讼法对抗诉范围已作出明确规定。

续表

序号	司法解释性质文件名称	发文日期、文号	废止理由
3	最高人民检察院关于检察机关的法医能否根据省级人民政府指定医院作出的医学鉴定作出伤情程度结论问题的批复	1999 年 10 月 11 日 高检发研字〔1999〕20 号	该批复不再适用。
4	最高人民检察院关于挪用公款给私有公司、私有企业使用行为的法律适用问题的批复	2000 年 3 月 14 日 高检发研字〔2000〕7 号	该批复的内容已在 2002 年 4 月《全国人民代表大会常务委员会关于〈中华人民共和国刑法〉第三百八十四条第一款的解释》中作出明确规定。
5	最高人民检察院关于认真贯彻执行《人民检察院刑事赔偿工作规定》的通知	2000 年 12 月 28 日 高检发刑申字〔2000〕1 号	通知依据已被 2010 年 11 月《人民检察院国家赔偿工作规定》废止。
6	最高人民检察院关于严禁将刑讯逼供获取的犯罪嫌疑人供述作为定案依据的通知	2001 年 1 月 2 日 高检发诉字〔2001〕2 号	刑事诉讼法对相关内容已作出明确规定。
7	最高人民检察院检察委员会议事规则	2003 年 7 月 3 日 高检发研字〔2003〕9 号	该规则已被 2009 年 10 月《人民检察院检察委员会议事和工作规则》所替代。
8	最高人民检察院办公厅关于印发《民事行政检察厅关于贯彻〈关于调整人民检察院直接受理案件侦查分工的通知〉认真做好查办审判人员职务犯罪案件工作的意见》的通知	2005 年 1 月 18 日 高检办发〔2005〕2 号	2009 年 7 月《最高人民检察院关于完善抗诉工作与职务犯罪侦查工作内部监督制约机制的规定》对相关内容已作出明确规定。
9	最高人民检察院关于人民检察院办理刑事赔偿确认案件拟作不予确认决定报上一级人民检察院批准的规定	2005 年 11 月 9 日 高检发刑申字〔2005〕1 号	2010 年 11 月《人民检察院国家赔偿工作规定》取消了检察机关刑事赔偿确认程序，该规定不再适用。
10	最高人民检察院关于受理行贿犯罪档案查询的暂行规定	2006 年 3 月 4 日 高检发预字〔2006〕1 号	该规定已被 2009 年 6 月《最高人民检察院关于行贿犯罪档案查询工作规定》所替代。
11	最高人民检察院关于依法快速办理轻微刑事案件的意见	2007 年 1 月 30 日 高检发侦监字〔2007〕4 号	刑事诉讼法对办案期限问题已作出明确规定。

最高人民检察院侦查监督厅关于人民检察院审查逮捕工作中适用“附条件逮捕”的意见（试行）

（2013年4月19日公布并施行　高检侦监〔2013〕15号）

为全面贯彻宽严相济刑事政策，保证审查逮捕案件质量，实现打击犯罪与保障人权的有机统一，根据《刑事诉讼法》、《人民检察院刑事诉讼规则（试行)》和《人民检察院审查逮捕质量标准》等有关规定，现就人民检察院审查逮捕工作中正确适用“附条件逮捕”提出如下意见：

一、人民检察院审查逮捕时，对于符合本意见规定情形的重大案件，可以依法批准（决定）逮捕，并应当对侦查机关提出捕后继续侦查取证要求，经跟踪审查，认为证实犯罪所欠缺的证据不能取到或取证条件已消失的，应当撤销逮捕决定。这项工作制度，可以简称为“附条件逮捕”。

二、本意见所指“重大案件”，是犯罪嫌疑人可能被判处十年以上有期徒刑、无期徒刑或者死刑的案件。

对于犯罪嫌疑人可能被判处五年以上不满十年有期徒刑的下列案件，可以认为属于“重大案件”：

（一）危害国家安全和严重危害公共安全的暴力犯罪案件；

（二）恐怖组织、黑社会性质组织等有组织犯罪和集团犯罪案件；

（三）故意杀人、抢劫、绑架、强奸、故意伤害致人重伤、死亡的严重暴力犯罪案件；

（四）毒品犯罪、走私犯罪案件；

（五）严重破坏社会主义市场经济秩序或者严重扰乱社会秩序的涉众型犯罪案件；

（六）情节严重或者造成严重后果的人民检察院直接受理侦查的犯罪案件。

三、对于上述重大案件，经审查同时符合下列情形的，人民检察院可以依法批准（决定）逮捕：

（一）现有证据所证明的事实已经基本构成犯罪；

（二）经过进一步侦查能够收集到定罪所必需的证据；

（三）采取取保候审尚不足以防止发生社会危险性。

四、“现有证据所证明的事实已经基本构成犯罪”，是指依据现有已查证属实的证据，基本上能够认定犯罪嫌疑人的行为已构成犯罪，但证据还略有欠缺或较为薄弱，需要在捕后进一步补充完善定罪所必需的证据。

对于《人民检察院审查逮捕质量标准》明确规定“不属于有证据证明有犯罪事实”的情形，不得批准（决定）逮捕。

五、“经过进一步侦查能够收集到定罪所必需的证据”，是指经过进一步侦查取证，能够完善证据体系，证实犯罪嫌疑人的行为已构成犯罪。对此，需要结合全案现有证据和欠缺证据的情况以及侦查机关的侦查方案、取证技术和侦查能力等进行综合判断。所欠缺的证据已经灭失或者丧失取证条件，不具备补充完善证据可能的，不属于“经过进一步侦查能够收集到定罪所必需的证据”。

六、“采取取保候审尚不足以防止发生社会危险性”，是指具有刑事诉讼法第七十九条所列社会危险性，或者犯罪嫌疑人曾经故意犯罪或者身份不明的情形。

七、人民检察院侦查监督部门经审查，认为案件符合本意见规定情形，具有适用“附条件逮捕”的可能性的，应当要求侦查机关书面说明案件有进一步收集、补充、完善证据的客观依据并提供补充取证的工作方案。必要时，可以就事实认定和补充取证听取本院公诉部门的意见。

八、人民检察院侦查监督部门审查可能适用“附条件逮捕”的案件，应当讯问犯罪嫌疑人，听取其供述和辩解。必要时，可以询问证人、被害人、鉴定人等诉讼参与人。犯罪嫌疑人聘请辩护律师的，可以听取辩护律师意见；辩护律师提出要求的，应当听取辩护律师意见。

九、人民检察院侦查监督部门经审查，认为可以适用“附条件逮捕”的，应当提出审查意见，说明证据情况和可以适用“附条件逮捕”的理由，经分管副检察长审核同意后，报检察长或者检察委员会决定。

十、适用“附条件逮捕”的，应当制作附条件逮捕案件继续侦查取证意见书，列明需要继续侦查的事项和需要补充收集、核实的证据，连同逮捕决定书一并送达侦查机关。

十一、适用“附条件逮捕”的，人民检察院侦查监督部门应当在批准（决定）逮捕后三日以内，将逮捕决定书、审查逮捕意见书和附条件逮捕案件继续侦查取证意见书等相关材料报上一级人民检察院侦查监督部门备案，同时抄送本院公诉部门。

十二、上一级人民检察院侦查监督部门收到备案材料后，应当进行审查并在十日以内提出书面意见。经审查认为适用“附条件逮捕”有错误的，应当报经检察长或者检察委员会决定，通知下级人民检察院纠正或者直接予以纠正。

十三、对于适用“附条件逮捕”的案件，人民检察院侦查监督部门应当对侦查机关继续侦查取证情况进行跟踪审查。执行逮捕后第一个月届满前五日，应当向侦查机关了解继续侦查取证的情况；二个月的侦查羁押期限届满前十日，应当要求侦查机关报送继续侦查获取的证据，对是否已经收集到定罪所必需的证据进行审查，并制作审查意见书，主要内容包括：

（一）执行逮捕后是否就所欠缺的证据进一步侦查取证；

（二）已经获取的证据之间能否相互印证，足以证实犯罪；

（三）对犯罪嫌疑人有无继续羁押的必要。

十四、人民检察院侦查监督部门经跟踪审查，认为侦查机关已经获取定罪所必需的证据，并且侦查机关报请延长侦查羁押期限的，可以依照法律规定决定是否批准（决定）延长侦查羁押期限。

十五、人民检察院侦查监督部门经跟踪审查，发现侦查机关未继续侦查取证，或者已经丧失继续侦查取证条件，或者在二个月的侦查羁押期限届满时仍未收集到定罪所必需的证据，或者无继续羁押必要的，应当及时报经检察长或者检察委员会决定撤销逮捕决定，并书面说明理由，通知侦查机关执行。

对于未达到继续侦查取证要求，侦查机关报请延长侦查羁押期限而不予批准延长的，或者侦查机关已经变更强制措施的，不再另行撤销逮捕决定。

十六、适用“附条件逮捕”的案件决定撤销逮捕的，人民检察院侦查监督部门应当在决定作出后五日以内将撤销逮捕决定书和理由报上一级人民检察院侦查监督部门备案，同时抄送本院公诉部门。

十七、适用“附条件逮捕”的案件，执行逮捕后被决定撤销案件、不起诉或者判决无罪终止诉讼的，人民检察院侦查监督部门应当自收到撤销案件决定书、不起诉决定书或者宣告无罪的生效判决书后十日以内，书面报告上一级人民检察院侦查监督部门。

十八、未依照本意见规定的案件范围、条件和程序适用“附条件逮捕”，或者未进行跟踪审查，应当撤销逮捕决定而未予以撤销的，对犯罪嫌疑人执行逮捕后案件被决定撤销、不起诉或者判决无罪终止诉讼的，应当认真查找原因和责任，对于执法中存在过错的，应当依照有关规定追究有关人员的责任。

十九、本意见自印发之日起试行。

《关于人民检察院在审查逮捕工作中适用“附条件逮捕”的意见（试行）》理解与适用

刘福谦　刘　辰*

《人民检察院审查逮捕质量标准》（以下简称《质量标准》）第十三条关于人民检察院对重大案件作出逮捕决定后进行跟踪监督进行了原则性规定，这项工作制度就是“附条件逮捕制度”。由于这是一项新的工作制度，在实践中各地做法不统一，为了指导司法实践，统一执法标准。需要进一步明确适用条件和程序，增加可操作性。经深入调研和反复论证，2013 年 4 月 19 日最高人民检察院侦查监督厅制定下发了《关于人民检察院审查逮捕工作中适用“附条件逮捕”的意见（试行）》（以下简称《意见》），对适用“附条件逮捕”的案件范围、适用条件、程序以及捕后审查程序等都作了规定，既为各级检察机关侦查监督部门适用“附条件逮捕”提供了规范依据，又对适用“附条件逮捕”进行了规范，防止随意或者滥用这项工作制度。为了便于各级检察机关侦查监督部门正确理解和适用这一规定，现就有关问题说明如下。

一、“附条件逮捕”的属性、称谓和制定《意见》的依据、目的

（一）关于属性问题

《意见》将“附条件逮捕”的属性定位为检察机关审查逮捕工作中的一项工作制度，这表明，这一制度不是检察机关自己创设的一项法律制度，而是在法律框架内的一项具体工作制度。

修改后刑事诉讼法第七十九条规定了逮捕的事实证据条件为“有证据证明有犯罪事实”，因没有明确具体的证明标准，难以准确理解和把握。为慎用逮捕措施，加强人权保障，减少国家赔偿，实践中往往以“已经构成犯罪”的标准来把握这一条件，这样有利于减少羁押，防止错捕。但司法实践中有少数重大案件，因侦查机关一时尚未收集到达到证明构成犯罪标准的充足证据，但又确有逮捕必要，如果仍以构成犯罪来把握，可能会放纵犯罪。为解决这一问题，正确贯彻宽严相济刑事政策，从 2003 年起，北京、上海等地检察机关开始探索“附条件逮捕制度”。即对于证据尚未达到证明已构成犯罪的程度，但所证明的事实已经基本构成犯罪，经审查认为经过进一步侦查能够取得定罪

---

* 作者单位：最高人民检察院侦查监督厅。

所必需的证据，又确有逮捕必要的重大案件的犯罪嫌疑人，可以批准逮捕，同时要跟踪督促侦查机关进行侦查取证，如在侦查羁押期限届满时仍不能取得定罪所必需的充足证据，则予以撤销逮捕。这项制度较好地解决了对一般犯罪从严控制逮捕，对少数严重犯罪适当从宽把握确保侦查需要的问题。

对于“附条件逮捕”与法定逮捕条件的关系，法学界和实务界最初都有不同认识。肯定说认为“附条件逮捕”的实质是对法定逮捕标准的分层次适用，或者是对法定逮捕条件的回归；而否定说则认为“附条件逮捕”降低了法定逮捕标准，有以捕代侦之嫌。“附条件逮捕”试行几年来，在实践中取得了既打击严重犯罪又总体上降低羁押率的效果，受到侦查机关和检察机关侦查监督部门的欢迎，也促使部分原先持否定观点的专家学者逐步打消了疑虑，开始撰文肯定这一制度。2011 年最高人民检察院下发施行的《质量标准》中，继续规定并完善了这一工作制度。

（二）关于称谓问题

《质量标准》虽然规定了附条件逮捕制度的基本内容，但没有概括其称谓。在实践中，各地对其称谓不尽一致，主要有“附条件逮捕”、“有条件逮捕”、“相对批捕”、“特殊案件逮捕”等。在征求意见时，有的省院建议将名称修改为“先期逮捕”、“暂行逮捕”、“预先逮捕”，高检院法律政策研究室也建议对称谓进一步斟酌。使用“附条件逮捕”这一称谓，虽体现了其与一般逮捕的区别，但仍不尽准确，容易给外界产生存在两个逮捕条件或者降低了法定逮捕条件的误解。

“附条件逮捕”制度包括在符合特定条件情况下作出逮捕决定和捕后跟踪审查两部分内容。在研究中，曾经提出“重大案件捕后跟踪审查”的称谓，以便回避“附条件逮捕”的提法。经研究认为，“附条件逮捕”和“重大案件捕后跟踪审查”的称谓是从不同角度表达了这一制变的不同方面。采用“附条件逮捕”称谓的优点是使用较为普遍，在理论与实务中对这一名称基本形成了共识；不足是这一称谓容易导致在法定逮捕条件之外附加条件或者降低法定逮捕条件的误解。“重大案件捕后跟踪审查”的称谓重在表述捕后跟踪情况。虽从名称上可以避免上述误解，但该制度实质内容并没有变化，反而实践中对这一名称较为生疏，容易引起适用中的理解混乱。

经反复研究，我们认为仍采用“附条件逮捕”名称较妥：一是这一称谓较为普遍，已约定俗成，且称呼简洁；二是经过多年来检察机关对这一制度的阐释，很多学者对此制度已不再囿于对名称的表面理解；三是考虑到在侦查监督系统内出台规范性文件，还是以既定习惯的称呼为宜。

（三）关于制定依据

《意见》的制定依据为：一是修改后刑事诉讼法的有关规定。虽然修改后刑事诉讼法并未直接规定“附条件逮捕”，但是这一制度是对修改后刑事诉讼法关于“有证据证明有犯罪事实”的逮捕条件规定的细化，并非在法定条件之外“另起炉灶”，因此，实质上说，其仍是以修改后刑事诉讼法关于逮捕条件的规定为依据的。二是《质量标准》的有关规定（第十三条），它是重大案件捕后跟踪监督机制的直接依据。

（四）关于制定目的

制定《意见》的目的：一是全面贯彻宽严相济刑事政策。即通过对逮捕条件的分层次把握，保证对严重犯罪从严打击和对其他犯罪少用慎用逮捕措施，从而实现打击严重犯罪和保障人权的有机统一。二是保证“附条件逮捕”的正确适用，提高审查逮捕案件质量。

二、“重大案件”的范围

“附条件逮捕”只能适用于重大案件。《意见》第二条界定了“重大案件”具体范围。试行中各地普遍反映，重大案件的范围不明确，掌握的尺度不一。调研中发现，有的地方对轻罪案件也适用“附条件逮捕”，根据2010年和2012年的统计，“附条件逮捕”后判决有罪的案件中，分别有54.5%和60.7%的人被判处三年以下有期徒刑、缓刑、拘役或者管制。因此，有必要明确“重大案件”的范围。

《意见》第二条从量刑幅度和案件类型两个方面对此作出界定，规定可能被判处十年有期徒刑以上刑罚的，或者可能判处五年以上不满十年有期徒刑但符合特定案件类型的，可以适用“附条件逮捕”，其他案件则不得适用“附条件逮捕”。对于符合特定案件类型的量刑幅度，《意见》从征求意见稿“可能判处三年以上不满十年有期徒刑”提高为“可能判处五年以上不满十年有期徒刑”，就是为表明对“附条件逮捕”制度适用范围的规范和控制，以免扩大适用。“附条件逮捕”是为解决重大案件中证据薄弱的逮捕问题，而不能对轻微案件也予以适用，这样规定可以兼顾打击犯罪与保障人权的统一。

关于可能判处五年以上不满十年有期徒刑而适用附条件逮捕的案件类型，《意见》第二条第二款综合考虑社会危险性大小和侦查取证难度两方面因素，分六项作出了规定，且不设兜底条款，这样就将占绝大多数的轻罪案件排除在适用“附条件逮捕”范围之外，从程序上体现了宽严相济刑事政策。征求意见时，有关部门建议将“严重扰乱社会秩序、经济秩序的重大经济犯罪案件”纳入“重大案件”范围，我们认为，笼统讲“重大经济犯罪案件”，范围过大，不利于严格把握“附条件逮捕”制度的适用，而且，《规定》第二条第

（五）项规定的“严重破坏社会主义市场经济秩序的涉众型犯罪案件”已能解决对少数严重经济犯罪的打击问题。因此，对该意见未予采纳。

三、“附条件逮捕”的适用条件

《意见》第三条规定了适用“附条件逮捕”的三个条件，即证明标准条件——现有证据所证明的事实已经基本构成犯罪；补证可能性条件——经过进一步侦查能够收集到定罪所必需的证据；社会危险性条件——采取取保候审尚不足以防止发生社会危险性。上述三个条件的表述与《质量标准》中对“附条件逮捕”的规定表述一致，是修改后刑事诉讼法规定的逮捕条件在证据所证明的事实已经基本构成犯罪案件上的具体化，与法定逮捕条件的内涵与要求一致。其中证明标准条件和补证可能性条件相当于法定逮捕条件中的事实证据条件，逮捕必要性条件相当于法定逮捕条件中的人身危险性条件，而案件范围的规定相当于满足了法定逮捕条件的可能处刑条件。

（一）证明标准条件

《意见》第四条是对证明标准条件——“现有证据所证明的事实已经基本构成犯罪”的进一步阐释，是指依据现有已查证属实的证据，基本上能够认定犯罪嫌疑人的行为已构成犯罪，但证据还略有欠缺或较为薄弱，需要在捕后进一步补充完善定罪所必需的证据。对于“附条件逮捕”的案件，首先在证据能力上，要求现有证据必须具备证据能力，是经过查证属实的证据，这就要求认定案件的证据要得到其他证据的印证，不能是孤立和单独的证据；其次在证明标准方面，要达到“基本上能够认定犯罪嫌疑人的行为已构成犯罪”，也即犯罪行为是犯罪嫌疑人所为，而犯罪行为经证据证明已基本能够认定构成犯罪，上述证据对证明全部犯罪构成要件来说十分重要，但还有所欠缺，比如犯罪工具还有待查找、犯罪对象还有待鉴明、赃款去向尚需查明等，这些证据尽管目前尚不具备，但经过进一步侦查是能够收集到的，是“证据还略有欠缺或较为薄弱，需要在捕后进一步补充完善定罪所必需的证据”。

在征求意见时，有观点认为“基本构成犯罪”的提法不妥，“基本”一词主观性较强，界限较为模糊，实践中不好操作；有的部门建议改为“现有证据基本能够证明犯罪事实”。我们认为，“附条件逮捕”制度是相对于其他案件以“现有证据所证明的事实已构成犯罪”的标准而言的，“已经基本构成犯罪”是指虽然证明全部犯罪构成要件的个别证据有所欠缺，但已基本能够认定犯罪，因此“基本构成犯罪”仍是相对准确的一种提法，而且《质量标准》中也是如此表述，不宜作出修改。为防止实践中随意降低“基本构成犯罪”的标准，《意见》第四条第二款明确规定对于根据《质量标准》规定“不属于有证据证明有犯罪事实”情形的，不能适用“附条件逮捕”制度。这样就从正反两个方面对“附条件逮捕”的证明标准条件作出了规范。

（二）补证可能性条件

《意见》第五条是对补证可能性条件——“经过进一步侦查能够收集到定罪所必需的证据”的阐释。明确规定了补充取证的可能性的判断必须基于对侦查方案、取证技术和侦查能力等客观条件进行综合分析后作出，而不能是主观臆想，并规定“所欠缺的证据已经灭失或者丧失取证条件，不具备补充完善证据可能的，不属于‘经过进一步侦查能够收集到定罪所必需的证据’”。这样也从正反两个方面对“附条件逮捕”的补证可能性条件作出了界定和规范，便于司法实务中准确把握。

（三）社会危险性条件

社会危险性条件是指修改后刑事诉讼法第七十九条第一款所列五种社会危险性和犯罪嫌疑人曾经故意犯罪或者身份不明的情形。

四、适用“附条件逮捕”的程序要求

《意见》第七条至第十二条规定了人民检察院侦查监督部门审查适用“附条件逮捕”的更严格的程序要求。

（一）“附条件逮捕”审查材料的特殊要求

《意见》第七条规定：审查可能适用“附条件逮捕”的案件，“应当要求侦查机关书面说明案件有进一步收集、补充、完善证据的客观依据并提供补充取证的工作方案”。对侦查潜力和补证可能性的判断，不仅需要根据案件性质、类型、现有证据进行综合判断，还需要侦查机关证明其具有补充完善证据的能力和现实可能性，这就需要其提供能够进一步收集证据的客观依据和补充取证的方案。为了保证适用“附条件逮捕”的案件将来能够达到起诉要求，《意见》还规定“必要时，可以就事实认定和补充取证听取本院公诉部门的意见”。这样规定，可以使检察机关对侦查潜力的判断更有依据，也利于加强侦、捕、诉衔接，促进捕后继续侦查取证工作的开展。

（二）讯问犯罪嫌疑人和听取受委托律师的意见

修改后刑事诉讼法和《人民检察院刑事诉讼规则（试行）》以及最高人民检察院、公安部《关于审查逮捕阶段讯问犯罪嫌疑人的规定》对审查逮捕阶段讯问犯罪嫌疑人和听取律师意见工作提出明确要求，其中，对于案情重大疑难复杂的案件，规定应当讯问犯罪嫌疑人。由于适用“附条件逮捕”的案件都是重大案件，且在定罪证据上存在欠缺，属于疑难复杂案件。因此《意见》第八条规定在审查逮捕阶段应当讯问犯罪嫌疑人。听取其供述和辩解，并听取受委托律师意见，认真核实案件事实和证据。

（三）作出“附条件逮捕”决定的主体和程序

《意见》第九条将适用“附条件逮捕”的决定主体严格限定为检察长或者检察委员会。“附条件逮捕”作为只适用于确有逮捕必要且符合补充取证条件的重大案件的一种特殊逮捕措施。适用上应当慎之又慎，严防滥用，因此在审批程序上应当比一般逮捕更加严格。实践中，确有少数地方存在滥用“附条件逮捕”的现象。其原因之一就是没有严格按照审批权限作决定。因此，《质量标准》第十三条明确规定“经检察长或者检察委员会决定”，《意见》应与这一规定保持一致。

关于审查和作出决定的程序，《意见》第九条进行了规范，即侦查监督部门审查——→提出重大案件捕后跟踪监督机制意见——→主管副检察长审核同意——→检察长决定——→重大复杂案件由检察委员会讨论决定。这样有利于规范“附条件逮捕”审批权限。

（四）引导取证

由于适用“附条件逮捕”的案件在定罪证据方面有所欠缺，为确保在侦查羁押期限届满时能够取到充足的定罪证据，检察机关必须强化引导侦查机关继续侦查取证的工作，以促进侦查机关有针对性地补充、完善证据。为此，《意见》第十条规定，决定适用“附条件逮捕”的，应当制作重大案件继续侦查取证意见书，列明需要继续侦查的事项和需要补充收集、核定的证据，连同逮捕决定书一并送达侦查机关。

（五）备案审查和纠错

为加强对“附条件逮捕”的内部监督制约，《意见》第十一条、第十二条规定了“附条件逮捕”的备案审查和纠错机制。《意见》第十一条规定，适用“附条件逮捕”的，人民检察院侦查监督部门在作出逮捕决定后三日内，须报上一级人民检察院侦查监督部门备案，并明确了报备的材料内容。为强化捕诉衔接，还规定报备材料应当同时抄送公诉部门。《意见》第十二条明确了上一级人民检察院侦查监督部门收到备案材料后进行审查的期限，并规定审查后应当提出书面意见。如果经审查认为适用“附条件逮捕”所作逮捕决定有错误的，应当报经检察长或者检察委员会决定，通知下级人民检察院纠正或者直接予以纠正。

五、对“附条件逮捕”的跟踪审查

《意见》第十三条至第十八条规定了适用“附条件逮捕”后的定期审查制度。包括捕后的跟踪审查、延押、撤销逮捕及内部制约机制。

（一）捕后跟踪审查

按照“附条件逮捕”的制度设计，适用“附条件逮捕”机制作出逮捕决定后，如果侦查机关在侦查羁押期限届满时仍不能收集到定罪所必需的证据，即应当撤销逮捕决定。这就需要建立适用“附条件逮捕”机制决定逮捕后的跟踪审查监督机制。

有的地方适用“附条件逮捕”机制作出逮捕决定后没有进行跟踪监督，这实质上是以适用“附条件逮捕”的名义扩大适用逮捕，背离了适用“附条件逮捕”的初衷。《意见》第十三条对此提出了要求。该条规定了两次审查程序，分别是在执行逮捕后第一个月届满前五日和二个月的侦查羁押期限届满前十日进行审查，并规定了不同的审查内容和任务：第一次审查的任务是向侦查机关了解继续侦查取证的情况，目的是促使侦查机关尽快补充取证；第二次审查的任务是审查侦查机关是否已经获取了定罪所必需的证据，以便确定是否撤销逮捕。由于第一次审查重在督促，并非对补查结果的审查，故无须制作审查文书；而第二次审查则需要提出案件处理的意见，因此要求制作审查意见书，并就审查意见书的内容作了规范。

（二）延长侦查羁押期限

在调研和征求意见过程中，各地对适用“附条件逮捕”的犯罪嫌疑人能否延长侦查羁押期限的问题存在争议。《意见》第十四条回应了这一问题，规定在符合以下两项条件的前提下，可以延长侦查羁押期限：一是经跟踪审查，认为侦查机关已经获取定罪所必需的证据，在此情况下，侦查羁押届满时该案已经符合一般逮捕的条件；二是侦查机关报请延长侦查羁押期限。

（三）撤销逮捕的情形和程序

《意见》第十五条、第十六条分别规定了二个月侦查羁押期限届满时撤捕和未届满前撤捕两种撤捕情况。这是适用“附条件逮捕”所作逮捕与一般逮捕的实质性区别。正是由于存在可能撤捕这一刚性的法律后果，才有力地促进了侦查机关积极作为，及时继续侦查取证，最大限度地确保案件质量；也解决了逮捕工作中长期存在的“捕得了、放不了”的问题，有利于保障犯罪嫌疑人人权。这一做法也为建立逮捕后对继续羁押的必要性进行审查的制度奠定了实践基础。

《意见》第十五条规定了出现下述四种情形之一的，应当撤销逮捕：一是侦查机关未继续侦查取证；二是继续侦查取证的条件已经丧失；三是二个月的侦查羁押期限届满时仍未收集到定罪所必需的证据；四是犯罪嫌疑人没有继续羁押必要。上述规定包括在二个月的侦查羁押期限未届满时，出现上述第一、二、四项情形时，也应及时撤销逮捕。征求意见时有的部门建议将撤捕条件改为“仍未收集到定罪所必需的充足证据和丧失继续侦查取证条件或无继续羁押必要”。我们认为，这实际上是提高了撤捕的条件，不符合《质量标准》第十三条的规定，因此未予采纳。程序上，撤销逮捕需要经检察长或者检察委员会决定，通知侦查机关执行。为了加强文书说理工作，还规定人民检察院对撤销逮捕决定应当书面说明理由。由于侦查羁押期限届满时不批准（决定）延长侦查羁押期限，或者侦查机关已经变更强制措施，均已经实际发生了与撤销逮捕相同的结果。因此《意见》第十五条第二款规定，对此不再另行作出撤销逮捕决定。

（四）捕后撤捕和作无罪处理向上级检察院抄送、报告制度

《意见》第十六条规定了撤捕后报告上级院的制度，即适用“附条件逮捕”的案件执行逮捕后，决定撤销逮捕的，应当在五日以内将撤销逮捕决定书和书面理由报上一级人民检察院侦查监督部门备案。第十七条规定了适用“附条件逮捕”的案件作无罪处理的，应当报告上级院的制度。即适用“附条件逮捕”的案件执行逮捕后，决定撤销案件、不起诉、判决无罪终止诉讼的，人民检察院侦查监督部门应当自收到生效法律文书后十日以内，书面报告上一级人民检察院侦查监督部门。

这两条规定的目的是使上级院侦查监督部门能够掌握适用“附条件逮捕”案件的后续处理情况，以便有针对性地加强指导，发现问题及时予以纠正，确保逮捕案件的质量。此外，为加强捕诉衔接，便于公诉部门了解适用“附条件逮捕”案件的相关情况，《意见》第十六条还规定撤销逮捕的，侦查监督部门应当将撤销逮捕决定书和书面理由同时抄送本院公诉部门。

六、关于案件质量责任

《意见》第十八条规定了追究错捕责任的情形，即未依照本《意见》规定的案件范围、条件和程序适用“附条件逮捕”，或者未进行跟踪审查，应当撤销逮捕决定而未予以撤销的，对犯罪嫌疑人执行逮捕后案件被决定撤销、不起诉或者判决无罪终止诉讼的，应当认真查找原因和责任，对于执法中存在过错的，应当依照有关规定追究有关人员的责任。

七、实施时间

《意见》第十九条规定，本《意见》自下发之日起试行。

最高人民法院、最高人民检察院、公安部关于依法惩处侵害公民个人信息犯罪活动的通知

（2013年4月23日公布并施行 公通字〔2013〕12号）

各省、自治区、直辖市高级人民法院，人民检察院，公安厅、局，新疆维吾尔自治区高级人民法院生产建设兵团分院，新疆生产建设兵团人民检察院、公安局：

近年来，随着我国经济快速发展和信息网络的广泛普及，侵害公民个人信息的违法犯罪日益突出，互联网上非法买卖公民个人信息泛滥，由此滋生的电信诈骗、网络诈骗、敲诈勒索、绑架和非法讨债等犯罪屡打不绝，社会危害严重，群众反响强烈。为有效遏制、惩治侵害公民个人信息犯罪，切实保障广大人民群众的个人信息安全和合法权益，促进社会协调发展，维护社会稳定，现就有关事项通知如下：

一、切实提高认识，坚决打击侵害公民个人信息犯罪活动

当前，一些犯罪分子为追求不法利益，利用互联网大肆倒卖公民个人信息，已逐渐形成庞大“地下产业”和黑色利益链。买卖的公民个人信息包括户籍、银行、电信开户资料等，涉及公民个人生活的方方面面。部分国家机关和金融、电信、交通、教育、医疗以及物业公司、房产中介、保险、快递等企事业单位的一些工作人员，将在履行职责或者提供服务过程中获取的公民个人信息出售、非法提供给他人。获取信息的中间商在互联网上建立数据平台，大肆出售信息牟取暴利。非法调查公司根据这些信息从事非法讨债、诈骗和敲诈勒索等违法犯罪活动。此类犯罪不仅危害公民的信息安全，而且极易引发多种犯罪，成为电信诈骗、网络诈骗以及滋扰型“软暴力”等信息犯罪的根源，甚至与绑架、敲诈勒索、暴力追债等犯罪活动相结合，影响人们群众的安全感，威胁社会和谐稳定。各级公安机关、人民检察院、人民法院务必清醒认识此类犯罪的严重危害，以对党和人民高度负责的精神，统一思想，提高认识，精心组织，周密部署，依法惩处侵害公民个人信息犯罪活动。

二、正确适用法律，实现法律效果与社会效果的有机统一

侵害公民个人信息犯罪是新型犯罪，各级公安机关、人民检察院、人民法

院要从切实保护公民个人信息安全和维护社会和谐稳定的高度，借鉴以往的成功判例，综合考虑出售、非法提供或非法获取个人信息的次数、数量、手段和牟利数额、造成的损害后果等因素，依法加大打击力度，确保取得良好的法律效果和社会效果。出售、非法提供公民个人信息罪的犯罪主体，除国家机关或金融、电信、交通、医疗单位的工作人员之外，还包括在履行职责或者提供服务过程中获得公民个人信息的商业、房地产业等服务业中其他企事业单位的工作人员。公民个人信息包括公民的姓名、年龄、有效证件号码、婚姻状况、工作单位、学历、履历、家庭住址、电话号码等能够识别公民个人身份或者涉及公民个人隐私的信息、数据资料。对于在履行职责或者提供服务过程中，将获得的公民个人信息出售或者非法提供给他人，被他人用以实施犯罪，造成受害人人身伤害或者死亡，或者造成重大经济损失、恶劣社会影响的，或者出售、非法提供公民个人信息数量较大，或者违法所得数额较大的，均应当依法以非法出售、非法提供公民个人信息罪追究刑事责任。对于窃取或者以购买等方法非法获取公民个人信息数量较大，或者违法所得数额较大，或者造成其他严重后果的，应当依法以非法获取公民个人信息罪追究刑事责任。对使用非法获取的个人信息，实施其他犯罪行为，构成数罪的，应当依法予以并罚。单位实施侵害公民个人信息罪的，应当追究直接负责的主管人员和其他直接责任人员的刑事责任。要依法加大对财产刑的适用力度，剥夺犯罪分子非法获利和再次犯罪的资本。

三、加强协作配合，确保执法司法及时高效

侵害公民个人信息犯罪网络覆盖面大，关系错综复杂。犯罪行为发生地、犯罪结果发生地、犯罪分子所在地等往往不在一地。同时，由于犯罪行为大多依托互联网、移动电子设备，通过即时通讯工具、电子邮件等多种方式实施，调查取证难度很大，各级公安机关、人民检察院、人民法院要在分工负责、依法高效履行职责的基础上，进一步加强沟通协调，通力配合，密切协作，保证立案、侦查、批捕、审查起诉、审判等各个环节顺利进行。对查获的及时立案侦查，及时移送审查起诉。对于几个公安机关都有权管辖的案件，由最初受理的公安机关管辖。必要时，可以由主要犯罪地的公安机关管辖。对管辖不明确或者有争议的刑事案件，可以由公安机关协商。协商不成的，由共同上级公安机关指定管辖。对于指定管辖的案件，需要逮捕犯罪嫌疑人的，由被指定管辖的公安机关提请同级人民检察院审查批准；需要提起公诉的，由该公安机关移送同级人民检察院审查决定；认为应当由上级人民检察院或者同级其他人民检察院起诉的，应当将案件移交有管辖权的人民检察院；人民检察院认为需要依照刑事诉讼法的规定指定审判管辖的，应当协商同级人民法院办理指定管辖有

关事宜。在办理侵害公民个人信息犯罪案件的过程中，对于疑难、复杂案件，人民检察院可以适时派员会同公安机关共同就证据收集等方面进行研究和沟通协调。人民检察院对于公安机关提请批准逮捕、移送审查起诉的相关案件，符合批捕、起诉条件的，要依法尽快予以批捕、起诉；对于确需补充侦查的，要制作具体、详细的补充侦查提纲。人民法院要加强审判力量，准确定性，依法快审快结。

四、推进综合治理，建立防范、打击长效工作机制

预防和打击侵害公民个人信息犯罪是一项艰巨任务，必须标本兼治，积极探索和构建防范、打击的长效工作机制。各地公安机关、人民检察院、人民法院在依法惩处此类犯罪的同时，要积极参与综合治理，注意发现保护公民个人信息工作中的疏漏和隐患，及时通报相关部门，提醒和督促有关部门和单位加强监管、完善制度。要充分利用报纸、广播、电视、网络等多种媒体平台，大力宣传党和国家打击此类犯罪的决心和力度，宣传相关的政策和法律法规，提醒和教育广大群众运用法律保障和维护自身合法权益，提高自我防范的意识和能力。

给地接此通知后，请迅速传达至各级人民法院、人民检察院、公安机关。执行中遇到的问题，请及时报最高人民法院、最高人民检察院、公安部。

最高人民法院
最高人民检察院
公安部
2013 年 4 月 23 日

最高人民法院、最高人民检察院
关于办理敲诈勒索刑事案件适用法律若干问题的解释

(2013 年 4 月 15 日最高人民法院审判委员会第 1575 次会议、2013 年 4 月 1 日最高人民检察院第十二届检察委员会第 2 次会议通过　2013 年 4 月 23 日公布　2013 年 4 月 27 日施行　法释〔2013〕10 号)

为依法惩治敲诈勒索犯罪，保护公私财产权利，根据《中华人民共和国刑法》、《中华人民共和国刑事诉讼法》的有关规定，现就办理敲诈勒索刑事案件适用法律的若干问题解释如下：

第一条　敲诈勒索公私财物价值二千元至五千元以上、三万元至十万元以上、三十万元至五十万元以上的，应当分别认定为刑法第二百七十四条规定的“数额较大”、“数额巨大”、“数额特别巨大”。

各省、自治区、直辖市高级人民法院、人民检察院可以根据本地区经济发展状况和社会治安状况，在前款规定的数额幅度内，共同研究确定本地区执行的具体数额标准，报最高人民法院、最高人民检察院批准。

第二条　敲诈勒索公私财物，具有下列情形之一的，“数额较大”的标准可以按照本解释第一条规定标准的百分之五十确定：

（一）曾因敲诈勒索受过刑事处罚的；

（二）一年内曾因敲诈勒索受过行政处罚的；

（三）对未成年人、残疾人、老年人或者丧失劳动能力人敲诈勒索的；

（四）以将要实施放火、爆炸等危害公共安全犯罪或者故意杀人、绑架等严重侵犯公民人身权利犯罪相威胁敲诈勒索的；

（五）以黑恶势力名义敲诈勒索的；

（六）利用或者冒充国家机关工作人员、军人、新闻工作者等特殊身份敲诈勒索的；

（七）造成其他严重后果的。

第三条　二年内敲诈勒索三次以上的，应当认定为刑法第二百七十四条规定的“多次敲诈勒索”。

第四条　敲诈勒索公私财物，具有本解释第二条第三项至第七项规定的情形之一，数额达到本解释第一条规定的“数额巨大”、“数额特别巨大”百分之八十的，可以分别认定为刑法第二百七十四条规定的“其他严重情节”、“其他特别严重情节”。

第五条 敲诈勒索数额较大，行为人认罪、悔罪，退赃、退赔，并具有下列情形之一的，可以认定为犯罪情节轻微，不起诉或者免予刑事处罚，由有关部门依法予以行政处罚：

（一）具有法定从宽处罚情节的；

（二）没有参与分赃或者获赃较少且不是主犯的；

（三）被害人谅解的；

（四）其他情节轻微、危害不大的。

第六条 敲诈勒索近亲属的财物，获得谅解的，一般不认为是犯罪；认定为犯罪的，应当酌情从宽处理。

被害人对敲诈勒索的发生存在过错的，根据被害人过错程度和案件其他情况，可以对行为人酌情从宽处理；情节显著轻微危害不大的，不认为是犯罪。

第七条 明知他人实施敲诈勒索犯罪，为其提供信用卡、手机卡、通讯工具、通讯传输通道、网络技术支持等帮助的，以共同犯罪论处。

第八条 对犯敲诈勒索罪的被告人，应当在二千元以上、敲诈勒索数额的二倍以下判处罚金；被告人没有获得财物的，应当在二千元以上十万元以下判处罚金。

第九条 本解释公布施行后，《最高人民法院关于敲诈勒索罪数额认定标准问题的规定》（法释〔2000〕11号）同时废止；此前发布的司法解释与本解释不一致的，以本解释为准。

附：最高人民法院、最高人民检察院批复各地办理敲诈勒索刑事案件执行的具体数额标准

2013年4月23日《最高人民法院、最高人民检察院关于办理敲诈勒索刑事案件适用法律若干问题的解释》施行后，根据各地报送的具体数额标准，“两高”下发《关于办理敲诈勒索刑事案件执行具体数额标准问题的批复》（法〔2013〕157号），同意各地执行数额标准。

各地报送的办理敲诈勒索刑事案件具体数额标准

	数额较大（2000－5000）	数额巨大（3万－10万）	数额特别巨大（30万－50万）
北京	3000元	6万元	40万元
天津	2000元	6万元	40万元
河北	3000元	6万元	40万元
山西	3000元	5万元	40万元
内蒙古	2000元	3万元	30万元
辽宁	2000元	7万元	40万元
吉林	3000元	3万元	30万元
黑龙江	3000元	5万元	35万元
上海	2000元	3万元	30万元
江苏	4000元	6万元	40万元
浙江	4000元	8万元	40万元
安徽	3000元	5万元	30万元
福建	2000元	5万元	30万元
江西	3000元	5万元	40万元
山东	3000元	6万元	40万元
河南	3000元	5万元	40万元

续表

	数额较大 （2000－5000）	数额巨大 （3万－10万）	数额特别巨大 （30万－50万）
湖北	贫困县（市）2000元； 其他地区3000元	贫困县（市）5万元； 其他地区6万元	贫困县（市）40万元； 其他地区50万元
湖南	4000元	6万元	40万元
广东	一类地区4000元； 二类地区2500元	一类地区10万元； 二类地区6万元	一类地区50万元； 二类地区40万元
广西	2500元	4万元	40万元
海南	2000元	3万元	30万元
重庆	3000元	6万元	40万元
四川	3000元	5万元	35万元
贵州	3000元	3万元	30万元
云南	3000元	5万元	35万元
西藏	城镇4000元； 农牧区2000元	城镇5万元； 农牧区3万元	城镇40万元； 农牧区30万元
陕西	3000元	4万元	40万元
甘肃	2000元	3万元	30万元
青海	2000元	3万元	30万元
宁夏	2000元	3万元	30万元
新疆	3000元	5万元	30万元
兵团	3000元	5万元	30万元
军检	5000元	8万元	40万元

《关于办理敲诈勒索刑事案件适用法律若干问题的解释》理解和适用

陈国庆　韩耀元　卢宇蓉　宋　丹*

最高人民法院、最高人民检察院《关于办理敲诈勒索刑事案件适用法律若干问题的解释》（以下简称《解释》），分别经2013年4月15日最高人民法院审判委员会第1575次会议、2013年4月1日最高人民检察院第十二届检察委员会第2次会议通过，自2013年4月27日起施行。为便于司法工作人员正确理解和适用《解释》的相关规定，现对《解释》解读如下。

一、《解释》的制定背景

敲诈勒索犯罪是一种严重侵犯他人财产和人身安全，常见多发且社会危害性大的犯罪。依法惩治诈敲诈勒索犯罪活动，对保障人民群众安全感，促进社会和谐稳定，具有重大意义。

近年来，敲诈勒索犯罪出现了一些新情况、新问题。一些地方的黑社会性质组织和恶势力团伙，凭借恶名昭著、人多势众实施敲诈勒索行为。把敲诈勒索作为称霸一方、欺压群众的经常性手段；有的犯罪分子频繁实施敲诈勒索行为，被害群众敢怒不敢言；有的犯罪分子扬言要在机场、商店等公共场所投放炸弹、危险物质，编造虚假恐怖信息实施敲诈勒索，造成公众恐慌，社会影响极坏；有的犯罪分子盯住企业家、名人、富人，以对其本人或者家人进行人身伤害等相威胁，迫使其在所谓欠他人巨额债务的文件上签字或者写下巨款借据，并借此勒索财物；还有的犯罪分子以亲戚、朋友等关系为纽带，纠集形成较为固定的犯罪团伙，结伙实施敲诈勒索犯罪，带有明显的团伙性和职业性特点。为严厉打击敲诈勒索犯罪，2011年2月，《刑法修正案（八）》对敲诈勒索罪作出重大修改：一是增加规定“多次敲诈勒索”，降低了敲诈勒索罪的入罪门槛；二是增加了一档法定刑，即“数额特别巨大或者有其他特别严重情节的，处十年以上有期徒刑，并处罚金”，提高了该罪的法定最高刑；三是在每一量刑档次都增加规定了罚金刑。因此，针对实践中敲诈勒索犯罪出现的新情况和新问题，有必要根据《刑法修正案（八）》的规定，制定敲诈勒索罪解释。

---

* 作者单位：最高人民检察院法律政策研究室。

二、《解释》的主要内容

《解释》共九条，主要规定了以下内容：（1）敲诈勒索罪“数额较大”、“数额巨大”、“数额特别巨大”的认定标准；（2）敲诈勒索罪“数额较大”的特殊认定标准；（3）“多次敲诈勒索”的认定；（4）敲诈勒索“其他严重情节”、“其他特别严重情节”的认定；（5）敲诈勒索犯罪情节轻微可不起诉或者免予刑事处罚的情形；（6）对敲诈勒索近亲属财物和因被害人过错引起的敲诈勒索的处理；（7）敲诈勒索共犯的认定；（8）敲诈勒索罪判处罚金的标准；（9）本解释的效力问题。

（一）敲诈勒索罪“数额较大”、“数额巨大”、“数额特别巨大”的认定标准

《解释》第一条共分二款。第一款明确了刑法第二百七十四条规定的“数额较大”、“数额巨大”、“数额特别巨大”。与2000年5月《最高人民法院关于敲诈勒索罪数额认定标准问题的规定》（以下简称《规定》）相比，“数额较大”、“数额巨大”标准均有所提高，分别由原来规定的一千元至三千元、一万元至三万元提高到二千元至五千元、三万元至十万元；同时根据《刑法修正案（八）》的规定，增加规定了“数额特别巨大”的标准，为三十万元至五十万元。这主要考虑：一是敲诈勒索罪属于侵财性犯罪，敲诈勒索财物的价值是衡量其社会危害性的主要标准，其定罪量刑数额标准应该与经济社会发展状况和居民人均收入增长情况相适应。据统计，近五年全国城镇居民人均可支配收入和农村居民人均纯收入分别增长了4.6倍和3.7倍。二是与盗窃罪、诈骗罪司法解释的规定相协调，2013年4月“两高”《关于办理盗窃刑事案件适用法律若干问题的解释》（以下简称《盗窃解释》）“数额较大”、“数额巨大”、“数额特别巨大”的标准分别是“一千元至三千元”、“三万元至十万元”、“三十万元至五十万元”。2011年3月“两高”《关于办理诈骗刑事案件具体应用法律若干问题的解释》（以下简称《诈骗解释》）“数额较大”、“数额巨大”、“数额特别巨大”的标准分别是“三千元至一万元”、“三万元至十万元”、“五十万元”。三是根据征求意见情况，对数额标准均规定了数额幅度，以更好体现罪责刑相适应原则，适应各地经济发展不平衡的实际。

第二款规定，各省、自治区、直辖市高级人民法院、人民检察院可以根据本地区经济发展状况和社会治安状况，在第一款规定的数额幅度内，共同研究确定本地区执行的具体数额标准，报最高人民法院、最高人民检察院批准。与《规定》第二款相比，将“备案”修改为“批准”。主要考虑是，为维护国家法制统一，司法解释权应该由“两高”行使，不宜将犯罪数额的解释权再授

予地方司法机关。在解释公布施行后，各省高级人民法院、人民检察院应根据本款规定，结合本地实际，共同研究确定本地区办理敲诈勒索刑事案件的具体数额标准，报送“两高”批准执行。

（二）敲诈勒索罪“数额较大”的特殊认定标准

《解释》第二条规定，敲诈勒索公私财物，具有一些应从严惩处的情形的，“数额较大”的标准可以按照第一条规定标准的百分之五十确定。针对近年来敲诈勒索犯罪出现的一些新情况，本条共列举了七项情形，对人民群众反映强烈、社会危害性严重的敲诈勒索行为降低入罪门槛，更好地体现了宽严相济刑事政策中“从严”的方面。

第一、二项规定“曾因敲诈勒索受过刑事处罚的”、“一年内曾因敲诈勒索受过行政处罚的”。主要考虑是，根据近三年全国检察机关敲诈勒索批捕人数统计，受过刑事处罚或者行政处罚后又被批捕的占总批捕人数的10%左右，有敲诈勒索前科再犯罪的情况较为突出，有必要对此作为从重处罚的情形，适当降低入罪数额标准，纳入刑事处罚范围。

第三项规定“对未成年人、残疾人、老年人或者丧失劳动能力人敲诈勒索的”，体现了侧重保护社会弱势群体利益的需要。敲诈勒索未成年人、残疾人、老年人或者丧失劳动能力人财物的，犯罪人的主观恶性和犯罪行为的客观危害相对更大，有必要从严惩处。

第四项规定“以将要实施放火、爆炸等危害公共安全犯罪或者故意杀人、绑架等严重侵犯公民人身权利犯罪相威胁敲诈勒索的”，主要是针对实践中以实施严重暴力犯罪相威胁实施敲诈勒索的情况。敲诈勒索犯罪，行为人常常以要实施放火、爆炸、投放危险物质等相威胁，或者故意编造虚假恐怖信息，造成社会恐慌，危及公共安全；还有的犯罪分子给被害人投寄子弹、匕首等以杀害被害人相威胁，扬言要采取暴力、胁迫等方式掳走被害人以索取钱财，考虑到放火、爆炸、投放危险物质等与故意杀人、绑架均属于社会危害性严重的暴力犯罪，以实施以上严重暴力犯罪相威胁，足以让被害人产生恐惧、畏惧心理，具有更为严重的社会危害性，应加大对此类行为的打击力度。

第五项规定“以黑恶势力名义敲诈勒索的”，对黑恶势力或者虽非黑恶势力但凭借其影响进行敲诈勒索的情形作出规定。黑社会性质组织、恶势力团伙的成员或者本身不是组织、团伙的成员但冒充其成员，凭借、利用黑恶势力的非法控制或影响实施敲诈勒索，是敲诈勒索犯罪出现的新情况。此类敲诈勒索行为扰乱社会治安、欺压群众，具有严重社会危害性。需要注意的是，本项规定的“以黑恶势力名义”，包括实际属于黑恶势力和冒充黑恶势力名义敲诈勒索的两种情形。

第六项规定“利用或者冒充国家机关工作人员、军人、新闻工作者等特殊身份敲诈勒索的”。征求意见过程中，部分中央机关和地方司法机关提出，应当加大对“冒充国家机关工作人员或者军人敲诈勒索的”、“利用或假借新闻采访、新闻报道活动进行敲诈勒索的”打击力度。经研究，采纳了相关建议。

第七项规定“造成其他严重后果的”，为兜底条款，主要是指因敲诈勒索引起被害人自杀、伤残、精神失常等严重后果的情形。

（三）“多次敲诈勒索”的认定

《解释》第三条规定，二年内敲诈勒索三次以上的，应当认定为刑法第二百七十四条规定的“多次敲诈勒索”。“多次敲诈勒索”是《刑法修正案（八）》增加规定的构成犯罪的条件，如何准确理解立法原意，结合司法实践和相关司法解释的规定，对“多次敲诈勒索”作出合理的解释是本条需要重点解决的问题。在征求意见过程中，充分听取了有关部门的意见，对“多次”加上了时间限制，为“二年内”。考虑到司法解释规定之间的相互协调问题，对“多次”的界定与《盗窃解释》“多次盗窃”规定的“多次”一致，为“三次以上”。

实践中需要注意以下几点：一是多次敲诈勒索，不需要敲诈勒索数额达到一定数额标准就可构成敲诈勒索犯罪。二是不要求每次行为都是未经处理的，如果在二年内实施敲诈勒索行为，即使有的行为已经被刑事处罚或者行政处罚过，也应该计算在内，总数达到三次以上的，即可成立“多次敲诈勒索”。三是对多次敲诈勒索是否构成犯罪，还需要结合刑法第十三条的规定，对情节显著轻微，危害不大的，不应作为犯罪处理。

（四）敲诈勒索“其他严重情节”、“其他特别严重情节”的认定

《解释》第四条规定，敲诈勒索公私财物，具有《解释》第二条第三项至第七项规定的情形之一，数额达到第一条规定的“数额巨大”、“数额特别巨大”百分之八十的，可以分别认定为敲诈勒索罪的“其他严重情节”、“其他特别严重情节”。

《解释》征求意见过程中，有意见提出，根据刑法第二百七十四条的规定，“其他严重情节”、“其他特别严重情节”是和“数额巨大”、“数额特别巨大”并列的应判处更重刑罚的情况，建议分别明确“其他严重情节”、“其他特别严重情节”的具体情形。经研究认为，一是敲诈勒索罪属于侵财犯罪，敲诈勒索公私财物的价值多少是其社会危害性程度的主要体现，完全不考虑敲诈勒索数额，只以其他情节作为适用更重刑罚的条件，缺乏合理性；二是从制定司法解释技术角度看，分别规定“其他严重情节”、“其他特别严重情节”

的具体情形，无法涵盖司法实践中复杂多变的实际情况，不具有现实可操作性；三是考虑到与盗窃、诈骗司法解释的相互协调，《盗窃解释》第六条、《诈骗解释》第二条第二款均采用了类似规定。故未采纳该意见。

（五）敲诈勒索情节轻微可不起诉或者免除处罚的规定

《解释》第五条规定，敲诈勒索数额较大，行为人认罪、悔罪，退赃、退赔，并具有法定从宽处罚情节、没有参与分赃或者获赃较少且不是主犯、被害人谅解等情节轻微、危害不大情形的，可以认定为犯罪情节轻微，不起诉或者免予刑事处罚，由有关部门依法予以行政处罚。

本条在法律规定的框架内规定，案件办理过程中可以根据犯罪情节的具体情况作出区别对待，有利于指导、规范办案，贯彻宽严相济刑事政策。需要说明的是：一是本条针对的是敲诈勒索公私财物数额达到较大标准的行为，即已经构成敲诈勒索犯罪的行为；二是本条列举的四种情况即“具有法定从宽处罚情节的，没有参与分赃或者获赃较少且不是主犯的，被害人谅解的，其他情节轻微、危害不大的”，行为人必须同时认罪、悔罪，退赃、退赔，才可认为犯罪情节轻微，作出不起诉决定或者免予刑事处罚；三是对于不起诉或者免予刑事处罚的，由有关部门予以行政处罚。对于不作为犯罪处理的违法行为，应当根据治安管理处罚法，由公安机关对其作出相应的治安处罚。

（六）对敲诈勒索近亲属财物和因被害人过错引起的敲诈勒索的处理

《解释》第六条第一款规定，敲诈勒索近亲属的财物，获得谅解的，一般不认为是犯罪；认定为犯罪的，应当酌情从宽处理。司法实践中，对于敲诈勒索近亲属的财物，近亲属予以谅解的，根据个案情况，符合刑法第十三条规定的“情节显著轻微危害不大”条件的，可以“不认为是犯罪”；不符合刑法第十三条规定的“情节显著轻微危害不大”条件的，认定为犯罪，应当酌情从宽处理。

《解释》第六条第二款规定，被害人对敲诈勒索的发生存在过错的，根据被害人过错程度和案件其他情况，可以对行为人酌情从宽处理；情节显著轻微危害不大的，不认为是犯罪。实践中有些敲诈勒索案件确因被害人过错引起，行为人以被害人有过错相威胁或要挟实施敲诈勒索的，与直接威胁、要挟被害人敲诈勒索的主观恶性和客观危害程度有所区别，不宜单纯根据数额、情节定罪处罚。具体案件的处理，应当根据过错责任的性质、过错与犯罪之间的关联度大小等因素，综合考虑定罪量刑幅度。实践中应注意“从宽处理”的把握，在研究起草过程中，有观点认为，敲诈勒索数额达到“数额较大”标准的，可以不作为犯罪处理；敲诈勒索数额、情节达到“数额巨大”或者“其他严重情节”标准的，可以认定为“数额较大”；敲诈勒索数额、情节达到“数额特别巨大”或者“其他特别严重情节”标准的，可以分别认定为“数额巨大”或者“其他严重情节”。经研究认为，这种观点过于绝对，不宜一律降格处理，更不宜将达到“数额较大”标准的，一律降格不作为犯罪处理。只有“情节显著轻微危害不大”的，才能不认为是犯罪。至于何为“情节显著轻微危害不大”，需要根据犯罪数额、被害人过错性质、程度以及行为人敲诈勒索行为手段等因素进行综合分析判断。

（七）敲诈勒索共犯的认定

《解释》第七条明确了敲诈勒索共同犯罪的认定，规定明知他人实施敲诈勒索犯罪，为其提供信用卡、手机卡、通讯工具、通讯传输通道、网络技术支持等帮助的，以共同犯罪论处。近年来，敲诈勒索团伙犯罪情况较突出，多是以亲戚、朋友、老乡关系等为纽带，纠集组成相对固定的团伙，收集信息。制作信件、拨打电话、开设账户、取款转款等环节分工明确。为有效打击敲诈勒索共同犯罪，本条借鉴《诈骗解释》第七条的内容作出了规定。

（八）敲诈勒索罪判处罚金刑的标准

《解释》第八条明确规定了敲诈勒索被判处罚金的量刑标准，对犯敲诈勒索罪的被告人，应当在二千元以上、敲诈勒索数额的二倍以下判处罚金；被告人没有获得财物的，应当在二千元以上十万元以下判处罚金。

《刑法修正案（八）》对敲诈勒索罪增加了罚金刑的规定。为了从经济上打击敲诈勒索犯罪，剥夺敲诈勒索再犯资本，有必要明确敲诈勒索判处罚金的具体量刑标准。本条规定主要根据2000年12月《最高人民法院关于适用财产刑若干问题的规定》第二条的规定，并借鉴了《盗窃解释》第十五条的内容，明确以敲诈勒索罪数额标准二千元为罚金起点，若敲诈勒索取得财物，在实际取得财物数额的二倍以下判处罚金；若未取得财物，在十万元以下判处罚金。

（九）本解释的效力问题

《解释》第九条规定了解释的效力，明确了解释与其他有关敲诈勒索罪解释的关系。解释公布施行后，《最高人民法院关于敲诈勒索罪数额认定标准问题的规定》同时废止；此前发布的司法解释与本解释不一致的，以本解释为准。

最高人民法院、最高人民检察院关于办理危害食品安全刑事案件适用法律若干问题的解释

（2013年4月28日最高人民法院审判委员会第1576次会议、2013年4月28日最高人民检察院第十二届检察委员会第5次会议通过　2013年5月2日公布　2013年5月4日施行　法释〔2013〕12号）

为依法惩治危害食品安全犯罪，保障人民群众身体健康、生命安全，根据刑法有关规定，对办理此类刑事案件适用法律的若干问题解释如下：

第一条　生产、销售不符合食品安全标准的食品，具有下列情形之一的，应当认定为刑法第一百四十三条规定的“足以造成严重食物中毒事故或者其他严重食源性疾病”：

（一）含有严重超出标准限量的致病性微生物、农药残留、兽药残留、重金属、污染物质以及其他危害人体健康的物质的；

（二）属于病死、死因不明或者检验检疫不合格的畜、禽、兽、水产动物及其肉类、肉类制品的；

（三）属于国家为防控疾病等特殊需要明令禁止生产、销售的；

（四）婴幼儿食品中生长发育所需营养成分严重不符合食品安全标准的；

（五）其他足以造成严重食物中毒事故或者严重食源性疾病的情形。

第二条　生产、销售不符合食品安全标准的食品，具有下列情形之一的，应当认定为刑法第一百四十三条规定的“对人体健康造成严重危害”：

（一）造成轻伤以上伤害的；

（二）造成轻度残疾或者中度残疾的；

（三）造成器官组织损伤导致一般功能障碍或者严重功能障碍的；

（四）造成十人以上严重食物中毒或者其他严重食源性疾病的；

（五）其他对人体健康造成严重危害的情形。

第三条　生产、销售不符合食品安全标准的食品，具有下列情形之一的，应当认定为刑法第一百四十三条规定的“其他严重情节”：

（一）生产、销售金额二十万元以上的；

（二）生产、销售金额十万元以上不满二十万元，不符合食品安全标准的

食品数量较大或者生产、销售持续时间较长的；

（三）生产、销售金额十万元以上不满二十万元，属于婴幼儿食品的；

（四）生产、销售金额十万元以上不满二十万元，一年内曾因危害食品安全违法犯罪活动受过行政处罚或者刑事处罚的；

（五）其他情节严重的情形。

第四条 生产、销售不符合食品安全标准的食品，具有下列情形之一的，应当认定为刑法第一百四十三条规定的“后果特别严重”：

（一）致人死亡或者重度残疾的；

（二）造成三人以上重伤、中度残疾或者器官组织损伤导致严重功能障碍的；

（三）造成十人以上轻伤、五人以上轻度残疾或者器官组织损伤导致一般功能障碍的；

（四）造成三十人以上严重食物中毒或者其他严重食源性疾病的；

（五）其他特别严重的后果。

第五条 生产、销售有毒、有害食品，具有本解释第二条规定情形之一的，应当认定为刑法第一百四十四条规定的“对人体健康造成严重危害”。

第六条 生产、销售有毒、有害食品，具有下列情形之一的，应当认定为刑法第一百四十四条规定的“其他严重情节”：

（一）生产、销售金额二十万元以上不满五十万元的；

（二）生产、销售金额十万元以上不满二十万元，有毒、有害食品的数量较大或者生产、销售持续时间较长的；

（三）生产、销售金额十万元以上不满二十万元，属于婴幼儿食品的；

（四）生产、销售金额十万元以上不满二十万元，一年内曾因危害食品安全违法犯罪活动受过行政处罚或者刑事处罚的；

（五）有毒、有害的非食品原料毒害性强或者含量高的；

（六）其他情节严重的情形。

第七条 生产、销售有毒、有害食品，生产、销售金额五十万元以上，或者具有本解释第四条规定的情形之一的，应当认定为刑法第一百四十四条规定的“致人死亡或者有其他特别严重情节”。

第八条 在食品加工、销售、运输、贮存等过程中，违反食品安全标准，超限量或者超范围滥用食品添加剂，足以造成严重食物中毒事故或者其他严重食源性疾病的，依照刑法第一百四十三条的规定以生产、销售不符合安全标准的食品罪定罪处罚。

在食用农产品种植、养殖、销售、运输、贮存等过程中，违反食品安全标准，超限量或者超范围滥用添加剂、农药、兽药等，足以造成严重食物中毒事故或者其他严重食源性疾病的，适用前款的规定定罪处罚。

第九条　在食品加工、销售、运输、贮存等过程中，掺入有毒、有害的非食品原料，或者使用有毒、有害的非食品原料加工食品的，依照刑法第一百四十四条的规定以生产、销售有毒、有害食品罪定罪处罚。

在食用农产品种植、养殖、销售、运输、贮存等过程中，使用禁用农药、兽药等禁用物质或者其他有毒、有害物质的，适用前款的规定定罪处罚。

在保健食品或者其他食品中非法添加国家禁用药物等有毒、有害物质的，适用第一款的规定定罪处罚。

第十条　生产、销售不符合食品安全标准的食品添加剂，用于食品的包装材料、容器、洗涤剂、消毒剂，或者用于食品生产经营的工具、设备等，构成犯罪的，依照刑法第一百四十条的规定以生产、销售伪劣产品罪定罪处罚。

第十一条　以提供给他人生产、销售食品为目的，违反国家规定，生产、销售国家禁止用于食品生产、销售的非食品原料，情节严重的，依照刑法第二百二十五条的规定以非法经营罪定罪处罚。

违反国家规定，生产、销售国家禁止生产、销售、使用的农药、兽药，饲料、饲料添加剂，或者饲料原料、饲料添加剂原料，情节严重的，依照前款的规定定罪处罚。

实施前两款行为，同时又构成生产、销售伪劣产品罪，生产、销售伪劣农药、兽药罪等其他犯罪的，依照处罚较重的规定定罪处罚。

第十二条　违反国家规定，私设生猪屠宰厂（场），从事生猪屠宰、销售等经营活动，情节严重的，依照刑法第二百二十五条的规定以非法经营罪定罪处罚。

实施前款行为，同时又构成生产、销售不符合安全标准的食品罪，生产、销售有毒、有害食品罪等其他犯罪的，依照处罚较重的规定定罪处罚。

第十三条　生产、销售不符合食品安全标准的食品，有毒、有害食品，符合刑法第一百四十三条、第一百四十四条规定的，以生产、销售不符合安全标准的食品罪或者生产、销售有毒、有害食品罪定罪处罚。同时构成其他犯罪的，依照处罚较重的规定定罪处罚。

生产、销售不符合食品安全标准的食品，无证据证明足以造成严重食物中毒事故或者其他严重食源性疾病，不构成生产、销售不符合安全标准的食品罪，但是构成生产、销售伪劣产品罪等其他犯罪的，依照该其他犯罪定罪处罚。

第十四条　明知他人生产、销售不符合食品安全标准的食品，有毒、有害食品，具有下列情形之一的，以生产、销售不符合安全标准的食品罪或者生产、销售有毒、有害食品罪的共犯论处：

（一）提供资金、贷款、账号、发票、证明、许可证件的；

（二）提供生产、经营场所或者运输、贮存、保管、邮寄、网络销售渠道等便利条件的；

（三）提供生产技术或者食品原料、食品添加剂、食品相关产品的；

（四）提供广告等宣传的。

第十五条 广告主、广告经营者、广告发布者违反国家规定，利用广告对保健食品或者其他食品作虚假宣传，情节严重的，依照刑法第二百二十二条的规定以虚假广告罪定罪处罚。

第十六条 负有食品安全监督管理职责的国家机关工作人员，滥用职权或者玩忽职守，导致发生重大食品安全事故或者造成其他严重后果，同时构成食品监管渎职罪和徇私舞弊不移交刑事案件罪、商检徇私舞弊罪、动植物检疫徇私舞弊罪、放纵制售伪劣商品犯罪行为罪等其他渎职犯罪的，依照处罚较重的规定定罪处罚。

负有食品安全监督管理职责的国家机关工作人员滥用职权或者玩忽职守，不构成食品监管渎职罪，但构成前款规定的其他渎职犯罪的，依照该其他犯罪定罪处罚。

负有食品安全监督管理职责的国家机关工作人员与他人共谋，利用其职务行为帮助他人实施危害食品安全犯罪行为，同时构成渎职犯罪和危害食品安全犯罪共犯的，依照处罚较重的规定定罪处罚。

第十七条 犯生产、销售不符合安全标准的食品罪，生产、销售有毒、有害食品罪，一般应当依法判处生产、销售金额二倍以上的罚金。

第十八条 对实施本解释规定之犯罪的犯罪分子，应当依照刑法规定的条件严格适用缓刑、免予刑事处罚。根据犯罪事实、情节和悔罪表现，对于符合刑法规定的缓刑适用条件的犯罪分子，可以适用缓刑，但是应当同时宣告禁止令，禁止其在缓刑考验期限内从事食品生产、销售及相关活动。

第十九条 单位实施本解释规定的犯罪的，依照本解释规定的定罪量刑标准处罚。

第二十条 下列物质应当认定为“有毒、有害的非食品原料”：

（一）法律、法规禁止在食品生产经营活动中添加、使用的物质；

（二）国务院有关部门公布的《食品中可能违法添加的非食用物质名单》、《保健食品中可能非法添加的物质名单》上的物质；

（三）国务院有关部门公告禁止使用的农药、兽药以及其他有毒、有害物质；

（四）其他危害人体健康的物质。

第二十一条 “足以造成严重食物中毒事故或者其他严重食源性疾病”、“有毒、有害非食品原料”难以确定的，司法机关可以根据检验报告并结合专家意见等相关材料进行认定。必要时，人民法院可以依法通知有关专家出庭作出说明。

第二十二条 最高人民法院、最高人民检察院此前发布的司法解释与本解释不一致的，以本解释为准。

《最高人民法院、最高人民检察院关于办理危害食品安全刑事案件适用法律若干问题的解释》理解与适用

陈国庆 韩耀元 吴峤滨 *

2013 年 5 月 3 日，最高人民法院、最高人民检察院（以下简称“两高”）联合公布了《最高人民法院、最高人民检察院关于办理危害食品安全刑事案件适用法律若干问题的解释》（以下简称《解释》），自 2013 年 5 月 4 日起施行。《解释》针对惩治危害食品安全犯罪中遇到的法律适用问题，进一步明确了危害食品安全犯罪的定罪量刑标准以及相关罪名的司法认定标准，统一了法律适用意见。这是最高人民法院、最高人民检察院加大打击危害食品安全犯罪力度，保障群众健康安全，维护人民根本利益，维护社会和谐稳定的重要举措。《解释》的出台，为依法惩治危害食品安全犯罪编织了严密的刑事法网，对于进一步加大对危害食品安全犯罪的打击力度，在全社会形成预防和惩治危害食品安全犯罪的良好氛围，将发挥重要作用。为便于深入理解和掌握《解释》的基本精神和主要内容，现就《解释》的有关问题解读如下：

一、制定《解释》的背景及过程

食品是人类赖以生存和发展的首要物质资料，食品安全是关系国计民生的头等大事，与人们的日常生活、社会稳定息息相关，其重要性不言而喻。近年来，食品安全问题已经成为全社会最为关心的民生问题。一些企业和个人为牟取暴利，无视基本的道德底线，在食品生产、加工和销售等环节，有的偷工减料降低质量标准，有的加入有毒、有害的劣质原料、添加剂，生产、销售不符合食品安全标准的食品或者有毒、有害食品。从苏丹红调料、瘦肉精猪肉、三聚氰胺奶粉到染色馒头、有毒大米、地沟油，频发的食品安全事件和危害食品安全犯罪不仅给人民群众的身体健康和生命安全带来巨大危害，给国家和社会造成巨大经济损失，而且在国内和国际上都产生了极其恶劣的影响。

为依法惩治危害食品安全犯罪，2001 年《“两高”关于办理生产、销售伪劣商品刑事案件具体应用法律若干问题的解释》（以下简称《伪劣商品解释》）规定了生产、销售不符合食品卫生标准的食品罪及生产、销售有毒、有害食品罪的定罪量刑标准。2011 年，“两高”、公安部联合出台了《关于依法惩治

---

* 作者单位：最高人民检察院法律政策研究室。

“地沟油”违法犯罪活动的通知》。全国人大常委会于 2011 年 2 月 25 日通过了《刑法修正案（八）》，对刑法第一百四十三条生产、销售不符合安全标准的食品罪和第一百四十四条生产、销售有毒、有害食品罪作了修改完善，增设了第四百零八条之一食品监管渎职罪。

2013 年 4 月，“两高”共同启动司法解释的研究起草工作，草拟了司法解释初稿，并组织召开会议，听取了全国人大常委会法工委、公安部、国家卫生与计生委、农业部、国家食品药品监督管理总局等中央有关部门的意见，书面征求了全国法院系统、检察院系统的意见。“两高”联合召开专家论证会，听取了北京大学、清华大学、北京师范大学以及国家食品安全风险评估中心、中国农科院等单位的专家学者的意见。

经综合各方面的意见，多次研究修改，2013 年 4 月 28 日由最高人民法院审判委员会第 1576 次会议、由最高人民检察院第十二届检察委员会第 5 次会议分别审议通过了该解释。

二、《解释》的主要内容及说明

《解释》共二十二条。第一条至第四条明确了生产、销售不符合安全标准的食品罪的定罪量刑标准。第五条至第七条明确了生产、销售有毒、有害食品罪的定罪量刑标准。第八条明确了食品滥用添加行为的定性处理问题。第九条明确了食品非法添加行为的定性处理问题。第十条明确了生产、销售不符合安全标准的食品添加剂、食品相关产品行为的定性处理问题。第十一条明确了生产、销售国家禁止食品使用物质行为的定性处理问题。第十二条明确了非法从事生猪屠宰、销售行为的定性处理问题。第十三条明确了危害食品安全犯罪竞合的处理原则。第十四条明确了危害食品安全犯罪共同犯罪的处理原则。第十五条明确了食品虚假广告行为的定性处理问题。第十六条明确了食品监管渎职犯罪的定性处理问题。第十七条、第十八条明确了对危害食品安全犯罪适用罚金刑标准和从严适用缓刑、免于刑事处罚。第十九条明确了单位实施危害食品安全犯罪的定罪量刑标准。第二十条、第二十一条明确了危害食品安全犯罪有关专业性问题的认定问题。第二十二条是关于《解释》的效力规定。

（一）关于生产、销售不符合安全标准的食品罪的定罪量刑标准

刑法第一百四十三条生产、销售不符合安全标准的食品罪是危害食品安全犯罪的基本罪名之一。《刑法修正案（八）》对生产、销售不符合安全标准的食品罪作了修改，一是增加了“有其他严重情节的”作为第二档量刑幅度的情形；二是将各档罚金刑由“处销售金额百分之五十以上二倍以下”修改为“并处罚金”。《解释》第一条至第四条对生产、销售不符合安全标准的食品罪的定罪量刑情节的认定标准作出了明确具体的规定。

《解释》第一条明确了生产、销售不符合安全标准的食品罪“足以造成严重食物中毒事故或者其他严重食源性疾病”的认定标准。2001年《伪劣商品解释》第四条规定，经省级以上卫生行政部门确定的机构鉴定，食品中含有可能导致严重食物中毒事故或者其他严重食源性疾患的超标准的有害细菌或者其他污染物的，应认定为刑法第一百四十三条规定的“足以造成严重食物中毒事故或者其他严重食源性疾患”。但司法实践中，鉴定意见只能出具送检物质中是否含有有害细菌或者其他污染物以及具体数值，无法对是否“足以造成严重食物中毒事故或者其他严重食源性疾患”作出判定，该规定可操作性不强，有必要予以修改完善。《解释》第一条改变了《伪劣商品解释》规定的具体个案的认定方法，采取了一般性、客观推定式的认定方法，即将实践中具有高度危险性的典型情形予以类型化，明确具有这些情形的即可认定为足以造成刑法规定的危险。《解释》第一条规定在《食品安全法》第二十八条等规定的基础上，规定了生产、销售五类危险程度较高的食品即可认定为“足以造成严重食物中毒事故或者其他严重食源性疾病”，以生产、销售不符合安全标准的食品罪定罪处罚。第一项规定“含有严重超出标准限量的致病性微生物、农药残留、兽药残留、重金属、污染物质以及其他危害人体健康的物质的”情形，主要考虑到《食品安全法》第二十八条明确禁止生产经营致病性微生物、农药残留、兽药残留、重金属、污染物质以及其他危害人体健康的物质含量超过食品安全标准限量的食品。含有严重超出限量标准的上述物质具有现实危险性，有必要予以刑事打击。同时，考虑到上述物质的种类非常多，危害性的差别较大，无法划出统一的超标倍数作为认定标准，故采用了“严重超出标准限量”的表述。第二项规定“属于病死、死因不明或者检验检疫不合格的畜、禽、兽、水产动物及其肉类、肉类制品的”情形，主要考虑到《食品安全法》第二十八条明确禁止生产经营病死、死因不明或者检验检疫不合格的畜、禽、兽、水产动物及其肉类、肉类制品。上述食品中极有可能含有致病性微生物、病毒或者其他毒害成分，具有造成严重食物中毒事故或者其他严重食源性疾病的现实危险性。第三项规定“属于国家为防控疾病等特殊需要明令禁止生产、销售的”情形，主要考虑到《食品安全法》第二十八条明确禁止生产经营国家为防病等特殊需要明令禁止生产经营的食品。如前一时期为防控 H7N9 禽流感，有的地区被怀疑为传染源的市场已要求停止经营活禽，对活禽进行扑杀，如果该市场的活禽经营者仍暗中经营的，就适用本项的规定。由于此类食品与某种疾病存在较密切的联系，违反国家禁止性规定生产经营此类食品，一旦引发传染病等疫情，将导致极其严重甚至是灾难性后果，因此将其认定具有“足以造成严重食物中毒事故或者其他严重食源性疾病”的危险。

第四项规定“婴幼儿食品中生长发育所需营养成分严重不符合食品安全标准的”情形，主要考虑到《乳品质量安全监督管理条例》第三十二条明确规定，生产婴幼儿奶粉应当保证婴幼儿生长发育所需的营养成分，不得添加任何可能危害婴幼儿身体健康和生长发育的物质。如2004年发生在安徽阜阳的“大头娃娃”奶粉事件，劣质婴儿奶粉就未按要求添加婴儿生长发育所必需的维生素和矿物质，造成严重的危害后果。为了体现对婴幼儿身体健康的特殊保护，本项将此类情形认定为“足以造成严重食物中毒事故或者其他严重食源性疾病”。第五项是兜底条款。

《解释》第二条明确了生产、销售不符合安全标准的食品罪“对人体健康造成严重危害”的认定标准。《伪劣商品解释》第四条规定，生产、销售不符合卫生标准的食品被食用后，造成轻伤、重伤或者其他严重后果的，应认定为“对人体健康造成严重危害”。但轻伤、重伤多系外伤导致的损伤，与司法实践中危害食品安全犯罪造成的危害后果难以对应，因此本条参照2009年《“两高”关于办理生产、销售假药、劣药刑事案件具体应用法律若干问题的解释》（以下简称《假劣药解释》）的规定，规定了造成残疾、器官组织损伤导致功能障碍的标准。第一项、第二项、第三项与生产、销售假药罪及生产、销售劣药罪“对人体健康造成严重危害”的标准保持一致，即分别为“造成轻伤以上伤害的”，“造成轻度残疾或者中度残疾的”，“造成器官组织损伤导致一般功能障碍或者严重功能障碍的”。第四项考虑到生产、销售不符合安全标准的食品罪的犯罪特点，规定“造成十人以上严重食物中毒或者其他严重食源性疾病的”属于“对人体健康造成严重危害”。第五项是兜底条款。

《解释》第三条明确了生产、销售不符合安全标准的食品罪“其他严重情节”的认定标准。《刑法修正案（八）》对生产、销售不符合安全标准的食品罪增加了“有其他严重情节的”作为第二档量刑幅度的情形。本条规定了五种应当认定为“其他严重情节”的情形。第一项规定“生产、销售金额二十万元以上的”情形，能够涵盖已经生产并销售、已经生产尚未销售以及部分销售部分未销售的全部情况。主要考虑：一是将生产金额与销售金额适用同一标准，既符合刑法规定的罪状表述，又能够降低司法实践中侦查、调查取证的难度，强化可操作性，有利于加大打击力度。二是将数额标准设置为二十万元，与生产、销售伪劣产品罪第二档的数额标准保持一致，有利于确保对危害食品安全犯罪尽可能地以危害食品安全的罪名定罪处罚，避免实践中经常出现的转而适用生产、销售伪劣产品罪处理的情况，在案件处理结果上准确反映犯罪分子的行为性质和主观恶性，争取社会共识和群众认同。第二项规定“生产、销售金额十万元以上不满二十万元，不符合食品安全标准的食品数量较大或者生产、销售持续时间较长的”情形，主要考虑到犯罪数额虽未达到二十万元的标准，但犯罪行为的社会危害性较大、性质较恶劣的情况。由于食品的种类繁多，有的是以克、公斤、吨等重量单位计数，有的是以瓶、包、盒、箱等包装单位计数，且不同品种的不符合安全标准的食品危害程度不同，难以确定一个相对合理的“数量较大”的标准，“持续时间较长”同样也不宜规定得过于具体化，都需要在具体案件中结合案情作具体判断。第三项规定“生产、销售金额十万元以上不满二十万元，属于婴幼儿食品的”情形，主要是为了体现对婴幼儿身体健康的特殊保护。第四项规定“生产、销售金额十万元以上不满二十万元，一年内曾因危害食品安全违法犯罪活动受过行政处罚或者刑事处罚的”情形，主要是考虑到实践中这类实施危害食品安全犯罪行为的犯罪分子较多，屡教不改，受过处罚后往往重操旧业，主观恶性较大，有必要予以从严惩处。第五项是兜底条款。

《解释》第四条明确了生产、销售不符合安全标准的食品罪“后果特别严重”的认定标准。本条参照《假劣药解释》作了规定，第一项、第二项、第三项与生产、销售假药罪“对人体健康造成严重危害”，生产、销售劣药罪“后果特别严重”的标准保持一致，即分别为“致人死亡或者重度残疾的”，“造成三人以上重伤、中度残疾或者器官组织损伤导致严重功能障碍的”，“造成十人以上轻伤、五人以上轻度残疾或者器官组织损伤导致一般功能障碍的”。第四项考虑到生产、销售不符合安全标准的食品罪的犯罪特点，规定“造成三十人以上严重食物中毒或者其他严重食源性疾病的”属于“后果特别严重”，与该罪第二档量刑幅度的标准保持三倍关系。第五项是兜底条款。

（二）关于生产、销售有毒、有害食品罪的定罪量刑标准

刑法第一百四十四条生产、销售有毒、有害食品罪是另一个危害食品安全犯罪的基本罪名。《刑法修正案（八）》对生产、销售有毒、有害食品罪增加了“有其他严重情节的”、“有其他特别严重情节的”作为第二档、第三档量刑幅度的情形。《解释》第五条至第七条对生产、销售有毒、有害食品罪的定罪量刑情节的认定标准作出了明确具体的规定。

《解释》第五条明确了生产、销售有毒、有害食品罪“对人体健康造成严重危害”的认定标准，与《解释》第二条生产、销售不符合安全标准的食品罪“对人体健康造成严重危害”的认定标准保持一致。

《解释》第六条明确了生产、销售有毒、有害食品罪“其他严重情节”的认定标准。其中，第一项至第四项的规定与《解释》第三条第一项至第四项生产、销售不符合安全标准的食品罪“其他严重情节”的认定标准保持一致。第五项规定“有毒、有害的非食品原料毒害性强或者含量高的”情形，主要

考虑到有毒、有害的非食品原料种类繁多，毒害性相差非常大，一般来说，非食品原料的毒害性越强，或者使用的剂量越高，生产出的食品的毒害性就越强，给食用者造成严重危害的可能性就越高，因此对此类行为有必要予以严惩。第六项是兜底条款。

《解释》第七条生产、销售有毒、有害食品罪“致人死亡或者有其他特别严重情节”的认定标准。本条除援引《解释》第四条生产、销售不符合安全标准的食品罪“后果特别严重”的认定标准外，还规定生产、销售金额五十万元以上的，应当认定为“有其他特别严重情节”。将数额标准设置为五十万元，与生产、销售伪劣产品罪第三档的数额标准保持一致，同样是为了保持生产、销售有毒、有害食品罪与生产、销售伪劣产品罪在罪名适用上的平衡协调。

（三）关于食品滥用添加行为的定性处理

根据《食品安全法》的规定，食品添加剂是指为改善食品品质和色、香、味以及为防腐、保鲜和加工工艺的需要而加入食品中的人工合成或者天然物质，食品生产者应当依照食品安全标准关于食品添加剂的品种、使用范围、用量的规定使用食品添加剂。超限量、超范围滥用食品添加剂的行为是当前较为突出的食品安全问题，有必要予以刑事打击。

《解释》第八条明确了违反食品安全标准，滥用食品添加剂等行为的定性处理问题，共分两款。第八条第一款明确在食品加工、销售、运输、贮存等过程中，违反食品安全标准，超限量或者超范围滥用食品添加剂，足以造成严重食物中毒事故或者其他严重食源性疾病的，依照生产、销售不符合安全标准的食品罪定罪处罚。主要考虑：一是针对现实生活中大量存在流通、贮存环节的滥用添加行为，将刑法规定的“生产、销售”细化为“加工、销售、运输、贮存”等环节，实现对食品加工、流通等整个链条的全程覆盖，充分体现对食品安全全程控制的理念和实际需要。二是国家许可使用的食品添加剂是允许用于食品生产的，滥用食品添加剂所生产的食品应属于不符合食品安全标准的食品，如果足以造成严重食物中毒事故或者其他严重食源性疾病，应以生产、销售不符合安全标准的食品罪定罪处罚。例如，超限量使用亚硝酸钠为肉类保鲜，违规使用“柠檬黄”生产“染色馒头”，都可能造成严重食物中毒事故或者其他严重食源性疾病。

第八条第二款明确在食用农产品种植、养殖、销售、运输、贮存等过程中，违反食品安全标准，超限量或者超范围滥用添加剂、农药、兽药等，足以造成严重食物中毒事故或者其他严重食源性疾病的，也依照生产、销售不符合安全标准的食品罪定罪处罚。主要考虑：根据《食品安全法》的规定，食用农产品（供食用的源于农业的初级产品）的质量安全标准也适用《食品安全法》的规定。因此，本款针对食用农产品种植、养殖中的滥用添加问题，明确刑法规定的“食品”除加工食品之外，还包括食用农产品。这一规定使刑法中的“食品”概念与《食品安全法》中的“食品”概念实现了对接互联。

（四）关于食品非法添加行为的定性处理

《食品安全法》禁止生产经营用非食品原料生产的食品，或者添加食品添加剂以外的化学物质和其他可能危害人体健康物质的食品，或者用回收食品作为原料生产的食品。司法实践中，食品非法添加行为具有极其严重的社会危害性，有必要依法予以严惩。

《解释》第九条明确了食品非法添加行为的定性处理问题，共分两款。第九条第一款明确在食品加工、销售、运输、贮存等过程中，掺入有毒、有害的非食品原料，或者使用有毒、有害的非食品原料加工食品的，应当以生产、销售有毒、有害食品罪定罪处罚。主要考虑：一是根据司法实践的实际情况，将生产、销售有毒、有害食品罪中的“生产、销售”扩展至“食品加工、销售、运输、贮存等过程”。二是刑法第一百四十四条仅规定了在生产、销售的食品中掺入有毒、有害的非食品原料的行为方式，但在“地沟油”犯罪中犯罪分子直接使用餐厨垃圾、废弃油脂、各类肉及肉制品加工废弃物等有毒、有害的非食品原料生产、加工“地沟油”，其行为完全符合生产、销售有毒、有害食品罪“在生产、销售的食品中掺入有毒、有害的非食品原料”的罪状表述，甚至比“掺入”行为的危害性更大，因此有必要对此予以明确。这一观点在2011年“两高”、公安部《关于依法惩治“地沟油”违法犯罪活动的通知》中已经得到明确，《解释》对此予以重申。

第九条第二款明确在食用农产品种植、养殖、销售、运输、贮存等过程中，使用禁用农药、兽药等禁用物质或者其他有毒、有害物质的，应当以生产、销售有毒、有害食品罪定罪处罚。主要考虑到《农药管理条例》、《兽药管理条例》明令禁止使用禁用农药、兽药等禁用物质或者其他有毒、有害物质用于食用农产品生产。国家禁用物质具有严重危害性，有必要明确国家禁用物质即属于有毒、有害物质，凡是在食品中添加禁用物质的行为均应以生产、销售有毒、有害食品罪定罪处罚。

第九条第三款明确在保健食品或者其他食品中非法添加国家禁用药物等有毒有害物质的，应当以生产、销售有毒、有害食品罪定罪处罚。主要考虑：鉴于《食品安全法》明确规定在生产经营的保健食品中不得添加药品，而实践中在保健食品或者其他食品中非法添加国家禁用药物，夸大保健食品功效，欺骗消费者购买的情况十分突出，如在减肥保健食品中添加副作用危害严重的

“西布曲明”等药物成分，在男性保健食品中添加“伟哥”等，对此有必要予以刑事规制。药物等有毒有害物质通常具有一定毒副作用，需要经过药理病理分析和临床试验，以及严格的审批程序才能作为药品上市。而在保健食品或者其他食品中非法添加上述物质，缺乏任何风险评估和安全控制，食用者的生命健康处于极大的风险中。为此，原卫生部、国家食品药品监督管理局先后出台《关于进一步规范保健食品原料管理的通知》、《保健食品中可能非法添加的物质名单》等规范性文件，明确列明不得在保健食品中添加的国家禁用药物等有毒有害物质。由于国家禁用药物等有毒有害物质属于有毒、有害的非食品原料，因此对上述行为应当以生产、销售有毒、有害食品罪定罪处罚。

（五）关于生产、销售不符合安全标准的食品添加剂、食品相关产品行为的定性处理

食品添加剂以及用于食品的包装材料、容器、洗涤剂、消毒剂，或者用于食品生产经营的工具、设备等食品相关产品在食品生产过程中被添加到食品中，或者直接与食品接触，其是否安全直接影响食品的安全。根据《食品安全法》的规定，食品添加剂和食品相关产品不属于食品，但也必须符合《食品安全法》对其规定的食品安全标准。

《解释》第十条明确对生产、销售不符合安全标准的食品添加剂、食品相关产品的行为，应当以生产、销售伪劣产品罪定罪处罚。主要考虑：一是食品添加剂和食品相关产品不属于食品，以生产、销售不符合安全标准的食品罪，生产、销售有毒、有害食品罪定性处理与《食品安全法》的规定和理解不一致。二是食品添加剂虽然在食品生产过程中被添加到食品中去，但生产、销售不符合安全标准的食品添加剂的行为难以单独评价其危害性，需要视下游的添加行为而定，以生产、销售不符合安全标准的食品罪，生产、销售有毒、有害食品罪定性处理存在客观障碍。如要以生产、销售不符合安全标准的食品罪，生产、销售有毒、有害食品罪的共同犯罪追究刑事责任，则需要认定具有共同故意和共同行为。三是对上述行为以生产、销售伪劣产品罪定性处理比较符合法律规定和司法实践的做法，也有利于体现罪刑相适应原则。

（六）关于生产、销售国家禁止食品使用物质行为的定性处理

非法生产、销售国家禁止用于食品生产、销售的非食品原料以及国家禁止生产、销售、使用的农药、兽药、饲料、饲料添加剂，或者饲料原料、饲料添加剂原料的行为，如非法生产、销售“三聚氰胺蛋白粉”、“工业明胶”、“瘦肉精”及含有“瘦肉精”的饲料等，存在严重的食品安全危险。对于生产、销售国家禁止食品使用物质的行为，有的定性问题已有司法解释明确规定，如2002年“两高”《关于办理非法生产、销售、使用禁止在饲料和动物饮用水中

使用的药品等刑事案件具体应用法律若干问题的解释》规定，对非法生产、销售盐酸克仑特罗等禁止在饲料和动物饮用水中使用的药品的行为，以非法经营罪定罪处罚。但对于其他国家禁止食品使用物质的生产、销售行为的定性并无规定，《解释》对此有必要予以明确。

《解释》第十一条明确了生产、销售国家禁止食品使用物质行为的定性处理问题，共分三款。第十一条第一款明确以提供给他人生产、加工食品为目的，违反国家规定，生产、销售国家禁止用于食品生产、销售的非食品原料，情节严重的，应当以非法经营罪定罪处罚。主要考虑：这类非食品原料是国家禁止用于食品生产、销售的，因不存在对应的合格产品，一般不宜以生产、销售伪劣产品罪定罪处罚。我们认为，以提供给他人生产、加工食品为目的，违反国家规定，生产、销售国家禁止用于食品生产、加工的非食品原料，属于刑法第二百二十五条规定的“其他严重扰乱市场秩序的非法经营行为”，以非法经营罪定罪处罚是较适当的。

第十一条第二款明确违反国家规定，生产、销售国家禁止生产、销售、使用的农药、兽药，饲料、饲料添加剂，或者饲料原料、饲料添加剂原料，情节严重的，也应当以非法经营罪定罪处罚。主要考虑到违反《农药管理条例》、《兽药管理条例》、《饲料和饲料添加剂管理条例》等行政法规的规定，生产、销售国家禁止生产、销售、使用的农药、兽药，饲料、饲料添加剂，或者饲料原料、饲料添加剂原料，同样属于刑法第二百二十五条规定的“其他严重扰乱市场秩序的非法经营行为”，也应以非法经营罪定罪处罚为宜。

第十一条第三款明确实施上述行为，同时又构成生产、销售伪劣产品罪，生产、销售伪劣农药、兽药罪等其他犯罪的，依照处罚较重的规定定罪处罚。需要说明的是，为了避免可能出现极个别情况下罪刑失衡的问题，如生产、销售具有毒害性的非食品原料，对不特定多数人的生命健康构成危害的，具体案件中有的也可以以危险方法危害公共安全罪定性处理。

（七）关于非法从事生猪屠宰、销售行为的定性处理

根据《生猪屠宰管理条例》的规定，国家实行生猪定点屠宰制度；未经定点，除了农村地区个人自宰自食之外，任何单位和个人不得从事生猪屠宰活动。地下生猪屠宰厂（场）是当前病死、毒死、死因不明以及未经检验检疫的猪肉流入市场的一个重要通道，依法惩治私设生猪屠宰厂（场）、非法从事生猪屠宰经营活动是确保猪肉及其制品安全的重要环节。

《解释》第十二条明确了非法从事生猪屠宰、销售行为的定性处理问题，共分两款。第十二条第一款明确违反国家规定，私设生猪屠宰厂（场），从事生猪屠宰、销售等经营活动，情节严重的，应当以非法经营罪定罪处罚。主要

考虑：国家规定生猪屠宰实行定点屠宰，屠宰同时进行强制检验检疫制度，违反上述规定，情节严重的，符合非法经营罪的构成要件，应以非法经营罪定罪处罚。

第十二条第二款明确实施上述行为，同时又构成生产、销售不符合安全标准的食品罪，生产、销售有毒、有害食品罪等其他犯罪的，依照处罚较重的规定定罪处罚。主要考虑到私设屠宰厂（场）经营的未经检验检疫的生猪及其制品如果存在“足以造成严重食物中毒事故或者其他严重食源性疾病”的危险，则可构成生产、销售不符合安全标准的食品罪；如果屠宰者明知是使用盐酸克仑特罗等禁止在饲料和动物饮用水中使用的药品或者含有该类药品的饲料养殖的供人食用的动物，而提供屠宰等加工服务，或者销售其制品的，则可构成生产、销售有毒、有害食品罪。对同时构成生产、销售不符合安全标准的食品罪，生产、销售有毒、有害食品罪等其他犯罪的，应当从一重罪处断。

（八）关于危害食品安全犯罪竞合的处理原则

为进一步加大对危害食品安全犯罪的打击力度，《解释》第十三条明确了危害食品安全犯罪竞合的处理原则，共分两款。第十三条第一款明确生产、销售不符合安全标准的食品，有毒、有害食品，应当依照刑法第一百四十三条、第一百四十四条的规定以生产、销售不符合安全标准的食品罪，生产、销售有毒、有害食品罪定罪处罚。同时构成其他犯罪的，依照处罚较重的规定定罪处罚。主要考虑：一是刑法第一百四十九条第一款规定了生产、销售不符合安全标准的食品罪，生产、销售有毒、有害食品罪与生产、销售伪劣产品罪竞合情况下择一重处罚的原则。根据《解释》第三条、第六条、第七条的规定，一般来说，已经排除了适用生产、销售伪劣产品罪处罚重于生产、销售不符合安全标准的食品罪、生产、销售有毒、有害食品罪的情形。因此，一般应适用生产、销售不符合安全标准的食品罪、生产、销售有毒、有害食品罪这两个危害食品安全犯罪基本罪名定罪处罚。二是同时构成生产、销售伪劣产品罪、假冒注册商标罪，销售假冒注册商标的商品罪等其他犯罪的情况下，也不排除有的案件适用其他罪名处罚更重，因此规定应当从一重罪处断。

第十三条第二款明确生产、销售不符合安全标准的食品，无证据证明足以造成严重食物中毒事故或者其他严重食源性疾病，不构成生产、销售不符合安全标准的食品罪的，但是构成生产、销售伪劣产品罪等其他犯罪的，依照该其他犯罪定罪处罚。主要考虑：难以认定构成生产、销售不符合安全标准的食品罪时，可以以生产、销售伪劣产品罪等其他犯罪追究刑事责任，本款对此类情形予以提示。

（九）关于危害食品安全犯罪共同犯罪的处理原则

危害食品安全犯罪具有逐利性、链条性、团伙性等特点。惩治危害食品安全犯罪，不仅要严厉惩治危害食品安全犯罪的实行行为，还要依法惩治危害食品安全犯罪的各种帮助行为，扫除滋生危害食品安全犯罪的环境条件，做到除恶务尽。

《解释》第十四条明确了危害食品安全犯罪共同犯罪的处理原则，即明知他人生产、销售不符合安全标准的食品，有毒、有害食品，而提供资金、贷款、账号、发票、证明、许可证件，生产、经营场所或者运输、贮存、保管、邮寄、网络销售渠道，生产技术或者食品原料、食品添加剂、食品相关产品，广告宣传等各种帮助或者便利条件的，应当以生产、销售不符合安全标准的食品罪或者生产、销售有毒、有害食品罪的共犯论处。

（十）关于食品虚假广告行为的定性处理

当前，保健食品等食品广告普遍存在虚假宣传的现象，各种虚假广告对于不符合安全标准以及有毒、有害的保健食品等大肆泛滥起着推波助澜的作用，有必要予以刑事制裁。

《解释》第十五条明确了食品虚假广告行为的定性处理问题，即广告主、广告经营者、广告发布者违反国家规定，利用广告对保健食品或者其他食品作虚假宣传，情节严重的，以虚假广告罪定罪处罚。

（十一）关于食品监管渎职犯罪的定性处理

近年来，危害食品安全的刑事案件多发高发，其中一个重要原因是某些负有监管职责的国家机关工作人员的渎职行为导致食品安全监管缺失、不到位。有效遏制危害食品安全犯罪，必须依法严惩食品监管渎职犯罪。

目前，刑法对食品监管渎职行为形成了较为严密的法网，除食品监管渎职罪外，还有徇私舞弊不移交刑事案件罪、商检徇私舞弊罪、商检失职罪、动植物检疫徇私舞弊罪、动植物检疫失职罪、放纵制售伪劣商品犯罪行为罪等罪名可以对负有食品监管职责国家机关工作人员的渎职行为进行处罚。为便于司法实践中准确适用罪名，依法严惩食品监管渎职犯罪，《解释》第十六条明确了食品监管渎职犯罪的定性处理问题，共分三款。第十六条第一款是对法条竞合情况下，同时构成食品监管渎职罪与其他具体渎职犯罪的，规定了从一重处罚的原则。主要考虑到食品监管渎职罪与其他具体渎职犯罪不存在严格意义上一般法与特别法的关系，发生竞合时应按照从一重处罚的原则确定罪名。

第十六条第二款规定了不构成食品监管渎职罪的情况下，如构成其他具体渎职犯罪的，依照该其他犯罪定罪处罚。主要考虑到食品监管渎职罪是结果犯，存在不构成食品监管渎职罪但构成其他具体渎职犯罪的情况，本款对此予以规定。

第十六条第三款明确了国家机关工作人员与他人共谋，利用职务行为帮助他人实施危害食品安全犯罪行为，同时构成渎职犯罪和共谋实施的危害食品安全犯罪共犯的，从一重罪处罚。主要考虑到在这种情况下，国家机关工作人员虽然只实施了一个渎职行为，但其与他人共谋，其渎职行为同时是危害食品安全犯罪的帮助行为，触犯了多个罪名，这属于想象竞合犯，应当从一重罪处断。

（十二）关于对危害食品安全犯罪适用罚金刑标准和从严适用缓刑、免刑

为进一步加大对危害食品安全犯罪分子的经济处罚力度，剥夺其再犯能力和条件，确保对危害食品安全犯罪分子的刑罚效果，《解释》第十七条、第十八条分别对危害食品犯罪判处罚金的标准和从严适用缓刑的问题作了规定。

《解释》第十七条规定，对于危害食品安全的犯罪分子一般应当依法判处生产、销售金额二倍以上的罚金。主要考虑：《刑法修正案（八）》取消了生产、销售不符合安全标准的食品罪和生产、销售有毒、有害食品罪罚金数额的限制，但司法实践中仍需要明确最低数额标准，以统一司法尺度，避免罚金刑判处过低，违背刑法修改的精神。本着既要加大经济处罚力度又要兼顾同类犯罪之间罚金刑的必要协调以及判决执行等问题，本条规定在生产、销售伪劣产品罪的罚金刑标准和行政罚款的数额标准两者之间进行了折中处理，将罚金刑下限确定为生产、销售金额二倍。

《解释》第十八条规定，对于危害食品安全犯罪分子应严格适用缓刑、免予刑事处罚；对于依法适用缓刑的，应当同时宣告禁止令，禁止其在缓刑考验期限内从事食品生产、销售及相关活动。这一规定旨在强调对危害食品安全犯罪应当严格适用缓刑、免予刑事处罚，并防止犯罪分子在缓刑考验期内继续重操旧业。

（十三）关于单位实施危害食品安全犯罪的定罪量刑标准

实践中，不少危害食品安全犯罪是由单位实施的，此类行为往往具有更大的社会危害性。《解释》第十九条明确，对于单位实施危害食品安全犯罪的，依照本解释规定的定罪量刑标准处罚。即既要对直接负责的主管人员和其他直接责任人员依照本解释规定定罪处罚，也要单位判处罚金。

（十四）关于危害食品安全犯罪有关专业性问题的认定

办理危害食品安全犯罪案件，经常涉及“有毒、有害的非食品原料”认定等专业性问题，司法解释对此有必要予以明确。

《解释》第二十条明确了“有毒、有害的非食品原料”的范围。为便于司法实践操作，将法律、法规禁止在食品生产经营活动中添加、使用的物质；国

务院有关部门公布的《食品中可能违法添加的非食用物质名单》、《保健食品中可能非法添加的物质名单》上的物质；国务院有关部门公告禁止使用的农药、兽药以及其他有毒、有害物质，直接认定为“有毒、有害的非食品原料”，同时还规定了“其他危害人体健康的物质”的兜底条款。

《解释》第二十一条明确了“足以造成严重食物中毒事故或者其他严重食源性疾病”、“有毒、有害非食品原料”难以确定时的司法认定问题，即司法机关可以根据检验报告并结合专家意见等相关材料进行认定。必要时，人民法院可以依法通知有关专家出庭作出说明。主要考虑到生产、销售不符合安全标准的食品行为不符合《解释》第一条规定，以及“有毒、有害非食品原料”不属于《解释》第二十条规定的情形，司法机关可以委托有检验资质的机构进行检验并出具检验报告。司法机关如果根据检验报告中检出的非食品原料种类和含量能够认定为有毒、有害的，则可直接认定为“有毒、有害的非食品原料”，如果司法人员根据检验报告难以确定的，应当结合专家意见等相关材料综合判断后作出认定。

（十五）关于司法解释的效力规定

《解释》第二十二条是关于司法解释的效力规定，主要是指《伪劣商品解释》等司法解释的相关规定，在本解释施行后，即不再适用。

人民检察院司法警察条例

（2013 年 1 月 16 日最高人民检察院第十一届检察委员会第八十四次会议通过　2013 年 5 月 8 日公布并施行）

第一章　总　　则

第一条　为了加强人民检察院司法警察队伍建设，保障司法警察依法行使职权，根据《中华人民共和国人民检察院组织法》、《中华人民共和国公务员法》和《中华人民共和国人民警察法》等法律，制定本条例。

第二条　人民检察院司法警察是中华人民共和国人民警察的警种之一，依法参与检察活动。

第三条　人民检察院司法警察的任务是通过行使职权，维护社会主义法制，维护检察工作秩序，预防、制止妨碍检察活动的违法犯罪行为，保障检察工作的顺利进行。

第四条　最高人民检察院领导地方各级人民检察院和专门人民检察院司法警察工作，上级人民检察院领导下级人民检察院司法警察工作。

第五条　人民检察院司法警察必须忠实执行宪法和法律，服务人民，忠于职守，清正廉洁，纪律严明，服从命令，严格、公正、文明、规范执法。

第六条　人民检察院司法警察依法执行职务，受法律保护。

第二章　职　　权

第七条　人民检察院司法警察依法履行下列职责：

（一）保护人民检察院直接立案侦查案件的犯罪现场；

（二）执行传唤、拘传；

（三）协助执行监视居住、拘留、逮捕，协助追捕在逃或者脱逃的犯罪嫌疑人；

（四）参与搜查；

（五）提押、看管犯罪嫌疑人、被告人和罪犯；

（六）送达有关法律文书；

（七）保护出席法庭、执行死刑临场监督检察人员的安全；

（八）协助维护检察机关接待群众来访场所的秩序和安全，参与处置突发事件；

（九）法律、法规规定的其他职责。

第八条 人民检察院司法警察在检察官的指挥下履行职责。

第九条 对以暴力、威胁或者其他方法阻碍检察人员依法执行职务的，人民检察院司法警察应当及时予以控制，并依法采取强行带离现场或者采取法律规定的其他措施。

第十条 对涉诉信访人员及其他人员在人民检察院办公区域或者门前实施自杀、自伤等过激行为或者其他违法行为的，人民检察院司法警察应当及时采取措施予以制止和协助救治，必要时应当对其采取约束性保护措施，并视情节移送公安机关。

第十一条 对严重危害人民检察院工作人员人身安全及检察机关财产安全的，人民检察院司法警察应当采取制止、控制等处置措施。对涉嫌违法犯罪的，及时移送公安机关。

第十二条 遇有拒捕、拦劫囚车、抢夺枪支或者其他暴力行为的紧急情况，人民检察院司法警察可以依照国家有关规定使用警械；使用警械不能制止或者不使用武器制止可能发生严重后果的，可以依照国家有关规定使用武器。

第十三条 对检察官或者其他办案人员在一定场所的讯问、询问活动中的违法违规行为，人民检察院司法警察应当及时提醒，必要时可以向分管检察长报告。

第三章 组织管理

第十四条 人民检察院司法警察依法实行警衔制度。人民检察院授予警衔的人员应当使用政法专项编制，具有司法警察职务，并履行司法警察职责。

第十五条 人民检察院司法警察的编制、建制，由最高人民检察院规定。

第十六条 人民检察院司法警察实行编队管理。最高人民检察院设立司法警察局；省、自治区、直辖市人民检察院设立司法警察总队；省、自治区、直辖市人民检察院分院和自治州、省辖市人民检察院设立司法警察支队；县、市、自治县和市辖区人民检察院设立司法警察大队。

第十七条 最高人民检察院司法警察局管理全国检察机关司法警察工作，其主要职责：

（一）研究、制定司法警察工作的规划和规章制度；

（二）指导、考评司法警察业务工作；

（三）监督、检查司法警察执行法律、法规的情况；

（四）协调跨省区的重大警务活动；

（五）指导、组织司法警察的教育培训；

（六）管理司法警察警衔；

（七）管理司法警察警用装备；

（八）完成检察长交办的其他任务。

第十八条 司法警察总队和司法警察支队管理本级和下级人民检察院司法警察工作，其主要职责：

（一）组织落实司法警察工作的条例、规定及其他相关文件；

（二）指导司法警察队伍建设，制定队伍管理的规章制度；

（三）指导、考评司法警察业务工作；

（四）组织司法警察履行职责；

（五）协调跨地区的重大警务活动；

（六）组织司法警察的教育培训；

（七）管理或者协同管理警司以下司法警察的警衔；

（八）管理司法警察警用装备；

（九）完成检察长交办的其他任务。

第十九条 司法警察大队管理本院司法警察工作，其主要职责：

（一）组织司法警察履行职责；

（二）落实司法警察工作的条例、规定及其他相关文件；

（三）制定本院司法警察管理的规章制度；

（四）制定司法警察工作计划；

（五）组织司法警察进行训练；

（六）管理司法警察警用装备；

（七）完成检察长交办的其他任务。

第二十条 人民检察院录用的司法警察，应当符合国家规定的条件。

人民检察院录用司法警察，应当按照国家规定，公开考试，严格考核，择优选用。

司法警察录用试用期为一年。试用期满经考核合格的，正式任职并评定、授予相应警衔；不合格的，取消录用资格。

第二十一条 调任、转任到人民检察院拟任司法警察职务的，应当符合担任人民检察院司法警察的条件和拟任职位所要求的资格条件。

第二十二条 人民检察院司法警察的任职、晋升职务或者授予、晋升警衔，应当经过司法警察专业培训并考试考核合格。未经过培训的，一年内安排补训。

第二十三条 人民检察院司法警察实行警察职务序列，分为警官职务序列、警员职务序列和警务技术职务序列。

第二十四条 人民检察院司法警察应当按照规定着装，佩带警用标志，保持警容严整，举止端庄。

人民检察院司法警察在执行职务时，应当携带人民警察证。

第二十五条 人民检察院司法警察的奖惩按照国家有关法律法规和最高人民检察院的有关规定办理。

第四章 警务保障

第二十六条 人民检察院司法警察必须执行上级的决定和命令。

人民检察院司法警察认为决定和命令有错误的，可以按照规定提出意见，但不得中止或者改变决定和命令的执行；提出的意见不被采纳时，必须服从决定和命令；执行决定和命令的后果由作出决定和命令的上级负责。

人民检察院司法警察对超越法律、法规规定的人民检察院司法警察职责范围的命令和指令，有权拒绝执行，并同时向上级机关报告。

对办案检察官指令的执行，依照前款规定。

第二十七条 人民检察院司法警察的警用标志、制式服装、武器和警械，由公安部统一监制，最高人民检察院会同公安部管理，其他个人和组织不得非法制造、贩卖。

人民检察院司法警察的警用标志、制式服装、武器、警械、人民警察证为司法警察专用，其他个人和组织不得持有和使用。

第二十八条 人民检察院司法警察工作和训练所需经费应当得到保证，并列入人民检察院财务预算。

第二十九条 人民检察院应当加强司法警察装备现代化建设，有计划地改善司法警察工作必需的警用装备、交通、通讯等装备设施。

第三十条 人民检察院司法警察部门应当建立严格的装备管理制度，经常开展爱护装备和管理、使用装备的教育，定期组织检查和维护，保证装备始终处于良好状态。

第三十一条 人民检察院司法警察实行国家公务员工资制度，并享受国家规定的警衔津贴和其他津贴、补贴、抚恤以及社会保险等福利待遇。

第五章 附 则

第三十二条 本条例自公布之日起施行。最高人民检察院1996年8月14日公布的《人民检察院司法警察暂行条例》同时废止。

第三十三条 本条例由最高人民检察院负责解释。

《人民检察院司法警察条例》解读

王少峰*

2013年5月8日，最高人民检察院印发了《人民检察院司法警察条例》（以下称《条例》），对检察机关司法警察的总体要求、职责职权、组织管理和警务保障等作了具体规定。为准确理解适用《条例》，现作如下解读。

一、《条例》的出台背景

自1996年《人民检察院司法警察暂行条例》（以下简称《暂行条例》）颁布实施以来，各级检察机关以《暂行条例》为依据，规范履职行为，完善组织建设，强化装备保障，不断探索创新，司法警察工作和队伍建设都取得了长足发展。历经十七年的实践检验，积累了较为丰富的经验和成果，正式颁布《条例》的时机日臻成熟。

第一，是积极适应社会主义法治发展形势的必然要求。随着依法治国基本方略的深入推进和中国特色社会主义法律体系的如期形成，特别是修改后刑诉法的颁布实施，进一步完善了刑事司法制度，更加强调人权意识、程序意识、证据意识、时效意识和监督意识，这既为检察机关履行职能、发挥作用提供了更大空间和有利条件，同时也对司法警察的工作职能赋予了新内容、提出了新要求。

第二，是贯彻落实中央司法体制改革精神的重要成果。中央和高检院立足检察改革发展全局，将司法警察管理体制改革纳入司法体制改革整体方案进行统一部署。2011年7月，中央政法委第20次会议明确提出“对现行司法警察暂行条例进行修改，赋予司法警察必要的职责职权”。在这一部署要求下，高检院相关职能部门加快了修订步伐，保证了《条例》如期出台。

第三，是深入推进检察人员分类管理改革的具体步骤。根据中央部署，检察人员分类管理制度改革稳步推进。《人民检察院工作人员分类管理制度改革意见》明确司法警察是检察辅助人员，参照公安机关实行单独警察职务序列。《条例》充分吸纳这一改革成果，明确了检察机关司法警察实行警察职务序列的相关规定，迈出了检察人员分类管理改革的坚实步伐。

第四，是概括总结司法警察工作创新发展的实践结晶。经过十多年尤其是

---

* 最高人民检察院政治部副主任。

近些年的持续推动和实践创新，司法警察工作步入新的发展阶段。但实践中仍存在许多体制性、机制性障碍，影响和制约了司法警察工作科学发展和职能发挥。对此，在修订中，我们十分注重吸收各级司法警察部门积累的创新经验和近年来司法改革实践成果，使之更加科学完备、符合实际需要。

这次修订历时两载，数易其稿。按照中央和高检院司法体制改革的部署要求，相关职能部门多次赴各地开展调研，广泛听取意见建议，在摸清底数、分析问题、把握需要的基础上，确定了修订的思路和重点，研究起草了《条例》征求意见稿。为群策群力，还多次征求各省级院、高检院各内设机构和相关事业单位意见，同时加强向有关领导机关汇报、与有关部门沟通，对各方面提出的148条意见建议，逐条进行梳理、研究，在充分吸收的基础上，反复修改论证，形成送审稿提交高检院检察委会员讨论。应该说，《条例》是源于实践、源于各方智慧的重要成果。

二、《条例》的主要内容

《条例》是司法警察工作的基本法规，以总则、职权、组织管理、警务保障、附则的结构行文，共5章33条。

（一）制定《条例》的法律依据

《条例》第一条规定了制定《条例》的目的和法律依据。在《暂行条例》规定的人民检察院组织法、人民警察法基础上，增加了公务员法。主要基于两方面的考虑：一是公务员法作为调整国家公务员组织人事各方面关系的综合性法律依据，对公务员的录用、考核、奖励、培训等都有具体明确的规定；二是《条例》第十四条规定“人民检察院授予警衔的人员应当使用政法专项编制，具有司法警察职务，并履行司法警察职责”，阐明了司法警察的公务员身份。因此，要加强司法警察的组织和人事管理，必须把公务员法作为制定《条例》的重要依据。

（二）进一步确立了司法警察的执法理念

近年来，检察机关在贯彻落实科学发展观、践行社会主义法治理念、建设中国特色社会主义检察制度的实践中，形成了“六观”、“六个有机统一”、“四个必须”等发展理念和执法理念。在调研过程中，有意见认为，司法警察作为展示检察机关形象的“窗口”，必须以检察机关正确的执法理念为工作指针，并以法规的形式明确下来。经研究决定，将第五条修改为“人民检察院司法警察必须忠实执行宪法和法律，服务人民，忠于职守，清正廉洁，纪律严明，服从命令，严格、公正、文明、规范执法”，既契合了司法警察的职业特点，又体现了时代精神、展示了检察风采。

（三）进一步完善了司法警察的职责职权

司法警察职责职权是《条例》的核心部分，也是修订的重点内容。修订过程中，根据《人民检察院刑事诉讼规则（试行）》，在对《暂行条例》中的八项职责归纳合并的基础上，吸收借鉴近年来各级司法警察部门的实践探索成果，明确了司法警察的九项职责。

1. 增加了协助执行强制措施和协助追捕逃犯的职责。《人民检察院刑事诉讼规则（试行）》第一百一十五条规定：“人民检察院核实犯罪嫌疑人住处或者为其指定居所后，应当制作监视居住执行通知书，将有关法律文书和案由、犯罪嫌疑人基本情况材料，送交监视居住地的公安机关执行，必要时人民检察院可以协助公安机关执行。”第一百三十一条规定：“人民检察院作出拘留决定后，应当将有关法律文书和案由、犯罪嫌疑人基本情况的材料送交同级公安机关执行。必要时人民检察院可以协助公安机关执行。”第三百三十三条规定：“上一级人民检察院决定逮捕的，应当将逮捕决定书连同案卷材料一并交下级人民检察院，由下级人民检察院通知同级公安机关执行。必要时，下级人民检察院可以协助执行。”以上三条明确了检察机关可以协助公安机关执行监视居住、拘留、逮捕等强制措施。《条例》第二条规定，“人民检察院司法警察是中华人民共和国人民警察的警种之一，依法参与检察活动”，阐明司法警察是检察机关具有武装性质的执法力量。同时，按照检察工作人员分类管理的有关规定，司法警察作为检察辅助人员，是协助检察官办案的重要力量。这次修订颁布《条例》，高检院着眼检察工作大局和法律监督职能的正确履行，依据《人民检察院刑事诉讼规则（试行）》，针对各类检察人员职业特点，从优化职权配置、强化内部监督的角度出发，以法规的形式明确司法警察是检察机关协助公安机关执行强制措施的责任主体，赋予了司法警察“协助执行监视居住、拘留、逮捕”的职责。

近年来，检察机关直接立案侦查案件的犯罪嫌疑人在立案前脱逃的现象日益增多，既影响诉讼程序的顺利进行，也不利于其他在案人员的定罪量刑，更不利于对职务犯罪的主动打击。对此，各地检察机关对司法警察协助追逃进行了积极有效的探索。2001 年 6 月 18 日，最高人民检察院《人民检察院司法警察执行职务规则（试行）》第二条规定了司法警察“协助追捕逃犯”的职责。该规则出台后，进一步调动了广大司法警察的工作积极性，在积极探索、总结经验、创新制度的基础上，地方各级司法警察部门协助追逃成功率呈逐年上升趋势，为检察机关打击职务犯罪提供了有力的警务保障，取得了良好政治效果、社会效果、法律效果。因此，在《条例》起草过程中，明确司法警察“协助追捕在逃或者脱逃的犯罪嫌疑人”的职责。

2. 增加了保护出席法庭、执行死刑临场监督检察人员的安全的职责。当前，随着社会利益格局的深刻调整，检察机关的执法环境也发生了深刻变化，检察人员出庭履行职务时遭谩骂、围攻、殴打等事件时有发生，严重影响了法律尊严和司法权威。中央政法委曾于2005年下发《关于认真解决妨碍、报复政法干警依法履行职务问题的意见》（以下简称《意见》），最高人民法院、最高人民检察院根据《意见》精神，联合下发的《关于切实保障司法人员依法履行职务的紧急通知》中明确，“对于可能出现妨碍检察人员依法履行职务情形的，人民检察院司法警察应当配合出警。并依照有关规定携带、使用警械具。人民检察院司法警察应当加强同人民法院司法警察的配合，必要时护送检察人员出庭和返回，保障检察人员依法履行职责和人身安全”。2012年1月，最高人民检察院又印发《关于切实保障公诉人员依法出庭履行职务的通知》，对司法警察保护出席法庭检察人员安全问题进行重申。目前，地方各级检察机关司法警察部门认真贯彻中央政法委和高检院的一系列指示精神，普遍开展了保护出席法庭、执行死刑临场监督检察人员安全的工作，并对警务保障方案、检法两院警务联动机制等进行了深入探索和积极实践，有效保障了依法履行职务检察人员安全。因此，这次修订颁布《条例》，将其作为司法警察职责的一项重要内容。

3. 增加了协助维护检察机关接待群众来访场所的秩序和安全，参与处置突发事件的职责。《人民检察院司法警察执行职务规则（试行）》（以下简称《规则》）第二条规定司法警察“负责检察机关专门接待群众来访场所的秩序和安全，参与处置突发事件”的职责。《规则》实行以来，全国多数检察院司法警察履行了此项职责，较好地保证了接访场所安全、维护了检察工作秩序，保障了检察工作顺利进行。在调研过程中，有意见认为，从检察机关内部职责分工看，控申部门是检察机关接访工作的主要责任部门，司法警察部门对检察机关工作秩序和安全负有责任，因此，在维护检察机关接待群众来访场所的秩序和安全工作中，应是控申部门牵头，司法警察部门协助；对于发生突发事件，司法警察部门要积极参与处置。我们认为，这样有利于厘清控申部门与司法警察部门的责任，做到分工合作、各司其职。为此，《条例》修订时明确为“协助维护检察机关接待群众来访场所的秩序和安全，参与处置突发事件”。

此外，《条例》第七条其他几项还规定了保护检察机关直接立案侦查案件犯罪现场、执行传唤和拘传、参与搜查、送达法律文书以及提押、看管犯罪嫌疑人、被告人和罪犯等职责。

4. 对以暴力或其他极端方式妨碍检察人员依法履行职务、危害检察工作秩序和检察人员安全等情形的处置权。在检察机关设立司法警察，是检察机关依照宪法履行法律监督职能的需要，是法律监督所具有的国家强制力的重要体现。因此，《条例》第三条明确了司法警察的任务：“通过行使职权，维护社会主义法制，维护检察工作秩序。预防、制止妨碍检察活动的违法犯罪行为，保障检察工作的顺利进行。”近年来，随着社会法治环境日趋复杂，一些以暴力手段阻碍检察人员依法履职、扰乱检察工作秩序、危害检察人员人身安全及检察机关财产安全，甚至在检察机关办公区域或者门前实施自杀、自伤等过激行为的现象时有发生。由于没有相应的职权规定，遇到以上情形司法警察往往束手无策、无能为力，导致产生严重后果，造成不良的社会影响，抹黑了检察机关的执法形象。经研究讨论，并征求相关部门意见，明确“对以暴力、威胁或者其他方法阻碍检察人员依法执行职务的，人民检察院司法警察应当及时予以控制，并依法采取强行带离现场或者采取法律规定的其他措施”；参照治安管理处罚法、道路交通安全法中对精神病人、醉酒人员采取约束性保护措施的做法，明确“对涉诉信访人员及其他人员在人民检察院办公区域或者门前实施自杀、自伤等过激行为或者其他违法行为的，人民检察院司法警察应当及时采取措施予以制止和协助救治，必要时应当对其采取约束性保护措施，并视情节移送公安机关”；依据人民警察法、《人民警察使用警械和武器条例》等有关规定，明确“遇有拒捕、拦劫囚车、抢夺枪支或者其他暴力行为的紧急情况，人民检察院司法警察可以依照国家有关规定使用警械；使用警械不能制止或者不使用武器制止可能发生严重后果的，可以依照国家有关规定使用武器”等情形的处置规定。

5. 体现了强化自身监督的总要求：《“十二五”时期检察工作发展规划纲要》明确提出“强化法律监督、强化自身监督、强化队伍建设”的总要求，把自身监督与法律监督摆在了同等重要的位置。并要求“强化各内设机构之间对执法办案活动的监督制约”。2009 年 10 月 12 日最高人民检察院第十一届检察委员会第十八次会议审议通过的《人民检察院办案工作区设置和使用管理规定》第十二条第二款规定，“司法警察应当对办案人员讯问犯罪嫌疑人、被告人，询问证人、被害人或者其他涉案人员实施监督，对办案人员违法违规行为应当及时提醒或者制止，必要时可以向分管检察长报告”。以上两条为构建检警协作制约机制指明了方向，各级检察机关司法警察部门探索建立了“看审分离”、“讯问超时提醒”等监督制约制度，有效减少了刑讯逼供、超时审讯等问题，收到良好效果。经研究认为，为深入落实“三个强化”总要求，构建司法警察与办案人员“相互协作、密切配合、各司其职、有效监督”的办案机制，促进检察机关严格、公正、文明、规范执法，吸收《人民检察院办案工作区设置和使用管理规定》的有关内容，规定“对检察官或者其他办案人员在一定场所的讯问、询问活动中的违法违规行为，人民检察院司法警察应当及时提醒，必要时可以向分管检察长报告”。

（四）进一步严格了司法警察的组织管理

组织管理是《条例》的重要内容，包括了司法警察的组织框架、管理责任、职务序列、奖惩培训等内容。

1. 强化了警衔管理功能。《检察机关司法警察评定授予警衔的实施办法》（高检发政字〔1992〕30号）规定，“评定授予警衔的人员，必须是属于各级人民检察、专门检察院及其派出机构的在编在职从事司法警察工作的人员”。《人民检察院司法警察警衔工作管理细则》（高检发〔2004〕2号）又对授予警衔的范围进一步明确，“首次授予警衔的人员，应是各级人民检察院在编在职、从事司法警察工作并且具有干部身份的人员。从事司法警察工作的人员，是指各级人民检察院中直接管理司法警察并担任司法警察职务的人员和履行司法警察职责的人员”。当前，有的检察机关存在授衔条件把关不严、授衔人员不从事司法警察工作等迁就照顾问题，既影响干部工作的严肃性，也不利于从源头上管理司法警察队伍。因此，这次《条例》以法规的形式明确“人民检察院授予警衔的人员应当使用政法专项编制，具有司法警察职务，并履行司法警察职责”，进一步规范了授衔人员范围、强化了警衔调控功能、严格了队伍管理。

2. 构建了一体化指挥管理体系。《条例》以司法警察队伍专业化为方向，针对司法警察具有武装性质和纪律部队的鲜明特点，积极适应检察一体化和警察管理行政化的特殊要求，借鉴近年来司法警察编队管理的新鲜经验，提出了加强司法警察队伍建设和强化组织管理的规范性要求。《条例》统一规范了机构名称，明确省、市、县三级检察院分别设总队、支队、大队，突出各级警务实施、警队管理、警力调动等管理职责，建立了以队建制为主体的组织体系，进一步强化了上下级领导指挥关系。

3. 规范了司法警察人事管理规定。公务员法对公务员应当具备的条件以及录用、考核、调任、转任、培训、职务序列等都有明确规定。在《条例》起草过程中，我们删除了《暂行条例》中与公务员法不相适应的条款，同时参照《公安机关组织管理条例》对司法警察的录用、转任、培训等进行了规范，使司法警察的人事管理更科学、更规范、更严格。同时，吸收中共中央组织部、最高人民法院、最高人民检察院联合下发的《关于人民法院、人民检察院司法警察参照公安机关实行单独警察职务序列的意见》（中组发〔2012〕9号）有关条款，明确“人民检察院司法警察实行警察职务序列，分为警官职务序列、警员职务序列、警务技术职务序列”，为今后司法警察职务序列套改工作奠定了基础。

（五）进一步强化了司法警察的警务保障

《条例》根据公务员法第五十四条和人民警察法第三十二条、第三十三条规定，增加了司法警察执行职务免责条款，保障司法警察依法正确履职，即《条例》第二十六条前三款，“人民检察院司法警察必须执行上级的决定和命令”。“人民检察院司法警察认为决定和命令有错误的，可以按照规定提出意见，但不得中止或者改变决定和命令的执行；提出的意见不被采纳时，必须服从决定和命令；执行决定和命令的后果由作出决定和命令的上级负责。”“人民检察院司法警察对超越法律、法规规定的人民检察院司法警察职责范围的命令和指令，有权拒绝执行，并同时向上级机关报告。”鉴于《条例》第八条规定“人民检察院司法警察在检察官的指挥下履行职责”，又增加了第四款“对办案检察官指令的执行，依照前款规定”的内容，使司法警察执行职务免责条款更完整、更具体。同时，结合近年来各级检察机关加强和改进司法警察工作的生动实践，《条例》进一步明确了经费保障、装备建设、工资待遇等方面的要求，为打牢司法警察工作基础、提高司法警察战斗力提供了制度依据。

三、贯彻落实《条例》的几点要求

这次修订颁布的《条例》，凝聚了各级检察机关多年来对司法警察工作规律的认识和实践经验的总结，对司法警察工作有着积极而深远的影响。各级院司法警察部门要从以下几个方面抓好贯彻落实：

1. 切实提高思想认识。各级院司法警察部门要站在服务检察工作大局的高度，充分认清修订颁布《条例》的现实背景，充分认清《条例》对工作的指导意义，充分认清司法警察工作所处的发展阶段，把学习贯彻《条例》作为当前和今后一个时期的重要任务抓紧抓好。

2. 切实抓好宣传培训。各级司法警察部门要把《条例》作为日常学习和专题培训的重要内容，通过组织巡回宣讲、编写辅导资料、开展研讨交流等活动，搞好新旧对照学习、重点条文解析、《条例》知识测验等，掀起学习宣传热潮，使广大司法警察吃透基本精神并掌握基本内容。

3. 切实加强检查指导。上级司法警察部门要切实加强对下级贯彻执行《条例》情况的监督检查，积极开展经验交流、典型推广、现场观摩等活动，确保《条例》的各项规定和要求落地生根，努力把司法警察工作提高到新的水平。

最高人民法院、最高人民检察院、公安部、农业部、食品药品监管总局关于进一步加强麻黄草管理严厉打击非法买卖麻黄草等违法犯罪活动的通知

（2013 年 5 月 21 日公布并施行　公通字〔2013〕16 号）

各省、自治区、直辖市高级人民法院，人民检察院，公安厅、局，农业（农牧、畜牧）厅、局，食品药品监督管理局（药品监督管理局），解放军军事法院、军事检察院，新疆维吾尔自治区高级人民法院生产建设兵团分院，新疆生产建设兵团人民检察院、公安局、畜牧兽医局：

近年来，随着我国对麻黄碱类制毒物品及其复方制剂监管力度的不断加大，利用麻黄碱类制毒物品及其复方制剂制造冰毒的犯罪活动得到有效遏制。但是，利用麻黄草提取麻黄碱类制毒物品制造冰毒的问题日益凸显，麻黄草已成为目前国内加工制造冰毒的又一主要原料。2012 年，全国共破获利用麻黄草提取麻黄碱类制毒物品制造冰毒案件 46 起、缴获麻黄草 964.4 吨，同比分别上升 91.7%、115.5%。为进一步加强麻黄草管理，严厉打击非法买卖麻黄草等违法犯罪活动，根据《中华人民共和国刑法》、《国务院关于禁止采集和销售发菜制止滥挖甘草和麻黄草有关问题的通知》（国发〔2000〕13 号）等相关规定，现就有关要求通知如下：

一、严格落实麻黄草采集、收购许可证制度

麻黄草的采集、收购实行严格的许可证制度，未经许可，任何单位和个人不得采集、收购麻黄草，麻黄草收购单位只能将麻黄草销售给药品生产企业。农牧主管部门要从严核发麻黄草采集证，统筹确定各地麻黄草采挖量，禁止任何单位和个人无证采挖麻黄草；严格监督采挖单位和个人凭采集证销售麻黄草；严格控制麻黄草采挖量，严禁无证或超量采挖麻黄草。食品药品监管部门要督促相关药品生产企业严格按照《药品生产质量管理规范（2010 年修订）》规定，建立和完善药品质量管理体系，特别是建立麻黄草收购、产品加工和销售台账，并保存 2 年备查。

二、切实加强对麻黄草采挖、买卖和运输的监督检查

农牧主管部门要认真调查麻黄草资源的分布和储量，加强对麻黄草资源的

监管；要严肃查处非法采挖麻黄草和伪造、倒卖、转让采集证行为，上述行为一经发现，一律按最高限处罚。食品药品监管部门要加强对药品生产、经营企业的监督检查，对违反《药品管理法》及相关规定生产、经营麻黄草及其制品的，要依法处理。公安机关要会同农牧主管等部门，加强对麻黄草运输活动的检查，在重点公路、出入省通道要部署力量进行查缉，对没有采集证或者收购证以及不能说明合法用途运输麻黄草的，一律依法扣押审查。

三、依法查处非法采挖、买卖麻黄草等犯罪行为

各地人民法院、人民检察院、公安机关要依法查处非法采挖、买卖麻黄草等犯罪行为，区别情形予以处罚：

（一）以制造毒品为目的，采挖、收购麻黄草的，依照刑法第三百四十七条的规定，以制造毒品罪定罪处罚。

（二）以提取麻黄碱类制毒物品后进行走私或者非法贩卖为目的，采挖、收购麻黄草，涉案麻黄草所含的麻黄碱类制毒物品达到相应定罪数量标准的，依照刑法第三百五十条第一款、第三款的规定，分别以走私制毒物品罪、非法买卖制毒物品罪定罪处罚。

（三）明知他人制造毒品或者走私、非法买卖制毒物品，向其提供麻黄草或者提供运输、储存麻黄草等帮助的，分别以制造毒品罪、走私制毒物品罪、非法买卖制毒物品罪的共犯论处。

（四）违反国家规定采挖、销售、收购麻黄草，没有证据证明以制造毒品或者走私、非法买卖制毒物品为目的，依照刑法第二百二十五条的规定构成犯罪的，以非法经营罪定罪处罚。

（五）实施以上行为，以制造毒品罪、走私制毒物品罪、非法买卖制毒物品罪定罪处罚的，涉案制毒物品的数量按照三百千克麻黄草折合一千克麻黄碱计算；以制造毒品罪定罪处罚的，无论涉案麻黄草数量多少，均应追究刑事责任。

最高人民法院
最高人民检察院
公安部
农业部
食品药品监管总局
2013 年 5 月 21 日

最高人民法院、最高人民检察院关于办理环境污染刑事案件适用法律若干问题的解释

（2013年6月8日最高人民法院审判委员会第1581次会议、2013年6月8日最高人民检察院第十二届检察委员会第7次会议通过 2013年6月17日公布 2013年6月19日施行 法释〔2013〕15号）

为依法惩治有关环境污染犯罪，根据《中华人民共和国刑法》、《中华人民共和国刑事诉讼法》的有关规定，现就办理此类刑事案件适用法律的若干问题解释如下：

第一条 实施刑法第三百三十八条规定的行为，具有下列情形之一的，应当认定为“严重污染环境”：

（一）在饮用水水源一级保护区、自然保护区核心区排放、倾倒、处置有放射性的废物、含传染病病原体的废物、有毒物质的；

（二）非法排放、倾倒、处置危险废物三吨以上的；

（三）非法排放含重金属、持久性有机污染物等严重危害环境、损害人体健康的污染物超过国家污染物排放标准或者省、自治区、直辖市人民政府根据法律授权制定的污染物排放标准三倍以上的；

（四）私设暗管或者利用渗井、渗坑、裂隙、溶洞等排放、倾倒、处置有放射性的废物、含传染病病原体的废物、有毒物质的；

（五）两年内曾因违反国家规定，排放、倾倒、处置有放射性的废物、含传染病病原体的废物、有毒物质受过两次以上行政处罚，又实施前列行为的；

（六）致使乡镇以上集中式饮用水水源取水中断十二小时以上的；

（七）致使基本农田、防护林地、特种用途林地五亩以上，其他农用地十亩以上，其他土地二十亩以上基本功能丧失或者遭受永久性破坏的；

（八）致使森林或者其他林木死亡五十立方米以上，或者幼树死亡二千五百株以上的；

（九）致使公私财产损失三十万元以上的；

（十）致使疏散、转移群众五千人以上的；

（十一）致使三十人以上中毒的；

（十二）致使三人以上轻伤、轻度残疾或者器官组织损伤导致一般功能障碍的；

（十三）致使一人以上重伤、中度残疾或者器官组织损伤导致严重功能障碍的；

（十四）其他严重污染环境的情形。

第二条 实施刑法第三百三十九条、第四百零八条规定的行为，具有本解释第一条第六项至第十三项规定情形之一的，应当认定为“致使公私财产遭受重大损失或者严重危害人体健康”或者“致使公私财产遭受重大损失或者造成人身伤亡的严重后果”。

第三条 实施刑法第三百三十八条、第三百三十九条规定的行为，具有下列情形之一的，应当认定为“后果特别严重”：

（一）致使县级以上城区集中式饮用水水源取水中断十二个小时以上的；

（二）致使基本农田、防护林地、特种用途林地十五亩以上，其他农用地三十亩以上，其他土地六十亩以上基本功能丧失或者遭受永久性破坏的；

（三）致使森林或者其他林木死亡一百五十立方米以上，或者幼树死亡七千五百株以上的；

（四）致使公私财产损失一百万元以上的；

（五）致使疏散、转移群众一万五千人以上的；

（六）致使一百人以上中毒的；

（七）致使十人以上轻伤、轻度残疾或者器官组织损伤导致一般功能障碍的；

（八）致使三人以上重伤、中度残疾或者器官组织损伤导致严重功能障碍的；

（九）致使一人以上重伤、中度残疾或者器官组织损伤导致严重功能障碍，并致使五人以上轻伤、轻度残疾或者器官组织损伤导致一般功能障碍的；

（十）致使一人以上死亡或者重度残疾的；

（十一）其他后果特别严重的情形。

第四条 实施刑法第三百三十八条、第三百三十九条规定的犯罪行为，具有下列情形之一的，应当酌情从重处罚：

（一）阻挠环境监督检查或者突发环境事件调查的；

（二）闲置、拆除污染防治设施或者使污染防治设施不正常运行的；

（三）在医院、学校、居民区等人口集中地区及其附近，违反国家规定排放、倾倒、处置有放射性的废物、含传染病病原体的废物、有毒物质或者其他有害物质的；

（四）在限期整改期间，违反国家规定排放、倾倒、处置有放射性的废物、含传染病病原体的废物、有毒物质或者其他有害物质的。

实施前款第一项规定的行为，构成妨害公务罪的，以污染环境罪与妨害公务罪数罪并罚。

第五条 实施刑法第三百三十八条、第三百三十九条规定的犯罪行为，但及时采取措施，防止损失扩大、消除污染，积极赔偿损失的，可以酌情从宽处罚。

第六条 单位犯刑法第三百三十八条、第三百三十九条规定之罪的，依照本解释规定的相应个人犯罪的定罪量刑标准，对直接负责的主管人员和其他直接责任人员定罪处罚，并对单位判处罚金。

第七条 行为人明知他人无经营许可证或者超出经营许可范围，向其提供或者委托其收集、贮存、利用、处置危险废物，严重污染环境的，以污染环境罪的共同犯罪论处。

第八条 违反国家规定，排放、倾倒、处置含有毒害性、放射性、传染病病原体等物质的污染物，同时构成污染环境罪、非法处置进口的固体废物罪、投放危险物质罪等犯罪的，依照处罚较重的犯罪定罪处罚。

第九条 本解释所称“公私财产损失”，包括污染环境行为直接造成财产损毁、减少的实际价值，以及为防止污染扩大、消除污染而采取必要合理措施所产生的费用。

第十条 下列物质应当认定为“有毒物质”：

（一）危险废物，包括列入国家危险废物名录的废物，以及根据国家规定的危险废物鉴别标准和鉴别方法认定的具有危险特性的废物；

（二）剧毒化学品、列入重点环境管理危险化学品名录的化学品，以及含有上述化学品的物质；

（三）含有铅、汞、镉、铬等重金属的物质；

（四）《关于持久性有机污染物的斯德哥尔摩公约》附件所列物质；

（五）其他具有毒性，可能污染环境的物质。

第十一条 对案件所涉的环境污染专门性问题难以确定的，由司法鉴定机构出具鉴定意见，或者由国务院环境保护部门指定的机构出具检验报告。

县级以上环境保护部门及其所属监测机构出具的监测数据，经省级以上环境保护部门认可的，可以作为证据使用。

第十二条 本解释发布实施后，《最高人民法院关于审理环境污染刑事案件具体应用法律若干问题的解释》（法释〔2006〕4号）同时废止；之前发布的司法解释和规范性文件与本解释不一致的，以本解释为准。

《最高人民法院、最高人民检察院关于办理环境污染刑事案件适用法律若干问题的解释》理解与适用

陈国庆　韩耀元　吴峤滨*

2013年6月18日，最高人民法院、最高人民检察院联合公布了《最高人民法院、最高人民检察院关于办理环境污染刑事案件适用法律若干问题的解释》（以下简称《解释》），自6月19日起施行。《解释》针对惩治环境污染犯罪的法律适用问题，进一步明确了污染环境罪、非法处置进口的固体废物罪、擅自进口固体废物罪、环境监管失职罪等犯罪的定罪量刑标准以及环境污染犯罪涉及的从重处罚、共同犯罪、犯罪竞合、术语界定等法律适用问题。这是最高人民法院、最高人民检察院依法从严惩治环境污染犯罪，充分发挥刑事司法职能，积极回应人民群众关切，促进生态文明建设的一项重要举措。《解释》的出台，对于进一步强化环境保护，维护人民群众生命健康财产安全，推进美丽中国建设，将发挥重要作用。为便于深入理解和掌握《解释》的基本精神和主要内容，现就《解释》的有关问题解读如下：

一、制定《解释》的背景及过程

环境是影响人类生存和发展的各种天然和经过人工改造的自然因素的总体，包括大气、水、海洋、土地、矿藏、森林、草原、野生生物、自然遗迹、人文遗迹、自然保护区、风景名胜区、城市和乡村等。环境与人类密切相关，是人类赖以生存和发展的基础。随着我国社会生产力蓬勃发展，经济快速增长、人口持续增加、工农业及生活污染物排放总量不断扩大，环境污染和环境破坏也达到空前的程度，我国的生态环境面临十分严峻的形势。当前，重大、恶性环境污染事件时有发生，环境污染已成为重大社会公害，严重影响人民群众生命健康安全，严重影响社会和谐稳定。为实现中国特色社会主义全面发展和中华民族永续发展，党的十八大把生态文明建设放在更加突出的位置，纳入中国特色社会主义事业五位一体的总体布局，并首次提出了“建设美丽中国”的美好愿景。

为了扭转日益恶化的环境形势，更好地保护环境，我国先后通过了一系列环境保护法律法规、行政规章，并开始逐步重视环境的刑法保护问题。1997

* 作者单位：最高人民检察院法律政策研究室。

年刑法第三百三十八条、第三百三十九条规定了重大环境污染事故罪、非法处置进口的固体废物罪、擅自进口固体废物罪，第四百零八条规定了环境监管失职罪。2006年最高人民检察院《关于渎职侵权犯罪案件立案标准的规定》（以下简称《2006年立案标准》）、2006年最高人民法院《关于审理环境污染刑事案件具体应用法律若干问题的解释》（以下简称《2006年解释》）等司法解释，对上述环境污染犯罪的定罪量刑标准作了明确规定。全国人大常委会于2011年2月25日通过了《刑法修正案（八）》，对1997年刑法第三百三十八条规定的“重大环境污染事故罪”作了三处修改完善：一是扩大了污染物的范围，将原来规定的“其他危险废物”修改为“其他有害物质”；二是降低了入罪门槛，将“造成重大环境污染事故，致使公私财产遭受重大损失或者人身伤亡的严重后果”修改为“严重污染环境”；三是作了文字修改，删除了原来条文中规定的排放、倾倒、处置行为的对象，即“土地、水体、大气”。修改后，2011年“两高”《关于执行〈中华人民共和国刑法〉确定罪名的补充规定（五）》将罪名由原来的“重大环境污染事故罪”相应调整为“污染环境罪”。

为确保法律准确、统一适用，依法严厉惩治、有效防范环境污染犯罪，2013年4月起，“两高”会同公安部、环境保护部共同启动司法解释的研究起草工作，在相关司法解释的基础上，草拟了司法解释初稿。“两高”分别在全国法院系统、检察院系统内征求意见，听取了全国人大常委会法工委等有关中央单位的意见和建议，听取了中国人民大学、北京师范大学、中国政法大学等单位的专家学者的意见。经综合各方面的意见，多次研究修改，2013年6月8日由最高人民法院审判委员会第1581次会议、由最高人民检察院第十二届检察委员会第7次会议分别审议通过了该解释。

二、《解释》的主要内容及说明

《解释》共十二条，主要规定了环境污染犯罪的定罪量刑标准和有关法律适用问题。第一条明确了污染环境罪“严重污染环境”的认定标准。第二条明确了刑法第三百三十九条“致使公私财产遭受重大损失或者严重危害人体健康”、第四百零八条“致使公私财产遭受重大损失或者造成人身伤亡的严重后果”的认定标准。第三条明确了刑法第三百三十八条、第三百三十九条“后果特别严重”的认定标准。第四条明确了环境污染犯罪的从重处罚情节。第五条明确了环境污染犯罪的从宽处罚情节。第六条明确了单位实施环境污染犯罪的定罪量刑标准。第七条明确了污染环境罪的共同犯罪问题。第八条明确了实施环境污染犯罪同时构成其他犯罪的处理原则。第九条明确了“公私财产损失”的计算范围。第十条明确了“有毒物质”的范围和认定标准。第十一条明确了环境污染专门性问题的鉴定机构及程序。第十二条是关于《解释》的效力规定。

（一）关于污染环境罪“严重污染环境”的认定标准。

《刑法修正案（八）》将污染环境罪的入罪要件由原来的“造成重大环境污染事故，致使公私财产遭受重大损失或者人身伤亡的严重后果”修改为“严重污染环境”。从刑法修改的精神来看，“严重污染环境”不仅包括造成公私财产重大损失或者人身伤亡的实害结果，也包括违反国家规定，排放、倾倒、处置有害物质使环境受到严重污染或破坏的情形。

《解释》第一条规定了十四种应当认定为刑法第三百三十八条规定的“严重污染环境”的情形。第一项规定“在饮用水水源一级保护区、自然保护区核心区排放、倾倒、处置有放射性的废物、含传染病病原体的废物、有毒物质的”情形，主要考虑到根据《水污染防治法》、《自然保护区条例》的规定，饮用水水源一级保护区和自然保护区核心区属于特殊重点保护的环境区域，在上述区域排放、倾倒、处置有放射性的废物、含传染病病原体的废物、有毒物质的行为，对环境具有极大的破坏性，应当认定为“严重污染环境”。第二项规定“非法排放、倾倒、处置危险废物三吨以上的”情形，主要是从污染物排放量的角度予以规定，本项规定中的“危险废物”根据《解释》第八条的规定，包括列入国家危险废物名录的废物，以及根据国家规定的危险废物鉴别标准和鉴别方法认定的具有危险特性的废物。第三项规定“非法排放含重金属、持久性有机污染物等严重危害环境、损害人体健康的污染物超过国家污染物排放标准或者省、自治区、直辖市人民政府根据法律授权制定的污染物排放标准三倍以上的”情形，主要是从污染物超标程度的角度予以规定。主要考虑是：《环境保护法》第十条规定：“国务院环境保护行政主管部门根据国家环境质量标准和国家经济、技术条件，制定国家污染物排放标准。”“省、自治区、直辖市人民政府对国家污染物排放标准中未作规定的项目，可以制定地方污染物排放标准；对国家污染物排放标准中已作规定的项目，可以制定严于国家污染物排放标准的地方污染物排放标准。地方污染物排放标准须报国务院环境保护行政主管部门备案。”“凡是向已有地方污染物排放标准的区域排放污染物的，应当执行地方污染物排放标准。”因此，本项将国家标准和省、自治区、直辖市人民政府根据《环境保护法》制定的省级标准作了并列规定。第四项规定“私设暗管或者利用渗井、渗坑、裂隙、溶洞等排放、倾倒、处置有放射性的废物、含传染病病原体的废物、有毒物质的”情形，主要考虑到《水污染防治法》、《放射性污染防治法》等法律均对上述行为作出明确的禁止性规定，而且上述行为隐蔽性强、危害性大，也反映了行为人主观恶性较大，有必要予以刑事打击。第五项规定“两年内曾因违反国家规定，排放、倾倒、处置有放射性的废物、含传染病病原体的废物、有毒物质受过两次以上行政处罚，又实施前列行为的”情形，主要考虑：一是从实践看，由于污染环境犯罪的犯罪成本低、取证难度大，屡查屡犯的现象较为普遍，规定本项，可以有针对性地加大打击力度，降低执法成本。二是本项规定将时间限制在“两年内”，曾受行政处罚的次数限定为“两次以上”。符合该项规定的，说明行为人主观恶性较大，客观危害严重，将其纳入刑事打击范围，符合罪责刑相适应原则。需要说明的是，前述第一项至第五项规定中均只针对毒害性较强的污染物设定了具体的入罪标准，其范围比刑法第三百三十八条规定的“有放射性的废物、含传染病病原体的废物、有毒物质或者其他有害物质”的范围略小，主要考虑是：污染环境的有毒、有害物质种类繁多、不可计数，不同污染物对环境的毒害程度又有很大差异。当前违规排放各种污染物的情况仍然十分普遍。“严重污染环境”具体认定标准的设定，既要体现从严打击污染环境犯罪的立法精神，也要立足当前实际，恰当把握打击面，实现行政处罚与刑事处罚的有序衔接。第六项“致使乡镇以上集中式饮用水水源取水中断十二小时以上的”、第十项“致使疏散、转移群众五千人以上的”、第十一项“致使三十人以上中毒的”情形，主要参考了国家突发环境事件应急预案的相关规定，上述情形属于较大突发环境事件（III 级）。第七项“致使基本农田、防护林地、特种用途林地五亩以上，其他农用地十亩以上，其他土地二十亩以上基本功能丧失或者遭受永久性破坏的”，第八项“致使森林或者其他林木死亡五十立方米以上，或者幼树死亡二千五百株以上的”，第九项“致使公私财产损失三十万元以上的”，第十二项“致使三人以上轻伤、轻度残疾或者器官组织损伤导致一般功能障碍的”，第十三项“致使一人以上重伤、中度残疾或者器官组织损伤导致严重功能障碍的”情形，是在《2006 年解释》第一条、第二条规定基础上的完善和明确，主要针对造成公私财产重大损失或者人身伤亡的实害结果。第十四项是兜底条款。

（二）关于刑法第三百三十九条“致使公私财产遭受重大损失或者严重危害人体健康”、第四百零八条“致使公私财产遭受重大损失或者造成人身伤亡的严重后果”的认定标准

根据刑法第三百三十九条的规定，“致使公私财产遭受重大损失或者严重危害人体健康”是非法处置进口的固体废物罪适用第二档法定刑的标准，是擅自进口固体废物罪的入罪标准。根据刑法第四百零八条的规定，“致使公私财产遭受重大损失或者造成人身伤亡的严重后果”是环境监管失职罪的入罪标准。

《解释》第二条规定，具有《解释》第一条第六项至第十三项规定情形之一的，应当认定为刑法第三百三十九条规定的“致使公私财产遭受重大损失或者严重危害人体健康”或者第四百零八条规定的“致使公私财产遭受重大损失或者造成人身伤亡的严重后果”。主要考虑：一是《刑法修正案（八）》完善了污染环境罪的构成条件，但对刑法第三百三十九条非法处置进口的固体废物罪、擅自进口固体废物罪和刑法第四百零八条环境监管失职罪未作出相应修改。因此，只能从实害结果的角度，对该两条规定中的“致使公私财产遭受重大损失或者严重危害人体健康”、“致使公私财产遭受重大损失或者造成人身伤亡的严重后果”予以明确。二是《解释》第一条第七项至第九项、第十二项、第十三项规定的情形，主要针对造成公私财产重大损失或者人身伤亡的实害结果，这一规定与《2006 年解释》第一条、第二条关于刑法第三百三十九条、第四百零八条入罪标准的规定是一致的。同时，将《解释》第一条第六项“致使乡镇以上集中式饮用水水源取水中断十二小时以上的”、第十项“致使疏散、转移群众五千人以上”、第十一项“致使三十人以上中毒的”情形也认定为“致使公私财产遭受重大损失或者严重危害人体健康”、“致使公私财产遭受重大损失或者造成人身伤亡的严重后果”。主要是考虑到具有上述情形的，尽管没有表现为财产实际损失或者人身伤亡的实际后果，但通常意味着公私财产终将遭受重大损失或者使人体健康遭受严重危害、造成伤亡，而且这几类情形符合环境污染犯罪的自身特点，有利于实践中加大对环境污染犯罪的刑事打击力度。还需要指出的是，《2006 年立案标准》与《2006 年解释》对刑法第四百零八条环境监管失职罪的入罪标准的规定并不一致，根据《解释》第十二条的规定，《解释》出台后应当以《解释》的规定为准。

（三）关于刑法第三百三十八条、第三百三十九条“后果特别严重”的认定标准

根据刑法第三百三十八条、第三百三十九条的规定，“后果特别严重”是污染环境罪、非法处置进口的固体废物罪和擅自进口固体废物罪的结果加重情节。

《解释》第三条规定了十一种应当认定为刑法第三百三十八条、第三百三十九条规定的“后果特别严重”的情形。其中，第一项“致使县级以上城区集中式饮用水水源取水中断十二个小时以上的”、第五项“致使疏散、转移群众一万五千人以上的”、第六项“致使一百人以上中毒的”情形，主要参考了国家突发环境事件应急预案的相关规定，上述情形属于重大突发环境事件（II 级）或者特别重大突发环境事件（I 级）。第二项“致使基本农田、防护林地、特种用途林地十五亩以上，其他农用地三十亩以上，其他土地六十亩以上基本

功能丧失或者遭受永久性破坏的”，第三项“致使森林或者其他林木死亡一百五十立方米以上，或者幼树死亡七千五百株以上的”，第四项“致使公私财产损失一百万元以上的”情形，主要针对造成公私财产重大损失的实害后果，沿用了《2006年解释》第三条的规定。第七项“致使十人以上轻伤、轻度残疾或者器官组织损伤导致一般功能障碍的”，第八项“致使三人以上重伤、中度残疾或者器官组织损伤导致严重功能障碍的”，第九项“致使一人以上重伤、中度残疾或者器官组织损伤导致严重功能障碍，并致使五人以上轻伤、轻度残疾或者器官组织损伤导致一般功能障碍的”，第十项“致使一人以上死亡或者重度残疾的”情形，主要针对造成人员伤亡的实害后果，是在《2006年解释》第三条规定基础上的完善和明确，并适当降低了认定标准。第十一项是兜底条款。

（四）关于环境污染犯罪的从重处罚情节

《解释》第四条共分两款。第一款规定了四种应当酌情从重处罚的情形。从司法实践来看，行为人实施的环境污染犯罪具有这四种情形，与一般的环境污染犯罪相比，其主观恶性和社会危害性更大，有必要依法予以严惩。第一项规定“阻挠环境监督检查或者突发环境事件调查的”情形，主要考虑到根据《环境保护法》第三十五条的规定，拒绝环境保护行政主管部门或者其他依照法律规定行使环境监督管理权的部门现场检查或者在被检查时弄虚作假的，应当给予行政处罚。本项规定中的“环境监督检查”，是指负有环境保护监督管理职责的机关对环境监督检查，包括但不限于环保部门，如对水污染的监督检查可以由水利部门实施，对海洋污染的监督检查可以由海洋行政主管部门实施。第二项规定“闲置、拆除污染防治设施或者使污染防治设施不正常运行的”情形，主要考虑到根据《环境保护法》第三十七条的规定，未经环境保护行政主管部门同意，擅自拆除或者闲置防治污染的设施，污染物排放超过规定的排放标准的，应当给予行政处罚。本项规定中的“使污染防治设施不正常运行”，是指违反污染防治设施正常运行规范的情形。如以不正常运行水污染物处理设施为例，根据国家环保总局《关于“不正常使用”水污染物处理设施的认定和处罚问题的复函》（环办〔1998〕98号），通常表现为如下情形之一：（1）将部分或者全部污水不经过处理设施而直接排入环境；（2）将未处理达标的污水从处理设施的中间程序引出直接排入环境；（3）将部分或者全部处理设施停止运行；（4）违反操作规程使用处理设施，或者不按规程进行检查和维修，致使处理设施不能正常运行；（5）违反处理设施正常运行所需的条件，致使处理设施不能正常运行的其他情形。第三项规定“在医院、学校、居民区等人口集中地区及其附近，违反国家规定排放、倾倒、处置有放射性的废物、含传染病病原体的废物、有毒物质或者其他有害物质的”情形，主要体现了对医院、学校、居民区等环境区域的特殊保护。第四项规定“在限期整改期间，违反国家规定排放、倾倒、处置有放射性的废物、含传染病病原体的废物、有毒物质或者其他有害物质的”情形，主要考虑到这类犯罪分子顶风作案，主观恶性较大，有必要予以严惩。

《解释》第四条第二款明确行为人实施阻挠环境监督检查或者突发环境事件调查的行为，构成妨害公务罪的，以污染环境罪与妨害公务罪数罪并罚。

（五）关于环境污染犯罪的从宽处罚情节

为贯彻宽严相济刑事政策，《解释》第五条明确，行为人实施刑法第三百三十八条、第三百三十九条规定的犯罪行为，但及时采取措施，防止损失扩大、消除污染，积极赔偿损失的，可以酌情从宽处罚。

（六）关于单位实施环境污染犯罪的定罪量刑标准

实践中，不少环境污染犯罪是由单位实施的，此类行为往往具有更大的社会危害性。《解释》第六条明确，对于单位实施环境污染犯罪的，适用与个人犯罪相同的定罪量刑标准，对直接负责的主管人员和其他直接责任人员定罪处罚，并对单位判处罚金。

（七）关于污染环境罪的共同犯罪问题

根据《固体废物污染环境防治法》第五十七条的规定，从事收集、贮存、利用、处置危险废物经营活动的单位，必须向有关部门申请领取经营许可证。禁止无经营许可证或者不按照经营许可证规定从事危险废物收集、贮存、利用、处置的经营活动。禁止将危险废物提供或者委托给无经营许可证的单位从事收集、贮存、利用、处置的经营活动。而实践中，不少企业为降低危险废物的处置费用，在明知他人未取得经营许可证或者超出经营许可范围的情况下，向他人提供或者委托他人收集、贮存、利用、处置危险废物的现象十分普遍。他人接收危险废物后，由于实际不具备相应的处置能力，往往将危险废物直接倾倒在土壤、河流中，严重污染环境。为有针对性地加强对此类犯罪行为的打击，《解释》第七条明确，行为人明知他人无经营许可证或者超出经营许可范围，向其提供或者委托其收集、贮存、利用、处置危险废物，严重污染环境的，以污染环境罪的共同犯罪论处。

（八）关于实施环境污染犯罪同时构成其他犯罪的处理原则

为了进一步加大对环境污染犯罪的打击力度，《解释》第八条对实施环境污染犯罪同时构成其他犯罪的，明确规定了“从一重罪处断原则”，即违反国家规定，排放、倾倒、处置含有毒害性、放射性、传染病病原体等物质的污染物，同时构成污染环境罪、非法处置进口的固体废物罪、投放危险物质罪等犯罪的，依照处罚较重的犯罪定罪处罚。主要考虑是：根据刑法第一百一十四条、第一百一十五条的规定，投放危险物质罪具体表现为故意投放毒害性、放射性、传染病病原体等物质，危害公共安全的行为。从词义上理解，投放与排放、倾倒、处置并无实质的区别，只是投放的主观故意色彩稍重一些。“毒害性、放射性、传染病病原体等物质”与“有放射性的废物、含传染病病原体的废物、有毒物质或者其他有害物质”在概念和范围上都存在包含关系，很难截然区分。因此，经研究认为，违反国家规定，排放、倾倒、处置含有毒害性、放射性、传染病病原体等物质的污染物，在司法实践中既可能属于非法处置进口的固体废物，也可能属于直接投放毒害性、放射性、传染病病原体等物质，根据刑法理论，属于想象竞合犯，可以以非法处置进口的固体废物罪或者投放危险物质罪定罪处罚。

（九）关于“公私财产损失”的计算范围

《解释》第九条明确了“公私财产损失”的计算范围，即包括污染环境行为直接造成财产损毁、减少的实际价值，以及为防止污染扩大、消除污染而采取必要合理措施所产生的费用。该规定沿用了《2006年解释》第四条的规定。

（十）关于“有毒物质”的范围和认定标准

根据刑法第三百三十八条规定，污染环境罪的犯罪对象是指“有放射性的废物、含传染病病原体的废物、有毒物质或者其他有害物质”。其中，“有放射性的废物”、“含传染病病原体的废物”实践中容易鉴定、认定，无须专门解释；“其他有害物质”范围十分宽泛，难以具体界定。因此，《解释》第十条对“有毒物质”的范围和认定标准作出了专门规定。

《解释》第十条规定了五种应当认定为“有毒物质”的物质。第一项是“危险废物”，即包括列入国家危险废物名录的废物，以及根据国家规定的危险废物鉴别标准和鉴别方法认定的具有危险特性的废物。主要参照了《固体废物污染环境防治法》第八十八条、《危险废物经营许可证管理办法》第三十一条的规定。第二项是剧毒化学品、列入重点环境管理危险化学品名录的化学品，以及含有上述化学品的物质。危险化学品目前大约有三千八百多种，但并非都对环境有危害，如有些危险化学品的危险主要在于其爆炸性，其危险主要在安全生产方面，而非环境保护方面。经研究，目前在环境保护领域，需要列入“有毒物质”的危险化学品主要是剧毒化学品（已经发布）和列入重点环境管理危险化学品名录（即将发布）的危险化学品以及含有上述化学品的物质。第三项是含有铅、汞、镉、铬等重金属的物质。在环境污染领域中，重金属主要是指对生物有明显毒性的金属元素或者类金属元素。不同于其他污染物的可降解性，重金属污染物具有长期性、累积性、潜伏性和不可逆性等特点，很难在环境中降解。因此，本项根据实践情况，例举了对人体或者环境均有较强毒害性、需要重点防控的含有铅、汞、镉、铬等重金属的污染物。第四项是持久性有机污染物。持久性有机污染物是具有毒性、难以降解、可在生物体内蓄积的物质，此类污染物可传输并沉积在远离其排放点的地区，可长期在生态系统中累积。目前，我国管理的持久性有机污染物为《关于持久性有机污染物的斯德哥尔摩公约》所管控的化学物质。公约管控清单为开放式的，目前列入的共有23种。第五项是兜底条款。

（十一）关于环境污染专门性问题的鉴定机构及程序

《解释》第十一条共分两款。办理环境污染刑事案件，常常涉及污染物认定、损失评估等专门性问题，需要由司法鉴定机构出具鉴定意见。但是，目前具有环境污染鉴定资质的机构较少、费用昂贵，难以满足办案实践需求。为有效解决办理环境污染刑事案件过程中的专门性问题，《解释》第十一条第一款明确规定，对案件所涉的环境污染专门性问题难以确定的，由司法鉴定机构出具鉴定意见，或者由国务院环境保护部门指定的机构出具检验报告。

《解释》第十一条第二款明确，县级以上环境保护部门及其所属监测机构出具的监测数据，经省级以上环境保护部门认可的，可以作为证据使用。主要考虑是：环保部门的监测数据是认定违规排放行为的第一手证据。如对《解释》第一条第三项规定的"非法排放含重金属、持久性有机污染物等严重危害环境、损害人体健康的污染物超过国家污染物排放标准三倍以上"，可以直接根据环保部门的检测数据作出认定，无须再作司法鉴定。但考虑各级环保部门的监测条件、水平不同，为确保相关数据的客观、准确，确保相关案件公正处理，可以作为证据使用的监测数据，必须是县级以上环境保护部门及其所属监测机构出具的，且经省级以上环境保护部门认可的数据。

（十二）关于司法解释的效力规定

《解释》第十二条是关于司法解释的效力规定。由于本解释的内容已完全涵盖《2006年解释》，因此本解释公布施行后，《2006年解释》不再适用。同时，《2006年立案标准》、2008年《最高人民检察院、公安部关于公安机关管辖的刑事案件立案追诉标准的规定（一）》等司法解释和规范性文件中的相关规定与本解释不一致的，也应以本解释为准。

最高人民法院、最高人民检察院关于办理寻衅滋事刑事案件适用法律若干问题的解释

（2013年5月27日最高人民法院审判委员会第1579次会议、2013年4月28日最高人民检察院第十二届检察委员会第五次会议通过　2013年7月15日公布　2013年7月22日施行　法释〔2013〕18号）

为依法惩治寻衅滋事犯罪，维护社会秩序，根据《中华人民共和国刑法》的有关规定，现就办理寻衅滋事刑事案件适用法律的若干问题解释如下：

第一条　行为人为寻求刺激、发泄情绪、逞强耍横等，无事生非，实施刑法第二百九十三条规定的行为的，应当认定为“寻衅滋事”。

行为人因日常生活中的偶发矛盾纠纷，借故生非，实施刑法第二百九十三条规定的行为的，应当认定为“寻衅滋事”，但矛盾系由被害人故意引发或者被害人对矛盾激化负有主要责任的除外。

行为人因婚恋、家庭、邻里、债务等纠纷，实施殴打、辱骂、恐吓他人或者损毁、占用他人财物等行为的，一般不认定为“寻衅滋事”，但经有关部门批评制止或者处理处罚后，继续实施前列行为，破坏社会秩序的除外。

第二条　随意殴打他人，破坏社会秩序，具有下列情形之一的，应当认定为刑法第二百九十三条第一款第一项规定的“情节恶劣”：

（一）致一人以上轻伤或者二人以上轻微伤的；

（二）引起他人精神失常、自杀等严重后果的；

（三）多次随意殴打他人的；

（四）持凶器随意殴打他人的；

（五）随意殴打精神病人、残疾人、流浪乞讨人员、老年人、孕妇、未成年人，造成恶劣社会影响的；

（六）在公共场所随意殴打他人，造成公共场所秩序严重混乱的；

（七）其他情节恶劣的情形。

第三条　追逐、拦截、辱骂、恐吓他人，破坏社会秩序，具有下列情形之一的，应当认定为刑法第二百九十三条第一款第二项规定的“情节恶劣”：

（一）多次追逐、拦截、辱骂、恐吓他人，造成恶劣社会影响的；

（二）持凶器追逐、拦截、辱骂、恐吓他人的；

（三）追逐、拦截、辱骂、恐吓精神病人、残疾人、流浪乞讨人员、老年人、孕妇、未成年人，造成恶劣社会影响的；

（四）引起他人精神失常、自杀等严重后果的；

（五）严重影响他人的工作、生活、生产、经营的；

（六）其他情节恶劣的情形。

第四条 强拿硬要或者任意损毁、占用公私财物，破坏社会秩序，具有下列情形之一的，应当认定为刑法第二百九十三条第一款第三项规定的“情节严重”：

（一）强拿硬要公私财物价值一千元以上，或者任意损毁、占用公私财物价值二千元以上的；

（二）多次强拿硬要或者任意损毁、占用公私财物，造成恶劣社会影响的；

（三）强拿硬要或者任意损毁、占用精神病人、残疾人、流浪乞讨人员、老年人、孕妇、未成年人的财物，造成恶劣社会影响的；

（四）引起他人精神失常、自杀等严重后果的；

（五）严重影响他人的工作、生活、生产、经营的；

（六）其他情节严重的情形。

第五条 在车站、码头、机场、医院、商场、公园、影剧院、展览会、运动场或者其他公共场所起哄闹事，应当根据公共场所的性质、公共活动的重要程度、公共场所的人数、起哄闹事的时间、公共场所受影响的范围与程度等因素，综合判断是否“造成公共场所秩序严重混乱”。

第六条 纠集他人三次以上实施寻衅滋事犯罪，未经处理的，应当依照刑法第二百九十三条第二款的规定处罚。

第七条 实施寻衅滋事行为，同时符合寻衅滋事罪和故意杀人罪、故意伤害罪、故意毁坏财物罪、敲诈勒索罪、抢夺罪、抢劫罪等罪的构成要件的，依照处罚较重的犯罪定罪处罚。

第八条 行为人认罪、悔罪，积极赔偿被害人损失或者取得被害人谅解的，可以从轻处罚；犯罪情节轻微的，可以不起诉或者免予刑事处罚。

《最高人民法院、最高人民检察院关于办理寻衅滋事刑事案件适用法律若干问题的解释》理解与适用

陈国庆 韩耀元 侯庆奇*

2013年7月15日，最高人民法院、最高人民检察院（以下简称“两高”）联合公布了《最高人民法院、最高人民检察院关于办理寻衅滋事刑事案件适用法律若干问题的解释》（以下简称《解释》）。《解释》针对依法惩治寻衅滋事犯罪中遇到的法律适用问题，进一步明确了寻衅滋事罪的定罪量刑标准以及与其他犯罪的关系等法律适用问题。这是最高人民法院、最高人民检察院加大打击寻衅滋事犯罪力度，维护社会秩序，保障人民群众人身财产权利，促进社会和谐稳定的重要举措。为便于深入理解和掌握《解释》的基本精神和主要内容，现就《解释》的有关问题解读如下：

一、制定《解释》的背景和过程

寻衅滋事罪，是一种常见多发犯罪。1997年刑法修订时，将1979年刑法规定的流氓罪分解为强制猥亵、侮辱妇女罪，聚众斗殴罪和寻衅滋事罪。刑法第二百九十三条规定：“有下列寻衅滋事行为之一，破坏社会秩序的，处五年以下有期徒刑、拘役或者管制：（一）随意殴打他人，情节恶劣的；（二）追逐、拦截、辱骂他人，情节恶劣的；（三）强拿硬要或者任意损毁、占用公私财物，情节严重的；（四）在公共场所起哄闹事，造成公共场所秩序严重混乱的。”为进一步严厉打击寻衅滋事犯罪，2011年2月《刑法修正案（八）》对刑法第二百九十三条作了完善：一是在第二项“追逐、拦截、辱骂”之后增加“恐吓”他人的行为；二是规定“纠集他人多次实施前款行为，严重破坏社会秩序的，处五年以上十年以下有期徒刑，可以并处罚金”，增加了寻衅滋事罪的量刑档次和罚金刑。从以往司法实践的情况来看，寻衅滋事罪的法律适用主要有以下几个问题亟待解决：一是如何准确界定寻衅滋事罪的入罪标准，确保刑法适用的谦抑性；二是如何避免将寻衅滋事罪作为其他犯罪的兜底罪名，确保刑法适用的明确性；三是如何准确区分寻衅滋事罪与相关个罪，确保刑法适用的准确性。

为科学设定寻衅滋事罪的定罪量刑标准，确保既能依法严厉惩治、有效防

---

* 作者单位：最高人民检察院法律政策研究室。

范寻衅滋事犯罪，又能充分贯彻宽严相济刑事政策，适当控制打击面，实现行政处罚和刑事处罚的有效衔接，保证法律的正确统一适用，“两高”共同启动了司法解释的研究起草工作，经调研讨论形成了解释初稿。2013年1月，“两高”分别在全国法院系统、检察院系统内征求意见；2月，征求了全国人大常委会法工委、公安部、司法部等有关单位的意见和建议；3月，进一步征求了有关专家学者和社会有关方面的意见。经综合各方面意见，多次研究修改，形成解释审议稿。该解释于2013年5月27日由最高人民法院审判委员会第1579次会议、2013年4月28日由最高人民检察院第十二届检察委员会第5次会议通过，自2013年7月22日起施行。

二、《解释》的主要内容及说明

《解释》共八条，主要规定了“寻衅滋事”的认定原则，细化了寻衅滋事行为成立犯罪的认定标准，并明确了有关法律适用问题。第一条明确了认定寻衅滋事罪的一般原则。第二条明确了随意殴打他人“情节恶劣”的认定标准。第三条明确了追逐、拦截、辱骂、恐吓他人“情节恶劣”的认定标准。第四条明确了强拿硬要或者任意损毁、占用公私财物“情节严重”的认定标准。第五条明确了在公共场所起哄闹事“造成公共场所秩序严重混乱”的认定标准。第六条明确了纠集他人多次寻衅滋事的认定处理问题。第七条明确了实施寻衅滋事犯罪同时构成其他犯罪的处理原则。第八条明确了寻衅滋事罪的从宽处罚情节。

（一）认定寻衅滋事罪的一般原则

《解释》第一条明确规定寻衅滋事罪的认定，应当坚持主客观相统一的原则。寻衅滋事罪规定在刑法分则第六章妨害社会管理秩序罪的第一节扰乱公共秩序罪中，行为人主观上是否有寻衅动机，行为客观上是否破坏社会秩序，是认定有关行为是否属于寻衅滋事、是构成寻衅滋事罪还是其他犯罪的关键。需要注意的是，虽然构成寻衅滋事罪要求行为人主观上必须具有寻衅动机，但寻衅动机的认定关键不是事出有因或者无因的问题，无论是有因还是无因，均可认定为具有寻衅动机，关键在于其所谓的原因是否能为一般社会大众所接受。《解释》第一条根据实践中寻衅滋事犯罪的不同情况，将“寻衅动机”分为“无事生非”和“借故生非”两种类型。

第一款规定的是无事生非类型的“寻衅滋事”。寻衅滋事罪规定的行为方式与刑法分则规定的其他犯罪的行为方式存在一定的重合和交叉，而社会秩序是十分抽象的概念，外延非常广泛，仅从客观行为方式上难以区分寻衅滋事罪与其他犯罪，“寻衅动机”作为寻衅滋事罪的责任要素，具有限定寻衅滋事罪的成立范围和区分寻衅滋事罪与其他犯罪界限的意义。行为人为寻求刺激、发泄情绪、逞强耍横等，无事生非，实施刑法第二百九十三条规定的行为的，应当认定为“寻衅滋事”。

第二款规定的是借故生非类型的“寻衅滋事”。行为人在实施寻衅滋事行为前，通常会为自己寻找理由或者原因，作为其实施犯罪行为的借口。因此，不能仅根据是否“事出有因”来判断行为人是否具有寻衅动机。行为人因日常生活中的偶发矛盾纠纷，如与他人发生口角等，借故生非，实施刑法第二百九十三条规定的行为，虽然事出有因，但小题大做，借题发挥，行为明显超出了合理的纠纷解决方式，应当认定其具有寻衅动机。同时，对“事出有因”也应区别对待，如果矛盾系由被害人故意引发，或者被害人对矛盾激化负有主要责任的，不应认定行为人具有“寻衅动机”，不以寻衅滋事罪论处，符合其他犯罪构成条件的，依照其他犯罪处理。

第三款规定了寻衅动机的一般阻却事由，进一步明确了“寻衅滋事”的认定。实践中，对于行为人因婚恋、家庭、邻里、债务等纠纷，特别是基于积怨，进而实施殴打、追逐、拦截、辱骂、恐吓他人，或者损毁、占用他人财物的行为的，原因与结果之间具有明确的因果关系，不宜认定为“寻衅滋事”。但是，不能将婚恋、家庭、邻里、债务纠纷作为寻衅滋事罪的绝对阻却事由。基于婚恋、家庭、邻里、债务纠纷实施殴打、追逐、拦截、辱骂、恐吓他人，或者损毁、占用他人财物的行为，经有关部门批评制止或者处理处罚后，行为人仍继续实施前列行为的，已经充分表明行为人轻率实施不法行为，借故滋事的寻衅动机，客观上的不法行为不仅侵害了他人的人身安全、自由、财产等权益，也侵害了社会秩序，可以认定为“寻衅滋事”。

（二）随意殴打他人“情节恶劣”的认定标准

刑法规定寻衅滋事罪的四项罪状中，随意殴打他人在寻衅滋事刑事案件中占绝对比重，成为司法实践中区分寻衅滋事罪与非罪的关键。随意殴打他人，表明行为人是基于耍威风、逞强斗狠、发泄情绪、寻求精神刺激等不良动机实施殴打行为，殴打的理由、对象或者场所一般明显违背社会公序良俗，不能为社会大众理解或者接受，侵害了与公民个人安全相关的社会秩序或者公共秩序。随意殴打他人“情节恶劣”的认定应当根据行为人实施殴打的手段、对象、次数、造成的危害后果以及发生场所等进行判断。实践中，随意殴打他人致人轻伤、轻微伤的比重相对较大，成为寻衅滋事罪与非罪认定的交汇地带，经综合考虑，将“致一人以上轻伤或者二人以上轻微伤”作为随意殴打类型寻衅滋事罪入罪的标准。此外，寻衅滋事罪作为妨害社会管理秩序和侵犯公民人身财产安全的犯罪，随意殴打他人“情节恶劣”不仅以造成他人伤害为限。引起他人精神失常、自杀等严重后果；多次随意殴打他人；持凶器随意殴打他人；随意殴打精神病人、残疾人、流浪乞讨人员、老年人、孕妇、未成年人，造成恶劣社会影响；在公共场所随意殴打他人，造成公共秩序严重混乱等几种情形都可以反映出行为人的主观恶性和行为的社会危害性程度，也应当认定为“情节恶劣”。对此，《解释》第二条作出了明确规定。

（三）追逐、拦截、辱骂、恐吓他人“情节恶劣”的认定标准

从司法实践来看，在寻衅滋事罪规定的四项罪状中，追逐、拦截、辱骂、恐吓他人在寻衅滋事刑事案件中所占比重较小。根据司法实践中的具体情况，《解释》第三条将多次追逐、拦截、辱骂、恐吓他人，造成恶劣社会影响；持凶器追逐、拦截、辱骂、恐吓他人；追逐、拦截、辱骂、恐吓精神病人、残疾人、流浪乞讨人员、老年人、孕妇、未成年人，造成恶劣社会影响；引起他人精神失常、自杀等严重后果；严重影响他人的工作、生活、生产、经营等情形规定为“情节恶劣”。《解释》未将“追逐、拦截、辱骂、恐吓多人”的情形规定为“情节恶劣”，主要考虑：一是实践中，仅仅是一个人单次追逐、拦截、辱骂、恐吓多人，不足以对被害人形成足够的危险，精神正常的人也很少有人实施此种行为，可以不作为犯罪考虑；二是伙同他人追逐、拦截、辱骂、恐吓多人，未造成严重后果或者不具备其他严重情节的，也不宜作为犯罪考虑。

（四）强拿硬要或者任意损毁、占用公私财物“情节严重”的认定标准

强拿硬要或者任意损毁、占用公私财物是否达到“情节严重”的程度，应当根据行为人取得、毁损或者占用财物的数额、行为的次数、针对的对象、造成的危害后果等作出判断。根据司法实践中的具体情况，《解释》第四条将强拿硬要公私财物价值一千元以上，或者任意损毁、占用公私财物价值二千元以上；多次强拿硬要或者任意损毁、占用公私财物，造成恶劣社会影响；强拿硬要或者任意损毁、占用精神病人、残疾人、流浪乞讨人员、老年人、孕妇、未成年人的财物，造成恶劣社会影响；引起他人精神失常、自杀等严重后果；严重影响他人的工作、生活、生产、经营等情形规定为情节严重。需要说明的是本条第一项关于强拿硬要或者任意损毁、占用公私财物数额标准的规定，2008年《最高人民检察院、公安部关于公安机关管辖的刑事案件立案追诉标准的规定（一）》将“强拿硬要或者任意损毁、占用公私财物价值二千元以上”作为寻衅滋事罪的立案追诉标准。《解释》规定“强拿硬要公私财物价值一千元以上”的应当认定为“情节恶劣”，降低了入罪标准有利于进一步加大对此类寻衅滋事行为的打击力度。此外，考虑到强拿硬要与任意损毁、占用行为在主观恶性和社会危害性方面存在一定差异，对公共秩序的侵害程度也有所区别，本条在认定“情节恶劣”的数额标准上采取了不同标准，强拿硬要的

数额标准是一千元以上，任意损毁、占用公私财物的数额标准是二千元以上，二者之间为二倍的倍数关系。

（五）在公共场所起哄闹事“造成公共场所秩序严重混乱”的认定标准

从司法实践来看，在寻衅滋事罪规定的四项罪状中，在公共场所起哄闹事在寻衅滋事刑事案件中所占比重也较小。本条主要从两个方面对在公共场所起哄闹事“造成公共场所秩序严重混乱”的认定标准作了规定：一是以列举的方式，将“公共场所”界定为“车站、码头、机场、医院、商场、公园、影剧院、展览会、运动场或者其他公共场所”。二是对“造成公共场所秩序严重混乱”的认定，强调应当综合考虑公共场所的性质、公共活动的重要程度、公共场所的人数、起哄闹事的时间、公共场所受影响的范围与程度等因素进行综合分析判断。例如，在预防、控制突发传染病疫情等灾害期间在公共场所起哄闹事，妨害预防、控制突发传染病疫情等灾害的；聚集多人在学校、医院等公共场所起哄闹事，严重影响正常的教学、医疗秩序的；在影剧院、公园、车站等人员密集的公共场所起哄闹事，引起群众恐慌、逃离等混乱局面的情形都应当认定为“造成公共场所秩序严重混乱”。

（六）纠集他人多次寻衅滋事的认定处理问题

《解释》第六条对刑法第二百九十三条第二款的法律适用问题作了明确规定。这里的“纠集”，一般是指共同犯罪中的首要分子或主犯，有目的地将其他人联合、召集在一起。根据本条规定，适用刑法第二百九十三条第二款的规定应当满足以下三个条件：一是实施的寻衅滋事行为次数必须为三次以上；二是每次寻衅滋事行为都未经处理，包括行政处理和刑事处理；三是每次实施的寻衅滋事行为均构成犯罪。实践中，对于刑法第二百九十三条第二款规定的纠集他人多次实施寻衅滋事行为是否要求每次寻衅滋事行为都构成犯罪存在争议。有意见认为行为人多次实施刑法第二百九十三条列举的寻衅滋事行为，虽然有的行为本身未达到寻衅滋事罪要求的情节恶劣、情节严重的程度，不构成犯罪，但只要寻衅滋事行为达到了三次以上，就可以认定为情节加重犯，处五年以上十年以下有期徒刑。《解释》第六条明确规定“纠集他人三次以上实施寻衅滋事犯罪”，要求每次实施的寻衅滋事行为均构成犯罪，主要考虑：符合刑法第二百九十三条第二款规定的行为“处五年以上十年以下有期徒刑，可以并处罚金”，从法定刑配置来看属于社会危害性相当大的行为，应当严格掌握，在司法实践中慎重适用。如果纠集他人实施三次以上的寻衅滋事行为，每次行为的社会危害性都不大，未达到犯罪程度，虽然行为具有密集性，但危害性量变到质变的体现不明显，不具有严重的社会危害性，不应认定为刑法第二百九十三条第二款规定的情节加重犯。对于此种多次实施寻衅滋事行为的，可以认定为符合寻衅滋事罪的基本犯罪构成，在五年有期徒刑以下处刑。

（七）实施寻衅滋事犯罪同时构成其他犯罪的处理原则

《解释》第七条规定了寻衅滋事罪和其他犯罪竞合的处理原则，即“从一重罪处断”。如前所述，寻衅滋事罪客观方面规定的四种行为方式，与其他犯罪的客观方面存在重合或者交叉，如寻衅滋事罪中的殴打行为与故意伤害罪中的伤害行为，辱骂行为与侮辱罪中的侮辱行为，恐吓行为与敲诈勒索罪中的威胁行为，强拿硬要行为与抢劫罪中以暴力、胁迫为手段实施的抢劫行为，任意毁损行为与故意毁坏财物罪中的毁坏行为，在公共场所起哄闹事行为与聚众扰乱公共场所秩序、交通秩序罪中的扰乱行为等。行为人实施的寻衅滋事行为，同时符合寻衅滋事罪和故意杀人罪、故意伤害罪、故意毁坏财物罪、敲诈勒索罪、抢夺罪、抢劫罪等罪的构成要件的，实质属于竞合犯，应当根据竞合犯的处罚原则，依照处罚较重的犯罪定罪处罚。

（八）寻衅滋事罪的从宽处罚情节

《解释》第八条对办理寻衅滋事刑事案件从宽处理的情形作了规定。犯罪嫌疑人、被告人认罪、悔罪，积极赔偿被害人损失或者取得被害人谅解的，反映其主观恶性和社会危害性较小，可以从轻处罚；对于犯罪情节轻微的，可以不起诉或者免予刑事处罚。

最高人民法院、最高人民检察院关于办理利用信息网络实施诽谤等刑事案件适用法律若干问题的解释

（2013年9月5日最高人民法院审判委员会第1589次会议、2013年9月2日最高人民检察院第十二届检察委员会第9次会议通过　2013年9月6日公布　2013年9月10日施行　法释〔2013〕21号）

为保护公民、法人和其他组织的合法权益，维护社会秩序，根据《中华人民共和国刑法》、《全国人民代表大会常务委员会关于维护互联网安全的决定》等规定，对办理利用信息网络实施诽谤、寻衅滋事、敲诈勒索、非法经营等刑事案件适用法律的若干问题解释如下：

第一条　具有下列情形之一的，应当认定为刑法第二百四十六条第一款规定的"捏造事实诽谤他人"：

（一）捏造损害他人名誉的事实，在信息网络上散布，或者组织、指使人员在信息网络上散布的；

（二）将信息网络上涉及他人的原始信息内容篡改为损害他人名誉的事实，在信息网络上散布，或者组织、指使人员在信息网络上散布的；

明知是捏造的损害他人名誉的事实，在信息网络上散布，情节恶劣的，以"捏造事实诽谤他人"论。

第二条　利用信息网络诽谤他人，具有下列情形之一的，应当认定为刑法第二百四十六条第一款规定的"情节严重"：

（一）同一诽谤信息实际被点击、浏览次数达到五千次以上，或者被转发次数达到五百次以上的；

（二）造成被害人或者其近亲属精神失常、自残、自杀等严重后果的；

（三）二年内曾因诽谤受过行政处罚，又诽谤他人的；

（四）其他情节严重的情形。

第三条　利用信息网络诽谤他人，具有下列情形之一的，应当认定为刑法第二百四十六条第二款规定的"严重危害社会秩序和国家利益"：

（一）引发群体性事件的；

（二）引发公共秩序混乱的；

（三）引发民族、宗教冲突的；

（四）诽谤多人，造成恶劣社会影响的；

（五）损害国家形象，严重危害国家利益的；

（六）造成恶劣国际影响的；

（七）其他严重危害社会秩序和国家利益的情形。

第四条 一年内多次实施利用信息网络诽谤他人行为未经处理，诽谤信息实际被点击、浏览、转发次数累计计算构成犯罪的，应当依法定罪处罚。

第五条 利用信息网络辱骂、恐吓他人，情节恶劣，破坏社会秩序的，依照刑法第二百九十三条第一款第（二）项的规定，以寻衅滋事罪定罪处罚。

编造虚假信息，或者明知是编造的虚假信息，在信息网络上散布，或者组织、指使人员在信息网络上散布，起哄闹事，造成公共秩序严重混乱的，依照刑法第二百九十三条第一款第（四）项的规定，以寻衅滋事罪定罪处罚。

第六条 以在信息网络上发布、删除等方式处理网络信息为由，威胁、要挟他人，索取公私财物，数额较大，或者多次实施上述行为的，依照刑法第二百七十四条的规定，以敲诈勒索罪定罪处罚。

第七条 违反国家规定，以营利为目的，通过信息网络有偿提供删除信息服务，或者明知是虚假信息，通过信息网络有偿提供发布信息等服务，扰乱市场秩序，具有下列情形之一的，属于非法经营行为“情节严重”，依照刑法第二百二十五条第（四）项的规定，以非法经营罪定罪处罚：

（一）个人非法经营数额在五万元以上，或者违法所得数额在二万元以上的；

（二）单位非法经营数额在十五万元以上，或者违法所得数额在五万元以上的。

实施前款规定的行为，数额达到前款规定的数额五倍以上的，应当认定为刑法第二百二十五条规定的“情节特别严重”。

第八条 明知他人利用信息网络实施诽谤、寻衅滋事、敲诈勒索、非法经营等犯罪，为其提供资金、场所、技术支持等帮助的，以共同犯罪论处。

第九条 利用信息网络实施诽谤、寻衅滋事、敲诈勒索、非法经营犯罪，同时又构成刑法第二百二十一条规定的损害商业信誉、商品声誉罪，第二百七十八条规定的煽动暴力抗拒法律实施罪，第二百九十一条之一规定的编造、故意传播虚假恐怖信息罪等犯罪的，依照处罚较重的规定定罪处罚。

第十条 本解释所称信息网络，包括以计算机、电视机、固定电话机、移动电话机等电子设备为终端的计算机互联网、广播电视网、固定通信网、移动通信网等信息网络，以及向公众开放的局域网络。

《最高人民法院、最高人民检察院关于办理利用信息网络实施诽谤等刑事案件适用法律若干问题的解释》理解与适用

最高人民检察院法律政策研究室

2013年9月9日，最高人民法院、最高人民检察院（以下简称“两高”）联合发布了《关于办理利用信息网络实施诽谤等刑事案件适用法律若干问题的解释》（以下简称《解释》）。为便于深入理解《解释》的基本精神和准确适用，现对《解释》主要内容解读如下：

一、制定《解释》的背景及过程

随着计算机、电信网络技术的快速发展，特别是近年来互联网、通信网、广电网推进“三网合一”，信息交流传递速度更快、影响更大，信息网络及其服务已融入人们的工作、学习和生活中。据有关部门统计，截至2013年6月，我国网民规模已达5.91亿。我国为加强互联网管理，规范互联网秩序，相继出台了一系列的法律法规和规章，如《全国人民代表大会常务委员会关于维护互联网安全的决定》、国务院《互联网信息服务管理办法》、公安部《计算机信息网络国际联网安全保护管理办法》等，对促进互联网健康发展起到了积极作用。信息网络的快速发展，不仅对经济社会发展起到了积极的推动作用，方便了人们工作、学习和生活，也推动了公民依法积极行使表达权和舆论监督权，对依法行政、公正执法、抵制不正之风、遏制腐败等起到了良好的监督作用。但与此同时，一些不法分子却把信息网络当成了“虚拟世界”和“法外之地”，利用信息网络具有公共性、匿名性、便捷性等特点，将信息网络作为新的犯罪平台，恣意实施诽谤、寻衅滋事、敲诈勒索、非法经营等犯罪。随着信息网络技术和规模的不断发展和壮大，利用信息网络实施的违法犯罪活动也日渐增多，社会危害也日益凸显。举例来说，有的在网络上捏造事实诽谤他人，侵犯他人名誉权；有的以在信息网络发布、删除负面信息相要挟，向被害人或者被害单位索取财物；有的借社会敏感热点问题炮制谣言，误导群众；有的披着“反腐维权”的外衣，无中生有，起哄闹事。此外，还出现了专门从事造谣、炒作、“删帖”等进行营利活动的所谓“网络公关公司”、“策划营销组织”及网络“推手”等。他们以营利为目的，违反国家规定，为他人提供“发帖”、“删帖”等信息网络服务，牟取巨额非法利益，对利用信息

网络违法犯罪活动起到推波助澜的作用。上述这类行为，不仅严重扰乱社会秩序，侵害公民合法权益，而且妨害社会经济发展，甚至危害到国家安全，已严重影响了社会的和谐稳定。广大人民群众深受其害，社会各界对此反映强烈，一致要求依法严厉惩治利用信息网络实施的造谣诽谤等违法犯罪活动。

制定出台《解释》是适应新形势下同网络犯罪作斗争的迫切需要。《解释》针对有关网络犯罪的新情况新特点，严格按照法律规定和立法精神，进一步明确了有关犯罪的定罪量刑标准。主要遵循了以下原则：第一，立足保护公民合法权益，维护社会秩序。利用信息网络实施的诽谤、寻衅滋事、敲诈勒索、非法经营等罪，只是传统犯罪在网络时代呈现出的新型表现形式。《解释》根据新形势下惩治犯罪的时代要求，针对信息网络新特点，对这些犯罪的司法认定作了科学的解释，为保护公民的名誉权、公私财产权，维护正常的公共秩序和市场管理秩序提供了有力的法律武器。第二，坚持罪刑法定原则，依法进行解释。《解释》严格依照刑法规定的诽谤罪、寻衅滋事罪、敲诈勒索罪、非法经营罪等犯罪的构成要件进行解释，明确了这些犯罪定罪量刑的具体标准。第三，立足司法实际，强调可操作性。鉴于“两高”2013 年 4 月《关于办理敲诈勒索刑事案件适用法律若干问题的解释》、7 月《关于办理寻衅滋事案件适用法律若干问题的解释》对敲诈勒索、寻衅滋事罪的定罪量刑已有规定，《解释》除定性问题之外，只对利用信息网络实施的诽谤罪和非法经营罪的量刑标准，根据司法实践和调研情况作出了具体规定。第四，贯彻宽严相济的刑事政策，注重法律和社会效果。《解释》在坚持依法打击犯罪与保护公民合法权益并重的同时，注意充分发挥刑罚手段在预防、规范、教育、指引方面的积极作用，督促相关部门加强信息网络的管理，建立和完善网络违法犯罪的预防机制，促进广大网民自觉规范上网言行，为整个社会营造积极、健康的网络环境。

2012 年以来，“两高”有关部门对利用信息网络实施诽谤等犯罪适用法律问题，进行了为期一年多的深入调研，全面收集了各种情况，对存在的问题进行了系统梳理，广泛征求了立法机关、行政机关、地方司法机关、专家学者和社会各方面的意见，并借鉴其他国家通行的法律规制原则，经反复研究论证，不断修改完善，形成了解释审议稿。该《解释》于 2013 年 9 月 5 日由最高人民法院审判委员会第 1589 次会议、2013 年 9 月 2 日由最高人民检察院第十二届检察委员会第 9 次会议通过，自 2013 年 9 月 10 日起施行。

二、《解释》的主要内容及说明

《解释》共十条，主要规定了以下六个方面的内容：一是利用信息网络实施诽谤罪的司法认定，包括“捏造事实诽谤他人”、“情节严重”、“严重危害社会秩序和国家利益”及数量累计问题；二是利用信息网络实施寻衅滋事罪的司法认定；三是利用信息网络实施敲诈勒索罪的司法认定；四是利用信息网络实施非法经营罪的司法认定；五是利用信息网络实施上述犯罪的共同犯罪、犯罪竞合及处断原则；六是关于信息网络范围的界定。

（一）关于利用信息网络实施诽谤罪的行为方式，即“捏造事实诽谤他人”的认定问题

《解释》第一条分二款对刑法第二百四十六条诽谤罪的行为方式，即“捏造事实诽谤他人”的司法认定作了明确规定，包括三种行为类型，即第一款规定的“捏造并散布”、“篡改并散布”和第二款规定的“明知捏造而散布”。

第一款分两项明确规定“捏造并散布”、“篡改并散布”应当认定为刑法第二百四十六条第一款规定的“捏造事实诽谤他人”。根据该款规定，可以进一步细化为四种情形：一是捏造损害他人名誉的事实，在信息网络上散布的；二是捏造损害他人名誉的事实，组织、指使人员在信息网络上散布的；三是将信息网络上涉及他人的原始信息内容篡改为损害他人名誉的事实，在信息网络上散布；四是对信息内容进行篡改，组织、指使人员在信息网络上散布的。只要符合上述情形之一的，就应当认定为“捏造事实诽谤他人”。这里的“篡改”，是指以对原有信息进行歪曲捏造等方式进行实质性的修改。实践中，除了“歪曲捏造”的方式外，还存在故意放大、渲染等方式，对此必须把握“实质性的修改”的原则，否则一般不能认定为“篡改”。

第二款规定了“明知捏造而散布”且“情节恶劣”的，以“捏造事实诽谤他人”论处的情形。根据该款规定，如果行为人明知是捏造的损害他人名誉的事实，在信息网络上散布，情节恶劣的，就可以“捏造事实诽谤他人”论处。这里需注意两个问题：一是这里的“明知”，包括“知道”和“应当知道”。刑法中的“知道”：是指根据事实和证据能够充分证明行为人知道特定的案件事实。“应当知道”，是一种司法推定，即根据案件证据材料，结合行为人的认识能力，并且行为人不能作出合理解释时，可以推定行为人“知道”。但是，实践中对于“应当知道”的认定一定要特别慎重，要将恶意传谣与不明真相转发虚假信息的情况严格区分开。对于一些把握不准、有争议或者存在合理怀疑的案件，应当本着“就低不就高”和“有利于犯罪嫌疑人”的原则处理，不认定为“应当知道”。二是关于“情节恶劣”的认定。第二款以“捏造事实诽谤他人”论处实际采取了“行为”+“情节”的方式予以认定，强调行为人明知是捏造的损害他人名誉的事实而故意在信息网络上散布，其主观上具有侵犯他人名誉权的故意，客观上对他人的名誉造成了实际损害，同时必须是达到“情节恶劣”的，才能以诽谤罪定罪处罚。这里的“情节恶劣”，

不同于诽谤罪入罪标准的“情节严重”，是指恶意传谣者“明知捏造而散布”行为恶劣程度。实践中对此需要根据行为人的动机、散布信息内容的恶毒程度，或者行为人是否多次诽谤等情节予以具体认定。

征求意见过程中，有观点认为第二款关于“明知捏造而散布”的规定与刑法关于诽谤罪的规定不相符合。经研究，《解释》是针对司法实践的需要，根据刑法规定作出这一款规定。其理由如下：一是因为网络环境下，网民不再单纯是信息的接受者，而可以成为任意发布信息的信息源头。特别是一些名人、“大 V”的博客、微博关注人数多，影响大，某种意义上掌握着网络上的话语权。这些网络“大 V”享受着“一呼百应”的好处，实践中不乏“大 V”以“求辟谣”的名义转发虚假信息，成为虚假信息传播的重要中继站，这些“大 V”虽有的不具有新闻调查的能力，但其对所转发信息是否有可能是假的，以及广泛传播后将产生什么样的后果，都是大体能够把握的。因此，如果某些别有用心的人利用他人发布的虚假信息，明知该信息系捏造，出于毁损特定人名誉的目的，在信息网络上加以广泛散布，由于行为人主观上具有侵犯他人名誉权的故意，客观上也对他人的名誉造成了实际损害，其本质与“捏造事实诽谤他人”并无二致。二是该款出于刑法谦抑性和宽严相济刑事政策考虑，规定必须是“明知是捏造的损害他人名誉的事实，而在信息网络上散布”，并且“情节恶劣的”，才能以“捏造事实诽谤他人”论，这两个条件缺一不可。如果行为人不是明知捏造的损害他人名誉的事实而在信息网络上散布的，或者虽然明知是捏造的损害他人名誉的事实而在信息网络上散布，但没有达到“情节恶劣”程度的，均不能以“捏造事实诽谤他人”论处。三是虽然此类行为通常是作为共犯处理，但是司法解释将其独立规定为犯罪，亦有先例，更有利于打击犯罪。如“两高”2010 年《关于办理利用互联网、移动通讯终端、声讯台制作、复制、出版、贩卖、传播淫秽电子信息刑事案件具体应用法律若干问题的解释（二）》第六条规定，“电信业务经营者、互联网信息服务提供者明知是淫秽网站，为其提供互联网接入、服务器托管、网络存储空间、通讯传输通道、代收费等服务，并收取服务费，具有下列情形之一的，对直接负责的主管人员和其他直接责任人员，依照刑法第三百六十三条第一款的规定，以传播淫秽物品牟利罪定罪处罚”。

这里要重点强调：随着国家民主法制建设的不断推进，人民群众的法制意识和政治参与意识不断增强，一些群众从不同角度提出批评、建议，是行使民主权利的表现。部分群众对一些社会消极现象发牢骚、吐怨气，甚至发表一些偏激言论，在所难免。如果将群众的批评、牢骚以及一些偏激言论视作侮辱、诽谤，使用刑罚或治安处罚的方式解决，不仅于法无据，而且可能激化矛盾，甚至被别有用心的人利用，借机攻击我国的社会制度和司法制度，影响党和政府的形象。实践中，需要各司法机关和办案人员在办案中认真研究和正确区分正当批评与侵犯名誉权、批评失实与恶意诽谤之间的法律界限，依法、审慎作出处理和决定，严格区分罪与非罪的界限。当前，广大网民利用信息网络进行“网络反腐”、“微博反腐”，对于反腐倡廉工作发挥了积极的作用。网民通过信息网络检举、揭发他人违法违纪行为的，有关部门应当认真对待，负责任地核实，及时公布调查结果。即使检举、揭发部分内容失实，只要不是故意捏造事实诽谤他人，或者不属明知是捏造的损害他人名誉的事实而在信息网络上散布的，就不是“捏造事实诽谤他人”，更不能追究刑事责任。特别是不能将群众对个别领导干部工作能力、工作绩效的批评、指责甚至过激言论认定为诽谤犯罪，依法保护公民的言论自由和批评建议权。

（二）关于利用信息网络实施诽谤行为的入罪标准，即“情节严重”的认定问题

刑法第二百四十六条第一款规定，行为捏造事实诽谤他人，必须是情节严重的，才构成诽谤罪。《解释》第二条对诽谤罪构成要件中的“情节严重”，主要采用数量标准、危害后果标准和主观恶性标准作了列举式的规定。第一项是关于数量标准的规定，即“同一诽谤信息实际被点击、浏览次数达到五千次以上，或者被转发次数达到五百次以上的”，应认定为诽谤行为“情节严重”，从而为诽谤罪设定了严格的量化的入罪标准。第二项是关于后果标准的规定，即“造成被害人或者其近亲属精神失常、自残、自杀等严重后果的”，应当认定为诽谤行为“情节严重”。上述危害后果如果在现实生活中发生，则不问诽谤信息实际被点击、浏览或者被转发次数，即可直接认定为“情节严重”，依法予以刑事处罚。第三项是关于主观恶性标准的规定，即“二年内曾因诽谤受过行政处罚，又诽谤他人的”，也认定为“情节严重”，体现了刑法对行为人主观恶性、人身危险性的重视和评价。第四项是兜底条款，以应对信息网络技术的不断发展，同时为司法机关留下必要的合理裁量空间。总体上看，《解释》对利用信息网络实施诽谤行为构成诽谤罪的标准，规定了较为严格的“门槛”。行为人如果实施了诽谤行为，但不符合《解释》规定的“情节严重”情形的，也不能认定为诽谤罪。

本条需要重点说明的是第二条第一项，即诽谤罪入罪门槛的数量标准问题。征求意见过程中，有观点认为被转发次数达到五百次以上的规定，数字过于僵硬，有“客观归罪”之嫌，对于认定“情节严重”来说并不恰当。经研究认为，正确适用该项规定要坚持主客观相一致的原则，不能简单认为“被点击、浏览次数达到五千次以上，或者被转发次数达到五百次以上的”就构

成犯罪。之所以规定此项，一是发布者将诽谤言论公开发布于网上，其主观上希望、放任这种信息扩大散布，被转发五百次证明其受到广泛关注，其信息的恶性、渲染力更强，社会危害性相应也更大。转发的次数是相对能客观反映诽谤行为的社会危害性的量化指标，转发五百次是公安部门根据司法实践，结合大量现实案例而提出的，如果没有这样一个明确的标准，在司法实践中将无法具体操作。二是以数字来界定情节严重的标准是司法解释的一种方式，亦有先例。如本条规定的点击、浏览“五千次”就是参照了“两高”2010年《关于办理利用互联网、移动通讯终端、声讯台制作、复制、出版、贩卖、传播淫秽电子信息刑事案件具体应用法律若干问题的解释（二）》第一条第二款第四项的规定。三是不能简单地认为“被点击、浏览次数达到五千次以上，或者被转发次数达到五百次以上的”就构成犯罪。认定为犯罪需要坚持主客观相一致的原则，主观上要具有诽谤的故意，客观上实施了侵害他人名誉的诽谤行为，《解释》还特别强调“实际”被点击、浏览及转发次数，其目的也是强调现实的社会危害性。司法机关适用《解释》应当根据个案具体情况予以认定，不应当机械理解。

（三）关于利用信息网络实施诽谤犯罪适用公诉程序条件，即“严重危害社会秩序和国家利益”的认定问题

刑法第二百四十六条第二款规定，诽谤罪告诉的才处理，但是严重危害社会秩序和国家利益的除外。因此，根据刑法规定，诽谤罪一般情况下属于“告诉才处理”的自诉案件，被害人如果没有自行向人民法院提起诉讼，要求追究行为人刑事责任，人民法院不能对实施诽谤的行为人定罪处刑；只有那些属于“严重危害社会秩序和国家利益的”诽谤刑事案件才由公安机关立案侦查，由检察机关提起公诉。《解释》第三条分七项规定了利用信息网络实施诽谤犯罪案件自诉转公诉程序的条件。根据本条规定，对于符合以下情形之一的诽谤刑事案件，可以适用公诉程序，即（1）引发群体性事件的；（2）引发公共秩序混乱的；（3）引发民族、宗教冲突的；（4）诽谤多人，造成恶劣社会影响的；（5）损害国家形象，严重危害国家利益的；（6）造成恶劣国际影响的；（7）其他严重危害社会秩序和国家利益的。

关于“引发群体性事件的”，行为人捏造事实诽谤他人，进而引发了群体性事件，显然属于已经对社会秩序造成了实际危害。关于“引发公共秩序混乱的”，主要是指妨害国家的公共管理活动，引发正常生产、生活、学习、工作等公共秩序的混乱。关于“引发民族、宗教冲突的”，由于民族、宗教问题关系国家统一和社会稳定，属于重大国家利益，行为人捏造事实诽谤他人，进而引发民族、宗教冲突，显然是对国家利益造成重大危害。关于“诽谤多人，

造成恶劣社会影响的”，主要是考虑到行为人多次诽谤他人，不仅主观恶性大，而且严重危害了社会秩序，对此如不加区分地一律按照告诉才处理，既不利于节约司法成本，也不利于对被害人合法权益的保护。关于“损害国家形象，严重危害国家利益的”，主要考虑是有人通过诽谤特定对象，企图达到抹黑我国政治制度，损害我国的国家形象，涉及国家利益，社会危害性大。关于“造成恶劣国际影响的”，主要是指诽谤外国元首和政府首脑等，引发外事交涉、外交抗诉等情形。关于“其他严重危害社会秩序和国家利益的”，是兜底性规定，实践中适用该项规定应当特别慎重，可以根据相当性原则参照其他六项规定的内容和精神。

关于诽谤案件适用公诉条件问题，需要强调的是，虽然当前对部分危害严重的诽谤犯罪适用公诉程序是与利用信息网络实施诽谤犯罪作斗争的现实需要，但对于什么情况属于“严重危害社会秩序和国家利益”，还是应当从严掌握，慎用公权力，严格区分自诉与公诉案件，严格依法适用公诉程序。实践中，人民检察院对于公安机关提请批准逮捕或者移送审查起诉的诽谤案件，不仅要审查是否涉嫌诽谤犯罪，更要严格审查是否属于依法应当公诉的情形。经审查认为涉嫌诽谤犯罪但没有达到“严重危害社会秩序和国家利益”条件的，应当告知当事人适用自诉程序。对于提请批捕的，应当退回公安机关或者依法作出不批准逮捕决定，并向公安机关说明理由；对于移送审查起诉的案件，应当依法作出不起诉决定，并向公安机关说明理由。只有这样才能既有利于依法保护和尊重当事人的处分权，维护被害人的合法权益，同时也有利于依法打击那些严重危害社会秩序和国家利益的诽谤犯罪。

（四）关于多次实施诽谤行为数量累计计算的原则

《解释》第四条规定：“一年内多次实施利用信息网络诽谤他人行为未经处理，诽谤信息实际被点击、浏览、转发次数累计计算构成犯罪的，应当依法定罪处罚。”实践中，有的诽谤行为人单独实施一次诽谤行为尚未达到“情节严重”的数量标准，但其在一段时间内连续实施诽谤行为，主观恶性深，具有相当的社会危害性，对其应予惩处。因此，本条规定对这种情况予以明确，即诽谤信息实际被点击、浏览、转发次数可以累计计算，数量累计计算构成犯罪的，应当依法定罪处罚。这里的“累计计算”还应当同时具备两个条件：一是时间限定为“一年内”；二是“多次实施利用信息网络诽谤他人行为未经处理”。

（五）关于利用信息网络实施寻衅滋事罪的司法认定

《解释》第五条分二款规定了利用信息网络实施寻衅滋事犯罪的法律适用问题。当前，一些不法分子把网络当作“虚拟空间”、“法外之地”，在网络上肆意侮辱、发帖谩骂他人；无中生有，散布虚假信息，起哄闹事，严重扰乱社会秩序。这些行为已经严重扰乱了社会管理秩序，具有严重的社会危害性，特别是某些虚假信息还有着不可告人的政治目的，应当依法惩处。《解释》征求意见过程中，有观点认为，对利用信息网络编造、故意传播虚假信息，起哄闹事的行为以寻衅滋事罪定罪处罚违反了罪刑法定原则，司法解释侵犯了立法权。经研究认为，通过信息网络编造、故意传播虚假信息起哄闹事的行为，是伴随着信息网络快速发展出现的新情况、新问题，有必要通过司法解释予以明确。当前“公共信息网络”已成为公共场所的一种新的形式和载体，应当将利用信息网络编造、故意传播虚假信息并造成公共秩序严重混乱的行为认定为寻衅滋事罪，适用刑法第二百九十三条第四项规定的“在公共场所起哄闹事，造成公共场所秩序严重混乱”。其理由如下：一是网络社会作为一种特殊的“虚拟空间”，实际上也是现实社会的一部分，网络公共秩序也是社会公共秩序的重要组成部分。特别是随着信息技术的快速发展和信息网络的普及，信息网络与人们的工作、生活、生产、经营活动已经密不可分、融为一体，成为现实生活的重要延伸和组成部分，互联网门户网站、公共微博平台等网络空间同样具有“公共场所”属性。二是从字面含义来看，公共场所是指属于社会的、公共的场所。公共场所既可以包括现实社会真实存在的“车站、码头、民用航空站、商场、公园、影剧院、展览会、运动场”等场所，也可以包括门户网站、面向公众开放的论坛等互联网上开放性的电子信息交流“场所”。将微博、门户网站等开放性的网络公共平台做符合信息社会形势变化的解释，没有超出刑法用语可能具有的含义，也未超出社会民众的预测可能性。三是司法解释有先例。“两高”《关于办理利用互联网、移动通讯终端、声讯台制作、复制、出版、贩卖、传播淫秽电子信息刑事案件具体应用法律若干问题的解释》对“淫秽物品”这一传统的物化概念作了信息化解释。对于“淫秽物品”，若根据刑法规定时的字面含义，只能是淫秽书刊、影片、录像带、录影带、图片等制品，但该解释将信息网络上的“视频文件、音频文件、电子刊物、图片、文章、短信息”等淫秽电子信息以及声讯台淫秽语音信息均解释为“淫秽物品”。

本条第一款规定了利用信息网络辱骂、恐吓他人构成寻衅滋事罪适用刑法第二百九十三条第一款第二项的情形。根据本款规定，利用信息网络辱骂、恐吓他人构成寻衅滋事罪必须同时具备两个条件：一是破坏社会秩序；二是情节恶劣。实践中，一是要注意此罪与彼罪的区分。按照刑法规定，侮辱罪、诽谤罪是针对个人实施的犯罪；寻衅滋事罪属于扰乱公共秩序的犯罪。因此，如果行为人利用信息网络侵害的是公民个人权益，如公然侮辱他人，或者捏造事实诽谤他人，情节严重的，应当依法以侮辱罪、诽谤罪定罪处罚；如果行为人利用信息网络实施的有关行为针对的是不特定的对象，侵害的是社会秩序，比如说，行为人利用信息网络辱骂、恐吓他人，破坏社会秩序，情节恶劣的，或者编造针对不真实对象、情况的虚假信息，利用信息网络造谣，无事生非，起哄闹事，造成公共秩序严重混乱的，则应当依法以寻衅滋事罪定罪处罚；如果行为人利用信息网络辱骂、诽谤特定的个人，但同时破坏了社会秩序，则还可能存在寻衅滋事罪与侮辱罪、诽谤罪的竞合问题，对此应当按照本《解释》第九条规定，依照处罚较重的罪即寻衅滋事罪定罪处罚。二是要注意严格掌握入罪标准。行为人利用信息网络辱骂、恐吓他人，必须是达到“情节恶劣”程度，同时必须是对社会秩序造成了现实的破坏。这里的“情节恶劣”，可以根据“两高”《关于办理寻衅滋事刑事案件适用法律若干问题的解释》相关规定予以认定。

本条第二款规定了利用信息网络起哄闹事，造成公共秩序严重混乱构成寻衅滋事罪适用刑法第二百九十三条第一款第四项的情形。根据本款，行为人编造虚假信息，或者明知是虚假信息，在信息网络上散布，或者组织、指使人员在信息网络上散布虚假信息，造成公共秩序严重混乱的，应当以寻衅滋事罪定罪处罚。如前所述，信息网络具有明显的公共属性和社会属性。网络社会已融入现实社会，成为人们现实生活的重要组成部分。网络信息必然会对现实生活和社会造成直接、客观的影响。利用信息网络编造、故意传播虚假信息并造成公共秩序严重混乱的行为具有现实的社会危害性，构成犯罪的，应当以寻衅滋事罪追究刑事责任。实践中需要注意两点：一是该款规定的“虚假信息”，主要是指针对不特定的自然人或者单位、公共事件而编造的虚假信息。二是这里规定的“造成公共秩序严重混乱”，主要是指导致现实社会公共秩序严重混乱。网络空间是现实社会的组成部分，行为人在信息网络上散布虚假信息，起哄闹事，在导致网络秩序混乱的同时，往往会导致现实生活中公共秩序的混乱，甚至引发群体性事件等。对此以寻衅滋事罪定罪处罚，于法有据。

（六）关于利用信息网络实施敲诈勒索罪的司法认定

《解释》第六条规定了利用信息网络实施敲诈勒索犯罪的法律适用问题。该条规定：“以在信息网络上发布、删除等方式处理网络信息为由，威胁、要挟他人，索取公私财物，数额较大，或者多次实施上述行为的，依照刑法第二百七十四条的规定，以敲诈勒索罪定罪处罚。”这里的“在信息网络上发布、删除等方式处理网络信息”，主要是指利用信息网络发帖、删帖，或者将有关信息“致顶”或者“下沉”。实践中，行为人通过信息网络实施敲诈勒索犯罪，通常表现为两种行为类型：一是“发帖型”，即以将要发布负面信息为由相要挟，向被害人索取财物；二是“删帖型”，即先在信息网络上散布有关被害人的虚假或者负面信息，再主动联系被害人，以帮助被害人“删帖”为由，威胁、要挟被害人并索取财物。这两种行为方式就其本质而言，都是以非法占有为目的，通过对被害人实行精神强制，使其产生恐惧、害怕心理，不得已而交出公私财物。因此，对利用信息网络实施敲诈勒索，数额较大或者多次实施敲诈勒索行为的，应以敲诈勒索罪追究刑事责任。

（七）关于利用信息网络实施非法经营罪的司法认定

《解释》第七条分两款规定了利用信息网络实施非法经营犯罪的法律适用问题。实践中，有一些个人和单位以营利为目的，以网络策划营销等为幌子，长期提供非法网络信息服务，包括提供“删帖”、发布虚假信息等服务，从而谋取巨额非法利益。这些“删帖”，其中有很大一部分是广大网民发布的真实信息。征求意见过程中，有意见认为这种行为，虽然不合理，但没有违反国家规定，不能作为犯罪处理。经研究认为，全国人民代表大会常务委员会《关于维护互联网安全的决定》、国务院《互联网信息服务管理办法》对通过互联网向上网用户提供信息服务活动作出了明确规定。根据《决定》和《办法》的相关规定，上述行为可以认定为“违反国家规定”。行为人违反国家规定，以营利为目的，提供非法网络信息服务，扰乱了正常的市场秩序，对情节严重的，应当以非法经营罪定罪处罚。

本条第一款规定，“违反国家规定，以营利为目的，通过信息网络有偿提供删除信息服务，或者明知是虚假信息，通过信息网络有偿提供发布信息等服务，扰乱市场秩序，具有下列情形之一的，属于非法经营行为‘情节严重’，依照刑法第二百二十五条第四项的规定，以非法经营罪定罪处罚：（1）个人非法经营数额在五万元以上，或者违法所得数额在二万元以上的；（2）单位非法经营数额在十五万元以上，或者违法所得数额在五万元以上的”。这里应当注意两点：一是考虑到以营利为目的，通过信息网络向他人有偿提供发布信息、转发信息、发表评论、删除信息等服务，通常是以公司、企业等形式组织开展经营活动的，故本条规定了单位犯罪。二是“删贴”和“发贴”的内容在认定犯罪时有所区别。通过信息网络向他人有偿提供发布信息等服务，构成非法经营罪的，必须以行为人明知所发布的信息是虚假信息为前提。如果行为人不明知所发布的信息为虚假信息，即使收取了一定的费用，也不应认定为非法经营罪。但对于通过信息网络向他人有偿提供删除信息服务的，《解释》不要求行为人明知所删除的信息是“真实信息”或者是“虚假信息”。

本条第二款规定了第二档法定刑的量刑标准，即实施前款规定的行为，数额达到前款规定的数额五倍以上的，应当认定为刑法第二百二十五条规定的

“情节特别严重”。

（八）关于利用信息网络实施有关犯罪的共同犯罪认定问题

《解释》第八条规定了利用信息网络实施有关犯罪的共同犯罪，即“明知他人利用信息网络实施诽谤、寻衅滋事、敲诈勒索、非法经营等犯罪，为其提供资金、场所、技术支持等帮助的，以共同犯罪论处”。根据这条规定，行为人明知他人利用信息网络实施诽谤、寻衅滋事等犯罪活动，而为他人提供资金、场所、技术支持等帮助，与他人共同完成相关犯罪活动，符合诽谤罪、寻衅滋事罪、敲诈勒索罪、非法经营罪等犯罪构成要件的，应当承担相应的刑事责任。

这里需要强调的是，为贯彻落实宽严相济刑事政策，做到罚当其罪，防止扩大打击面，本条明确规定，追究提供资金、场所、技术支持等帮助行为人的刑事责任，必须主观上具有“明知”。一是行为人主观上明知他人利用信息网络实施诽谤、寻衅滋事、敲诈勒索、非法经营等犯罪；二是明知的内容必须是实施某一种具体犯罪行为，而不是笼统地知道他人可能会从事违法犯罪活动。行为人如果对他人利用信息网络实施相关犯罪活动不明知，即使客观上起到了帮助作用，也不构成共同犯罪。

（九）关于利用信息网络实施诽谤、寻衅滋事、敲诈勒索、非法经营犯罪与其他犯罪竞合及处罚原则

《解释》第九条规定了利用信息网络实施诽谤、寻衅滋事、敲诈勒索、非法经营犯罪与其他犯罪的竞合问题和处断原则，即“利用信息网络实施诽谤、寻衅滋事、敲诈勒索、非法经营犯罪，同时又构成刑法第二百二十一条规定的损害商业信誉、商品声誉罪，第二百七十八条规定的煽动暴力抗拒法律实施罪，第二百九十一条之一规定的编造、故意传播虚假恐怖信息罪等犯罪的，依照处罚较重的规定定罪处罚”。

根据本条规定，利用信息网络实施前述犯罪，同时又构成其他犯罪的，依照处罚较重的规定定罪处罚。实践中，利用信息网络实施诽谤、寻衅滋事、敲诈勒索、非法经营犯罪，同时还可能构成的其他犯罪有：刑法第一百零三条规定的分裂国家罪、煽动分裂国家罪，第一百零五条规定的颠覆国家政权罪、煽动颠覆国家政权罪，第二百二十一条规定的损害商业信誉、商品声誉罪，第二百四十三条规定的诬告陷害罪，第二百四十九条规定的煽动民族仇恨、民族歧视罪，第二百七十八条规定的煽动暴力抗拒法律实施罪，第二百九十条规定的聚众扰乱社会秩序罪，第二百九十一条之一规定的编造、故意传播虚假恐怖信息罪，等等。这一条选择了其中一般、主要的罪名予以列举。

（十）关于信息网络范围的界定

《解释》第十条对信息网络的概念和范围作出了规定。即本解释所称信息网络，包括以计算机、电视机、固定电话机、移动电话机等电子设备为终端的计算机互联网、广播电视网、固定通信网、移动通信网等信息网络以及向公众开放的局域网络。

最高人民检察院侦查监督厅关于侦查监督部门调查核实侦查违法行为的意见（试行）

（2013年9月17日公布并施行　高检侦监〔2013〕37号）

为加强、规范人民检察院侦查监督部门调查核实侦查违法行为的工作，准确认定和依法纠正侦查违法行为，促进侦查权的依法行使，维护司法公正和司法权威，根据《中华人民共和国刑事诉讼法》、《人民检察院刑事诉讼规则（试行）》、高检院等五部门《关于对司法工作人员在诉讼活动中的渎职行为加强法律监督的若干规定（试行）》以及相关司法解释规定，结合侦查监督工作实际，提出如下意见：

一、人民检察院侦查监督部门通过审查案件或者接到当事人等的控告、申诉、举报，发现侦查活动可能存在以下违法情形，尚未涉嫌犯罪的，可以要求侦查机关（部门）书面说明情况。根据现有材料不能排除违法嫌疑的，应当及时进行调查核实：

（一）采用刑讯逼供以及其他非法方法收集犯罪嫌疑人供述的；

（二）采用暴力、威胁等非法方法收集证人证言、被害人陈述，或者以暴力、威胁等方法阻止证人作证或者指使他人作伪证的；

（三）伪造、隐匿、销毁、调换、私自涂改证据，或者帮助当事人毁灭、伪造证据的；

（四）其他违反刑事诉讼法有关规定，严重侵犯当事人合法权利或者严重影响侦查工作依法公正进行的。

二、人民检察院侦查监督部门开展调查核实工作，应当遵循依法、规范、公正、及时、高效、保密的原则。

三、人民检察院侦查监督部门开展调查核实工作，应当在报经分管副检察长或者检察长批准后进行，并应当及时通知侦查机关（部门）。对于涉嫌性质、情节、后果比较严重的违法行为的，可以报经检察长批准，邀请渎职侵权检察部门派员共同开展调查核实。

四、人民检察院侦查监督部门认为需要调查核实危害国家安全犯罪案件侦查活动中的违法行为的，可以报经检察长批准，委托侦查机关进行调查，并要求侦查机关及时反馈调查结果。必要时，可以会同侦查机关共同进行调查核实。

五、人民检察院侦查监督部门根据需要，可以采用以下方法进行调查核实：

（一）讯问犯罪嫌疑人；

（二）询问证人、被害人或者其他诉讼参与人；

（三）询问办案人员；

（四）询问在场人员或者其他可能知情的人员；

（五）听取辩护律师意见；

（六）查看、调取讯问笔录、讯问录音、录像；

（七）查询、调取犯罪嫌疑人出入看守所的身体检查记录及相关材料；

（八）查阅、调取或者复制相关法律文书或者案件材料；

（九）进行伤情、病情检查或者鉴定；

（十）其他调查核实方式。

六、人民检察院侦查监督部门开展调查核实工作，应当由二名以上检察人员进行。

七、进行调查的检察人员应当围绕可能存在的违法行为，全面、客观、公正地进行调查核实，对涉及侦查活动中有无违法行为以及违法行为情节轻重的各种证据材料都应当收集。

八、调查核实工作应当制作调查笔录，由检察人员、调查对象、记录人签名或者盖章。调查对象为单位的，应当要求其在有关材料上加盖公章。调查对象拒绝签名或者盖章的，应当在调查笔录中注明。

九、人民检察院侦查监督部门在调查过程中不得限制调查对象的人身自由或者财产权利，不得违反法律干扰和妨碍侦查活动正常进行。

十、人民检察院侦查监督部门对于侦查机关（部门）提请（报请、移送）审查逮捕的案件，发现可能存在刑事诉讼法第五十四条规定的非法取证行为的，应当立即进行调查核实。

经过调查，认定存在采用刑讯逼供等非法方法收集犯罪嫌疑人供述和采用暴力、威胁等非法方法收集证人证言、被害人陈述情形的，应当依法排除非法证据，不得作为批准逮捕或者决定逮捕的依据。被排除的非法证据应当随案移送，有关调查材料入卷，随案移送。

对于侦查机关收集实物证据不符合法定程序，可能严重影响司法公正的，应当要求侦查机关（部门）进行补正或者作出合理解释；不能补正或者作出合理解释的，不得以该实物证据作为批准或者决定逮捕的依据。

审查逮捕期限届满前，无法认定也无法排除非法取证情形的，应当将该证据存疑，依据其他证据作出是否逮捕的决定，并在作出决定后继续进行调查核实。

十一、人民检察院侦查监督部门对侦查违法行为的调查核实工作应当在侦查终结前完成，侦查终结仍未查清的，应当将可能存在违法行为的情况向公诉部门通报，并将调查材料移送公诉部门。

十二、调查完毕，应当制作调查报告，载明调查认定的事实和证据，提出处理意见，经部门负责人审核后，报请分管副检察长或者检察长决定。依法排除非法证据的，应当在调查报告中予以说明。

十三、调查终结后，根据调查的事实和证据，依法分别做出以下处理：

认定不存在违法行为的，应当及时向侦查机关（部门）说明情况。调查中询问过涉嫌违法的侦查人员的，还应当向其本人说明情况。对造成不良影响的，采取适当方式在一定范围内予以澄清。同时，将调查结果及时回复控告、申诉、举报人。

认定存在违法行为，尚未构成犯罪的，应当向侦查机关（部门）提出纠正意见。其中情节较轻的，由检察人员经部门负责人同意后，以口头方式提出纠正意见；情节较重的，报请分管副检察长或者检察长批准后，向侦查机关发出纠正违法通知书；检察机关侦查人员违法情节较重的，报告检察长决定。

对有违法行为的侦查人员，继续承办案件将严重影响诉讼依法公正进行的，可以向其所在侦查机关（部门）提出更换办案人的建议。

侦查人员在侦查活动中涉嫌犯罪需要追究刑事责任的，应当移送有管辖权的侦查机关（部门）依法处理。

对于控告人、举报人捏造事实诬告陷害，意图使侦查人员受到刑事追究，情节严重的，依法移交有关部门追究刑事责任。调查人员与控告人、举报人恶意串通，诬告陷害侦查人员的，一并追究相关法律责任。

十四、人民检察院侦查监督部门对于在调查中获知的国家秘密、商业秘密、个人隐私，应当予以保密。

最高人民检察院侦查监督厅

2013 年 9 月 17 日

《关于侦查监督部门调查核实侦查违法行为的意见（试行）》理解与适用

元　明　张庆彬　朱荣力*

2013年底，最高人民检察院侦查监督厅制定下发了《关于侦查监督部门调查核实侦查违法行为的意见（试行）》（以下简称《意见》），对调查核实的范围、原则、方式、期限、调查后的处理等都作了规定，既为各级检察机关侦查监督部门开展调查核实工作提供了依据，又对开展调查核实工作进行了规范。为了便于各级检察机关侦查监督部门正确理解和适用这一规定，现将有关问题说明如下。

一、制定《意见》的背景、依据和目的

（一）《意见》制定背景

长期以来，人民检察院对侦查活动违法行为的监督，由于缺乏必要的刚性监督手段和措施，监督效果难以保证，检察机关的侦查活动监督职能作用并未得到充分和有效的发挥。究其原因，除了与侦查机关配合制约机制不健全，在工作衔接与配合方面不顺畅等因素有关以外，关键还在于侦查活动监督缺乏操作性强的实施规范，缺乏刚性的监督手段和措施，导致检察机关开展侦查活动监督始终面临着对侦查违法行为知情困难、核查不易、纠正乏力的问题。

修改后刑事诉讼法第五十五条赋予了检察机关对侦查人员以非法方法收集证据的行为进行调查核实的权力，从而为法律监督权的有效行使奠定了基础：刑事诉讼法作为基本法，对法律监督调查核实权的规定较为概括，虽然《人民检察院刑事诉讼规则（试行）》也作了进一步细化，但在实施过程中，仍有必要对侦查监督部门行使调查核实权作出具体明确的规定，增强可操作性，以确保调查核实权行使的合法性、统一性和权威性。

（二）《意见》制定依据

为了落实中央关于司法改革的部署，2010年“两高三部”联合制发了《关于对司法工作人员在诉讼活动中的渎职行为加强法律监督的若干规定（试行）》（以下简称《规定》），明确规定了检察机关对诉讼活动中司法工作人员渎职行为实行法律监督的职责，渎职行为的认定、调查核实的程序、途径及期

---

* 作者单位：最高人民检察院侦查监督厅。

限，调查结束后的处理及执行，对调查结论不服的复查复核制度等。在吸收司法改革成果的基础上，修改后刑事诉讼法第五十五条赋予了检察机关对侦查人员以非法方法收集证据的行为进行调查核实的权力。《人民检察院刑事诉讼规则（试行）》在修订时则对非法证据排除的程序进行了专门规定，包括程序的启动、调查核实的部门和方式、调查核实后的处理等内容。

从司法实践情况看，各地检察机关积极探索建立对侦查活动违法行为的调查机制，取得了成功经验。例如2008年4月，湖北省人民检察院制定了《湖北省检察机关刑事诉讼法律监督调查办法》，建立起以发现、核实、纠正诉讼活动中各类违法行为为内容的法律监督调查机制。该办法实施后，湖北省检察机关的法律监督工作拓展了监督范围、丰富了监督方式、增强了监督效果。

上述法律、司法解释以及湖北等地的实践经验是《意见》的制定依据，《意见》是现有法律条文的系统化、条理化，是对调查核实工作中的基本问题的明确和细化。

（三）《意见》制定目的

制定《意见》的目的是进一步加强调查核实工作，进而及时、充分和有效地行使侦查活动监督手段，促进侦查权的依法行使。同时，也规范侦查监督部门依法开展调查核实工作。《意见》在序言中明确指出了制定的目的："为加强、规范人民检察院侦查监督部门调查核实侦查违法行为的工作，准确认定和依法纠正侦查违法行为，促进侦查权的依法行使，维护司法公正和司法权威。"

二、侦查活动违法行为调查核实的范围和重点

针对不同的调查对象，法律监督调查的范围也不同。《意见》是围绕侦查监督部门对侦查活动中的违法行为开展调查，核实工作起草的，其调查核实的范围限定在侦查阶段的侦查活动违法行为，其中以侦查活动中的非法取证行为为重点。侦查监督部门开展调查核实工作，并非对所有的侦查活动违法行为均启动调查核实工作，结合修改后刑事诉讼法的规定和司法实践，对于经过审查认为确有一定根据并且比较严重的违法行为才开展调查核实。

《意见》第一条对调查核实的范围和重点作出了明确界定，规定对人民检察院侦查监督部门通过审查案件或者接到当事人等的控告、申诉、举报，发现侦查活动可能存在以下违法情形，尚未涉嫌犯罪的，可以要求侦查机关（部门）书面说明情况。根据现有材料不能排除违法嫌疑的，应当及时进行调查核实：采用刑讯逼供以及其他非法方法收集犯罪嫌疑人供述的；采用暴力、威胁等非法方法收集证人证言、被害人陈述，或者以暴力、威胁等方法阻止证人作证或者指使他人作伪证的；伪造、隐匿、销毁、调换、私自涂改证据，或者

帮助当事人毁灭、伪造证据的；其他违反刑事诉讼法有关规定，严重侵犯当事人合法权利或者严重影响侦查工作依法公正进行的。

有的观点认为，修改后刑事诉讼法仅有第五十五条规定了检察机关对侦查人员以非法方法收集证据的行为进行调查核实的权力，《人民检察院刑事诉讼规则（试行）》参考《规定》，围绕非法证据排除设计了调查核实程序，并没有明确赋予检察机关对非法取证行为以外的侦查活动违法行为进行调查核实的权力，因此对非法取证行为以外的情形不能进行调查核实。我们认为，这种认识是片面的。为确保纠正违法正确，也为了排除对正常侦查活动的不当干扰，结合侦查监督工作实际，应当把侦查人员以非法方法收集证据的行为列为调查核实的重点，并将其他侦查违法行为列入调查核实的范围。

三、开展调查核实工作的程序要求

（一）调查核实的启动程序

侦查监督部门对侦查活动违法行为的调查核实属于侦查活动监督工作中比较重大的举措，因此要严格受理和审批程序。《意见》第三条规定，人民检察院侦查监督部门开展调查核实工作，应当在报经分管副检察长或者检察长批准后进行，并应当及时通知侦查机关（部门）。对于涉嫌性质、情节、后果比较严重的违法行为的，可以报经检察长批准，邀请渎职侵权检察部门派员共同开展调查核实。《意见》第四条还规定，人民检察院侦查监督部门认为需要调查核实危害国家安全犯罪案件侦查活动中的违法行为的，可以报经检察长批准，委托侦查机关进行调查，并要求侦查机关及时反馈调查结果。必要时，可以会同侦查机关共同进行调查核实。

（二）调查核实方式

参照《规定》第七条和《人民检察院刑事诉讼规则（试行）》第七十条的规定，《意见》第五条明确规定侦查监督部门根据需要，可以采取讯问犯罪嫌疑人；询问证人、被害人或者其他诉讼参与人；询问办案人员；询问在场人员或者其他可能知情的人员；听取辩护律师意见；查看、调取讯问笔录、讯问录音、录像；查询、调取犯罪嫌疑人出入看守所的身体检查记录及相关材料；查阅、调取或者复制相关法律文书或者案件材料；进行伤情、病情检查或者鉴定以及其他调查核实方式等十种方式进行调查核实。需要注意的是，侦查监督部门通过查看、查询、询问等方式能够核实的，一般不得再调取相关法律文书或者报案登记材料、案卷材料。

（三）调查核实期限

结合侦查监督工作实际，借鉴《规定》第八条，《意见》第十条规定侦查监督部门对于侦查机关（部门）提请（报请、移送）审查逮捕的案件，发现可能存在修改后刑事诉讼法第五十四条规定的非法取证行为的，应当立即进行调查核实。审查逮捕期限届满前，无法认定也无法排除非法取证情形的，应当将该证据存疑，依据其他证据作出是否逮捕的决定，并在作出决定后继续进行调查。《意见》第十一条规定，侦查监督部门对侦查违法行为的调查核实工作应当在侦查终结前完成，侦查终结仍未查清的，应当将可能存在违法行为的情况向公诉部门通报，并将调查报告和相关材料移送公诉部门。

（四）开展调查核实工作的基本原则以及其他程序性要求

借鉴《人民检察院刑事诉讼规则（试行）》第九章有关侦查的规定、公安机关有关侦查的规定、湖北省院侦查监督处起草的意见及部分省份的民行检察调查办法，《意见》对开展调查核实工作的基本原则以及应当注意的事项作了详细规定：人民检察院侦查监督部门开展调查核实工作，应当遵循依法、规范、公正、及时、高效、保密的原则。人民检察院侦查监督部门开展调查核实工作，应当由二名以上检察人员进行。进行调查的检察人员应当围绕可能存在的违法行为，全面、客观、公正地进行调查核实，对涉及侦查活动中有无违法行为以及违法行为情节轻重的各种证据材料都应当收集。调查核实工作应当制作调查笔录，由检察人员、调查对象、记录人签名或者盖章。调查对象为单位的，应当要求其在有关材料上加盖公章。调查对象拒绝签名或者盖章的，应当在调查笔录中注明。人民检察院侦查监督部门在调查过程中不得限制调查对象的人身自由或者财产权利，不得违反法律干扰和妨碍侦查活动正常进行。调查完毕，应当制作调查报告，载明调查认定的事实和证据，提出处理意见，经部门负责人审核后，报请分管副检察长或者检察长决定。依法排除非法证据的，应当在调查报告中予以说明。人民检察院侦查监督部门对于在调查中获知的国家秘密、商业秘密、个人隐私，应当予以保密。

四、调查核实后的处理

（一）非法证据的处理

《意见》第十条规定，经过调查，认定存在采用刑讯逼供等非法方法收集犯罪嫌疑人供述和采用暴力、威胁等非法方法收集证人证言、被害人陈述情形的，应当依法排除非法证据，不得作为批准逮捕或者决定逮捕的依据。被排除的非法证据应当随案移送，有关调查材料入卷，随案移送。对于侦查机关收集实物证据不符合法定程序，可能严重影响司法公正的，应当要求侦查机关（部门）进行补正或者作出合理解释；不能补正或者作出合理解释的，不得以该实物证据作为批准或者决定逮捕的依据。

由于审查逮捕期限较短，而且侦查阶段也不同于审判阶段，经过调查核实，既不能确定非法取证又无法排除合理怀疑的，不宜将该证据作为批准或者决定逮捕的依据，也不宜直接予以排除，而应依据其他证据作出是否逮捕的决定，并在作出决定后继续进行调查。《意见》第十条对疑似非法证据的处理也作出了明确的规定，审查逮捕期限届满前，无法认定也无法排除非法取证情形的，应当将该证据存疑，依据其他证据作出是否逮捕的决定，并在作出决定后继续进行调查核实。

（二）侦查违法情形的处理

对于涉嫌侦查违法的调查结果的处理包括以下几种方式：对于未发现问题的，及时做好答复解释工作；对于侦查违法情形，综合行为性质和造成的危害后果，根据情况通过口头或书面方式予以纠正；对于涉嫌犯罪的，移送有管辖权的机关（部门）依法处理。此外，为保证诉讼活动的公正性，可视情况建议更换办案人、排除非法证据。

《意见》第十三条规定，调查终结后，根据调查的事实和证据，依法分别做出以下处理：认定不存在违法行为的，应当及时向侦查机关（部门）说明情况。调查中询问过涉嫌违法的侦查人员的，还应当向其本人说明情况。对造成不良影响的，采取适当方式在一定范围内予以澄清。同时，将调查结果及时回复控告、申诉、举报人。认定存在违法行为，尚未构成犯罪的，应当向侦查机关（部门）提出纠正意见。其中情节较轻的，由检察人员经部门负责人同意后，以口头方式提出纠正意见；情节较重的，报请分管副检察长或者检察长批准后，向侦查机关发出纠正违法通知书；检察机关侦查人员违法情节较重的，报告检察长决定。对有违法行为的侦查人员，继续承办案件将严重影响诉讼依法公正进行的，可以向其所在侦查机关（部门）提出更换办案人的建议。侦查人员在侦查活动中涉嫌犯罪需要追究刑事责任的，应当移送有管辖权的侦查机关（部门）依法处理。对于控告人、举报人捏造事实诬告陷害，意图使侦查人员受到刑事追究，情节严重的，依法移交有关部门追究刑事责任。调查人员与控告人、举报人恶意串通，诬告陷害侦查人员的，一并追究相关法律责任。

最高人民法院、最高人民检察院、公安部、司法部关于依法惩治性侵害未成年人犯罪的意见

（2013年10月23日公布并施行　法发〔2013〕12号）

为依法惩治性侵害未成年人犯罪，保护未成年人合法权益，根据刑法、刑事诉讼法和未成年人保护法等法律和司法解释的规定，结合司法实践经验，制定本意见。

一、基本要求

1. 本意见所称性侵害未成年人犯罪，包括刑法第二百三十六条、第二百三十七条、第三百五十八条、第三百五十九条、第三百六十条第二款规定的针对未成年人实施的强奸罪，强制猥亵、侮辱妇女罪，猥亵儿童罪，组织卖淫罪，强迫卖淫罪，引诱、容留、介绍卖淫罪，引诱幼女卖淫罪，嫖宿幼女罪等。

2. 对于性侵害未成年人犯罪，应当依法从严惩治。

3. 办理性侵害未成年人犯罪案件，应当充分考虑未成年被害人身心发育尚未成熟、易受伤害等特点，贯彻特殊、优先保护原则，切实保障未成年人的合法权益。

4. 对于未成年人实施性侵害未成年人犯罪的，应当坚持双向保护原则，在依法保护未成年被害人的合法权益时，也要依法保护未成年犯罪嫌疑人、未成年被告人的合法权益。

5. 办理性侵害未成年人犯罪案件，对于涉及未成年被害人、未成年犯罪嫌疑人和未成年被告人的身份信息及可能推断出其身份信息的资料和涉及性侵害的细节等内容，审判人员、检察人员、侦查人员、律师及其他诉讼参与人应当予以保密。

对外公开的诉讼文书，不得披露未成年被害人的身份信息及可能推断出其身份信息的其他资料，对性侵害的事实注意以适当的方式叙述。

6. 性侵害未成年人犯罪案件，应当由熟悉未成年人身心特点的审判人员、检察人员、侦查人员办理，未成年被害人系女性的，应当有女性工作人员参与。

人民法院、人民检察院、公安机关设有办理未成年人刑事案件专门工作机构或者专门工作小组的，可以优先由专门工作机构或者专门工作小组办理性侵害未成年人犯罪案件。

7. 各级人民法院、人民检察院、公安机关和司法行政机关应当加强与民政、教育、妇联、共青团等部门及未成年人保护组织的联系和协作，共同做好性侵害未成年人犯罪预防和未成年被害人的心理安抚、疏导工作，从有利于未成年人身心健康的角度，对其给予必要的帮助。

8. 上级人民法院、人民检察院、公安机关和司法行政机关应当加强对下指导和业务培训。各级人民法院、人民检察院、公安机关和司法行政机关要增强对未成年人予以特殊、优先保护的司法理念，完善工作机制，提高办案能力和水平。

二、办案程序要求

9. 对未成年人负有监护、教育、训练、救助、看护、医疗等特殊职责的人员（以下简称负有特殊职责的人员）以及其他公民和单位，发现未成年人受到性侵害的，有权利也有义务向公安机关、人民检察院、人民法院报案或者举报。

10. 公安机关接到未成年人被性侵害的报案、控告、举报，应当及时受理，迅速进行审查。经审查，符合立案条件的，应当立即立案侦查。

公安机关发现可能有未成年人被性侵害或者接报相关线索的，无论案件是否属于本单位管辖，都应当及时采取制止违法犯罪行为、保护被害人、保护现场等紧急措施，必要时，应当通报有关部门对被害人予以临时安置、救助。

11. 人民检察院认为公安机关应当立案侦查而不立案侦查的，或者被害人及其法定代理人、对未成年人负有特殊职责的人员据此向人民检察院提出异议的，人民检察院应当要求公安机关说明不立案的理由。人民检察院认为不立案理由不成立的，应当通知公安机关立案，公安机关接到通知后应当立案。

12. 公安机关侦查未成年人被性侵害案件，应当依照法定程序，及时、全面收集固定证据。及时对性侵害犯罪现场进行勘查，对未成年被害人、犯罪嫌疑人进行人身检查，提取体液、毛发、被害人和犯罪嫌疑人指甲内的残留物等生物样本，指纹、足迹、鞋印等痕迹，衣物、纽扣等物品；及时提取住宿登记表等书证，现场监控录像等视听资料；及时收集被害人陈述、证人证言和犯罪嫌疑人供述等证据。

13. 办案人员到未成年被害人及其亲属、未成年证人所在学校、单位、居住地调查取证的，应当避免驾驶警车、穿着制服或者采取其他可能暴露被害人身份、影响被害人名誉、隐私的方式。

14. 询问未成年被害人，审判人员、检察人员、侦查人员和律师应当坚持不伤害原则，选择未成年人住所或者其他让未成年人心理上感到安全的场所进行，并通知其法定代理人到场。无法通知、法定代理人不能到场或者法定代理人是性侵害犯罪嫌疑人、被告人的，也可以通知未成年被害人的其他成年亲属或者所在学校、居住地基层组织、未成年人保护组织的代表等有关人员到场，并将相关情况记录在案。

询问未成年被害人，应当考虑其身心特点，采取和缓的方式进行。对与性侵害犯罪有关的事实应当进行全面询问，以一次询问为原则，尽可能避免反复询问。

15. 人民法院、人民检察院办理性侵害未成年人案件，应当及时告知未成年被害人及其法定代理人或者近亲属有权委托诉讼代理人，并告知其如果经济困难，可以向法律援助机构申请法律援助。对需要申请法律援助的，应当帮助其申请法律援助。法律援助机构应当及时指派熟悉未成年人身心特点的律师为其提供法律帮助。

16. 人民法院、人民检察院、公安机关办理性侵害未成年人犯罪案件，除有碍案件办理的情形外，应当将案件进展情况、案件处理结果及时告知被害人及其法定代理人，并对有关情况予以说明。

17. 人民法院确定性侵害未成年人犯罪案件开庭日期后，应当将开庭的时间、地点通知未成年被害人及其法定代理人。未成年被害人的法定代理人可以陪同或者代表未成年被害人参加法庭审理，陈述意见，法定代理人是性侵害犯罪被告人的除外。

18. 人民法院开庭审理性侵害未成年人犯罪案件，未成年被害人、证人确有必要出庭的，应当根据案件情况采取不暴露外貌、真实声音等保护措施。有条件的，可以采取视频等方式播放未成年人的陈述、证言，播放视频亦应采取保护措施。

三、准确适用法律

19. 知道或者应当知道对方是不满十四周岁的幼女，而实施奸淫等性侵害行为的，应当认定行为人“明知”对方是幼女。

对于不满十二周岁的被害人实施奸淫等性侵害行为的，应当认定行为人“明知”对方是幼女。

对于已满十二周岁不满十四周岁的被害人，从其身体发育状况、言谈举止、衣着特征、生活作息规律等观察可能是幼女，而实施奸淫等性侵害行为的，应当认定行为人“明知”对方是幼女。

20. 以金钱财物等方式引诱幼女与自己发生性关系的；知道或者应当知道

幼女被他人强迫卖淫而仍与其发生性关系的，均以强奸罪论处。

21. 对幼女负有特殊职责的人员与幼女发生性关系的，以强奸罪论处。

对已满十四周岁的未成年女性负有特殊职责的人员，利用其优势地位或者被害人孤立无援的境地，迫使未成年被害人就范，而与其发生性关系的，以强奸罪定罪处罚。

22. 实施猥亵儿童犯罪，造成儿童轻伤以上后果，同时符合刑法第二百三十四条或者第二百三十二条的规定，构成故意伤害罪、故意杀人罪的，依照处罚较重的规定定罪处罚。

对已满十四周岁的未成年男性实施猥亵，造成被害人轻伤以上后果，符合刑法第二百三十四条或者第二百三十二条规定的，以故意伤害罪或者故意杀人罪定罪处罚。

23. 在校园、游泳馆、儿童游乐场等公共场所对未成年人实施强奸、猥亵犯罪，只要有其他多人在场，不论在场人员是否实际看到，均可以依照刑法第二百三十六条第三款、第二百三十七条的规定，认定为在公共场所“当众”强奸妇女，强制猥亵、侮辱妇女，猥亵儿童。

24. 介绍、帮助他人奸淫幼女、猥亵儿童的，以强奸罪、猥亵儿童罪的共犯论处。

25. 针对未成年人实施强奸、猥亵犯罪的，应当从重处罚，具有下列情形之一的，更要依法从严惩处：

（1）对未成年人负有特殊职责的人员、与未成年人有共同家庭生活关系的人员、国家工作人员或者冒充国家工作人员，实施强奸、猥亵犯罪的；

（2）进入未成年人住所、学生集体宿舍实施强奸、猥亵犯罪的；

（3）采取暴力、胁迫、麻醉等强制手段实施奸淫幼女、猥亵儿童犯罪的；

（4）对不满十二周岁的儿童、农村留守儿童、严重残疾或者精神智力发育迟滞的未成年人，实施强奸、猥亵犯罪的；

（5）猥亵多名未成年人，或者多次实施强奸、猥亵犯罪的；

（6）造成未成年被害人轻伤、怀孕、感染性病等后果的；

（7）有强奸、猥亵犯罪前科劣迹的。

26. 组织、强迫、引诱、容留、介绍未成年人卖淫构成犯罪的，应当从重处罚。强迫幼女卖淫、引诱幼女卖淫的，应当分别按照刑法第三百五十八条第一款第（二）项、第三百五十九条第二款的规定定罪处罚。

对未成年人负有特殊职责的人员、与未成年人有共同家庭生活关系的人员、国家工作人员，实施组织、强迫、引诱、容留、介绍未成年人卖淫等性侵害犯罪的，更要依法从严惩处。

27. 已满十四周岁不满十六周岁的人偶尔与幼女发生性关系，情节轻微、未造成严重后果的，不认为是犯罪。

四、其他事项

28. 对于强奸未成年人的成年犯罪分子判处刑罚时，一般不适用缓刑。

对于性侵害未成年人的犯罪分子确定是否适用缓刑，人民法院、人民检察院可以委托犯罪分子居住地的社区矫正机构，就对其宣告缓刑对所居住社区是否有重大不良影响进行调查。受委托的社区矫正机构应当及时组织调查，在规定的期限内将调查评估意见提交委托机关。

对于判处刑罚同时宣告缓刑的，可以根据犯罪情况，同时宣告禁止令，禁止犯罪分子在缓刑考验期内从事与未成年人有关的工作、活动，禁止其进入中小学校区、幼儿园园区及其他未成年人集中的场所，确因本人就学、居住等原因，经执行机关批准的除外。

29. 外国人在我国领域内实施强奸、猥亵未成年人等犯罪的，应当依法判处，在判处刑罚时，可以独立适用或者附加适用驱逐出境。对于尚不构成犯罪但构成违反治安管理行为的，或者因实施性侵害未成年人犯罪不适宜在中国境内继续停留居留的，公安机关可以依法适用限期出境或者驱逐出境。

30. 对于判决已生效的强奸、猥亵未成年人犯罪案件，人民法院在依法保护被害人隐私的前提下，可以在互联网公布相关裁判文书，未成年人犯罪的除外。

31. 对于未成年人因被性侵害而造成的人身损害，为进行康复治疗所支付的医疗费、护理费、交通费、误工费等合理费用，未成年被害人及其法定代理人、近亲属提出赔偿请求的，人民法院依法予以支持。

32. 未成年人在幼儿园、学校或者其他教育机构学习、生活期间被性侵害而造成人身损害，被害人及其法定代理人、近亲属据此向人民法院起诉要求上述单位承担赔偿责任的，人民法院依法予以支持。

33. 未成年人受到监护人性侵害，其他具有监护资格的人员、民政部门等有关单位和组织向人民法院提出申请，要求撤销监护人资格，另行指定监护人的，人民法院依法予以支持。

34. 对未成年被害人因性侵害犯罪而造成人身损害，不能及时获得有效赔偿，生活困难的，各级人民法院、人民检察院、公安机关可会同有关部门，优先考虑予以司法救助。

全国检察机关统一业务应用系统使用管理办法（试行）

（2013年10月22日最高人民检察院第十二届检察委员会第12次会议通过 2013年11月6日公布并施行 高检发案管字〔2013〕5号）

第一章 总 则

第一条 为了保障全国检察机关统一业务应用系统规范、高效、安全、稳定运行，根据《人民检察院刑事诉讼规则（试行）》、《人民检察院民事诉讼监督规则（试行）》等有关规定，结合检察工作实际，制定本办法。

第二条 人民检察院使用统一业务应用系统的任务是，实现业务信息网上录入、业务流程网上管理、业务活动网上监督、业务质量网上考评，以加强对执法办案的全面、实时、动态监督管理，加强信息共享和协作配合，规范执法行为，增强法律监督能力，提高检察工作质量和效率，推动检察工作科学发展。

第三条 人民检察院使用管理统一业务应用系统，应当坚持以下原则：

（一）遵循统一配置。各级人民检察院应当依照最高人民检察院统一配置的流程、文书模板、案卡等，使用管理统一业务应用系统。未经最高人民检察院批准，不得修改、删除统一业务应用系统已经配置的相关内容，不得使用其他信息系统代替统一业务应用系统。

（二）全员、全面、全程应用。履行业务办理、审核、审批、监督管理职责的检察长、副检察长和其他检察人员，应当全面、全程使用统一业务应用系统开展相关工作。任何人不得违反要求，脱离统一业务应用系统办理有关业务事项。

（三）规范、高效。各级人民检察院及其工作人员应当分工负责，互相配合，依照规定在统一业务应用系统内及时完成各自相关操作，确保各环节顺畅衔接、高效运行。

（四）安全保密。各级人民检察院及其工作人员应当严格遵守保密规定，做好统一业务应用系统的安全保密工作，严防失密、泄密事故发生。

第四条 人民检察院案件管理部门是统一业务应用系统使用管理的主管部门，主要职责是：

（一）对网上业务办理活动进行监督、管理；

（二）对涉及多个子系统的业务应用问题进行协调；

（三）对本部门接收的案件录入受理信息；

（四）对业务部门提出的需求意见进行汇总统筹；

（五）会同相关部门组织系统应用培训；

（六）与系统使用有关的其他案件管理工作。

第五条 人民检察院业务部门是本部门业务子系统的使用管理部门，主要职责是：

（一）对本部门和下级院对口部门的网上业务办理活动进行指导、管理；

（二）在业务办理过程中执行信息填录、文书制作、业务网上流转等相关操作；

（三）会同案件管理部门和技术信息部门，解答、处理本业务子系统使用过程中发现的应用问题；

（四）对本业务子系统提出修改、优化意见和新的业务需求；

（五）其他与本业务子系统使用有关的管理工作。

第六条 人民检察院技术信息部门是统一业务应用系统的技术主管部门，主要职责是：

（一）系统的软硬件基础建设和运行维护；

（二）系统版本发布、升级；

（三）依照本办法对系统执行相关技术操作；

（四）解答、处理使用过程中的技术问题；

（五）对需求分析进行技术指导；

（六）其他技术保障工作。

第七条 人民检察院办公室部门是统一业务应用系统保密、电子签章的主管部门，主要职责是：

（一）身份认证系统、电子签章系统的软硬件基础建设和运行维护；

（二）身份认证个人身份证书、电子签章的制作、审计、管理；

（三）使用本院院印、检察长印对应的电子印章；

（四）系统的保密管理和监督检查工作；

（五）其他与办公室职能有关的管理工作。

第八条 人民检察院计划财务装备部门是统一业务应用系统的经费和装备

的主管部门，负责统一业务应用系统的开发、运行维护所需的经费保障、政府采购等工作。

第二章 信息填录

第九条 各级人民检察院检察长、副检察长和其他检察人员，在履行业务受理、分流、办理、审核、审批、监督、管理、统计等职责时，应当按照要求在统一业务应用系统中填写、录入相应信息。

第十条 信息填录应当坚持谁受理谁录入，谁办理谁录入，谁审核谁录入，谁审批谁录入，谁录入谁负责的原则。具体分工如下：

（一）依照规定，属于案件管理部门统一受理的业务，受理信息由案件管理部门录入；属于控告检察部门以及其他业务部门受理的业务，受理信息由该受理部门录入；

（二）业务办理过程中生成的信息，由该业务承办人录入；

（三）业务审核、审批过程中生成的信息，由检察长、副检察长、部门负责人等审核人、审批人录入。

第十一条 信息填录应当符合以下要求：

（一）准确。填录的信息应当客观、准确反映业务办理的真实情况，禁止弄虚作假。

（二）规范。录入的信息字段、分类等应当符合系统要求，能够满足系统的数据识别、筛选。

（三）同步。信息填录应当与实际业务办理同步进行。特殊情况下不能同步填录的，应当在进入下一流程前完成相关信息填录。

（四）完整。系统设定的数据项，应当根据要求全面填录。

第十二条 业务部门需要修改本部门已经填录完成、处于锁定状态，但尚未生成全国检察统计数据的业务信息，应当经分管检察长审批，交案件管理部门确认后，由技术信息部门执行相关技术操作。

案件管理部门对于已经填录完成、处于锁定状态，但尚未生成全国检察统计数据的业务信息，通过排查、审核发现存在填录问题和异常情况的，应当填写《检察业务信息审核意见表》，经有关业务部门核实确认，在统一业务应用系统中对相关业务信息予以更正。

需要修改已经生成全国检察统计数据的业务信息的，依照本办法第六章的规定办理。

第十三条 严禁违反规定，擅自删除统一业务应用系统中已经录入的案件、线索等。

在生成全国检察统计数据前，因错误操作等原因需要删除已经录入的案件、线索的，经本院检察长审批，报省级人民检察院案件管理部门审查决定后，交技术信息部门执行相关操作。省级人民检察院删除案件、线索的，应当报最高人民检察院案件管理办公室和检察技术信息研究中心备案。

在生成全国检察统计数据后，因错误操作等原因需要删除已经录入的案件、线索的，依照本办法第六章的规定办理。

第三章 文书制作

第十四条 承办人应当依照系统内的文书模板拟制文书，不得擅自修改设置的格式、内容。

第十五条 在统一业务应用系统内制作文书，应当按照要求在系统内进行审核、审批。

地方人民检察院的文书审核、审批要求，由省级人民检察院案件管理部门会同业务部门依照有关规定确定。

第十六条 文书应当适用统一业务应用系统自动分配的编号，严禁变更、自设文书编号。

第十七条 具有下列情形之一的，经案件管理部门确认后，适用统一的文书编号，在系统外制作文书：

（一）系统发生故障，需要及时办理有关业务的；

（二）属于绝密业务的文书。

因前款第一项情形在系统外制作的文书，承办人应当在故障消除后三个工作日内扫描上传至系统，并在系统内完成相关操作。

第十八条 初查、立案侦查职务犯罪案件时，因紧急情况需要提前批量打印文书的，应当符合以下要求：

（一）在系统内已经创建该案件；

（二）填写案件名称、承办人姓名等基本信息；

（三）经检察长或者分管检察长批准；

（四）提交本院案件管理部门审核。

紧急情况消除后，承办人应当及时将相关信息补充填入，并在案件办结后，将未使用的文书交案件管理部门存档，已经使用的文书入卷。

第十九条 统一业务应用系统内制作的加盖电子印章的文书，应当在本院指定的打印机上打印。

上级人民检察院作出的批准逮捕决定书、逮捕决定书、批准延长侦查羁押期限决定书，以及其他能够在统一业务应用系统内远程打印的文书，可以在接收文书的人民检察院打印。

第四章　网上业务流转

第二十条　各级人民检察院办理的机密级和机密级以下的业务，应当在统一业务应用系统内执行受理、分流、移送、报批等流转程序。

第二十一条　案件管理部门统一受理的案件，由案件管理部门在统一业务应用系统内，分流给业务部门，或者按照本院制定的分案规定，直接分派给承办人。

承办人或者承办部门确定的其他人员应当及时到案件管理部门领取案件材料。

第二十二条　承办人需要将案件材料报送审核、审批的，应当通过统一业务应用系统报送，审核人、审批人应当在系统内审核、审批，并将审核、审批后的案件材料通过系统发送至下一个流程节点。

第二十三条　属于案件管理部门统一流转的案件，承办人应当在办结后将案件相关材料发送至案件管理部门进行审核。

承办人应当为案件管理部门的送案审核提供必要的时间，案件管理部门应当及时审核是否符合送案条件、是否规范完成网上办案操作。对不符合送案条件的，应当督促承办人补充材料，或者补充、更正有关操作，对符合送案条件的，应当及时交付送案。

第二十四条　统一业务应用系统出现故障，不能进行网上业务流转的，可以在系统外先行流转，在故障消除后的三个工作日之内，应当补充完成网上流转的相关操作。

第五章　网上业务监管

第二十五条　业务部门和案件管理部门应当设置流程监管员，对网上信息填录、文书制作、流程操作等网上业务办理活动，履行监督、管理、指导职责。

第二十六条　业务部门的流程监管员对本部门网上业务办理活动，履行管理职责。

案件管理部门的流程监管员对本院各业务部门的网上业务办理活动，履行监督职责。

上级人民检察院的业务部门和案件管理部门，应当对下级人民检察院网上业务办理活动，通过抽查、巡查等方式进行监督、检查。

第二十七条 流程监管员应当具有履行业务监管职责相适应的信息查询权限。

案件管理部门的流程监管员可以查阅、了解系统日志中与业务操作有关的内容。

技术信息部门发现有违反法律和本办法规定的行为的，应当及时告知本院案件管理部门的流程监管员。

第二十八条 业务部门发现本部门人员存在下列情形之一的，应当责令其及时改正：

（一）未按规定在系统内填录信息、制作文书的；

（二）未按规定在系统内流转业务的；

（三）未按规定执行相关操作的；

（四）违反系统权限管理、安全保密管理的；

（五）其他违反系统要求和相关规定的行为。

第二十九条 案件管理部门发现本院业务部门具有本办法第二十八条所列情形的，应当向业务部门提出监督、纠正意见，业务部门应当及时核查、纠正并反馈情况。

案件管理部门在网上业务监管中发现同级侦查机关、审判机关存在违法行为的，应当督促相关业务部门履行监督职责。

第三十条 上级人民检察院业务部门、案件管理部门发现下级人民检察院对口部门存在本办法第二十八条规定情形的，应当通知下级人民检察院对口部门处理；下级人民检察院对口部门应当及时核查、纠正并反馈情况。

第三十一条 上级人民检察院案件管理部门发现下级人民检察院业务部门存在本办法第二十八条规定情形的，应当通知本院业务部门或者下级人民检察院案件管理部门处理。处理情况应当及时告知提出监督意见的案件管理部门。

案件管理部门发现本院和下级人民检察院的检察长、副检察长存在违反网上业务办理规定的，应当提示；情节严重的，应当报告本院检察长和纪检监察部门。

第三十二条 对网上业务监管中发现的问题，应当根据情况采取口头提示、网上提示和书面方式提出监督纠正意见。一般情形的，可以使用口头提示、网上提示，并制作工作记录；情节较重的，应当向相关部门发出流程监控通知书；情节严重的，应当在发出流程监控通知书的同时，向检察长报告。

第三十三条 业务部门和案件管理部门应当相互通报网上业务监督、管理情况。

各级人民检察院应当定期发布本地区检察机关网上业务监管情况。

第六章 网上统计管理

第三十四条 省级人民检察院案件管理部门应当定时对统一业务应用系统中的本地区业务信息进行统计汇总，生成所辖各级人民检察院的检察统计业务登记卡和检察统计报表，并由各级人民检察院分别进行审核，填写《人民检察院案件登记卡、统计报表审签表》，经案件管理部门负责人审核、分管检察长签发后，逐级汇总、报送至最高人民检察院案件管理办公室。

第三十五条 案件管理部门对于通过技术排查、统计审核发现的统计信息填录问题和异常情况，应当填写《检察业务信息审核意见表》，及时与有关业务部门沟通核实，并根据核实情况，在统一业务应用系统中对已填录业务信息予以更正，并重新生成检察统计业务登记卡和检察统计报表。

第三十六条 全国检察统计数据汇总完成后，各级人民检察院不得擅自更改统一业务应用系统案卡信息、检察统计数据以及案件登记卡内容。确实需要修正的，要逐级备案、逐级报告至最高人民检察院案件管理办公室审查处理。

第三十七条 各类相关检察业务考评应当依据统一业务应用系统审核认定的数据。

第三十八条 各级人民检察院案件管理部门和业务部门应当定期对网上业务运行情况和检察业务工作总体情况进行分析，有针对性地开展专题调查研究，及时发现问题，总结工作经验，提出改进意见。

第七章 对外信息查询管理

第三十九条 统一业务应用系统中生成的可以公开的信息，应当依照法律规定和检务公开的要求，接受案件当事人及其法定代理人、近亲属、辩护人、诉讼代理人等相关人员和其他相关单位的查询。

第四十条 案件管理部门负责对外接受相关人员和单位的信息查询，相关部门应当提供协助、配合。

控告申诉信息查询和行贿犯罪档案查询另有规定的，依照有关规定办理。

第四十一条 各级人民检察院应当综合运用互联网、检务窗口、电话等方式，接受外部查询申请，提供查询服务。

第四十二条 人民检察院提供信息查询服务，不得以任何方式收取费用、牟取利益。

第四十三条 案件管理部门对本院相关部门以及侦查机关、审判机关等相关单位提出的信息查询申请，应当依照规定及时办理。

第八章 电子签章管理

第四十四条 在统一业务应用系统内制作法律文书、工作文书，需要使用印章、签名的，应当使用电子印章、电子签名，不得使用实物印章，不得进行手写签批。

电子印章、电子签名的效力与实物印章、手写签名的效力相同。

已经在统一业务应用系统中使用电子签名的，不得用手写方式重复签批。

第四十五条 人民检察院办公室是电子签章的管理部门，各内设机构是部门电子印章的日常使用管理部门。

电子印章应当由专人负责管理、使用。

电子签名的责任人应当妥善保管、使用相关载体，严禁私自授权、转让；发生电子签名载体丢失、被盗、被骗、被抢或者被胁迫非法使用等失去控制的，应当立即通知本院办公室锁定。

第四十六条 以院名义制作的法律文书、工作文书，需要加盖印章的，依照规定报领导审批后，发送至本院办公室加盖院电子印章。

各级人民检察院可以授权案件管理部门，在使用院电子印章前，对涉及人身、财产权利和终结性处理决定的法律文书进行审核。

以内设机构名义制作的工作文书，需要加盖部门印章的，经审核、审批后，由本部门内勤加盖部门电子印章。

第四十七条 禁止以任何方式规避电子印章、电子签名的使用。对违反规定，以行政公文的方式代替法律文书、工作文书的情形，印章管理部门应当拒绝加盖实物印章，责令改正，并通知案件管理部门。

因发生系统故障导致电子印章、电子签名不能使用的，经案件管理部门确认，依照规定程序，加盖实物印章，使用手写方式签批。

第四十八条 案件管理部门应当对统一业务应用系统内电子印章使用情况进行监督。发现用印不规范、不及时等问题的，应当向印章使用部门提出监督、纠正意见。

第九章　系统使用权限管理

第四十九条　各级人民检察院的检察长、副检察长、各业务部门负责人、业务承办人员以及其他负有相关监督、管理职责的人员，在统一业务应用系统内，依照规定具有相应的业务办理、信息查询等系统使用权限。

第五十条　系统使用权限依照下列原则设置、变更和转移：

（一）权限应当依照规定设置；

（二）权限设置与岗位职责相对应；

（三）权限设置例外情形由检察长授权；

（四）设置、变更、转移权限由案件管理部门审定。

第五十一条　系统权限按照下列规定设置：

（一）各级人民检察院检察长，具有各类检察业务的办理权限，以及对本院及下辖各级人民检察院指标数据、案件列表、个案内容的查询权限。

（二）各级人民检察院副检察长、其他院领导，具有分管检察业务的办理权限，以及对本院及下辖各级人民检察院指标数据的查询权限，对本院分管部门以及下辖各级人民检察院对口部门的案件列表、个案内容的查询权限。

（三）各级人民检察院业务部门负责人，具有本部门检察业务的办理权限，对本部门和下辖各级人民检察院对口部门的指标数据、案件列表的查询权限，对本部门个案内容的查询权限，对下辖各级人民检察院对口部门已经办结的个案内容的查询权限。

（四）各级人民检察院案件管理部门负责人，具有案件管理业务的办理权限，对本院和下辖各级人民检察院的指标数据、案件列表的查询权限，对本院个案内容的查询权限，对下辖各级人民检察院已经办结的个案内容的查询权限。

（五）其他检察人员具有与其岗位职责相对应的办理权限和查询权限；需要增加指标数据、案件列表、个案内容查询范围的，应当履行权限变更报批程序，但查询范围不得超过所在部门负责人的权限。

对案件线索、正在办理的职务犯罪案件以及其他机密案件，应当严格限制查询主体和查询内容。

因工作需要，经案件管理部门审核，报检察长批准，可以授权查询其他部门案件信息。

第五十二条　最高人民检察院案件管理办公室，是全国检察机关系统权限的管理部门。

各级人民检察院案件管理部门是本院系统权限的管理部门，负责对系统权限的设置、变更和转移申请进行审定。

各级人民检察院技术信息部门是系统权限的操作执行部门，根据案件管理部门审定的意见，对系统权限的设置、变更和转移执行操作。

第五十三条 需要对系统权限的已有设置进行变更的，由相关部门报分管检察长审批后送案件管理部门审核，案件管理部门报检察长授权后发出权限变更通知书，由技术信息部门执行操作。

因内部工作调整、岗位交流等原因发生的系统权限变更，由案件管理部门按照相关文件内容发出权限变更通知书，由技术信息部门执行操作。

第五十四条 承办人和负有审核、审批职责的部门负责人，因出差、请假、休假等原因不能及时办理、审核、审批案件，需要将其权限暂时转移至其他人员的，应当进行权限转移。

需要进行权限转移的，承办人经部门负责人批准、部门负责人经分管检察长批准后，送案件管理部门审核，案件管理部门发出权限转移通知书，由技术信息部门执行操作。

权限暂时转移原因消除后，相关人员应当及时持部门负责人签批的证明材料向案件管理部门提出书面申请，及时对权限进行恢复。

第五十五条 检察长、副检察长以及其他院领导需要进行权限转移或者取消的，由案件管理部门发出权限转移通知书，由技术信息部门执行操作。

第十章 系统保密管理

第五十六条 各级人民检察院应当按照谁运行谁主管、谁使用谁负责的原则，严格履行安全保密管理职责。

第五十七条 绝密级业务不得在统一业务应用系统中办理、流转。

严禁违反规定，将非绝密级业务认定为绝密级业务，或者将绝密级业务认定为非绝密级业务。

第五十八条 检察业务密级的确定，依照最高人民检察院、国家保密局《检察工作中国家秘密范围的规定》执行。

第五十九条 统一业务应用系统应当在通过分级保护测评的检察专网上运行，并依照涉密信息系统分级保护的要求，落实安全保密技术防范措施和管理制度。

第六十条 检察人员应当使用身份认证系统登录统一业务应用系统，定期修改认证密码，妥善保存自己的身份证书、登录信息，防止丢失、遗忘。

第六十一条 检察人员应当严格执行各项保密安全制度，规范使用终端计算机、打印机，妥善保管涉密设备。严禁连接互联网和其他公共信息网络，严禁与非涉密计算机交叉使用移动存储介质，严禁连接使用无线设备，严禁违规卸载安全保密管理软件。

第六十二条 检察人员在使用统一业务应用系统中应当严守工作秘密，不得违反规定透露本人知悉的工作信息。

第六十三条 统一业务应用系统运行过程中发生失泄密情况的，有关人员应当依照保密工作的有关规定，立即采取补救措施，并向本院保密部门报告，保密部门应当及时处理，并向上级人民检察院报告；发生失密泄密事件的，应当向地方保密行政管理部门报告并同时层报上级人民检察院。

第十一章 系统运行维护

第六十四条 最高人民检察院检察技术信息研究中心是统一业务应用系统运行维护管理工作的主管部门，负责统一业务应用系统的运行维护管理工作。

省级人民检察院技术信息部门是本地区统一业务应用系统运行维护管理工作的主管部门，负责统一业务应用系统在本地区的运行维护管理工作。

各级人民检察院技术信息部门是本院统一业务应用系统运行维护管理工作的主管部门，负责对系统的正常运行提供技术支持与服务等。

第六十五条 最高人民检察院办公厅是统一业务应用系统运行维护保密工作的主管部门，负责统一业务应用系统的运行维护保密工作，以及身份认证系统、电子签章系统等的运行维护管理工作。

各级人民检察院办公室是本院统一业务应用系统保密的管理部门，负责本院统一业务应用系统运行维护保密工作，以及本院身份认证系统、电子签章系统等的运行维护管理工作。

第六十六条 各级人民检察院应当按照统一业务应用系统的部署以及涉密信息系统分级保护的有关要求，设立系统管理员、安全保密管理员、安全审计员，对系统实行严格管理。

第六十七条 系统数据应当依照规定保存，严禁违反规定删除、修改。对重要的业务数据、操作日志、关键数据、数据库，应当及时制作数据备份。

第六十八条 最高人民检察院、省级人民检察院对统一业务应用系统的运行维护管理实行全天候值班制度，省级以下人民检察院应当根据工作需要，确定统一业务应用系统的运行维护值班制度。

第六十九条 各级人民检察院技术信息部门应当按照本院案件管理部门审

定的意见执行相关的后台管理操作，其他部门不得直接要求技术信息部门执行后台管理操作。

第七十条 地方各级人民检察院需要在统一业务应用系统基础上进行补充性开发的，应当由省级人民检察院审核同意后报最高人民检察院，由最高人民检察院案件管理办公室、检察技术信息研究中心、保密委员会办公室共同审核研究，并报分管检察长或者检察长决定。

第七十一条 地方各级人民检察院的补充性开发应当依照最高人民检察院有关规定执行，不得修改统一业务应用系统基础代码、数据库结构、信息分类代码和配置参数等内容，不得违反权限管理、保密管理等相关规定。

第十二章 检查考核与责任追究

第七十二条 各级人民检察院应当定期对本院和下级人民检察院的统一业务应用系统配置、使用、运行维护、安全保密等情况进行检查。

案件管理部门负责对信息填录、业务流转、文书制作、流程管理等情况进行检查；业务部门负责对业务办理情况进行检查；技术信息部门负责对运行维护情况进行检查，并会同案件管理部门对系统配置情况进行检查；办公室负责对安全保密工作和身份认证系统、电子签章系统使用情况进行检查。各部门分工负责，相互配合。

第七十三条 统一业务应用系统的使用情况应当纳入各级人民检察院、各部门及其人员的绩效考核。

第七十四条 在使用统一业务应用系统过程中，有下列情形之一的，应当给予警示、通报；情节严重的，依照《人民检察院监察工作条例》由纪检监察部门处理，对单位给予通报批评，对负有直接责任的主管人员和其他直接责任人员给予纪律处分：

（一）违反网上信息填录、业务流转、文书制作、数据统计、信息发布、电子签章、权限管理、运行维护、安全保密等规定的；

（二）隐瞒、虚报、迟报业务信息的；

（三）违反规定扩大权限配置的；

（四）违反规定将系统权限交他人使用的；

（五）不依照规定履行监督管理职责的；

（六）拒绝接受监督管理的；

（七）不依照规定进行后台管理、数据维护的；

（八）未经批准擅自修改系统配置的；

（九）未经批准擅自在系统基础上开发的；

（十）其他违反本办法规定的行为。

第七十五条 在使用统一业务应用系统过程中，检察人员发生执法过错或者违法违纪、失密泄密行为的，应当根据有关规定给予相应的纪律处分；构成犯罪的，应当依法移送有关部门追究刑事责任。

第十三章 附 则

第七十六条 本办法下列用语的含义是：

（一）全国检察机关统一业务应用系统，是指由最高人民检察院按照“统一规划、统一标准、统一设计、统一实施”的总体要求组织开发，适用于全国检察业务工作，融业务办理、管理、监督、统计、查询于一体，在各级人民检察院互联互通，及时、全面、实时、动态地交换数据的计算机信息系统。

（二）业务部门，是指履行网上业务办理职责的部门。本办法将业务部门与案件管理部门并列的条款中，该业务部门是指案件管理部门以外的其他业务部门。

（三）检察统计业务登记卡和检察统计报表，是指由最高人民检察院统一制发并报国家统计局备案的检察机关统计调查系统。

（四）电子印章，是指各级人民检察院和内设机构的公章、检察长名章印模通过扫描、数字化转化后生成的数据文件。

（五）电子签名，是指个人签名通过扫描、数字化转化后生成的用于识别签名人身份并表明签名人认可文件内容的信息。

（六）运行维护，是指为保障统一业务应用系统和分级保护体系安全、稳定、正常运转提供技术支持与服务，以及在统一业务应用系统基础上进行的补充性开发等。

第七十七条 地方各级人民检察院和专门人民检察院可以根据本办法，结合实际情况，制定统一业务应用系统使用管理的实施细则。

第七十八条 本办法由最高人民检察院负责解释。

第七十九条 本办法自2014年1月1日起试行。

最高人民检察院以前发布的有关规范性文件与本办法不一致的，以本办法为准。

附件 1

××××人民检察院
检察业务信息审核意见表

(送交核实的部门名称)　　　　　　　　　　　　____年__月案卡报表数据

统计审核意见	统计人员签字：　　　　年　月　日 统计主管部门负责人签字：　　　　年　月　日
业务部门核实情况	业务部门负责人签字：　　　　年　月　日
备注	

注：本表可附页

制作说明

一、本文书依据《关于印发〈检察统计审核、检查工作指导意见〉的通知》（高检办发〔2007〕18 号）文件有关规定和《全国检察机关统一业务应用系统使用管理办法（试行）》第十二条、第三十五条的规定制作。为统计人员核实纠正业务信息填录异常情况时使用。

二、本文书一式两份，一份送达业务部门，一份案管部门留存。

附件 2

××××人民检察院
案件登记卡、统计报表审签表

填表单位：　　　　　　（盖章）

日　期	××年×月案件登记卡、汇总报表
内　容	各类案件登记卡共××种，各类检察业务情况月报表共××页。
统计部门审核意见	经汇总审核，本××共有立案贪污贿赂犯罪嫌疑人情况案件登记卡××张，立案渎职、侵权犯罪嫌疑人情况案件登记卡××张，受理批捕案件登记卡××张，受理起诉案件登记卡××张，其他案件登记卡也已汇总审核完毕。 检察统计报表各项数据已与案件登记卡核对完毕，经审查，数据一致，符合上报标准。请领导审批，予以上报。 签字　　　　年　　月　　日
负责人复核意见	签字　　　　年　　月　　日
院领导审　签	签字　　　　年　　月　　日
备　注	

制作说明

一、本文书是根据《关于印发〈人民检察院案件登记卡填录管理规定〉的通知》（高检发办字〔2005〕19号）第十二条规定和《全国检察机关统一业务应用系统使用管理办法（试行）》第三十四条的规定制作。为人民检察院汇总审核本地区案件登记卡和统计报表时使用。

二、本文书一式两份，一份送达上级人民检察院，一份留存。

附件 3

××××人民检察院
权限变更通知书

××检案管权更〔20××〕××号

检察技术信息部门：

因______________________________，依据《全国检察机关统一业务应用系统使用管理办法（试行）》第五十三条之规定，现请将____部门____的系统权限调整为____________________________________，并将调整情况二日内反馈至案件管理部门。

年 月 日

（案件管理部门印）

制作说明

一、本通知书依据《全国检察机关统一业务应用系统使用管理办法（试行）》第五十三条的规定制作，为人民检察院案件管理部门通知检察技术信息部门执行权限变更操作时使用。

二、本文书一式两份，一份送达检察技术信息部门，一份案件管理部门留存。

附件 4

××××人民检察院
权限转移通知书

××检案管权移〔20××〕××号

检察技术信息部门：

因____，依据《全国检察机关统一业务应用系统使用管理办法（试行）》第五十四条之规定，现请将__部门__的系统权限____，转移至__部门__。转移时间为__年__月__日至__年__月__日。请将调整情况二日内反馈至案件管理部门。

年　月　日

（案件管理部门印）

制作说明

一、本文书依据《全国检察机关统一业务应用系统使用管理办法（试行）》第五十四条的规定制作，为人民检察院案件管理部门通知检察技术信息部门执行权限转移操作时使用。

二、本文书一式两份，一份送达检察技术信息部门，一份案件管理部门留存。

《全国检察机关统一业务应用系统使用管理办法（试行）》解读

王　晋*　　刘志远**

2013年10月22日，最高人民检察院第十二届检察委员会第十二次会议审议通过了《全国检察机关统一业务应用系统使用管理办法（试行）》（以下简称《办法》），2014年1月1日开始实施。

一、《办法》起草背景和指导思想

2012年高检院党组研究决定，按照“统一规划、统一标准、统一设计、统一实施”的要求，在地方检察机关业务软件开发成果的基础上，依托科研院所，开发全国检察机关统一业务应用系统。在高检院党组的高度重视下，在高检院机关各部门和地方检察机关的大力支持和全面参与下，软件研发、试点运行等各项工作扎实、高效、有序进行。2013年10月开始，全国检察机关统一业务应用系统开始全面部署并投入使用。统一业务应用系统覆盖检察业务的各个方面，涉及不同层级、部门、角色的协同配合，各环节相互衔接、承继，任何一个环节出现问题，都可能影响整个系统的正常运行，因此，迫切需要制定使用管理办法，明确职责分工和基本的使用规则，以确保系统得到全面、规范、高效的使用和安全、稳定的运行。

部署使用统一业务应用系统，目的是全面推进检察信息化、执法规范化、管理科学化，提高执法办案的质量和效率，加强对执法办案的实时、动态、全程监管，促进检察工作科学发展。基于这一根本任务，按照中央政法委提出的“执法信息网上录入、执法流程网上管理、执法活动网上监督、执法质量网上考评”要求，在《办法》起草过程中，重点把握以下几个方面原则：一是坚持以集中、统一管理为基础。认真贯彻落实高检院党组提出的“统一入轨、全线贯通，统一应用、规范操作，统一管理、确保安全，统一改进、逐步完善”的总体要求；同时注意统筹考虑各地实际情况，允许各地根据《办法》制定实施细则。二是坚持规范管理与高效便捷相结合。既要通过制度规范，加强管理，确保系统在全国检察机关范围内统一、安全、稳定运行，实现“全

* 最高人民检察院检察委员会委员、案件管理办公室主任。

** 最高人民检察院案件管理办公室副主任。

员、全面、全程、规范”使用，又要坚持以业务工作为中心，处理好系统管理与业务办理的关系。规范管理、分权制衡与高效便捷的关系。三是坚持全面要求和突出重点相结合。《办法》是系统使用管理的基本法，主要是对使用过程中涉及的各方面重要事项、基本制度作出规定，构建系统使用管理的基本制度框架。对一些具体的操作细则问题，待系统使用一段时间后，再制定单独的具体规定予以明确。

需要说明的是，从2009年提出“四统一”原则以来，高检院一直使用的名称是“全国检察机关统一业务应用软件”，这是高检院统一开发的软件，但是具体部署使用的则是一个系统，系统不仅包括软件，还包括硬件、通讯网络、工作制度等一系列组成部分，应用软件由高检院统一开发，但基础软件、通用软件以及硬件、通讯网络由各级检察机关自己建设。作为用户，实际使用的是整个系统。

二、《办法》的主要内容

《办法》共十三章七十九条，在体系结构上包括三个方面：一是总体要求，包括目标任务、工作原则和职责分工等；二是基本流程和操作要求，包括信息填录、文书制作、网上业务流转、网上业务监管等；三是保障措施，包括权限管理、保密管理、运行维护、检查考核等。

（一）总则

本章主要明确了制定依据、工作任务和工作原则，规定了业务部门、案件管理部门、技术信息部门、办公室、计划财务装备部门等内设机构在系统使用管理中的职责分工。使用统一业务应用系统应当坚持的原则是：

1. “遵循统一配置”。这是首要原则，要求对开发好的案卡、流程、文书模板等标准配置不得任意修改。这既是统一规范执法的要求，也是保证系统安全、稳定运行的需要，如任由各地增减、删改，不仅会影响到系统数据的标准化生成和流程的顺畅衔接，而且不利于统一、规范执法。

2. “全员、全面、全程”应用。这是使用的核心要求，涵盖了对使用主体、客体、过程的三个方面要求，是实现对执法办案全面、实时、动态监控，保证数据准确真实的客观需要。

3. “规范、高效”。系统要顺畅、高效运行，有赖于各个部门的相互协助，既分工又合作，既制约又配合。

4. “安全保密”。在信息化条件下，安全风险大，必须特别强调安全保密。

在职责分工中，主要涉及业务部门、案件管理部门、技术部门、办公室等。其中，各业务部门既是使用者又是管理者，是本业务条线使用管理的第一责任主体，既要利用系统完成自身业务的办理，还要对本部门、本条线的使用活动履行管理职责。案件管理部门与业务部门虽然都是系统使用的管理部门，但案件管理部门主要是对本院各部门的横向管理，重在监督、统筹，业务部门是对本业务条线内的纵向管理，重在指导、管理，两者分工负责，相互配合。在系统使用中，技术信息部门既提供技术支持，也履行技术管理职责，与案件管理部门分工负责，相互制约，相互配合。关于办公室的职责，本办法只明确与系统密切关联的保密安全和电子签章管理工作。

（二）信息填录

信息填录是系统使用的最基本的工作内容，是业务办理的有机组成部分。本章规定了信息填录的基本要求。一是规定检察长和其他检察业务人员在办理相关业务时必须按照要求填录相关信息，坚持谁办理谁录入，这是保障系统使用与业务办理同一、同步，防止网上办理和实际办理“两张皮”、“双轨制”的客观需要。二是规定信息填录应当准确、规范、同步、完整。鉴于填录工作要求高，案管办会同业务部门制定信息填录的具体细则。三是规定了在不同状态下修改、删除案件信息的有关程序要求。为了保证信息的真实性，系统按照流程阶段进行相应的修改控制：在未锁定状态下承办人可以进行修改，在锁定状态下一般不允许修改，确需修改的应当履行相关审批手续，并由技术信息部门执行操作。修改信息属于已生成统计数据的，涉及全国数据的变动问题，应当报高检院审核。

（三）文书制作

文书制作是网上业务办理的重要内容，对此进行专章规定，有利于强化对文书的监管，规范执法行为。一是明确了文书制作的基本要求，即应当根据系统内文书模板来拟制文书。使用文书模板拟制文书，既有利于信息多次利用，减少重复录入，同时也有利于保障执法活动的统一规范，提高文书制作水平。二是明确了系统内的文书审核、审批要求。鉴于各地办案量和管理机制不同，文书生效审批的最低要求有所差异，为此，系统对文书生效的最低审批要求，做了可调整的配置，由各省级检察院根据规定，结合工作实际情况确定。三是明确了文书应当适用统一业务应用系统自动分配的编号，严禁变更、自设文书编号。四是明确了系统发生故障，需要及时办理有关业务的，以及属于绝密业务的文书，在系统外制作文书，但适用统一的文书编号。五是规定在统一业务应用系统内制作的加盖电子印章的文书，应当在本院指定的打印机上打印。加盖电子印章的文书需要使用彩色打印机打印，费用高，而且此类文书一旦打印出来，就具有法律效力，必须加强控制，各级检察机关应当在综合考虑本院实际打印量和管理情况的基础上，指定专门的打印机进行打印，可以是集中在一个部门，也可以是在主要业务部门都分别设置，但必须统一管理，而且只能由承办人根据要求发出指令才能打印。对于不加盖电子印章的文书不受上述限制。另外，明确了上级检察院作出决定的文书可以实行远程打印。

（四）网上业务流转

网上业务流转，是检察业务在部门内部、部门之间、上下级院之间完成网上移送的整个过程。对此进行专章规范，有利于保障业务有序流转，实现业务信息互联互通。一是规定机密级以及机密级以下的业务，应当在系统内执行受理、分流、移送、报批等流转程序。本系统是全流程的机密级系统，绝密级的不在系统内流转，机密级以及机密级以下的都应当在系统内完成流转。二是规定承办人需要将案件材料报送审核、审批的，应当通过系统报送，审核人、审批人应当在系统内审核、审批，并将审核、审批后的案件材料通过系统发送至下一个流程节点。三是规定对统一进出口的案件，案件管理部门要进行办结审核。对不属于统一进出口的其他案件，由业务部门进行结案审核，但案件管理部门应当通过流程监控对其进行监督。

（五）网上业务监管

网上业务监管，是业务部门、案件管理部门对网上业务办理行为进行监督管理的活动。基本考虑是，监管主体既分工负责，又相互配合；本级管理为主，上级管理为辅；业务部门纵向管理与案件管理办公室横向管理相结合。为此，本章明确了业务部门、案件管理部门以及上下级院的监督、管理、指导职责，并对网上业务监管的方式、内容、程序进行了规定。一是规定业务部门和案件管理部门应当设置专职或者兼职的流程监管员，对网上信息填录、文书制作、流程操作等网上业务办理活动，履行监督、管理、指导职责。上级人民检察院的业务部门和案件管理部门，应当对下级人民检察院网上业务办理活动，通过抽查、巡查等方式进行监督、检查。二是规定流程监管员应当具有履行业务监管职责相适应的信息查询权限。案件管理部门的流程监管员可以查阅、了解系统日志中与业务操作有关的内容。技术信息部门发现有违反法律和本办法规定的行为的，应当及时告知本院案件管理部门的流程监管员。三是规定了业务部门和案件管理部门应当相互通报情况，并对网上业务监管情况予以通报。

（六）网上统计管理

统计数据来源于办案流程，但生成统计数据前，必须进行严格的审核，发现问题，要及时通知纠正，生成统计数据后，要修改原有信息的，必须经过审批。本章一方面明确了利用系统进行统计汇总的程序与要求；另一方面对利用系统开展统计分析提出要求，充分发挥系统内业务信息全面、实时、准确的优势，为领导决策和改进业务工作提供参考。

（七）对外信息查询管理

利用系统内的案件信息，依法适度对外提供查询服务，有利于充分保障人民群众的知情权、参与权和监督权。一是规定系统中产生的可以公开的信息，应当依照法律规定和检务公开的要求，接受案件当事人及其法定代理人、近亲属、辩护人、诉讼代理人等相关人员和其他相关单位的查询。二是明确规定，案件管理部门负责对外统一接受相关人员和单位的信息查询，相关部门应当提供协助、配合。对控告申诉信息查询和行贿犯罪档案信息查询另有规定的，依照有关规定办理。三是明确了对外提供信息查询的方式方法，包括互联网、检务窗口、电话等查询方式。

（八）电子签章管理

电子签章系统，是统一业务应用系统的辅助系统。通过此系统，实现文书的电子印章加盖和电子签名审核审批，有效避免网上网下的重复签批。本章明确了电子印章、电子签名的效力，具体管理部门、人员以及使用、管理程序。一是规定在系统内制作文书，需要使用印章、签名的，应当使用电子印章、电子签名，不得使用实物印章，不得进行手写签批。二是规定以院名义制作的法律文书、工作文书，需要加盖印章的，应当在审批生效后，发送至本院办公室加盖院电子印章。以内设机构名义制作的工作文书，需要加盖部门印章的，经审核、审批后，由本部门内勤加盖部门电子印章。一些地方检察机关建议，院电子印章由案件管理部门负责使用。经研究认为，对电子印章应当实行统一、归口的严格管理。鉴于院名义的实物印章是由办公室统一负责管理、使用的，而且每个院的同一枚电子印章不限于在办案系统中使用，在机要通道和其他系统中也要调用，因此，由院办公室统一负责院电子印章的使用更为合适，也符合国家有关规定。为加强案件管理部门对重要法律文书的监管，可以授权案件管理部门在用印前进行审核。三是禁止以任何方式规避电子印章、电子签名的使用。对违反规定，以行政公文的方式代替法律文书、工作文书的情形，印章管理部门应当拒绝加盖实物印章，责令改正，并通知案件管理部门。四是规定案件管理部门应当对统一业务应用系统内电子印章使用情况进行监督；发现用印不规范、不及时等问题的，应当向印章使用部门提出监督、纠正意见。电子印章的使用是网上业务办理流程的关键节点，其是否规范、高效，直接关系到整个流程的顺畅衔接和高效运转，有必要将其纳入整个流程监管之中，以加强监督制约，提高工作效能和规范化水平。

（九）系统使用权限管理

系统权限，是系统使用的重要内容，关系到系统角色的合理分配、系统的安全运行和功能的充分发挥。基本考虑是信息共享与安全保密、规范管理相统一，权限设置与岗位设置相匹配，在具体操作中实行分权制衡。

有的省级检察院建议，系统权限设置应下放到省级院，由各省级检察院根据具体情况制定权限管理规定。经研究认为，系统权限管理是一个非常重要的工作，不仅涉及本院，而且涉及下级院，甚至涉及其他地方的检察机关，因此，高检院不仅应当规定基本原则，而且对各类主体的基本权限，也应当予以明确，以确保系统规范、安全运行。鉴于权限问题的复杂性以及需求的变化，有些问题需要根据实际进行相应调整，这里只是一些基本规定，各省级院可以根据本办法，制定细则。

有的省级检察院建议，系统权限的设置、变更和转移由案件管理部门直接操作。经研究认为，为保障信息安全，规范操作，应当将管理与操作相分离，以起到监督制衡作用。因此，《办法》未采纳该意见，而是规定案件管理部门负责对系统权限的设置、变更和转移申请进行审核，技术信息部门根据案件管理部门依照规定审定的意见，对系统权限的设置、变更和转移执行操作。

（十）系统保密管理

全国检察机关机密级以及机密级以下业务均在系统内流转，加强保密管理工作是重中之重。对此，本章提出了“谁运行谁主管、谁使用谁负责”的保密管理原则，明确了加强安全保密管理的途径、方法和纪律要求，严防失密、泄密事故发生。

（十一）系统运行维护

系统运行维护，是统一业务应用系统部署使用的基础和保障。本章明确了技术信息部门是系统运行维护管理的主管部门，原则性规定了运行维护岗位设置、值班制度等。同时，对地方检察机关进行补充性开发，提出了审批程序与要求。

鉴于系统运行维护专业性强，对具体的技术操作等问题，高检院检察技术信息研究中心正在研究有关细则，本章只是作出原则性规定。

（十二）检查考核与责任追究

有效的问责机制，是系统得到全面、规范使用的重要保障。为此，本章明确了业务部门、案件管理部门、技术信息部门、办公室对系统配置、使用、运行维护、保密情况进行检查的职责，并规定了违规使用系统的情形以及处罚措施，提出了将使用情况纳入绩效考核的要求。各类业务考评应当依据统一业务应用系统审核认定的数据，这样既有利于保证数据的准确性，也有利于推进系统的全面使用。

最高人民法院、最高人民检察院、公安部关于办理组织领导传销活动刑事案件适用法律若干问题的意见

（2013年11月14日公布并施行　公通字〔2013〕37号）

各省、自治区、直辖市高级人民法院，人民检察院，公安厅、局，解放军军事法院、军事检察院，新疆维吾尔自治区高级人民法院生产建设兵团分院，新疆生产建设兵团人民检察院、公安局：

为解决近年来公安机关、人民检察院、人民法院在办理组织、领导传销活动刑事案件中遇到的问题，依法惩治组织、领导传销活动犯罪，根据刑法、刑事诉讼法的规定，结合司法实践，现就办理组织、领导传销活动刑事案件适用法律问题提出以下意见：

一、关于传销组织层级及人数的认定问题

以推销商品、提供服务等经营活动为名，要求参加者以缴纳费用或者购买商品、服务等方式获得加入资格，并按照一定顺序组成层级，直接或者间接以发展人员的数量作为计酬或者返利依据，引诱、胁迫参加者继续发展他人参加，骗取财物，扰乱经济社会秩序的传销组织，其组织内部参与传销活动人员在三十人以上且层级在三级以上的，应当对组织者、领导者追究刑事责任。

组织、领导多个传销组织，单个或者多个组织中的层级已达三级以上的，可将在各个组织中发展的人数合并计算。

组织者、领导者形式上脱离原传销组织后，继续从原传销组织获取报酬或者返利的，原传销组织在其脱离后发展人员的层级数和人数，应当计算为其发展的层级数和人数。

办理组织、领导传销活动刑事案件中，确因客观条件的限制无法逐一收集参与传销活动人员的言词证据的，可以结合依法收集并查证属实的缴纳、支付费用及计酬、返利记录，视听资料，传销人员关系图，银行账户交易记录，互联网电子数据，鉴定意见等证据，综合认定参与传销的人数、层级数等犯罪事实。

二、关于传销活动有关人员的认定和处理问题

下列人员可以认定为传销活动的组织者、领导者：

（一）在传销活动中起发起、策划、操纵作用的人员；

（二）在传销活动中承担管理、协调等职责的人员；

（三）在传销活动中承担宣传、培训等职责的人员；

（四）曾因组织、领导传销活动受过刑事处罚，或者一年以内因组织、领导传销活动受过行政处罚，又直接或者间接发展参与传销活动人员在十五人以上且层级在三级以上的人员；

（五）其他对传销活动的实施、传销组织的建立、扩大等起关键作用的人员。

以单位名义实施组织、领导传销活动犯罪的，对于受单位指派，仅从事劳务性工作的人员，一般不予追究刑事责任。

三、关于“骗取财物”的认定问题

传销活动的组织者、领导者采取编造、歪曲国家政策，虚构、夸大经营、投资、服务项目及盈利前景，掩饰计酬、返利真实来源或者其他欺诈手段，实施刑法第二百二十四条之一规定的行为，从参与传销活动人员缴纳的费用或者购买商品、服务的费用中非法获利的，应当认定为骗取财物。参与传销活动人员是否认为被骗，不影响骗取财物的认定。

四、关于“情节严重”的认定问题

对符合本意见第一条第一款规定的传销组织的组织者、领导者，具有下列情形之一的，应当认定为刑法第二百二十四条之一规定的“情节严重”：

（一）组织、领导的参与传销活动人员累计达一百二十人以上的；

（二）直接或者间接收取参与传销活动人员缴纳的传销资金数额累计达二百五十万元以上的；

（三）曾因组织、领导传销活动受过刑事处罚，或者一年以内因组织、领导传销活动受过行政处罚，又直接或者间接发展参与传销活动人员累计达六十人以上的；

（四）造成参与传销活动人员精神失常、自杀等严重后果的；

（五）造成其他严重后果或者恶劣社会影响的。

五、关于“团队计酬”行为的处理问题

传销活动的组织者或者领导者通过发展人员，要求传销活动的被发展人员发展其他人员加入，形成上下线关系，并以下线的销售业绩为依据计算和给付上线报酬，牟取非法利益的，是“团队计酬”式传销活动。

以销售商品为目的、以销售业绩为计酬依据的单纯的“团队计酬”式传销活动，不作为犯罪处理。形式上采取“团队计酬”方式，但实质上属于“以发展人员的数量作为计酬或者返利依据”的传销活动，应当依照刑法第二百二十四条之一的规定，以组织、领导传销活动罪定罪处罚。

六、关于罪名的适用问题

以非法占有为目的，组织、领导传销活动，同时构成组织、领导传销活动罪和集资诈骗罪的，依照处罚较重的规定定罪处罚。

犯组织、领导传销活动罪，并实施故意伤害、非法拘禁、敲诈勒索、妨害公务、聚众扰乱社会秩序、聚众冲击国家机关、聚众扰乱公共场所秩序、交通秩序等行为，构成犯罪的，依照数罪并罚的规定处罚。

七、其他问题

本意见所称“以上”、“以内”，包括本数。

本意见所称“层级”和“级”，系指组织者、领导者与参与传销活动人员之间的上下线关系层次，而非组织者、领导者在传销组织中的身份等级。

对传销组织内部人数和层级数的计算，以及对组织者、领导者直接或者间接发展参与传销活动人员人数和层级数的计算，包括组织者、领导者本人及其本层级在内。

最高人民法院
最高人民检察院
公安部
2013 年 11 月 14 日

《最高人民法院、最高人民检察院、公安部关于办理组织领导传销活动刑事案件适用法律若干问题的意见》理解与适用

陈国庆　韩耀元　吴峤滨*

2013年11月20日，最高人民法院、最高人民检察院、公安部联合印发了《关于办理组织领导传销活动刑事案件适用法律若干问题的意见》（以下简称《意见》)。《意见》根据刑法和有关司法解释的规定，结合司法实践，进一步明确了组织、领导传销活动罪的有关法律适用问题。这是最高人民法院、最高人民检察院、公安部依法严惩组织、领导传销活动犯罪活动，保障经济社会秩序，维护社会和谐稳定的重要举措。《意见》共七条，主要规定了六个方面的问题。为便于深入理解和掌握《意见》的基本精神和主要内容，现就《意见》的有关问题解读如下：

（一）关于传销组织层级及人数的认定问题

《意见》第一条共分四款，明确了传销组织层级及人数的认定问题。

2010年最高人民检察院、公安部《关于公安机关管辖的刑事案件立案追诉标准的规定（二)》（以下简称《立案追诉标准（二)》）第七十八条组织、领导传销活动案立案追诉标准，对组织、领导的传销活动的人员数量，以及组织、领导的传销活动的层级作了量化，规定“组织、领导的传销活动人员在三十人以上且层级在三级以上的，对组织者、领导者，应予立案追诉”，同时对“传销活动的组织者、领导者”作了解释性规定。司法实践中对上述立案追诉标准如何认定有不同认识和分歧意见，因此《意见》第一条在《立案追诉标准（二)》规定的基础上对传销组织层级及人数的认定作了进一步明确。

第一款明确传销组织内部参与传销活动人员在三十人以上且层级在三级以上的，应当对组织者、领导者追究刑事责任。同时，根据《意见》第七条的规定，这里的“层级”和“级”，系指组织者、领导者与参与传销活动人员之

* 作者单位：最高人民检察院法律政策研究室。

间的上下线关系层次，而非组织者、领导者在传销组织中的身份等级；对传销组织内部人数和层级数的计算，包括组织者、领导者本人及其本层级在内。主要考虑：实践中有意见认为《立案追诉标准（二）》规定的“组织、领导的传销活动人员在三十人以上且层级在三级以上”，是指组织者、领导者本人发展的传销活动人员达到三十人且层级达到三级以上（不包括本人本级），否则不能对组织者、领导者定罪处罚。经研究认为，上述意见没有准确理解和把握刑法和《立案追诉标准（二）》规定的原意。根据刑法第二百二十四条之一的规定，只要实施了组织、领导以推销商品、提供服务等经营活动为名，要求参加者以缴纳费用或者购买商品、服务等方式获得加入资格，并按照一定顺序组成层级，直接或者间接以发展人员的数量作为计酬或者返利依据，引诱、胁迫参加者继续发展他人参加，骗取财物，扰乱经济社会秩序的传销活动，即构成犯罪，属行为犯。研究制定《立案追诉标准（二）》时，考虑到组织、领导传销活动罪是涉众型经济犯罪，出于打击涉众犯罪要“打早、打小”的实践需要，同时兼顾类罪平衡，避免刑事打击面不当扩大等因素，根据刑法条文规定，主要从组织、领导的传销活动的人员数量，以及组织、领导的传销活动的层级上进行了量化。从公安机关打击传销犯罪和侦办案件的情况来看，按照“五级三阶”制发展的传销组织中，发展层级达到三级以上时，该传销组织的社会危害性已经明显呈现。同时，能够形成一定组织形态的传销组织，其发展人数大都在三十人以上。因此，《立案追诉标准（二）》的规定为了强化立案追诉标准的可操作性，从传销活动人数和层级的角度作出的界定，明确刑事打击的具有一定社会危害性的传销活动是达到何种规模的传销活动，不能将其理解为是对组织者、领导者直接或者间接发展的传销活动人员人数和层级的要求，否则既不符合刑法关于组织、领导传销活动罪是行为犯的规定，也不利于执法办案中侦查取证、打击传销违法犯罪活动。为统一认识、避免歧义，《意见》进一步明确传销组织内部参与传销活动人员（包括组织者、领导者本人）在三十人以上且层级（包括组织者、领导者本级）在三级以上的，即应对组织者、领导者追究刑事责任。

第二款明确组织、领导多个传销组织，单个或者多个组织中的层级已达三级以上的，可将在各个组织中发展的人数合并计算。第三款明确组织者、领导者形式上脱离原传销组织后，继续从原传销组织获取报酬或者返利的，原传销组织在其脱离后发展人员的层级数和人数，应当计算为其发展的层级数和人数。主要考虑：实践中，有的传销活动的组织者、领导者大幅度提高“入门费”门槛，在传销活动人员尚未达到立案追诉标准规定的人数和层级时即获利“出局”，然后另行组建团伙、继续发展人员；有的则在“出局”后，仍从原传销组织继续发展的人员和收取的传销费用中获取报酬或者返利。上述“强制出局”、“化整为零”等犯罪手段以逃避打击为目的，实质上仍在组织、领导传销活动和发展传销人员，客观上推动了传销活动的复制、传播和蔓延，具有很大的社会危害性。因此，第二款、第三款对多个传销组织人数的合并计算和脱离原传销组织后层级数和人数的继续计算问题作了规定，有利于统一执法尺度，加大打击力度。

第四款明确办理组织、领导传销活动刑事案件中，确因客观条件的限制无法逐一收集参与传销活动人员的言词证据的，可以结合依法收集并查证属实的缴纳、支付费用及计酬、返利记录，视听资料，传销人员关系图，银行账户交易记录，互联网电子数据，鉴定意见等证据，综合认定参与传销的人数、层级数等犯罪事实。主要考虑：实践中，传销组织为逃避法律制裁，结构日趋严密，活动日趋隐蔽，有的传销组织中加入门槛不断提高，下线人员不断减少，上下线之间单线联系；还有的网络传销活动中参与人员使用虚假身份，上下线之间互不相识，缴纳费用没有实物凭证，这都使侦破案件和收集证据的难度不断加大，给打击传销活动带来一定困难。因此，为有效打击传销犯罪，第四款明确了办理组织、领导传销活动刑事案件的证据收集标准，即结合言词证据和书证、鉴定意见、视听资料、电子数据等其他证据综合认定传销组织的规模，进一步加强执法办案过程中收集证据的可操作性。

需要说明的是，在研究起草过程中，还有意见认为“组织、领导的传销活动人员在三十人以上”的标准过高，与当前传销组织出现的小规模分散聚集、裂变式发展、通过提高“入门费”门槛减少人员规模等新情况不相适应，建议将标准降低到“二十人以上”。经研究认为，针对当前打击传销违法犯罪活动出现的新情况新问题，《意见》在《立案追诉标准（二）》规定的基础上，通过进一步明确传销组织层级及人数的认定，统一证据收集标准，明确组织者、领导的认定处理以及明确组织、领导传销活动罪“情节严重”的认定，可以有效应对和解决，不宜再降低人数标准，以避免不当扩大刑事打击面。

（二）关于传销活动有关人员的认定和处理问题

《立案追诉标准（二）》第七十八条第二款规定，传销活动的组织者、领导者是指在传销活动中起组织、领导作用的发起人、决策人、操纵人以及在传销活动中担负策划、指挥、布置、协调等重要职责，或者在传销活动实施中起到关键作用的人员。司法实践中反映上述规定比较原则，不易理解和把握。

为此，《意见》第二条第一款对“传销活动的组织者、领导者”作了具体规定，将其细化为五类人员：一是在传销活动中起发起、策划、操纵作用的人员，如在传销组织中负责发起、策划、操纵的“董事长”类人员。二是在传销活动中承担管理、协调等职责的人员，如具体负责传销活动整体开展的“总经理”类人员以及承担具体职责、组织开展传销业务的“部门主管”类人员。三是在传销活动中承担宣传、培训等职责的人员，如在传销组织中传授传销方法、灌输传销理念的“宣教”类人员。四是曾因组织、领导传销活动受过刑事处罚，或者一年以内因组织、领导传销活动受过行政处罚，又直接或者间接发展参与传销活动人员在十五人以上且层级在三级以上的人员。主要考虑到这类犯罪分子屡教不改，受过处罚后继续重操旧业，主观恶性较大，有必要予以从严惩处。五是其他对传销活动的实施、传销组织的建立、扩大等起关键作用的人员，如在传销组织中承担资金结算、财务管理等其他重要职责，对传销活动实施起关键作用的人员。

第二款明确以单位名义实施组织、领导传销活动犯罪的，对于受单位指派，仅从事劳务性工作的人员，一般不予追究刑事责任。主要考虑：根据刑法第二百二十四条之一和第二百三十一条的规定，单位可以成为组织、领导传销活动罪的犯罪主体。在定罪处罚时，应对其直接负责的主管人员和其他直接责任人员追究刑事责任，对于受单位指派仅从事劳务性工作的人员，一般不予追究刑事责任。

（三）关于“骗取财物”的认定问题

《意见》第三条明确了刑法第二百二十四条之一规定的“骗取财物”的认定问题，即传销活动的组织者、领导者采取编造、歪曲国家政策，虚构、夸大经营、投资、服务项目及营利前景，掩饰计酬、返利真实来源或者其他欺诈手段，实施刑法第二百二十四条之一规定的行为，从参与传销活动人员缴纳的费用或者购买商品、服务的费用中非法获利的，应当认定为骗取财物。参与传销活动人员是否认为被骗，不影响骗取财物的认定。

根据刑法的规定，“骗取财物”是组织、领导传销活动罪的构成要件之一，这也是传销活动的最本质特征，传销活动的一切目的都是为了骗取财物。实践中有意见认为“骗取财物”的认定需要证明行为人主观上有非法占有的目的，而且需要参与传销活动人员承认被骗或者报案。经研究认为，组织、领导传销活动罪既侵犯了公民的财产所有权，又侵犯了正常的市场经济秩序和社会管理秩序，不能将组织、领导传销活动罪等同于侵犯财产犯罪。“骗取财物”是组织、领导传销活动罪客观方面的表现形式，实践中应主要从行为人的客观行为方式加以认定和把握，只要行为人以虚构事实、隐瞒真相的欺诈手段，如编造、歪曲国家政策，虚构、夸大经营、投资、服务项目及营利前景，掩饰计酬、返利真实来源等欺诈手段，实施了组织、领导传销活动的行为，并以“拉人头”、“收取入门费”等方式从中非法获利的，即应认定为“骗取财物”。

此外，由于传销活动的特殊性，参与传销活动人员既是实施传销行为的违法者，又是传销活动的受害者，有的受到蛊惑蒙蔽，被“洗脑”丧失判断力，无法认清其欺诈本质，有的虽然了解传销活动的虚伪性、欺骗性，但沉湎于快速发财的梦幻中自愿参加，并不承认被骗。因此，这里明确参与传销活动人员是否认为被骗，不影响骗取财物的认定。

（四）关于组织、领导传销活动罪“情节严重”的认定问题

为加大对组织、领导传销活动犯罪的刑事打击力度，严惩涉及人员众多、涉案金额巨大、社会影响恶劣的传销活动中的组织者、领导者，《意见》第四条明确了组织、领导传销活动罪“情节严重”的认定标准，规定了五种应当认定为“情节严重”的情形。第一项规定“组织、领导的参与传销活动人员累计达120人以上的”情形，主要考虑到当前传销组织主要采取两倍或三倍倍增模式发展下线人员：当以两倍倍增模式发展时，发展至第七层，参与传销活动人员数量出现突破性增长，总人数达到127人，即1+2+4+8+16+32+64=127；当以三倍倍增模式发展时，发展至第五层，参与传销活动人员数量出现突破性增长，总人数达到121人，即1+3+9+27+81=121。此时，传销组织的层级数和人数均已远远超过立案追诉标准（层级数约为立案追诉标准的两倍，人数约为立案追诉标准的四倍），传销组织的规模正处于几何级数增长的时间节点，已经具有极大的社会危害性，有必要予以从严惩处。第二项规定“直接或者间接收取参与传销活动人员缴纳的传销资金数额累计达二百五十万元以上的”，主要考虑到组织、领导传销活动犯罪的主要目的是骗取财物，其涉案的资金数额大小是判断其社会危害性的重要标准之一。从司法实践反映的情况来看，目前传销活动根据类型的不同，要求参与传销活动人员缴纳的“入门费”从几百元至十几万元不等，资金数额相差悬殊。为与第一项的数量标准保持大致平衡，将收取资金数额二百五十万元作为“情节严重”的数额标准，兼顾各类型的传销活动，也与第一项标准的社会危害性相当。第三项规定“曾因组织、领导传销活动受过刑事处罚，或者一年以内因组织、领导传销活动受过行政处罚，又直接或者间接发展参与传销活动人员累计达六十人以上的”，主要考虑到与《意见》第二条第四项的规定相衔接，加大对屡教不改、重操旧业的传销活动组织者、领导者的打击力度，遏制这类犯罪分子复制、传播、扩散传销活动的势头。第四项规定“造成参与传销活动人员精神失常、自杀等严重后果的”情形，主要考虑到传销活动中组织者、领导者能在短期内聚敛巨额社会财富，而被骗参与传销活动人员往往被害得倾家荡

产、生活无着，甚至造成精神失常、自杀等严重后果，这种情况下对组织者、领导者从严惩处才能体现罪刑相适应的原则，有效防范传销活动对人身安全、家庭和谐、社会稳定产生的负面影响。第五项是兜底条款。

（五）关于“团队计酬”行为的处理问题

《意见》第五条明确了“团队计酬”行为的处理问题，共分两款。第一款根据《禁止传销条例》第七条第三项的规定，明确了“团队计酬”式传销活动的含义，即传销活动的组织者或者领导者通过发展人员，要求传销活动的被发展人员发展其他人员加入，形成上下线关系，并以下线的销售业绩为依据计算和给付上线报酬，牟取非法利益的传销活动。

第二款明确以销售商品为目的、以销售业绩为计酬依据的单纯的“团队计酬”式传销活动，不作为犯罪处理；形式上采取“团队计酬”方式，但实质上属于“以发展人员的数量作为计酬或者返利依据”的传销活动，应当以组织、领导传销活动罪定罪处罚。主要考虑：《禁止传销条例》第七条规定了“拉人头”式传销、收取“入门费”式传销、“团队计酬”式传销三种传销活动的形式。刑法第二百二十四条之一组织、领导传销活动罪将“拉人头”式传销和收取“入门费”式传销纳入刑事打击范畴，对“团队计酬”式传销未作规定。因此，根据刑法和《禁止传销条例》的规定，对以销售商品为目的、以销售业绩为计酬依据的单纯的“团队计酬”式传销活动，不作为犯罪处理，可由工商行政管理部门予以行政处罚。而对于以“团队计酬”方式作为幌子或者掩护，实质属于“拉人头”式传销或者收取“入门费”式传销的，仍应当以组织、领导传销活动罪定罪处罚。

（六）关于罪名的适用问题

《意见》第六条明确了相关罪名的适用问题，共分两款。第一款明确以非法占有为目的，组织、领导传销活动，同时构成组织、领导传销活动罪和集资诈骗罪的，依照处罚较重的规定定罪处罚。主要考虑：目前，非法集资往往使用传销手法，传销活动也越来越多脱离实物、以“原始股投资”、“基金发售”、“资本运作”等形式出现，导致组织、领导传销活动罪与集资诈骗罪相互交织。司法实践中，不同地方对此定性处理不一，既关系到对参与人员涉案身份、行为的认定和涉案财物的处置，又影响到司法机关的公信力和法律的严肃性。这种情况下，行为人实施一个行为，同时触犯了多个罪名，属于想象竞合犯，应当从一重罪处断。

第二款明确犯组织、领导传销活动罪，并实施故意伤害、非法拘禁、敲诈勒索、妨害公务、聚众扰乱社会秩序、聚众冲击国家机关、聚众扰乱公共场所秩序、交通秩序等行为，构成犯罪的，依照数罪并罚的规定处罚。主要考虑：传销违法犯罪活动严重影响社会稳定，极易引发其他违法犯罪行为。为严厉打击组织、领导传销活动犯罪，维护人民群众合法权益和正常社会管理秩序，本款明确行为人实施多个行为，即组织、领导传销活动和其他侵害公民人身权利、财产权利或者扰乱社会管理秩序的行为，触犯了多个罪名，应当数罪并罚。

最高人民法院、最高人民检察院关于办理抢夺刑事案件适用法律若干问题的解释

（2013 年 9 月 30 日最高人民法院审判委员会第 1592 次会议、2013 年 10 月 22 日最高人民检察院第十二届检察委员会第 12 次会议通过　2013 年 11 月 11 日公布　2013 年 11 月 18 日施行　法释〔2013〕25 号）

为依法惩治抢夺犯罪，保护公私财产，根据《中华人民共和国刑法》的有关规定，现就办理此类刑事案件适用法律的若干问题解释如下：

第一条　抢夺公私财物价值一千元至三千元以上、三万元至八万元以上、二十万元至四十万元以上的，应当分别认定为刑法第二百六十七条规定的“数额较大”、“数额巨大”、“数额特别巨大”。

各省、自治区、直辖市高级人民法院、人民检察院可以根据本地区经济发展状况，并考虑社会治安状况，在前款规定的数额幅度内，确定本地区执行的具体数额标准，报最高人民法院、最高人民检察院批准。

第二条　抢夺公私财物，具有下列情形之一的，“数额较大”的标准按照前条规定标准的百分之五十确定：

（一）曾因抢劫、抢夺或者聚众哄抢受过刑事处罚的；

（二）一年内曾因抢夺或者哄抢受过行政处罚的；

（三）一年内抢夺三次以上的；

（四）驾驶机动车、非机动车抢夺的；

（五）组织、控制未成年人抢夺的；

（六）抢夺老年人、未成年人、孕妇、携带婴幼儿的人、残疾人、丧失劳动能力人的财物的；

（七）在医院抢夺病人或者其亲友财物的；

（八）抢夺救灾、抢险、防汛、优抚、扶贫、移民、救济款物的；

（九）自然灾害、事故灾害、社会安全事件等突发事件期间，在事件发生地抢夺的；

（十）导致他人轻伤或者精神失常等严重后果的。

第三条　抢夺公私财物，具有下列情形之一的，应当认定为刑法第二百六

十七条规定的“其他严重情节”：

（一）导致他人重伤的；

（二）导致他人自杀的；

（三）具有本解释第二条第三项至第十项规定的情形之一，数额达到本解释第一条规定的“数额巨大”百分之五十的。

第四条 抢夺公私财物，具有下列情形之一的，应当认定为刑法第二百六十七条规定的“其他特别严重情节”：

（一）导致他人死亡的；

（二）具有本解释第二条第三项至第十项规定的情形之一，数额达到本解释第一条规定的“数额特别巨大”百分之五十的。

第五条 抢夺公私财物数额较大，但未造成他人轻伤以上伤害，行为人系初犯，认罪、悔罪，退赃、退赔，且具有下列情形之一的，可以认定为犯罪情节轻微，不起诉或者免予刑事处罚；必要时，由有关部门依法予以行政处罚：

（一）具有法定从宽处罚情节的；

（二）没有参与分赃或者获赃较少，且不是主犯的；

（三）被害人谅解的；

（四）其他情节轻微、危害不大的。

第六条 驾驶机动车、非机动车夺取他人财物，具有下列情形之一的，应当以抢劫罪定罪处罚：

（一）夺取他人财物时因被害人不放手而强行夺取的；

（二）驾驶车辆逼挤、撞击或者强行逼倒他人夺取财物的；

（三）明知会致人伤亡仍然强行夺取并放任造成财物持有人轻伤以上后果的。

第七条 本解释公布施行后，《最高人民法院关于审理抢夺刑事案件具体应用法律若干问题的解释》（法释〔2002〕18号）同时废止；之前发布的司法解释和规范性文件与本解释不一致的，以本解释为准。

《最高人民法院、最高人民检察院关于办理抢夺刑事案件适用法律若干问题的解释》理解与适用

陈国庆 韩耀元 宋 丹*

最高人民法院、最高人民检察院（以下简称“两高”）《关于办理抢夺刑事案件适用法律若干问题的解释》（以下简称《解释》）自2013年11月18日起施行。为便于司法工作人员正确理解和适用《解释》的相关规定，现对《解释》制定的背景及主要内容解读如下：

一、《解释》的制定背景

《解释》制定的背景主要有两个方面：一是打击抢夺犯罪的司法实际需要。抢夺犯罪是一种多发性侵财犯罪，社会危害大，一直属于司法机关严惩范围。2002年最高法院《关于审理抢夺刑事案件具体应用法律若干问题的解释》（以下简称《2002年抢夺解释》）规定了抢夺罪定罪量刑数额标准，对于惩治此类犯罪发挥了重要作用。十多年来，随着经济社会发展，社会生活发生了重大变化，抢夺犯罪也出现了许多新的形式，司法机关办案中不断遇到新的法律适用问题，需要司法解释进一步明确以适应惩治抢夺犯罪的实际需要。二是与盗窃罪等侵财犯罪的定罪量刑标准保持协调。《2002年抢夺解释》规定的抢夺罪“数额较大”、“数额巨大”、“数额特别巨大”的认定标准与1998年3月最高人民法院《关于审理盗窃案件具体应用法律若干问题的解释》（以下简称《98年盗窃解释》）规定的盗窃罪数额标准一致，分别是500元至2000元以上、5000元至2万元以上、3万元至10万元以上。2013年4月“两高”发布的《关于办理盗窃刑事案件适用法律若干问题的解释》（以下简称《2013年盗窃解释》）调高了盗窃罪的数额认定标准，如不及时修改抢夺罪的数额认定标准，就会出现抢夺罪与盗窃罪等侵犯财产犯罪的定罪量刑标准失衡，有悖于罪责刑相适应原则。因此，需要调整抢夺罪的定罪量刑标准，以保持抢夺罪与盗窃罪之间定罪量刑标准均衡。

为解决司法实践中出现的新问题，“两高”及时启动了《解释》制定工作。经多方面征求意见，反复研究修改，形成了《解释》，并经最高法院审委会、最高检察院检委会分别审议通过。

---

* 作者单位：最高人民检察院法律政策研究室。

二、《解释》的主要内容

《解释》共七条，着重对抢夺“数额较大”、“数额巨大”、“数额特别巨大”的认定标准作了调整；对几种情节严重的抢夺犯罪“数额较大”的认定标准作了特别规定。同时，明确了抢夺罪“其他严重情节”、“其他特别严重情节”，驾驶车辆强行夺取财物的定性等问题。

（一）明确了抢夺罪“数额较大”的认定标准

适当调整了抢夺罪定罪的数额起点一般标准。《解释》第一条第一款规定，抢夺公私财物价值一千元至三千元以上应当认定为刑法第二百六十七条规定的“数额较大”，与《2002年抢夺解释》的规定相比，数额标准有所提高，即由原来规定的五百元至两千元提高至一千元至三千元。主要考虑：一是侵财犯罪数额标准的设定，首先要考虑社会治安状况和人民群众的安全感，鉴于“两抢一盗”犯罪历来是刑法打击重点，对抢夺罪认定的数额起点标准不宜调得过高，只作微幅调整。二是与近期出台的有关侵财犯罪的司法解释相协调，如诈骗罪、盗窃罪、敲诈勒索罪解释均对数额认定标准有所提高。

考虑到各地经济发展状况和社会治安状况有所不同，《解释》第一条第二款规定，各省、自治区、直辖市高级人民法院、人民检察院可以根据本地区经济发展状况，并考虑社会治安状况，在前款规定的数额幅度内，确定本地区执行的具体数额标准，报最高人民法院、最高人民检察院批准。与《2002年抢夺解释》第六条的规定相比，将“备案”修改为“批准”，主要考虑，为维护国家法制统一，司法解释权应该由“两高”行使，不宜将犯罪数额的解释权再授权地方司法机关。在解释公布施行后，各省高级人民法院、人民检察院应根据本款规定，结合本地实际，共同研究确定本地区办理抢夺刑事案件的具体数额标准，报送“两高”批准执行。

增加规定了抢夺“数额较大”的特别认定标准。针对实践中一些情节恶劣，社会危害性大，需要从严惩处的抢夺行为，《解释》第二条规定了特别入罪标准，即只要达到第一条规定的“数额较大”标准的百分之五十，又具有特定犯罪情形的，以抢夺罪追究刑事责任。第二条共列有10项情形：（1）曾因抢劫、抢夺或者聚众哄抢受过刑事处罚的；（2）一年内曾因抢夺或者哄抢受过行政处罚的；（3）一年内抢夺三次以上的；（4）驾驶机动车、非机动车抢夺的；（5）组织、控制未成年人抢夺的；（6）抢夺老年人、未成年人、孕妇、携带婴幼儿的人、残疾人、丧失劳动能力人的财物的；（7）在医院抢夺病人或者其亲友财物的；（8）抢夺救灾、抢险、防汛、优抚、扶贫、移民、救济款物的；（9）自然灾害、事故灾害、社会安全事件等突发事件期间，在事件发生地抢夺的；（10）导致他人轻伤或者精神失常等严重后果的。

第一、二项规定了抢夺数额较小但有犯罪前科或受过行政处罚的入罪情形。对于因为抢夺受过处罚再实施抢夺的，行为人屡教不改，主观恶性深，具有较大的人身危险性，对此类行为应当从严惩处。考虑到抢劫、哄抢与抢夺在行为方式上具有相似性，且行为人极易实施抢夺相似行为，《解释》第一、二项将实施抢劫、哄抢被处罚后又实施抢夺的也作为从严惩处的情形。第三项从抢夺的次数方面对需要严惩的抢夺行为予以规定，一年内抢夺三次以上，较通常情形下的抢夺行为社会危害性更大，需要从严惩处。需要说明的是，此项规定的“抢夺”，是指没有受到刑事处罚或者行政处罚的抢夺行为，如果一年内曾因抢夺受过刑事处罚或者行政处罚后再实施抢夺的，应该适用本条第一、二项的规定认定。第四项针对实践中驾驶机动车、非机动车抢夺的，由于抢夺行为对被害人造成潜在的人身威胁较大，采取此类特定抢夺方式抢夺的应该从严惩处。2005 年 6 月最高法院《关于审理抢劫、抢夺刑事案件适用法律若干问题的意见》第十一条规定驾驶车辆抢夺的应从重处罚，本项对该规定再次予以明确。第五项主要针对组织、控制未成年人抢夺案件社会危害性更为严重的实际情况作出规定。第六项主要从抢夺对象方面，加大对弱势群体人身、财产的保护角度作出规定，考虑到实践中的情况，将“携带婴幼儿的人”纳入特殊人群保护范围。第七项针对在医院抢夺就医人员的“救命钱”，行为人主观恶性相对更大，客观危害也更为严重的情况作出规定。适用该项规定应注意同时符合两个条件：一是地点条件，即只能是在医院这一特定场所内；二是受害对象只能是病人及其亲友。第八项考虑到抢夺救灾、抢险等属于特殊用途的救济款物，不仅是财产上的损失，还可能造成其他严重危害后果，此种情形需要从严打击。第九项主要考虑在突发事件发生地实施抢夺犯罪，造成危害后果更为严重，明确在“突发事件期间”和“事件发生地”抢夺的应该从严惩处。认定这种情况，也要注意应同时具备两个条件：一是时间条件，即在“突发事件期间”；二是地点条件，即“事件发生地”。实践中，对于在突发事件期间抢夺但并非在突发事件发生地实施抢夺行为的，不属于第九项规定的情形。第十项明确了抢夺造成的其他严重后果应该从严处罚，导致他人轻伤或者精神失常，是指过失造成了被害人轻伤伤害或精神失常的后果。

（二）明确了抢夺罪“数额巨大”、“数额特别巨大”及“其他严重情节”、“其他特别严重情节”的认定标准

《解释》第一条第一款规定，抢夺公私财物价值三万元至八万元以上的应该认定为刑法第二百六十七条规定的“数额巨大”，二十万元至四十万元以上的应认定为“数额特别巨大”。《解释》与《2002 年抢夺解释》相比，对“数

额巨大”、“数额特别巨大”的认定标准均作了较大幅度的提高，主要考虑：一是拉大“数额巨大”、“数额特别巨大”与“数额较大”之间的幅度，有利于更好地落实罪责刑相适应原则。二是与近期出台的有关侵财犯罪的司法解释提高的定罪量刑数额标准相协调。

《解释》第三、四条明确了抢夺罪“其他严重情节”、“其他特别严重情节”。抢夺公私财物，导致他人重伤、自杀或者具有本解释第二条第三项至第十项规定的情形之一，数额达到本解释第一条规定的“数额巨大”百分之五十的，应当认定为抢夺罪“其他严重情节”；导致他人死亡或者具有本解释第二条第三项至第十项规定的情形之一，数额达到本解释第一条规定的“数额特别巨大”百分之五十的，应当认定为抢夺罪“其他特别严重情节”。

《解释》第三、四条是在《2002年抢夺解释》第四、五条规定的基础上进行的修改。《2002年抢夺解释》第五条规定：“实施抢夺公私财物行为，构成抢夺罪，同时造成被害人重伤、死亡等后果，构成过失致人重伤罪、过失致人死亡罪等犯罪的，依照处罚较重的规定定罪处罚。”实践中出现行为人抢夺“数额较大”，又致人重伤的，构成抢夺罪和过失致人重伤罪，但由于两罪法定刑均为三年有期徒刑以下，难以区分法定刑轻重，导致适用何种罪名出现困难。为了解决上述问题，《解释》规定因抢夺致人重伤、死亡的，一律以抢夺罪论处，同时将抢夺致人重伤、死亡的情形采取列举的方式分别规定为“其他严重情节”、“其他特别严重情节”，并在第三条“其他严重情节”增加了“导致他人自杀的”情形。一方面，解决了《2002年抢夺解释》第五条的问题；另一方面，加大对抢夺致人重伤、死亡的打击力度，更好落实罪责刑相适应原则。

《解释》第三条第三项、第四条第二项结合抢夺犯罪情节和犯罪数额，分别规定具有第二条第三项至第十项规定的情形之一，抢夺公私财物数额达到抢夺“数额巨大”、“数额特别巨大”标准的百分之五十的，应认定为“其他严重情节”、“其他特别严重情节”。对于具有第二条第三项至第十项情形的，应予从严惩处，即使抢夺数额没有达到“数额巨大”、“数额特别巨大”标准，但只要达到其百分之五十，也应与抢夺数额达到“数额巨大”、“数额特别巨大”标准予以同等处罚。

（三）规定了抢夺情节轻微可不起诉或者免予刑事处罚的情形

《解释》第五条借鉴了《2013年盗窃解释》第七条、《2013年敲诈勒索解释》第五条，规定抢夺公私财物数额较大，但未造成他人轻伤以上伤害，行为人系初犯，认罪、悔罪，退赃、退赔，且具有法定从宽处罚情节的，没有参与分赃或者获赃较少且不是主犯的，被害人谅解的以及其他情节轻微、危害不大的，可以认定为犯罪情节轻微，不起诉或者免予刑事处罚；必要时，由有关部门依法予以行政处罚。本条规定体现了宽严相济刑事政策从宽的一面，对于抢夺犯罪情节轻微的可以不起诉或者免予刑事处罚。

司法实践中需要注意：一是抢夺罪可认定为犯罪情节轻微的前提条件，除行为人认罪、悔罪，退赃、退赔外，还需要具备行为人属于初犯、没有造成被害人轻伤以上伤害的情形。二是“可以不起诉或者免予刑事处罚”针对的是抢夺公私财物数额达到较大标准的行为，即已经构成抢夺犯罪的行为。对于抢夺公私财物数额达到“数额巨大”以上的，均不能适用不起诉或者免予刑事处罚。三是对于不起诉或者免予刑事处罚的，必要时由有关部门予以行政处罚。如果根据《治安管理处罚法》的规定应当处罚的，由治安管理部门予以相应的治安处罚。

（四）对驾驶车辆夺取财物的定性问题做了明确规定

对驾驶车辆抢夺行为如何定性一直是实践中存在的难题。有意见认为，行为人利用快速行驶的车辆实施抢夺，除侵犯了被害人的财产权外，还必然威胁被害人的人身安全，侵害被害人人身权利，应以抢劫罪定罪处罚；另一种意见认为，驾驶车辆抢夺的对象是财物而不是被害人的人身，行为人不是故意对被害人人身使用暴力，应以抢夺罪从重处罚。经研究认为，一般情况下，驾驶车辆抢夺的，使用暴力针对的是被害人的财物，行为人没有对被害人的人身使用暴力的故意，对于实践中驾驶车辆抢夺过失造成被害人人身伤害的后果的，应该以抢夺罪从重处罚；对于驾驶车辆抢夺，因被害人保护财物而强行拖拽、威胁被害人的，此时行为方式和行为对象发生了转化，暴力不仅针对财物而且作用于被害人人身，行为性质也发生了转化，由抢夺转化为抢劫，应该以抢劫罪定罪处罚。

针对实践中的具体情况，2005 年 6 月最高法院《关于审理抢劫、抢夺刑事案件适用法律若干问题的意见》第十一条明确了驾驶车辆夺取他人财物应当以抢劫罪定罪处罚的三种情形。《解释》第六条吸收了该意见规定的应以抢劫罪论处的三种情形，并对相关文字表述作出修改，明确驾驶机动车、非机动车夺取他人财物，夺取他人财物时因被害人不放手而强行夺取的，驾驶车辆逼挤、撞击或者强行逼倒他人夺取财物的，或者明知会致人伤亡仍然强行夺取并放任造成财物持有人轻伤以上后果的，应当以抢劫罪定罪处罚。

需要注意的是，对于驾驶机动车夺取财物案件的定性，需要根据案件具体情况，区别适用《解释》第二条第四项和第六条的规定。一般情况下，驾驶机动车、非机动车抢夺案件，驾驶车辆抢夺应该作为抢夺罪从严惩处的情形，抢夺公私财物的数额只要达到《解释》第一条规定的“数额较大”标准的百分之五十，即以抢夺罪追究刑事责任。特殊情况下，具有《解释》第六条规定的三种情形之一的，以抢劫罪定罪处罚。

此外，《解释》第七条规定了解释的效力。明确废止了《2002 年抢夺解释》；解释发布施行后，之前发布的司法解释和规范性文件与解释不一致的，以本解释为准。

《人民检察院民事诉讼监督规则（试行）》条文释义*

（2013年11月18日公布并施行　高检发释字〔2013〕3号）

第一章　总　则

第一条　为了保障和规范人民检察院依法履行民事检察职责，根据《中华人民共和国民事诉讼法》、《中华人民共和国人民检察院组织法》和其他有关规定，结合人民检察院工作实际，制定本规则。

【条文主旨】

本条是关于《监督规则》制定目的和依据的规定。

【条文释义】

党的十八大对全面建成小康社会作出了一系列重大部署，突出强调要全面推进依法治国，加快建设社会主义法治国家，并对加强法律监督、推进公正司法、加强政法队伍建设、加强司法公信力建设等提出了明确要求。民事检察工作是检察机关为保障民事法律统一正确实施而进行的法律监督工作，是检察机关法律监督工作的重要组成部分，对维护司法公正和权威、化解社会矛盾、保障和促进社会经济发展具有重要作用。

2012年8月31日，十一届全国人大常委会第二十八次会议通过了《关于修改〈中华人民共和国民事诉讼法〉的决定》，对《民事诉讼法》进行了修改完善。修改后《民事诉讼法》进一步强化了检察机关对民事诉讼的法律监督，拓展了监督范围，增加了监督方式，丰富了监督手段，为检察机关充分有效履行民事诉讼监督职责提供了法律依据，对民事检察工作的发展具有里程碑式的意义。修改后《民事诉讼法》第十四条规定，人民检察院有权对民事诉讼实行法律监督，这一规定包含于民事诉讼法的总则部分，体现出人民检察院对民事诉讼实行法律监督是民事诉讼法的基本原则之一，人民检察院有权对民事诉讼的全过程实行法律监督。民事检察工作的性质是对公权力的监督，人民检察

---

* 本释义由最高人民检察院民事行政检察厅提供。

院的宪法定位是国家法律监督机关，这一定位决定了检察机关的主要职能就是依法正确行使法律监督权。民事检察工作作为检察制度和检察工作的一个重要组成部分，其最重要的属性就是法律监督属性。最高人民检察院印发的《关于深入推进民事行政检察工作科学发展的意见》明确指出："民事行政检察工作是检察机关为保障民事行政法律统一正确实施而进行的法律监督，其核心是对公权力的监督。"民事检察工作对公权力进行监督的性质与刑事检察不同，刑事检察既包括追诉犯罪的诉讼职责，也包括维护人权、保障刑事活动顺利进行的监督职责，换言之，刑事检察工作既包括对公权力即司法机关的刑事诉讼活动的监督，也包括对公民活动即刑事法律的遵守情况的监督，而民事诉讼监督的性质更加突出地体现为对公权力的监督，其主要效力在于依法启动相应的法律程序或促使被监督者自行纠正违法情形。

民事检察监督从监督对象的性质角度划分主要包括以下两个方面：

第一，对民事审判权实施监督。民事检察是对民事诉讼的全面监督，监督对象既包括审判权行使的结果，也包括审判权行使的过程，主要有三方面监督内容。一是直接对生效的民事判决、裁定的裁判结果进行监督。修改后《民事诉讼法》第二百条、第二百零八条规定，人民检察院对民事裁判结果的监督情形包括：(1) 出现新的法律事实而推翻原裁判，如新的证据出现、原裁判依据的法律文书被撤销或变更、原审认定事实的主要证据是伪造的。(2) 原裁判认定的基本事实缺乏证据证明的。(3) 原裁判适用法律确有错误等。二是对生效调解书进行监督。修改后《民事诉讼法》第二百零八条规定，人民检察院对人民法院已经发生法律效力的调解书发现损害国家利益、社会公共利益的，应当提出抗诉或检察建议。三是对审判程序中审判人员违法行为进行监督。主要包括：(1) 违反证据规则审查、调查收集和认定证据。(2) 审判组织违法。(3) 限制和剥夺当事人诉讼权利。(4) 审判人员存在贪污受贿、徇私舞弊、枉法裁判行为。

第二，对民事执行权实施监督。修改后《民事诉讼法》第十四条规定，人民检察院有权对民事诉讼实行法律监督；第二百三十五条规定，人民检察院有权对民事执行活动实行法律监督。上述规定赋予了人民检察院对人民法院民事执行活动进行法律监督的权力，也标志着从 2013 年 1 月 1 日起，民事执行监督试点工作已经结束，民事执行监督工作在全国范围内正式开展。

关于制定《监督规则》的目的，本条表述为保障和规范人民检察院依法履行民事检察职责。一方面，由于《民事诉讼法》关于检察机关对民事诉讼实行法律监督的条文较为原则，需要结合检察工作实际，对相关条文予以具体化和明确化，才能确保检察机关在实践中能够依法正确履行法律赋予的监督职责，因此，保障人民检察院依法履行民事检察职责是制定《监督规则》的目的之一。另一方面，对检察机关民事诉讼监督的工作内容和工作流程予以细化，实现民事诉讼监督工作的规范化和制度化，既有利于提高监督质量和监督效率，也能够避免检察权的滥用，实现检察机关民事诉讼监督工作的规范有序开展，因此，规范人民检察院依法履行民事检察职责也是制定《监督规则》的目的。

关于《监督规则》的制定依据。《监督规则》是检察机关贯彻执行修改后《民事诉讼法》的司法解释文件，因此，《民事诉讼法》是制定《监督规则》的基本依据，《监督规则》的全部内容都是严格依照民事诉讼法的相关规定制定的。《监督规则》中关于监督范围、监督对象、监督方式、监督手段等内容，都严格依照民事诉讼法关于检察机关民事诉讼监督职责的规定予以细化，以便于实践中贯彻执行。同时，《监督规则》还严格遵循修改后《民事诉讼法》的规定设置了监督程序和工作流程，全面体现了依法监督的要求。另外，《中华人民共和国人民检察院组织法》也是制定《监督规则》的依据之一，《监督规则》中关于上下级人民检察院在办理民事诉讼监督案件中的关系、案件办理程序等都严格依照《中华人民共和国人民检察院组织法》的相关内容制定。除前述法律以外，最高人民检察院与最高人民法院以及相关单位会签的司法改革文件，如“两高”会签的《关于对民事审判活动与行政诉讼实行法律监督的若干意见（试行）》、《关于人民检察院检察长列席人民法院审判委员会会议的实施意见》，最高人民法院、最高人民检察院、公安部、国家安全部、司法部联合会签的《关于对司法工作人员在诉讼活动中的渎职行为加强法律监督的若干规定（试行）》等，这些司法改革文件也是制定《监督规则》的重要依据。这些司法改革文件的出台，对规范和加强民事检察工作发挥了重要作用。修改后《民事诉讼法》吸收了大部分重要司改成果，但没有将所有改革成果转化为立法，因此，在实践中要按照以下原则认真处理好修改后《民事诉讼法》与有关司法改革文件的关系：（1）对于民事诉讼法修改时已经吸收的内容，应当直接执行修改后《民事诉讼法》的规定；（2）司改文件与修改后《民事诉讼法》不一致的，应当按照修改后《民事诉讼法》的规定执行；（3）虽然修改后《民事诉讼法》没有规定，但司改文件规定与立法精神没有冲突，如调阅卷宗、调查核实司法工作人员在诉讼活动中的渎职行为等，仍应继续抓好落实；（4）对这次修改没有规定，但需要进一步研究解决的问题，各级检察机关均应注重加强调查研究，积累实践经验，争取通过制定司法解释、联合下发文件等形式予以解决。

第二条　人民检察院依法独立行使检察权，通过办理民事诉讼监督案件，维护司法公正和司法权威，维护国家利益和社会公共利益，维护公民、法人和其他组织的合法权益，保障国家法律的统一正确实施。

【条文主旨】

本条是关于民事诉讼监督任务的规定。

【条文释义】

从我国宪法规定的角度来看，监督警察、法院及其他国家公权力的行使，是检察机关以及检察制度的产生与存在的重要原因。从民事诉讼监督的本质属性来看，民事诉讼监督的本质更是对公权力的监督。研究民事诉讼监督的基本任务，有必要对法的价值的内涵进行解读。

通常来说，法的价值有三方面的内涵：一是法律在发挥其作用的过程中所能够保护和增进的价值，也就是法的目的价值，比如自由、平等、公平、秩序、安全、效率等；二是法律所包含的价值评价标准，也就是对各种相互冲突和重叠的利益进行评价的某种准则；三是法律自身所应当具有的良好品质和属性，这种意义上的法的价值被称之为法的形式价值，比如法律应当逻辑严谨而不应自相矛盾，应当公之于众而不应神秘莫测，应当简洁明了而不应烦琐隐晦等。

从对民事诉讼监督工作进行规范的角度看，在上述关于法的价值的理解中，核心的价值应当在于第一项即法的目的价值，着重体现为秩序、公平、正义。在民事诉讼监督中，检察机关代表国家行使法律监督权，监督对象是人民法院确有错误的生效判决、裁定，损害国家利益、社会公共利益的调解书，审判程序中审判人员的违法行为，以及法院在执行活动中的违法情形。从民事诉讼的监督对象可以看出，人民检察院民事诉讼监督工作的任务主要体现在以下三个方面：

1. 维护司法公正和司法权威。2001 年，全国检察机关第一次民事行政检察工作会议就提出了“维护司法公正和司法权威”的任务；在 2010 年召开的全国检察机关第二次民事行政检察工作会议上，曹建明检察长再次强调了民行检察工作中维护司法公正和司法权威的重要意义。司法公正是司法工作的首要目标，是实体公正与程序公正的有机统一。一旦人民法院作出错误的生效判决、裁定，损害国家利益、社会公共利益的调解书，以及出现了审判人员的违法行为、执行活动中的违法情形，都是对司法公正和司法权威的极大损害，民事诉讼监督的核心任务就是维护司法公正和司法权威，纠正错误的生效裁判，纠正损害国家利益和社会公共利益的调解书，纠正审判人员违法行为和执行活动中的违法情形。司法权威是司法公信力的基础，维护司法权威既包括支持人民法院正确裁判，对审判权直接维护，也包括通过法律监督纠正错误裁判，维护由检察权和审判权共同形成的司法权威。

2. 维护国家利益和社会公共利益，维护公民、法人和其他组织的合法权益。民事诉讼监督通过维护司法公正和司法权威，间接地维护各方面合法权益。在法治社会中，法律制度在整体上必然是要维护国家利益和社会公共利益，保护公民、法人和其他组织的合法权益，这个整体目标是通过各个具体法律制度的不同功能协同实现的，民事诉讼监督对公益或私益的保护更多的是一种间接保护，通过维护正确裁判、纠正错误裁判，从而保护国家利益、社会公共利益与个体合法权益。

3. 保障国家法律的统一正确实施。法的实施就是法律对社会进行调整或控制的过程，法的实施不仅是一个动态的过程，同时也是一个依靠多种制度、机制和程序运行的系统工程，法律无法单独实现对社会的控制，而必须依赖一种综合性的社会控制系统和各种手段方式的有机整合，法律监督就是法的实施机制中的重要组成部分。在司法实践中，多种因素的综合作用都可能导致国家法律实施的不统一，直接导致了同案不同判等非正常现象的出现，而同案不同判的情形对司法公正和司法权威均是极大的损害。人民检察院作为国家法律监督机关，在保障国家法律统一正确实施中负有重要职责，各级检察机关要通过依法办理民事诉讼监督案件，充分发挥法律监督职能，保障民事法律统一正确实施。

第三条 人民检察院通过抗诉、检察建议等方式，对民事诉讼活动实行法律监督。

【条文主旨】

本条是关于监督范围和监督方式的规定。

【条文释义】

关于检察机关对民事诉讼实行法律监督的范围和方式的立法经历了一个反复、变化的过程。1954 年的《人民检察院组织法》明确了检察机关对法院的审判活动是否合法实行监督，监督的方式是对于有关国家和人民利益的重要民事案件有权提起诉讼或者参加诉讼，并没有抗诉的规定，这是我国最早规定的民事检察制度。1979 年的《人民检察院组织法》废除了民事检察制度。1982 年的《民事诉讼法（试行）》仅规定了检察监督的原则，并未规定检察监督方式，民事检察监督形同虚设。直至 1989 年，《行政诉讼法》在总则中明确了检察机关对行政诉讼实行法律监督的原则，即“人民检察院有权对行政诉讼实行法律监督”，并在审判程序中加入了对生效裁判提出抗诉的规定。1991 年的《民事诉讼法》沿用了《行政诉讼法》的规定并适用二十余年。

（一）关于监督范围

有学者提出 1991 年《民事诉讼法》规定检察机关“对民事审判活动实行

法律监督”并非没有考虑到与其他两大诉讼法之间的协调，也并非没有认识到对人民法院的审判和执行活动都需要进行法律监督，当时之所以这样规定是为了着重强调检察监督只是对人民法院的审判活动进行监督，而不包括对当事人的诉讼活动进行监督。1991 年《民事诉讼法》实施后，检法两院由于对监督范围是否包括执行活动存在不同认识，导致实践中产生分歧。在立法不够完善的情况下，检察机关根据宪法和法律的原则性规定，积极探索开展执行监督工作，办理了一批执行监督案件，一些检察院还积极争取地方党委和人大的支持，通过人大决议或者联合会签文件的形式对执行监督工作进行了规范。

2001 年 10 月，最高人民检察院在《关于加强民事行政检察工作若干问题的意见》中提出：“对人民法院……在执行程序中作出的裁定，存在问题且确有必要时，可根据人民检察院组织法和民事诉讼法、行政诉讼法的有关规定，提出检察建议，由人民法院依法处理。”2005 年 8 月，最高人民检察院在《关于进一步深化检察改革的三年实施意见》中，提出“探索人民检察院对民事执行活动进行监督的方式”。2008 年 5 月，最高人民检察院《全国检察机关贯彻民事诉讼法座谈会纪要》提出：“各级人民检察院要积极探索对民事裁判执行活动的监督，对当事人提出申诉的违法执行裁定、执行决定和执行行为等案件，应当受案审查，采取纠正违法通知、检察建议等方式进行监督。”2010 年 7 月，最高人民法院、最高人民检察院、公安部、国家安全部、司法部联合印发了《关于对司法工作人员在诉讼活动中的渎职行为加强法律监督的若干意见（试行）》，对司法工作人员（包括执行人员）在诉讼活动（包括民事执行活动）中的渎职行为实行法律监督作出了具体规定。2011 年 3 月，最高人民法院与最高人民检察院联合印发了《关于在部分地方开展民事执行活动法律监督试点工作的通知》，在山西等 12 个省份开展民事执行法律监督的试点工作。2011 年 5 月，最高人民检察院和最高人民法院联合召开了贯彻落实“两高”会签文件精神座谈会，进一步推动了执行检察工作的开展。

随着近年来学术界和实务界对民事检察理论研究的进一步深入，民事检察对公权力进行监督的通说已经形成，修改后《民事诉讼法》也明确规定了检察机关对民事诉讼实行法律监督，并在执行专章中再次强调检察机关有权对民事执行活动实行法律监督。修改后《民事诉讼法》第十四条规定：“人民检察院有权对民事诉讼实行法律监督。”第二百三十五条规定：“人民检察院有权对民事执行活动实行法律监督。”根据上述规定，修改后《民事诉讼法》将检察机关对民事诉讼的监督范围由过去的“民事审判活动”拓展到“民事诉讼”。同时，为了避免对“民事诉讼”范围可能存在的不同理解，在执行程序一编中单列一条对检察机关有权对民事执行实行法律监督予以突出强调。根据修改后《民事诉讼法》的规定，从2013年1月1日起，民事执行监督试点工作已经结束，民事执行监督工作在全国范围内正式开展，检察机关在民事诉讼中的监督范围涵盖了包括立案、审理、裁判、执行等人民法院行使审判权和执行权的所有民事诉讼活动。

（二）关于监督方式

强化检察机关的法律监督，是此次修改民事诉讼法的重要内容，其中的一个重要方面就是在抗诉的基础上增加规定了检察建议的监督方式。在此次民事诉讼法修改前，只规定有抗诉一种监督方式，近年来，检察机关为更好地发挥民事检察的作用，通过积极试点探索，在实践中创造了通过检察建议实施民事检察监督的方式。检察建议不同于抗诉，虽然法律没有明确规定其必然引起对生效判决、裁定、调解书的再审，但是却明确规定其为检察监督的方式之一，这对检察机关利用和发挥检察建议的作用，加强检法两院在民事诉讼监督中的协调、配合，促进人民法院发现错误、纠正错误均具有积极意义；同时，检察建议是检察机关向同级人民法院发出的，其适用范围比抗诉更广，包括再审检察建议和其他类型的检察建议，分别适用于对可以通过再审程序纠正的符合监督条件的生效判决、裁定、调解书和人民法院在审判程序、执行程序中存在的违法情形等，有助于强化同级监督。

第四条 人民检察院办理民事诉讼监督案件，应当以事实为根据，以法律为准绳，坚持公开、公平、公正和诚实信用原则，尊重和保障当事人的诉讼权利，监督和支持人民法院依法行使审判权和执行权。

【条文主旨】

本条是关于民事诉讼监督原则的规定。

【条文释义】

根据修改后《民事诉讼法》的基本原则和精神，本条结合民事检察工作实际，对检察机关民事诉讼监督原则作出了规定。人民检察院对民事诉讼实行法律监督，应当坚持以下原则：

（一）以事实为根据，以法律为准绳

修改后《民事诉讼法》第七条规定：“人民法院审理民事案件，必须以事实为根据，以法律为准绳。”由此确立了“以事实为根据，以法律为准绳”作为民事诉讼的基本原则之一。《监督规则》作为检察机关贯彻执行修改后《民事诉讼法》的司法解释文件，也同样应当遵循该原则。“以事实为根据，以法律为准绳”是司法公正的重要体现，只有坚持实事求是，尊重案件事实，以法律的尺度严格衡量并作为定案的标准，才能确保检察机关办理民事诉讼监督案件的效果和质量。“以事实为根据，以法律为准绳”还要求检察机关在办理民事诉讼监督案件的过程中切忌主观片面性，要严格依法审查人民法院对证据的认定是否符合法律规定，是否在正确认定事实的基础上以法律为客观的尺度来分清是非，确定当事人的权利义务。值得注意的是，民事诉讼案件与刑事诉讼案件要求的证明标准不同，如果要求人民法院必须以绝对的客观真实作为民事审判依据是难以实现的，也与民事诉讼法中的举证制度和审限制度相冲突。最大限度地追求客观真实无疑是司法工作的价值追求和目标，但是定案所依据的事实应当是通过法庭调查、法庭辩论等环节被确认的事实，即“法律上的事实”，所以从一定程度上说，以事实为根据应当是以法律上的事实为根据，而非以绝对的客观事实为根据。“以法律为准绳”中的“法律”应当做广义理解，既包括全国人大及其常委会制定的法律，也包括行政法规和司法解释；既包括实体法也包括程序法。检察机关在办理民事诉讼监督案件过程中，既要关注人民法院对于案件的程序问题和实体问题所作的处理和决定，必须以相关法律规定为标准，不能恣意擅断，也要关注人民法院是否在法定程序内有效地采用法律规定的手段，在民事诉讼法规定的证据制度及其相关程序规范中查明案件事实，依法完成诉讼证明及裁判案件。

（二）公开、公平、公正

公开原则要求检察机关在办理民事诉讼监督案件过程中，对不涉及国家秘密和个人隐私等有关的活动和事项，应当依法向社会和诉讼参与人公开。公开原则是贯彻落实检务公开制度的重要举措，《监督规则》将公开原则贯彻始终，着力推进民事诉讼监督工作的公开透明。公平原则要求检察机关在办理民事诉讼监督案件中，通过对人民法院确有错误的生效民事判决书、裁定书，损害国家利益、社会公共利益的调解书，审判程序中审判人员的违法行为，以及人民法院在执行活动中的违法情形的监督，来实现对各方当事人合法权益的平等保护。公正原则要求检察机关在办理民事诉讼监督案件的过程中，要坚持居中监督，不偏不倚，不做任何一方当事人的“代言人”，坚持维护司法公正，维护国家法律的统一正确实施，既做到实体公正，也做到程序公正。

（三）诚实信用

修改后《民事诉讼法》第十三条规定：“民事诉讼应当遵循诚实信用原则。”诚实信用原则作为民法中的基本原则，被誉为民法中的“帝王条款”，是现代法治社会的一项基本法律规则，是市场经济活动中道德规则的法律化。随着诚实信用原则的扩展，其作用领域已经从私法领域延伸到公法领域，从实体法领域延伸到程序法领域；其作用范围也从最初只调整当事人之间的权利义务开始向调整审判机关、检察机关、当事人和其他诉讼参与人之间的全面关系演变，其内涵不断丰富。诚实信用原则作为民事诉讼法的基本原则，贯穿于民事诉讼活动的全过程，是对民事诉讼法律关系的本质和规律的集中反映，具有克服法律局限性的功能，违反诚实信用原则应当承担相应的法律责任。需要强调的是，诚实信用原则不仅是当事人和其他诉讼参与人应当遵循的原则，人民法院行使审判权以及人民检察院行使检察权也应当遵循这一原则。人民法院在审理、执行民事案件的过程中应当遵循诚实信用原则，具体表现为：法官应当自觉履行回避义务，即使当事人未申请回避，只要符合自行回避的条件，法官就应当主动申请退出案件的办理；法官应当合理行使自由裁量权，不得滥用审判权、执行权；在法律文书中充分阐述作出裁判的理由，包括具体的事实认定和法律适用；禁止突袭裁判，法官应当严格按照诉讼程序办理案件，充分保障当事人能够充分行使辩论权等。人民检察院在办理民事诉讼监督案件的过程中也应当遵循诚实信用原则：一方面要监督人民法院和当事人是否诚实信用。首先，民事诉讼监督是对公权力的监督，人民法院是否遵循诚信原则理应包含在民事诉讼监督的范围内；其次，民事诉讼监督虽然不直接监督当事人的诉讼行为，但是仍然可以通过对人民法院的监督间接制约当事人的不诚信行为。另一方面，检察机关在办理民事诉讼监督案件的过程中，自身也应当受该原则的约束。具体包括：检察官应当自觉履行回避义务，即使当事人不申请回避，只要符合回避条件的，检察官就应当退出案件的办理；禁止突袭性决定，检察官应当按照有关法律规定办理民事诉讼监督案件，在充分了解案件情况的基础上作出是否支持当事人监督申请的决定，认为有必要的还应该组织有关当事人听证或调查核实有关情况；在法律文书中充分阐述是否支持当事人监督申请的理由，包括生效民事裁判文书认定事实是否清楚、适用法律是否正确，生效民事调解书是否损害“两益”，审判人员是否存在违法行为以及人民法院的执行活动中是否存在违法情形等。

（四）尊重和保障当事人的诉讼权利

人民检察院作为国家的法律监督机关，应当通过办理民事诉讼监督案件，纠正人民法院在民事诉讼活动中的违法行为，维护当事人的诉讼权利，具体包括尊重和保障当事人通过诉讼维护自己实体利益的权利和在诉讼中享有的起诉，撤诉，增加、变更、撤回诉讼请求，申请回避，参与法庭辩论，申请强制执行等程序性权利。值得注意的是，民事诉讼同刑事诉讼、行政诉讼存在重要区别，在民事诉讼中，当事人在不违反法律强制性规定的情况下，在不损害国家利益和社会公共利益的前提下，有权对自身享有的民事实体权利和民事程序权利作出处分，因此，检察机关在办理民事诉讼监督案件的过程中，应当通过对人民法院公权力的监督，保障当事人在诉讼活动中依法行使法律赋予其的各项诉讼权利，同时保障当事人在参与民事诉讼监督案件的过程中充分行使诉讼权利，如保障申请检察监督的权利、申请回避的权利、陈述意见的权利等。此外，由于民事案件多数仅涉及当事人之间的利益分配，检察机关在办理民事诉讼监督案件过程中，在不损害国家利益、社会公共利益和第三人利益的情况下，应当尊重当事人在法律规定范围内对自身权利的处分，做到维护司法公正、司法权威与保障当事人处分权的有机结合。

（五）监督和支持人民法院依法行使审判权和执行权

在民事诉讼监督中，检察机关纠正错误裁判和维护正确裁判都是为了实现司法公正、维护司法权威，维护国家法制的统一、尊严和权威。人民检察院在民事诉讼监督活动中，应当注重监督和支持并重，切实维护好司法公正和司法权威，保障国家法律统一正确实施。

第五条 民事诉讼监督案件的受理、办理、管理工作分别由控告检察部门、民事检察部门、案件管理部门负责，各部门互相配合，互相制约。

【条文主旨】

本条是关于检察机关办理民事诉讼监督案件内部工作分工的规定。

【条文释义】

合理划分检察机关内设机构在办理民事诉讼监督案件过程中的职责范围，加强检察机关各业务部门在办理民事诉讼监督案件过程中的协调配合与监督制约，具有重大的现实意义。一方面，通过合理划分检察机关各内设机构的职责分工，有助于提高监督效率。另一方面，通过各办案部门的监督制约，能够在加强法律监督的同时，通过内部监督制约保证检察机关办理民事诉讼监督案件的质量，促进公正廉洁执法，不断加强自身监督。为此，本条根据检察工作实际，从案件的受理、案件的办理和案件的管理三个方面对人民检察院相关业务部门办理民事诉讼监督案件的内部分工予以明确，即控告检察部门负责受理案件，民事检察部门负责审查案件并作出审查结论，案件管理部门负责案件的流程管理。各部门之间各司其职，互相配合并监督制约，保证民事诉讼监督工作及时有效开展。

第六条 人民检察院办理民事诉讼监督案件，实行检察官办案责任制。

【条文主旨】

本条是关于检察官办案责任制的规定。

【条文释义】

实行检察官办案责任制，是检察机关贯彻落实党的十八届三中全会关于司法改革内容的重要举措，对于提高办案质量和效率，加强对办案活动的监督和制约等都具有十分重要的意义。结合本条规定，对人民检察院办理民事诉讼监督案件实行检察官办案责任制应注意以下两点：一是承办民事诉讼监督案件的人员必须是具有检察官资格并被任命为检察官的人员；二是承办检察官应对案件办理的过程和结果负责，违反法律及有关规定的，应当承担相应责任。

第七条　最高人民检察院领导地方各级人民检察院和专门人民检察院的民事诉讼监督工作，上级人民检察院领导下级人民检察院的民事诉讼监督工作。

上级人民检察院对下级人民检察院作出的决定，有权予以撤销或者变更，发现下级人民检察院工作中有错误的，有权指令下级人民检察院纠正。上级人民检察院的决定，下级人民检察院应当执行。下级人民检察院对上级人民检察院的决定有不同意见的，可以在执行的同时向上级人民检察院报告。

【条文主旨】

本条是关于上级检察机关领导下级检察机关民事诉讼监督工作的规定。

【条文释义】

依照《中华人民共和国人民检察院组织法》的规定，人民检察院实行上级领导下级的体制，本条对这一内容进行了细化。上级人民检察院对下级人民检察院在办理民事诉讼监督案件中作出的决定，如果发现存在错误，可以要求下级人民检察院纠正或者直接予以撤销或变更，下级人民检察院应当执行上级人民检察院的决定。同时，为了保证上级检察院决定的正确性，下级检察院如果对上级检察院的决定有不同意见，可以在执行的同时向上级人民检察院报告，以便于上级检察院及时通过复查程序纠正不当的决定。值得注意的是，《监督规则》第一百一十四条第二款规定了上级人民检察院指令撤回的情形，即上级人民检察院发现下级人民检察院监督错误或者不当的，应当指令下级人民检察院撤回，下级人民检察院应当执行。结合本条规定与第一百一十四条第二款规定可以看出，上级人民检察院在发现下级人民检察院的监督存在错误或不当的，应当指令下级人民检察院撤回并予以纠正，也有权视具体情况直接予以撤销或变更；下级人民检察院应当执行上级人民检察院的决定，如有不同意见的应在执行的同时向上级人民检察院报告。

第八条　人民检察院检察长在同级人民法院审判委员会讨论民事抗诉案件或者其他与民事诉讼监督工作有关的议题时，可以依照有关规定列席会议。

【条文主旨】

本条是关于检察长列席审判委员会会议的规定。

【条文释义】

2010 年 1 月，“两高”联合会签了《关于人民检察院检察长列席人民法院审判委员会会议的实施意见》，对检察长列席审判委员会制度作出了具体规定。实践证明，实行检察长列席审判委员会制度，对提高民事抗诉案件再审的原判改判率和检察建议案件采纳率，保证民事诉讼监督效果具有十分重要的意义。修改后《民事诉讼法》吸收了大量重要的司法改革成果，虽然没有直接对检察长列席审判委员会作出规定，但是《实施意见》与修改后《民事诉讼法》的立法精神并不冲突，而是完全契合的，因此对于检察长列席审判委员会的规定，各级检察机关均应继续抓好落实。

关于检察长列席审判委员会应当注重从如下几个方面把握：

1. 总体要求。人民检察院检察长可以列席同级人民法院审判委员会会议。检察长不能列席时，可以委托副检察长列席同级人民法院审判委员会会议。

2. 列席的任务。人民检察院检察长列席人民法院审判委员会会议的任务是，对于审判委员会讨论的案件和其他有关议题发表意见，依法履行法律监督职责。

3. 具体的列席情形包括：（1）人民检察院提出民事抗诉的案件；（2）与民事诉讼监督工作有关的其他议题。

4. 列席的具体程序。人民法院院长决定将符合列席情形的案件或者议题提交审判委员会讨论的，人民法院应当通过适当方式将会议议程、会议时间通知同级人民检察院。人民检察院检察长决定列席审判委员会会议时，检察长可以在人民法院承办人汇报完毕后、审判委员会委员表决前发表意见。

第九条 人民检察院办理民事诉讼监督案件，实行回避制度。

【条文主旨】

本条是关于回避制度的规定。

【条文释义】

回避制度是指案件承办人及其他相关人员，遇有法律规定的不宜参加案件审理或办理的情形时，经一定程序退出对该案件办理活动的制度，包括承办人自行回避和当事人申请回避。回避制度的意义在于保障司法的公正性。回避制度的设立，主要原因是考虑到案件承办人或其他相关人员所具有的双重社会身份。一方面，案件承办人是司法工作人员，代表国家行使检察权；另一方面，案件承办人作为自然人又与社会各方面有着广泛的联系，从而与各种社会事实发生联系。这种双重社会身份可能导致当事人甚至社会公众对司法公正的质疑，影响其对司法工作的理解信任，直接影响司法权威。

实行回避制度，首先能够更大程度上减少案件当事人、诉讼参与人，甚至社会公众对案件能否公正办理的疑虑，从制度上落实“看得见的公正”；其次，落实回避制度是实体裁判公正性的重要保障，避免与案件有某种利害关系的办案人员或者其他相关人员因偏私而造成不公正。回避制度是民事诉讼的基本制度，人民检察院办理民事诉讼监督案件同样要实行回避制度。2000 年 7 月 4 日，最高人民检察院第九届检察委员会第 65 次会议通过了《检察人员任职回避和公务回避暂行办法》，对检察人员公务回避的情形和程序进行了规定。《监督规则》参照该文件内容，专设一章规定了检察人员在办理民事诉讼监督案件时的回避制度。在专章规定回避制度的同时，在总则中对回避制度予以强调，体现了对回避制度的重视。

民事诉讼监督案件办理的回避制度包括以下几个方面的内容：

1. 回避制度适用的对象。根据修改后民事诉讼法和《监督规则》第三章的相关规定，回避制度的适用对象为检察人员、书记员、翻译人员、鉴定人、勘验人。

2. 回避的原因。根据修改后民事诉讼法的规定，回避的原因包括：（1）是本案当事人或者当事人、诉讼代理人近亲属的；（2）与本案有利害关系的；（3）与本案当事人、诉讼代理人有其他关系，可能影响对案件公正审理的；（4）接受当事人、诉讼代理人请客送礼，或者违反规定会见当事人、诉讼代理人的。

3. 回避的程序。回避有两种方式：一是申请回避，当事人认为检察人员存在修改后《民事诉讼法》第四十四条规定情形之一的，有权申请其回避；二是自行回避，检察人员有修改后《民事诉讼法》第四十四条规定情形之一的，应当自行回避。对于当事人提出的回避申请，检察机关应当在 3 日内作出决定，并通知申请人。申请人对决定不服的，可以在接到决定时向原决定机关申请复议一次。检察机关应当在 3 日内作出复议决定，并通知复议申请人。复议期间，被申请回避的人员不停止参与本案工作。

4. 回避的后果。被申请回避的人员在检察机关作出是否回避的决定前，应暂停参与本案工作，但案件需要采取紧急措施的除外。在检察机关作出是否回避的决定后，被申请回避的人员应当根据检察机关的决定恢复参与本案工作或停止参与本案工作。

第十条 检察人员办理民事诉讼监督案件，应当依法秉公办案，自觉接受监督。

检察人员不得接受当事人及其诉讼代理人请客送礼，不得违反规定会见当事人及其诉讼代理人。

检察人员有收受贿赂、徇私枉法等行为的，应当追究法律责任。

【条文主旨】

本条是关于检察人员办案纪律的规定。

【条文释义】

本条参考了修改后《民事诉讼法》第四十三条关于审判人员职业纪律要求的内容，规定了检察人员的办案纪律和违反规定应负的法律责任。检察人员依法秉公办案、自觉接受监督，这是对检察人员履行监督职责的基本要求。本条中检察人员包括检察长、副检察长、检察委员会委员、检察员、助理检察员。

依法秉公办案，是指检察人员在办理民事诉讼监督案件的过程中，必须严格遵守相关法律规定，公平合法地办理案件，不允许违反法律规定，滥用职权、以权谋私、贪污受贿、徇私舞弊。如果检察人员在办案过程中具有上述行为，应当追究相关人员的纪律责任，构成犯罪的，应当依法追究刑事责任。依法秉公办案，至少包含以下两层含义：一是要严格依法办案。所谓依法办案，就是指检察人员在办理民事诉讼监督案件过程中，要严格遵守有关法律的规定，做到有法必依、执法必严、违法必究。二是要做到秉公办案。所谓秉公办案，就是指检察人员在办理民事诉讼监督案件过程中，要做到公平、公正，通过对公权力的监督维护司法公正、司法权威，保护各方当事人合法权利，不偏袒、不徇私。

依法秉公办案，要求民事检察人员不断强化自身监督。在全国检察机关第二次民事行政检察工作会议上，曹建明检察长再次强调，强化自身监督是检察工作健康发展的重要保证，民行检察工作也不例外。要牢固树立监督者更要接受监督的观念，在强化法律监督的同时，始终把强化自身监督放在同等重要的位置来抓，坚决克服只重视监督别人、不重视监督自身的倾向。一是要大力加强执法规范化建设，抓紧修订完善办案规则，健全受理、审查和抗诉等各个环节的制度规范，细化工作流程，明确执法标准，强化办案责任，建立健全立审分离、案件审批等制度。二是要加强检察机关各部门之间的相互制约，认真落实抗诉工作与职务犯罪侦查工作内部监督制约机制，坚持实行民事申请监督案件分别由控申部门负责受理、民行部门负责审查制度。三是要强化上级院对下级院办案工作的监督，进一步完善抗诉案件备案制度，注意加强对申请人不服下级院不支持监督申请、不提请抗诉等决定的复查。四是要重视征求人民法院对监督工作的意见、建议，完善和落实听取各方当事人及律师意见、回访当事人等制度。五要把民行检察工作作为深化检务公开的重要内容，除执法依据、办案程序要全部公开以外，还要实行审查结果、法律文书公开，接受社会各界和人民群众监督。

第二章 管 辖

第十一条 对已经发生法律效力的民事判决、裁定、调解书的监督案件，最高人民检察院、作出该生效法律文书的人民法院所在地同级人民检察院和上级人民检察院均有管辖权。

【条文主旨】

本条是关于对诉讼结果监督案件管辖的规定。

【条文释义】

人民检察院对民事诉讼监督案件的管辖是指各级人民检察院之间办理民事诉讼监督案件的分工和权限。《监督规则》根据监督对象的不同，将民事诉讼监督案件区分为三种类型：一是对生效判决、裁定、调解书的监督，二是对审判程序中审判人员违法行为的监督，三是对执行活动的监督。由于民事诉讼监督的对象是人民法院的审判活动和执行活动，而人民检察院和人民法院是逐级对应关系，因此民事诉讼监督案件不存在地域管辖问题，只有级别管辖问题。根据对各类案件监督方式的不同，本章明确了以上三类民事诉讼监督案件的级别管辖。

依照修改后《民事诉讼法》第二百零八条规定，对符合监督条件的生效民事判决、裁定、调解书，作出该生效法律文书的人民法院所在地的同级人民检察院可以向同级人民法院提出检察建议，最高人民检察院或者上级人民检察院有权向同级人民法院提出抗诉。据此，对人民法院作出的生效民事判决、裁定、调解书，作出该生效法律文书的人民法院的同级人民检察院或者上级人民检察院都可以依法进行监督，所以本条赋予了同级和上级人民检察院对同级人民法院生效判决、裁定、调解书监督案件的管辖权。

实践中应当注意，人民检察院办理民事诉讼监督案件的管辖和受理是两个不同的概念。管辖主要解决案件的分工和权限问题。根据本条规定，对已经发生法律效力的民事判决、裁定、调解书的监督案件，最高人民检察院、同级人民检察院和上级人民检察院均有管辖权。根据《监督规则》第三十五条、第八十三条至第八十六条的规定，当事人对已经发生法律效力的民事判决、裁定、调解书申请监督的，由作出原生效民事判决、裁定、调解书的人民法院所在地同级人民检察院受理；同级人民检察院受理后，根据审查情况，向同级人民法院提出再审检察建议或提请上级人民检察院抗诉。

第十二条 对民事审判程序中审判人员违法行为的监督案件，由审理案件的人民法院所在地同级人民检察院管辖。

【条文主旨】

本条是关于审判程序中审判人员违法行为的监督案件管辖的规定。

【条文释义】

依照修改后《民事诉讼法》第二百零八条第三款的规定，检察机关对审判程序中审判人员的违法行为，有权向同级人民法院提出检察建议。由于检察建议是同级监督，所以本条明确了对审判程序中审判人员违法行为的监督案件，由审理案件的人民法院所在地的同级人民检察院管辖。曹建明检察长在2010年全国检察机关第二次民事行政检察工作会议上讲话强调，要注重发挥基层检察院在执法办案中的基础性作用，实现工作重心下沉，增强办案工作合力，努力解决“倒三角”的问题。基层检察院除受理民事行政申诉外，要积极开展再审检察建议和执行监督、督促起诉、违法行为调查等工作，还要认真办理上级院交办、转办的案件，负责审查提出意见以及受上级院指派出庭等工作，逐步形成各级检察院各有侧重、各负其责、密切配合的工作格局。因此，确定民事审判人员违法行为的监督案件由审理该案件的人民法院的同级检察院管辖，符合修改后《民事诉讼法》第二百零八条第三款关于审判程序违法监督方式的规定，既有利于检察机关及时查明案件事实，保证监督效率，又有利于优化检察机关的办案结构，缓解民事检察办案工作中存在的“倒三角”状况，因此，本条对审判程序中审判人员违法行为的监督案件规定了同级管辖原则。

值得注意的是，如果上级检察院认为案件存在不宜由同级检察院办理的特殊情况，可以依照《监督规则》第十五条的规定指定管辖或者第十六条的规定提级办理。

第十三条 对民事执行活动的监督案件，由执行法院所在地同级人民检察院管辖。

【条文主旨】

本条是关于执行活动监督案件管辖的规定。

【条文释义】

修改后《民事诉讼法》第二百三十五条规定：“人民检察院有权对民事执行活动实行法律监督。”但由于该条规定过于原则，有必要予以细化，以便于实践中执行。本条结合检察机关开展执行监督工作的实践经验，从便利执行监督案件的办理和有利于优化检察机关办案结构等方面综合考虑，规定执行监督案件由执行法院所在地同级人民检察院管辖。修改后《民事诉讼法》第二百二十四条规定，发生法律效力的民事判决、裁定，以及刑事判决、裁定中的财产部分，由第一审人民法院或者与第一审人民法院同级的被执行的财产所在地人民法院执行。法律规定由人民法院执行的其他法律文书，由被执行人住所地或者被执行的财产所在地人民法院执行。本条确定执行监督案件的同级管辖，有助于实现工作重心下沉，增强办案工作合力，努力解决“倒三角”的问题。

本条的“执行法院”既包括作出执行裁定、决定等执行法律文书的法院，也包括采取具体执行措施的法院。在委托执行程序中，委托法院和受托法院都是执行法院。如果申请人对委托法院作出的执行法律文书申请监督，由委托法院所在地的同级人民检察院管辖；如果申请人对受托法院的执行行为申请监督，由受托法院所在地的同级人民检察院管辖。

第十四条 人民检察院发现受理的民事诉讼监督案件不属于本院管辖的，应当移送有管辖权的人民检察院，受移送的人民检察院应当受理。受移送的人民检察院认为不属于本院管辖的，应当报请上级人民检察院指定管辖，不得再自行移送。

【条文主旨】

本条是关于移送管辖的规定。

【条文释义】

人民检察院受理案件后，如果发现案件不属于本院管辖，应当及时移送有管辖权的人民检察院。移送管辖就其实质而言，是对案件的移送，而不是对管辖权的移送，移送的人民检察院对案件不具有管辖权，因此应当将案件移送给有管辖权的人民检察院。移送案件时，应当将已有的案件材料一并移送给有管辖权的人民检察院。

根据本条的规定，人民检察院移送案件应当具备三个条件：第一，移送案件的人民检察院对该民事诉讼监督案件没有管辖权；第二，受移送的人民检察院对该案件有管辖权；第三，该案件此前未经移送，否则不得再次移送，应当报请上级人民检察院指定管辖。

为了避免相互推诿或者争夺管辖权，保证检察机关依法及时履行监督职能，本条规定接受移送案件的人民检察院不得以任何理由拒绝受理。如果受移送案件的人民检察院认为该院依法确无管辖权的，应当及时报请上级人民检察院指定管辖，不得再自行移送，也不得将案件材料退回原移送的人民检察院。

第十五条 有管辖权的人民检察院由于特殊原因，不能行使管辖权的，由上级人民检察院指定管辖。

人民检察院之间因管辖权发生争议，由争议双方协商解决；协商不能解决的，报请其共同上级人民检察院指定管辖。

【条文主旨】

本条是关于指定管辖的规定。

【条文释义】

有管辖权的人民检察院如果与本案有利害关系，或者存在某些不利于案件办理的特殊情况和其他不宜行使管辖权的原因，可以报请上级人民检察院指定管辖。本条规定的“特殊原因”，是指由于法律上或者事实上的原因，导致有管辖权的人民检察院无法或者不宜行使管辖权，上级人民检察院可以根据案件具体情况，指定其他人民检察院管辖；特殊原因既包括某些法律上的原因，如有管辖权的人民检察院的全体检察人员都应当回避，而不应对案件进行办理的原因，也包括某些事实上的原因，如发生不可抗拒的事件、自然灾害等，或遇有地方保护主义干扰，使该人民检察院无法行使管辖权的原因。

如果两个以上人民检察院都认为本院对案件具有管辖权，应当先行协商解决，协商未能达成一致的，应当报请共同上级人民检察院指定管辖。这里的“共同上级人民检察院”，具体而言，如果是两个同属一个辖区内检察分院的基层检察院，它们的共同上级人民检察院就是该检察分院；如果是分属不同省、自治区、直辖市的两个人民检察院，它们的共同上级人民检察院就是最高人民检察院。报请上级人民检察院指定管辖，应当逐级层报。

结合本条和《监督规则》第十四条的规定来看，在以下三种情况下能够适用指定管辖：(1) 受移送的人民检察院认为民事诉讼监督案件不属于本院管辖的，报请上级人民检察院指定管辖；(2) 有管辖权的人民检察院由于特殊原因，不能行使管辖权的，由上级人民检察院指定管辖；(3) 人民检察院之间因管辖权争议，无法协商解决的，报请共同的上级人民检察院指定管辖。

第十六条 上级人民检察院认为确有必要的，可以办理下级人民检察院管辖的民事诉讼监督案件。

下级人民检察院对有管辖权的民事诉讼监督案件，认为需要由上级人民检察院办理的，可以报请上级人民检察院办理。

【条文主旨】

本条是关于管辖权转移的规定。

【条文释义】

管辖权转移是对级别管辖的变通和补充，主要是为了解决有管辖权的人民检察院由于特殊原因不能或者不宜行使管辖权的问题。管辖权转移实质上是一种案件提办制度，不受级别管辖和地域管辖的限制，上提的案件，可以是上一级，也可以是上几级。例如，最高人民检察院认为有必要时，可以直接办理基层人民检察院有管辖权的案件。

根据本条的规定，上级人民检察院办理下级人民检察院管辖的民事诉讼监督案件，主要有两种情形：

1. 上级人民检察院认为确有必要的，可以办理下级人民检察院管辖的民事诉讼监督案件。实践中，如果上级人民检察院认为有管辖权的下级人民检察院在执行司法政策或适用法律上可能存在偏差，办理该案件存在较大困难；或者存在其他该下级人民检察院不适宜办理的情形，如该下级人民检察院办理该案可能有失公平或者产生不良影响，上级人民检察院可将该案件提级办理。

2. 下级人民检察院对有管辖权的民事诉讼监督案件，认为需要由上级人民检察院办理的，可以报请上级人民检察院办理。这里的“需要”，可以是指基于案件本身的需要，如案情疑难复杂、具有较大的社会影响，下级人民检察院办理确有困难的；也可以是由于某些其他特殊原因，下级人民检察院难以办理的。下级人民检察院报请上级人民检察院办理应由自己管辖的民事诉讼监督案件时，应当取得上级人民检察院同意，上级人民检察院认为案件仍然应当由下级人民检察院办理的，下级人民检察院应当服从上级人民检察院的决定。

第十七条　军事检察院等专门人民检察院对民事诉讼监督案件的管辖，依照有关规定执行。

【条文主旨】

本条是关于专门检察院管辖的规定。

【条文释义】

军事检察院、铁路运输检察院等专门检察院对民事诉讼监督案件的管辖，依照有关法律和高检院的相关文件确定管辖权。

第三章　回　避

第十八条　检察人员有《中华人民共和国民事诉讼法》第四十四条规定情形之一的，应当自行回避，当事人有权申请他们回避。

前款规定，适用于书记员、翻译人员、鉴定人、勘验人等。

【条文主旨】

本条是关于回避适用情形的规定。

【条文释义】

参照修改后《民事诉讼法》关于审判人员回避的规定，本条明确了检察人员的回避情形和回避方式。检察人员需要回避的情形适用修改后《民事诉讼法》第四十四条的规定，包括两大类：第一类应当回避的情形建立在与办案人员有特定利害关系上，也称为原发性回避事由，具体包括：（1）是本案当事人或者当事人、诉讼代理人近亲属的；（2）与本案有利害关系的；（3）与本案当事人、诉讼代理人有其他关系，可能影响对案件公正审理的。第二类应当回避的情形建立在办案人员的特定行为上，也称为继发性回避事由，即接受当事人、诉讼代理人请客送礼或者违反规定会见当事人、诉讼代理人的。

由亲属关系引发的回避事由是最常见的回避依据，也是立法最为关注的回避事由。关于“近亲属”范围的理解，应当包括与检察人员有夫妻、直系血亲、三代以内旁系血亲及近姻亲关系的亲属。2011年，最高人民法院《关于审判人员在诉讼活动中执行回避制度若干问题的规定》对近亲属的界定，也是与审判人员有夫妻、直系血亲、三代以内旁系血亲及近姻亲关系的亲属。

所谓“与本案有利害关系的”，是指本案的处理结果会涉及本案的办案人员或者其他有关人员在法律上的利益，为保证民事诉讼监督案件的公正办理，与本案有利害关系的检察人员及其他有关人员应当自行回避，当事人也有权申请他们回避。将利害关系作为回避事由，主要包括两个方面：一是检察人员与案件或案件当事人之间存在一定的实质性的利害关系，可能与当事人有财产、人身的利害关系，或者享有共同的权利或承担共同的义务，或与其中一方有直接的隶属关系。二是检察人员曾经参与过案件处理的某一程序，具有职务性利害关系，如检察人员曾经担任过本案的证人、翻译人员、鉴定人、勘验人、诉讼代理人、辩护人，或者曾经在下级院提请抗诉阶段作为案件的承办人。

所谓“与本案当事人、诉讼代理人有其他关系，可能影响对案件公正审理的”，是指关系密切的同学、同事、朋友等，或者曾经与当事人有过恩怨等。修改后《民事诉讼法》和其他规范性文件均未对该关系引发的回避事由作出明确的列举，回避决定者有一定的自由裁量权。值得注意的是，这种关系认定的关键在于是否有可能影响对案件的公正办理，只要具有影响案件公正办理可能的关系都应当成为回避事由。

检察人员回避方式包括自行提出回避和当事人申请回避两种。所谓自行回避，是指在办理民事诉讼监督案件的过程中，检察人员基于法律的规定，认为自己办理或参与办理某一案件不适宜的，请求退出该案的办理工作，更换其他检察人员办理案件。所谓申请回避，是指当事人及其代理人认为检察人员有法律规定的应当回避事项的，向人民检察院提出申请，人民检察院审查后决定是否更换其他检察人员办理案件。

书记员是人民检察院的工作人员，通常负责案件办理过程中的记录、证据保管、文书和卷宗整理归档等工作。翻译人员是民事诉讼监督案件办理过程中经人民检察院指定或委托承担翻译工作的人员。鉴定人是民事诉讼监督案件办理过程中，经人民检察院指定或委托，运用专业知识进行鉴定并向人民检察院提供鉴定意见的人员。勘验人是人民检察院的工作人员或指定的其他人员，对民事诉讼监督案件中需要查明的事件进行现场勘查、检验，并制作勘验笔录的人员。书记员、翻译人员、鉴定人和勘验人的工作均可能直接或间接地影响案件的公正办理，如果上述人员存在应当回避的情形的，也应当予以回避，以保证检察机关办案工作的公平和公正。

第十九条　检察人员自行回避的，可以口头或者书面方式提出，并说明理由。口头提出申请的，应当记录在卷。

【条文主旨】

本条是关于检察人员自行回避的规定。

【条文释义】

根据《监督规则》第十八条的规定，回避的方式包括检察人员自行提出回避和当事人申请回避两种，本条单独规定检察人员自行回避的程序，主要考虑到和当事人相比，检察人员可能更易于掌握其自身是否存在应当回避的情形，故对检察人员自行回避程序更应给予高度重视。所谓自行回避，是指在办理民事诉讼监督案件的过程中，检察人员基于法律的规定，认为自己办理或参与办理某一案件不适宜的，请求退出该案的办理工作，更换其他检察人员办理案件。检察人员和其他相关人员在具有修改后《民事诉讼法》第四十四条规定的情形之一时，应当自觉、主动地提出回避的请求，不能借口当事人没有提出回避申请而继续参与本案的办理工作。

第二十条　当事人申请回避，应当在人民检察院作出提出抗诉或者检察建议等决定前以口头或者书面方式提出，并说明理由。口头提出申请的，应当记录在卷。根据《中华人民共和国民事诉讼法》第四十四条第二款规定提出回避申请的，应当提供相关证据。

被申请回避的人员在人民检察院作出是否回避的决定前，应当暂停参与本案工作，但案件需要采取紧急措施的除外。

【条文主旨】

本条是关于申请回避的时间和应当说明理由的规定。

【条文释义】

当事人申请检察人员或者其他相关人员回避，应当在检察机关作出提出抗诉或者检察建议等决定之前提出。限定申请回避的时间有利于督促当事人及时行使权利，也有助于案件的及时办理。考虑到民事诉讼监督案件的结案方式比较复杂，还存在抗诉或检察建议之外的其他结案方式，因此使用了列举加兜底即“作出提出抗诉或者检察建议等决定前”的表述。

当事人申请回避的，应当说明申请的理由，以便于检察机关及时审查。为了便利当事人申请回避，当事人提出回避申请时，既可以采用口头方式提出，也可以采用书面方式提出。当事人如果根据修改后《民事诉讼法》第四十四条第二款的规定提出回避申请，即以检察人员接受当事人、诉讼代理人请客送礼，或者违反规定会见当事人、诉讼代理人作为申请回避的理由，应当提供证明上述行为发生的相关证据。

为了保证案件办理的客观性、公正性和严肃性，一旦申请人提出回避申请，被申请回避的人员应当立即停止参与办理案件的相关工作，但如果案件需要采取紧急措施、停止工作将会给案件的办理带来难以弥补的损失的，应及时采取紧急措施。

第二十一条 检察长的回避，由检察委员会讨论决定；检察人员和其他人员的回避，由检察长决定。检察委员会讨论检察长回避问题时，由副检察长主持，检察长不得参加。

【条文主旨】

本条是关于回避决定的规定。

【条文释义】

申请回避是当事人的一项重要诉讼权利，对保证案件的公正办理具有重要意义。为了保证回避决定的严肃性和公正性，特别要防止被申请回避的人员自己作出是否回避的决定。本条参照修改后《民事诉讼法》的有关规定，确定由检察长决定检察人员和其他人员的回避，同时，由检察委员会决定检察长的回避，检委会讨论检察长回避问题时，检察长不得参加，应由副检察长主持。

第二十二条 人民检察院对当事人提出的回避申请，应当在三日内作出决定，并通知申请人。申请人对决定不服的，可以在接到决定时向原决定机关申请复议一次。人民检察院应当在三日内作出复议决定，并通知复议申请人。复议期间，被申请回避的人员不停止参与本案工作。

【条文主旨】

本条是关于当事人申请回避的决定时间和复议的规定。

【条文释义】

为了提高办案效率，避免拖延案件的办理，保护当事人诉讼权利，本条限定了人民检察院答复当事人回避申请的期限，即不论是否准许当事人的回避申请，人民检察院都应当在收到回避申请之日起3日内作出决定并通知当事人。同时，为了保障当事人充分行使诉讼权利，规定如申请人对决定不服，可以向原决定机关提出复议一次。之所以对当事人申请复议的次数作出限制，是为了防止少数当事人滥用权利，反复申请，妨碍民事诉讼监督案件的正常办理。此外，当事人对人民检察院作出的回避决定不服的，只能向原决定机关申请复议，不能向上级人民检察院申请。值得注意的是，《监督规则》规定了被申请回避的人员在人民检察院作出是否回避的决定前，除案件需要采取紧急措施的以外，应当暂停参与案件办理工作，但是，在复议期间，被申请回避的人员，不停止参与本案的工作。

结合本条规定和《监督规则》第二十一条的规定，回避决定程序包含如下内容：

1. 对申请回避和自行回避，人民检察院检察长拥有主要的决定权，可以决定检察人员和其他人员是否回避。检察长的回避，由检委会讨论决定。

2. 对当事人提出的回避申请，人民检察院应当在3日内作出决定，并通知申请人。

3. 当事人对回避决定不服的救济方式，是可以申请复议，申请复议的时间从接到回避决定时起算，申请复议的次数，以一次为限。

4. 人民检察院经过复议，应当在3日内作出复议决定，并通知复议申请人。

5. 复议决定一经作出，立即发生法律效力。复议期间，被申请回避的人员不停止参与案件办理工作。

第四章 受 理

第二十三条 民事诉讼监督案件的来源包括：

（一）当事人向人民检察院申请监督；

（二）当事人以外的公民、法人和其他组织向人民检察院控告、举报；

（三）人民检察院依职权发现。

【条文主旨】

本条是关于民事诉讼监督案件来源的规定。

【条文释义】

修改后《民事诉讼法》第二百零八条规定：“最高人民检察院对各级人民法院已经发生法律效力的判决、裁定，上级人民检察院对下级人民法院已经发生法律效力的判决、裁定，发现有本条第二百条规定情形之一的，或者发现调解书损害国家利益、社会公共利益的，应当提出抗诉。地方各级人民检察院对同级人民法院已经发生法律效力的判决、裁定，发现有本法第二百条规定情形之一的，或者发现调解书损害国家利益、社会公共利益的，可以向同级人民法院提出检察建议，并报上级人民检察院备案；也可以提请上级人民检察院向同级人民法院提出抗诉。各级人民检察院对审判监督程序以外的其他审判程序中审判人员的违法行为，有权向同级人民法院提出检察建议。”而在修改前《民事诉讼法》第一百八十七条同样使用了“发现”一词。同时，修改后《民事诉讼法》第二百零九条第一款规定：“有下列情形之一的，当事人可以向人民检察院申请检察建议或抗诉：（一）人民法院驳回再审申请的；（二）人民法院逾期未对再审申请作出裁定的；（三）再审判决、裁定有明显错误的。”因此，明确修改后《民事诉讼法》第二百零八条规定的检察机关“发现”的途径，对严格执行修改后《民事诉讼法》的规定，完善民事诉讼监督程序，有着重要的意义。

修改后《民事诉讼法》第二百零八条规定的“发现”，不仅包括第二百零九条“当事人申请”的情况，还包括人民检察院依职权发现的情形。本条规定了人民检察院“发现”民事诉讼监督案件的三种途径：

1. 当事人向人民检察院申请监督。当事人向人民检察院申请监督是人民检察院发现案件的最主要来源。本条使用“申请监督”，而不使用“申诉”，主要有以下原因：一是人民检察院民事检察监督的本质是对人民法院公权力行使是否正当的监督，因此以往使用过的“申诉”一词与监督属性不符；二是人民检察院民事检察监督是法律规定的法律监督程序，与当事人“信访申诉”的程序不同，使用“申诉”一词容易引起混乱，甚至可能异化民事检察监督的功能；三是对当事人反映审判人员和执行人员的违法行为，不存在申诉的问题，也不适宜用“申诉”一词，因此《监督规则》中统称为“申请监督”。

在实践中应当注意，可以向人民检察院申请监督的主体只能是案件当事人，当事人以外的公民、法人和其他组织是不能向人民检察院申请监督的。申请监督包括申请抗诉、再审检察建议、对审判人员违法行为提出检察建议、对执行活动提出检察建议等，检察机关对当事人申请，经过受理、审查后认为应当采取监督措施的，应当按照本规则的有关规定，适用适合案件需要的监督方式予以监督。

2. 当事人以外的公民、法人和其他组织向人民检察院控告、举报。修改后《民事诉讼法》增加了检察机关对审判人员违法行为的监督，而这类监督案件可能会通过控告、举报的方式进入检察机关的监督渠道。案件当事人控告、举报其实质仍然是不服个案，认为人民法院审判权或执行权行使不当，从而向检察机关申请监督的行为，因此当事人的“控告、举报”可以归入“当事人申请监督”的途径之中。但当事人以外的公民、法人和其他组织认为审判人员、执行人员存在违法行为，向人民检察院控告、举报，也是人民检察院发现案件线索的重要渠道之一。因此，在本条中特别将“当事人以外的公民、法人和其他组织向人民检察院控告、举报”规定为人民检察院民事诉讼监督的来源之一，依法实行监督。在实践中，要严格把握此类案件来源的范围，当事人以外的公民、法人和其他组织向人民检察院控告、举报的，只能是针对审判人员或执行人员的违法行为提出，而不能对生效裁定、判决或调解书本身提出。

3. 人民检察院依职权发现。实践中，除申请监督、控告、举报以外，人民检察院还可能通过办理其他案件、新闻报道、网络媒介等途径发现需要监督的案件线索。这类案件统称为“依职权发现的案件”。“依职权发现的案件”一直以来是民事诉讼监督案件来源之一。修改后《民事诉讼法》第二百零九条第一款明确规定了当事人申请监督的条件，为了明确第二百零八条规定的“发现”内容，有必要对“人民检察院依职权发现”案件线索予以明确。“依职权发现的案件”是人民检察院主动介入案件，对人民法院审判权或执行权的行使是否正当进行审查，在实践中，应当审慎运用，否则可能会违背民事诉讼规律，甚至影响人民法院审判权和执行权的正常行使。因此《监督规则》在第四十一条中对“依职权发现的案件”范围作了明确规定，各级检察机关应当严格按照该规定执行。

第二十四条 有下列情形之一的，当事人可以向人民检察院申请监督：

（一）已经发生法律效力的民事判决、裁定、调解书符合《中华人民共和国民事诉讼法》第二百零九条第一款规定的；

（二）认为民事审判程序中审判人员存在违法行为的；

（三）认为民事执行活动存在违法情形的。

【条文主旨】

本条是关于当事人申请监督案件类型的规定。

【条文释义】

本次《民事诉讼法》修改对检察监督职能的强化是从监督范围、监督方式以及监督手段的全面强化，其中监督范围从过去规定的对民事审判活动扩大到整个民事诉讼领域，包括了对民事执行和审判人员违法行为的监督。因此，依照修改后《民事诉讼法》的规定，当事人可以向检察机关申请民事诉讼监督的案件应当包括以下三类：一是对生效民事判决、裁定和调解书的监督；二是对民事审判程序中审判人员违法行为的监督；三是对执行活动的监督。本条从当事人申请监督的角度对上述案件类型进行了列举。

（一）对生效判决书、裁定书、调解书申请监督

在以往的司法实践中，不少当事人既向人民法院申请再审，又向人民检察院申请抗诉。为更好地配置司法资源，增强法律监督实效，修改后《民事诉讼法》第二百零九条第一款明确了人民法院再审和检察监督之间的顺序，规定了在三种情况下当事人可以向人民检察院申请监督：一是人民法院驳回再审

申请的；二是人民法院逾期未对再审申请作出裁定的；三是再审判决、裁定有明显错误的。因此符合修改后《民事诉讼法》第二百零九条第一款规定的三种情形的，诉讼案件当事人愿意向人民检察院申请监督的，可以向人民检察院申请监督，人民检察院应当受理；当事人申请不符合修改后《民事诉讼法》第二百零九条第一款规定的三种情形的，人民检察院不应受理。

在实践中，应当注意以下两个问题：

1. 当事人因人民法院逾期未对再审申请作出裁定而向人民检察院申请监督的，应当对原生效裁判申请监督还是对人民法院逾期的行为申请监督的问题。对此，我们认为，当事人应当对人民法院作出的原生效裁判申请监督，而不应对人民法院逾期未对再审申请作出裁定的行为申请监督。主要理由如下：一是修改后《民事诉讼法》第二百零九条第一款主要规定了当事人不服人民法院生效裁判向人民检察院申请监督的条件，因此对于修改后《民事诉讼法》第二百零九条第一款第二项的规定，理解为“在人民法院逾期未对再审申请作出裁定的情况下，当事人可以申请人民检察院对原生效裁判进行监督”更符合立法逻辑。二是人民法院逾期未对再审申请作出裁定的行为，是一个已经发生的客观事实，当事人申请人民检察院专门对此行为进行监督并无明显监督效果。

2. 关于再审判决、裁定的范围问题。目前对于再审判决、裁定的范围尚存在一定的争议，人民法院认为经过再审程序所作出的再审判决、裁定均属于再审判决、裁定的范围，检察机关在执行修改后《民事诉讼法》第二百零九条第一款第三项的规定时，可以参照此标准执行。

（二）对民事审判程序中审判人员存在违法行为申请监督

修改后《民事诉讼法》第二百零八条第三款规定：各级人民检察院对审判监督程序以外的其他审判程序中审判人员的违法行为，有权向同级人民法院提出检察建议。依照全国人大法工委的解释，该条之所以表述为“审判监督程序以外的其他审判程序”主要是为了强调人民检察院对审判监督程序以外的其他审判程序中审判人员的违法行为也有权监督，而审判监督程序中审判人员的违法行为是民事诉讼监督的一部分，具有监督的当然性，因此对审判人员存在违法行为申请监督的，可以适用于所有民事诉讼程序，法律特别规定不属于监督范围的除外。在实践中应当注意，除本规则特别规定的当事人认为调解书违反自愿原则或调解内容违法申请监督以外，对民事审判程序中审判人员存在违法行为申请监督不属于修改后《民事诉讼法》第二百零九条第一款调整的案件范围。

（三）对民事执行活动中存在违法情形申请监督

修改后《民事诉讼法》第二百三十五条规定：人民检察院有权对民事执行活动实行法律监督。明确将民事诉讼监督范围扩展至人民法院执行活动。人民法院的执行活动包括执行审查行为和执行实施行为，不论是哪种行为，当事人认为人民法院存在违法情形的，均可以向人民检察院申请监督。在实践中应当注意，对民事执行活动申请监督的不属于修改后《民事诉讼法》第二百零九条第一款调整的案件范围，但民事诉讼法对许多执行活动都设立了异议、复议、提起诉讼等监督救济程序，当事人对执行活动申请监督之前，应当按照法律的规定先行提出异议、复议或提起诉讼。

第二十五条 当事人向人民检察院申请监督，应当提交监督申请书、身份证明、相关法律文书及证据材料。提交证据材料的，应当附证据清单。

申请监督材料不齐备的，人民检察院应当要求申请人限期补齐，并明确告知应补齐的全部材料。申请人逾期未补齐的，视为撤回监督申请。

【条文主旨】

本条是关于当事人向人民检察院申请监督时应当提交的材料以及材料不齐备的法律后果的规定。

【条文释义】

当事人向检察机关申请监督，是指公民、法人和其他组织认为人民法院处理与其有关的案件中存在审判权或执行权行使不当的情形，依法以自己的名义申请检察机关对人民法院的审判权或者执行权不当行使予以监督的行为。当事人申请监督应当提交申请书、身份证明、相关法律文书及证据材料等必要的材料，供人民检察院审查。

在案件受理过程中，如果申请监督人不提交申请监督的必要材料，人民检察院民事诉讼监督就会成为无本之木、无源之水，影响检察监督的公正性，甚至可能会影响人民法院审判权或执行权的正常行使。因此，对于申请监督人提交申请监督的材料不符合检察机关受理民事检察案件规定的，人民检察院可以根据缺少材料的情况，指定合理期限要求申请人补齐；申请人在限定的期限内仍没有提供符合规定的材料的，应当视为当事人主动撤回监督申请。

实践中应当注意的问题：

1. 申请监督人未能按照人民检察院指定的期间，提交符合条件的申请监督材料，并不意味着申请监督权利的丧失。申请人超过限定期限后收齐符合受理条件的材料，可以重新提出监督申请。

2. 人民检察院指令限期补正材料的期间，不能一概而论，要根据需要补交材料的种类、复杂程度不同，区别对待。既不能过短，影响申请人申请监督的权利，又不能过长，浪费宝贵的检察监督资源。例如，当事人提交的申请书不符合规定，重新提交并不复杂，一般不宜超过 7 日；而提交需要向有关单位收集的证据材料，如果时间过短，申请人可能会无法取得，可以限期 30 日。总之，人民检察院可以根据案件的不同，对指令申请监督人限期补正的期间提出合理要求，当事人应当遵守检察机关指定期限的要求。

第二十六条 本规则第二十五条规定的监督申请书应当记明下列事项：

（一）申请人的姓名、性别、年龄、民族、职业、工作单位、住所、有效联系方式，法人或者其他组织的名称、住所和法定代表人或者主要负责人的姓名、职务、有效联系方式；

（二）其他当事人的姓名、性别、工作单位、住所、有效联系方式等信息，法人或者其他组织的名称、住所、负责人、有效联系方式等信息；

（三）申请监督请求和所依据的事实与理由。

申请人应当按照其他当事人的人数提交监督申请书副本。

【条文主旨】

本条是关于监督申请书内容的规定。

【条文释义】

根据检察机关办案实践经验的总结，本条对监督申请书应当列明的内容作出了列举式规定。监督申请书应当包括以下内容：

1. 申请人的基本情况。申请人是公民个人的，应当写明其姓名、性别、年龄、民族、职业、工作单位、住所以及有效联系方式。申请人是法人的，应当写明法人单位全称、住所及其法定代表人姓名、职务和有效联系方式。申请人是其他组织的，应当写明其全称、住所和主要负责人的姓名、职务及其有效联系方式。有委托代理人的，还应当写明代理人的基本情况和代理权限。在实践中要注意，申请人自己提供的住所地址和联系方式因是其自行提供的，应当视为有效地址和联系方式，如发生变更，申请监督人应当及时书面通知人民检察院。人民检察院与申请监督人联系或发送法律文书，都会使用申请监督人在监督申请书中填写的地址和联系方式，如根据申请监督人在申请书中提供的地址和联系方式不能与其取得联系，视为人民检察院的通知或法律文书已经送达申请人。

2. 其他当事人的情况。人民检察院民事诉讼监督的本质是对公权力的监督，监督对象是人民法院确有错误的生效判决、裁定、调解书、审判人员的违法行为，以及确有错误的执行行为，与当事人在人民法院的诉讼行为具有明显的区别，因此将其他当事人称为被申请人是不妥当的。申请监督人在申请书中可将原诉讼中的其他当事人统一表示为其他当事人。申请书对其他当事人的姓名、性别、工作单位、住所等信息应当列明，如是法人或者其他组织的，应写明法人或者其他组织的名称、住所以及法定代表人或者主要负责人的姓名、职务和有效联系方式等，并注明每一个当事人在原诉讼或执行程序中的诉讼地位。在实践中要注意，如果申请监督人明知其他当事人的住所地或联系方式在诉讼时发生变化的，应当在申请书中载明新的住所地或联系方式，如未发生变化的或不知是否发生了变化的，应当按照生效裁判确定的住所地或联系方式填写。其他当事人无法取得联系的，不影响人民检察院对案件的审查。

3. 申请监督请求和所依据的事实与理由。这部分是监督申请书的主体内容。申请监督请求必须具体明确载明是申请检察机关提出抗诉或检察建议启动再审，还是申请检察机关对人民法院审判人员的违法行为或执行活动提出检察建议等。所依据的事实与理由应当真实、详尽，应当写明纠纷发生的事实过程，对人民法院生效判决、裁定、调解书和对审判人员的审判行为以及对人民法院执行活动的意见。

检察机关审查当事人申请监督的案件，需要将监督申请书发送其他当事人，听取其他当事人的意见，因此，本条第二款要求申请监督人按照其他当事人的人数提交副本，以便及时发送案件其他当事人。

第二十七条 本规则第二十五条规定的身份证明包括：

（一）自然人的居民身份证、军官证、士兵证、护照等能够证明本人身份的有效证件；

（二）法人或者其他组织的营业执照副本、组织机构代码证书和法定代表人或者主要负责人的身份证明等有效证照。

对当事人提交的身份证明，人民检察院经核对无误留存复印件。

【条文主旨】

本条是关于申请监督人应当提交的身份证明的规定。

【条文释义】

申请监督人应当以自己的名义向人民检察院申请监督，因此必须向人民检察院提交相应的身份证明。本条根据有关规定对公民、法人、其他组织的有效身份证明类型进行了列举。如申请监督人为自然人的，可以提交居民身份证、户口簿、军官证、士兵证等证件，外国自然人应当提交护照；如申请人为法人或其他组织，应当提交营业执照副本、组织机构代码证书，以及法定代表人或者主要负责人的身份证明。

提交身份证明的目的在于确定申请人的身份，确定申请人与案件的关系，确保向人民检察院申请监督是申请人自己的意思表示，在确认后无须保留原件。申请人在申请时应当提交身份证明原件和复印件。人民检察院核对身份证明原件与复印件一致无误后，应当将身份证明原件退还，并将复印件入卷留存。

第二十八条 本规则第二十五条规定的相关法律文书是指人民法院在该案件诉讼过程中作出的全部判决书、裁定书、决定书、调解书等法律文书。

【条文主旨】

本条是关于当事人申请监督应当提交的相关法律文书的规定。

【条文释义】

人民检察院民事诉讼监督的本质是对人民法院审判活动或执行活动是否合法进行监督，人民检察院需要结合原审裁判文书或者审判、执行活动中作出的法律文书对案件进行审查，因此当事人向人民检察院申请监督时，应当提交诉讼过程中形成的全部法律文书，包括一审、二审以及再审程序等所有诉讼程序中形成的法律文书，以充分全面地反映诉讼发展的情况。

在实践中，可能存在以下情况要注意妥善处理：申请监督人向人民法院申请再审，但人民法院未提供受理的相关法律文书，逾期又未作出裁定的情形中，申请人可能没有与再审逾期相关的法律文书可以提交，在此情况下，申请人只需要提交向人民法院申请再审的再审申请书，以及可以证明其在何时向人民法院提交申请再审材料即可。

第二十九条 当事人申请监督，可以依照《中华人民共和国民事诉讼法》的规定委托代理人。

【条文主旨】

本条是关于委托代理人的规定。

【条文释义】

随着我国法律体系的不断完善，法律法规日益丰富，为了更好地维护自身的权益，在司法实践中，当事人委托诉讼代理人的情况较为普遍，《人民检察院民事行政抗诉案件办案规则》对当事人委托代理人的内容未作规定。为了便利当事人行使申请监督权利，本条对当事人委托代理人作出了指引性规定，当事人在民事诉讼监督过程中，可以参照修改后《民事诉讼法》关于“委托诉讼代理人”的规定委托代理人。

本条所指的委托代理人，是指受当事人、法定代理人委托，以当事人的名义在代理权限内代为参与民事诉讼监督案件的人，其行为后果由当事人承担。按照修改后《民事诉讼法》第五十八条规定，律师、基层法律服务工作者、当事人的近亲属或者工作人员、当事人所在社区、单位以及有关社会团体推荐的公民可以担任委托代理人。委托他人代为参加民事诉讼监督的，当事人必须向人民检察院提交由委托人签名或者盖章的授权委托书。

修改后《民事诉讼法》第五十九条第二款对代理权的取得作出了特别的

规定，因此在实践中必须注意，当事人委托代理人必须在授权委托书中明确其代理权限。委托代理权限分为一般授权和特别授权，需要获得对于当事人实体权利或者与实体权利密切相关的权利，如代为承认、放弃监督请求，撤回监督申请，进行和解等，均须有当事人或者法定代理人明确的特别授权。如未明确列举特别授权的相关内容或者授权不明确，如仅使用“全权代理”字样而未列明特别授权事项的，应当视为一般授权。

第三十条 当事人申请监督符合下列条件的，人民检察院应当受理：

（一）符合本规则第二十四条的规定；

（二）申请人提供的材料符合本规则第二十五条至第二十八条的规定；

（三）本院具有管辖权；

（四）不具有本规则规定的不予受理情形。

【条文主旨】

本条是关于当事人申请监督受理条件的规定。

【条文释义】

民事诉讼监督是法律规定的诉讼程序，不同于信访或反映情况等非诉讼程序，当事人申请监督的权利应当得到充分的保护。人民检察院在受理环节的审查是形式审查，审查内容是当事人的监督申请是否符合受理条件。对于符合本条规定的监督申请，人民检察院应予受理。

人民检察院决定受理当事人的监督申请应当符合以下条件：

（一）申请监督人是案件的当事人

公民、法人和其他组织认为人民法院处理与其有关的案件中存在审判权或执行权行使不当的情形，可以依法以自己的名义申请检察机关对人民法院的公权力行使不当的行为予以监督，因此申请监督人应当是原诉讼案件、执行案件的当事人。当事人以外的其他人认为审判权或执行权行使不当的，可以依照控告、举报程序向人民检察院控告、举报。

（二）提交的相关材料齐备并符合规定

当事人申请监督，应当提交相关材料以便于人民检察院对案件进行审查。当事人提交材料应当包括监督申请书、身份证明、相关法律文书和证据材料，并且符合《监督规则》的相关规定。

（三）人民检察院对案件有管辖权

由于民事诉讼法对不同类型案件确定了不同的监督方式，并对检察监督明确了不同级别的管辖权，因此人民检察院应当严格按照规定受理当事人监督申请。

（四）当事人申请监督没有不予受理的情形

《监督规则》依照修改后《民事诉讼法》的相关规定和民事诉讼原理与诉讼规律，在第三十一条至第三十三条规定了对当事人申请监督不予受理的情形。如果当事人申请监督存在不予受理情形的，人民检察院依法不予受理。

第三十一条 当事人根据《中华人民共和国民事诉讼法》第二百零九条第一款的规定向人民检察院申请监督，有下列情形之一的，人民检察院不予受理：

（一）当事人未向人民法院申请再审或者申请再审超过法律规定的期限的；

（二）人民法院正在对民事再审申请进行审查的，但超过三个月未对再审申请作出裁定的除外；

（三）人民法院已经裁定再审且尚未审结的；

（四）判决、调解解除婚姻关系的，但对财产分割部分不服的除外；

（五）人民检察院已经审查终结作出决定的；

（六）民事判决、裁定、调解书是人民法院根据人民检察院的抗诉或者再审检察建议再审后作出的；

（七）其他不应受理的情形。

【条文主旨】

本条是关于当事人对生效裁定、判决和调解书不服申请人民检察院监督情形的规定。

【条文释义】

本条针对当事人依据修改后《民事诉讼法》第二百零九条第一款规定，对判决、裁定、调解书向人民检察院申请监督的情形，列举了人民检察院不应当受理的情形：

（一）当事人未向人民法院申请再审或者申请再审超过法律规定的期限的

实践中，许多当事人从便利保护自身权利出发，经常对发生法律效力的同一判决、裁定、调解书同时向人民法院申请再审和向人民检察院申请监督，导致人民法院和人民检察院同时对同一案件进行审查，浪费了宝贵的司法资源，增加了当事人的不必要的成本，实际上也会削弱人民检察院检察监督的效果，混淆了人民法院再审程序和人民检察院监督程序的界限。为了避免司法资源的浪费，修改后《民事诉讼法》第二百零九条第一款明确规定了当事人对于已经发生法律效力的判决、裁定、调解书，应当首先依法向人民法院申请再审，只有在人民法院驳回再审申请，人民法院逾期未对再审申请作出裁定，再审判决、裁定有明显错误三种情况下，才能向人民检察院申请监督。因此，当事人未向人民法院申请再审而直接向人民检察院申请监督的，人民检察院应当不予受理。

修改后《民事诉讼法》第二百零五条规定："当事人申请再审，应当在判决、裁定发生法律效力后六个月内提出；有本法第二百条第一项、第三项、第十二项、第十三项规定情形的，自知道或者应当知道之日起六个月内提出。"依照该条关于对当事人申请再审期限的规定，不论申请再审期间的起算点是从判决、裁定发生法律效力时开始，还是具有该条所列举的四种例外情况，自知道或者应当知道之日起开始计算，申请再审的6个月限制期间均为不变期间，不存在中断或中止的情况。申请再审期限是再审之诉的诉讼要件，因此超过申请再审期间提起再审之诉，不具有合法性，人民法院应当对超过申请再审期间的再审申请不予受理。修改后《民事诉讼法》第二百零九条规定了向人民检察院申请监督首先应当先向人民法院申请再审，依照该规定，超过申请再审期间向人民检察院申请监督的案件，人民检察院也不应当受理，否则将会违背修改后《民事诉讼法》第二百零九条规定的立法目的。

（二）人民法院正在对再审申请进行审查的，但超过三个月未对再审申请作出裁定的除外

修改后《民事诉讼法》确立了当事人申请检察监督首先要先经人民法院再审的原则，其目的是解决多头申诉、节约司法资源和当事人的诉讼成本，人民检察院应当准确把握民事诉讼法的精神，严格执行民事诉讼法的有关规定，对于人民法院正在对再审申请进行审查的案件，不予受理。

依照修改后《民事诉讼法》第二百零九条第一款第二项的规定，人民法院逾期未对再审申请作出裁定的，可以向人民检察院申请检察建议或者抗诉。该规定作为向人民检察院申请监督应当首先向人民法院申请再审原则的例外，规定了在人民法院再审审查过程中直接向人民检察院申请监督的特殊情况，但该规定并未明确人民法院逾期的具体期间。本条按照《民事诉讼法》第二百零四条规定的"人民法院应当自收到再审申请书之日起三个月内审查，符合本法规定的，裁定再审；不符合本法规定的，裁定驳回申请"的规定，确定人民法院无正当理由，超过3个月未对再审申请作出裁定作为逾期的期间。

在实践中，应当注意修改后《民事诉讼法》第二百零四条第一款的规定："人民法院应当自收到再审申请书之日起三个月内审查，符合本法规定的，裁定再审；不符合本法规定的，裁定驳回申请。有特殊情况需要延长的，由本院院长批准。"据此，人民法院如经批准依法延长审查期限，不能认定为逾期未对再审申请作出裁定。人民检察院控告检察部门应当与人民法院立案部门建立协调机制，互通信息，以确定人民法院是否存在修改后《民事诉讼法》第二

百零九条第一款第二项规定的“逾期未对再审申请作出裁定”的情形。

（三）人民法院已经裁定再审且尚未审结的

修改后《民事诉讼法》第二百零九条第一款明确规定了当事人向人民检察院申请监督的三种情形：一是人民法院驳回再审申请，二是人民法院逾期未对再审申请作出裁定，三是再审判决、裁定有明显错误。前两种情形都是针对案件没有作出再审裁定的情况而言，而第三种情形是人民法院已经作出再审裁定的情形。当事人应当在人民法院再审审结后，才能向人民检察院申请监督。对人民法院已经裁定再审且尚未审结的案件，人民检察院应当不予受理。

（四）判决、调解解除婚姻关系的，但对财产分割部分不服的案件除外

人民法院作出解除婚姻关系的判决或者调解书，一旦发生法律效力，任何一方都可以与他人建立婚姻关系；如果双方自愿恢复夫妻关系，可以按照《婚姻法》第三十五条的规定，到婚姻登记机关进行复婚登记，对解除婚姻关系的裁判文书进行监督没有实际意义。因此，修改后《民事诉讼法》第二百零二条规定，当事人对已经发生法律效力的解除婚姻关系的判决、调解书，不得申请再审。修改后《民事诉讼法》第二百零二条增加了当事人对解除婚姻关系的调解书也不得申请再审的规定，主要是因为在实践中，许多离婚案件是通过调解解除婚姻关系的，而调解书与判决书具有同等法律效力。本条根据修改后《民事诉讼法》的新规定，也相应增加了对解除婚姻关系的调解书也不得申请再审的规定。

当事人虽然不能就解除婚姻关系的问题申请再审，但是可以对离婚判决或者离婚调解书中的财产分割问题申请再审，因此对离婚判决或者离婚调解书中的财产分割问题，当事人可以申请人民检察院监督。

实践中应当注意以下两个问题：

1. 民事诉讼法仅规定对解除婚姻关系的判决不得申请再审，对不准离婚和维持收养关系的判决没有规定。修改后《民事诉讼法》第一百二十四条第七项规定：判决不准离婚和调解和好的离婚案件，判决、调解维持收养关系的案件，没有新情况、新理由，原告在6个月内又起诉的，不予受理。可见如果这类判决存在错误，当事人6个月后可以再次起诉，无须通过再审程序对原判决予以撤销，因此，检察机关也无须对此类案件提出抗诉或再审检察建议。

2. 对于收养关系的判决，《民事诉讼法》没有作出不能再审的规定，这是因为虽然收养关系有着十分强烈的人身属性，但收养关系不仅涉及人身关系，也涉及财产关系以及社会责任问题。因此《监督规则》没有规定解除收养关系的判决不能受理。对于不服解除收养关系的判决向检察机关申诉，符合受理条件的，检察机关应该受理，审查中发现判决存在错误的，依法应予以监督。

（五）人民检察院已经审查终结作出决定的

修改后《民事诉讼法》第二百零九条第二款规定，人民检察院对当事人的申请应当在3个月内进行审查，作出提出或者不予提出检察建议或者抗诉的决定，当事人不得再次向人民检察院申请检察建议或者抗诉。在司法实践中，往往存在一些当事人纠结于某一发生法律效力的判决、裁定、调解书，反复缠诉，检察监督如果成为重复程序、反复程序，不仅会违背民事诉讼法律制度的目的，不利于社会经济、生活秩序的稳定，也不利于维护当事人的利益。因此，修改后《民事诉讼法》第二百零九条第二款对当事人向人民检察院申请监督设立了“一次申请”的原则，对人民检察院已经审查终结作出决定的案件，不论是提出抗诉或检察建议，还是不提出抗诉或检察建议，当事人再次申请的，人民检察院应当不予受理。

（六）民事判决、裁定、调解书是人民法院根据人民检察院的抗诉或者再审检察建议再审后作出的

依照修改后《民事诉讼法》第二百零九条第二款的规定，人民检察院对当事人的申请应当在3个月内进行审查，作出提出或者不予提出检察建议或者抗诉的决定，当事人不得再次向人民检察院申请检察建议或者抗诉。人民检察院提出抗诉或者再审检察建议的法律后果就是促使人民法院启动再审程序，人民法院在再审后应当依法作出民事判决、裁定或调解书。如果允许当事人对人民法院根据人民检察院的抗诉或者再审检察建议所作出的再审民事判决、裁定或调解书再一次申请监督，就会使修改后《民事诉讼法》第二百零九条第二款关于当事人一次申请的原则规定落空。因此，本条规定进一步明确了修改后《民事诉讼法》关于当事人向人民检察院申请监督“一次申请”原则的内容，明确当事人对人民法院根据人民检察院的抗诉或者再审检察建议所作出的再审民事判决、裁定或调解书向人民检察院申请监督的，人民检察院不予受理。在实践中，要注意以下几种情况：一是人民检察院的民事诉讼监督与人民法院处理当事人之间纠纷不同，其本质是对公权力监督，因此，修改后《民事诉讼法》确立的“一次申请”原则是针对案件而言的，并非是指各方当事人均有权提出一次申请，对人民法院根据人民检察院作出抗诉或者再审检察建议作出的再审民事判决、裁定或调解书，不仅同一申请人不得再次申请，案件的其他当事人也不能再次申请。二是在人民检察院提出检察建议或者抗诉后，人民法院再审判决、裁定仍有明显错误的，在此情况下，当事人也不能再次向人民检察院申请监督。申请监督的，人民检察院应不予受理，但人民检察院可以依照修改后《民事诉讼法》第二百零八条及本规则的有关规定，依职权对该案件进行跟进监督。

（七）其他不应受理的情形

在实践中，有些当事人向检察机关申请监督的情况并不属于人民检察院主管的范围，而且本次《民事诉讼法》修改的内容很多，设立了很多新的制度，在运行中可能还会出现一些人民检察院不应当受理的情形，不能一一列举穷尽，因此本条设立了兜底条款。

第三十二条 对人民法院作出的一审民事判决、裁定，当事人依法可以上诉但未提出上诉，而依照《中华人民共和国民事诉讼法》第二百零九条第一款第一项、第二项的规定向人民检察院申请监督的，人民检察院不予受理，但有下列情形之一的除外：

（一）据以作出原判决、裁定的法律文书被撤销或者变更的；

（二）审判人员有贪污受贿、徇私舞弊、枉法裁判等严重违法行为的；

（三）人民法院送达法律文书违反法律规定，影响当事人行使上诉权的；

（四）当事人因自然灾害等不可抗力无法行使上诉权的；

（五）当事人因人身自由被剥夺、限制，或者因严重疾病等客观原因不能行使上诉权的；

（六）有证据证明他人以暴力、胁迫、欺诈等方式阻止当事人行使上诉权的；

（七）因其他不可归责于当事人的原因没有提出上诉的。

【条文主旨】

本条是关于对民事一审生效裁判的监督申请不予受理情形的规定。

【条文释义】

为引导当事人正确行使诉讼权利，真正落实民事诉讼法二审终审制，结合检察工作实际，本条确立了对一审生效裁判的有限监督原则。当事人对一审裁判不上诉，而待其生效后转向检察机关申请监督，检察机关原则上不予受理，只有在一些特殊情况下，检察机关才可以受理。该原则在最高人民法院、最高人民检察院《关于对民事审判活动与行政诉讼实行法律监督的若干意见（试行）》中得到了确立。该《意见》第四条规定："当事人在一审判决、裁定生效前向人民检察院申请抗诉的，人民检察院应当告知其依照法律规定提出上诉。当事人对可以上诉的一审判决、裁定在发生法律效力后提出申诉的，应当说明未提出上诉的理由；没有正当理由的，不予受理。"本规则列举了七种情形，只有符合本条所列七种情形之一的监督申请，人民检察院才能予以受理：

1. 据以作出原判决、裁定的法律文书被撤销或者变更。这种情形属于生效裁判本身的依据发生变化，不受当事人是否提出上诉的影响，当事人不具有过错，且这种情形下生效裁判已属于明显的错误裁判，人民检察院应当受理当事人的监督申请。

2. 审判人员有贪污受贿、徇私舞弊、枉法裁判等严重违法行为。这种情况属于生效裁判本身不具有合法性基础，不受当事人是否提出上诉的影响，人民检察院应当受理当事人的监督申请。

3. 人民法院送达法律文书违反法律规定，影响当事人行使上诉权。该情形属于人民法院公权力行使不当导致的当事人不能正当行使上诉权。例如最高人民法院《关于适用〈中华人民共和国民事诉讼法〉若干问题的意见》第八十九条规定，公告送达判决书、裁定书的，应说明裁判主要内容，属于一审的，还应说明上诉权利、上诉期限和上诉的人民法院，若人民法院公告时没有说明上诉权利、上诉期限或上诉的人民法院，即属于人民法院送达法律文书违反法律规定，当事人对此没有过错，人民检察院应当受理当事人的监督申请。在实践中，还可能出现人民法院可以直接送达、邮寄送达的情况下，采取了公告送达的方式送达法律文书，此种情况也应当属于人民法院送达法律文书违反法律规定，影响当事人行使上诉权的情形。

4. 当事人因自然灾害等不可抗力无法行使上诉权。当事人由于自然灾害等不可抗力原因无法行使上诉权的，属因不可归责于当事人的原因而没有提出上诉的情形，当事人对此不存在过错，检察机关应当受理其监督申请。

5. 当事人因人身自由被剥夺、限制，或者因严重疾病等客观原因不能行使上诉权。当事人人身自由被剥夺、限制应当是当事人在诉讼过程中人身自由状态因合法或非法原因发生改变，又未能被人民法院及时知悉的情况，例如当事人受到逮捕、非法拘禁等情形，无法正常行使上诉权的，在一审裁定、判决生效后，向人民检察院申请监督的，人民检察院应当予以受理。此外，当事人因为严重疾病影响正常行使上诉权，向人民检察院申请监督的，人民检察院应当受理。在实践中应当注意，影响当事人上诉权的“严重疾病”应当主要是指无法正常表达是否上诉的意思表示，对其他并不影响当事人表达上诉意思的严重疾病，不能认为因客观原因不能行使上诉权。

6. 有证据证明他人以暴力、胁迫、欺诈等方式阻止当事人行使上诉权的。在司法实践中，有个别案件当事人会受到其他个人、单位以各种非法手段阻止当事人行使上诉权，例如当事人或其家人受到他人殴打、人身安全受到威胁等情况而放弃行使上诉权的，应当属于本项规定的情形。在实践中，当事人对于受到他人以暴力、胁迫、欺诈等方式阻止其行使上诉权，必须提供公安机关报案证明等证据予以证明。

7. 因其他不可归责于当事人的原因没有提出上诉的。在实践中，当事人因客观原因不能行使上诉权的情形，不能一一列举穷尽，本条设立了兜底条款。在实践中，应当把握“不可归责于当事人原因”的原则，对当事人未能正常提出上诉的原因进行审查。

在司法实践中应当注意以下几个问题：

1. 本条只对当事人向检察机关申请监督作了限制，对涉及国家利益、社会公共利益的一审生效裁判，检察机关在必要时可以依职权启动监督程序。

2. 符合本条规定情形的案件，当事人向人民检察院申请监督的，仍然需要符合修改后《民事诉讼法》第二百零九条第一款的规定，即只有具备人民法院裁定驳回再审，人民法院逾期未作出再审裁定，再审判决、裁定有明显错误三种情形之一的情况下，人民检察院才应当予以受理。

3. 本条所列举的情形，是人民检察院审查当事人监督申请的条件，人民检察院应当依法严格执行，但上述情形并非人民法院审查范围。人民检察院提出监督意见后，人民法院应当依法处理，不应以人民检察院受理该案件不符合条件为由拒绝接受或处理。

第三十三条 当事人认为民事审判程序中审判人员存在违法行为或者民事执行活动存在违法情形，向人民检察院申请监督，有下列情形之一的，人民检察院不予受理：

（一）法律规定可以提出异议、申请复议或者提起诉讼，当事人没有提出异议、申请复议或者提起诉讼的，但有正当理由的除外；

（二）当事人提出异议或者申请复议后，人民法院已经受理并正在审查处理的，但超过法定期间未作出处理的除外；

（三）其他不应受理的情形。

【条文主旨】

本条是关于当事人对审判人员违法行为和执行活动违法情形申请监督不予受理情形的规定。

【条文释义】

修改后《民事诉讼法》虽然强化了检察机关的法律监督职能，但对于人民法院自我纠错功能也同步加强，因此人民检察院履行监督职能时，应当遵循人民法院自我纠错优先的原则，要求当事人穷尽法院的救济程序。当事人认为人民法院民事审判程序中审判人员存在违法行为或者人民法院民事执行活动存在违法情形向人民检察院申请监督，如果依照修改后《民事诉讼法》的相关规定可以提出异议、申请复议或者提起诉讼，但当事人在没有行使这些救济权利的情况下即向检察机关申请监督，会影响人民法院自我纠错功能的发挥，有违立法精神，因此检察机关不宜受理其监督申请。同时，也要考虑到可能存在一些特殊情况，人民法院自我纠错制度的功能已经丧失或者无法起到作用时，人民检察院可以受理，因此规定了有正当理由的除外规定。

对人民法院正在审查处理当事人的有关异议或者复议申请的情形，在人民法院最终的审查处理意见作出前，为了避免司法资源的浪费，检察机关不宜受理当事人的监督申请。但若在人民法院超过法定期间未作出处理的情况下，人民法院自我纠错功能不能正常发挥作用。出现此种情况，当事人向人民检察院申请监督的，人民检察院应当受理。

考虑实践中情况较为复杂，本条设置了一项兜底条款以应对将来可能发生的变化。

第三十四条 当事人根据《中华人民共和国民事诉讼法》第二百零九条第一款的规定向人民检察院申请检察建议或者抗诉，由作出生效民事判决、裁定、调解书的人民法院所在地同级人民检察院控告检察部门受理。

当事人认为民事审判程序中审判人员存在违法行为或者民事执行活动存在违法情形，向人民检察院申请监督的，由审理、执行案件的人民法院所在地同级人民检察院控告检察部门受理。

【条文主旨】

本条是关于检察机关受理当事人监督申请的层级和部门的规定。

【条文释义】

修改后《民事诉讼法》对不同类型的民事诉讼监督案件规定了不同的监督方式，不同的监督方式分别由不同级别的人民检察院适用，因此本条明确了不同的案件应当向哪一级人民检察院申请监督的问题。

（一）对生效民事判决、裁定、调解书申请监督的受理人民检察院

为了便利当事人申请监督，充分发挥检察建议实现同级监督的优势，提高监督效率和监督效果，结合检察工作实际，对生效民事判决、裁定、调解书申请监督案件确立了同级受理为主、上级受理为辅的案件受理模式。我们认为，确定同级受理为主、上级受理为辅的案件受理模式，既有利于实现修改后民事诉讼法的立法目的，也有利于提高监督效率和效果。原因在于：一是根据修改后《民事诉讼法》第二百零八条的规定，作出生效判决、裁定、调解书的人民法院同级的人民检察院既可以提出检察建议，也可以提请上级人民检察院抗诉，因此，规定同级人民检察院受理当事人的监督申请，符合民事诉讼法的规定；二是实践中经常出现同一当事人就同一案件既向同级人民检察院申请检察建议，又向上级人民检察院申请抗诉的现象，这种重复申请往往在上下级检察机关作出决定后才被发现，造成司法资源的浪费，也不利于进行有效监督，实行同级受理为主的案件受理模式，一定程度上能有效避免这种现象的发生；三是民事诉讼法规定了检察建议的监督方式，同级人民检察院在受理案件后，对

适合运用检察建议方式进行监督的案件，运用检察建议进行监督，适合运用提请抗诉方式监督的，提请上级人民检察院抗诉，能够实现准确运用监督方式，提高监督效率，提升监督效果的目的。

（二）对审判人员存在违法行为案件申请监督的受理人民检察院

修改后《民事诉讼法》第二百零八条第三款规定："各级人民检察院对审判监督程序以外的其他审判程序中审判人员的违法行为，有权向同级人民法院提出检察建议。"根据该规定，对审判人员的违法行为，应当由审判人员作出违法行为时所在人民法院的同级人民检察院进行监督，因此本条第二款规定对审判人员违法行为申请监督的案件，应当由同级人民检察院受理。

（三）对执行活动违反法律规定申请监督的受理人民检察院

修改后《民事诉讼法》第二百三十五条规定：人民检察院有权对民事执行活动实行法律监督。但对人民检察院的受理程序、监督方式并未作出明确的规定。经过研究，我们认为由同级人民检察院以检察建议的方式进行监督是最符合民事诉讼规律的方式，主要理由是：第一，修改后《民事诉讼法》规定检察机关实行法律监督的方式包括抗诉和检察建议两种，人民法院的执行活动与审判活动不同，不论是执行裁定、决定，还是执行措施，都不适用再审程序，因此对人民法院的执行活动不能采用"抗诉"的方式，而应当采用检察建议的方式进行监督。第二，依照修改后《民事诉讼法》确定的原则，检察建议应当是由被监督的人民法院的同级人民检察院发出，因此在对执行活动以检察建议的方式进行监督的情况下，应当由同级人民检察院受理。第三，人民法院执行活动一般是由基层人民法院或中级人民法院进行的，数量大、情况复杂，由作出执行活动的人民法院的同级人民检察院进行监督，可以发挥人民检察院整体监督合力，强化监督效果。

第三十五条 人民法院裁定驳回再审申请或者逾期未对再审申请作出裁定，当事人向人民检察院申请监督的，由作出原生效民事判决、裁定、调解书的人民法院所在地同级人民检察院控告检察部门受理。

【条文主旨】

本条是关于人民法院裁定驳回再审申请或者逾期未对再审申请作出裁定应当由哪级人民检察院受理的规定。

【条文释义】

修改后《民事诉讼法》在赋予当事人向检察机关申请监督权利的同时，规定了当事人向检察机关申请监督的条件，即当事人不服生效裁判，应当先向人民法院申请再审，只有在人民法院驳回再审申请、逾期未对再审申请作出裁定或者再审裁判有明显错误的三种情形下，当事人才能向检察机关申请监督。

上述三种情形中，较多的是人民法院驳回再审申请后当事人向检察机关申请监督，并且多数驳回再审申请裁定是上级人民法院作出，这类案件均存在驳回再审申请的裁定和原生效裁判两个法律文书，如何确定受理层级，有必要予以明确。从裁判的性质上来看，人民法院驳回再审申请的裁定不是对案件作出的实体裁判，确定当事人权利义务的仍然是原生效裁判和调解书。此外，驳回再审申请裁定也不适用于再审程序，检察机关如果对其进行监督依照法律规定无法启动再审程序。因此，对人民法院裁定驳回再审申请的案件，当事人向人民检察院申请监督时，应当向作出原生效民事判决、裁定、调解书的人民法院所在地同级人民检察院提出。

修改后《民事诉讼法》第二百零九条第一款第二项规定，人民法院逾期未作出再审裁定的，当事人可以向人民检察院申请检察建议或抗诉。按照《民事诉讼法》第二百零九条规定的精神，当事人向人民检察院申请检察建议或抗诉的案件，应当是可以适用再审检察建议的案件，而人民法院逾期未作出再审裁定本身是一种违法行为，没有形成法律文书，因此当事人依照《民事诉讼法》第二百零九条第一款第二项规定，申请人民检察院提出检察建议或抗诉的，应当是针对原生效民事判决、裁定、调解书提出，因此应当向作出原生效民事判决、裁定、调解书的人民法院所在地同级人民检察院提出申请。

第三十六条 人民检察院控告检察部门对监督申请，应当根据以下情形作出处理：

（一）符合受理条件的，应当依照本规则规定作出受理决定；

（二）属于人民检察院受理案件范围但不属于本院管辖的，应当告知申请人向有管辖权的人民检察院申请监督；

（三）不属于人民检察院受理案件范围的，应当告知申请人向有关机关反映；

（四）不符合受理条件，且申请人不撤回监督申请的，可以决定不予受理。

应当由下级人民检察院受理的，上级人民检察院应当在七日内将监督申请书及相关材料移交下级人民检察院。

【条文主旨】

本条是关于控告检察部门对监督申请处理的规定。

【条文释义】

控告检察部门在接收申请监督材料后，应当根据本章关于受理条件的规定，对当事人提交的材料进行形式审查，审查的内容是申请人提交的材料是否齐备并且是否属于本院受理案件的范围。控告检察部门审查后，应当对当事人的申请作出相应处理。本条规定了四种情形：一是对符合受理条件的，控告检察部门应当作出受理的决定；二是本院对当事人申请不具有管辖权的，控告检察部门应当告知申请人向有管辖权的人民检察院提出申请；三是当事人申请的事项不属于人民检察院主管范围的，应当告知申请人向相应的主管机关反映；四是当事人申请不符合受理条件，经告知后申请人拒不撤回监督申请的，控告检察部门应当及时决定不予受理，并制作《不予受理通知书》。

此外，当事人申请监督的案件，按照本规则的相关规定应当由下级人民检察院受理，但当事人通过邮寄等方式向上级人民检察院提出了申请。在此种情况下，为了最大限度地保护当事人的利益，减少当事人的诉累，上级人民检察院应当在7日内将监督申请书及相关材料移交下级人民检察院。

第三十七条 控告检察部门应当在决定受理之日起三日内制作《受理通知书》，发送申请人，并告知其权利义务。

需要通知其他当事人的，应当将《受理通知书》和监督申请书副本发送其他当事人，并告知其权利义务。其他当事人可以在收到监督申请书副本之日起十五日内提出书面意见，不提出意见的不影响人民检察院对案件的审查。

【条文主旨】

本条是关于人民检察院控告检察部门受理案件程序的规定。

【条文释义】

人民检察院控告检察部门决定受理当事人监督申请的，应当告知当事人。本条规定了《受理通知书》的制作及发送程序。在当事人对生效判决、裁定和调解书申请监督的案件中，由于案件结果直接涉及其他当事人的利益，为了实现对案件的公正审理，保障当事人诉讼权利的行使，本条第二款规定人民检察院应当将监督申请书副本发送当事人以外的其他当事人，告知其在案件审查过程中享有的权利和承担的义务，其他当事人可以针对监督申请书内容向人民检察院提出书面意见。其他当事人放弃权利，不向人民检察院提出书面意见的，不影响人民检察院对案件的审查。

在实践中应当注意，由于当事人申请监督的案件类型繁多、情况复杂，本规则未对人民检察院控告检察部门自收到材料至作出是否受理的决定作出具体的限制，但亦应当注意在合理的时间内作出是否受理的决定。

第三十八条 控告检察部门应当在决定受理之日起三日内将案件材料移送本院民事检察部门，同时将《受理通知书》抄送本院案件管理部门。

【条文主旨】

本条是关于控告检察部门向民事检察部门移送案件材料的规定。

【条文释义】

为提高案件在部门间的流转效率，控告检察部门在受理案件后应当及时将案件移送本院民事检察部门。因此，本条规定了控告检察部门应当在决定受理之日起 3 日内将案件材料移送本院民事检察部门。同时，为了使案件管理部门及时对案件进行监控管理，规定控告检察部门应当同时将《受理通知书》抄送本院案件管理部门。

第三十九条 当事人以外的公民、法人和其他组织认为人民法院民事审判程序中审判人员存在违法行为或者民事执行活动存在违法情形的，可以向同级人民检察院控告、举报。控告、举报由人民检察院控告检察部门受理。

控告检察部门对收到的控告、举报，应当依据《人民检察院信访工作规定》、《人民检察院举报工作规定》等办理。

【条文主旨】

本条是关于当事人以外的公民、法人和其他组织控告、举报的规定。

【条文释义】

控告、举报是人民检察院除当事人申请监督以外，发现民事诉讼监督案件的另一重要途径。本条对控告、举报的主体、内容和受理检察院及部门进行了规定。

（一）控告、举报的主体

案件当事人控告、举报，其实质仍然是不服个案，认为人民法院审判权或执行权行使不当，向检察机关申请监督的行为，因此当事人的“控告、举报”可以归入“当事人申请监督”的途径之中。而本规则所指的控告、举报的主体应当为当事人以外的公民、法人或其他组织。

（二）控告、举报的内容

控告、举报的内容应当是人民法院民事审判或者执行活动存在违法行为，不能是对生效裁定、判决、调解书申请监督。

（三）控告、举报的受理检察机关

依照修改后《民事诉讼法》第二百零八条第三款规定，审判人员的违法行为应当由同级人民检察院通过检察建议的方式进行监督。因此，控告、举报的受理检察机关，应当是同级人民检察院。同时，控告检察部门作为人民检察院统一的对外窗口，负责案件受理工作，因此控告、检举也应当由人民检察院控告检察部门负责受理。

（四）控告、举报的程序问题

高检院对控告、举报的办理有专门规定，检察机关受理控告、举报应当依照《人民检察院信访工作规定》、《人民检察院举报工作规定》等相关文件办理。但在实践中应当明确，本条所规定的案件是民事诉讼监督案件，不是信访申诉案件，不能将二者混淆。

第四十条 控告检察部门可以依据《人民检察院信访工作规定》，向下级人民检察院交办涉及民事诉讼监督的信访案件。

【条文主旨】

本条是关于涉及民事诉讼监督的信访案件的规定。

【条文释义】

为了规范人民检察院信访工作，保护信访人的合法权益，维护信访秩序，保持与人民群众的密切联系，最高人民检察院于2007年3月26日印发了《人民检察院信访工作规定》，确立了人民检察院信访工作应当坚持属地管理、分级负责，谁主管、谁负责的基本原则，并明确规定了上级人民检察院控告申诉检察部门可以代表本院向下级人民检察院交办的职能范围。

信访案件是指公民、法人或者其他组织采用书信、电子邮件、传真、电话、走访等形式，向各级检察机关反映冤情、民意或检察机关的不足之处，提出建议、意见或者投诉等案件，该类案件与修改后《民事诉讼法》规定的人民检察院法律监督案件不同，不属于法定的法律监督程序，但其中所反映的情况也需要引起检察机关的重视。因此，《监督规则》特别设定了相应的条文予以明确：一是处理信访案件应当由控告检察部门处理；二是控告检察部门处理信访案件应当依据《人民检察院信访工作规定》进行办理；三是控告检察部门对符合《人民检察院信访工作规定》规定的相关条件的案件，可以交下级人民检察院办理。

第四十一条 具有下列情形之一的民事案件，人民检察院应当依职权进行监督：

（一）损害国家利益或者社会公共利益的；

（二）审判、执行人员有贪污受贿、徇私舞弊、枉法裁判等行为的；

（三）依照有关规定需要人民检察院跟进监督的。

【条文主旨】

本条是关于依职权监督案件类型的规定。

【条文释义】

实践中，检察机关办理的多数案件都是当事人申请监督或者公民、法人和其他组织控告、举报的案件，但也存在一些虽然没有当事人申请或者当事人以外的公民、法人和其他组织控告、举报，但有必要予以监督的案件，这些案件有的是当事人之间恶意串通损害国家或者社会公共利益，有的是审判人员、执行人员存在贪污受贿、徇私舞弊、枉法裁判等违法犯罪行为，对于这些案件，检察机关在发现后应当主动进行监督，以维护司法公正和法制统一。因此，《监督规则》第二十三条明确将人民检察院依职权发现的案件作为民事检察案件的来源之一。但“依职权发现案件”是人民检察院主动介入案件，对人民法院审判权或执行权的行使是否正当进行审查，必须要谨慎使用，否则可能会影响人民法院审判权和执行权的正常运行。同时，民事案件主要涉及当事人之间的利益分配，应当尊重当事人在法律规定范围内对自己权利的处分。一般案件当事人不主动申请监督的，检察机关也不应主动监督。因此，《监督规则》对人民检察院依职权监督的案件类型通过类型列举的方式予以明确，即只有损害国家利益或者社会公共利益，审判、执行人员有贪污受贿、徇私舞弊、枉法裁判行为以及依照有关规定需要人民检察院跟进监督的三类案件，人民检察院可以依职权启动监督程序。具体而言：

（一）损害国家利益或者社会公共利益的

关于国家利益的具体概念、外延和构成，中外不同派系的学者都有不同的认识和理解。但综观各种对国家利益的解释，都是针对国家的生存、发展和强大而阐述的，因此，国家利益是一切满足或能够满足国家生存发展且对国家具有好处的利益，是一种复杂的集合体，从不同分类上讲，包括政治、经济、文化、军事、安全等利益，也包括物质利益和精神利益、实物利益和过程利益、现实利益和潜在利益、当前利益和长远利益等。对国家利益不能随意扩大解释，更不能随意确认。国家利益是一个利益的整体集合，是任何一个公民作为国家平等一员在概率上能够平等分享的公共利益，具有根本性和宏观性，不同于国家内部以公民个体为主体的个体利益，也不同于由国家内部各群体为主体的群体利益，甚至不同于以全体公民为主体的整体利益。在实践中，是否损害国家利益要严格掌握，比如在办案过程中要注意区分国家利益与国有企业利益。国有企业是国家政府投资或参与控制的企业，具有一定的行政性及实现国家调节经济的目标的公益性，国有企业利益和国家利益有着相当复杂的关系。在市场经济中，国有企业是市场活动的参与者，其公益性目标在市场经济条件下也是通过参与市场交易实现的，因此也和其他市场主体一样，必须按照民商事法律、法规进行民商事活动。因此不能把国有企业利益简单等同于国家利益，要根据案件具体分析该利益对国家制度、体制以及国家生存发展的利益的影响，判断其是否属于国家利益的范畴。

社会公共利益是指全体公民或区域性的大多数公民所能享受及所应遵守的公共秩序和公共道德，而这些利益是社会上大多数成员的利益，而不是哪一个单位、部门或者集团的利益，更不是个人利益。所谓公共秩序，是指社会存在和发展所必需的一般秩序，主要包括政治秩序、经济秩序、生活秩序等，而损害这些秩序的行为本应当在法律中予以规定，但由于法律不能对所有违反公共秩序的行为予以一一列举，才以违反社会公共秩序作为补充。所谓公共道德，是社会全体成员普遍认同和遵循的根本性道德准则。国家利益与社会公共利益有关联性但又不尽相同，国家利益虽然也会体现为全体公民共同享有的利益，但是国家利益是以国家为主体享有的权益；而社会公共利益主要是体现为社会成员所享有的利益。在实践中，判断是否侵害社会公共利益难有整齐划一的标准，要结合案件情况以及政治、社会、道德等因素综合判断。我们认为，检察机关在判断时一般应当遵循以下原则：第一，侵害不特定多数人的利益，既可以是实际利益，也可以是潜在利益。如果仅仅是涉及具体当事人的利益，一般不能认为是侵害社会公共利益。第二，在具体法律中未规定该违法行为。如果具体法律中已经对该行为有所规定，应当援引具体的法律规定予以救济。第三，不符合社会多数人的利益需求或道德标准。在此处特别应当注意，很多侵害社会公共利益的生效裁判和调解书，虽然在表面上体现为具体当事人的利益，但侵害该具体当事人的利益的行为被确认合法，就会侵害到社会大多数人的利益，那么该具体当事人的利益应当是属于社会公共利益的具体化，可以视为侵害社会公共利益。

（二）审判、执行人员有贪污受贿、徇私舞弊、枉法裁判等行为的

审判、执行人员有贪污受贿、徇私舞弊、枉法裁判等行为，是对国家司法制度和基本社会道德的侵害，因此该类案件当然应当监督。但是在实践中，如何对该类案件进行监督需要进行考量，以在公权力监督和私权保护上取得平衡。我们认为应当对以下情况予以注意：第一，审判、执行人员有贪污受贿行为，但是经审查认为生效裁判、调解书和执行活动并无不当的，检察机关不应采取启动再审程序的监督方式，包括抗诉和再审检察建议的方式予以监督，但可以通过检察建议的方式予以监督。这是由检察机关公权力监督属性和监督对象决定的。第二，审判、执行人员有贪污受贿、徇私舞弊、枉法裁判等行为，但是当事人明确表示服从判决，不愿启动再审程序，而该生效裁判、调解书或执行活动又不侵害国家利益和社会公共利益的，应当尊重当事人对自己利益的处分。但是可以通过检察建议的方式对审判、执行人员的违法行为进行监督。第三，审判、执行人员有贪污受贿、徇私舞弊、枉法裁判等行为，不必以最终党政纪等处理结果为条件，只需要审判、执行人员存在该类行为即可。

（三）依照有关规定需要人民检察院跟进监督的

《监督规则》第一百一十七条规定了在三种情形下可以跟进监督，即：人民法院审理民事抗诉案件作出的判决、裁定、调解书仍符合抗诉条件的；人民法院对人民检察院提出的检察建议未在规定的期限内作出处理并书面回复的；

人民法院对检察建议的处理结果错误的。民事检察监督的本质属性是对公权力的监督，根本任务是保障民事法律统一正确实施。检察机关监督的实质是通过恰当的法律程序促使人民法院纠正不正当行使审判权和执行权的行为，如果人民法院的错误未能得到纠正，检察机关的监督任务并未完成，因此，检察机关应当认真履行法律监督职责，依法跟进监督或提请上级人民检察院监督。

第四十二条　下级人民检察院提请抗诉、提请其他监督等案件，由上一级人民检察院案件管理部门受理。

依职权发现的民事诉讼监督案件，民事检察部门应当到案件管理部门登记受理。

【条文主旨】

本条是关于对案件管理部门受理案件的规定。

【条文释义】

案件管理部门的职责是加强案件管理、规范内部程序，对下级人民检察院提请抗诉、提请其他监督等属于上下级检察机关内部移送程序的案件，由案件管理部门受理更便于管理。因此，本条规定了下级人民检察院提请抗诉、提请其他监督等案件，由上一级人民检察院案件管理部门受理。

对依职权发现的案件，没有经过控告检察部门的受理程序，但案件管理部门也需要进行相应的监督和规范，对此类案件，民事检察部门应当直接到案件管理部门进行受理登记。

第四十三条　案件管理部门接收案件材料后，应当在三日内登记并将案件材料和案件登记表移送民事检察部门；案件材料不符合规定的，应当要求补齐。

案件管理部门登记受理后，需要通知当事人的，民事检察部门应当制作《受理通知书》，并在三日内发送当事人。

【条文主旨】

本条是关于案件管理部门受理的案件的登记、审查、移送以及制作并向当事人发送法律文书的规定。

【条文释义】

案件管理部门受理案件后，为提高案件在部门间的流转效率，应当在受理案件后及时将案件移送本院民事检察部门。案件管理部门受理的案件是否需要通知当事人的问题要区分不同的情况分别对待。如下级人民检察院提请抗诉的案件，因为审查机关和承办人员发生了变更，必须要通知当事人，以保障当事人的合法权利，而在有些情况下，如检察机关依职权发现的案件，对该类案件进行审查则没有必要通知当事人，因此，本条明确规定“需要通知当事人的”

才制作和发送文书通知当事人。

第五章 审 查

第一节 一般规定

第四十四条 民事检察部门负责对受理后的民事诉讼监督案件进行审查。

【条文主旨】

本条是关于民事诉讼监督案件审查部门的规定。

【条文释义】

民事诉讼监督是根据宪法和法律规定的一种法律监督，因此必须遵守相应的正当程序和监督规律。依据《监督规则》第五条的规定，民事诉讼监督案件的受理、办理、管理工作分别由控告检察部门、民事检察部门、案件管理部门负责，本条是依照检察机关的内部分工的原则，明确规定了民事诉讼监督案件受理后由民事检察部门进行实体审查。形式审查主要是对当事人申请监督是否符合申请条件、材料是否符合要求等内容进行审查，而实体审查是指人民检察院对人民法院的民事审判行为和执行活动是否符合法律规定、是否应当采取相应监督措施等内容作出的综合判断。在实践中应当注意严格执行民事诉讼监督案件的受理、办理和管理工作分离原则，保证民事诉讼监督案件的程序正当性。

第四十五条 上级人民检察院可以将受理的民事诉讼监督案件交由有管辖权的下级人民检察院办理。交办的案件应当制作《交办通知书》，并将有关材料移送下级人民检察院。下级人民检察院应当依法办理，不得将案件再行交办，作出决定前应当报上级人民检察院审核同意。

交办案件需要通知当事人的，应当制作《通知书》，并发送当事人。

【条文主旨】

本条是关于民事检察部门交办案件的规定。

【条文释义】

实践中，人民检察院交办案件主要发生在对生效判决、裁定和调解书进行监督的领域，对人民法院生效判决、裁定和调解书的监督案件，同级人民检察院和上级人民检察院都有管辖权。在上级人民检察院受理案件后，可以依照本条规定将案件交有管辖权的下级人民检察院办理。交办的案件一般为重要或者具有一定指导意义的案件，因此，要求下级人民检察院在作出决定前报经上级人民检察院审核同意。适用本条交办案件应当由民事检察部门负责交办，对有监督申请人等需要通知当事人的案件，应当制作《通知书》通知当事人。

第四十六条 上级人民检察院可以将案件转有管辖权的下级人民检察院办理。转办案件应当制作《转办通知书》，并将有关材料移送下级人民检察院。

转办案件需要通知当事人的，应当制作《通知书》，并发送当事人。

【条文主旨】

本条是关于转办案件的规定。

【条文释义】

人民检察院在审查阶段转办案件，由民事检察部门负责办理。对人民法院生效判决、裁定和调解书的监督案件，同级人民检察院和上级人民检察院都有管辖权。在上级人民检察院受理案件后，认为不属于不适宜由下级人民检察院受理或者有重大社会影响的案件，上级人民检察院可以转下级人民检察院办理。与交办案件不同，对转办的案件，下级人民检察院应当依法审查后直接作出决定，对案件处理结果负责，但审结后应向上级人民检察院备案。

第四十七条 人民检察院审查民事诉讼监督案件，应当围绕申请人的申请监督请求以及发现的其他情形，对人民法院民事诉讼活动是否合法进行审查。其他当事人也申请监督的，应当将其列为申请人，对其申请监督请求一并审查。

【条文主旨】

本条是关于人民检察院对民事诉讼监督案件的审查范围和对象的规定。

【条文释义】

民事诉讼活动主要解决的是当事人之间的利益分配问题，这是由民事法律是调整平等主体之间的人身关系和财产关系的本质决定的。因此，人民检察院的民事检察监督应当遵循民事法律和民事诉讼的规律，尊重当事人的自由意思表示和处分权，首先要围绕当事人申请的请求进行审查。但检察机关的法律监督不同于人民法院的再审程序，其本质是对公权力的监督，人民检察院审查民事诉讼监督案件的范围不仅包括当事人申请监督的请求和理由，也包括发现的其他违法行为，审查对象是人民法院的民事诉讼活动是否符合法律规定。因此，如在审查中发现人民法院其他民事诉讼活动可能存在错误的情形，人民检察院应当一并审查，这是由检察监督的公权力监督属性决定的。

在案件审查过程中，如果申请人以外的其他当事人也提出监督申请，为了简化程序，提高效率，不需再次经过受理程序，可以直接对其申请请求一并审查。

第四十八条 申请人或者其他当事人对提出的主张，应当提供证据材料。人民检察院收到当事人提交的证据材料，应当出具收据。

【条文主旨】

本条是关于当事人举证的规定。

【条文释义】

民事诉讼是因当事人之间权利义务的争议引起的。虽然检察监督的本质是对公权力的监督，但对当事人而言，不论是进行诉讼还是申请检察监督，其直接目的都是维护自身的权利，应诉和其他当事人在检察监督中提交意见的直接目的也在于此。一方面，当事人最在意自身的实体权利和程序利益的公平保护，对人民法院可能存在的错误更为敏感；另一方面，当事人对纠纷发生的过程以及诉讼的整个过程最为清楚，也更能对人民法院存在的错误提供相应的证据，因此本条明确规定了申请人或者其他当事人对提出的主张应当提供证据证明。人民检察院收到申请人或者其他当事人提交的证据，应当出具收据。

实践中应当注意的问题：

1. 人民检察院是法律监督机关，不是当事人的代理人，也不是法院之上的法院。对证据的审查，应当以人民法院民事诉讼活动是否符合法律规定为出发点，而不是为一方当事人取证。因此，人民检察院在审查案件时要对当事人提交的证据进行辨别判断，综合审判程序、审判过程等问题，对人民法院的民事活动是否符合法律规定作出综合判断。

2. 申请人不提交证据材料的，人民检察院应当按照现有证据材料进行审查，并作出是否采取监督措施以及采取何种监督措施的决定。如果申请人不提交证据材料证明监督事由存在，而又不存在其他需要监督的事由，可以直接作出不支持监督申请的决定。

第四十九条 人民检察院应当告知当事人有申请回避的权利，并告知办理案件的检察人员、书记员等的姓名、法律职务。

【条文主旨】

本条是关于人民检察院告知当事人申请回避权利和告知内容的规定。

【条文释义】

回避制度是现代司法制度的基本原则之一，对于保证司法权的正当行使具有十分重要的意义。为了保障当事人申请回避权利的行使，发挥回避制度的作用，检察机关在办理案件时，应当告知办理案件的检察人员和书记员的姓名和法律职务，以便于当事人决定是否提出回避申请。

在实践操作中，人民检察院应当向案件当事人发送书面通知，告知案件承办人的姓名、法律职务、联系电话、联系地址等信息，有书记员的，应当一并将书记员的信息载明。当事人申请回避的，应当按照本规则关于回避的有关规定提出申请。

第五十条 人民检察院审查案件，应当听取当事人意见，必要时可以听证或者调查核实有关情况。

【条文主旨】

本条是关于听取当事人意见和调查核实的规定。

【条文释义】

民事案件是不同当事人之间形成的纠纷，通过听取当事人的意见，有助于检察机关查清案件事实，正确行使法律监督权。因此本条规定，人民检察院审查案件，应当听取当事人意见，即人民检察院应当告知当事人享有对案件提出意见的权利。当事人意见一般可以通过书面方式提交，特殊情况需要当面说明的，也可以通过口头方式向检察机关说明。听取当事人口头陈述意见的，人民检察院应当由两名以上检察人员共同听取，并应当制作笔录，当事人应当核对无误后在笔录上签字。当事人拒绝签字的，检察机关应当对其意见不予采用。听取各方当事人的意见时，当事人可以对其主张和答辩发表意见，检察机关也可以询问当事人有关问题。当然，当事人提交意见是当事人在法律监督程序中依法享有的一项权利，当事人可以行使或放弃该权利。当事人不提交意见的，不影响人民检察院在查清案件事实的基础上对案件作出是否监督的决定。

实践中，通过听取当事人意见，尚不能查清案件事实的案件，检察机关必要时可以进行听证或者调查核实有关情况，进一步查清案件事实。因为民事诉讼监督案件经过了法院的多次审理，事实一般较为清楚，采取听证方式和调查取证一般不作为必经程序。

第五十一条 人民检察院审查案件，可以依照有关规定调阅人民法院的诉讼卷宗。

通过拷贝电子卷、查阅、复制、摘录等方式能够满足办案需要的，可以不调阅诉讼卷宗。

【条文主旨】

本条是关于调阅诉讼卷宗的规定。

【条文释义】

2010 年，最高人民法院办公厅、最高人民检察院办公厅共同印发了《关于调阅诉讼卷宗有关问题的通知》（法办〔2010〕255 号）（以下简称《调卷通知》），明确规定了调阅卷宗的程序和条件。《调卷通知》明确规定“人民检察院在办理法官涉嫌犯罪案件、抗诉案件、申诉案件过程中，可以调阅人民法院的诉讼卷宗”，并在第二条中规定“凡是通过查阅、拷贝电子卷、复制、摘录等方式能够满足办案需要的，不再调阅诉讼卷宗”。同时，《调卷通知》还对调阅卷宗的时间、调阅卷宗的人民法院和人民检察院的级别，以及手续、纪律等问题作出了规定。本条参照《调卷通知》的规定，明确了人民检察院审查案件，可以依照有关规定调阅人民法院的诉讼卷宗，以及检察机关不调阅诉讼卷宗的条件。

第五十二条 承办人审查终结后，应当制作审查终结报告。审查终结报告应当全面、客观、公正地叙述案件事实，依据法律提出处理建议。

承办人通过审查监督申请书等材料即可以认定案件事实的，可以直接制作审查终结报告，提出处理建议。

【条文主旨】

本条是关于承办人审查案件程序的规定。

【条文释义】

审查终结报告是承办人对查明的案件事实、证据采信情况以及据此作出的对人民法院审判行为或执行行为是否符合法律规定判断的载体。本条第一款对承办人审查案件作出了规定，要求对审结的案件，承办人提出的处理建议应当通过审查终结报告的形式表现出来。

人民检察院民事检察监督是代表国家对人民法院民事诉讼活动进行法律监督，这种监督是中立的，不是任何一方的代理人，不代表任何一方的利益，因此本条第一款对承办人制作审查终结报告提出了明确的要求，即承办人要按照总则中“以事实为根据，以法律为准绳”的基本原则要求，全面、客观、公正地叙述案件事实，依据法律提出处理建议。

本条第二款从实践的角度出发，设置相对简易的审查程序，规定承办人通过审查监督申请书等材料即可以认定案件事实的，可以直接制作审查终结报告，提出处理建议。区分案件的难易，实现案件审查的繁简分流，对降低诉讼成本、节约司法资源、稳定社会关系、提高检察监督的效果和树立检察监督的威信具有重要的意义。简化程序仍然应当充分保障当事人的权利，不能牺牲公正、把效率作为唯一价值取向。因此本条在设计该程序时，明确规定了“承办人通过审查监督申请书等材料即可以认定案件事实的”适用标准，在此情况下，可以不进行调查核实和调阅卷宗，通过审查监督申请书等材料直接认定案件事实，作出结论，制作审查终结报告。

第五十三条 案件应当经集体讨论，参加集体讨论的人员应当对案件事实、适用法律、处理建议等发表明确意见并说明理由。集体讨论意见应当在全面、客观地归纳讨论意见的基础上形成。

集体讨论形成的处理意见，由民事检察部门负责人提出审核意见后报检察长批准。

检察长认为必要的，可以提请检察委员会讨论决定。

【条文主旨】

本条是关于案件讨论、审批程序的规定。

【条文释义】

集体讨论是办理民事检察案件的原则，是贯彻执行司法民主集中制的制度保障，也是在制度层面上完善内部监督制约的重要制度，对保证查清案件事实、正确适用法律有着非常重要的意义。本条第一款对集体讨论程序作出了明确的规定，明确了参加集体讨论的人员的责任，即对案件事实、适用法律、处理建议等发表明确意见并说明理由，同时也规定了集体讨论意见的形成，即集体讨论意见应当在全面、客观地归纳讨论意见的基础上形成，确保集体讨论意见的真实性、客观性和公正性。

本条第二款对案件的审批程序作出了规定，即集体讨论形成的处理意见，由民事检察部门负责人审核后报检察长批准。这种集体讨论、民事检察部门负责人、检察长多层次的权力分配，在程序和机制上确保了民事诉讼监督案件的公正处理。

对于重大、疑难案件，检察长认为有必要时可以提交检察委员会讨论。《人民检察院组织法》第三条规定："各级人民检察院设立检察委员会。检察委员会实行民主集中制，在检察长的主持下，讨论决定重大案件和其他重大问题。"检察委员会是我国检察机关内部讨论决定重大案件和其他重大问题的最重要的集体决策的组织机构。检察委员会的主要任务是按照民主集中制的原则，讨论决定重大案件和其他重大问题，因此规定检察长对重大、疑难案件提交检察委员会讨论，对提高监督权威、强化监督效果、防止个人专权，有着重要的意义。

第五十四条 人民检察院对审查终结的案件，应当区分情况作出下列决定：

（一）提出再审检察建议；

（二）提请抗诉；

（三）提出抗诉；

（四）提出检察建议；

（五）终结审查；

（六）不支持监督申请。

控告检察部门受理的案件，民事检察部门应当将案件办理结果书面告知控告检察部门。

【条文主旨】

本条是关于民事诉讼监督案件审查后处理决定的规定。

【条文释义】

民事诉讼监督案件审查后处理决定应当依照法律规定进行规范，不能随意创设。本规则对检察机关审查后处理决定的方式进行规定，目的在于规范检察机关的监督行为。

1. 再审检察建议。依据修改后《民事诉讼法》的规定，检察建议成为法定民事检察的监督方式。检察建议可以分为纠正违法的检察建议、改进工作检察建议和再审检察建议三种类型。再审检察建议适用于对生效裁定、判决、调解书进行监督的案件，是民事诉讼法新增加的监督方式，与抗诉相比，更有利于实现同级监督，提高监督效率。从有利于实现民事诉讼法立法目的、有利于缓解上级检察机关的办案压力等方面考虑，《监督规则》第八十三条对适用再审检察建议和抗诉的案件范围进行了引导性区分，对修改后《民事诉讼法》第二百条规定的情形中，属于情节较轻或错误比较明显且易于认定的情形规定可以适用再审检察建议的方式进行监督。

2. 检察建议。由于再审检察建议单独列明，本条第一款第四项规定的检察建议主要是指对审判程序中审判人员违法行为的检察建议或对人民法院民事执行活动违反法律规定的情形进行监督的检察建议。依照修改后《民事诉讼法》第二百零八条第三款和第二百三十五条的规定和检察实践，对审判人员违法行为和对人民法院民事执行活动的监督应当采用检察建议的监督方式，因此，本条明确把检察建议作为案件决定予以列明。

在实践中应当注意，改进工作检察建议可以独立提出，也可以在个案处理时提出，但不能以改进工作检察建议作为民事诉讼监督案件的结案方式单独使用。在具体案件的办理中，人民检察院应当对人民法院诉讼活动是否违反法律规定作出判断，并作出是否采取监督措施的决定，而改进工作的检察建议是对人民法院改进工作、完善制度等提出的意见建议，不能以宏观的建议代替个案的决定。

3. 提出抗诉。抗诉是指人民检察院认为人民法院作出的判决、裁定、调解书确有错误，依法向人民法院提出启动再审程序要求的法律监督行为，人民法院对人民检察院提出抗诉的案件，应当在收到抗诉书之日起30日内作出再审的裁定。提出抗诉是检察机关民事检察监督的一种最重要的监督手段，也是最具有刚性监督效果的监督方式。

4. 提请抗诉。提请抗诉是指地方各级人民检察院对同级人民检察院已经发生法律效力的裁定、判决或调解书存在错误，提请上级人民检察院向同级人民法院提出抗诉的监督行为。由于我国民事诉讼法对生效民事判决、裁定、调解书的抗诉原则上实行“上级抗”，地方各级人民检察院认为同级人民法院的民事审判活动存在严重错误应当提出抗诉的，应当提请上级人民检察院抗诉，虽然提请抗诉不是对案件的最终处理结果，但提请抗诉也是地方各级人民检察院履行法律监督职责的重要方式，因此在本条中把提请抗诉和提出抗诉分别予以了明确。

5. 终结审查。终结审查是指人民检察院在审查民事诉讼监督案件过程中，由于出现特定情形，造成审查程序不能继续进行下去或者失去了继续进行的意义，从而结束审查程序的决定。民事诉讼监督案件与民事诉讼案件一样，也会在审查过程中出现因特殊客观情况不能继续审查的情况，比如申请监督的自然人死亡，没有继承人或者继承人放弃申请等。但民事诉讼监督的本质是对公权力监督，决定了民事诉讼监督程序与民事诉讼程序本质上的差异，前者是人民检察院依照法律规定对人民法院的诉讼活动是否符合法律规定的审查，后者是人民法院依照法律规定对当事人之间的纠纷依法审理和解决的活动，因此人民检察院终结审查的条件相较人民法院终结诉讼的条件，还应当增加“没有发现其他应当监督的违法情形”作为条件，因此即使审查程序不能继续进行下去或者失去了继续进行的意义，但若已经发现人民法院有其他应当监督的情形，人民检察院仍然不能终结审查，应当对现已发现的应当监督的情形进行监督。

此外，依照《监督规则》第七十五条的规定，人民检察院发现已经受理的案件不符合受理条件，或者人民检察院依职权发现的案件，经审查不需要采取监督措施的，也采用终结审查的方式终结案件的审查。

6. 不支持监督申请。依照修改后《民事诉讼法》的规定，检察机关应当对当事人申请监督案件及时作出决定。检察机关的监督方式包括抗诉、检察建议，因此对不符合监督条件的案件，检察机关作出的不予监督的决定应当包含不提出抗诉、不提出检察建议和不提请抗诉等各种情况，所以本规则综合各种情况，统一设立了“不支持监督申请”这一决定形式，适用于当事人申请监督案件中不提出检察建议、不提请抗诉、不抗诉等情形。

第五十五条 人民检察院在办理民事诉讼监督案件过程中，当事人有和解意愿的，可以建议当事人自行和解。

【条文主旨】

本条是关于人民检察院办理民事诉讼监督案件过程中当事人和解的规定。

【条文释义】

为有效化解矛盾，解决纠纷，检察机关应当加强当事人和解工作，但由于修改后《民事诉讼法》没有赋予检察机关调解、和解的职能，因此本条规定了对当事人有和解意愿的案件，检察机关在办案中可以建议当事人和解。

在实践中，检察机关应当注意当事人和解是当事人对其私权的处分，但当事人的和解方案不能损害国家利益、社会公共利益和第三人利益。此外，当事人通过自行达成的协议处分自己权利的行为应当与检察机关对公权力监督职能区分开来，对于人民法院在案件处理过程中存在应当监督的情形的，检察机关仍然应当采取恰当的方式进行监督，不能以当事人和解替代检察监督。

第五十六条 人民检察院受理当事人申请对人民法院已经发生法律效力的民事判决、裁定、调解书监督的案件，应当在三个月内审查终结并作出决定。

对民事审判程序中审判人员违法行为监督案件和对民事执行活动监督案件的审查期限，依照前款规定执行。

【条文主旨】

本条是关于民事检察案件审查期限的规定。

【条文释义】

修改后《民事诉讼法》第二百零九条第二款规定，“人民检察院对当事人的申请应当在三个月内进行审查，作出提出或者不予提出检察建议或者抗诉的决定”，本条第一款根据该规定明确了检察机关办理当事人申请民事判决、裁定、调解书监督案件的办案期限。

修改后《民事诉讼法》第二百零九条第二款的办案期限仅适用于对判决、裁定和调解书的监督案件，而对于审判程序中审判人员违法行为监督案件和执行活动监督案件的办案期限未予明确。为了规范检察机关的办案行为和提高办案效率，本条第二款参照对判决、裁定和调解书监督案件的办案期限，对审判程序中审判人员违法行为监督案件和执行活动监督案件的办案期限予以明确。

在实践中，应当注意提请抗诉案件和提请其他监督案件的审查期限的计算问题。《监督规则》第四十二条第一款规定，下级人民检察院提请抗诉的民事诉讼监督案件、提请其他监督等案件，由上一级人民检察院案件管理部门受理，在受理后的审查期限仍然适用本条第一款的规定。因此提请抗诉案件、提请其他监督案件的审查期限应当是同级人民检察院有 3 个月的审查期限，上级人民检察院审查提请抗诉、提请其他监督案件也有 3 个月的审查期限，上下两级人民检察院共计有 6 个月的审查期限。

第二节　听　证

第五十七条 人民检察院审查民事诉讼监督案件，认为确有必要的，可以组织有关当事人听证。

根据案件具体情况，可以邀请与案件没有利害关系的人大代表、政协委员、人民监督员、特约检察员、专家咨询委员、人民调解员或者当事人所在单位、居住地的居民委员会委员以及专家、学者等其他社会人士参加听证。

【条文主旨】

本条是关于听证案件范围和参加听证人员的规定。

【条文释义】

人民检察院审查民事检察案件，一般实行书面审查，书面听取当事人的意见。但对于一些事实较为复杂的案件，为了正确认定案件事实，有必要听取当事人陈述和答辩，对调查取证的情况发表意见。听证程序的主要目的是通过当面听取申请人和其他当事人的意见，保证检察机关正确认定案件事实。从一些地方的实践来看，设置听证程序有利于承办人通过当事人的意见交换，对正确认定案件事实，提高人民法院审判民事诉讼活动符合法律规定的准确率有较好的效果。但需要指出的是，并非所有案件都必须经过听证程序，依照本条规定，只有人民检察院认为确有必要时，才组织当事人进行听证。

听证的主要内容是听取申请人和其他当事人的意见，出示相关证据，充分查明案件事实，正确适用法律。但一些重大、疑难、复杂、群体性案件以及具有公益性质的特殊案件，吸收人大代表、政协委员、人民监督员等与案件无利害关系的人员参加听证，对保证办案公正性、加强对办案活动的监督都具有十分重要的意义。因此本条第二款规定了人民检察院根据案件具体情况，可以邀请与案件没有利害关系的人大代表、政协委员、人民监督员、特约检察员、专家咨询委员、人民调解员或者当事人所在单位、居住地的居民委员会委员以及专家、学者等其他社会人士参加听证。

第五十八条 人民检察院组织听证，由承办该案件的检察人员主持，书记员负责记录。

听证应当在人民检察院专门听证场所内进行。

【条文主旨】

本条是关于人民检察院对民事诉讼监督案件组织听证和听证场所的规定。

【条文释义】

听证是审查案件的方式之一，主要内容是听取申请人和其他当事人的意见，出示相关证据，以达到充分查明案件事实，正确适用法律的目的。为了保证该目的的实现，应当明确听证的程序和要求，主要应当包括主持人、场所、听证通知、听证顺序、听证纪律等内容。

本条第一款是关于听证主持人的规定，即人民检察院组织听证，由承办该案件的检察人员主持，书记员负责记录。之所以由承办案件的检察人员主持听证，是由于人民检察院民事诉讼监督案件不同于一般的行政机关听证，检察机关作为监督者本身处于中立地位，与任何一方当事人都不存在利害关系和对抗关系，承办案件的检察人员熟悉案件，清楚案件的争议焦点，由其主持听证更有利于实现查明案件事实的目的。

本条第二款对进行听证的场所作出了明确要求，即听证应当在人民检察院专门听证场所内进行。听证要在人民检察院专门的听证场所进行，是因为人民检察院的专门听证场所可以配备相应的记录设备、安全保卫设施和人员，增强听证的严肃性，保证听证的全程记录，提高听证的效率，并且能够有效保证听证程序的顺利进行，保证参加听证人员的安全。

第五十九条 人民检察院组织听证，应当在听证三日前通知参加听证的当事人，并告知听证的时间、地点。

【条文主旨】

本条是关于人民检察院民事诉讼监督案件听证通知的规定。

【条文释义】

事先告知原则是听证制度的核心内容之一。人民检察院民事诉讼监督案件听证也应当遵守事先告知原则的要求，在听证前告知当事人听证的时间、地点和听证的事项，确保当事人能够按时参加听证，准备好听证所需的材料，有效行使陈述和抗辩权，保证听证的有效性、适当性和合法性。因此，本条规定人民检察院在听证3日前要采取适当方式向参加听证的当事人告知听证的时间、地点和听证的事项。

第六十条 参加听证的当事人和其他相关人员应当按时参加听证，当事人无正当理由缺席或者未经许可中途退席的，不影响听证程序的进行。

【条文主旨】

本条是关于人民检察院民事诉讼监督案件听证纪律的规定。

【条文释义】

当事人应当对自己的权利负责，因此，当事人在收到人民检察院组织听证的通知后，有义务按照指定的时间和地点参加听证，并遵守听证的纪律要求。如任一方当事人无正当理由缺席或者未经许可中途退席，应当视为其放弃听证权利，并不影响听证的继续进行。这是因为人民检察院进行听证的主要目的是听取当事人的意见，一个案件中存在两方以上当事人，在一方无正当理由缺席或者未经许可中途退席的情况下，仍然有必要继续听取其他当事人的意见，缺席或者中途退席的当事人，由于其自己放弃权利，理应承担不利的后果，该行为并不影响人民检察院根据其他意见、证据材料作出监督结论。

第六十一条 听证应当围绕民事诉讼监督案件中的事实认定和法律适用等问题进行。

对当事人提交的证据材料和人民检察院调查取得的证据，应当充分听取各方当事人的意见。

【条文主旨】

本条是关于人民检察院民事诉讼监督案件听证内容的规定。

【条文释义】

民事诉讼监督的对象是人民法院的裁判结果和审判、执行活动，并非是“审判之外的审判，法庭之外的法庭”，因此人民检察院民事诉讼监督案件听证必须与公权力监督的根本属性相适应，应当围绕人民法院对案件事实的认定是否正确、适用法律是否正确和诉讼程序是否合法进行。

此外，对当事人在申请检察监督阶段提交的证据材料和检察机关调查取得的证据，为保证人民检察院正确查明案件事实，避免以偏概全，人民检察院应当充分听取各方当事人的意见，综合各方意见形成公正的结论。

第六十二条 听证应当按照下列顺序进行：

（一）申请人陈述申请监督请求、事实和理由；

（二）其他当事人发表意见；

（三）申请人和其他当事人提交新证据的，应当出示并予以说明；

（四）出示人民检察院调查取得的证据；

（五）案件各方当事人陈述对听证中所出示证据的意见；

（六）申请人和其他当事人发表最后意见。

【条文主旨】

本条是关于人民检察院民事诉讼监督案件听证顺序的规定。

【条文释义】

设立听证程序的根本目的是提高案件质量、强化监督效果，因此应当合理设置程序并予以明确，以保证听证的公平、公开、公正。因此本条依照听证的主要内容，特别对听证程序的顺序作出了规定，听证应当按照本条规定的顺序依次进行。在实践中，听证主持人在听证过程中，要明确听证进入哪个环节，以确保听证有序高效进行，若需要恢复到已经进行过的环节的，应当明确宣布恢复。

第六十三条 听证应当制作笔录，经当事人校阅后，由当事人签名或者盖章。拒绝签名盖章的，应当记明情况。

【条文主旨】

本条是关于听证笔录的规定。

【条文释义】

听证笔录是人民检察院民事诉讼监督案件听证全过程活动的反映，是听证过程的书面载体。因此人民检察院应当对听证全过程活动如实记录，并由当事人校阅后签名或盖章。当事人拒绝签名盖章的，人民检察院应当记明情况附卷。当事人在校阅后，认为对自己陈述的记录有遗漏或者错误的，有权申请补正。

第六十四条 参加听证的人员应当服从听证主持人指挥。

对违反听证秩序的，人民检察院可以予以训诫，责令退出听证场所；对哄闹、冲击听证场所，侮辱、诽谤、威胁、殴打检察人员等严重扰乱听证秩序的，依法追究责任。

【条文主旨】

本条是关于违反听证秩序的规定。

【条文释义】

为保证民事诉讼监督案件听证活动的正常进行，当事人和其他参加听证的人员应当遵守听证规则。对妨害民事诉讼监督案件听证秩序的，应当区分程度，采取不同的措施，保证听证秩序的正常进行。对情节较轻，如当事人情绪激动、谩骂对方当事人、证人等，可以予以训诫，责令退出听证场所；对哄闹、冲击听证场所，侮辱、诽谤、威胁、殴打检察人员等严重扰乱听证秩序的，人民检察院可以依法追究责任。

第三节 调查核实

第六十五条 人民检察院因履行法律监督职责提出检察建议或者抗诉的需要，有下列情形之一的，可以向当事人或者案外人调查核实有关情况：

（一）民事判决、裁定、调解书可能存在法律规定需要监督的情形，仅通过阅卷及审查现有材料难以认定的；

（二）民事审判程序中审判人员可能存在违法行为的；

（三）民事执行活动可能存在违法情形的；

（四）其他需要调查核实的情形。

【条文主旨】

本条是关于人民检察院调查核实适用条件的规定。

【条文释义】

调查核实是修改后《民事诉讼法》赋予检察机关的一项重要监督手段，“两高”《关于对民事审判活动与行政诉讼实行法律监督的若干意见（试行）》也对检察机关的调查核实作出了规定，设置好调查核实的适用条件，规范调查核实行为，是贯彻好修改后《民事诉讼法》确定的人民检察院调查核实权的首要任务。

修改后《民事诉讼法》第二百一十条规定：“人民检察院因履行法律监督

职责提出检察建议或者抗诉的需要，可以向当事人或者案外人调查核实有关情况。”本条依照上述规定，对人民检察院调查核实权的适用条件予以细化。

在实践中，调查核实权的行使应当把握以下几个原则：第一，调查核实权的行使应当与公权力监督属性相适应，不应当超越监督职能，为一方当事人收集证据，即调查核实的事项应当与判断人民法院民事诉讼行为是否符合法律规定有关。例如，人民法院对审理案件需要的主要证据，当事人因客观原因不能自行收集，书面申请人民法院调查收集，人民法院未调查收集的，已经可以认定属于违反法律规定的行为，人民检察院不需要行使调查核实权，对当事人申请收集的证据予以收集。第二，调查核实应当是通过阅卷、审查现有材料难以认定或者其他确有必要进行调查核实的情形，才可以行使。第三，调查核实是民事诉讼监督案件的通用手段，在民事诉讼监督案件中，确有必要调查核实的均可使用适当的调查核实措施。

第六十六条 人民检察院可以采取以下调查核实措施：

（一）查询、调取、复制相关证据材料；

（二）询问当事人或者案外人；

（三）咨询专业人员、相关部门或者行业协会等对专门问题的意见；

（四）委托鉴定、评估、审计；

（五）勘验物证、现场；

（六）查明案件事实所需要采取的其他措施。

人民检察院调查核实，不得采取限制人身自由和查封、扣押、冻结财产等强制性措施。

【条文主旨】

本条是关于人民检察院民事诉讼监督案件调查核实措施的规定。

【条文释义】

修改后《民事诉讼法》第二百一十条规定了人民检察院因履行法律监督职责提出检察建议或者抗诉的需要，可以向当事人或者案外人调查核实有关情况，但没有明确人民检察院调查核实权的具体措施。人民检察院民事诉讼监督是对公权力的监督，但并非是职务犯罪侦查行为，而是对人民法院审判活动和执行活动是否符合法律规定的法律监督行为。因此，判断人民法院审判活动和执行活动是否符合法律规定，一方面需要查明人民法院审判活动和执行活动的有关事实，另一方面仍然需要依照民事实体法和民事程序法的规定进行判断。因此，人民检察院的调查核实措施，应当参考修改后《民事诉讼法》的规定予以规范。

本条第一款明确了人民检察院可以采取的调查核实措施种类。同时，为了避免调查核实权的滥用，本条第二款特别规定了调查核实措施的限制。

第六十七条 人民检察院可以就专门性问题书面或者口头咨询有关专业人员、相关部门或者行业协会的意见。口头咨询的，应当制作笔录，由接受咨询的专业人员签名或者盖章。拒绝签名盖章的，应当记明情况。

【条文主旨】

本条是关于向专业人员和专业机构咨询的规定。

【条文释义】

随着经济生活的不断发展和科学技术的不断进步，社会生活也日益复杂，民事诉讼中也有越来越多的案件涉及专业问题，往往需要通过具有专业知识的专业人员或专门机构在专业领域作出解答，辅助查明案件事实。这种具有专门知识的人对于待证事实中的专门性问题所提供的意见被统称为专家意见。

修改后《民事诉讼法》第七十九条规定：当事人可以申请人民法院通知有专门知识的人出庭，就鉴定人作出的鉴定意见或者专业问题提出意见。这是首次确认了“有专门知识的人”作为诉讼辅助人参加诉讼的诉讼地位。从修改后《民事诉讼法》第七十九条规定的内容来看，我国民事诉讼法确定的“专家辅助人”主要功能有两个：一是专家辅助人是经当事人申请，就鉴定作出的鉴定意见或者专业问题出庭提出意见，其角色是偏重于协助当事人就有关专门性问题提出意见或者对鉴定意见进行质证，回答审判人员和当事人的询问，对对方当事人申请的“有专门知识的人”对质等活动也是围绕着对鉴定意见或者专业问题的意见展开的；二是专家辅助人是经法庭同意决定出庭的，是在法官面对因不具备专业知识而不能做出判断的事项时，就其专业知识范围内的事项提供中立的意见以弥补其能力的不足，以达到有关事项正确判断的目的，其功能是法官的助手，根据法庭的指示和派遣来履行职责。

民事诉讼监督与人民法院审判活动存在本质的不同，“专家辅助人”在两个程序中的作用也有所区别。本条规定对民事诉讼监督案件适用“专家辅助人”制度进行了相应的细化和限制。在实践中，应当注意把握以下几点：

1. 专门人员的范围包括专业人员、相关部门以及行业协会等。从民事监督案件的现状来看，涉及的专门性问题既包括医疗、网络、生物等专业领域，还包括如建筑、进出口、行业生产等行业的通用规则，以及金融管制、证券期货等与行政管理职能相关的内容。因此，《监督规则》第六十七条明确了可以向专业人员、相关部门或者行业协会咨询的专门性问题。在实践中，应当注意以下问题：第一，把握专门知识和专门性问题的范围。专门知识必须是在特定领域人员才知悉或者只在一定范围内的专家掌握的知识，应当排除普通知识，即凡是相当学识经验均能掌握的，应当为常人所应知应会的知识。第二，本条规定的专门知识应当是无法或者无须通过鉴定解决，但对于审理案件、认定事实具有一定甚至决定性作用。第三，应当遵循民事诉讼监督的规律，从公权力监督的本质属性出发，人民检察院咨询的专门性问题应当是对判断人民法院审判行为、执行行为是否符合法律规定确有必要的问题。

2. 调查核实的方式。人民检察院民事诉讼监督与人民法院审判活动不同，并无庭审程序，因此《监督规则》规定人民检察院可以就专门性问题书面或者口头咨询有关专业人员、相关部门或者行业协会的意见。咨询可以书面咨询也可以口头咨询，如案件适用听证程序的，也可以邀请接受咨询的专业人员、相关部门或行业协会的相关人员参加听证；接受邀请的人拒绝参加听证的，不影响人民检察院综合案件调查情况，决定是否采信相关的咨询意见。

第六十八条 人民检察院对专门性问题认为需要鉴定、评估、审计的，可以委托具备资格的机构进行鉴定、评估、审计。

在诉讼过程中已经进行过鉴定、评估、审计的，一般不再委托鉴定、评估、审计。

【条文主旨】

本条是关于民事诉讼监督案件鉴定、评估、审计的规定。

【条文释义】

鉴定、评估、审计意见是民事诉讼中常用的举证手段，随着社会生活的日益复杂，通过鉴定、评估、审计对专门性问题进行判断，对查明案件事实有着非常重要的意义。

检察机关在审查案件过程中，对于一些专门性问题需要通过鉴定、评估、审计方式查明事实，否则难以作出判断，因此，《监督规则》参考修改后《民事诉讼法》第七十六条和第七十七条的规定，规定人民检察院对专门性问题认为需要鉴定、评估、审计的，可以委托具备资格的机构进行鉴定、评估、审计。人民检察院启动鉴定、评估、审计程序应当符合以下几个条件：

1. 需鉴定、评估、审计事项应与监督案件事实认定有关。鉴定、评估、审计程序的启动必须是针对存在争议的案件事实中的问题。但在实践中应当注意，与人民法院审判活动中的鉴定、评估、审计不同，人民检察院民事诉讼监督案件中所谓的针对存在争议的案件事实中的问题，应当是与人民法院诉讼程序合法性有关的问题，而不是指案件事实。

2. 需鉴定、评估、审计事项应当属于专门性问题。由于民事纠纷日益复杂，在科学技术日益发展的情况下，通过科学、专业、严谨的鉴定、评估、审计程序，可以进一步还原案件的客观事实，实现法律事实和客观事实的有机统一，避免司法权的主观臆断和推论的不科学。但是鉴定、评估、审计程序必须是针对专门性问题，即超越司法人员专业能力范围的问题，而并非是一般案件事实。

3. 需鉴定、评估、审计事项应当符合必要性原则。鉴定、评估、审计所要解决的问题应当是通过其他方式不能解决，只能通过科学方法才能查明的问题。与人民法院的必要性原则不同，在民事诉讼监督案件中所谓必要性，是指查明人民法院审判活动或执行活动是否符合法律规定且通过其他调查核实方法无法查明的主要事实，而非当事人在诉讼中所主张的案件事实。例如当事人在诉讼中向人民法院依法申请对主要证据鉴定，在符合鉴定条件的情况下，人民法院不允许鉴定，造成原生效裁判认定的基本事实缺乏证据证明，在此种情况下本身就可以判断人民法院行使审判权不当，无须启动鉴定程序。

4. 职权启动模式。人民法院审判活动中的鉴定、评估、审计的启动模式是“当事人主义为主、法院职权主义为辅”，这是与民事法律当事人的处分原则相适应的。但人民检察院的民事诉讼监督本质是对公权力的监督，其根本目的是维护法律秩序的正常运行，并不直接解决当事人之间的利益纠纷，因此在民事诉讼监督案件中鉴定、评估、审计启动模式应当是“职权主义为主、当事人主义为辅”。

5. 避免重复原则。检察监督过程中进行鉴定、评估、审计的目的在于监督人民法院的诉讼活动是否符合法律规定，人民法院在诉讼过程中已经进行过鉴定、评估、审计的，如果反复鉴定、评估或者审计，可能会导致案件陷入事实难以查清的困境，因此对于人民法院诉讼过程中已经进行鉴定、评估、审计的，人民检察院一般不再委托鉴定、评估、审计，而应重点审查原鉴定结论、评估报告、审计报告所采用的标准、依据、方法等。

第六十九条 人民检察院认为确有必要的，可以勘验物证或者现场。勘验人应当出示人民检察院的证件，并邀请当地基层组织或者当事人所在单位派人参加。当事人或者当事人的成年家属应当到场，拒不到场的，不影响勘验的进行。

勘验人应当将勘验情况和结果制作笔录，由勘验人、当事人和被邀参加人签名或者盖章。

【条文主旨】

本条是关于人民检察院民事诉讼监督案件勘验程序的规定。

【条文释义】

在民事诉讼监督案件中，一些重要证据因无法移动或者难以携带、搬运到检察机关，人民检察院认为确有必要时，可以勘验物证或者现场。在民事诉讼监督案件中，勘验应当注意以下几点：

1. 与案件事实认定有关。勘验应当针对存在争议的案件事实中的问题，且该问题应当与人民法院诉讼程序合法性有关，而不是指一般的案件事实。

2. 符合必要性原则。人民检察院勘验应当是在确有必要时采取的调查措施，即人民法院审判活动或执行活动是否符合法律规定的主要事实，通过其他调查核实方法无法查明而必须采取勘验措施。

3. 正当程序原则。人民检察院勘验人员应当出示人民检察院的证件，并邀请当地基层组织或者当事人所在单位派人参加。如果当事人是公民的，应当通知当事人或者当事人的成年家属到场。勘验人应当将勘验情况和结果制作笔录，由勘验人、当事人和被邀参加人签名或者盖章。

第七十条 需要调查核实的，由承办人提出，部门负责人或者检察长批准。

【条文主旨】

本条是关于调查核实审批程序的规定。

【条文释义】

检察机关民事诉讼监督本质是公权力监督，在强化监督效果的同时，应当规范调查核实措施的适用，防止检察机关调查核实权的滥用。因此，本条严格规定了调查核实的审批程序，规定人民检察院需要调查核实的，应当由承办人提出，由部门负责人或者检察长批准。在实践中，是由部门负责人批准还是由检察长批准，应当根据所要采取的调查核实措施决定。一般而言，对查询、调取、复制相关证据材料，询问当事人或者案外人，咨询专业人员、相关部门或者行业协会等对专门问题的意见，勘验物证、现场等普通调查核实措施，由部门负责人批准即可；对要采取委托鉴定、评估、审计等措施的，应当由检察长批准；对法院审判人员违纪违法调查的，应当由检察长批准。

第七十一条 人民检察院调查核实，应当由二人以上共同进行。

调查笔录经被调查人校阅后，由调查人、被调查人签名或者盖章。被调查人拒绝签名盖章的，应当记明情况。

【条文主旨】

本条是关于人民检察院调查核实程序问题的规定。

【条文释义】

人民检察院向有关单位和个人调查，是人民检察院查明事实的重要手段。而正确规范行使调查核实权，对维护被调查人的合法权益，取得被调查人的信任和合作，增强调查活动的合法性、严肃性，确保正确行使民事检察权有重要的意义。因此，本条明确规定人民检察院调查核实的程序，严格规范调查核实行为。按照本条规定，人民检察院派员调查核实应当由二人以上共同进行，并应当出示表明调查核实人员身份的相关证件。调查核实需要制作调查笔录的，应当制作调查笔录，调查完毕，应当将制作的调查笔录送请被调查人校阅。核对准确后，由被调查人、调查人、记录人签名或盖章。

第七十二条 人民检察院可以指令下级人民检察院或者委托外地人民检察院调查核实。

人民检察院指令调查或者委托调查的，应当发送《指令调查通知书》或者《委托调查函》，载明调查核实事项、证据线索及要求。受指令或者受委托人民检察院收到《指令调查通知书》或者《委托调查函》后，应当在十五日内完成调查核实工作并书面回复。因客观原因不能完成调查的，应当在上述期限内书面回复指令或者委托的人民检察院。

人民检察院到外地调查的，当地人民检察院应当配合。

【条文主旨】

本条是关于指令调查和委托调查的规定。

【条文释义】

人民检察院对民事诉讼监督案件进行调查核实，除自行调查以外，对在外地的证据，在必要的时候可以由外地人民检察院进行调查，在保证调查质量的前提下降低调查成本，提高调查效率。因此本条参照修改后《民事诉讼法》关于人民法院调查的规定，设置了指令调查、委托调查程序。指令调查是指证据所在地人民检察院是承办案件人民检察院辖区内的下级人民检察院，由承办案件的人民检察院发出指令调查通知书，指令下级人民检察院调查核实有关情况。委托调查是指证据所在地人民检察院不是承办人民检察院辖区内的下级人民检察院，由承办案件的人民检察院发出委托调查函，委托外地人民检察院调查核实有关情况。

实践中应当注意的问题：

1. 人民检察院指令调查或者委托调查的，应当发送《指令调查通知书》或者《委托调查函》。《指令调查通知书》或者《委托调查函》应当载明调查核实事项、证据线索及要求，以确保调查核实工作的顺利进行。

2. 受指令或者受委托人民检察院收到《指令调查通知书》或者《委托调查函》后，应当在15日内完成调查核实工作并书面回复。因客观原因不能完成调查的，应当在上述期限内函告指令或者委托的人民检察院。

3. 受指令或者受委托人民检察院有义务协助人民检察院协助调查核实，不得推托阻碍。

第七十三条 人民检察院调查核实，有关单位和个人应当配合。拒绝或者妨碍人民检察院调查核实的，人民检察院可以向有关单位或者其上级主管部门提出检察建议，责令纠正；涉嫌犯罪的，依照规定移送有关机关处理。

【条文主旨】

本条是关于被调查人协助调查义务和妨碍调查核实法律责任的规定。

【条文释义】

调查核实是人民检察院行使检察权的重要职权活动。修改后《民事诉讼法》规定了检察机关的调查核实权，被调查人有义务协助和配合人民检察院的调查核实工作。有关单位和个人保存或持有证据、了解相关案件事实的，应当将证据提交人民检察院或将了解的相关案件事实如实向人民检察院陈述，而不得以任何借口拒绝提供。如果有关单位或者个人妨害调查核实的，人民检察院可以向有关单位或者其上级主管部门提出检察建议，责令纠正。如果有关单位或者个人妨害调查核实构成犯罪的，调查核实的人民检察院可以依照规定移送有关机关处理。

第四节　中止审查和终结审查

第七十四条　有下列情形之一的，人民检察院可以中止审查：

（一）申请监督的自然人死亡，需要等待继承人表明是否继续申请监督的；

（二）申请监督的法人或者其他组织终止，尚未确定权利义务承受人的；

（三）本案必须以另一案的处理结果为依据，而另一案尚未审结的；

（四）其他可以中止审查的情形。

中止审查的，应当制作《中止审查决定书》，并发送当事人。中止审查的原因消除后，应当恢复审查。

【条文主旨】

本条是关于中止审查的规定。

【条文释义】

在人民检察院的监督实践中，有些案件在监督程序开始后，有时会出现一些影响当事人权益或监督进程的特殊情况，导致监督程序不能或不宜进行，需要使诉讼程序暂时停止，只有在阻碍民事诉讼监督程序的障碍消除后，才能继续进行。本条从民事诉讼监督的根本属性出发，结合司法实践经验，规定了可以适用中止审查的四种情形。

实践中应当注意的问题：

1. 出现本条规定的四种情形之一，不必然会导致审查中止。本条第一款规定是“人民检察院可以”中止审查，主要是考虑到民事检察的本质是对公权力的监督，与人民法院的审判、执行活动是解决当事人之间的纠纷存在本质区别，出现本条规定的几种情形之一的，应当由人民检察院在审查案件的过程中根据情况决定是否中止审查。

2. 人民检察院决定中止审查的，应当制作正式的法律文书，并告知当事人。

3. 其他可以中止的情形，应当严格把握。一般而言，民事诉讼监督程序一旦开始，就应当依照程序连续进行，只有在出现某种无法克服和难以避免的特殊情况的才能暂时停止。因此对其他可以中止审查的情形，应当依照足以影响到民事诉讼监督程序继续进行的程度把握，即出现的情况不消除，民事诉讼监督程序就不能正常进行，如正在等待调阅的人民法院诉讼卷宗，等待案件鉴定、评估、审计结果等不属于人民检察院可控制范围内的特殊情况。

4. 中止审查的原因消除后，应当及时恢复民事诉讼监督程序，并告知当事人。

第七十五条 有下列情形之一的，人民检察院应当终结审查：

（一）人民法院已经裁定再审或者已经纠正违法行为的；

（二）申请人撤回监督申请或者当事人达成和解协议，且不损害国家利益、社会公共利益或者他人合法权益的；

（三）申请监督的自然人死亡，没有继承人或者继承人放弃申请，且没有发现其他应当监督的违法情形的；

（四）申请监督的法人或者其他组织终止，没有权利义务承受人或者权利义务承受人放弃申请，且没有发现其他应当监督的违法情形的；

（五）发现已经受理的案件不符合受理条件的；

（六）人民检察院依职权发现的案件，经审查不需要采取监督措施的；

（七）其他应当终结审查的情形。

终结审查的，应当制作《终结审查决定书》，需要通知当事人的，发送当事人。

【条文主旨】

本条是关于终结审查的规定。

【条文释义】

在人民检察院的监督实践中，有时有些案件在监督程序开始后，会出现一些特殊情况，导致监督程序不能继续进行或继续进行没有意义，此时应当以终结审查的方式结束民事诉讼监督程序。本条从民事诉讼监督是对公权力监督的根本属性出发，结合司法实践经验，规定了应当适用终结审查的7种情形：

（一）人民法院已经裁定再审或者已经纠正违法行为的

人民检察院民事诉讼监督的效力是启动再审程序或者督促人民法院启动纠

正违法行为程序。在人民法院已经裁定再审或违法行为已经纠正的情况下，人民检察院民事诉讼监督的目的已经实现，没有必要再进行监督，因此应当终结审查。

（二）申请人撤回监督申请或者当事人达成和解协议，且不损害国家利益、社会公共利益或者他人合法权益的

当事人撤回监督申请和当事人和解，一般而言应当尊重当事人的处分权，决定终结审查。但若当事人撤回监督申请存在损害国家利益、社会公共利益或者第三人合法权益的情况的，人民检察院不得准许当事人撤回监督申请或和解，不得终结审查。

（三）申请监督的自然人死亡，没有继承人或者继承人放弃申请，且没有发现其他应当监督的违法情形的

民事诉讼监督的本质是对公权力的监督，而不是直接针对当事人权益进行分配，因此申请监督的自然人死亡或者法人或者其他组织终止，不必然导致监督的终结，人民检察院如果发现其他应当监督的违法情形，仍然应当采取检察建议等恰当的方式进行监督。

（四）申请监督的法人或者其他组织终止，没有权利义务承受人或者权利义务承受人放弃申请，且没有发现其他应当监督的违法情形的

民事诉讼监督的本质是对公权力的监督，而不是直接针对当事人权益进行分配，因此申请监督的法人或者其他组织终止，也不必然导致监督的终结。人民检察院如果发现其他应当监督的违法情形，仍然应当采取检察建议等恰当的方式进行监督。

（五）发现已经受理的案件不符合受理条件的

检察机关在受理当事人监督申请后，经过审查发现案件不符合受理条件，继续进行审查已经没有意义，因此应当终结审查。

（六）人民检察院依职权发现的案件，经审查不需要采取监督措施的

对于检察机关依职权发现的案件，经审查认为不需要采取监督措施的，由于不存在监督申请人，不宜采用不支持监督申请的方式终结程序，因此将终结审查作为该类案件的结案方式。

（七）其他应当终结审查的情形

本项是对程序无法继续且没有需要监督的其他情形的补充性规定。

第六章 对生效判决、裁定、调解书的监督

第一节 一般规定

第七十六条 人民检察院发现人民法院已经发生法律效力的民事判决、裁定有《中华人民共和国民事诉讼法》第二百条规定情形之一的，依法向人民法院提出再审检察建议或者抗诉。

【条文主旨】

本条是关于对生效判决、裁定监督的一般规定。

【条文释义】

修改后《民事诉讼法》第二百零八条规定，最高人民检察院对包括最高人民法院在内的各级人民法院已经发生法律效力的判决、裁定，上级人民检察院对下级人民法院已经发生法律效力的判决、裁定，发现有民事诉讼法第二百条规定情形之一的，应当向同级人民法院提出抗诉；地方各级人民检察院对同级人民法院已经发生法律效力的判决、裁定，发现有民事诉讼法第二百条规定情形之一的，既可以向同级人民法院提出检察建议，也可以提请上级人民检察院向同级人民法院提出抗诉。上述规定明确了人民检察院对人民法院生效判决、裁定的监督条件和监督方式。从监督条件上看，如果人民法院作出的生效判决、裁定符合民事诉讼法第二百条规定的情形之一，人民检察院就应当予以监督。从监督方式上看，作出生效判决、裁定的人民法院的同级人民检察院可以提出再审检察建议或者提请上级人民检察院抗诉，上级人民检察院可以直接向同级人民法院提出抗诉。

修改后《民事诉讼法》第二百条列举了十三项再审事由，即“当事人的申请符合下列情形之一的，人民法院应当再审：（一）有新的证据，足以推翻原判决、裁定的；（二）原判决、裁定认定的基本事实缺乏证据证明的；（三）原判决、裁定认定事实的主要证据是伪造的；（四）原判决、裁定认定事实的主要证据未经质证的；（五）对审理案件需要的主要证据，当事人因客观原因不能自行收集，书面申请人民法院调查收集，人民法院未调查收集的；（六）原判决、裁定适用法律确有错误的；（七）审判组织的组成不合法或者依法应当回避的审判人员没有回避的；（八）无诉讼行为能力人未经法定代理人代为诉讼或者应当参加诉讼的当事人，因不能归责于本人或者其诉讼代理人的事由，未参加诉讼的；（九）违反法律规定，剥夺当事人辩论权利的；（十）未经传票传唤，缺席判决的；（十一）原判决、裁定遗漏或者超出诉讼请求的；

（十二）据以作出原判决、裁定的法律文书被撤销或者变更的；（十三）审判人员审理该案件时有贪污受贿，徇私舞弊，枉法裁判行为的。”

依照修改后《民事诉讼法》第二百零八条的规定，人民检察院发现生效判决、裁定有民事诉讼法第二百条规定情形之一的，应当提出检察建议或者抗诉，因此，修改后《民事诉讼法》第二百条规定的再审事由也是检察机关对生效判决、裁定的监督事由。正确理解和把握民事诉讼法第二百条规定的监督事由，对人民检察院依法履行法律监督职责具有十分重要的意义。《监督规则》结合检察工作实际，在本节中对修改后《民事诉讼法》第二百条中第一项、第二项、第六项、第七项、第九项内容作出了进一步解释，由于其他几项监督事由本身已经较为具体明确，因此《监督规则》没有进行解释。

实践中应当注意的问题：

1. 可以提出抗诉或者再审检察建议的判决、裁定应当是能够通过再审程序予以纠正的判决、裁定。虽然修改后《民事诉讼法》第二百零八条并未对可以提出抗诉或者再审检察建议的判决、裁定类型作出限定，但是根据修改后《民事诉讼法》第二百一十一条“人民法院应当自收到抗诉书之日起三十日内作出再审的裁定”的规定，人民检察院提出抗诉的法定后果是人民法院对抗诉案件进行“再审”。同时，再审检察建议的目的也是使人民法院启动再审程序。可见，只有能够再审的判决、裁定，人民检察院才适合通过抗诉和再审检察建议的方式进行监督，相反，如果不适用再审程序的判决、裁定，人民检察院不宜提出抗诉或者再审检察建议。根据修改后《民事诉讼法》，不适用再审程序的判决、裁定主要有：人民法院在特别程序、督促程序、公示催告程序、破产程序、执行程序中作出的判决或者裁定，以及诉讼过程中的程序性裁定。对于上述不适用再审程序的判决、裁定，如果人民检察院发现确有错误，可以视为审判程序违法情形，采用检察建议的方式进行监督。

2. 正确理解和把握“发现”的含义。修改后《民事诉讼法》第二百零八条第一款和第二款在监督事由上均表述为人民检察院“发现”，实践中，人民检察院在履行监督职责过程中如何理解和把握“发现”，有必要予以明确。为了明确这一问题，《监督规则》对人民检察院“发现”案件的来源途径作出了规定。依照《监督规则》第二十三条规定，人民检察院“发现”案件主要有以下途径：一是当事人向人民检察院申请监督；二是当事人以外的公民、法人和其他组织向人民检察院控告、举报；三是人民检察院依职权发现。实践中，虽然当事人申请是人民检察院发现案件的主要渠道，但也要高度重视依职权发现的案件线索，对符合依职权监督条件的案件，人民检察院也应当依法履行法律监督职能。依照《监督规则》第四十一条规定，“人民检察院依职权发现”

主要是指以下情形：一是损害国家利益或者社会公共利益的；二是审判、执行人员有贪污受贿、徇私舞弊、枉法裁判等行为的；三是依照有关规定需要人民检察院跟进监督的。除上述情形外，一般情况下，人民检察院对民事诉讼活动实行法律监督，应当依当事人申请进行。

第七十七条 人民检察院发现民事调解书损害国家利益、社会公共利益的，依法向人民法院提出再审检察建议或者抗诉。

【条文主旨】

本条是关于对生效民事调解书监督的一般规定。

【条文释义】

人民法院对民事案件进行调解是人民法院行使审判权的具体体现，是民事审判活动的重要组成部分，所以，作为民事诉讼活动的一项内容，调解应当依法接受人民检察院的法律监督。从监督对象来看，人民检察院对人民法院调解活动的监督主要分为两类：一是对调解过程的监督。对人民法院在调解过程中存在的违法情形，如强迫当事人调解或者存在违反法律进行调解等情形，人民检察院应当依照《监督规则》关于对审判程序监督的规定予以监督。二是对作为调解结果的民事调解书的监督。对已经发生法律效力的民事调解书的监督，应当区分两种情形：一种是调解书存在损害国家利益、社会公共利益的情形。对这一情形，修改后《民事诉讼法》第二百零八条作出了明确规定，即：人民检察院发现民事调解书损害国家利益、社会公共利益的，应当提出抗诉或者再审检察建议。另一种是调解违反自愿原则或者调解协议内容违反法律的情形。由于修改后《民事诉讼法》并未规定人民检察院可以对调解违反自愿原则或者调解协议内容违反法律的情形提出抗诉和再审检察建议，实践中，如果人民检察院发现人民法院作出的生效民事调解书存在违反自愿原则或者调解协议内容违反法律规定的，应当依照对审判程序监督的规定采用检察建议的方式进行监督。

实践中应当注意，何为国家利益和社会公共利益，目前理论界和实务界的认识都不够统一。有观点认为，法律是国家利益和社会公共利益的具体体现，只要违反了法律规定，就是损害了国家利益和社会公共利益；也有观点认为，国家利益、社会公共利益主要指的是影响国家宏观利益的情形，不能做狭隘的理解。我们认为，由于理论界和实务界对这两个概念分歧较大，实践中应当慎重把握，既不能把所有违反法律规定的情形都解释为违反国家利益和社会公共利益，也不能将国家利益和社会公共利益的范围不当缩小，应当结合案件的具体情形并综合考虑多方面因素进行判断。

第七十八条 下列证据，应当认定为《中华人民共和国民事诉讼法》第二百条第一项规定的“新的证据”：

（一）原审庭审结束前已客观存在但庭审结束后新发现的证据；

（二）原审庭审结束前已经发现，但因客观原因无法取得或者在规定的期限内不能提供的证据；

（三）原审庭审结束后原作出鉴定意见、勘验笔录者重新鉴定、勘验，推翻原意见的证据；

（四）当事人在原审中提供的，原审未予质证、认证，但足以推翻原判决、裁定的主要证据。

【条文主旨】

本条是关于“新的证据”的规定。

【条文释义】

修改后《民事诉讼法》第二百条规定的第一项事由为“有新的证据，足以推翻原判决、裁定的”。何为“新的证据”，民事诉讼法没有作出更为具体的规定。最高人民法院在2008年制定的《关于适用〈中华人民共和国民事诉讼法〉审判监督程序若干问题的解释》（以下简称《审监解释》）第十条中，对“新的证据”作出了列举式解释，本条主要参考了《审监解释》第十条的规定，对“新的证据”作出了解释。

1．“原审庭审结束前已客观存在但庭审结束后新发现的证据”，有人称之为“新发现的老证据”，是指该证据在原审庭审结束前就已经形成，但在庭审结束后才被发现。原审庭审结束后新形成的证据，一般不宜视为再审中的新证据，可视情形作为其他再审事由对待。

2．“原审庭审结束前已经发现，但因客观原因无法取得或者在规定的期限内不能提供的证据”，是指该证据在原审庭审结束前已经形成，并且当事人知晓该证据的存在，但由于不可归责于当事人的原因导致当事人未能在规定的期限内向人民法院提供的情形。

3．“原审庭审结束后原作出鉴定意见、勘验笔录者重新鉴定、勘验，推翻原意见的证据”，是指同一鉴定者或者勘验者经过重新鉴定、勘验后，重新作出了与原鉴定意见和勘验笔录存在实质不同的鉴定意见或者勘验笔录。

4．“当事人在原审中提供的，原审未予质证、认证，但足以推翻原判决、裁定的主要证据”，是指当事人在原审中已经向人民法院提供了该证据，但在原审过程中没有经过质证，原审裁判也没有将该证据作为认定案件事实的依据，且该证据的证明力完全能够推翻原裁判。

实践中应当注意，修改后《民事诉讼法》第二百一十条规定：“人民检察院因履行法律监督职责提出检察建议或者抗诉的需要，可以向当事人或者案外人调查核实有关情况。”实践中，人民检察院调查核实取得的证据，能否作为《民事诉讼法》第二百条第一项中的“新的证据”，有必要予以明确。我们认为，对人民检察院调查核实取得的证据，应该区分不同情况：如果该证据符合本条规定，可以作为“新的证据”使用；如果该证据不符合本条规定的情形，则不宜作为“新的证据”，但该证据足以推翻原审认定的基本事实的，可视情形将其作为修改后《民事诉讼法》第二百条中的其他事由对待。

第七十九条 有下列情形之一的，应当认定为《中华人民共和国民事诉讼法》第二百条第二项规定的“认定的基本事实缺乏证据证明”：

（一）认定的基本事实没有证据支持，或者认定的基本事实所依据的证据虚假、缺乏证明力的；

（二）认定的基本事实所依据的证据不合法的；

（三）对基本事实的认定违反逻辑推理或者日常生活法则的；

（四）认定的基本事实缺乏证据证明的其他情形。

【条文主旨】

本条是对“认定的基本事实缺乏证据证明”的解释。

【条文释义】

修改后《民事诉讼法》第二百条规定的第二项事由是“原判决、裁定认定的基本事实缺乏证据证明”。《审监解释》第十一条对民事诉讼法第二百条第二项中的“基本事实”作出了解释，但实践中如何认定“缺乏证据证明”，目前还没有更为具体的规定。在检察机关办理的案件中，以“认定的基本事实缺乏证据证明”作为监督理由的案件占有一定比例，因此，有必要对“缺乏证据证明”作出解释，以统一监督标准。本条结合检察机关办案实践，列举了三种常见的认定案件基本事实缺乏证据证明的情形。

1. “认定的基本事实没有证据支持”，是指对案件基本事实的认定缺少基本的、必要的证据支持或者认定基本事实所依据的证据没有达到“高度盖然性”的证明标准；“认定的基本事实所依据的证据虚假、缺乏证明力”，是指认定基本事实所依据的证据不具有真实性以及与案件待证事实缺乏关联性。

2. “认定的基本事实所依据的证据不合法”，是指认定基本事实所依据的证据本身违反法律规定，即该证据不具有合法性。

3. “对基本事实的认定违反逻辑推理或者日常生活法则”，是指法官对认定基本事实的证据有无证明力和证明力大小的判断违背逻辑推理和日常生活经验。

4. 为了避免列举疏漏，本条设置了兜底条款。

实践中应当注意的问题：

1. 如何把握民事诉讼法第二百条第二项的“基本事实”。《审监解释》第十一条对“基本事实”作出了解释，即“对原判决、裁定结果有实质影响、用以确定当事人主体资格、案件性质、具体权利义务和民事责任等主要内容所依据的事实”。实践中，检察机关可以参考上述规定来确定案件的“基本事实”。

2. 如何把握“缺乏证据”的标准。“缺乏证据”是指缺乏认定案件基本事实的“主要证据”，即认定案件事实必不可少的证据。“缺乏证据证明”应当理解为：如果缺少了该证据，对案件事实的认定就不能达到“高度盖然性”的证明标准。

第八十条 有下列情形之一的，应当认定为《中华人民共和国民事诉讼法》第二百条第六项规定的“适用法律确有错误”：

（一）适用的法律与案件性质明显不符的；

（二）认定法律关系主体、性质或者法律行为效力错误的；

（三）确定民事责任明显违背当事人有效约定或者法律规定的；

（四）适用的法律已经失效或者尚未施行的；

（五）违反法律溯及力规定的；

（六）违反法律适用规则的；

（七）适用法律明显违背立法本意的；

（八）适用诉讼时效规定错误的；

（九）适用法律错误的其他情形。

【条文主旨】

本条是对“适用法律确有错误”的解释。

【条文释义】

修改后《民事诉讼法》第二百条第六项规定的“原判决、裁定适用法律确有错误的”事由，是检察监督实践中适用较多的监督事由。《审监解释》第十三条对“适用法律确有错误”进行了解释，规定：原判决、裁定适用法律、法规或司法解释有下列情形之一的，人民法院应当认定为民事诉讼法第一百七十九条第一款第（六）项规定的“适用法律确有错误”：（一）适用的法律与案件性质明显不符的；（二）确定民事责任明显违背当事人约定或者法律规定的；（三）适用已经失效或尚未施行的法律的；（四）违反法律溯及力规定的；（五）违反法律适用规则的；（六）明显违背立法本意的。本条借鉴了《审监解释》第十三条的部分内容，并结合检察工作实际对“适用法律确有错误”作出了进一步解释。

1. “适用的法律与案件性质明显不符”，主要是指判决、裁定确定了错误的案由，进而导致适用了与案件性质不相符的法律条文。如将侵权法律适用于合同关系的案件。

2. “认定法律关系主体错误”，包括与案件无关的人被错误认定为法律关系主体以及对真正的法律关系主体未予认定两种情形。如在公司作为法律关系主体的案件中，错误地将公司法定代表人认定为法律关系主体。“认定法律关系性质错误”是指误将当事人之间存在的A法律关系性质认定为B法律关系性质，如将雇佣关系认定为加工承揽关系。“认定法律行为的效力错误”是指对法律行为效力的认定违反有关法律关于法律行为效力的规定，如将可撤销的法律行为认定为无效法律行为。

3. “确定民事责任明显违背当事人有效约定或者法律规定”，是指在当事人之间有合法约定或者法律有明确规定的情况下，原判决、裁定未依照当事人的约定或者法律规定确定义务人应承担的法律责任。如在当事人之间存在有效合同的情况下，法院没有按照合同约定来确定当事人的权利义务；又如在侵权法律关系中，在法律没有规定连带责任的情况下判决当事人承担连带责任。

4. “适用的法律已经失效或者尚未施行”，是指在法律已经被明文废止后或者在确定的法律生效时间以前适用该法律的情形。

5. “违反法律溯及力规定”，是指适用了没有溯及力的法律规定或者对有溯及力的法律规定而未适用的情形。

6. “违反法律适用规则”，主要是指违反《立法法》中关于上位法与下位法、新法与旧法、特别法与一般法等法律适用规则的情形。

7. “适用法律明显违背立法本意”，主要表现为从法律条文的字面含义机械地理解和适用法律，而未能关注法律条文的立法目的和精神实质。

8. “适用诉讼时效规定错误”，是指违反法律和司法解释关于诉讼时效的规定，错误认定当事人的请求是否超过诉讼时效的情形。

9. 为了避免列举疏漏，本条设置了兜底条款。

实践中应当注意，修改后《民事诉讼法》第二百条第六项“适用法律确有错误”中“法律”的范围应当作广义理解，既包括全国人大及其常委会制定的法律，也包括国务院制定的行政法规和最高人民法院、最高人民检察院制定的司法解释。

第八十一条 有下列情形之一的，应当认定为《中华人民共和国民事诉讼法》第二百条第七项规定的“审判组织的组成不合法”：

（一）应当组成合议庭审理的案件独任审判的；

（二）人民陪审员参与第二审案件审理的；

（三）再审、发回重审的案件没有另行组成合议庭的；

（四）审理案件的人员不具有审判资格的；

（五）审判组织或者人员不合法的其他情形。

【条文主旨】

本条是对“审判组织的组成不合法”的解释。

【条文释义】

审判组织是人民法院审理案件的内部组织形式。根据民事诉讼法的规定，人民法院审理民事案件的内部组织形式主要有两种：合议制和独任制。合议制是由3名以上单数审判人员组成合议庭对案件进行审理的制度。独任制是由1名审判员负责对案件审理的制度。对于民事案件中审判组织的组成，《民事诉讼法》和有关法律、司法解释作出了明确具体的规定，本条根据有关法律和司法解释的规定，对实践中常见的审判组织的组成不合法情形进行了列举式规定。

1. “应当组成合议庭审理的案件独任审判”，是指对应当组成合议庭审理的案件由审判员一人独任审理。根据修改后《民事诉讼法》的相关规定，对于下列案件，人民法院采取独任制进行审理：一是适用简易程序审理的案件；二是适用特别程序审理的案件，但选民资格案件或者重大、疑难的案件除外；三是适用督促程序审理的案件。另外，适用公示催告程序审理的案件，可以由审判员一人独任审理；但判决宣告票据无效的，应当组成合议庭审理。除以上几类适用独任制审判的案件外，人民法院审理民事案件，都应当采取合议制组成合议庭进行审理。

2. “人民陪审员参与第二审案件审理”，是指依照第二审程序审理的案件，合议庭组成人员中有人民陪审员的情形。合议庭的组成有两种方式：一种是由审判员和陪审员共同组成合议庭，另一种是由审判员组成合议庭。根据修改后《民事诉讼法》的有关规定，第一审程序中合议庭可以由审判员和人民陪审员组成；第二审程序中合议庭必须全部由审判员组成，不能吸收人民陪审员组成。依照审判监督程序再审的案件，如果原来是第一审的，应当按照第一审程序另行组成合议庭，可以吸收人民陪审员组成；如果原来是第二审的或者是上级人民法院提审的，应当按照第二审程序另行组成合议庭，不能吸收人民陪审员组成。

3. “再审、发回重审的案件没有另行组成合议庭”，是指依照审判监督程序进行再审和第二审发回重审的案件，人民法院没有另行组成合议庭进行审理。“另行组成合议庭”是由原来合议庭组成人员以外的其他具有审判资格的人员依照有关规定组成合议庭。另外，对于再审和发回重审的案件，即使原来适用独任审判，再审和重审时也必须组成合议庭审理。

4. “合议庭组成人员不具有审判资格”，是指组成合议庭的人员中有未依照法定程序被任命为法官或者人民陪审员的人员。依照《中华人民共和国法官法》的有关规定，法官是依法行使国家审判权的审判人员，包括最高人民法院、地方各级人民法院和军事法院等专门人民法院的院长、副院长、审判委员会委员、庭长、副庭长、审判员和助理审判员，法官职务的任免，依照宪法和法律规定的任免权限和程序办理。依照《全国人民代表大会常务委员会关于完善人民陪审员制度的决定》，担任人民陪审员应当符合法定条件并经法定程序任命。

5. 为了避免列举疏漏，本条设置了兜底条款，适用于除上述四种情形以外的审判组织或者人员不合法的情形。

第八十二条 有下列情形之一的，应当认定为《中华人民共和国民事诉讼法》第二百条第九项规定的“违反法律规定，剥夺当事人辩论权利”：

（一）不允许或者严重限制当事人行使辩论权利的；

（二）应当开庭审理而未开庭审理的；

（三）违反法律规定送达起诉状副本或者上诉状副本，致使当事人无法行使辩论权利的；

（四）违法剥夺当事人辩论权利的其他情形。

【条文主旨】

本条是对“违法剥夺当事人辩论权利”的解释。

【条文释义】

辩论原则是民事诉讼的基本原则之一。当事人通过行使辩论权，针对对方提出主张所依据的事实和法律进行辩解和反驳，并表明自己的事实和法律主张，有利于人民法院查清案件事实和作出裁判。修改后《民事诉讼法》第十二条规定：“人民法院审理民事案件时，当事人有权进行辩论。”辩论权是当事人享有的一项重要诉讼权利，也是民事诉讼程序正义的内在要求，因此，《民事诉讼法》中设置了多个条文对当事人的辩论权予以保障。如果人民法院违法剥夺了当事人享有的辩论权利，就动摇了裁判的正当性基础。

1. “不允许当事人行使辩论权利”，是指在原审过程中，人民法院未通过合法方式向当事人送达开庭传票，以及审判人员不让当事人针对案件事实和争议焦点充分发表辩论意见等情形；“严重限制当事人行使辩论权利”，是指采取实质上与“不允许”基本相同的方式，对当事人的辩论权利予以限制，导致当事人无法正常行使辩论权的情形。

2. “应当开庭审理而未开庭审理”，是指对法律要求开庭审理的案件，未通过开庭的方式对案件进行审理的情形。依照民事诉讼法的规定，所有第一审民事案件必须开庭审理；对于第二审民事案件，只有在经过阅卷、调查和询问当事人，对没有提出新的事实、证据或者理由，合议庭认为不需要开庭审理的情况下，才可以不开庭审理。如果对应当开庭审理的案件未开庭审理，实质上等于剥夺了当事人的辩论权利。

3. “违反法律规定送达起诉状副本或者上诉状副本，致使当事人无法行使辩论权利”，是指人民法院不送达或者违反法律规定的方式向当事人送达起诉状和上诉状副本的情形。起诉和上诉是第一审和第二审诉讼程序的开始，被告和被上诉人只有知晓起诉状和上诉状的内容，才能进行有效的答辩。因此，不送达或者不按照法律规定的方式向当事人送达起诉状或者上诉状副本的，属于剥夺当事人辩论权利的情形。

第二节　再审检察建议和提请抗诉

第八十三条　地方各级人民检察院发现同级人民法院已经发生法律效力的民事判决、裁定有下列情形之一的，可以向同级人民法院提出再审检察建议：

（一）有新的证据，足以推翻原判决、裁定的；

（二）原判决、裁定认定的基本事实缺乏证据证明的；

（三）原判决、裁定认定事实的主要证据是伪造的；

（四）原判决、裁定认定事实的主要证据未经质证的；

（五）对审理案件需要的主要证据，当事人因客观原因不能自行收集，书面申请人民法院调查收集，人民法院未调查收集的；

（六）审判组织的组成不合法或者依法应当回避的审判人员没有回避的；

（七）无诉讼行为能力人未经法定代理人代为诉讼或者应当参加诉讼的当事人，因不能归责于本人或者其诉讼代理人的事由，未参加诉讼的；

（八）违反法律规定，剥夺当事人辩论权利的；

（九）未经传票传唤，缺席判决的；

（十）原判决、裁定遗漏或者超出诉讼请求的；

（十一）据以作出原判决、裁定的法律文书被撤销或者变更的。

【条文主旨】

本条是关于可以提出再审检察建议案件范围的规定。

【条文释义】

修改后《民事诉讼法》吸收了检察机关多年来探索开展检察建议的成功经验，明确规定了检察建议的监督方式，实现了检察建议监督方式的法定化。依照修改后《民事诉讼法》第二百零八条第二款和第三款规定，可以将检察建议分为两种类型：一是第二百零八条第二款规定的检察建议，适用于对能够通过再审程序纠正的生效判决、裁定和调解书的监督；二是第二百零八条第三款规定的检察建议，适用于对审判程序中审判人员违法行为的监督。虽然修改后《民事诉讼法》第二百零八条没有使用“再审检察建议”这一名称，但鉴于再审检察建议与其他检察建议相比具有一定的特殊性，且已经在实践中探索开展多年，“两高”《关于对民事审判活动与行政诉讼实行法律监督的若干意见（试行）》中也使用了再审检察建议的名称，因此，《监督规则》继续沿用了“再审检察建议”名称，以区别于其他类型检察建议。

为了更好地实现修改后《民事诉讼法》的立法目的，保证再审检察建议在实践中得到充分运用，有必要明确适用再审检察建议的案件范围。虽然修改后《民事诉讼法》没有划分再审检察建议和提请抗诉案件范围，但《监督规则》作为司法解释，应当根据民事诉讼法的立法目的和检察实践需要，结合两种监督方式的特点，对抗诉和再审检察建议的适用情形进行区分，以便于检察机关在实践中更好地适用抗诉和再审检察建议两种监督方式。《监督规则》从有利于实现民事诉讼法立法目的、有利于缓解上级检察机关的办案压力等方面考虑，对再审检察建议和提请抗诉案件的适用范围进行了合理区分。但考虑到修改后《民事诉讼法》没有对再审检察建议的效力作出规定，从《民事诉讼法》修改后的实践情况来看，还存在部分人民法院对再审检察建议存在消极对待等现象，目前不宜对适用再审检察建议情形作出强制性规定，因此，本条规定为“可以”提出再审检察建议，以引导各级院优先采用再审检察建议的方式开展同级监督。

本条第一项至第五项规定的情形来自修改后《民事诉讼法》第二百条第一项至第五项的规定，这五种情形主要涉及案件事实的认定问题。依照修改后《民事诉讼法》第二百一十一条规定，符合上述五种情形的案件，上级人民法院也可以交下一级人民法院再审，因此，符合上述五种涉及认定案件事实的案件由原审人民法院进行纠正较为适宜。第六项至第十一项由于违法情形较为明显，比较容易认定，一旦出现这些违法情形，由原审人民法院予以纠正既能够实现监督效果，也可以提高监督效率。因此，本条在总结实践经验的情况下列举了适宜由原审法院纠正错误的案件类型。

实践中应当注意的问题：

1. 符合本条规定情形的案件，应当首先考虑以再审检察建议方式进行监督。虽然本条规定为“可以”提出再审检察建议，但本条的主要目的是引导下级检察院积极采用再审检察建议的方式进行同级监督，更好地实现再审检察建议的立法目的。因此，实践中，除案件具有本规则第八十四条中的特殊情形不适宜由同级人民检察院监督的，地方各级人民检察院对同级人民法院作出的生效裁判，发现符合本条规定情形的，应当首先考虑向同级人民法院提出再审检察建议。

2. 再审检察建议的适用主体。依照修改后《民事诉讼法》第二百零八条第二款的规定，只有地方各级人民检察院可以向同级人民法院提出再审检察建议，最高人民检察院如果发现最高人民法院的生效判决、裁定符合监督条件，应当直接向最高人民法院提出抗诉。

第八十四条　符合本规则第八十三条规定的案件有下列情形之一的，地方各级人民检察院应当提请上一级人民检察院抗诉：

（一）判决、裁定是经同级人民法院再审后作出的；

（二）判决、裁定是经同级人民法院审判委员会讨论作出的；

（三）其他不适宜由同级人民法院再审纠正的。

【条文主旨】

本条是关于适用再审检察建议例外情形的规定。

【条文释义】

实践中，有些案件虽然具有《监督规则》第八十三条列举的情形，但由于存在某些特殊情况，原审人民法院纠正难度较大或者不适宜由原审人民法院纠正。对这些案件，作出生效裁判的人民法院的同级人民检察院不宜提出再审检察建议，而应当直接提请上一级人民检察院抗诉。

1. “判决、裁定是经同级人民法院再审后作出的”，由于案件经过了一次再审程序，如果由同一法院再次启动再审程序予以纠正的可能性较小，监督效果将不能得到保证，因此，对同级人民法院经再审程序作出的裁判，即使符合提出再审检察建议的条件，人民检察院也不宜提出再审检察建议，应当提请上一级人民检察院抗诉。“判决、裁定是经同级人民法院再审后作出的”，包括所有由同级人民法院依照审判监督程序对案件作出的判决、裁定，既包括同级人民法院对下级人民法院作出的裁判依照审判监督程序提审后作出的裁判，也包括同级人民法院对本院作出的裁判依照审判监督程序审理后作出的裁判，还包括同级人民法院对依照上级人民法院的指定对其他人民法院作出的裁判依照审判监督程序审理后作出的裁判。

2. “判决、裁定是经同级人民法院审判委员会讨论作出的”，由于审判委员会是一级法院内设的最高审判组织，审判委员会讨论作出的决定，对该法院而言，具有最高的专业性和权威性，对这类案件，即使符合提出再审检察建议的条件，也不宜由原审人民法院进行纠正，同级人民检察院应当提请上一级人民检察院抗诉。

3. “其他不适宜由同级人民法院再审纠正的”，主要是指案件属重大、疑难、复杂，或者在当地具有较大影响以及可能存在地方保护主义等不适宜由原审人民法院纠正的情形。

第八十五条 地方各级人民检察院发现同级人民法院已经发生法律效力的民事判决、裁定具有下列情形之一的，应当提请上一级人民检察院抗诉：

（一）原判决、裁定适用法律确有错误的；

（二）审判人员在审理该案件时有贪污受贿、徇私舞弊、枉法裁判行为的。

【条文主旨】

本条是关于应当提请抗诉案件范围的规定。

【条文释义】

对修改后《民事诉讼法》第二百条规定的监督条件中不适宜采用提出再审检察建议的情形，作出生效裁判人民法院的同级人民检察院应当采用提请抗诉方式进行监督，本条对上述情形作出了规定。

从整体上看，上级人民法院的法官对法律的理解和把握与下级人民法院的法官相比更具有专业性和权威性，由上级人民法院纠正下级人民法院存在的适用法律正确与否问题更为适宜，而且有利于本辖区内法律的统一适用，因此，本条将适用法律错误作为应当提请抗诉的情形之一。如果审判人员在审理案件时有贪污受贿、徇私舞弊、枉法裁判行为，由于这些违法犯罪行为的性质较为严重，这类案件由上级人民法院纠正会更加妥当。因此，本条明确规定这类案件应当由同级人民检察院提请抗诉。

实践中应当注意的问题：

1. 如果案件同时具备可以提出再审检察建议情形和本条规定情形，应如何处理。如果案件同时具有两种情形，由于提请抗诉的规定系强制性规定，提出再审检察建议的规定是倡导性规定，因此，原则上应当提请抗诉而不能提出再审检察建议。但如果检法两院对案件经过沟通已经达成共识，作出生效裁判的人民法院愿意自行纠正错误，人民检察院也可根据案件具体情况适用再审检察建议进行监督。

2. 如何把握“审判人员在审理该案件时有贪污受贿、徇私舞弊、枉法裁判行为”。《审监解释》第十八条中对“审判人员在审理该案件时有贪污受贿，徇私舞弊，枉法裁判行为”作出了解释，认为该条规定的情形“是指该行为已经相关刑事法律文书或者纪律处分决定确认的情形”。我们认为，实践中，只要有充分证据证明审判人员存在上述行为，人民检察院就可以根据该规定进行监督，而不必等到有关部门作出决定再进行监督。

3. 如果生效裁判在引用法律条文上存在笔误，或者虽然引用了错误的法律条文，但实体裁判结果并无不当的，人民检察院不宜提出抗诉，可以采取检察建议的监督方式指出裁判中的错误。

第八十六条　地方各级人民检察院发现民事调解书损害国家利益、社会公共利益的，可以向同级人民法院提出再审检察建议，也可以提请上一级人民检察院抗诉。

【条文主旨】

本条是对同级人民法院民事调解书监督的规定。

【条文释义】

对同级人民法院作出的民事调解书的监督，《监督规则》没有区分再审检察建议和提请抗诉的适用情形。地方各级人民检察院发现同级人民法院已经发生法律效力的民事调解书损害国家利益或者社会公共利益的，可以视案件具体情况选择适用再审检察建议或者提请抗诉的方式进行监督。

第八十七条　对人民法院已经采纳再审检察建议进行再审的案件，提出再审检察建议的人民检察院一般不得再向上级人民检察院提请抗诉。

【条文主旨】

本条是关于再审检察建议与提请抗诉衔接的规定。

【条文释义】

人民检察院提出再审检察建议的案件，如果接收建议的人民法院对检察建议不予采纳，是否应当继续采取监督措施？这一问题在条文起草过程中有两种不同意见。一种意见认为，由于再审检察建议对同级人民法院没有约束力，如果接收检察建议的人民法院对再审检察建议不予采纳，应当采用提请抗诉这一刚性监督手段继续监督，以保证监督效果。另一种意见认为，人民检察院在同一案件中不能重复适用再审检察建议和提请抗诉，如果提出再审检察建议后，无论接收检察建议的人民法院是否采纳，提出再审检察建议的人民检察院都不应再对该案提请抗诉。我们认为，上述两种观点都过于绝对，再审检察建议和提请抗诉都是法定监督方式，既不能把再审检察建议作为提请抗诉的前置程序，也不能绝对排斥再审检察建议与提请抗诉的重复适用，实践中应当把再审检察建议和提请抗诉两种监督方式有机结合，充分发挥各自的优势，以实现监督目的和效果。基于以上认识，本条规定：人民检察院向同级人民法院提出再审检察建议后，如果人民法院已经采纳建议对案件进行再审，再审检察建议启动再审程序的目的就已经实现，无论再审结果是否采纳了监督意见，提出再审检察建议的人民检察院一般不得再将该案提请上级人民检察院抗诉。但考虑到实践中案件的复杂化，为了避免过于绝对，条文中采用了“一般不得”的表述，对于人民法院对案件进行再审后作出的裁判，如果确有明显错误的情形，人民检察院仍然可以对该再审裁判向上级检察机关提请抗诉。另外，如果同级人民法院对人民检察院提出的再审检察建议置之不理或者拒绝启动再审程序，提出再审检察建议的检察院可以视案件具体情况决定是否向上级检察机关提请抗诉。

第八十八条 人民检察院提出再审检察建议，应当制作《再审检察建议书》，在决定提出再审检察建议之日起十五日内将《再审检察建议书》连同案件卷宗移送同级人民法院，并制作决定提出再审检察建议的《通知书》，发送当事人。

人民检察院提出再审检察建议，应当经本院检察委员会决定，并将《再审检察建议书》报上一级人民检察院备案。

【条文主旨】

本条是关于《再审检察建议书》制作及发送的规定。

【条文释义】

再审检察建议是检察机关的法定监督方式，为了体现监督的规范性与严肃性，人民检察院向同级人民法院提出再审检察建议的，应当以书面方式制作《再审检察建议书》，而不能采取口头方式提出。《再审检察建议书》作为检察机关的法律监督文书，其主送机关是同级人民法院，不需将法律文书直接送达当事人，由检察机关以《通知书》的形式告知当事人检察机关对案件的办理结果较为适宜。检察机关提出再审检察建议的案件，应当制作案件卷宗，与《再审检察建议书》同时移送同级人民法院，案件卷宗的内容和装订顺序高检院将另行规定。“决定提出再审检察建议之日”指的是人民检察院检察委员会讨论决定提出再审检察建议的日期。

关于提出再审检察建议是否应当经检察委员会决定，在起草过程中有两种意见。一种意见认为，与抗诉这一刚性监督方式相比，再审检察建议是较为柔性的监督方式，《监督规则》对抗诉和提请抗诉都没有强制要求必须经过检察委员会讨论决定，要求再审检察建议必须经过检察委员会讨论决定，过于严格。并且检察委员会讨论案件的程序较为复杂，如此规定会延长办案期限，不利于提高办案效率。另一种意见认为，再审检察建议经过检察委员会讨论，能够提高再审检察建议案件的质量，体现再审检察建议的严肃性，避免再审检察建议在实践中被滥用，同时，要求再审检察建议应当经本院检察委员会决定也能够与“两高”《关于对民事审判活动与行政诉讼实行法律监督的若干意见（试行）》保持一致。因此，人民检察院提出再审检察建议应当经过检察委员会讨论决定。经认真研究认为，由于再审检察建议的监督方式刚刚被民事诉讼法吸收，在目前阶段，保证监督质量和监督效果更为重要，《监督规则》最终采纳了第二种意见。另外，本条还根据修改后《民事诉讼法》第二百零八条第二款的规定，要求提出再审检察建议的人民检察院应当将《再审检察建议书》报送上一级人民检察院备案，以便于上级检察院全面掌握下级检察院再审检察建议的情况，及时发现和纠正工作中出现的问题。

第八十九条　人民检察院提请抗诉，应当制作《提请抗诉报告书》，在决定提请抗诉之日起十五日内将《提请抗诉报告书》连同案件卷宗报送上一级人民检察院，并制作决定提请抗诉的《通知书》，发送当事人。

【条文主旨】

本条是关于《提请抗诉报告书》制作及发送的规定。

【条文释义】

人民检察院经审查，发现同级人民法院的生效判决、裁定、调解书符合提请抗诉条件的，应当经检察长批准后提请上一级人民检察院向同级人民法院提出抗诉。提请抗诉是检察机关的内部办案流程，《提请抗诉报告书》是上下级人民检察院在办案过程中的内部法律文书，无须向当事人送达。为了使当事人知晓案件的办理进度，同时也为了贯彻办案公开原则，人民检察院决定提请抗诉的案件，应当以《通知书》的形式告知当事人。

第九十条　人民检察院认为当事人的监督申请不符合提出再审检察建议或者提请抗诉条件的，应当作出不支持监督申请的决定，并在决定之日起十五日内制作《不支持监督申请决定书》，发送当事人。

【条文主旨】

本条是关于对不符合再审检察建议或者提请抗诉条件案件的处理规定。

【条文释义】

当事人申请人民检察院对同级人民法院生效判决、裁定、调解书进行监督，如果人民检察院经审查认为案件不符合提请抗诉和提出再审检察建议条件，应当作出相应的决定并制作法律文书。对这种情况，在民事诉讼法修改前，人民检察院以作出不提请抗诉决定的方式结案，同时制作《不提请抗诉决定书》发送当事人。《监督规则》对结案方式和法律文书进行了修改，对当事人申请监督的案件，如果检察机关经审查认为不符合提出再审检察建议和提请抗诉条件的，应当统一作出不支持监督申请的决定，并制作《不支持监督申请决定书》发送当事人。

实践中应当注意，本条规定仅适用于当事人申请监督的案件，对人民检察院依职权监督的案件，人民检察院经审查认为案件不符合提出再审检察建议或者提请抗诉条件的，由于案件不存在监督申请人，应当作出终结审查决定，而不能作出不支持监督申请决定。

第三节　抗　诉

第九十一条　最高人民检察院对各级人民法院已经发生法律效力的民事判决、裁定、调解书，上级人民检察院对下级人民法院已经发生法律效力的民事判决、裁定、调解书，发现有《中华人民共和国民事诉讼法》第二百条、第二百零八条规定情形的，应当向同级人民法院提出抗诉。

【条文主旨】

本条是关于抗诉条件的规定。

【条文释义】

民事诉讼中的抗诉是指人民检察院发现人民法院已经发生法律效力的民事判决、裁定、调解书符合法律规定的抗诉条件，依法要求人民法院对案件进行重新审理的诉讼活动。我国民事诉讼法规定的抗诉制度具有以下特征：第一，提出抗诉的主体是作出生效判决、裁定、调解书的人民法院的上级人民检察院。唯一的例外是对最高人民法院的生效判决、裁定、调解书，应当由最高人民检察院提出抗诉。第二，接受抗诉的主体是提出抗诉的人民检察院的同级人民法院。第三，抗诉的对象是可以适用再审程序的已经发生法律效力的判决、裁定、调解书。第四，提出抗诉的条件必须符合法律规定的情形。第五，抗诉后果具有法定性，人民检察院提出抗诉的案件，人民法院必须对案件进行再审。依照修改后《民事诉讼法》第二百一十一条的规定，人民检察院提出抗诉的案件，接受抗诉的人民法院应当自收到抗诉书之日起30日内作出再审的裁定。

依照修改后《民事诉讼法》第二百零八条的规定，对民事判决、裁定提出抗诉的条件是具有修改后《民事诉讼法》第二百条规定的情形之一，对民事调解书提出抗诉的条件是调解书损害国家利益、社会公共利益。人民检察院经审查认为判决、裁定、调解书符合上述条件的，应当按照抗诉权限向同级人民检察院提出抗诉。

第九十二条　人民检察院提出抗诉，应当制作《抗诉书》，在决定抗诉之日起十五日内将《抗诉书》连同案件卷宗移送同级人民法院，并制作决定抗诉的《通知书》，发送当事人。

【条文主旨】

本条是关于《抗诉书》制作及发送的规定。

【条文释义】

人民检察院向人民法院提出抗诉，应当以书面方式制作《抗诉书》，并制作案件卷宗，与《抗诉书》同时移送同级人民法院。“决定提出抗诉之日”是指检察长对案件签批的日期，如果案件经过检察委员会讨论，是指检察委员会讨论决定提出抗诉的日期。由于《抗诉书》的主送机关是同级人民法院，因此，不需将法律文书直接送达当事人，由检察机关以《通知书》的形式告知当事人检察机关对案件的办理结果较为适宜。

第九十三条　人民检察院认为当事人的监督申请不符合抗诉条件的，应当作出不支持监督申请的决定，并在决定之日起十五日内制作《不支持监督申请决定书》，发送当事人。下级人民检察院提请抗诉的案件，上级人民检察院可以委托提请抗诉的人民检察院将《不支持监督申请决定书》发送当事人。

【条文主旨】

本条是关于对不符合抗诉条件案件的处理规定。

【条文释义】

人民检察院对当事人申请监督的案件审查后，认为案件不符合抗诉条件，应当作出相应的决定结案并制作法律文书。《民事诉讼法》修改前，人民检察院通过作出不抗诉决定的方式结案，同时制作《不抗诉决定书》发送当事人。《监督规则》重新设计了不符合抗诉条件的法律文书。对当事人申请监督的案件，人民检察院经审查认为不符合提出抗诉条件的，规定应当作出不支持监督申请的决定，并制作《不支持监督申请决定书》发送当事人。

对下级检察院提请抗诉的案件，如果上级检察院经审查认为案件不符合抗诉条件，并作出了不支持监督申请的决定，在这种情况下，从便于发送和便于化解矛盾等方面考虑，上级检察院可以委托提请抗诉的下级检察院向当事人发送《不支持监督申请决定书》。如果下级检察院认为上级检察院的决定存在错误，可暂时不向当事人发送《不支持监督申请决定书》，并及时向上级检察院反映。

实践中应当注意，本条规定仅适用于当事人申请监督的案件，对人民检察院依职权监督的案件，人民检察院经审查认为案件不符合抗诉条件的，由于案件不存在监督申请人，应当作出终结审查决定，而不能作出不支持监督申请决定。

第四节　出　庭

第九十四条　人民检察院提出抗诉的案件，人民法院再审时，人民检察院应当派员出席法庭。

【条文主旨】

本条是关于人民检察院派员出席抗诉案件再审法庭的规定。

【条文释义】

修改后《民事诉讼法》第二百一十三条规定："人民检察院提出抗诉的案件，人民法院再审时，应当通知人民检察院派员出席法庭。"根据上述规定，本条明确了人民法院对抗诉案件再审时检察人员的出庭职责。人民检察院派员出席再审法庭，既可以充分了解人民法院对抗诉案件的再审情况，也便于对再审庭审活动实行法律监督，对有效履行法律监督职责具有十分重要的意义。一般情况下，人民检察院应当派两名检察人员出席再审法庭。出庭时，出庭的检察人员应当着制式检察服。

第九十五条 受理抗诉的人民法院将抗诉案件交下级人民法院再审的，提出抗诉的人民检察院可以指令再审人民法院的同级人民检察院派员出庭。

【条文主旨】

本条是关于指令下级人民检察院派员出席抗诉案件再审法庭的规定。

【条文释义】依照修改后《民事诉讼法》第二百一十一条的规定，人民检察院提出抗诉的案件，有民事诉讼法第二百条第一项至第五项规定情形之一的，接受抗诉的人民法院可以交下一级人民法院再审，但经该下一级人民法院再审的除外。接受抗诉的人民法院将案件交下级人民法院再审时，一般情况下，由审理案件人民法院的同级人民检察院派员出席再审法庭履行职责较为便利，也符合对审判程序实行同级监督的原则。如果案件存在特殊情况，由提出抗诉的人民检察院自行派员出席下级人民法院的再审法庭更为适宜的，提出抗诉的人民检察院也可以自行派员出庭。

第九十六条 检察人员出席再审法庭的任务是：

（一）宣读抗诉书；

（二）对依职权调查的证据予以出示和说明。

检察人员发现庭审活动违法的，应当待休庭或者庭审结束之后，以人民检察院的名义提出检察建议。

【条文主旨】

本条是关于检察人员出席再审法庭任务的规定。

【条文释义】

原《办案规则》第四十五条规定了检察人员出席抗诉案件再审法庭的任务：（1）宣读抗诉书；（2）发表出庭意见；（3）发现庭审活动违法的，向再审法院提出建议。2011年"两高"《关于对民事审判活动与行政诉讼实行法律监督的若干意见》中关于检察人员出席再审法庭任务条文中删除了"发表出庭意见"内容，增加了"对人民检察院依职权调查收集的，包括有利于和不利于申诉人的证据予以出示，并对当事人提出的问题予以说明"，并对监督庭审活动任务予以细化。本条基本延续了“两高”《关于对民事审判活动与行政诉讼实行法律监督的若干意见》中关于检察人员出席再审法庭的规定。

依照本条规定，检察人员出席再审法庭主要有三项任务：一是宣读抗诉书。通过宣读抗诉书，能够使法庭和参加庭审的当事人充分了解抗诉的理由和依据，并展现人民检察院维护司法公正的良好形象。二是对检察机关依职权调查的证据予以出示和说明。在庭审时，检察人员对调查取得的证据相关问题予以说明，有利于人民法院对案件的公正处理。需要注意的是，检察监督是对公权力的监督，检察机关开展调查的目的在于证明公权力的行使是否符合法律规定，不能替当事人收集证据。另外，人民检察院不是案件当事人，没有举证和质证的职责，检察机关对依职权调查取得的证据予以出示和说明，由人民法院依法决定是否采纳。三是对人民法院再审庭审活动实行法律监督。为了保证庭审活动的连续性，检察人员发现庭审活动违法的，应当待休庭或者庭审结束之后，向检察长报告，以人民检察院的名义提出检察建议。

实践中应当注意的问题：

1. 关于发表出庭意见。实践中，检察机关在庭审结束时是否发表出庭意见，各地检察机关的做法不尽相同。“两高”会签文件中对发表出庭意见内容也未作规定，本条延续了“两高”会签文件的内容。实践中，如果出庭的检察人员认为在庭审结束时确有必要就相关问题予以说明的，在征得法庭同意后，可以发表出庭意见。

2. 关于对庭审活动监督的方式。一般情况下，检察人员发现庭审活动存在违反法律规定的情形，但不需要立即予以纠正的，应当在庭审结束后以人民检察院的名义进行监督，但如果存在严重违反法定程序的情形需要立即纠正的，检察人员可以先建议休庭，休庭后在与审判人员交换意见后再依照相关规定采取监督措施。

第七章　对审判程序中审判人员违法行为的监督

第九十七条　《中华人民共和国民事诉讼法》第二百零八条第三款规定的审判程序包括：

（一）第一审普通程序；

（二）简易程序；

（三）第二审程序；

（四）特别程序；

（五）审判监督程序；

（六）督促程序；

（七）公示催告程序；

（八）海事诉讼特别程序；

（九）破产程序。

【条文主旨】

本条是关于民事审判程序范围的规定。

【条文释义】

修改后《民事诉讼法》第二百零八条第三款赋予了人民检察院对人民法院审判程序中审判人员违法行为进行监督的权力，规定："各级人民检察院对审判监督程序以外的其他审判程序中审判人员的违法行为，有权向同级人民法院提出检察建议。"本条根据修改后《民事诉讼法》和有关法律的规定，以列举方式明确了"审判程序"的范围。本条第一项至第七项是修改后《民事诉讼法》第二编"审判程序"中明确规定的程序。另外，《中华人民共和国海事诉讼特别程序法》中规定的海事诉讼特别程序和《中华人民共和国企业破产法》中规定的破产程序都是特别的民事审判程序，因此，也属于修改后《民事诉讼法》第二百零八条第三款规定的"审判程序"范畴，本条第八项和第九项对这两种特别的民事审判程序予以明确。

实践中应当注意，修改后《民事诉讼法》第二百零八条第三款虽然表述为"审判监督程序以外的其他审判程序中审判人员的违法行为"，但根据立法机关的解读，其立法目的是强调检察建议除可以在审判监督程序中发挥作用以外，还可以适用于对审判程序中违法行为的监督，并没有将审判监督程序排除在审判程序之外的含义。因此，人民检察院发现审判监督程序中审判人员存在违法行为的，应当依照相关规定进行监督。

第九十八条　《中华人民共和国民事诉讼法》第二百零八条第三款的规定适用于法官、人民陪审员、书记员。

【条文主旨】

本条是关于修改后《民事诉讼法》第二百零八条第三款适用主体的规定。

【条文释义】

《中华人民共和国法官法》第二条规定："法官是依法行使国家审判权的审判人员，包括最高人民法院、地方各级人民法院和军事法院等专门人民法院的院长、副院长、审判委员会委员、庭长、副庭长、审判员和助理审判员。"全国人民代表大会常务委员会《关于完善人民陪审员制度的决定》第一条规定："人民陪审员依照本决定产生，依法参加人民法院的审判活动，除不得担任审判长外，同法官有同等权利。"根据上述规定，法官和人民陪审员都是审判人员。《人民法院书记员管理办法（试行）》第1条规定："书记员是审判工作的事务性辅助人员，在法官指导下工作。"作为审判工作的辅助人员，书记员的职责与审判权的行使密切相关，并且《民事诉讼法》中对于审判人员的一些要求也同样适用于书记员，如关于回避的规定。因此，修改后《民事诉讼法》第二百零八条第三款的规定也应当适用于书记员。

第九十九条 人民检察院发现同级人民法院民事审判程序中有下列情形之一的，应当向同级人民法院提出检察建议：

（一）判决、裁定确有错误，但不适用再审程序纠正的；

（二）调解违反自愿原则或者调解协议的内容违反法律的；

（三）符合法律规定的起诉和受理条件，应当立案而不立案的；

（四）审理案件适用审判程序错误的；

（五）保全和先予执行违反法律规定的；

（六）支付令违反法律规定的；

（七）诉讼中止或者诉讼终结违反法律规定的；

（八）违反法定审理期限的；

（九）对当事人采取罚款、拘留等妨害民事诉讼的强制措施违反法律规定的；

（十）违反法律规定送达的；

（十一）审判人员接受当事人及其委托代理人请客送礼或者违反规定会见当事人及其委托代理人的；

（十二）审判人员实施或者指使、支持、授意他人实施妨害民事诉讼行为，尚未构成犯罪的；

（十三）其他违反法律规定的情形。

【条文主旨】

本条是关于检察机关对审判程序中违法行为监督情形的规定。

【条文释义】

修改后《民事诉讼法》第二百零八条第三款规定了人民检察院对审判程序中审判人员违法行为的监督，即"各级人民检察院对审判监督程序以外的其他审判程序中审判人员的违法行为，有权向同级人民法院提出检察建议"。由于该规定较为原则，为了便于实践中更好地理解和把握，本条对审判程序中常见的违法情形进行了列举。

1. 关于"判决、裁定确有错误，但不适用再审程序纠正的"。依照修改后《民事诉讼法》的规定，下列判决、裁定不能适用再审程序：（1）人民法院在特别程序、督促程序、公示催告程序、破产程序、执行程序中作出的判决、裁定；(2) 人民法院在诉讼过程中作出的程序性裁定；(3) 法律明确规定不适用再审程序的判决、裁定，如修改后《民事诉讼法》第二百零二条规定的已经发生法律效力的解除婚姻关系的判决。由于这些判决、裁定不适用再审程序，如果这些判决、裁定存在错误，人民检察院不能采用抗诉或者再审检察建议的方式进行监督，应当依照本条规定予以监督。

2. 关于“调解违反自愿原则或者调解协议的内容违反法律的”。依照修改后《民事诉讼法》第二百零八条第一款和第二款的规定，人民检察院对民事调解书的抗诉条件是民事调解书损害国家利益、社会公共利益。对于调解违反自愿原则和调解协议内容违反法律的情形，人民检察院能否监督以及采用何种方式监督，存在不同认识。我们认为，人民法院对民事案件进行调解是民事审判活动的内容之一，属于人民检察院的监督范围，并且实践中大量存在人民法院强迫当事人调解、损害当事人利益等情形，确有监督的必要。在征求意见过程中，有关机关建议，由于修改后《民事诉讼法》仅规定了人民检察院发现调解书损害国家利益、社会公共利益的应当提出抗诉或者再审检察建议，对调解违反自愿原则和调解协议的内容违反法律的，人民检察院可以根据修改后《民事诉讼法》第二百零八条第三款的规定提出检察建议。本条吸收了该建议，将调解违反自愿原则和调解协议内容违反法律的情形作为民事审判程序违法情形予以规定。

3. 关于“符合法律规定的起诉和受理条件，应当立案而不立案的”。修改后《民事诉讼法》第一百一十九条规定：“起诉必须符合下列条件：(一) 原告是与本案有直接利害关系的公民、法人和其他组织；(二) 有明确的被告；(三) 有具体的诉讼请求和事实、理由；(四) 属于人民法院受理民事诉讼的范围和受诉人民法院管辖。”第一百二十三条规定：“人民法院应当保障当事人依照法律规定享有的起诉权利。对符合本法第一百一十九条的起诉，必须受理。符合起诉条件的，应当在七日内立案，并通知当事人；不符合起诉条件的，应当在七日内作出裁定书，不予受理；原告对裁定不服的，可以提起上诉。”依照上述规定，人民法院对符合条件的起诉，应当依法立案；对不符合受理条件的起诉，应当在7日内作出不予受理的裁定。实践中，有的法院对符合条件的起诉既不立案也不作出不予受理的裁定，严重侵害了当事人的起诉权利，立法机关也多次要求检察机关加强对民事立案活动的监督。人民检察院发现人民法院在立案中存在上述违法行为的，应当依据本条规定进行监督。

4. 关于“审理案件适用审判程序错误的”。“适用审判程序错误”包括应当适用普通程序而适用简易程序，错误适用特别程序、督促程序和公示催告程序等情形。

5. 关于“保全和先予执行违反法律规定的”。修改后《民事诉讼法》第九章专章规定了保全和先予执行，最高人民法院也对保全和先予执行颁布了有关司法解释，人民法院审理案件时适用保全或者先予执行，应当符合法律和司法解释的规定。此处的“法律”应做广义理解，包括人民法院作出的司法解释。

6. 关于“支付令违反法律规定的”。依照修改后《民事诉讼法》的规定，人民法院受理支付令申请后，应当对债权人提供的事实和证据进行审查，经审查认为债权债务关系明确、合法的，应当在受理之日起15日内向债务人发出支付令；经审查认为申请不成立的，应当裁定予以驳回。人民法院在审查支付令申请时违反上述规定的，人民检察院应当依照本条规定进行监督。

7. 关于“诉讼中止或者诉讼终结错误的”。修改后《民事诉讼法》第一百五十条规定：“有下列情形之一的，中止诉讼：（一）一方当事人死亡，需要等待继承人表明是否参加诉讼的；（二）一方当事人丧失诉讼行为能力，尚未确定法定代理人的；（三）作为一方当事人的法人或者其他组织终止，尚未确定权利义务承受人的；（四）一方当事人因不可抗拒的事由，不能参加诉讼的；（五）本案必须以另一案的审理结果为依据，而另一案尚未审结的；（六）其他应当中止诉讼的情形。中止诉讼的原因消除后，恢复诉讼。”修改后《民事诉讼法》第一百五十一条规定：“有下列情形之一的，终结诉讼：（一）原告死亡，没有继承人，或者继承人放弃诉讼权利的；（二）被告死亡，没有遗产，也没有应当承担义务的人的；（三）离婚案件一方当事人死亡的；（四）追索赡养费、扶养费、抚育费以及解除收养关系案件的一方当事人死亡的。”人民法院对符合上述中止诉讼和终结诉讼条件而未作出中止诉讼或者终结诉讼裁定，或者裁定中止诉讼和终结诉讼不符合法定条件，人民检察院应当依照本条规定进行监督。

8. 关于“违反法定审理期限的”。修改后《民事诉讼法》规定的审理期限主要有：（1）第一百四十九条规定的普通程序审理期限：“人民法院适用普通程序审理的第一审案件，应当在立案之日起六个月内审结；有特殊情况需要延长的，经本院院长批准可以延长六个月；还需要延长的，报请上级人民法院批准。”（2）第一百六十一条规定的简易程序审理期限：“人民法院适用简易程序审理的案件，应当在立案之日起三个月内审结。”（3）第一百七十六条规定的第二审程序审理期限：“人民法院审理对判决的上诉案件，应当在第二审立案之日起三个月内审结；有特殊情况需要延长的，由本院院长批准。审理对裁定的上诉案件，应当在第二审立案之日起三十日内作出终审裁定。”（4）第一百八十条规定的特别程序审理期限：“人民法院适用特别程序审理的案件，应当在立案之日起三十日内或者公告期满后三十日内审结。有特殊情况需要延长的，由本院院长批准。但审理选民资格的案件除外。”第一百八十二条规定的选民资格案件审理期限：“人民法院受理选民资格案件后，必须在选举日前审结。”人民法院在审理案件时违反上述期限规定的，或者对经批准可以延长的期限未经批准而超过规定期限的，都属于违反法定审理期限的情形。

9. 关于“对当事人采取罚款、拘留等妨害民事诉讼的强制措施违反法律规定的”。依照修改后《民事诉讼法》和有关司法解释规定，下列行为属于妨害民事诉讼的行为：（1）必须到庭的被告，经两次传票传唤，无正当理由不到庭；（2）诉讼参与人和其他人违反法庭规则；（3）诉讼参与人或者其他人妨害诉讼证据的收集、调查以及阻拦、干扰诉讼的进行；（4）拒不履行人民法院已经发生法律效力的判决、裁定；（5）当事人之间恶意串通，企图通过诉讼、调解等方式侵害他人合法权益或者被执行人与他人恶意串通，通过诉讼、仲裁、调解等方式逃避履行法律文书确定的义务；（6）有义务协助调查、执行的单位拒不履行协助义务；（7）采取非法拘禁他人或者非法私自扣押他人财产追索债务的行为。对于上述妨害民事诉讼的行为，民事诉讼法规定了拘传、训诫、责令退出法庭、罚款、拘留、限制出境六种强制措施。人民法院采取民事诉讼强制措施违反上述规定的，人民检察院应当根据本条规定进行监督。

10. 关于“违反法律规定送达的”。根据修改后《民事诉讼法》和相关司法解释，民事诉讼中的送达方式包括直接送达、留置送达、委托送达、邮寄送达、转交送达、公告送达和传真、电子邮件等数字化形式送达。任何一种送达方式都有明确的条件和要求，违反了该种送达方式的条件和要求，就属于违反法律规定送达的行为。

11. 关于“审判人员接受当事人及其委托代理人请客送礼或者违反规定会见当事人及其委托代理人的”。审判人员如果存在上述行为，极有可能导致裁判不公，严重影响当事人对人民法院公正性的信任，因此，修改后《民事诉讼法》第四十四条将该内容作为回避的情形之一。人民检察院在案件审理过程中发现审判人员存在上述违法行为的，应当依照本条规定进行监督；如果在裁判生效后发现审判人员存在上述违法行为的，人民检察院应当依照修改后《民事诉讼法》第二百条第七项“依法应当回避的审判人员没有回避”的规定，向人民法院提出再审检察建议或者抗诉。

12. 关于“审判人员实施或者指使、支持、授意他人实施妨害民事诉讼行为，尚未构成犯罪的”。民事诉讼中，存在审判人员为了帮助一方当事人获取不正当利益，与一方当事人相互串通，自己实施或者指使、支持、授意他人实施法律禁止的妨害民事诉讼的行为。人民检察院发现审判人员存在上述行为的，应当依照本条规定进行监督。

13. 本条设置了兜底条款，适用于前十二项情形以外的审判程序中存在的违法情形。

第一百条 人民检察院依照本规则第九十九条提出检察建议的，应当制作《检察建议书》，在决定提出检察建议之日起十五日内将《检察建议书》连同案件卷宗移送同级人民法院，并制作决定提出检察建议的《通知书》，发送申请人。

【条文主旨】

本条是关于审判程序违法情形检察建议的制作及发送的规定。

【条文释义】

为了体现检察监督的规范性与严肃性，人民检察院向同级人民法院提出检察建议的，应当以书面方式制作《检察建议书》，而不能采用口头方式提出。《检察建议书》是检察机关的法律监督文书，其主送机关是同级人民法院，不需将《检察建议书》直接送达当事人，由检察机关以《通知书》的形式告知当事人检察机关对案件的办理结果较为适宜。检察机关提出检察建议的案件，应当制作案件卷宗，与《检察建议书》同时移送同级人民法院。

第一百零一条 人民检察院认为当事人申请监督的审判程序中审判人员违法行为不存在或者不构成的，应当作出不支持监督申请的决定，并在决定之日起十五日内制作《不支持监督申请决定书》，发送申请人。

【条文主旨】

本条是关于审判人员违法行为不存在或者不构成情形的处理规定。

【条文释义】

当事人申请人民检察院对审判程序中审判人员违法行为进行监督的案件，如果人民检察院经审查认为审判人员违法行为不存在或者不构成的，应当作出不支持监督申请的决定，并制作《不支持监督申请决定书》。

实践中应当注意，对人民检察院依职权监督的案件，经审查认为审判人员违法行为不存在或者不构成的，由于案件不存在监督申请人，人民检察院应当作出终结审查决定，而不能作出不支持监督申请决定。

第八章 对执行活动的监督

第一百零二条 人民检察院对人民法院在民事执行活动中违反法律规定的情形实行法律监督。

【条文主旨】

本条是关于人民检察院对执行活动监督的范围和对象的规定。

【条文释义】

（一）民事执行监督制度的确立过程

人民检察院是否有权对民事执行活动实行法律监督，是1991年《民事诉讼法》施行以来理论界和实务界长期争论的焦点问题。对这一问题的研讨和争论直到2012年《民事诉讼法》的修改才最终尘埃落定。2012年修改后《民事诉讼法》第十四条规定："人民检察院有权对民事诉讼实行法律监督"，并进而在第二百三十五条规定："人民检察院有权对民事执行活动实行法律监督。"上述规定在立法上宣告了民事执行检察监督制度的正式确立，开启了人民检察院民事执行监督工作的新篇章。回顾民事执行检察监督制度在我国的确立过程，主要经历了以下几个阶段：

1. 探索开展阶段（1991年至2011年2月）。1991年《民事诉讼法》第十四条规定："人民检察院有权对民事审判活动实行法律监督。"该法实施后，检法两院由于对审判活动是否包括执行活动存在不同认识，导致实践中的分歧。在立法不够完善的情况下，全国检察机关依据宪法和法律的原则性规定，探索开展执行监督工作，办理了一批执行监督案件。一些检察机关还积极争取地方党委和人大的支持，通过人大决议或者检法两院联合会签文件等形式对执行监督工作进行规范。

在这一阶段，最高人民检察院多次印发文件对执行监督工作作出规定。2001年10月，最高人民检察院在《关于加强民事行政检察工作若干问题的意见》中提出："对人民法院……在执行程序中作出的裁定，存在问题且确有必要时，可根据人民检察院组织法和民事诉讼法、行政诉讼法的有关规定，提出检察建议，由人民法院依法处理。"2005年8月，最高人民检察院在《关于进一步深化检察改革的三年实施意见》中，提出"探索人民检察院对民事执行活动进行监督的方式"。2008年5月，最高人民检察院《全国检察机关贯彻民事诉讼法座谈会纪要》提出："各级人民检察院要积极探索对民事裁判执行活动的监督，对当事人提出申诉的违法执行裁定、执行决定和执行行为等案件，应当受案审查，采取纠正违法通知、检察建议等方式进行监督。"

2005年以来，中央对检察机关开展执行监督工作也提出了明确要求。2005年，中央政法委在《关于切实解决人民法院执行难问题的通知》中要求，"各级检察机关要加大对人民法院执行工作的监督力度"。2007年，中央政法委《关于完善执行工作机制、加强和改进执行工作的意见》中提出，"各级检察机关要依法及时查处执行工作中发生的职务犯罪案件，实现对人民法院执行工作的有效监督”。2008年，中央政法委在《关于深化司法体制和工作机制改革若干问题的意见》中要求“明确对民事执行工作实施法律监督的范围和程序”，在新一轮司法改革中，最高人民检察院被确定为该项改革内容的主办单位。为了贯彻落实司法改革任务，2010年7月，最高人民法院、最高人民检察院、公安部、国家安全部、司法部联合印发了《关于对司法工作人员在诉讼活动中的渎职行为加强法律监督的若干意见（试行）》，对司法工作人员（包括执行人员）在诉讼活动（包括民事执行活动）中的渎职行为实行法律监督作出了具体规定。为了更好地推进执行检察工作的开展，最高人民检察院于2010年11月在民事行政检察厅设立了执行检察处，负责办理最高人民检察院受理的民事、行政执行监督案件，调查研究执行监督工作中的疑难问题以及指导地方各级人民检察院开展执行监督工作。

2. 试点阶段（2011年3月至2012年12月）。2011年3月，最高人民法院与最高人民检察院联合印发了《关于在部分地方开展民事执行活动法律监督试点工作的通知》，在山西等12个省份开展民事执行法律监督的试点工作。“两高”会签文件标志着执行检察工作进入了实质发展阶段。2011年5月，最高人民检察院和最高人民法院联合召开了贯彻落实“两高”会签文件精神座谈会，进一步推动了执行检察工作的开展。为了落实司法改革要求，推进执行检察工作，最高人民检察院在山东省青岛市召开了“全国检察机关执行检察工作座谈会”，会议总结了“两高”会签文件的贯彻执行情况，交流了执行检察工作中的经验，研究并提出了进一步开展执行检察工作的思路和方法。试点期间，各试点检察院依照“两高”会签文件规定，积极稳妥开展民事执行监督工作，办理了一批具有良好法律效果和社会效果的执行监督案件，为民事诉讼法的修改积累了实践经验。

3. 依法全面开展阶段（2013年1月至今）。2012年8月31日，第十一届全国人大常委会第二十八次会议审议通过了《关于修改〈中华人民共和国民事诉讼法〉的决定》，在立法上明确规定了执行检察监督的内容，修改后《民事诉讼法》自2013年1月1日起施行。这标志着从2013年1月1日起，民事执行监督试点工作已经结束，民事执行监督工作在全国范围内正式开展。

（二）民事执行监督的范围和对象

检察监督是对公权力的监督，检察监督的基本性质决定了人民检察院对民事执行监督的范围是人民法院行使执行权的民事执行活动。具体而言，人民法院行使民事执行权主要包括作出执行法律文书和采取执行措施两类。如果人民法院作出的执行法律文书存在错误或者执行行为违反法律规定，人民检察院应当依法进行监督。

执行法律文书错误包括人民法院作出的查封、扣押、冻结、划拨、变价财产等裁定存在错误，人民法院作出的强制措施决定不符合法定条件，以及执行裁定、决定具有其他违法情形等。

人民法院执行行为违反法律规定在实践中包括积极的作为错误和怠于履行执行职责两种情形。

积极的作为错误主要包括：(1) 对执行依据虚假、不存在、未生效或者已被撤销的案件受理执行的；(2) 调查、搜查明显违反法律规定的；(3) 不按照执行裁定的内容采取执行措施，超标的执行、执行案外人财产或者对依法不得执行的财产采取执行措施等不按照执行裁定的内容采取执行措施的；(4) 被执行人提出足以保障执行的款物后仍然执行原查封、扣押财产的；(5) 评估、拍卖程序中有违反规定的行为的；(6) 违反规定变卖执行物的；(7) 违反规定保管、使用被执行财产或者无正当理由不及时将被执行财产交付给申请执行人的；(8) 强迫、欺骗执行当事人和解的；(9) 拒绝符合条件的申请人或者同意不符合条件的申请人参与被执行财产分配的；(10) 违法解除已经采取的执行措施等情形。

怠于履行执行职责情形主要包括：(1) 不受理执行申请又不依法作出不予受理裁定的；(2) 对已经受理的执行案件不依法及时作出执行裁定的；(3) 不按照规定采取执行措施，导致被执行财产遭受损失或者导致执行目的不能实现的；(4) 违法不受理执行复议、异议或者受理后逾期未作出裁定、决定的；(5) 暂缓执行、中止执行的原因消失后，不按规定恢复执行的；(6) 依法应当改变或者解除执行措施而不改变、解除的；(7) 其他怠于履行执行职责的行为。

实践中应当注意的问题：

1. 执行程序中当事人的行为以及其他有关单位和个人妨害执行活动的行为，在性质上不属于人民法院行使执行权的范畴，因此，人民检察院不宜对上述人员和行为直接进行监督。人民检察院发现执行案件当事人或者其他有关单位和个人在执行程序中存在违法行为，而人民法院怠于对其依法处理的，人民检察院应当督促人民法院依照民事诉讼法的相关规定对该违法行为予以制裁。

2. 民事执行监督的对象是人民法院在执行活动中违反法律规定的情形，不宜对人民法院执行行为的合理性实行监督。

第一百零三条 人民检察院对民事执行活动提出检察建议的，应当经检察委员会决定，制作《检察建议书》，在决定之日起十五日内将《检察建议书》连同案件卷宗移送同级人民法院，并制作决定提出检察建议的《通知书》，发送当事人。

【条文主旨】

本条是关于执行活动监督的方式和程序的规定。

【条文释义】

修改后《民事诉讼法》对人民检察院执行监督的方式没有作出规定。实践中，各地检察机关开展执行监督的方式也不尽一致，包括检察建议、检察意见、监督意见、纠正意见、纠正违法通知等。“两高”在《关于在部分地方开展民事执行活动法律监督试点工作的通知》中规定执行监督应当采用检察建议的方式。各地采用的监督方式虽然名称不同，但实质上并无差别，都是指出人民法院在执行活动中的违法情形，并要求人民法院自行纠正。鉴于检察建议已经在实践中得到普遍适用，并且也是修改后《民事诉讼法》明确规定的监督方式，《监督规则》将执行监督的主要方式确定为检察建议。同时，考虑到执行监督工作全面开展时间较短，实践经验不够丰富，为了保证监督质量和监督效果，本条延续了“两高”《关于在部分地方开展民事执行活动法律监督试点工作的通知》的规定，要求执行监督检察建议必须经过检察委员会讨论决定。人民检察院对执行活动提出检察建议的，应当以书面方式制作《检察建议书》。检察建议书是检察机关的法律监督文书，其主送机关是同级人民法院，不需将检察建议书送达当事人，以《通知书》的形式告知当事人检察机关对案件的办理结果较为适宜。检察机关提出检察建议的案件，应当制作案件卷宗，与《检察建议书》同时移送同级人民法院。

第一百零四条 人民检察院认为当事人申请监督的人民法院执行活动不存在违法情形的，应当作出不支持监督申请的决定，并在决定之日起十五日内制作《不支持监督申请决定书》，发送申请人。

【条文主旨】

本条是关于执行活动不存在违法情形的处理规定。

【条文释义】

当事人申请人民检察院对执行活动进行监督的案件，如果人民检察院经审查认为执行活动不存在违法情形的，应当作出不支持监督申请的决定，并制作《不支持监督申请决定书》。

实践中应当注意，本条仅适用于当事人申请监督的案件。对人民检察院依职权监督的案件，由于案件不存在监督申请人，人民检察院应当作出终结审查决定，而不能作出不支持监督申请决定。

第九章　案件管理

第一百零五条　人民检察院案件管理部门对民事诉讼监督案件实行流程监控、案后评查、统计分析、信息查询、综合考评等，对办案期限、办案程序、办案质量等进行管理、监督、预警。

【条文主旨】

本条是关于案件管理部门对民事诉讼监督案件管理的总体规定。

【条文释义】

近年来，全国检察机关按照中央关于司法体制和工作机制改革的总体要求，顺应检察工作面临的新形势新任务和人民群众的新要求新期待，在强化法律监督的同时，不断从体制和机制上加强对自身执法活动的监督制约。2011年7月，曹建明检察长在第十三次全国检察工作会议上明确提出："要高度重视检察管理，向管理要质量、要效率、要公开、要公正。改革案件分散管理模式，规范案件的来源渠道、立案环节和办理程序，在地市级以上检察院和有条件的基层检察院设置案件管理机构，建立统一收案、全程管理、动态监督、案后评查、综合考评的执法办案管理新机制。"2011年10月，最高人民检察院成立了案件管理办公室，主要承担管理、监督、服务、参谋四项职能，通过统一受案、全程管理、动态监督、案后评查和综合考评对案件进行集中管理，从而实现对案件的全程、动态、科学管理。2012年2月，经最高人民检察院检察委员会审议，出台了《最高人民检察院案件管理暂行办法》，该办法的出台不仅使最高人民检察院的案件管理工作有章可循，也推动了各地检察机关案件管理工作的开展，标志着检察机关的案件管理工作正走向科学化、规范化、统一化的道路。检察机关的案件管理工作离不开案件办理工作，将"案件管理"写入《监督规则》，将民事诉讼监督案件办案全过程置于统一、实时、动态的监督管理之下，是贯彻落实党的十八大报告中关于"健全权力运行制约与监督体系"的精神和曹建明检察长"牢固树立监督者更要自觉接受监督的权力观，把强化自身监督放在与强化法律监督同等重要的位置"的指示要求，有利于规范执法行为，提高办案质量和效率，促进公正廉洁执法，提升检察机关的执法公信力。

本条依据《最高人民检察院案件管理暂行办法》制定，参考了《人民检察院刑事诉讼规则（试行）》中有关案件管理的条文内容，就案件管理部门对民事诉讼监督案件的管理进行了总体性概括定义，对管理的具体内容和方式进行了列举式说明，为实践中案件管理部门对民事诉讼监督案件的管理提供了依据。

第一百零六条 民事检察部门在办理案件过程中有下列情形之一的，应当在作出决定之日起三日内到本院案件管理部门登记：

（一）决定中止和恢复审查的；

（二）决定终结审查的。

【条文主旨】

本条是关于出现影响审查期限情形向案件管理部门登记的规定。

【条文释义】

办案期限是流程监控的一项关键内容，也是强化自身监督的重要体现，民事检察部门在审查案件过程中，如出现审查期限中止或者终结审查等情况，应当到案件管理部门登记，以便案件管理部门及时掌握办案流程，履行监控职能。

第一百零七条 案件管理部门发现本院办案部门或者办案人员在办理民事诉讼监督案件中有下列情形之一的，应当及时提出纠正意见：

（一）法律文书使用不当或存在明显错漏的；

（二）无正当理由超过法定的办案期限未办结案件的；

（三）侵害当事人、诉讼代理人诉讼权利的；

（四）未依法对民事审判活动以及执行活动中的违法行为履行法律监督职责的；

（五）其他违反规定办理案件的情形。

具有前款规定的情形但情节轻微的，可以向办案部门或者办案人员进行口头提示；情节较重的，应当向办案部门发送《案件流程监控通知书》，提示办案部门及时查明情况并予以纠正；情节严重的，应当向办案部门发送《案件流程监控通知书》，并向检察长报告。

办案部门收到《案件流程监控通知书》后，应当在五日内将核查情况书面回复案件管理部门。

【条文主旨】

本条是关于案件管理部门提出纠正意见的情形和程序的规定。

【条文释义】

本条明确了案件管理部门对相关办案部门未依法履行法律监督职责的行为承担监督管理职责。案件管理部门发现民事检察部门或者民事检察人员没有依法正确履行法律监督职责的，可以依据以上规定内容采取适当的提醒督促措施。

第一百零八条 案件管理部门对以本院名义制发的民事诉讼监督法律文书实施监督管理。

【条文主旨】

本条是关于案件管理部门对民事诉讼监督法律文书实施监督管理的规定。

【条文释义】

法律文书是执法办案的重要载体，与民事诉讼监督的全过程密切相关，加强对执法办案的管理，重要内容之一就是要加强对法律文书的管理。最高人民检察院《关于成立最高人民检察院案件管理办公室的通知》第四项职责明确规定了案件管理部门“统一负责以最高人民检察院名义制发的案件文书的监管”。

第一百零九条 人民检察院办理的民事诉讼监督案件，办结后需要向其他单位移送案卷材料的，统一由案件管理部门审核移送材料是否规范、齐备。案件管理部门认为材料规范、齐备，符合移送条件的，应当立即由有关部门按照相关规定移送；认为材料不符合要求的，应当及时通知办案部门补送、更正。

【条文主旨】

本条是关于案件管理部门对民事检察案件案卷材料移送进行审核的规定。

【条文释义】

由案件管理部门对案件办结后需要移送的案卷材料进行形式审查，有利于为检察机关的案件材料移送统一标准，规范办案行为，强化内部监督，提高办案质量。

第一百一十条 人民法院向人民检察院送达的民事判决书、裁定书或者调解书等法律文书，由案件管理部门负责接收，并即时登记移送民事检察部门。

【条文主旨】

本条是关于案件管理部门负责接收人民法院送达的法律文书的规定。

【条文释义】

本条明确了由案件管理部门统一对人民法院送达的法律文书予以接收并移送民事检察部门，该规定体现了案件管理部门作为检察机关的对外“窗口”职能，既有利于检察机关统一对外开展工作，也有利于案管部门全面掌握案件进展情况。在实践中应当注意，案件管理部门接收人民法院送达的法律文书后，应当即时登记移送，以便民事检察部门及时了解案件监督效果，必要时进行跟踪监督。

第一百一十一条 人民检察院在办理民事诉讼监督案件过程中，当事人及其诉讼代理人提出有关申请、要求或者提交有关书面材料的，由案件管理部门负责接收，需要出具相关手续的，案件管理部门应当出具。案件管理部门接收材料后应当及时移送民事检察部门。

【条文主旨】

本条是关于民事案件的当事人及诉讼代理人相对统一的归口接待制度的规定。

【条文释义】

对案件办理过程中，当事人及其诉讼代理人提交相关书面材料的，统一由案件管理部门接收并根据需要出具相关手续，有利于规范检察机关对于案件材料的接收、管理工作。

第十章　其他规定

第一百一十二条　有下列情形之一的，人民检察院可以提出改进工作的检察建议：

（一）人民法院对民事诉讼中同类问题适用法律不一致的；

（二）人民法院在多起案件中适用法律存在同类错误的；

（三）人民法院在多起案件中有相同违法行为的；

（四）有关单位的工作制度、管理方法、工作程序违法或者不当，需要改正、改进的。

【条文主旨】

本条是关于改进工作的检察建议制度的规定。

【条文释义】

本条是根据《人民检察院民事行政抗诉案件办案规则》第四十七条、第四十八条修改而来，并吸收了《人民检察院检察建议工作规定（试行）》的相关内容。第一、二项增加规定了类案监督的检察建议，即针对人民法院对民事诉讼中同类问题适用法律不一致或多起案件中适用法律存在同类错误的情况提出类案监督；第三项增加了针对人民法院在多起案件中有相同违法行为的检察建议，都是对实践经验的总结；第四项则是对原有规定的补充完善。

关于类案监督的问题。我国正处于重要的社会转型期，民事审判、执行工作中不断出现新情况、新问题，当事人对不同法院之间，甚至同一法院之间就同类案件执法标准掌握不一的问题，以及多起案件中适用法律存在同类错误的问题反映较多，影响了审判和执行活动的统一性和权威性。2012 年 2 月，最高人民法院下发《关于在审判执行工作中切实规范自由裁量权行使保障法律统一适用的指导意见》，要求各级人民法院内部对同一类型案件行使自由裁量权的，要严格、准确适用法律、司法解释，参照指导性案例，努力做到类似案件类似处理。人民检察院在民事诉讼监督实践中，也不断发现人民法院对于民事诉讼中同类问题适用法律不一致的情形，这些情形对司法统一和司法权威产生了不良影响。2011 年，最高人民检察院印发了《关于充分发挥检察职能参与加强和创新社会管理的意见》，要求探索建立个案监督和类案监督相结合的综合监督机制，对社会管理中的普遍性、倾向性、苗头性问题深入调查研究，提出治理对策建议。因此，针对类案监督的问题，人民检察院确有必要向人民法院发出改进工作的检察建议。

关于改进工作的检察建议，为了使其达到良好的监督效果，检察机关可以事先与受建议单位进行良好的沟通、协调，必要时与受建议单位的相关负责人进行“检察建议约谈”，在约谈过程中指出问题并共同研究整改措施，实践证明，进行检察建议约谈较于单纯的“文来文往”更能实现监督效果。此外，检察机关还应当及时了解和掌握改进工作检察建议的落实、采纳情况，必要时可以就其执行情况进行回访，督促建议的落实，保障监督效果。

值得注意的是，本条第四项规定的有关单位虽然没有单独列举，但应当包括人民法院，检察机关在履行监督职责过程中，发现有关单位的内部管理制度不够健全，容易发生违法情形需要采取改进措施的，从预防的角度出发，可以提出检察建议。最高人民法院在《关于加强司法建议工作的意见》中也规定了人民法院可以向相关党政机关、企事业单位、社会团体及其他社会组织提出司法建议，司法建议的内容涵盖了相关行业或者部门工作中存在的普遍性问题，需要有关单位采取措施的；相关单位的规章制度、工作管理中存在严重漏洞或者重大风险等十类问题，也是人民法院审判、执行职能的积极延伸，不能认为是其他相关单位的内部问题就不能监督。

第一百一十三条　民事检察部门在履行职责过程中，发现涉嫌犯罪的行为，应当及时将犯罪线索及相关材料移送本院相关职能部门。

人民检察院相关职能部门在办案工作中，发现人民法院审判人员、执行人员有贪污受贿、徇私舞弊、枉法裁判等违法行为，可能导致原判决、裁定错误的，应当及时向民事检察部门通报。

【条文主旨】

本条是关于案件线索双向移送的规定。

【条文释义】

最高人民检察院曹建明检察长在全国检察机关第二次民事行政检察工作会议上的讲话指出，在下一步加强民行检察工作的过程中，要注重把办理民事诉讼监督案件与发现、移送司法不公背后的职务犯罪线索有机结合起来。根据中央关于司法体制和工作机制改革的部署，最高人民检察院下发了《关于完善抗诉工作与职务犯罪侦查工作内部监督制约机制的规定》，实行抗诉工作、侦查工作由不同业务部门负责。必须指出，这项改革不是仅仅针对民行检察工作提出的。通过改革，既有利于规范侦查权的行使，也有利于民行检察部门集中精力办理申诉案件，总体上是对民行检察工作的加强而不是削弱。实行这项改革后，民行检察部门不再自行初查或侦查职务犯罪案件，但仍然承担着发现和移送职务犯罪线索的任务。民行检察部门在办好申诉案件的同时，要加强与侦查、控申等部门的协作配合，注意发现隐藏在司法不公背后的司法人员职务犯罪线索，移送并配合侦查部门依法查处；职务犯罪侦查部门在办案中发现民行案件存在司法不公问题的，也要及时移送民行检察部门，充分发挥检察机关整体监督的优势、合力与实效。

本条规定的直接依据是《最高人民检察院关于完善抗诉工作与职务犯罪侦查工作内部监督制约机制的规定》第二条、第四条的内容。依照本条第一款的规定，民事检察部门在履行监督职责的过程中发现有关单位或者人员可能涉嫌犯罪的，应当将犯罪线索和相关材料向本院相关职能部门移送，而不能以民事检察部门的名义直接向其他机关移送。具体来说，民事检察部门在履行职责过程中，如发现可能涉嫌普通刑事犯罪的，应当向本院侦查监督部门移送；发现可能涉嫌渎职犯罪的，应当向本院渎职侵权检察部门移送；发现可能涉嫌贪污贿赂犯罪的，应当向本院反贪污贿赂部门移送。

第一百一十四条 人民检察院向人民法院或者有关机关提出监督意见后，发现监督意见确有错误或者有其他情形确需撤回的，应当经检察长批准或者检察委员会决定予以撤回。

上级人民检察院发现下级人民检察院监督错误或者不当的，应当指令下级人民检察院撤回，下级人民检察院应当执行。

【条文主旨】

本条是关于撤回和指令撤回监督意见的规定。

【条文释义】

《人民检察院民事行政抗诉案件办案规则》第四十二条规定了撤回抗诉制度，经过司法改革和《民事诉讼法》的修改，民事检察监督方式已经不限于抗诉，因此撤回抗诉制度被修改为撤回监督意见。《人民检察院民事行政抗诉案件办案规则》第四十三条规定了上级人民检察院撤销下级人民检察院抗诉决定的制度，考虑到实践中对于上级检察院是否需要向法院发送撤销决定容易产生争议，因此将原来的撤销制度改为指令撤回，其内容更加清晰明确，更加便于操作。根据本条规定，监督意见存在确需撤回的情形的，应当经检察长批准或检委会决定。

值得注意的是，《监督规则》第七条第二款规定了上级人民检察院对下级人民检察院作出的决定，有权予以撤销或变更，发现下级人民检察院工作中有错误的，有权指令下级人民检察院纠正。结合本条规定与第7条第2款规定可以看出，上级人民检察院发现下级人民检察院的监督存在错误或不当的，应当指令下级人民检察院撤回并予以纠正，也有权视具体情况直接予以撤销或变更；下级人民检察院应当执行上级人民检察院的决定，如有不同意见的应在执行的同时向上级人民检察院报告。此外，还需注意的是，撤回和指令撤回主体不同，撤回的主体是提出监督意见的人民检察院，指令撤回的主体是提出监督意见的人民检察院的上级人民检察院。

第一百一十五条 人民法院对人民检察院监督行为提出建议的，人民检察院应当在一个月内将处理结果书面回复人民法院。人民法院对回复意见有异议，并通过上一级人民法院向上一级人民检察院提出的，上一级人民检察院认为人民法院建议正确，应当要求下级人民检察院及时纠正。

【条文主旨】

本条是关于对人民法院对检察监督提出建议及对回复意见提出异议的规定。

【条文释义】

本条规定的直接依据是“两高”《关于对民事审判活动与行政诉讼实行法律监督的若干意见（试行）》第十五条的规定，即“人民法院发现检察监督行为违反法律或者检察纪律的，可以向人民检察院提出书面建议，人民检察院应当在一个月内将处理结果书面回复人民法院；人民法院对于人民检察院的回复意见有异议的，可以通过上一级人民法院向上一级人民检察院提出。上一级人民检察院认为人民法院建议正确的，应当要求下级人民检察院及时纠正。”

本条规定充分体现了保障人民法院对检察监督提出意见的权利，我国《宪法》第二十七条第二款规定：“一切国家机关和国家工作人员必须依靠人民的支持，经常保持同人民的密切联系，倾听人民的意见和建议，接受人民的监督，努力为人民服务。”人民法院作为国家的司法机关，当然可以对检察工作提出意见和建议，人民检察院也应当倾听人民法院的意见和建议，不断提高工作质量和工作效率，维护司法公正和法律权威。但是，值得注意的是，本条所规定的并不是人民法院对人民检察院的反向监督，检察监督是单向的，人民法院对检察监督提出意见并不能视为人民法院对检察机关的监督权。

第一百一十六条 人民法院对民事诉讼监督案件作出再审判决、裁定或者其他处理决定后，提出监督意见的人民检察院应当对处理结果进行审查，并填写《民事诉讼监督案件处理结果审查登记表》。

【条文主旨】

本条是关于对监督结果审查的规定。

【条文释义】

《人民检察院民事行政抗诉案件办案规则》第四十六条规定了对再审判决、裁定的审查制度。经过司法改革和《民事诉讼法》的修改，民事检察监督职责已经不限于抗诉，需要审查的对象也不限于再审判决、裁定，有必要将之修改为对监督结果的审查制度。

填写《民事诉讼监督案件处理结果审查登记表》的目的在于关注人民法院是否采纳监督意见，通过再审判决、裁定或者其他处理决定纠正错误，如果存在本规则第一百一十七条规定的三种情形时，人民检察院应当按照有关规定跟进监督或提请上级人民检察院监督。

第一百一十七条 有下列情形之一的，人民检察院应当按照有关规定跟进监督或者提请上级人民检察院监督：

（一）人民法院审理民事抗诉案件作出的判决、裁定、调解书仍符合抗诉条件的；

（二）人民法院对人民检察院提出的检察建议未在规定的期限内作出处理并书面回复的；

（三）人民法院对检察建议的处理结果错误的。

【条文主旨】

本条是关于跟进监督和提请上级院监督的规定。

【条文释义】

民事诉讼监督工作是为保障民事法律统一正确实施而进行的监督，核心是对公权力的监督。对于检察机关的监督案件，如果人民法院在处理决定中有错不纠，检察机关的监督任务并未完成，因此，检察机关应当认真履行法律监督职责，依法跟进监督或提请上级人民检察院监督。与初次监督相比，跟进监督的责任更重，要求更严。“两高”会签文件规定了对检察建议处理结果错误的提请上级院监督制度，本条参照上述文件规定，对人民法院未采纳监督意见拒绝纠正错误如何处理作出了规定，符合本条规定的三种情形的，提出监督意见的人民检察院应当向上级人民检察院反映情况，上级人民检察院可以依职权继续进行监督。根据“两高”会签文件的规定，人民法院对于人民检察院提出的检察建议，应当在1个月内作出处理并将处理结果书面回复人民检察院；对于再审检察建议，应当在3个月内进行审查并将审查结果书面回复人民检察院。

第一百一十八条 地方各级人民检察院对适用法律确属疑难、复杂，本院难以决断的重大民事诉讼监督案件，可以向上一级人民检察院请示。

请示案件依照最高人民检察院关于办理下级人民检察院请示件、下级人民检察院向最高人民检察院报送公文的相关规定办理。

【条文主旨】

本条是关于下级人民检察院向上级人民检察院请示案件的规定。

【条文释义】

本条规定了下级人民检察院请示案件的条件及程序。关于请示案件，高检院制定了《关于下级检察院向最高人民检察院报送公文的规定》和《最高人民检察院办理下级人民检察院请示件的暂行规定》，下级人民检察院请示案件应当依照上述文件办理。

依照相关规定，请示案件应当符合以下条件：（1）必须是事实清楚、证据确凿，法律适用确属疑难、复杂，难以决断的案件；（2）案件经过本级人民检察院检察委员会讨论；（3）有争议的案件应当写清争议焦点和具体分歧意见，并写明检察委员会多数委员的意见；（4）有检察长的明确意见；（5）附全部案件材料及检察委员会讨论记录；（6）请示文件应当加盖院章。

实践中请示案件还应当注意以下问题：

1. 请示案件应当逐级进行，除省级人民检察院的请示外，最高人民检察院原则上不办理其他各级人民检察院直接向最高人民检察院的请示。

2. 就民事诉讼监督案件的请示应当限于法律适用问题，而不包括事实认定问题及案件如何处理的问题，案件请示应当事实清楚、证据确凿。

3. 请示件应以省级人民检察院名义向最高人民检察院请示，省级人民检察院各内设机构、部门不得向最高人民检察院请示，其他各级人民检察院以此类推；请示件的标题内应标明“请示”，不得以“报告”等形式请示事项或在“报告”中夹带请示事项；请示的主送机关只列“最高人民检察院”，请示件需送其他机关的用抄送形式，但不能抄送最高人民检察院各内设机构；请示应当一文一事。请示件应是一式五份。

4. 上一级人民检察院对请示案件，应当在规定的办案期限内办结并以正式公文进行答复。未规定办案期限的，应当在一个月内办理完毕；需要延长办理期限的，应当经检察长批准。

第一百一十九条 制作民事诉讼监督法律文书，应当符合规定的格式。

民事诉讼监督法律文书的格式另行制定。

【条文主旨】

本条是关于制作民事检察法律文书的规定。

【条文释义】

民事诉讼监督法律文书是民事诉讼监督的重要载体，应当统一、规范。根据修改后《民事诉讼法》赋予检察机关的新职能新要求，高检院对民事诉讼监督法律文书进行了修改，并与监督规则配套使用。

第一百二十条 人民检察院可以参照《中华人民共和国民事诉讼法》有关规定发送法律文书。

【条文主旨】

本条是关于发送法律文书的规定。

【条文释义】

修改后《民事诉讼法》第七章第二节专门规定了送达，人民检察院发送法律文书时可以予以参照。

第一百二十一条 人民检察院发现制作的法律文书存在笔误的，应当作出《补正决定书》予以补正。

【条文主旨】

本条是关于补正法律文书笔误的规定。

【条文释义】

实践中，法律文书存在错误的，各地采取的补正方式也不尽相同。为了规范人民检察院法律文书的制作，本条明确发现制作的法律文书存在笔误时，应当采用补正决定书的方式予以补正，补正决定书的格式另行制定。

第一百二十二条 人民检察院办理民事诉讼监督案件，应当按照规定建立民事诉讼监督案卷。

【条文主旨】

本条是关于建立民事检察案卷的规定。

【条文释义】

民事诉讼监督卷宗是反映民事诉讼监督工作情况的重要载体，因此建立民事诉讼监督案卷是民事诉讼监督工作的一个重要环节。人民检察院应当将办理案件过程中所涉及的有关诉讼文书、证据材料及其他与案件办理工作相关的材料，按照一定的原则、顺序建立案卷，并按照相关要求按期归档。认真做好立卷归档工作，对于提高监督质量，加强自我监督，更好地开展民事诉讼监督工作，履行法律监督职能，具有重要意义。

按照方便使用和保密的原则，民事诉讼监督案卷应分为检察正卷和检察副卷。

第一百二十三条 人民检察院办理民事诉讼监督案件，不收取案件受理费。申请复印、鉴定、审计、勘验等产生的费用由申请人直接支付给有关机构或者单位，人民检察院不得代收代付。

【条文主旨】

本条是关于案件受理费和相关费用的规定。

【条文释义】

复制卷宗、当事人申请鉴定、审计和勘验等费用，由申请人承担，申请人直接支付给有关机构或单位，人民检察院不代收代付。

第十一章　附　则

第一百二十四条　本规则自发布之日起施行。本院之前公布的其他规定与本规则内容不一致的，以本规则为准。

【条文主旨】

本条是关于《监督规则》施行时间以及与其他规范性文件关系的规定。

【条文释义】

“本院之前公布的其他规定”主要指近年来，民事检察领域的司法体制和工作机制改革取得的重要成果，包括“两高三部”《关于对司法工作人员在诉讼活动中的渎职行为加强法律监督的若干规定（试行）》、“两高”《关于对民事审判活动与行政诉讼实行法律监督的若干意见（试行）》和《关于在部分地方开展民事执行活动法律监督试点工作的通知》等。在执行《监督规则》过程中，应注意与以上司改文件的衔接工作，注意把握几点：一是对于《监督规则》已经吸收的内容，应当直接执行本规则的规定；二是司改文件与《监督规则》规定不一致的，应当按照《监督规则》的规定执行；三是虽然《监督规则》未作规定，但司改文件规定与立法精神没有冲突的，仍可继续依照实施。

另外，行政检察办案工作仍适用原《人民检察院民事行政抗诉案件办案规则》。在不与《人民检察院民事行政抗诉案件办案规则》相冲突的前提下，人民检察院办理行政检察案件可以参照适用《监督规则》。

最高人民法院、最高人民检察院、公安部关于办理醉酒驾驶机动车刑事案件适用法律若干问题的意见

（2013 年 12 月 18 日公布并施行　法发〔2013〕15 号）

为保障法律的正确、统一实施，依法惩处醉酒驾驶机动车犯罪，维护公共安全和人民群众生命财产安全，根据刑法、刑事诉讼法的有关规定，结合侦查、起诉、审判实践，制定本意见。

一、在道路上驾驶机动车，血液酒精含量达到 80 毫克/100 毫升以上的，属于醉酒驾驶机动车，依照刑法第一百三十三条之一第一款的规定，以危险驾驶罪定罪处罚。前款规定的“道路”、“机动车”，适用道路交通安全法的有关规定。

二、醉酒驾驶机动车，具有下列情形之一的，依照刑法第一百三十三条之一第一款的规定，从重处罚：

（一）造成交通事故且负事故全部或者主要责任，或者造成交通事故后逃逸，尚未构成其他犯罪的；

（二）血液酒精含量达到 200 毫克/100 毫升以上的；

（三）在高速公路、城市快速路上驾驶的；

（四）驾驶载有乘客的营运机动车的；

（五）有严重超员、超载或者超速驾驶，无驾驶资格驾驶机动车，使用伪造或者变造的机动车牌证等严重违反道路交通安全法的行为的；

（六）逃避公安机关依法检查，或者拒绝、阻碍公安机关依法检查尚未构成其他犯罪的；

（七）曾因酒后驾驶机动车受过行政处罚或者刑事追究的；

（八）其他可以从重处罚的情形。

三、醉酒驾驶机动车，以暴力、威胁方法阻碍公安机关依法检查，又构成妨害公务罪等其他犯罪的，依照数罪并罚的规定处罚。

四、对醉酒驾驶机动车的被告人判处罚金，应当根据被告人的醉酒程度、是否造成实际损害、认罪悔罪态度等情况，确定与主刑相适应的罚金数额。

五、公安机关在查处醉酒驾驶机动车的犯罪嫌疑人时，对查获经过、呼气酒精含量检验和抽取血样过程应当制作记录；有条件的，应当拍照、录音或者录像；有证人的，应当收集证人证言。

六、血液酒精含量检验鉴定意见是认定犯罪嫌疑人是否醉酒的依据。犯罪嫌疑人经呼气酒精含量检验达到本意见第一条规定的醉酒标准，在抽取血样之前脱逃的，可以以呼气酒精含量检验结果作为认定其醉酒的依据。犯罪嫌疑人在公安机关依法检查时，为逃避法律追究，在呼气酒精含量检验或者抽取血样前又饮酒，经检验其血液酒精含量达到本意见第一条规定的醉酒标准的，应当认定为醉酒。

七、办理醉酒驾驶机动车刑事案件，应当严格执行刑事诉讼法的有关规定，切实保障犯罪嫌疑人、被告人的诉讼权利，在法定诉讼期限内及时侦查、起诉、审判。对醉酒驾驶机动车的犯罪嫌疑人、被告人，根据案件情况，可以拘留或者取保候审。对符合取保候审条件，但犯罪嫌疑人、被告人不能提出保证人，也不交纳保证金的，可以监视居住。对违反取保候审、监视居住规定的犯罪嫌疑人、被告人，情节严重的，可以予以逮捕。

《最高人民法院、最高人民检察院、公安部关于办理醉酒驾驶机动车刑事案件适用法律若干问题的意见》理解与适用

陈国庆 韩耀元 吴峤滨*

2013年12月18日，最高人民法院、最高人民检察院、公安部联合印发了《关于办理醉酒驾驶机动车刑事案件适用法律若干问题的意见》（以下简称《意见》）。《意见》根据刑法和刑事诉讼法的有关规定，结合侦查、起诉、审判实践，进一步明确了醉酒驾驶机动车犯罪的有关法律适用问题。这是最高人民法院、最高人民检察院、公安部依法惩处醉酒驾驶机动车犯罪，维护公共安全和人民群众生命财产安全，保障法律的正确、统一实施的重要举措。为便于深入理解和掌握《意见》的基本精神和主要内容，现就《意见》的有关问题解读如下：

一、制定《意见》的背景及过程

近年来，随着我国经济快速发展，人民生活水平不断提高，汽车逐渐成为重要的交通工具，汽车保有量逐年提高，相伴而生的违法驾驶行为也日益增多。其中，醉酒驾驶机动车造成的重大交通事故频发，严重危害人民群众生命健康和财产安全，引起社会广泛关注。为了有效遏制醉驾等危险驾驶行为，维护公共安全和人民群众生命财产安全，全国人大常委会于2011年2月25日通过的《刑法修正案（八）》，增设了刑法第一百三十三条之一危险驾驶罪，规定："在道路上驾驶机动车追逐竞驶，情节恶劣的，或者在道路上醉酒驾驶机动车的，处拘役，并处罚金。"

醉驾入刑两年来，全国查处酒后驾驶共计87.1万起，同比下降39.3%；其中醉酒驾驶12.2万起，同比下降42.7%。这一方面说明醉驾入刑在预防交通违法犯罪，保护人民群众生命财产安全方面起到较好作用，"开车不喝酒，喝酒不开车"的交通安全理念已经逐渐为社会公众所普遍接受。另一方面也说明，醉驾犯罪的总体形势仍比较严峻，仍属常见、多发型犯罪，必须继续加大执法办案工作力度和舆论宣传的工作力度，确保醉驾犯罪持续下降。为规范、统一醉酒驾驶机动车刑事案件的法律适用，保障法律的正确实施，依法严

* 作者单位：最高人民检察院法律政策研究室。

惩醉酒驾驶机动车犯罪行为，最高人民检察院会同最高人民法院、公安部，经深入调查研究，广泛征求各方意见，联合制定了《意见》。

二、主要内容及说明

《意见》以从严惩治醉酒驾驶机动车犯罪为主要原则，主要规定了七个方面的问题，包括：一是关于醉酒驾驶机动车的入罪标准；二是关于醉酒驾驶机动车的从重处罚情形；三是关于数罪并罚的规定；四是关于适用罚金刑的规定；五是关于公安机关办理醉驾案件收集证据的要求；六是关于醉酒的认定依据；七是关于醉驾案件适用强制措施的规定。

（一）关于醉酒驾驶机动车的入罪标准

《意见》第一条共分两款，明确了醉酒驾驶机动车的入罪标准及“道路”、“机动车”的含义。第一款规定了醉酒驾驶机动车的入罪标准，即在道路上驾驶机动车，血液酒精含量达到80毫克/100毫升以上的，属于醉酒驾驶机动车，应当以危险驾驶罪定罪处罚。根据刑法第一百三十三条第一款的规定，在道路上醉酒驾驶机动车，即构成危险驾驶罪。而判断醉酒的国家标准是根据血液中的酒精含量来作出判断的。根据国家质量检验检疫总局2004年5月31日发布的《车辆驾驶人员血液、呼气酒精含量阈值与检验》（国家标准GB19522－2010）的规定，机动车驾驶人员每100毫升血液中酒精含量大于或等于20毫克，且小于80毫克为饮酒后驾车；车辆驾驶人员每100毫升血液中酒精含量大于或等于80毫克为醉酒驾车。这一标准是经过调查研究、多方论证的结果，具有较强的科学性，且实践操作多年，已得到社会广泛认可，《意见》予以采用。

第二款明确了“道路”、“机动车”的含义，即第一款规定的“道路”、“机动车”，适用道路交通安全法的有关规定。根据道路交通安全法第一百一十九条的规定，“道路”是指公路、城市道路和虽在单位管辖范围但允许社会机动车通行的地方，包括广场、公共停车场等用于公众通行的场所；“机动车”是指以动力装置驱动或者牵引，上道路行驶的供人员乘用或者用于运送物品以及进行工程专项作业的轮式车辆；“非机动车”是指以人力或者畜力驱动，上道路行驶的交通工具，以及虽有动力装置驱动但设计最高时速、空车质量、外形尺寸符合有关国家标准的残疾人机动轮椅车、电动自行车等交通工具。需要说明的是，根据道路交通安全法的上述规定，对于机关、企事业单位、厂矿、校园、住宅小区等单位管辖范围内的路段、停车场，若相关单位允许社会机动车通行，则也属于“道路”范围，在这些地方醉酒驾驶机动车的，同样构成危险驾驶罪。

（二）关于醉酒驾驶机动车的从重处罚情形

《意见》第二条明确了醉酒驾驶机动车的从重处罚情形。主要从醉驾发生实害后果、醉驾行为的危险性、行为人的主观恶性三个方面，规定了八种情形。

第一项明确造成交通事故且负事故全部或者主要责任，或者造成交通事故后逃逸，尚未构成其他犯罪的，从重处罚。主要考虑到这种情形中，醉驾行为已经造成危害后果，有必要从重处罚。第二项明确血液酒精含量在200毫克/100毫升以上的，从重处罚。主要考虑从全国查处醉驾的情况看，被告人血液酒精含量在200毫克/100毫升以上的约占被查处者的20%，以此作为从重处罚的标准，比例较为适中。第三项明确在高速公路、城市快速路上醉驾的，从重处罚。主要考虑到在高速公路、城市快速路上醉驾的行为，具有高度危险性，有必要从重处罚。在征求意见过程中，有意见建议对在闹市区、繁华路段醉驾的也应从重处罚。由于闹市区、繁华路段在实践中难以界定，且时间段不同人员流量也会不同，容易引发争议，故未作规定。实践中如在行人明显较多、车流量明显较大的地段醉驾的，可以作为其他从重处罚的情形予以处理。第四项明确醉酒驾驶载有乘客的营运机动车的，从重处罚。《意见》原采用“驾驶载有乘客的客运机动车”的表述。经研究，在道路交通安全法的规定中，“客运机动车”与“货运机动车”是相对应的概念，包括私家车等常见载人机动车，采用“客运机动车”的表述可能导致打击面过大。鉴于本项规定的主要目的是保障乘坐公共交通工具乘客的生命财产安全，故表述为“营运机动车”更为准确，且道路交通安全法第九十一条第四款也对醉酒驾驶营运机动车的处罚作了专门规定。同时，为避免打击面过大，宜仅限于查获时载有乘客的情形，对空驶营运机动车的，因没有实际危害到乘客安全，可不作为从重处罚情形。第五项明确有严重超员、超载或者超速驾驶，无驾驶资格驾驶机动车辆，使用伪造或者变造的机动车牌证等严重违反道路交通安全法的行为的，从重处罚。主要考虑是这三种严重违反道路交通安全法的行为，在实践中较为常见，有的对道路安全带来高度危险，有的反映出行为人恶意违法性。公安机关在查处这类醉驾行为时应注意收集相关证据。对其他严重违反道路交通安全法的行为，用“等”字概括。第六项明确逃避公安机关依法检查，或者拒绝、阻碍公安机关依法检查尚未构成其他犯罪的，从重处罚。主要考虑到实践中有的行为人为逃避法律追究，采取各种方式阻碍公安机关依法检查，其行为虽未构成妨害公务等其他犯罪，但仍应予以从重处罚。第七项明确曾因酒后驾驶机动车受过行政处罚或者刑事追究的，从重处罚。主要考虑到这类行为人屡教不改，受过处罚后继续实施违法犯罪行为，主观恶性较大，有必要予以从重处罚。第八项是兜底条款。

（三）关于数罪并罚的规定

《意见》第三条明确了醉酒驾驶机动车，又构成其他犯罪的处理原则，即醉酒驾驶机动车，以暴力、威胁方法阻碍公安机关依法检查，又构成妨害公务罪等其他犯罪的，依照数罪并罚的规定处罚。在研究起草过程中，有部门反映，实践中存在暴力冲卡、抗拒检查的情况，建议明确规定如何处理。经研究认为，行为人醉酒驾驶机动车，其行为已构成危险驾驶罪；其后采取暴力、威胁方法抗拒检查的，又构成妨害公务罪；造成严重后果的，可能还会构成故意杀人罪、故意伤害罪、故意毁坏财物罪等犯罪，行为人实施多个行为触犯了多个罪名，应当依照数罪并罚的规定处罚。

（四）关于适用罚金刑的规定

《意见》第四条明确了罚金刑适用的问题，即对醉酒驾驶机动车的被告人判处罚金，应当根据被告人的醉酒程度、是否造成实际损害、认罪悔罪态度等情况，确定与主刑相适应的罚金数额。司法实践中，有的地方存在罚金数额偏高、主刑与罚金刑失衡等问题，有部门建议对罚金刑数额作出明确规定。经研究，本条根据2000年《最高人民法院关于适用财产刑若干问题的规定》第二条“人民法院应当根据犯罪情节，如违法所得数额、造成损失的大小等，并综合考虑犯罪分子缴纳罚金的能力，依法判处罚金”的规定，作出原则性规定。其中，明确要求判处的罚金数额应当与主刑相适应。

（五）关于公安机关办理醉驾案件收集证据的要求

《意见》第五条明确了公安机关查处醉驾案件时的取证问题，规定公安机关在查处醉酒驾驶机动车的犯罪嫌疑人时，对查获经过、呼气酒精含量检验和抽取血样过程应当制作记录；有条件的，应当拍照、录音或者录像；有证人的，应当收集证人证言。特别是考虑到有的地方执法人员并不具备随身携带照相、录音或者录像设备的条件，如遇临时发现醉驾并查处的，难以做到同步拍照、录音或者录像，因此本条对拍照、录音或者录像的要求作了灵活规定。

（六）关于醉酒的认定依据

《意见》第六条共分两款，明确了醉酒的认定依据。第一款明确了两个方面的问题：一是规定血液酒精含量检验鉴定意见是认定犯罪嫌疑人是否醉酒的依据。主要考虑：《车辆驾驶人员血液、呼气酒精含量阈值与检验》（国家标准GB19522－2010）规定了四种检测驾驶人员是否酒后驾驶的方法，即呼气酒精含量检验、血液酒精含量检验、唾液酒精检验、人体平衡实验。目前，世界各国普遍采用的检测方法是呼气或者血液检测。其中，呼气酒精含量检验方法操作简单、快捷、易被掌握，故被广泛采用。但实践表明，呼气酒精含量检测仪精确度不够高，特别是在测出的数值处于临界点时易受到质疑，血液酒精检测方法相对更为科学、客观。为确保证明犯罪嫌疑人醉酒驾驶的证据确实、充分，公安部制定的《关于公安机关办理醉酒驾驶机动车犯罪案件的指导意见》（公交管〔2011〕190号）规定，交通民警在检查中发现机动车驾驶人有酒后驾驶机动车嫌疑的，应当立即进行呼气酒精含量检验，对涉嫌醉酒驾驶机动车的应当立即提取血样，送交县级以上公安机关检验鉴定机构或者其他具备资格的检验鉴定机构检验。实践证明这些规定效果良好。因此，本条规定血液酒精含量检验鉴定意见是认定犯罪嫌疑人是否醉酒最主要的依据。二是规定犯罪嫌疑人经呼气酒精含量检验达到醉酒标准，在抽取血样之前脱逃的，可以以呼气酒精含量检验结果作为认定其醉酒的依据。主要考虑到犯罪嫌疑人在抽取血样之前脱逃的，公安机关无法对其进行血液酒精含量检验，犯罪嫌疑人应当承担由其脱逃行为带来的不利后果。

第二款明确犯罪嫌疑人在公安机关依法检查时，为逃避法律追究，在呼气酒精含量检验或者抽取血样前又饮酒，经检验其血液酒精含量达到本意见第一条规定的醉酒标准的，应当认定为醉酒。在研究起草过程中，对这一问题有两种意见：一种意见认为，针对实践中发生的犯罪嫌疑人为逃避法律追究，在检查时当场饮酒的情况，有必要明确规定以其饮酒之后的血液酒精含量检验结果作为认定其醉酒的依据。另一种意见认为，虽然从常理分析，如果犯罪嫌疑人没有醉驾，其没有必要在检查时饮酒，但若以此为依据，无法实际证明犯罪嫌疑人此前驾车时确定达到醉酒状态，有推定犯罪之嫌。经研究，《意见》采纳了第一种意见。其理由如下：一是醉驾入刑的目的是加大对醉驾行为的打击力度，有效防范风险，如果犯罪嫌疑人醉驾后以此方法逃避法律追究，将会产生不良示范效应，不利于对社会安全和公众利益的保护。二是国外有理论和实践认为犯罪嫌疑人停车接受公安机关执法检查，属于被迫、非正常停驶，可视为仍处于驾驶状态。犯罪嫌疑人在此期间饮酒的，仍可视为其在驾驶时饮酒，其饮酒后达到醉驾标准的，可以认定为醉驾。

（七）关于醉驾案件适用强制措施的规定

《意见》第七条共分两款，明确了醉驾案件适用强制措施的问题。第一款强调办理醉驾案件应严格执行刑事诉讼法的有关规定，不得违法办案，切实保障犯罪嫌疑人、被告人的诉讼权利，在法定诉讼期限内及时侦查、起诉、审判。

第二款明确对醉酒驾驶机动车的犯罪嫌疑人、被告人，根据案件情况，可以拘留或者取保候审；对符合取保候审条件，但犯罪嫌疑人、被告人不能提出保证人，也不交纳保证金的，可以监视居住；对违反取保候审、监视居住规定的犯罪嫌疑人、被告人，情节严重的，可以予以逮捕。

在征求意见过程中，各地司法机关普遍反映，根据刑法和刑事诉讼法的规定，对醉酒驾驶机动车的犯罪嫌疑人、被告人不得直接适用逮捕措施，导致实践处理存在诸多困难，如犯罪嫌疑人、被告人脱逃，一审宣判后难以收监执行，等等。经研究认为，根据刑事诉讼法的有关规定，对可能判处徒刑以上刑罚的犯罪嫌疑人、被告人，采取取保候审尚不足以防止社会危险性的，才能予以逮捕。而危险驾驶罪的法定刑为拘役，故对醉酒驾驶机动车的犯罪嫌疑人、被告人可以采取拘留或者取保候审措施，但不得直接采取逮捕措施。对符合取保候审条件，但犯罪嫌疑人、被告人不能提出保证人，也不交纳保证金的，可以监视居住。只有犯罪嫌疑人、被告人违反取保候审、监视居住规定，情节严重的，才可依法予以逮捕。如果犯罪嫌疑人、被告人脱逃的，可以按照有关程序进行追逃抓捕。

在征求意见过程中，有意见认为，监视居住适用于符合逮捕条件，但犯罪嫌疑人、被告人或者案件具有刑事诉讼法第七十二条第一款规定的特定情形的案件。只具有醉酒驾车行为的犯罪嫌疑人、被告人，除违反取保候审规定情节严重的以外，不符合逮捕条件，依法不应予以监视居住。还有意见认为，刑事诉讼法第七十九条第三款规定："被取保候审、监视居住的犯罪嫌疑人、被告人违反取保候审、监视居住规定，情节严重的，可以予以逮捕。"但刑事诉讼法第七十九条第一款将可能判处徒刑以上刑罚作为一般情况下逮捕的条件之一，因此对只能判处拘役的涉嫌醉驾的犯罪嫌疑人、被告人即使违反取保候审、监视居住规定，情节严重，也不能予以逮捕。经研究认为，一是刑事诉讼法第七十二条第二款明确规定，对符合取保候审条件，但犯罪嫌疑人、被告人不能提出保证人，也不交纳保证金的，可以监视居住，《意见》的规定符合刑事诉讼法的规定。二是犯罪嫌疑人、被告人有逃跑、干扰证人作证、毁灭、伪造证据或者串供等违反取保候审、监视居住规定的行为，妨碍了刑事诉讼的正常进行，损害了法律的实施和权威，情节严重的还可能引发新的犯罪。刑事诉讼法第七十九条第三款的规定，是针对被取保候审、监视居住人违反取保候审、监视居住规定，严重影响诉讼活动正常进行，可以予以逮捕的专门规定，应当适用于只能判处拘役的涉嫌醉驾的犯罪嫌疑人、被告人。《意见》的规定符合刑事诉讼法的规定和立法精神。

人民检察院办理未成年人刑事案件的规定

（2002年3月25日最高人民检察院第九届检察委员会第一百零五次会议通过　2006年12月28日最高人民检察院第十届检察委员会第六十八次会议第一次修订　2013年12月19日最高人民检察院第十二届检察委员会第十四次会议第二次修订　2013年12月27日公布并施行　高检发研字〔2013〕7号）

第一章　总　则

第一条　为了切实保障未成年犯罪嫌疑人、被告人和未成年罪犯的合法权益，正确履行检察职责，根据《中华人民共和国刑法》、《中华人民共和国刑事诉讼法》、《中华人民共和国未成年人保护法》、《中华人民共和国预防未成年人犯罪法》、《人民检察院刑事诉讼规则（试行）》等有关规定，结合人民检察院办理未成年人刑事案件工作实际，制定本规定。

第二条　人民检察院办理未成年人刑事案件，实行教育、感化、挽救的方针，坚持教育为主、惩罚为辅和特殊保护的原则。在严格遵守法律规定的前提下，按照最有利于未成年人和适合未成年人身心特点的方式进行，充分保障未成年人合法权益。

第三条　人民检察院办理未成年人刑事案件，应当保障未成年人依法行使其诉讼权利，保障未成年人得到法律帮助。

第四条　人民检察院办理未成年人刑事案件，应当在依照法定程序和保证办案质量的前提下，快速办理，减少刑事诉讼对未成年人的不利影响。

第五条　人民检察院办理未成年人刑事案件，应当依法保护涉案未成年人的名誉，尊重其人格尊严，不得公开或者传播涉案未成年人的姓名、住所、照片、图像及可能推断出该未成年人的资料。

人民检察院办理刑事案件，应当依法保护未成年被害人、证人以及其他与案件有关的未成年人的合法权益。

第六条　人民检察院办理未成年人刑事案件，应当加强与公安机关、人民法院以及司法行政机关的联系，注意工作各环节的衔接和配合，共同做好对涉案未成年人的教育、感化、挽救工作。

人民检察院应当加强同政府有关部门、共青团、妇联、工会等人民团体，学校、基层组织以及未成年人保护组织的联系和配合，加强对违法犯罪的未成年人的教育和挽救，共同做好未成年人犯罪预防工作。

第七条 人民检察院办理未成年人刑事案件，发现有关单位或者部门在预防未成年人违法犯罪等方面制度不落实、不健全，存在管理漏洞的，可以采取检察建议等方式向有关单位或者部门提出预防违法犯罪的意见和建议。

第八条 省级、地市级人民检察院和未成年人刑事案件较多的基层人民检察院，应当设立独立的未成年人刑事检察机构。地市级人民检察院也可以根据当地实际，指定一个基层人民检察院设立独立机构，统一办理辖区范围内的未成年人刑事案件；条件暂不具备的，应当成立专门办案组或者指定专人办理。对于专门办案组或者专人，应当保证其集中精力办理未成年人刑事案件，研究未成年人犯罪规律，落实对涉案未成年人的帮教措施等工作。

各级人民检察院应当选任经过专门培训，熟悉未成年人身心特点，具有犯罪学、社会学、心理学、教育学等方面知识的检察人员承办未成年人刑事案件，并加强对办案人员的培训和指导。

第九条 人民检察院根据情况可以对未成年犯罪嫌疑人的成长经历、犯罪原因、监护教育等情况进行调查，并制作社会调查报告，作为办案和教育的参考。

人民检察院开展社会调查，可以委托有关组织和机构进行。开展社会调查应当尊重和保护未成年人名誉，避免向不知情人员泄露未成年犯罪嫌疑人的涉罪信息。

人民检察院应当对公安机关移送的社会调查报告进行审查，必要时可以进行补充调查。

提起公诉的案件，社会调查报告应当随案移送人民法院。

第十条 人民检察院办理未成年人刑事案件，可以应犯罪嫌疑人家属、被害人及其家属的要求，告知其审查逮捕、审查起诉的进展情况，并对有关情况予以说明和解释。

第十一条 人民检察院受理案件后，应当向未成年犯罪嫌疑人及其法定代理人了解其委托辩护人的情况，并告知其有权委托辩护人。

未成年犯罪嫌疑人没有委托辩护人的，人民检察院应当书面通知法律援助机构指派律师为其提供辩护。

第十二条 人民检察院办理未成年人刑事案件，应当注重矛盾化解，认真听取被害人的意见，做好释法说理工作。对于符合和解条件的，要发挥检调对接平台作用，积极促使双方当事人达成和解。

人民检察院应当充分维护未成年被害人的合法权益。对于符合条件的被害人，应当及时启动刑事被害人救助程序，对其进行救助。对于未成年被害人，可以适当放宽救助条件、扩大救助的案件范围。

人民检察院根据需要，可以对未成年犯罪嫌疑人、未成年被害人进行心理疏导。必要时，经未成年犯罪嫌疑人及其法定代理人同意，可以对未成年犯罪嫌疑人进行心理测评。

在办理未成年人刑事案件时，人民检察院应当加强办案风险评估预警工作，主动采取适当措施，积极回应和引导社会舆论，有效防范执法办案风险。

第二章 未成年人刑事案件的审查逮捕

第十三条 人民检察院办理未成年犯罪嫌疑人审查逮捕案件，应当根据未成年犯罪嫌疑人涉嫌犯罪的事实、主观恶性、有无监护与社会帮教条件等，综合衡量其社会危险性，严格限制适用逮捕措施，可捕可不捕的不捕。

第十四条 审查逮捕未成年犯罪嫌疑人，应当重点审查其是否已满十四、十六、十八周岁。

对犯罪嫌疑人实际年龄难以判断，影响对该犯罪嫌疑人是否应当负刑事责任认定的，应当不批准逮捕。需要补充侦查的，同时通知公安机关。

第十五条 审查逮捕未成年犯罪嫌疑人，应当审查公安机关依法提供的证据和社会调查报告等材料。公安机关没有提供社会调查报告的，人民检察院根据案件情况可以要求公安机关提供，也可以自行或者委托有关组织和机构进行调查。

第十六条 审查逮捕未成年犯罪嫌疑人，应当注意是否有被胁迫、引诱的情节，是否存在成年人教唆犯罪、传授犯罪方法或者利用未成年人实施犯罪的情况。

第十七条 人民检察院办理未成年犯罪嫌疑人审查逮捕案件，应当讯问未成年犯罪嫌疑人，听取辩护律师的意见，并制作笔录附卷。

讯问未成年犯罪嫌疑人，应当根据该未成年人的特点和案件情况，制定详细的讯问提纲，采取适宜该未成年人的方式进行，讯问用语应当准确易懂。

讯问未成年犯罪嫌疑人，应当告知其依法享有的诉讼权利，告知其如实供述案件事实的法律规定和意义，核实其是否有自首、立功、坦白等情节，听取其有罪的供述或者无罪、罪轻的辩解。

讯问未成年犯罪嫌疑人，应当通知其法定代理人到场，告知法定代理人依法享有的诉讼权利和应当履行的义务。无法通知、法定代理人不能到场或者法定代理人是共犯的，也可以通知未成年犯罪嫌疑人的其他成年亲属，所在学校、单位或者居住地的村民委员会、居民委员会、未成年人保护组织的代表等合适成年人到场，并将有关情况记录在案。到场的法定代理人可以代为行使未成年犯罪嫌疑人的诉讼权利，行使时不得侵犯未成年犯罪嫌疑人的合法权益。

未成年犯罪嫌疑人明确拒绝法定代理人以外的合适成年人到场，人民检察院可以准许，但应当另行通知其他合适成年人到场。

到场的法定代理人或者其他人员认为办案人员在讯问中侵犯未成年犯罪嫌疑人合法权益的，可以提出意见。讯问笔录应当交由到场的法定代理人或者其他人员阅读或者向其宣读，并由其在笔录上签字、盖章或者捺指印确认。

讯问女性未成年犯罪嫌疑人，应当有女性检察人员参加。

询问未成年被害人、证人，适用本条第四款至第七款的规定。

第十八条 讯问未成年犯罪嫌疑人一般不得使用械具。对于确有人身危险性，必须使用械具的，在现实危险消除后，应当立即停止使用。

第十九条 对于罪行较轻，具备有效监护条件或者社会帮教措施，没有社会危险性或者社会危险性较小，不逮捕不致妨害诉讼正常进行的未成年犯罪嫌疑人，应当不批准逮捕。

对于罪行比较严重，但主观恶性不大，有悔罪表现，具备有效监护条件或者社会帮教措施，具有下列情形之一，不逮捕不致妨害诉讼正常进行的未成年犯罪嫌疑人，可以不批准逮捕：

（一）初次犯罪、过失犯罪的；

（二）犯罪预备、中止、未遂的；

（三）有自首或者立功表现的；

（四）犯罪后如实交待罪行，真诚悔罪，积极退赃，尽力减少和赔偿损失，被害人谅解的；

（五）不属于共同犯罪的主犯或者集团犯罪中的首要分子的；

（六）属于已满十四周岁不满十六周岁的未成年人或者系在校学生的；

（七）其他可以不批准逮捕的情形。

对于不予批准逮捕的案件，应当说明理由，连同案卷材料送达公安机关执行。需要补充侦查的，应当同时通知公安机关。必要时可以向被害方作说明解释。

第二十条 适用本规定第十九条的规定，在作出不批准逮捕决定前，应当审查其监护情况，参考其法定代理人、学校、居住地公安派出所及居民委员会、村民委员会的意见，并在审查逮捕意见书中对未成年犯罪嫌疑人是否具备有效监护条件或者社会帮教措施进行具体说明。

第二十一条 对未成年犯罪嫌疑人作出批准逮捕决定后，应当依法进行羁押必要性审查。对不需要继续羁押的，应当及时建议予以释放或者变更强制措施。

第三章 未成年人刑事案件的审查起诉与出庭支持公诉

第一节 审 查

第二十二条 人民检察院审查起诉未成年人刑事案件，自收到移送审查起诉的案件材料之日起三日以内，应当告知被害人及其法定代理人或者其近亲属、附带民事诉讼的当事人及其法定代理人有权委托诉讼代理人。

对未成年被害人或者其法定代理人提出聘请律师意向，但因经济困难或者其他原因没有委托诉讼代理人的，应当帮助其申请法律援助。

未成年犯罪嫌疑人被羁押的，人民检察院应当审查是否有必要继续羁押。对不需要继续羁押的，应当予以释放或者变更强制措施。

审查起诉未成年犯罪嫌疑人，应当听取其父母或者其他法定代理人、辩护人、被害人及其法定代理人的意见。

第二十三条 人民检察院审查起诉未成年人刑事案件，应当讯问未成年犯罪嫌疑人。讯问未成年犯罪嫌疑人适用本规定第十七条、第十八条的规定。

第二十四条 移送审查起诉的案件具备以下条件之一，且其法定代理人、近亲属等与本案无牵连的，经公安机关同意，检察人员可以安排在押的未成年犯罪嫌疑人与其法定代理人、近亲属等进行会见、通话：

（一）案件事实已基本查清，主要证据确实、充分，安排会见、通话不会影响诉讼活动正常进行；

（二）未成年犯罪嫌疑人有认罪、悔罪表现，或者虽尚未认罪、悔罪，但通过会见、通话有可能促使其转化，或者通过会见、通话有利于社会、家庭稳定；

（三）未成年犯罪嫌疑人的法定代理人、近亲属对其犯罪原因、社会危害性以及后果有一定的认识，并能配合司法机关进行教育。

第二十五条 在押的未成年犯罪嫌疑人同其法定代理人、近亲属等进行会见、通话时，检察人员应当告知其会见、通话不得有串供或者其他妨碍诉讼的内容。会见、通话时检察人员可以在场。会见、通话结束后，检察人员应当将有关内容及时整理并记录在案。

第二节 不起诉

第二十六条 对于犯罪情节轻微，具有下列情形之一，依照刑法规定不需要判处刑罚或者免除刑罚的未成年犯罪嫌疑人，一般应当依法作出不起诉决定：

（一）被胁迫参与犯罪的；

（二）犯罪预备、中止、未遂的；

（三）在共同犯罪中起次要或者辅助作用的；

（四）系又聋又哑的人或者盲人的；

（五）因防卫过当或者紧急避险过当构成犯罪的；

（六）有自首或者立功表现的；

（七）其他依照刑法规定不需要判处刑罚或者免除刑罚的情形。

第二十七条 对于未成年人实施的轻伤害案件、初次犯罪、过失犯罪、犯罪未遂的案件以及被诱骗或者被教唆实施的犯罪案件等，情节轻微，犯罪嫌疑人确有悔罪表现，当事人双方自愿就民事赔偿达成协议并切实履行或者经被害人同意并提供有效担保，符合刑法第三十七条规定的，人民检察院可以依照刑事诉讼法第一百七十三条第二款的规定作出不起诉决定，并可以根据案件的不同情况，予以训诫或者责令具结悔过、赔礼道歉、赔偿损失，或者由主管部门予以行政处罚。

第二十八条 不起诉决定书应当向被不起诉的未成年人及其法定代理人宣布，并阐明不起诉的理由和法律依据。

不起诉决定书应当送达公安机关，被不起诉的未成年人及其法定代理人、辩护人，被害人或者其近亲属及其诉讼代理人。

送达时，应当告知被害人或者其近亲属及其诉讼代理人，如果对不起诉决定不服，可以自收到不起诉决定书后七日以内向上一级人民检察院申诉，也可以不经申诉，直接向人民法院起诉；告知被不起诉的未成年人及其法定代理人，如果对不起诉决定不服，可以自收到不起诉决定书后七日以内向人民检察院申诉。

第三节 附条件不起诉

第二十九条 对于犯罪时已满十四周岁不满十八周岁的未成年人，同时符合下列条件的，人民检察院可以作出附条件不起诉决定：

（一）涉嫌刑法分则第四章、第五章、第六章规定的犯罪；

（二）根据具体犯罪事实、情节，可能被判处一年有期徒刑以下刑罚；

（三）犯罪事实清楚，证据确实、充分，符合起诉条件；

（四）具有悔罪表现。

第三十条 人民检察院在作出附条件不起诉的决定以前，应当听取公安机关、被害人、未成年犯罪嫌疑人的法定代理人、辩护人的意见，并制作笔录附卷。被害人是未成年人的，还应当听取被害人的法定代理人、诉讼代理人的意见。

第三十一条 公安机关或者被害人对附条件不起诉有异议或争议较大的案件，人民检察院可以召集侦查人员、被害人及其法定代理人、诉讼代理人、未成年犯罪嫌疑人及其法定代理人、辩护人举行不公开听证会，充分听取各方的意见和理由。

对于决定附条件不起诉可能激化矛盾或者引发不稳定因素的，人民检察院应当慎重适用。

第三十二条 适用附条件不起诉的审查意见，应当由办案人员在审查起诉期限届满十五日前提出，并根据案件的具体情况拟定考验期限和考察方案，连同案件审查报告、社会调查报告等，经部门负责人审核，报检察长或者检察委员会决定。

第三十三条 人民检察院作出附条件不起诉的决定后，应当制作附条件不起诉决定书，并在三日以内送达公安机关、被害人或者其近亲属及其诉讼代理人、未成年犯罪嫌疑人及其法定代理人、辩护人。

送达时，应当告知被害人或者其近亲属及其诉讼代理人，如果对附条件不起诉决定不服，可以自收到附条件不起诉决定书后七日以内向上一级人民检察院申诉。

人民检察院应当当面向未成年犯罪嫌疑人及其法定代理人宣布附条件不起诉决定，告知考验期限、在考验期内应当遵守的规定和违反规定应负的法律责任，以及可以对附条件不起诉决定提出异议，并制作笔录附卷。

第三十四条 未成年犯罪嫌疑人在押的，作出附条件不起诉决定后，人民检察院应当作出释放或者变更强制措施的决定。

第三十五条 公安机关认为附条件不起诉决定有错误，要求复议的，人民检察院未成年人刑事检察机构应当另行指定检察人员进行审查并提出审查意见，经部门负责人审核，报请检察长或者检察委员会决定。

人民检察院应当在收到要求复议意见书后的三十日以内作出复议决定，通知公安机关。

第三十六条 上一级人民检察院收到公安机关对附条件不起诉决定提请复

核的意见书后，应当交由未成年人刑事检察机构办理。未成年人刑事检察机构应当指定检察人员进行审查并提出审查意见，经部门负责人审核，报请检察长或者检察委员会决定。

上一级人民检察院应当在收到提请复核意见书后的三十日以内作出决定，制作复核决定书送交提请复核的公安机关和下级人民检察院。经复核改变下级人民检察院附条件不起诉决定的，应当撤销下级人民检察院作出的附条件不起诉决定，交由下级人民检察院执行。

第三十七条 被害人不服附条件不起诉决定，在收到附条件不起诉决定书后七日以内申诉的，由作出附条件不起诉决定的人民检察院的上一级人民检察院未成年人刑事检察机构立案复查。

被害人向作出附条件不起诉决定的人民检察院提出申诉的，作出决定的人民检察院应当将申诉材料连同案卷一并报送上一级人民检察院受理。

被害人不服附条件不起诉决定，在收到附条件不起诉决定书七日后提出申诉的，由作出附条件不起诉决定的人民检察院未成年人刑事检察机构另行指定检察人员审查后决定是否立案复查。

未成年人刑事检察机构复查后应当提出复查意见，报请检察长决定。

复查决定书应当送达被害人、被附条件不起诉的未成年犯罪嫌疑人及其法定代理人和作出附条件不起诉决定的人民检察院。

上级人民检察院经复查作出起诉决定的，应当撤销下级人民检察院的附条件不起诉决定，由下级人民检察院提起公诉，并将复查决定抄送移送审查起诉的公安机关。

第三十八条 未成年犯罪嫌疑人及其法定代理人对人民检察院决定附条件不起诉有异议的，人民检察院应当作出起诉的决定。

第三十九条 人民检察院在作出附条件不起诉决定后，应当在十日内将附条件不起诉决定书报上级人民检察院主管部门备案。

上级人民检察院认为下级人民检察院作出的附条件不起诉决定不适当的，应当及时撤销下级人民检察院作出的附条件不起诉决定，下级人民检察院应当执行。

第四十条 人民检察院决定附条件不起诉的，应当确定考验期。考验期为六个月以上一年以下，从人民检察院作出附条件不起诉的决定之日起计算。考验期不计入案件审查起诉期限。

考验期的长短应当与未成年犯罪嫌疑人所犯罪行的轻重、主观恶性的大小和人身危险性的大小、一贯表现及帮教条件等相适应，根据未成年犯罪嫌疑人在考验期的表现，可以在法定期限范围内适当缩短或者延长。

第四十一条 被附条件不起诉的未成年犯罪嫌疑人，应当遵守下列规定：

（一）遵守法律法规，服从监督；

（二）按照考察机关的规定报告自己的活动情况；

（三）离开所居住的市、县或者迁居，应当报经考察机关批准；

（四）按照考察机关的要求接受矫治和教育。

第四十二条 人民检察院可以要求被附条件不起诉的未成年犯罪嫌疑人接受下列矫治和教育：

（一）完成戒瘾治疗、心理辅导或者其他适当的处遇措施；

（二）向社区或者公益团体提供公益劳动；

（三）不得进入特定场所，与特定的人员会见或者通信，从事特定的活动；

（四）向被害人赔偿损失、赔礼道歉等；

（五）接受相关教育；

（六）遵守其他保护被害人安全以及预防再犯的禁止性规定。

第四十三条 在附条件不起诉的考验期内，人民检察院应当对被附条件不起诉的未成年犯罪嫌疑人进行监督考察。未成年犯罪嫌疑人的监护人应当对未成年犯罪嫌疑人加强管教，配合人民检察院做好监督考察工作。

人民检察院可以会同未成年犯罪嫌疑人的监护人、所在学校、单位、居住地的村民委员会、居民委员会、未成年人保护组织等的有关人员定期对未成年犯罪嫌疑人进行考察、教育，实施跟踪帮教。

第四十四条 未成年犯罪嫌疑人经批准离开所居住的市、县或者迁居，作出附条件不起诉决定的人民检察院可以要求迁入地的人民检察院协助进行考察，并将考察结果函告作出附条件不起诉决定的人民检察院。

第四十五条 考验期届满，办案人员应当制作附条件不起诉考察意见书，提出起诉或者不起诉的意见，经部门负责人审核，报请检察长决定。

人民检察院应当在审查起诉期限内作出起诉或者不起诉的决定。

作出附条件不起诉决定的案件，审查起诉期限自人民检察院作出附条件不起诉决定之日起中止计算，自考验期限届满之日起或者人民检察院作出撤销附条件不起诉决定之日起恢复计算。

第四十六条 被附条件不起诉的未成年犯罪嫌疑人，在考验期内有下列情形之一的，人民检察院应当撤销附条件不起诉的决定，提起公诉：

（一）实施新的犯罪的；

（二）发现决定附条件不起诉以前还有其他犯罪需要追诉的；

（三）违反治安管理规定，造成严重后果，或者多次违反治安管理规定的；

（四）违反考察机关有关附条件不起诉的监督管理规定，造成严重后果，或者多次违反考察机关有关附条件不起诉的监督管理规定的。

第四十七条 对于未成年犯罪嫌疑人在考验期内实施新的犯罪或者在决定附条件不起诉以前还有其他犯罪需要追诉的，人民检察院应当移送侦查机关立案侦查。

第四十八条 被附条件不起诉的未成年犯罪嫌疑人，在考验期内没有本规定第四十六条规定的情形，考验期满的，人民检察院应当作出不起诉的决定。

第四十九条 对于附条件不起诉的案件，不起诉决定宣布后六个月内，办案人员可以对被不起诉的未成年人进行回访，巩固帮教效果，并做好相关记录。

第五十条 对人民检察院依照刑事诉讼法第一百七十三条第二款规定作出的不起诉决定和经附条件不起诉考验期满不起诉的，在向被不起诉的未成年人及其法定代理人宣布不起诉决定书时，应当充分阐明不起诉的理由和法律依据，并结合社会调查，围绕犯罪行为对被害人、对本人及家庭、对社会等造成的危害，导致犯罪行为发生的原因及应当吸取的教训等，对被不起诉的未成年人开展必要的教育。如果侦查人员、合适成年人、辩护人、社工等参加有利于教育被不起诉未成年人的，经被不起诉的未成年人及其法定代理人同意，可以邀请他们参加，但要严格控制参与人范围。

对于犯罪事实清楚，但因未达刑事责任年龄不起诉、年龄证据存疑而不起诉的未成年犯罪嫌疑人，参照上述规定举行不起诉宣布教育仪式。

第四节　提起公诉

第五十一条 人民检察院审查未成年人与成年人共同犯罪案件，一般应当将未成年人与成年人分案起诉。但是具有下列情形之一的，可以不分案起诉：

（一）未成年人系犯罪集团的组织者或者其他共同犯罪中的主犯的；

（二）案件重大、疑难、复杂，分案起诉可能妨碍案件审理的；

（三）涉及刑事附带民事诉讼，分案起诉妨碍附带民事诉讼部分审理的；

（四）具有其他不宜分案起诉情形的。

对分案起诉至同一人民法院的未成年人与成年人共同犯罪案件，由未成年人刑事检察机构一并办理更为适宜的，经检察长决定，可以由未成年人刑事检察机构一并办理。

分案起诉的未成年人与成年人共同犯罪案件，由不同机构分别办理的，应当相互了解案件情况，提出量刑建议时，注意全案的量刑平衡。

第五十二条 对于分案起诉的未成年人与成年人共同犯罪案件，一般应当同时移送人民法院。对于需要补充侦查的，如果补充侦查事项不涉及未成年犯罪嫌疑人所参与的犯罪事实，不影响对未成年犯罪嫌疑人提起公诉的，应当对未成年犯罪嫌疑人先予提起公诉。

第五十三条 对于分案起诉的未成年人与成年人共同犯罪案件，在审查起诉过程中可以根据全案情况制作一个审结报告，起诉书以及出庭预案等应当分别制作。

第五十四条 人民检察院对未成年人与成年人共同犯罪案件分别提起公诉后，在诉讼过程中出现不宜分案起诉情形的，可以建议人民法院并案审理。

第五十五条 对于符合适用简易程序审理条件的未成年人刑事案件，人民检察院应当在提起公诉时向人民法院提出适用简易程序审理的建议。

第五十六条 对提起公诉的未成年人刑事案件，应当认真做好下列出席法庭的准备工作：

（一）掌握未成年被告人的心理状态，并对其进行接受审判的教育，必要时，可以再次讯问被告人；

（二）与未成年被告人的法定代理人、合适成年人、辩护人交换意见，共同做好教育、感化工作；

（三）进一步熟悉案情，深入研究本案的有关法律政策问题，根据案件性质，结合社会调查情况，拟定讯问提纲、询问被害人、证人、鉴定人提纲、举证提纲、答辩提纲、公诉意见书和针对未成年被告人进行法制教育的书面材料。

第五十七条 公诉人出席未成年人刑事审判法庭，应当遵守公诉人出庭行为规范要求，发言时应当语调温和，并注意用语文明、准确，通俗易懂。

公诉人一般不提请未成年证人、被害人出庭作证。确有必要出庭作证的，应当建议人民法院采取相应的保护措施。

第五十八条 在法庭审理过程中，公诉人的讯问、询问、辩论等活动，应当注意未成年人的身心特点。对于未成年被告人情绪严重不稳定，不宜继续接受审判的，公诉人可以建议法庭休庭。

第五十九条 对于具有下列情形之一，依法可能判处拘役、三年以下有期徒刑，有悔罪表现，宣告缓刑对所居住社区没有重大不良影响，具备有效监护条件或者社会帮教措施、适用缓刑确实不致再危害社会的未成年被告人，人民检察院应当建议人民法院适用缓刑：

（一）犯罪情节较轻，未造成严重后果的；

（二）主观恶性不大的初犯或者胁从犯、从犯；

（三）被害人同意和解或者被害人有明显过错的；

（四）其他可以适用缓刑的情节。

建议宣告缓刑，可以根据犯罪情况，同时建议禁止未成年被告人在缓刑考验期限内从事特定活动，进入特定区域、场所，接触特定的人。

人民检察院提出对未成年被告人适用缓刑建议的，应当将未成年被告人能够获得有效监护、帮教的书面材料于判决前移送人民法院。

第六十条 公诉人在依法指控犯罪的同时，要剖析未成年被告人犯罪的原因、社会危害性，适时进行法制教育，促使其深刻反省，吸取教训。

第六十一条 人民检察院派员出席未成年人刑事案件二审法庭适用本节的相关规定。

第六十二条 犯罪的时候不满十八周岁，被判处五年有期徒刑以下刑罚的，人民检察院应当在收到人民法院生效判决后，对犯罪记录予以封存。

对于二审案件，上级人民检察院封存犯罪记录时，应当通知下级人民检察院对相关犯罪记录予以封存。

第六十三条 人民检察院应当将拟封存的未成年人犯罪记录、卷宗等相关材料装订成册，加密保存，不予公开，并建立专门的未成年人犯罪档案库，执行严格的保管制度。

第六十四条 除司法机关为办案需要或者有关单位根据国家规定进行查询的以外，人民检察院不得向任何单位和个人提供封存的犯罪记录，并不得提供未成年人有犯罪记录的证明。

司法机关或者有关单位需要查询犯罪记录的，应当向封存犯罪记录的人民检察院提出书面申请，人民检察院应当在七日以内作出是否许可的决定。

第六十五条 对被封存犯罪记录的未成年人，符合下列条件之一的，应当对其犯罪记录解除封存：

（一）实施新的犯罪，且新罪与封存记录之罪数罪并罚后被决定执行五年有期徒刑以上刑罚的；

（二）发现漏罪，且漏罪与封存记录之罪数罪并罚后被决定执行五年有期徒刑以上刑罚的。

第六十六条 人民检察院对未成年犯罪嫌疑人作出不起诉决定后，应当对相关记录予以封存。具体程序参照本规定第六十二条至第六十五条规定办理。

第四章　未成年人刑事案件的法律监督

第六十七条 人民检察院审查批准逮捕、审查起诉未成年犯罪嫌疑人，应当同时依法监督侦查活动是否合法，发现有下列违法行为的，应当提出纠正意见；构成犯罪的，依法追究刑事责任：

（一）违法对未成年犯罪嫌疑人采取强制措施或者采取强制措施不当的；

（二）未依法实行对未成年犯罪嫌疑人与成年犯罪嫌疑人分别关押、管理的；

（三）对未成年犯罪嫌疑人采取刑事拘留、逮捕措施后，在法定时限内未进行讯问，或者未通知其家属的；

（四）讯问未成年犯罪嫌疑人或者询问未成年被害人、证人时，未依法通知其法定代理人或者合适成年人到场的；

（五）讯问或者询问女性未成年人时，没有女性检察人员参加；

（六）未依法告知未成年犯罪嫌疑人有权委托辩护人的；

（七）未依法通知法律援助机构指派律师为未成年犯罪嫌疑人提供辩护的；

（八）对未成年犯罪嫌疑人威胁、体罚、侮辱人格、游行示众，或者刑讯逼供、指供、诱供的；

（九）利用未成年人认知能力低而故意制造冤、假、错案的；

（十）对未成年被害人、证人以暴力、威胁、诱骗等非法手段收集证据或者侵害未成年被害人、证人的人格尊严及隐私权等合法权益的；

（十一）违反羁押和办案期限规定的；

（十二）已作出不批准逮捕、不起诉决定，公安机关不立即释放犯罪嫌疑人的；

（十三）在侦查中有其他侵害未成年人合法权益行为的。

第六十八条 对依法不应当公开审理的未成年人刑事案件公开审理的，人民检察院应当在开庭前提出纠正意见。

公诉人出庭支持公诉时，发现法庭审判有下列违反法律规定的诉讼程序的情形之一的，应当在休庭后及时向本院检察长报告，由人民检察院向人民法院提出纠正意见：

（一）开庭或者宣告判决时未通知未成年被告人的法定代理人到庭的；

（二）人民法院没有给聋、哑或者不通晓当地通用的语言文字的未成年被告人聘请或者指定翻译人员的；

（三）未成年被告人在审判时没有辩护人的；对未成年被告人及其法定代理人依照法律和有关规定拒绝辩护人为其辩护，合议庭未另行通知法律援助机构指派律师的；

（四）法庭未告知未成年被告人及其法定代理人依法享有的申请回避、辩护、提出新的证据、申请重新鉴定或者勘验、最后陈述、提出上诉等诉讼权利的；

（五）其他违反法律规定的诉讼程序的情形。

第六十九条 人民检察院发现有关机关对未成年人犯罪记录应当封存而未封存的，不应当允许查询而允许查询的或者不应当提供犯罪记录而提供的，应当依法提出纠正意见。

第七十条 人民检察院依法对未成年犯管教所实行驻所检察。在刑罚执行监督中，发现关押成年罪犯的监狱收押未成年罪犯的，未成年犯管教所违法收押成年罪犯的，或者对年满十八周岁时余刑在二年以上的罪犯留在未成年犯管教所执行剩余刑期的，应当依法提出纠正意见。

第七十一条 人民检察院在看守所检察中，发现没有对未成年犯罪嫌疑人、被告人与成年犯罪嫌疑人、被告人分别关押、管理或者对未成年犯留所执行刑罚的，应当依法提出纠正意见。

第七十二条 人民检察院应当加强对未成年犯管教所、看守所监管未成年罪犯活动的监督，依法保障未成年罪犯的合法权益，维护监管改造秩序和教学、劳动、生活秩序。

人民检察院配合未成年犯管教所、看守所加强对未成年罪犯的政治、法律、文化教育，促进依法、科学、文明监管。

第七十三条 人民检察院依法对未成年人的社区矫正进行监督，发现有下列情形之一的，应当依法向公安机关、人民法院、监狱、社区矫正机构等有关部门提出纠正意见：

（一）没有将未成年人的社区矫正与成年人分开进行的；

（二）对实行社区矫正的未成年人脱管、漏管或者没有落实帮教措施的；

（三）没有对未成年社区矫正人员给予身份保护，其矫正宣告公开进行，矫正档案未进行保密，公开或者传播其姓名、住所、照片等可能推断出该未成年人的其他资料以及矫正资料等情形的；

（四）未成年社区矫正人员的矫正小组没有熟悉青少年成长特点的人员参加的；

（五）没有针对未成年人的年龄、心理特点和身心发育需要等特殊情况采取相应的监督管理和教育矫正措施的；

（六）其他违法情形。

第七十四条 人民检察院依法对未成年犯的减刑、假释、暂予监外执行等活动实行监督。对符合减刑、假释、暂予监外执行法定条件的，应当建议执行机关向人民法院、监狱管理机关或者公安机关提请；发现提请或者裁定、决定不当的，应当依法提出纠正意见；对徇私舞弊减刑、假释、暂予监外执行等构成犯罪的，依法追究刑事责任。

第五章 未成年人案件的刑事申诉检察

第七十五条 人民检察院依法受理未成年人及其法定代理人提出的刑事申诉案件和国家赔偿案件。

人民检察院对未成年人刑事申诉案件和国家赔偿案件，应当指定专人及时办理。

第七十六条 人民检察院复查未成年人刑事申诉案件，应当直接听取未成年人及其法定代理人的陈述或者辩解，认真审核、查证与案件有关的证据和线索，查清案件事实，依法作出处理。

案件复查终结作出处理决定后，应当向未成年人及其法定代理人当面送达法律文书，做好释法说理和教育工作。

第七十七条 对已复查纠正的未成年人刑事申诉案件，应当配合有关部门做好善后工作。

第七十八条 人民检察院办理未成年人国家赔偿案件，应当充分听取未成年人及其法定代理人的意见，对于依法应当赔偿的案件，应当及时作出和执行赔偿决定。

第六章 附 则

第七十九条 本规定所称未成年人刑事案件，是指犯罪嫌疑人、被告人实施涉嫌犯罪行为时已满十四周岁、未满十八周岁的刑事案件，但在有关未成年人诉讼权利和体现对未成年人程序上特殊保护的条文中所称的未成年人，是指在诉讼过程中未满十八周岁的人。犯罪嫌疑人实施涉嫌犯罪行为时未满十八周岁，在诉讼过程中已满十八周岁的，人民检察院可以根据案件的具体情况适用本规定。

第八十条 实施犯罪行为的年龄，一律按公历的年、月、日计算。从周岁生日的第二天起，为已满××周岁。

第八十一条 未成年人刑事案件的法律文书和工作文书，应当注明未成年人的出生年月日、法定代理人或者到场的合适成年人、辩护人基本情况。

对未成年犯罪嫌疑人、被告人、未成年罪犯的有关情况和办案人员开展教育感化工作的情况，应当记录在卷，随案移送。

第八十二条 本规定由最高人民检察院负责解释。

第八十三条 本规定自发布之日起施行，最高人民检察院2007年1月9日发布的《人民检察院办理未成年人刑事案件的规定》同时废止。

《人民检察院办理未成人刑事案件的规定》理解与适用

吴孟栓* 张寒玉** 王 佳***

2013年12月19日最高人民检察院第十二届检察委员会第十四次会议通过了《人民检察院办理未成人刑事案件的规定》(以下简称《规定》),对未成年人刑事案件的办理程序予以进一步完善、细化。《规定》是各级检察机关办理未成人刑事案件的重要指导性文件,对于检察机关依法适用刑事诉讼法,保证未成人刑事案件的办案质量,切实保障未成年人的合法权益具有重要意义。

一、修订的背景、过程和思路

2010年中央综治委预防青少年违法犯罪工作领导小组、最高人民法院、最高人民检察院、公安部、司法部、共青团中央联合发布了《关于进一步建立和完善办理未成年人刑事案件配套工作体系的若干意见》(以下简称“六部委《意见》”),对实践中经过积极探索形成的一些较为成熟的经验和做法予以固定;2011年《刑法修正案(八)》增加了有关未成年人犯罪不构成累犯的规定和免除未成年人前科报告义务的条款;2012年修改后的刑事诉讼法设立专章规定了未成年人刑事案件的特别程序,规定了办理未成年人刑事案件的方针、原则,社会调查制度,并对未成年人逮捕、讯问、羁押提出了明确要求,设置了未成年人附条件不起诉制度。2012年修订的《人民检察院刑事诉讼规则(试行)》(以下简称《刑诉规则》)对未成年人刑事诉讼程序进行了规范和细化。为与上述法律、司法解释的修改完善保持协调一致,结合近年来未成年人刑事检察工作的实践需求,在总结实践经验、广泛征求地方各级检察机关和中央有关部门及专家学者意见的基础上,最高人民检察院对2007年1月9日发布的《人民检察院办理未成年人刑事案件的规定》进行了修订。

《规定》修订过程中主要遵循如下思路:

一是根据刑事诉讼法及相关司法解释,对新增内容,如社会调查、未成年人逮捕的社会危险性判断标准、附条件不起诉程序等,在原《规定》的基础上,制定详细、具体的方法和标准,使之具有可操作性。

---

* 作者单位:最高人民检察院法律政策研究室。

** 作者单位:最高人民检察院公诉厅。

*** 作者单位:最高人民检察院法律政策研究室。

二是保持原《规定》的基本框架，对部分章节根据具体内容予以微调。对于涉及办理未成年人犯罪案件多个诉讼环节的内容，如社会调查、法律援助等，在具体章节予以详细规定的同时，在总则中增加相应表述，以起到统揽、指导作用。考虑到修改后第三章“审查起诉与出庭支持公诉”条文较多，将该章分为“审查”、“不起诉”、“附条件不起诉”、“提起公诉”四节。

三是兼顾现实状况与长远发展，提出倡导性意见。《规定》修改的内容，多数属于已有法律或规范性文件予以规定、确认，或者经司法实践证明较为成熟的做法。对于实践中一些还不十分普遍、但属于方向性的做法，《规定》并没有作为普遍适用的基本工作要求和工作标准来规定，而是着眼于未检工作的长远发展，同时参考了其他单位的相关规定，提出了一些倡导性的意见，如对未成年犯罪嫌疑人的心理疏导、心理测评等规定。

二、修订的主要内容

《规定》共六章八十三条，较原《规定》增加了三十四条，主要修订了如下八项内容。

（一）办理未成年人刑事案件的特殊原则和要求

《规定》第二条至第六条规定了办理未成年人刑事案件的方针、原则，其中根据刑事诉讼法第二百六十六条第二款、第二百六十七条，六部委《意见》第二、三部分增加了保障未成年人诉讼权利原则（第三条）、快速办理原则（第四条）、注重配合和加强教育原则（第六条）。同时对于其他原来已有规定的原则也进行了一定修改完善，如为了改变实践中存在的办理未成年人案件在办案理念、办案方法等方面与办理成年人刑事案件不加区别的现象，《规定》第二条的方针原则中吸收了六部委《意见》中的相关规定，特别强调“特殊保护”的原则，提出“在严格遵守法律规定的前提下，按照最有利于未成年人和适合未成年人身心特点的方式进行，充分保障未成年人合法权益”。

（二）专门机构与专人办理

《规定》第八条进行了两方面的重要修改：一是明确了办理未成年人案件设立专门机构的层级要求；二是对办案人员的特殊要求予以细化。六部委《意见》第一部分第二条和《最高人民检察院关于进一步加强未检工作的决定》第七条（高检发诉字〔2012〕152号）（以下简称《进一步加强未检工作的决定》）均提出设立专门机构和专人办理的要求，在司法实践中，不少地方检察机关也已经设立了专门的工作机构或者工作小组，提高了办理未成年人刑事案件的专门化和专业化水平。《规定》吸收上述文件的内容，结合司法实践，第八条第一款规定：“省级、地市级人民检察院和未成年人刑事案件较多的基层人民检察院，应当设立独立的未成年人刑事检察机构。地市级人民检察院也可以根据当地实际，指定一个基层人民检察院设立独立机构，统一办理辖区范围内的未成年人刑事案件；条件暂不具备的，应当成立专门办案组或者指定专人办理。”

关于未成年人刑事案件办案人员的素质要求，《刑事诉讼法》第二百六十六条第二款、六部委《意见》第一部分第五条均予以概括性规定，《规定》第八条第二款对上述要求进行细化，规定：“各级人民检察院应当选任经过专门培训，熟悉未成年人身心特点，具有犯罪学、社会学、心理学、教育学等方面知识的检察人员承办未成年人刑事案件，并加强对办案人员的培训和指导。”

（三）社会调查制度

第一，关于社会调查的主体。六部委《意见》将调查主体确定为被调查对象户籍所在地或者居住地的司法行政机关社区矫正工作部门。刑事诉讼法第二百六十八条规定：“公安机关、人民检察院、人民法院办理未成年人刑事案件，根据情况可以对未成年犯罪嫌疑人、被告人的成长经历、犯罪原因、监护教育等情况进行调查。”在《规定》修改过程中，有观点提出，上述规定之间存在矛盾。经研究认为，刑诉法的规定是原则性规定，规定办案机关可以进行社会调查，但并不排斥办案机关根据有关规定委托其他机构或者人员进行社会调查。《刑诉规则》第四百八十六条第二款规定：“人民检察院开展社会调查，可以委托有关组织和机构进行。”《规定》第九条第二款直接吸收了《刑诉规则》的上述规定。另外，实践中一些未成年犯罪嫌疑人的家长担心在社会调查过程中泄露未成年人的相关信息，针对这一问题，《规定》第九条第二款增加规定：“开展社会调查应当尊重和保护未成年人名誉，避免向不知情人员泄露未成年犯罪嫌疑人的涉罪信息。”

第二，社会调查结果的使用。《刑诉规则》第四百八十六条第一款规定，“人民检察院制作社调查报告作为办案和教育的参考”。《规定》第九条第一款吸收了上述规定。检察机关根据调查所获得的信息和材料来判断该未成年犯罪嫌疑人的主观恶性程度、是否有社会危险性、是否有再犯罪的可能等，为确定是否采取强制措施，是否适用附条件不起诉，以及采取何种矫治和教育措施提供参考。需要特别说明的是，社会调查报告只能对检察机关办理未成年人刑事案件提供一定的参考。

第三，关于社会调查报告的审查。在修改过程中，有观点提出：“社会调查报告应当由公安机关在侦查阶段启动，作为提请逮捕的必要性参考和依据。”经研究认为，《刑事诉讼法》第二百六十八条未要求公安机关必须制作调查报告与案卷一并移送人民检察院，而是规定公安机关可以制作社会调查报告，也可以不制作，如果制作了社会调查报告，应当随案移送。《规定》第九条第三款直接吸收了《规则》第四百八十六条第三款的表述，即“人民检察院应当对公安机关移送的社会调查报告进行审查，必要时可以进行补充调查”。

（四）当事人和解、对被害人的保护与救助

第一，关于当事人和解。修改后刑事诉讼法第五编“特别程序”第二章、六部委《意见》分别对和解的适用条件和案件范围、和解协议的制作及和解案件的处理进行了明确规定；2011 年结合各地开展检调对接工作的实践，高检院发布了《关于开展检调对接试点工作的意见》（高检发研字〔2011〕13 号）。根据上述法律和规范性文件的内容，《规定》第十二条第一款规定：“人民检察院办理未成年人刑事案件，应当注重矛盾化解，认真听取被害人的意见，做好释法说理工作。对于符合和解条件的，要发挥检调对接平台作用，积极促使双方当事人达成和解。”

第二，关于对未成年被害人的保护和救助。八部委《关于开展刑事被害人救助工作的若干意见》规定：“司法机关……在被告人及其他赔偿义务人无力赔偿的情况下，帮助刑事被害人解决基本生活方面的突出困难。”结合未成年人保护法等相关法律规定的精神，经研究认为，为了切实保护未成年人合法权益，体现同等保护的精神，刑事被害人救助应当适当向未成年被害人倾斜，因此《规定》第十二条第二款规定：“人民检察院应当充分维护未成年被害人的合法权益。对于符合条件的被害人，应当及时启动刑事被害人救助程序，对其进行救助。对于未成年被害人，可以适当放宽救助条件、扩大救助的案件范围。”

（五）对未成年犯罪嫌疑人实际年龄难以判断的处理

原《规定》第八条规定：“对犯罪嫌疑人实际年龄难以判断，影响对该犯罪嫌疑人是否应当负刑事责任认定的，应当不批准逮捕。需要补充侦查的，同时通知公安机关。”在修改过程中，有观点提出，实践中犯罪嫌疑人是否达到刑事责任年龄是案件焦点，有时公安机关在报捕时难以查清，但又需要对犯罪嫌疑人羁押以查明案情，并且此种情况下的错捕属于国家赔偿的免赔情形，因此对于未成年人刑事案件的逮捕要求标准不宜过高，建议删除本条。经研究认为，未成年犯罪嫌疑人的实际年龄直接影响到其是否承担刑事责任。对于难以查清未成年犯罪嫌疑人真实年龄的案件不批准逮捕，既符合刑诉法所规定的逮捕条件，也有利于保障未成年人的合法权益，因此《规定》依然保留了原条文。

（六）未成年人拒绝法定代理人以外的其他人员到场时的处理

刑事诉讼法对于未成年人是否可以拒绝法定代理人以外的其他人员到场并

未明确。考虑到对未成年人应当以尊重其隐私和个人意愿为前提，《规定》第十七条第五款赋予了未成年人拒绝法定代理人以外的其他人员到场的权利，该条规定："未成年犯罪嫌疑人明确拒绝法定代理人以外的合适成年人到场，人民检察院可以准许，但应当另行通知其他合适成年人到场。"需要说明的是，人民检察院在准许未成年犯罪嫌疑人拒绝合适成年人到场后，必须另行通知其他合适成年人到场，不得让未成年人在没有成年人陪伴的情况下单独接受讯问。

（七）附条件不起诉

《规定》将附条件不起诉单列一节，除直接吸收刑诉法和《规则》的内容外，还规定了特定案件可以举行听证、被害人申诉的时间、附条件不起诉后对强制措施的处理等。

第一，关于特定案件可以举行听证。在司法实践中，部分案件由于被害人不满或者本身争议较大，检察机关作出附条件不起诉决定有可能激化矛盾，甚至引发社会不稳定因素；有的案件公安机关本身对于附条件不起诉也持有不同意见。有的地方检察机关针对上述情况，探索举行听证会，邀请相关人员参与，充分听取各方意见，进行释法说理，取得了良好的社会效果。《规定》吸收了这些地方的探索经验，第三十一条第一款规定："公安机关或者被害人对附条件不起诉有异议或争议较大的案件，人民检察院可以召集侦查人员、被害人及其法定代理人、诉讼代理人、未成年犯罪嫌疑人及其法定代理人、辩护人举行不公开听证会，充分听取各方的意见和理由。"

第二，关于被害人申诉的时间。修改过程中有观点提出，附条件不起诉的决定并非检察机关对案件的最终决定，经过考察程序后检察机关还可能提起公诉，主张应当将被害人的申诉权利放在检察机关最终作出不起诉决定后。经研究认为，上述意见具有一定道理，但不宜采纳，主要是考虑到：一是与现行刑诉法的规定存在冲突。刑事诉讼法第二百七十一条第二款规定"对附条件不起诉的决定，公安机关要求复议、提请复核或者被害人申诉的，适用本法第一百七十五条、第一百七十六条的规定。"刑事诉讼法第一百七十六条规定："被害人如果不服，可以自收到决定书后七日以内向上一级人民检察院申诉，请求提起公诉。"二是就诉讼经济而言，将被害人的申诉权利放在经考察最终作出不起诉决定后，导致之前的考察工作失去作用，既是对司法资源的浪费，又可能激化社会矛盾。

第三，关于被害人能否就附条件不起诉决定向法院自诉。刑事诉讼法第二百七十一条第二款规定，对附条件不起诉的决定，被害人申诉的，适用本法第一百七十六条的规定。刑事诉讼法第一百七十六条规定："对于有被害人的案件，决定不起诉的，人民检察院应当将不起诉决定书送达被害人。被害人如果不服，可以自收到决定书后七日以内向上一级人民检察院申诉，请求提起公诉。人民检察院应当将复查决定告知被害人。对人民检察院维持不起诉决定的，被害人可以向人民法院起诉。被害人也可以不经申诉，直接向人民法院起诉。人民法院受理案件后，人民检察院应当将有关案件材料移送人民法院。”在《规定》修改过程中，对上述规定如何理解，存在不同认识。一种观点认为，被害人对于附条件不起诉决定可以不经申诉，直接向人民法院起诉。持此种观点的主要理由是：刑事诉讼法第二百七十一条第二款、第一百七十六条已进行了明确规定，且在2012年刑事诉讼法修改过程中，立法机关也持有相同观点。[①] 按照立法机关的上述观点，《刑诉规则》第四百九十四条第一款、第四百二十条明确了被害人可以不经申诉或者在申诉的过程中向人民法院提起自诉。另一种观点认为，被害人对于人民检察院作出的附条件不起诉决定及考验期满作出的不起诉的决定，只能向上一级人民检察院申诉，不能向人民法院起诉。这种观点主要根据办理未成年人刑事案件的司法实践和学理理论提出，其主要理由是附条件不起诉是2012年修改刑事诉讼法为办理未成年人刑事案件而新增的制度，这一制度的设计初衷是为了体现对未成年犯罪嫌疑人的教育、感化、挽救和以教育为主、惩罚为辅的原则。如果允许被害人向人民法院提起自诉，将导致附条件不起诉制度的虚设，不利于未成年犯罪嫌疑人的教育挽救。同时，根据刑事诉讼法第二百七十一条第二款、《刑诉规则》第四百九十四条规定了被害人向上一级人民检察院的申诉权，《规则》第四百九十二条第二款规定了人民检察院在作出附条件不起诉的决定以前，应当听取被害人的意见，上述程序确保了被害人的意见可以得到充分的反映，被害人的权益得以维护。

《规定》只对被害人申诉的时间予以明确，关于被害人能否就附条件不起诉决定向法院自诉，目前仍应按照《刑诉规则》第四百九十四条第一款、第四百二十条的规定执行，如果今后有新的规定，按照新规定执行。

第四，关于附条件不起诉后，对被采取强制措施的未成年犯罪嫌疑人的处理。为确保刑事诉讼的顺利进行，同时兼顾未成年犯罪嫌疑人的人身权益，在作出附条件不起诉决定后，可以根据案件的具体情况决定释放或者变更强制措

---

① 全国人大常委会法工委在其编写的《中华人民共和国刑事诉讼法释义》第二百七十一条第二款的释义写道：“对人民检察院维持附条件不起诉决定的，被害人可以向人民法院起诉，被害人也可以不经申诉，直接向人民法院起诉。”参见郎胜主编：《中华人民共和国刑事诉讼法释义》，法律出版社2012年版，第595页。

施。对于未在押的犯罪嫌疑人，继续采取原先的强制措施即可。因此，《规定》第三十四条规定："未成年犯罪嫌疑人在押的，作出附条件不起诉决定后，人民检察院应当作出释放或者变更强制措施的决定。"

（八）不起诉宣布、教育程序

为进一步加强对未成年犯罪嫌疑人的教育，促使其认识到自身行为的严重性，改过自新，结合各地的司法探索，《规定》第五十条增加规定了不起诉宣布、教育程序，该条第一款规定："对人民检察院依照刑事诉讼法第一百七十三条第二款规定作出的不起诉决定和经附条件不起诉考验期满不起诉的，在向被不起诉的未成年人及其法定代理人宣布不起诉决定书时，应当充分阐明不起诉的理由和法律依据，并结合社会调查，围绕犯罪行为对被害人、对本人及家庭、对社会等造成的危害，导致犯罪行为发生的原因及应当吸取的教训等，对被不起诉的未成年人开展必要的教育。"此外，考虑到刑事诉讼法第二百七十四条规定："审判的时候被告人不满十八周岁的案件，不公开审理。但是，经未成年人被告人及其法定代理人同意，未成年被告人所在学校和未成年人保护组织可以派代表到场。"参照上述规定，结合未成年人的犯罪记录封存制度，为保护未成年人的隐私，该款同时规定"如果侦查人员、合适成年人、辩护人、社工等参加有利于教育被不起诉未成年人的，经被不起诉的未成年人及其法定代理人同意，可以邀请他们参加，但要严格控制参与人范围。"

（九）解除犯罪记录封存

刑事诉讼法第二百七十五条第一款规定："犯罪的时候不满十八周岁，被判处五年有期徒刑以下刑罚的，应当对相关犯罪记录予以封存。"刑诉法并未规定犯罪记录解除封存的情形，在修改过程中，对于未成年人实施新的犯罪、新罪与封存记录之罪数罪并罚执行五年有期徒刑以上刑罚的，是否应当解除犯罪记录封存存在不同认识。经研究认为，如果被封存犯罪记录的未成年人在刑罚执行完毕前实施新的犯罪，且新罪与封存之罪数罪并罚后被决定执行五年有期徒刑以上刑罚的，由于在判决中需要提及前罪，而新的判决又是公开的，其前罪的犯罪记录封存实际上被自然解除。因此，《规定》第六十五条规定："对被封存犯罪记录的未成年人，符合下列条件之一的，应当对其犯罪记录解除封存：（一）实施新的犯罪，且新罪与封存记录之罪数罪并罚后被决定执行五年有期徒刑以上刑罚的；（二）发现漏罪，且漏罪与封存记录之罪数罪并罚后被决定执行五年有期徒刑以上刑罚的。"

（十）对未成年犯执行刑罚的监督

原《规定》第三十九规定："人民检察院在看守所检察中，发现……对未成年罪犯留所服刑的，应当依法提出纠正意见。"《规定》在修改过程中，对于判处拘役的未成年犯在看守所执行是否属于该条规定的“留所服刑”认识不一。不同认识主要源于对刑事诉讼法第二百五十三条的不同理解。刑事诉讼法第二百五十三条第二款规定，“……对判处拘役的罪犯，由公安机关执行”，第三款规定，“对未成年犯应当在未成年犯管教所执行刑罚”。基于此，一种意见认为，对判处有期徒刑以上刑罚的未成年犯一律由司法部门管理的未成年犯管教所执行刑罚，而对于判处拘役的未成年犯依法应当由公安机关执行；目前实践中一直是由公安机关管理的看守所执行，司法行政部门管理的监狱、未成年犯管教所也不收拘役犯。另一种意见认为，第三款是对未成年犯执行刑罚的特别规定。对判处拘役的未成年犯也应当在未成年犯管教所执行，这样更有利于对未成年犯的教育、感化、挽救。如果对判处拘役的未成年犯在看守所执行刑罚的，依法应当提出纠正意见。高检院监所厅赞同上述第一种意见，因此，《规定》第七十一条基本保留了原《规定》的内容，将“服刑”修改为“执行”。

此外需要说明的是，《关于进一步加强未成年人刑事检察工作的决定》第八条明确提出“设立未成年人刑事检察独立机构的检察院，一般应实行捕、诉、监（法律监督）、防（犯罪预防）一体化工作模式，由同一承办人负责同一案件的批捕、起诉、诉讼监督和预防帮教等工作”，司法实践中有些地方探索将社区矫正监督等纳入未检受案范围。但考虑到目前全国未检工作开展很不平衡，大多数地方还处于起步阶段，以及未成年人刑事申诉案件量较小等实际情况，《规定》延续原来的内容，并未对未成年人监所检察和申诉检察由哪个部门办理作出明确规定，留待各地结合实际探索实践。

三、执行中需要注意的问题

在《规定》执行过程中，主要应当把握好以下几个问题：

一是要在依法的前提下，充分体现未成年人刑事检察工作的特殊性。要坚持把“教育、感化、挽救”方针贯穿于办案始终，在审查逮捕、审查起诉和出庭公诉等各个环节对涉罪未成年人进行教育、感化、挽救，寓教于审，并注重用科学的方式、方法提高帮教效果。

二是要推动未成年人刑事检察工作的专业化建设。要按照《规定》的要求，在省级、地市级人民检察院和未成年人刑事案件较多的基层人民检察院设立独立的未成年人刑事检察机构；地市级人民检察院也可以根据当地实际，指定一个基层人民检察院设立独立机构，统一办理辖区范围内的未成年人刑事案件；条件暂不具备的，应当成立专门办案组或者指定专人办理。

三是要着力加强未成年人刑事检察工作制度化建设。要按照刑法、刑事诉讼法和《规定》等法律和制度规定，结合当地实际，加强对未成年人刑事检察理论研究，加强与有关部门、单位的沟通协调，逐步建立健全未成年人刑事检察工作的特殊制度体系和社会化帮教预防体系。

四是要建立健全符合未成年人刑事检察工作特点的考评机制。要抓紧构建以办案质量和帮教效果为核心，涵盖少捕慎诉、帮教挽救、落实特殊制度、开展犯罪预防等内容的考评机制，改变单纯以办案数量为标准的考核模式，科学、全面地评价未成年人刑事检察工作实绩。

最高人民检察院
关于审查起诉期间犯罪嫌疑人脱逃或者
患有严重疾病的应当如何处理的批复

（2013 年 12 月 19 日最高人民检察院第十二届检察委员会第十四次会议通过　2013 年 12 月 27 日公布　2014 年 1 月 1 日施行　高检发释字〔2013〕4 号）

北京市人民检察院：

你院京检字〔2013〕75 号《关于审查起诉期间犯罪嫌疑人潜逃或身患严重疾病应如何处理的请示》收悉。经研究，批复如下：

一、人民检察院办理犯罪嫌疑人被羁押的审查起诉案件，应当严格依照法律规定的期限办结。未能依法办结的，应当根据刑事诉讼法第九十六条的规定予以释放或者变更强制措施。

二、人民检察院对于侦查机关移送审查起诉的案件，如果犯罪嫌疑人脱逃的，应当根据《人民检察院刑事诉讼规则（试行）》第一百五十四条第三款的规定，要求侦查机关采取措施保证犯罪嫌疑人到案后再移送审查起诉。

三、人民检察院在审查起诉过程中发现犯罪嫌疑人脱逃的，应当及时通知侦查机关，要求侦查机关开展追捕活动。

人民检察院应当及时全面审阅案卷材料。经审查，对于案件事实不清、证据不足的，可以根据刑事诉讼法第一百七十一条第二款、《人民检察院刑事诉讼规则（试行）》第三百八十条的规定退回侦查机关补充侦查。

侦查机关补充侦查完毕移送审查起诉的，人民检察院应当按照本批复第二条的规定进行审查。

共同犯罪中的部分犯罪嫌疑人脱逃的，对其他犯罪嫌疑人的审查起诉应当照常进行。

四、犯罪嫌疑人患有精神病或者其他严重疾病丧失诉讼行为能力不能接受讯问的，人民检察院可以依法变更强制措施。对实施暴力行为的精神病人，人民检察院可以商请公安机关采取临时的保护性约束措施。

经审查，应当按照下列情形分别处理：

（一）经鉴定系依法不负刑事责任的精神病人的，人民检察院应当作出不起诉决定。符合刑事诉讼法第二百八十四条规定的条件的，可以向人民法院提出强制医疗的申请；

（二）有证据证明患有精神病的犯罪嫌疑人尚未完全丧失辨认或者控制自己行为的能力，或者患有间歇性精神病的犯罪嫌疑人实施犯罪行为时精神正常，符合起诉条件的，可以依法提起公诉；

（三）案件事实不清、证据不足的，可以根据刑事诉讼法第一百七十一条第二款、《人民检察院刑事诉讼规则（试行）》第三百八十条的规定退回侦查机关补充侦查。

五、人民检察院在审查起诉期间，犯罪嫌疑人脱逃或者死亡，符合刑事诉讼法第二百八十条第一款规定的条件的，人民检察院可以向人民法院提出没收违法所得的申请。

此复。

《最高人民检察院关于审查起诉期间犯罪嫌疑人脱逃或者患有严重疾病的应当如何处理的批复》理解与适用

吴孟栓　李昊昕　王　佳*

最高人民检察院《关于审查起诉期间犯罪嫌疑人脱逃或者患有严重疾病的应当如何处理的批复》于2013年12月19日经最高人民检察院第十二届检察委员会第十四次会议讨论通过（以下简称《批复》），自2014年1月1日起施行。《批复》明确了人民检察院在审查起诉期间发现犯罪嫌疑人脱逃或者身患严重疾病丧失诉讼行为能力如何处理的程序，对于检察机关正确理解适用法律处理此类情形，确保犯罪嫌疑人的合法权益具有重要意义。

一、《批复》的背景和所要解决的问题

1999年发布的《人民检察院刑事诉讼规则》第二百七十三条第一款规定："在审查起诉过程中犯罪嫌疑人潜逃或者患有严重精神病及其他严重疾病不能接受讯问，丧失诉讼行为能力的，人民检察院可以中止审查。"由于刑事诉讼法未明确规定，2012年修订后的《人民检察院刑事诉讼规则（试行）》取消了关于中止审查的规定。2013年以来，一些地方检察机关询问今后此类情形应当如何处理，在司法实践中各地检察机关对于在审查起诉阶段出现上述情形如何处理存在不同观点和做法：有的认为应当一律退回侦查机关处理；有观点主张宜作存疑不诉；有的建议提起公诉由法院作中止审理。2013年8月，北京市人民检察院向高检院提出《关于审查起诉期间犯罪嫌疑人潜逃或者身患严重疾病应如何处理的请示》（以下简称《请示》）。鉴于《请示》反映的问题具有一定的普遍性，需要予以明确，最高人民检察院研究室根据现有法律规定和相关精神，结合司法实践，起草了《批复》。2013年12月19日最高人民检察院第十二届检察委员会第十四次会议通过了《批复》。

针对北京市院《请示》的内容和司法实践情况，《批复》将需要通过司法解释予以明确的主要问题归纳为如下方面：

一是如何理解刑事诉讼法所规定的审查起诉期限？对于在押的犯罪嫌疑人与非在押的犯罪嫌疑人，案件的审查起诉期限是否存在差异？

二是犯罪嫌疑人不在案的能否受案？如果不予受案，其法律依据是什么？

---

* 作者单位：最高人民检察院法律政策研究室。

三是审查起诉阶段犯罪嫌疑人脱逃的如何处理？此种情形下，如何理解适用逮捕条件？是否应当及时商请公安机关撤回移送起诉，待犯罪嫌疑人到案后再行移送？如何理解适用存疑不起诉或者退回补充侦查？

四是犯罪嫌疑人患有精神病或者其他严重疾病不能接受讯问的如何处理？此种情形下，如何厘清不起诉决定、强制医疗程序、退回补充侦查、依法提起公诉的关系？

二、《批复》的主要内容

（一）审查起诉期限的适用范围

修改后的刑事诉讼法第一百六十九条规定："人民检察院对于公安机关移送起诉的案件，应当在一个月以内作出决定，重大、复杂的案件，可以延长半个月。人民检察院审查起诉的案件，改变管辖的，从改变后的人民检察院收到案件之日起计算审查起诉期限。"关于刑事诉讼法审查起诉的期限是否针对于被采取强制措施的犯罪嫌疑人，我们认为：刑事诉讼法所规定的一个月以内的审查起诉期限针对的是犯罪嫌疑人被采取羁押措施的情形。

全国人大常委会法工委编写的《中华人民共和国刑事诉讼法释义》对第一百六十九条的解释中提道，"在实践中，人民检察院审查案件应当注意两点：一是应当严格按照法律规定的期限办结案件；二是如果在规定的期限内不能办结的，可以按照本法第九十六条的规定采取取保候审或者监视居住的办法。取保候审、监视居住期间，不计入本条规定的办案期限，但不能中断审查"。[①] 同时，修改后的刑事诉讼法第九十六条规定："犯罪嫌疑人、被告人被羁押的案件，不能在本法规定的侦查羁押、审查起诉、一审、二审期限内办结的，对犯罪嫌疑人、被告人应当予以释放；需要继续查证、审理的，对犯罪嫌疑人、被告人可以取保候审或者监视居住。"从法条字面意义而言，在羁押状态下，法律规定的犯罪嫌疑人、被告人的羁押期限就是查证、审查、审理的办案期限，羁押期限届满的，不得继续羁押而"应当予以释放"，否则即为违法。就该法条的立法背景而言，1979 年刑事诉讼法对于不能在法定期限内办结的案件，对在押的犯罪嫌疑人如何处理，并未予以明确规定。1984 年全国人大常委会针对这一情形，发布了《关于刑事案件办案期限的补充规定》（以下简称《补充规定》），该《补充规定》第四条规定："对被羁押正在受侦查、起诉、一审、二审的被告人，不能在刑事诉讼法规定的期限内办结，采取取保候审、监视居住的办法对社会没有危险性的，可以取保候审或者监视居住。取

① 参见郎胜主编：《中华人民共和国刑事诉讼法释义》，法律出版社 2012 年 4 月版，第 364 页。

保候审或者监视居住期间，不计入刑事诉讼法规定的办案期限，但是不能中断对案件的审理。”第五条规定：“人民检察院审查起诉和人民法院审理的公诉案件，被告人没有被羁押的，不受刑事诉讼法第九十七条、第一百二十五条、第一百四十二条规定的办案期限的限制，但是不能中断案件的审理。”第六届全国人民代表大会常务委员会第六次会议对上述两条的说明中提道：“作出这样明确的规定，各地就可以将已经逮捕但是未能按期办结的对社会没有危险的在押人犯，采取取保候审、监视居住的办法，继续进行调查审理。……至于刑事案件被告人未被羁押的，对起诉和审理的期限，不好限制过严，因此草案规定，被告人未被羁押的案件，不受刑诉法规定的起诉、一审、二审期限的限制。但是，不论被告人是未被羁押或者被解除羁押、取保候审的案件，均应当抓紧调查审理，不能中断，不能因不受规定的办案期限的限制而搁置不办或久拖不结。”[①] 1996 年修改刑事诉讼法时，第七十四条将《补充规定》第四条的内容纳入法律当中，但对于《补充规定》第五条所涉及的未被羁押的犯罪嫌疑人、被告人的审查起诉期间未予明确。2012 年修改刑事诉讼法，第九十六条在原第七十四条的基础上，增加了“对犯罪嫌疑人、被告人应当予以释放”的表述，明确规定，犯罪嫌疑人、被告人被羁押的案件，不能在刑诉法规定的侦查羁押、审查起诉、一审、二审期限内办结的，对犯罪嫌疑人、被告人应当予以释放，不得以任何理由予以拖延，同时考虑到实践中的特殊情况，需要继续查证、审理的，对于被羁押的犯罪嫌疑人、被告人可以采取取保候审、监视居住的强制措施。

根据上述法律条文的内容和立法精神，关于审查起诉期限的适用范围，经研究认为，对于在押的犯罪嫌疑人，应当适用刑事诉讼法第一百六十九条规定的审查起诉期限的限制，审查起诉期限届满，可以改变强制措施后继续办理案件；对于犯罪嫌疑人脱逃不在案的案件，由于此时犯罪嫌疑人没有被羁押，审查起诉期限无须适用刑事诉讼法关于期限的相关规定。总的来看，在司法实践中，大部分刑事案件都应当能够在法律规定的期限内结案，对于少数因特殊情况未能依法办结的，如果犯罪嫌疑人在押的，应当依法予以释放或者变更强制措施。需要特别强调的是，人民检察院办理审查起诉的案件，必须严格依照法律规定的案件办结，对于犯罪嫌疑人未被羁押的案件，即使法律没有明确规定审查起诉的期限，也不能因此搁置不办，久拖不决，而应当切实保障犯罪嫌疑人的人身权利，提高办案质量和工作效率，尽可能缩短办案期限。综上所述，

---

① 参见中国人大网：《关于刑事办案期限的补充规定起草案的说明》，http：//www. npc. gov. cn/wxzl/gongbao/2000 -12/26/content -5001543. htm。

《批复》第一条规定："人民检察院办理犯罪嫌疑人被羁押的审查起诉案件，应当严格依照法律规定的期限办结。未能依法办结的，应当根据刑事诉讼法第九十六条的规定予以释放或者变更强制措施。"

（二）犯罪嫌疑人不在案的处理

《人民检察院刑事诉讼规则（试行）》（以下简称《刑诉规则》）第一百五十四条第三款规定："对于移送审查起诉的案件，如果犯罪嫌疑人在逃的，应当要求公安机关采取强制措施保证犯罪嫌疑人到案后再移送审查起诉。"根据上述规定，犯罪嫌疑人在案是人民检察院的受案要件之一，案件管理部门在受理案件的过程中发现犯罪嫌疑人脱逃的，应当不予受案，要求公安机关保证犯罪嫌疑人到案后再移送审查起诉。

在《批复》起草过程中，有观点提出，如果案件在审查批准逮捕阶段即以事实不清、证据不足不予批准逮捕，且证据未发生实质变化，公安机关移送审查起诉的，可以不予受理。经研究认为，上述做法缺乏法律依据。刑事诉讼法与《刑诉规则》均未赋予人民检察院以事实不清、证据不足为由不受案的权力。对于事实不清、证据不足的案件的处理，刑事诉讼法第一百七十一条、《刑诉规则》第三百零八条、第四百零三条已有明确规定，人民检察院应当在审查后依法作出退回补充侦查或者不起诉决定。

综上，《批复》第二条规定："人民检察院对于侦查机关移送审查起诉的案件，如果犯罪嫌疑人脱逃的，应当根据《人民检察院刑事诉讼规则（试行）》第一百五十四条第三款的规定，要求侦查机关采取措施保证犯罪嫌疑人到案后再移送审查起诉。"

（三）审查起诉阶段犯罪嫌疑人脱逃的处理

1. 关于被采取取保候审、监视居住的犯罪嫌疑人脱逃，是否应当逮捕

《批复》起草过程中，对于被采取取保候审、监视居住的犯罪嫌疑人脱逃的是否应当逮捕有不同认识，有观点提出"需要结合逮捕证据条件等全面进行审查后予以决定，对此类案件如果一律予以逮捕，在随后工作中必然面临或承担不诉的风险"。经研究认为，关于取保候审脱保后是否应当逮捕，刑事诉讼法和相关司法解释已有明确规定。刑事诉讼法第七十九条第三款规定："被取保候审、监视居住的犯罪嫌疑人、被告人违反取保候审、监视居住规定，情节严重的，可以予以逮捕。"全国人大常委会法工委编写的《中华人民共和国刑事诉讼法释义》对该款的解释如下："根据本款规定，被监视居住的犯罪嫌疑人、被告人违反了本法第六十九条、第七十五条的规定，就表明被告人具有第一款规定的社会危险性。如果存在第一款规定的五种社会危险性情形，给司法机关的诉讼活动造成了干扰或者增加了困难，或者严重妨碍了审判活动的正

常进行，就属于‘情节严重’，应当对其予以逮捕，如果违反规定情节较轻，可以继续对其监视居住。”[①] 监视居住的适用条件之一即需要满足逮捕条件，根据上述解读，只要犯罪嫌疑人违反监视居住规定且情节严重就应当对犯罪嫌疑人采取逮捕措施。关于违反取保候审规定的犯罪嫌疑人，刑事诉讼法第七十九条第三款规定的是一个特殊逮捕条件，不受该条第一款所规定的逮捕条件的限制，即只要犯罪嫌疑人违反取保候审规定且情节严重，为保障诉讼的顺利进行，也可以对犯罪嫌疑人采取逮捕措施。《刑诉规则》第一百条、第一百二十一条区分了应当逮捕和可以逮捕的情形，其中“企图自杀、逃跑，逃避侦查、审查起诉的”属于应当逮捕的情形。综上，根据刑事诉讼法第七十九条第三款的规定，被采取取保候审、监视居住的犯罪嫌疑人脱逃的，应当批准逮捕。但人民检察院经审查发现不应对犯罪嫌疑人追究刑事责任的，应当作出不批准逮捕的决定。

需要说明的是，在犯罪嫌疑人脱保的情况下，无论是否履行批准逮捕手续，只要符合逮捕条件，都属于公安机关应当追捕的情形。公安部《关于开展追捕逃犯工作的意见》（公通字〔1992〕119号）规定：“追捕的重点对象是：近两年批准逮捕、拘留后逃跑的和通缉、负案在逃的持枪犯罪分子，以及进行爆炸、凶杀、抢劫、强奸、盗窃、诈骗等活动的重大犯罪分子和犯罪团伙头子；在逃的劳改犯和劳教人员。”经了解，在司法实践中，各地检察机关在犯罪嫌疑人脱保时要求公安机关执行追捕，做法也不尽一致，有的履行逮捕手续，有的采用检察建议及工作商函等形式，鉴于此，《批复》未予以统一要求，第三条第一款规定：“人民检察院在审查起诉过程中发现犯罪嫌疑人脱逃的，应当及时通知侦查机关，要求侦查机关开展追捕活动。”

2. 是否应及时商请公安机关撤回移送起诉，待犯罪嫌疑人到案后再行移送

《批复》起草过程中，有观点提出“对于审查起诉期限届满无法追捕到案的，应及时商请公安机关撤回移送起诉，待嫌疑人到案后再行移送”。我们经研究认为，这种观点不宜采纳。首先，如《批复》第一条涵盖的立法精神，刑事诉讼法的审查起诉期限适用于被采取羁押措施的犯罪嫌疑人，在犯罪嫌疑人脱逃的情形下，此时审查起诉期限的规定不再适用。其次，商请公安机关撤回移送起诉目前并无明确的法律依据，尽管在司法实践中检察机关为确保诉讼效率，及时结案，这样的做法尚无不可，但不宜在《批复》中予以明确规定。

---

① 参见郎胜主编：《中华人民共和国刑事诉讼法释义》，法律出版社2012年4月版，第193页。

3. 能否适用退回补充侦查或者存疑不起诉

《批复》起草过程中，有观点主张："对于脱保的情形，应当以事实不清、证据不足退回公安机关补充侦查。"也有观点建议："经与公安机关协商不能撤回且符合存疑不起诉条件的，依法作存疑不起诉处理。"我们经研究认为，上述主张和观点总结了部分司法实践的做法，具有一定合理性，但刑事诉讼法与相关司法解释对于退回补充侦查、存疑不起诉明确规定了条件和程序，《批复》宜严格依照立法内容，予以重申。

关于能否退回补充侦查，刑事诉讼法第一百七十一条第二款规定："人民检察院审查案件，对于需要补充侦查的，可以退回公安机关补充侦查，也可以自行侦查。"《人民检察院刑事诉讼规则（试行）》第三百八十条规定："人民检察院认为犯罪事实不清、证据不足或者遗漏罪行、遗漏同案犯罪嫌疑人等情形需要补充侦查的，应当提出具体的书面意见，连同案卷材料一并退回公安机关补充侦查；人民检察院也可以自行侦查，必要时可以要求公安机关提供协助。"根据上述规定，我们认为，对于脱逃后案件事实不清、证据不足的，人民检察院可以退回公安机关补充侦查。因此，《批复》第三条第二款规定："人民检察院应当及时全面审阅案卷材料。经审查，对于案件事实不清、证据不足的，可以根据刑事诉讼法第一百七十一条第二款、《刑诉规则》第三百八十条的规定退回侦查机关补充侦查。"同时为了解答在《批复》征求意见过程中，有的办案机关提出的在侦查机关补充侦查完毕后犯罪嫌疑人不在案的如何处理的问题，《批复》第三条第三款明确规定："侦查机关补充侦查完毕移送审查起诉的，人民检察院应当按照本批复第二条的规定进行审查。"

在《批复》修改过程中，有的办案机关提出对于共同犯罪案件中部分犯罪嫌疑人脱逃的，如何处理并不明确。经研究认为，此种情形并不影响对其他在案犯罪嫌疑人继续进行审查起诉，而且 1999 年发布的《人民检察院刑事诉讼规则》第二百七十三条第二款也曾做过类似规定，多年来的司法实践亦如此运行。因此《批复》第三条第四款规定："共同犯罪中的部分犯罪嫌疑人脱逃的，对其他犯罪嫌疑人的审查起诉应当照常进行。"

关于是否能够作出存疑不起诉决定，刑事诉讼法第一百七十一条第四款规定："对于二次补充侦查的案件，人民检察院仍然认为证据不足，不符合起诉条件的，应当作出不起诉的决定。"《人民检察院刑事诉讼规则（试行）》第四百零三条规定："人民检察院对于二次退回补充侦查的案件，仍然认为证据不足，不符合起诉条件的，经检察长或者检察委员会决定，应当作出不起诉决定。人民检察院对于经过一次退回补充侦查的案件，认为证据不足，不符合起诉条件，且没有退回补充侦查必要的，可以作出不起诉决定。"根据上述规定，犯罪嫌疑人脱逃的案件经退回补充侦查后再行移送符合存疑不诉的条件的，可以作出存疑不起诉决定。但鉴于此种情形法律及司法解释已有明确规定，《批复》在此未作规定。

4. 逃跑、在逃、逃匿、潜逃、脱逃的区别

《批复》起草过程中，对于使用“逃跑、在逃、逃匿、潜逃、脱逃”表述犯罪嫌疑人不在案的状态存在不同认识。

“逃跑”，按《现代汉语词典》释义为“为躲避不利于自己的环境或事物而离开。”① 刑事诉讼法第七十九条、第八十条、第八十二条在分别规定适用逮捕、拘留、扭送的情形时使用了逃跑一词，结合词义本意和法条内容，“逃跑”侧重于犯罪事实发生后，未被施加任何强制措施的犯罪嫌疑人为躲避刑事处罚而离开某地的行为。

“在逃”，按《现代汉语词典》释义为“犯人或犯罪嫌疑人逃走，没有被捉到”，② 刑事诉讼法第八十条、第一百三十八条、第一百四十八条第三款、第一百五十三条第一款、第二百八十三条在分别规定适用拘留、搜查时见证人签章，追捕技侦措施、通缉、没收程序终止时使用，此外，“在逃”散见于司法解释及规范性文件中，如《最高人民法院、最高人民检察院、公安部、司法部关于敦促在逃犯罪人员投案自首的通告》等，结合词义本意及法条、司法解释中的使用，“在逃”一词侧重于犯罪嫌疑人业已逃走的状态，一般适用于强调需要及时展开相应侦查措施，将其抓捕归案的法令条文中。

“逃匿”，按《现代汉语词典》释义为“逃跑并躲藏起来”，③ 刑事诉讼法在没收程序中使用了“逃匿”一词，全国人大常委会法工委编写的《中华人民共和国刑事诉讼法释义》对该条的解释表述为：“‘逃匿’是指犯罪嫌疑人、被告人在犯罪后，为逃避法律制裁而逃跑、隐匿或躲藏。”④ 结合词义本意，该词包含了逃跑和躲藏的双重含义，特指没有抓获而逃跑并藏匿境外的情形。

“潜逃”，按《现代汉语词典》释义为“多指犯罪嫌疑人偷偷地逃跑”，⑤

---

① 参见中国社会科学院语言研究所词典编辑室编：《现代汉语词典》第6版，商务印书馆2012年版，第1270页。

② 参见中国社会科学院语言研究所词典编辑室编：《现代汉语词典》第6版，商务印书馆2012年版，第1620页。

③ 参见中国社会科学院语言研究所词典编辑室编：《现代汉语词典》第6版，商务印书馆2012年版，第1269页。

④ 参见郎胜主编：《中华人民共和国刑事诉讼法释义》，法律出版社2012年4月版，第615页。

⑤ 参见中国社会科学院语言研究所词典编辑室编：《现代汉语词典》第6版，商务印书馆2012年版，第1037页。

刑事诉讼法并未使用潜逃一词，《刑诉规则》第二百七十三条在规定对职务犯罪案件人员实行边控措施时使用了该词，[①] 此外，该词还散见于1994年之前的规范性文件中，[②] 综上，该词多适用于职务犯罪案件中的犯罪嫌疑人携款逃跑的情形。

“脱逃”，按《现代汉语词典》释义为“脱身逃走”[③]，在立法方面，刑法第三百一十六条第一款规定：“依法被关押的罪犯、被告人、犯罪嫌疑人脱逃的，处五年以下有期徒刑或者拘役。”全国人大法工委编写的《中华人民共和国刑法释义》中对“脱逃”二字的解释为：“所谓‘脱逃’，是指行为人逃离司法机关的监管场所的行为。主要是指从监狱、看守所、拘留所等监管场所逃跑，也包括在押解途中逃跑。”[④] 刑事诉讼法第二百条第一款规定：“在审判过程中，有下列情形之一，致使案件在较长时间内无法继续审理的，可以中止审理：（一）被告人患有严重疾病，无法出庭的；（二）被告人脱逃的；（三）自诉人患有严重疾病，无法出庭的；（四）由于不能抗拒的原因。”该条是2012年修改刑事诉讼法针对审判过程中自诉人或者被告人患有精神疾病或者其他严重疾病，以及案件起诉到人民法院后被告人脱逃，致使案件在较长时间无法继续审理的情形，新增的关于中止审理的规定。全国人大法工委编写的《中华人民共和国刑事诉讼法释义》对该条第二种情形“脱逃”解释为“这里的脱逃不限于刑法规定的脱逃罪，自诉案件的被告人以及一部分公诉案件未被关押的被告人都有可能因为脱逃导致诉讼无法正常进行。”[⑤] 此外，刑事诉讼法第二百五十七条第三款规定“罪犯在暂予监外执行期间脱逃的，脱逃的期间不计入执行刑期”。综上，刑事诉讼法中的“脱逃”一词既适用于在押的犯罪嫌疑人从监管场所逃跑的情形，也包括在刑事诉讼进程中在案但未在押的犯罪嫌疑人逃跑的情形。《批复》所针对的司法实践中的情况：在案件审查起诉阶段，已经被采取一定强制措施的犯罪嫌疑人（包括羁押性的强制措施，也包括非羁押性的强制措施如取保候审、监视居住）逃脱执行机关的监管，这种

---

① 《刑诉规则》第二百七十三条：“对于应当逮捕的犯罪嫌疑人，如果潜逃出境，可以按照有关规定层报最高人民检察院商请国际刑警组织中国国家中心局，请求有关方面协助，或者通过其他法律规定的途径进行追捕。”

② 如《最高人民检察院关于认真做好贪污贿赂等大案、要案案犯潜逃、脱逃备案工作的通知》（1994年5月11日）、《最高人民检察院、公安部、中国人民银行、海关总署关于查处携款式潜逃的经济犯罪分子的通知》。

③ 参见中国社会科学院语言研究所词典编辑室编：《现代汉语词典》第6版，商务印书馆2012年版，第1329页。

④ 参见胡康生、郎胜主编：《中华人民共和国刑法释义》，法律出版社2006年版，第476页。

⑤ 参见郎胜主编：《中华人民共和国刑事诉讼法释义》，法律出版社2012年4月版，第433页。

情形与刑事诉讼法第200条中止审理所面临的情形相同，我们经研究认为，在《批复》中使用与刑诉法该条相同的“脱逃”更为合适。

（四）犯罪嫌疑人在审查起诉期间丧失诉讼行为能力的处理

关于审查起诉期间丧失诉讼行为能力的处理，在《批复》起草过程中，有观点提出应当商请公安机关撤回移送起诉，待患病原因消除后再行移送；有的观点主张直接作出存疑不诉；有的办案机关反映如何与强制医疗程序衔接不明确；有的反映如何把握与刑事诉讼法所规定的中止审理制度衔接不明确。我们对实践中反映的观点和问题进行了认真研究，根据刑事诉讼法的相关规定，《批复》将思路归纳为两个大的方面：一是关于强制措施的变更；二是根据是否承担刑事责任、能否查清案件事实，区分情况予以处理。

1. 强制措施的变更

刑事诉讼法第九十四条规定：“人民法院、人民检察院和公安机关如果发现对犯罪嫌疑人、被告人采取强制措施不当的，应当及时撤销或者变更。”第九十五条规定：“犯罪嫌疑人、被告人及其法定代理人、近亲属或者辩护人有权申请变更强制措施。人民法院、人民检察院和公安机关收到申请后，应当在三日以内作出决定；不同意变更强制措施的，应当告知申请人，并说明不同意的理由。”根据上述规定，《批复》第四条第一款规定：“犯罪嫌疑人患有精神病或者其他严重疾病丧失诉讼行为能力不能接受讯问的，人民检察院可以依法变更强制措施。”同时，为了确保实施暴力行为的精神病人及时得到有效救治，确保社会秩序稳定和谐，本款同时规定：“对实施暴力行为的精神病人，人民检察院可以商请公安机关采取临时的保护性约束措施。”

2. 不同情形的处理

犯罪嫌疑人在审查起诉期间丧失诉讼行为能力的，分为如下三种情形：

一是在实施犯罪行为时即已经不具备刑事责任能力的情况，刑法第十八条第一款规定：“精神病人在不能辨认或者不能控制自己行为的时候造成危害结果，经法定程序鉴定确认的，不负刑事责任，但是应当责令他的家属或者监护人严加看管或者医疗；在必要的时候，由政府强制医疗。”刑事诉讼法第二百八十五条第二款规定：“……对于公安机关移送的或者在审查起诉过程中发现的精神病人符合强制医疗条件的，人民检察院应当向人民法院提出强制医疗的申请。”刑事诉讼法第一百七十三条第一款规定：“犯罪嫌疑人没有犯罪实施或者有本法第十五条规定的情形之一的，人民检察院应当作出不起诉决定。”《规则》第五百四十八条规定：“在审查起诉中，犯罪嫌疑人经鉴定系依法不负刑事责任的精神病人的，人民检察院应当作出不起诉决定。认为符合刑事诉讼法第二百八十四条规定条件的，应当向人民法院提出强制医疗的申请。”《批复》第四条第二款第一项对上述规定予以重申：“经鉴定系依法不负刑事责任的精神病人的，人民检察院应当作出不起诉决定。符合刑事诉讼法第二百八十四条规定的条件的，可以向人民法院提出强制医疗的申请。”

二是实施犯罪行为时属于间歇性的精神病人在精神正常的时候或者尚未完全丧失辨认、控制自己行为能力的，对于这种情形，根据刑法第十八条第二款和第三款的规定，应当负刑事责任。对于这种类型的犯罪嫌疑人应当判处何种刑罚、是否收监执行，属于人民法院依法行使裁判权的范畴，刑事诉讼法并未赋予人民检察院自由裁量的权力。《最高人民法院关于适用〈中华人民共和国刑事诉讼法〉的解释》第一百八十一条规定了对公诉案件的受案情形，“告诉才处理、不属于本院管辖或者被告人不在案的，人民法院应当退回人民检察院”。按照高法的上述解释，对于实施犯罪行为时属于间歇性的精神病人在精神正常的时候或者尚未完全丧失辨认、控制自己行为能力的这种情形，只要符合起诉条件，就符合人民法院的受案要求，同时刑事诉讼法第二百条明确规定，“被告人患有严重疾病，无法出庭的人民法院可以中止审理”。因此，《批复》第四条第二款第二项规定：“有证据证明患有精神病的犯罪嫌疑人尚未完全丧失辨认或者控制自己行为的能力，或者患有间歇性精神病的犯罪嫌疑人实施犯罪行为时精神正常，符合起诉条件的，可以依法提起公诉。”

除了上述情形外，也可能出现由于犯罪嫌疑人丧失诉讼行为能力，案件事实无法查清、证据不足的情况。刑事诉讼法第一百七十一条第二款、《人民检察院刑事诉讼规则（试行）》第三百八十条均规定了人民检察院认为事实不清、证据不足的，可以退回公安机关补充侦查的权利。根据上述规定，《批复》第四条第三项规定：“案件事实不清、证据不足的，可以根据刑事诉讼法第一百七十一条第二款、《刑诉规则》第三百八十条的规定退回侦查机关补充侦查。”

（五）犯罪嫌疑人潜逃或者死亡后的违法所得的处理

《批复》起草过程中，有的地方反映对于审查起诉期间犯罪嫌疑人潜逃或者死亡后违法所得如何处理不明确。我们经研究认为，对于公安机关移送的案件，根据刑事诉讼法第二编第二章侦查的相关规定，应当由公安机关在侦查阶段对违法所得予以查封、扣押或者冻结。在审查起诉阶段，人民检察院对犯罪嫌疑人进行追逃后，并不影响原有查封、扣押、冻结措施的继续适用。同时，刑事诉讼法第五编特别程序专门规定了违法所得没收程序，对贪污贿赂犯罪、恐怖活动犯罪等重大犯罪案件，犯罪嫌疑人、被告人逃匿，在通缉一年后不能到案，或者犯罪嫌疑人、被告人死亡，需要提起没收程序的，人民检察院应当依法提起。《批复》对刑诉法的上述内容予以重申，第五条规定："人民检察院在审查起诉期间，犯罪嫌疑人脱逃或者死亡，符合刑事诉讼法第二百八十条第一款规定的条件的，人民检察院可以向人民法院提出没收违法所得的申请。"

最高人民检察院、公安部关于规范刑事案件“另案处理”适用的指导意见

（2014年3月6日公布并施行　高检会〔2014〕1号）

第一条　为进一步规范刑事案件“另案处理”的适用，促进严格公正司法，根据《中华人民共和国刑事诉讼法》、《人民检察院刑事诉讼规则（试行）》、《公安机关办理刑事案件程序规定》等有关规定，结合实际工作，制定本意见。

第二条　本意见所称“另案处理”，是指在办理刑事案件过程中，对于涉嫌共同犯罪案件或者与该案件有牵连关系的部分犯罪嫌疑人，由于法律有特殊规定或者案件存在特殊情况等原因，不能或者不宜与其他同案犯罪嫌疑人同案处理，而从案件中分离出来单独或者与其他案件并案处理的情形。

第三条　涉案的部分犯罪嫌疑人有下列情形之一的，可以适用“另案处理”：

（一）依法需要移送管辖处理的；

（二）系未成年人需要办案办理的；

（三）在同案犯罪嫌疑人被提请批准逮捕或者移送审查起诉时在逃，无法到案的；

（四）涉嫌其他犯罪，需要进一步侦查，不宜与同案犯罪嫌疑人一并提请批准逮捕或者移送审查起诉，或者其他犯罪更为严重，另案处理更为适宜的；

（五）涉嫌犯罪的现有证据暂不符合提请批准逮捕或者移送审查起诉标准，需要继续侦查，而同案犯罪嫌疑人符合提请批准逮捕或者移送审查起诉标准的；

（六）其他适用“另案处理”更为适宜的情形。

第四条　对于下列情形，不适用“另案处理”，但公安机关应当在提请批准逮捕书、起诉意见书中注明处理结果，并将有关法律文书复印件及相关说明材料随案移送人民检察院：

（一）现有证据表明行为人在本案中的行为不构成犯罪或者情节显著轻微、危害不大，依法不应当或者不需要追究刑事责任，拟作或者已经作出行政处罚、终止侦查或者其他处理的；

（二）行为人在本案中所涉犯罪行为，之前已被司法机关依法作不起诉决

定、刑事判决等处理并生效的。

第五条　公安机关在办理刑事案件时，发现其中部分犯罪嫌疑人符合本意见第三条规定的情形之一，拟作“另案处理”的，应当提出书面意见并附下列证明材料，经审核后报县级以上公安机关负责人审批：

（一）依法需要移送管辖的，提供移送管辖通知书、指定管辖决定书等材料；

（二）系未成年人需要分案处理的，提供未成年人户籍证明、立案决定书、提请批准逮捕书、起诉意见书等材料；

（三）犯罪嫌疑人在逃的，提供拘留证、上网追逃信息等材料；

（四）犯罪嫌疑人涉嫌其他犯罪，需要进一步侦查的，提供立案决定书等材料；

（五）涉嫌犯罪的现有证据暂不符合提请批准逮捕或者移送审查起诉标准，需要继续侦查的，提供相应说明材料；

（六）因其他原因暂不能提请批准逮捕或者移送审查起诉的，提供相应说明材料。

第六条　公安机关对适用“另案处理”案件进行审核时，应当重点审核以下内容：

（一）是否符合适用“另案处理”条件；

（二）适用“另案处理”的相关证明材料是否齐全；

（三）对本意见第三条第三项、第五项规定的情形适用“另案处理”的，是否及时开展相关工作。

对于审核中发现的问题，办案部门应当及时纠正。

第七条　公安机关对下列案件应当进行重点审核：

（一）一案中存在多名适用“另案处理”人员的；

（二）适用“另案处理”的人员涉嫌黑社会性质的组织犯罪以及故意杀人、强奸、抢劫、绑架等严重危及人身安全的暴力犯罪的；

（三）适用“另案处理”可能引起当事人及其法定代理人、辩护人、诉讼代理人、近亲属或者其他相关人员投诉的；

（四）适用“另案处理”的案件受到社会广泛关注，敏感复杂的。

第八条　公安机关在提请批准逮捕、移送审查起诉案件时，对适用“另案处理”的犯罪嫌疑人，应当在提请批准逮捕书、起诉意见书中注明“另案处理”，并将其涉嫌犯罪的主要证据材料的复印件，连同本意见第五条规定的相关证明材料一并随案移送。

对未批准适用“另案处理”的刑事案件，应当对符合逮捕条件的全部犯罪嫌疑人一并移送审查起诉。

第九条 在提请人民检察院批准逮捕时已对犯罪嫌疑人作“另案处理”，但在移送审查起诉时“另案处理”的原因已经消失的，公安机关应当对其一并移送审查起诉；“另案处理”原因仍然存在的，公安机关应当继续适用“另案处理”，并予以书面说明。

第十条 人民检察院在审查逮捕、审查起诉时，对于适用“另案处理”的案件，应当一并对适用“另案处理”是否合法、适当进行审查。人民检察院审查的重点适用本意见第六条、第七条的规定。

第十一条 人民检察院对于缺少本意见第五条规定的相关材料的案件，应当要求公安机关补送，公安机关应当及时补送。

第十二条 人民检察院发现公安机关在办案过程中适用“另案处理”存在违法或者不当的，应当向公安机关提出书面纠正意见或者检察建议。公安机关应当认真审查，并将结果及时反馈人民检察院。

第十三条 对于本意见第四条规定的情形，人民检察院应当对相关人员的处理情况及相关法律文书进行审查，发现依法需要追究刑事责任的，应当依法予以法律监督。

第十四条 人民检察院对于犯罪嫌疑人长期在逃或者久侦不结的“另案处理”案件，可以适时向公安机关发函催办。公安机关应当及时将开展工作情况函告人民检察院。

第十五条 人民检察院和公安机关应当建立信息通报制度，相互通报“另案处理”案件数量、工作开展情况、案件处理结果等信息，共同研究办理“另案处理”案件过程中存在的突出问题。对于案情重大、复杂、敏感案件，人民检察院和公安机关可以根据实际情况会商研究。

第十六条 人民检察院和公安机关应当建立对“另案处理”案件的动态管理和核销制度。公安机关应当及时向人民检察院通报案件另案处理结果并提供法律文书等相关材料。市、县级人民检察院与公安机关每六个月对办理的“另案处理”案件进行一次清理核对。对“另案处理”原因已经消失或者已作出相关处理的案件，应当及时予以核销。

第十七条 在办理“另案处理”案件中办案人员涉嫌徇私舞弊、失职、渎职等违法违纪行为的，由有关部门依法依纪处理；构成犯罪的，依法追究刑事责任。

第十八条 各地人民检察院、公安机关可以根据本意见并结合本地工作实际，制定“另案处理”的具体实施办法。

第十九条 本意见自下发之日起施行。

《关于规范刑事案件“另案处理”适用的指导意见》理解与适用

元　明*　　张庆彬**

2014年3月6日，最高人民检察院、公安部联合制定下发了《关于规范刑事案件“另案处理”适用的指导意见》（以下简称《意见》），对“另案处理”从多个方面作出了规范。现就制定《意见》的背景、起草过程及主要内容作一解读说明，以期实践中对《意见》的正确理解与适用有所裨益。

由于缺乏法律和司法解释的明确规定，刑事案件中“另案处理”适用问题一直以来都很不规范。针对实务中出现的诸多问题，2012年3月至10月最高人民检察院与公安部联合开展了对2011年度全国检察机关受理的公安机关提请逮捕、移送审查起诉案件中涉及“另案处理”案件的专项检查活动。通知下发后，各地检察机关、公安机关积极行动，密切配合，取得了明显成效，基本掌握了“另案处理”适用与监督的工作现状，有效纠正了一批“另案处理”适用违法、不当案件。但同时也凸显出制定“另案处理”适用与监督法律规范，建立长效机制的必要性和紧迫性。

为确保“另案处理”案件的依法办理与规范监督，巩固专项检查活动的成果，经过认真细致的调查研究并在充分总结各地办案经验的基础上，2012年10月23日，高检院、公安部在江苏省南京市联合召开了“另案处理”长效机制建设座谈会，对由高检院侦查监督厅牵头起草的《意见》（讨论稿）的总体框架和具体内容进行了认真研讨、修改。此后，历经多次的沟通协调、研究修改，并广泛征求各级检察机关、公安机关实践办案部门的意见建议，最终高检院、公安部会签了该《意见》，印发指导各地办案实践。

一、“另案处理”概念的界定

“另案处理”在现行的刑事诉讼法和相关司法解释中都没有明确的规定，并不是一个规范的法律概念，但作为对刑事案件中涉案人员的一种处理方式，却在司法实践中普遍存在，并且还占有一定比例。据专项检查统计，2011年全国“另案处理”案件人数占公安机关提请批准逮捕、移送审查起诉案件总

---

* 最高人民检察院侦查监督厅副厅长。

** 最高人民检察院侦查监督厅侦查活动监督处处长。

人数的比例分别为19.21%和18.68%。对“另案处理”含义的不同理解，直接关系到“另案处理”适用范围的大小。然而，目前不论是在理论界还是在司法实践中，对“另案处理”均存在不同的理解和看法，导致各地出台的相关文件及实践中对“另案处理”的适用尺度宽窄不一，在一定程度上影响了司法公正。为正本清源，规范执法，需要对“另案处理”概念进行界定。

参考各地在专项检查活动后出台的规范性文件中的规定，并结合各地司法实践经验，《意见》第二条将“另案处理”界定为：本意见所称的“另案处理”是指在办理刑事案件过程中，对于涉嫌共同犯罪案件或者与该案件有牵连关系的部分犯罪嫌疑人，由于法律有特殊规定或者案件存在特殊情况等原因，不能或者不宜与其他同案犯罪嫌疑人同案处理，而从案件中分离出来单独或者与其他案件并案处理的情形。这个界定主要有以下三方面的含义：首先，“另案处理”的对象是刑事案件中的涉案犯罪嫌疑人，不仅包括共同犯罪中的部分犯罪嫌疑人，也包括与该案在人和事上有牵连关系可以一并侦查的其他犯罪嫌疑人，如作为事后共犯的包庇、窝藏犯，掩饰、隐瞒犯罪所得犯等。其次，“另案处理”的内容是将涉案部分犯罪嫌疑人，基于法律有特殊规定或者案件存在特殊情况等原因从案件中分离出来单独或者与其他案件并案处理的情形。最后，“另案处理”中的“案”专指刑事案件，可以是为适用“另案处理”的人员单独另立的案件，也可以是将“另案处理”的人员并入其他已立案的刑事案件，但不包括治安行政案件等其他案件。

二、“另案处理”的适用范围

合理确定“另案处理”的适用范围是“另案处理”依法适用的前提，目前法律和相关司法解释对此都没有明确的规定，司法实践中各地对“另案处理”的适用范围宽窄不同，甚至有相当的随意性，有必要予以明确。为统一“另案处理”的适用标准，防止适用上的随意性，《意见》第三条、第四条分别从积极和消极两个方面对“另案处理”的适用范围进行了界定。第三条首先对哪些情形可以适用“另案处理”进行了明确，第四条对实践中与“另案处理”适用有关联，但不属于“另案处理”的情形进行了明确；并且规定对这些不适用“另案处理”情形的处理，公安机关在对同案其他共同犯罪嫌疑人提请批准逮捕或移送审查起诉时，也应当在法律文书中注明并提供相关证明材料，一并移送人民检察院，接受监督，确保规范执法、不留监督盲点。

（一）可以适用“另案处理”的情形

结合司法实践，《意见》规定，需要将案件中涉案部分犯罪嫌疑人作“另案处理”的情况，大体上有以下三种原因并区分五种情形：

1. 基于法律或司法解释的相关规定而作“另案处理”，主要包括两种情形：一是基于法律有关管辖的规定。二是基于法律和司法解释有关未成年人犯罪的规定，在未成年人与成年人共同犯罪时，一般对未成年人作分案处理，从而发生“另案处理”。

2. 为了及时消化案件，提高诉讼效率而将共同犯罪的部分犯罪嫌疑人作“另案处理”，包括两种情形：一是需要追究刑事责任，但同案犯罪嫌疑人提请批准逮捕或移送审查起诉时在逃的；二是犯罪嫌疑人虽能到案参加诉讼，但涉嫌其他犯罪，需要进一步侦查，难以与同案犯罪嫌疑人一并提请批准逮捕或者移送起诉，或者其他犯罪更为严重，另以其他案件处理更为适宜的。对这两种情形适用“另案处理”，不仅有助于及时消化案件，提高诉讼效率，同时也可以使已到案且不涉嫌其他犯罪的嫌疑人能得到及时处理，防止对他们久拖不决，有利这部分犯罪嫌疑人的人权保障。

3. 基于证据因素而作“另案处理”。根据现有证据，涉案的部分犯罪嫌疑人暂时不符合提请批准逮捕或者移送审查起诉标准，需要继续侦查取证，而同案其他犯罪嫌疑人经侦查符合提请批准逮捕或者移送审查起诉标准的，而被动作“另案处理”，待证据完善后再行提请批捕或者移送审查起诉。

（二）不得适用“另案处理”的情形

不得适用“另案处理”的情形主要有两种：一是涉案的部分嫌疑人依法不应或不需要追究刑事责任，拟作或已作行政处罚、终止侦查或其他处理的。二是嫌疑人在本案中所涉的犯罪行为已被司法机关依法作不起诉处理或已经刑事判决处理并生效的。

应予说明的是，对于第二种情形，有观点认为，应纳入“另案处理”的范围。因为对涉案的不同犯罪嫌疑人确实是分案进行处理的，相对于正在或尚未进行处理的共同犯罪嫌疑人而言，在其他案件中已作刑事处理的共同犯罪嫌疑人就属于“另案处理”。但我们认为，这种看法有欠妥当。首先，对“另案处理”进行规范的目的在于保障“另案处理”的依法适用和规范监督。已作刑事处理的共同犯罪嫌疑人，对其犯罪行为的处理，已接受了依法审查与规范监督，如果后来对当初作“另案处理”的部分共同犯罪嫌疑人进行刑事处理时，又将已作刑事处理的共同犯罪嫌疑人列入“另案处理”的范围进行审查与监督，就会造成对“另案处理”的重复处理，浪费司法资源。其次，由于当初对已作刑事处理的共同犯罪嫌疑人进行处理时，对其他共同犯罪嫌疑人适用“另案处理”，如果现在对当初未处理的共同犯罪嫌疑人进行处理时，又将已作刑事处理共同犯罪嫌疑人算作“另案处理”，就会造成“另案处理”案件统计上的重复，虚增实践中“另案处理”案件的数量。最后，从各地司法实践看，都未将该种情形纳入“另案处理”的范围。

需要注意的是，《意见》规定，上述两种情形虽然不属于“另案处理”的适用范围，但对它们仍应加强规范和监督，防止滥用。因此第四条中规定，对于上述不属于“另案处理”适用范围的情形，公安机关在对同案其他犯罪嫌疑人提请批准逮捕或移送审查起诉时，应当在法律文书中予以注明，并提供相应材料移送人民检察院审查，接受监督，以确保规范执法。

三、公安机关“另案处理”适用程序

公安机关处于“另案处理”适用的入口环节，在“另案处理”适用上占主导地位，把好“另案处理”适用的入口关，从源头上加强程序性规则的约束，是确保规范适用的关键一环。《意见》对此创设了两项机制：一是设立“另案处理”适用的内部审批机制，保障“另案处理”适用的规范性。《意见》第五条规定，公安机关办案部门对于拟作“另案处理”的案件，应当提出书面意见并随附相关证明材料，经审核后报县级以上公安机关负责人批准同意。二是设立适用“另案处理”人员说明与相关证明材料移送机制。《意见》第八条规定，公安机关在提请批准逮捕或者移送审查起诉时，对案件中适用“另案处理”的人员，应当在法律文书中注明并作出说明，同时根据适用“另案处理”不同的理由，依照《意见》第五条规定提供相应的证明材料，一并移送人民检察院审查，并且对不同情况适用“另案处理”所需报送的材料的种类和范围进行了明确，防止报送的材料不全或没有针对性。并在第十一条规定，对于移送材料不全的，人民检察院可以要求公安机关补送，公安机关应当及时补送。

四、检察机关对“另案处理”适用的法律监督

一是明确了检察机关对案件“另案处理”适用的监督审查权。《意见》第十条规定，人民检察院在审查逮捕和审查起诉中，对涉及“另案处理”适用的案件，应当一并对“另案处理”适用是否合法、适当进行审查。并对重点审查内容、案件种类在《意见》第六条、第七条中予以明确。

二是明确了检察机关对公安机关违法、不当适用“另案处理”的监督处理方式和公安机关及时纠正并反馈的义务。《意见》第十二条规定，人民检察院发现公安机关在办案过程中适用“另案处理”存在违法或者不当的，应当向公安机关提出书面纠正意见或者检察建议，通过这两种方式强化对“另案处理”违法适用情况的监督纠正；公安机关对于检察机关的监督纠正意见，应当认真审查，发现存在问题的，应当及时纠正并将处理结果向人民检察院反馈。该规定有效增强了检察机关法律监督的刚性和效率。

三是明确了检察机关对“另案处理”适用的跟踪监督权限。为避免“另

案处理”演变为“另案不理”，影响司法公正。《意见》第十四条规定，人民检察院对于犯罪嫌疑人长期负案在逃或者久侦不结的“另案处理”案件，可以适时向公安机关发出书面催办函进行催办。公安机关应当及时将追逃、取证等工作开展情况函告人民检察院，接受监督。

五、“另案处理”适用信息共享与处理

一是建立“另案处理”案件信息通报机制。《意见》第十五条规定，公安机关和人民检察院应当建立信息通报制度，相互通报“另案处理”案件数量、工作开展情况、案件处理结果等信息，共同研究办理“另案处理”案件过程中存在的突出问题。对于案情重大、复杂、敏感案件，公安机关和人民检察院可以根据实际情况会商研究。这一规定使得“另案处理”的适用与监督信息透明化，有效解决了公安、检察机关之间相互知情难的问题，保证“另案处理”的相关信息在公安机关与检察机关之间共享，有利于促进“另案处理”案件的规范办理，确保公正司法。

二是建立对“另案处理”案件的动态管理和核销制度。《意见》第十六条规定，市、县级公安机关与人民检察院每六个月对办理的“另案处理”案件进行一次清理核对。对“另案处理”原因已经消失或者已作出相关处理的案件，应当及时予以核销。如此规定，有利于保证“另案处理”相关信息的准确收集与及时更新，提高工作效率，同时避免一些案件在适用“另案处理”后因信息管理上的混乱、滞后，而长期处于搁置状态演变为事实上的“另案不理”，造成执法上的不公和漏洞。

最高人民法院、最高人民检察院、公安部关于办理非法集资刑事案件适用法律若干问题的意见

（2014年3月25日公布并施行）

各省、自治区、直辖市高级人民法院，人民检察院，公安厅、局，解放军军事法院、军事检察院，新疆维吾尔自治区高级人民法院生产建设兵团分院，新疆生产建设兵团人民检察院、公安局：

为解决近年来公安机关、人民检察院、人民法院在办理非法集资刑事案件中遇到的问题，依法惩治非法吸收公众存款、集资诈骗等犯罪，根据刑法、刑事诉讼法的规定，结合司法实践，现就办理非法集资刑事案件适用法律问题提出以下意见：

一、关于行政认定的问题

行政部门对于非法集资的性质认定，不是非法集资刑事案件进入刑事诉讼程序的必经程序。行政部门未对非法集资作出性质认定的，不影响非法集资刑事案件的侦查、起诉和审判。

公安机关、人民检察院、人民法院应当依法认定案件事实的性质，对于案情复杂、性质认定疑难的案件，可参考有关部门的认定意见，根据案件事实和法律规定作出性质认定。

二、关于“向社会公开宣传”的认定问题

《最高人民法院关于审理非法集资刑事案件具体应用法律若干问题的解释》第一条第一款第二项中的“向社会公开宣传”，包括以各种途径向社会公众传播吸收资金的信息，以及明知吸收资金的信息向社会公众扩散而予以放任等情形。

三、关于“社会公众”的认定问题

下列情形不属于《最高人民法院关于审理非法集资刑事案件具体应用法律若干问题的解释》第一条第二款规定的“针对特定对象吸收资金”的行为，应当认定为向社会公众吸收资金：

（一）在向亲友或者单位内部人员吸收资金的过程中，明知亲友或者单位

内部人员向不特定对象吸收资金而予以放任的；

（二）以吸收资金为目的，将社会人员吸收为单位内部人员，并向其吸收资金的。

四、关于共同犯罪的处理问题

为他人向社会公众非法吸收资金提供帮助，从中收取代理费、好处费、返点费、佣金、提成等费用，构成非法集资共同犯罪的，应当依法追究刑事责任。能够及时退缴上述费用的，可依法从轻处罚；其中情节轻微的，可以免除处罚；情节显著轻微、危害不大的，不作为犯罪处理。

五、关于涉案财物的追缴和处置问题

向社会公众非法吸收的资金属于违法所得。以吸收的资金向集资参与人支付的利息、分红等回报，以及向帮助吸收资金人员支付的代理费、好处费、返点费、佣金、提成等费用，应当依法追缴。集资参与人本金尚未归还的，所支付的回报可予折抵本金。

将非法吸收的资金及其转换财物用于清偿债务或者转让给他人，有下列情形之一的，应当依法追缴：

（一）他人明知是上述资金及财物而收取的；

（二）他人无偿取得上述资金及财物的；

（三）他人以明显低于市场的价格取得上述资金及财物的；

（四）他人取得上述资金及财物系源于非法债务或者违法犯罪活动的；

（五）其他依法应当追缴的情形。

查封、扣押、冻结的易贬值及保管、养护成本较高的涉案财物，可以在诉讼终结前依照有关规定变卖、拍卖。所得价款由查封、扣押、冻结机关予以保管，待诉讼终结后一并处置。

查封、扣押、冻结的涉案财物，一般应在诉讼终结后，返还集资参与人。涉案财物不足全部返还的，按照集资参与人的集资额比例返还。

六、关于证据的收集问题

办理非法集资刑事案件中，确因客观条件的限制无法逐一收集集资参与人的言词证据的，可结合已收集的集资参与人的言词证据和依法收集并查证属实的书面合同、银行账户交易记录、会计凭证及会计账簿、资金收付凭证、审计报告、互联网电子数据等证据，综合认定非法集资对象人数和吸收资金数额等犯罪事实。

七、关于涉及民事案件的处理问题

对于公安机关、人民检察院、人民法院正在侦查、起诉、审理的非法集资刑事案件，有关单位或者个人就同一事实向人民法院提起民事诉讼或者申请执行涉案财物的，人民法院应当不予受理，并将有关材料移送公安机关或者检察机关。

人民法院在审理民事案件或者执行过程中，发现有非法集资犯罪嫌疑的，应当裁定驳回起诉或者中止执行，并及时将有关材料移送公安机关或者检察机关。

公安机关、人民检察院、人民法院在侦查、起诉、审理非法集资刑事案件中，发现与人民法院正在审理的民事案件属同一事实，或者被申请执行的财物属于涉案财物的，应当及时通报相关人民法院。人民法院经审查认为确属涉嫌犯罪的，依照前款规定处理。

八、关于跨区域案件的处理问题

跨区域非法集资刑事案件，在查清犯罪事实的基础上，可以由不同地区的公安机关、人民检察院、人民法院分别处理。

对于分别处理的跨区域非法集资刑事案件，应当按照统一制定的方案处置涉案财物。

国家机关工作人员违反规定处置涉案财物，构成渎职等犯罪的，应当依法追究刑事责任。

最高人民法院
最高人民检察院
公安部
2014 年 3 月 25 日

《最高人民法院、最高人民检察院、公安部关于办理非法集资刑事案件适用法律若干问题的意见》理解与适用

韩耀元　吴峤滨*

2014年3月25日，最高人民法院、最高人民检察院、公安部联合印发了《关于办理非法集资刑事案件适用法律若干问题的意见》（以下简称《意见》）。《意见》根据刑法、刑事诉讼法的规定，在2010年最高人民检察院、公安部《关于公安机关管辖的刑事案件立案追诉标准的规定（二）》和2010年最高人民法院《关于审理非法集资刑事案件具体应用法律若干问题的解释》（以下称《2010年解释》）规定的基础上，结合司法实践，进一步明确了非法集资犯罪的有关法律适用问题。这是最高人民法院、最高人民检察院、公安部依法严惩非法集资犯罪活动，保障国家金融管理秩序，维护人民群众合法权益的重要举措。《意见》共八条，对非法集资的行政认定、"向社会公开宣传"及"社会公众"的认定、共同犯罪的处理、涉案财物的追缴处置等八个方面的问题作了规定。为便于深入理解和掌握《意见》的基本精神和主要内容，现就《意见》的有关问题解读如下：

（一）关于行政认定的问题

《意见》第一条对非法集资的行政认定问题作了规定："行政部门对于非法集资的性质认定，不是非法集资刑事案件进入刑事诉讼程序的必经程序。行政部门未对非法集资作出性质认定的，不影响非法集资刑事案件的侦查、起诉和审判。公安机关、人民检察院、人民法院应当依法认定案件事实的性质，对于案情复杂、性质认定疑难的案件，可参考有关部门的认定意见，根据案件事实和法律规定作出性质认定。"主要考虑：一是非法集资行为涉嫌非法吸收公众存款、集资诈骗等犯罪，应当由公安机关、人民检察院、人民法院根据刑法、刑事诉讼法的规定，对非法集资刑事案件依职权进行侦查、起诉和审判；行政部门的认定意见可以作为公安机关、人民检察院、人民法院进行性质认定时的参考。实践中个别地区在处理非法集资刑事案件时，将行政部门出具对于非法集资的性质认定意见作为前置条件和必经程序，既不符合有关法律的规

* 作者单位：最高人民检察院法律政策研究室。

定，也不符合办案实际需要。二是本条规定与此前有关规范性文件的规定精神是一致的。根据处置非法集资工作的实际情况，处置非法集资部际联席会议办公室在2007年就已提出在处置非法集资案件中应本着“提高效率、定性准确、处理稳妥的原则，不以行政认定为前置条件”的工作意见。2011年最高人民法院《关于非法集资刑事案件性质认定问题的通知》也规定：“行政部门对于非法集资的性质认定，不是非法集资案件进入刑事程序的必经程序。行政部门未对非法集资作出性质认定的，不影响非法集资刑事案件的审判。人民法院应当依照刑法和最高人民法院《关于审理非法集资刑事案件具体应用法律若干问题的解释》等有关规定认定案件事实的性质，并认定相关行为是否构成犯罪。对于案情复杂、性质认定疑难的案件，人民法院可以在有关部门关于是否符合行业技术标准的行政认定意见的基础上，根据案件事实和法律规定作出性质认定。”因此，《意见》第一条在此前有关规范性文件的基础上，对非法集资的行政认定问题作了进一步明确。

（二）关于“向社会公开宣传”的认定问题

《意见》第二条对非法集资刑事案件中“向社会公开宣传”的认定问题作了规定：“《2010年解释》第一条第一款第二项中的‘向社会公开宣传’，包括以各种途径向社会公众传播吸收资金的信息，以及明知吸收资金的信息向社会公众扩散而予以放任等情形。”根据《2010年解释》的规定，成立非法集资需同时具备非法性、公开性、利诱性、社会性四个特征，其中“公开性”特征是指“通过媒体、推介会、传单、手机短信等途径向社会公开宣传”。司法实践中，对如何认定非法集资的“公开性”特征有不同认识和做法，因此，本条对这一问题作了专门规定，主要考虑：一是《2010年解释》列举了媒体、推介会、传单、手机短信几种典型的公开宣传途径，但这是例示性的规定，宣传途径不应以此为限。实践中常见的还有互联网、标语、横幅、宣传册、宣传画、讲座、论坛、研讨会等宣传方式，只要行为人通过这些途径主动向社会公众传播吸收资金的信息，即属于“向社会公开宣传”。二是对于实践中大量存在的口口相传、以人传人的宣传方式，是否属于公开宣传，能否将口口相传的效果归责于行为人，需要根据主客观相一致的原则进行具体分析，区别对待，实践中应当结合行为人对此是否知情、态度如何，有无具体参与、是否设法加以阻止等主客观因素，综合认定是否符合公开性特征。本条明确规定“明知吸收资金的信息向社会公众扩散而予以放任”也属于“向社会公开宣传”，是考虑到口口相传、以人传人的宣传方式，因为承诺内容具体明确（如承诺在一定期限内以货币、实物、股权等方式给付高额回报）、信息来源熟悉可靠（如通过亲戚、朋友、同学、同事、熟人等途径传播）、传播方式比较隐蔽等，有时反而极易在社会公众中大范围地快速传播。如果行为人明知吸收资金的信息向社会公众扩散，而未设法加以阻止，而是放任甚至积极推动信息传播，这在实际效果上与主动向社会公众传播吸收资金的信息没有差异，将其认定为“向社会公开宣传”符合主客观相一致的原则。

（三）关于“社会公众”的认定问题

《意见》第三条对非法集资刑事案件中“社会公众”的认定问题作了规定：“下列情形不属于《最高人民法院关于审理非法集资刑事案件具体应用法律若干问题的解释》第一条第二款规定的‘针对特定对象吸收资金’的行为，应当认定为向社会公众吸收资金：（一）在向亲友或者单位内部人员吸收资金的过程中，明知亲友或者单位内部人员向不特定对象吸收资金而予以放任的；（二）以吸收资金为目的，将社会人员吸收为单位内部人员，并向其吸收资金的。”

根据《2010年解释》的规定，非法集资的“社会性”特征是指“向社会公众即社会不特定对象吸收资金”，这是非法集资有别于民间借贷的重要特征。法律禁止非法集资的重要目的在于对广大公众投资者的利益给予特殊保护，主要有三个方面的考虑：一是不同于专业投资者，社会公众欠缺投资知识，缺乏投资理性；二是不同于合法融资，非法集资活动信息极不对称，社会公众缺乏投资所需的真实而必要的信息；三是社会公众抗风险能力较弱，往往难以承受集资款无法返还的损失风险，且牵涉人数众多，易引发社会问题。非法集资的“社会性”特征包含两个层面：一是指向对象的广泛性，即非法集资对象的众多性；二是指向对象的不特定性，即非法集资的对象为不特定多数人。如果有的行为人未向社会公开宣传吸收资金的信息，只是在亲友或者单位内部针对特定对象吸收资金，这种情形因集资对象限定于亲友圈或者单位内部人员等有限范围内，具有特定性，不符合非法集资的“社会性”特征。因此，《2010年解释》第一条第二款专门规定：“未向社会公开宣传，在亲友或者单位内部针对特定对象吸收资金的，不属于非法吸收或者变相吸收公众存款。”

针对司法实践中非法集资犯罪手法翻新，行为人规避法律和司法解释规定的情况，《意见》第三条明确以下两种情形应当认定为向社会公众吸收资金：一是在向亲友或者单位内部人员吸收资金的过程中，明知亲友或者单位内部人员向不特定对象吸收资金而予以放任的情形。实践中，有的行为人最初是向亲友或者单位内部人员吸收资金，但随后吸收资金的渠道不断发生扩散、辐射，行为人的亲友或者单位内部人员又开始向他们的亲戚、朋友、熟人等吸收资金。如果行为人明知这一情况而予以放任，其行为性质就发生了变化，吸收资金的对象也从特定对象向社会不特定对象转化，对其应当认定为向社会公众吸收资金。二是以吸收资金为目的，将社会人员吸收为单位内部人员，并向其吸收资金的情形。实践中，有的单位通过公开招聘，在聘用同时向应聘人员筹集资金，集资参与人参与集资的同时即成为单位的员工；还有的单位先将社会人员聘为单位员工，之后再向其吸收资金。这种非法集资手段虽然具有一定的隐蔽性，但并未改变向社会不特定对象吸收资金的本质，也应当认定为向社会公众吸收资金。

（四）关于共同犯罪的处理问题

《意见》第四条对非法集资刑事案件中共同犯罪的处理问题作了规定："为他人向社会公众非法吸收资金提供帮助，从中收取代理费、好处费、返点费、佣金、提成等费用，构成非法集资共同犯罪的，应当依法追究刑事责任。能够及时退缴上述费用的，可依法从轻处罚；其中情节轻微的，可以免除处罚；情节显著轻微、危害不大的，不作为犯罪处理。"主要考虑：近年来的非法集资案件中，一些单位和个人受利益驱动帮助非法集资犯罪行为人非法吸收资金，从中收取代理费、好处费、返点费、佣金、提成等费用。这些单位和个人被俗称为"集资代理人"、"集资中间人"，这一情况在跨区域非法集资刑事案件中尤为突出。"集资代理人"、"集资中间人"行为的社会危害性主要体现在：一是为非法集资推波助澜。他们根据非法集资犯罪行为人的授意，广泛散布非法集资信息，引诱社会公众投入资金，使非法集资活动迅速蔓延、扩散。二是占有大量非法集资款。他们在帮助非法吸收资金的过程中，按照吸收资金比例收取高额费用，有的比例高达三至四成，社会公众投入的大量资金被他们非法占有。三是干扰案件正常处理。部分"集资代理人"、"集资中间人"在案发后散布谣言，阻止集资参与人报案或者煽动聚众上访、冲击国家机关，企图以此转移视线，逃避打击，维护自身的非法获利。鉴于"集资代理人"、"集资中间人"行为的社会危害性，有必要予以刑事打击，对其违法所得必须予以追缴。因此，本条规定，对于经查证与集资犯罪行为人构成共同犯罪的，应当依法追究刑事责任。同时，考虑到他们在非法集资共同犯罪中一般处于从属地位，主观恶性相对较小，为贯彻宽严相济刑事政策。本条还规定，能够及时退缴上述费用的，可依法从轻处罚；其中情节轻微的，可以免除处罚；情节显著轻微、危害不大的，不作为犯罪处理。

（五）关于涉案财物的追缴和处置问题

涉案财物追缴和处置是非法集资案件处置工作中的重点和难点。目前，涉案财物追缴和处置一般程序为：案发地人民政府制定处置方案，组织相关部门开展涉案资产追缴、集资参与人登记核对、涉案财物拍卖变现等工作。集资款的清退，应根据清理后剩余的资金，按照集资参与人集资额比例予以清退。参与非法集资活动受到损失的，由集资参与人自行承担。根据处置非法集资工作的实际情况和有关规范性文件的规定，《意见》第五条明确了非法集资刑事案件中涉案财物的追缴和处置问题，共分四款。

第一款明确了涉案财物的追缴范围：向社会公众非法吸收的资金属于违法所得；以吸收的资金向集资参与人支付的利息、分红等回报，以及向帮助吸收资金人员支付的代理费、好处费、返点费、佣金、提成等费用，应当依法追缴；集资参与人本金尚未归还的，所支付的回报可予折抵本金。主要考虑：一是非法集资行为涉嫌非法吸收公众存款、集资诈骗等犯罪，行为人向社会公众非法吸收的资金是其因实施犯罪行为而取得的财物，根据刑法第六十四条的规定属于违法所得，应当予以追缴。二是行为人以吸收的资金向集资参与人支付的利息、分红等回报，以及向帮助吸收资金人员支付的代理费、好处费、返点费、佣金、提成等费用，因其属于行为人对违法所得的处分，不属于集资参与人和帮助吸收资金人员的合法收入，也应予以追缴。三是出于实践可操作性和避免激化矛盾的考虑，明确集资参与人本金尚未归还的，所支付的回报可予折抵本金。因为非法集资案件发生后能够追缴的财物往往不足以全额返还集资参与人，很难要求本金尚未得到返还的集资参与人先将利息、分红退出后再按比例统一偿付。而且，实践中有的集资参与人支付本金时往往已经扣除了利息部分。这一规定与《2010 年解释》第五条第三款的规定是一致的。

第二款明确了将非法吸收的资金及其转换财物用于清偿债务或者转让给他人的追缴范围，具体包括五种情形：一是他人明知是上述资金及财物而收取的；二是他人无偿取得上述资金及财物的；三是他人以明显低于市场的价格取得上述资金及财物的；四是他人取得上述资金及财物系源于非法债务或者违法犯罪活动的；五是其他依法应当追缴的情形。本款规定参照了 2011 年最高人民法院、最高人民检察院《关于办理诈骗刑事案件具体应用法律若干问题的解释》第十条的规定，有利于最大限度追缴涉案财物，最大限度减少经济损失，同时还有利于维护既定的社会关系，保护善意第三人的利益。

第三款明确了易贬值及保管、养护成本较高涉案财物的处置问题，即查封、扣押、冻结的上述涉案财物，可以在诉讼终结前依照有关规定变卖、拍卖；所得价款由查封、扣押、冻结机关予以保管，待诉讼终结后一并处置。本款规定参照了 2013 年《公安机关办理刑事案件程序规定》第二百三十条的规定，主要为了防止涉案财物因贬值、腐烂变质、保管困难等原因导致损失扩大。

第四款明确了涉案财物的处置原则，即查封、扣押、冻结的涉案财物，一般应在诉讼终结后，返还集资参与人；涉案财物不足全部返还的，按照集资参与人的集资额比例返还。非法集资案件往往涉案金额大、范围广、人数多，对涉案财物的处置应当遵循严格规范的操作流程，防止因仓促返还或者返还不均引发新的矛盾，因此本款对统一处置和比例返还的原则予以强调。

（六）关于证据的收集问题

《意见》第六条明确了非法集资刑事案件中证据的收集问题，规定："办理非法集资刑事案件中，确因客观条件的限制无法逐一收集集资参与人的言词证据的，可结合已收集的集资参与人的言词证据和依法收集并查证属实的书面合同、银行账户交易记录、会计凭证及会计账簿、资金收付凭证、审计报告、互联网电子数据等证据，综合认定非法集资对象人数和吸收资金数额等犯罪事实。"主要考虑：当前，非法集资犯罪案件高发、案情复杂、形势严峻，其活动日趋隐蔽，形式日趋多样，手法不断翻新，特别是其涉案金额巨大、参与集资人数众多、参与集资人员分散、身份核实难度较大、跨区域犯罪增多等特点，使侦破案件和收集证据的难度不断加大，给打击非法集资活动带来一定困难。因此，为有效打击非法集资犯罪，本条明确了办理非法集资刑事案件的证据收集标准，即结合言词证据和书证、电子数据等其他证据综合认定非法集资对象人数和吸收资金数额等犯罪事实，进一步加强执法办案过程中收集证据的可操作性。

（七）关于涉及民事案件的处理问题

《意见》第七条明确了非法集资刑事案件中涉及民事案件的处理问题，共分三款。司法实践中，部分集资参与人在非法集资刑事案件立案前或者刑事诉讼过程中，以经济纠纷特别是借贷纠纷为由对非法集资犯罪行为人提起民事诉讼，要求其返还集资款项，部分案件民事判决生效后，涉案财物被强制执行。上述情况导致在处理非法集资案件时，基于同一法律事实的刑事法律关系和民事法律关系发生交叉，既不利于保障相关当事人的实体权利和诉讼权利，也容易侵害其他集资参与人的合法权益，进一步激化社会矛盾，影响社会稳定。

1998 年最高人民法院《关于在审理经济纠纷案件中涉及经济犯罪嫌疑若干问题的规定》对刑事、民事案件互涉问题作了原则性规定："人民法院作为经济纠纷受理的案件，经审理认为不属经济纠纷案件而有经济犯罪嫌疑的，应当裁定驳回起诉，将有关材料移送公安机关或检察机关。人民法院已立案审理的经济纠纷案件，公安机关或检察机关认为有经济犯罪嫌疑，并说明理由附有关材料函告受理该案的人民法院的，有关人民法院应当认真审查。”为确保依法妥善处理非法集资刑事案件，避免公安司法机关就案办案、孤立办案，做好涉案财物的权属认定和返还工作，《意见》参照上述规定对非法集资刑事案件中涉及民事案件的处理问题作了明确。本条强调在同一法律事实下，刑事案件应当优先于民事案件，并根据不同诉讼程序和环节分为三个层次：一是对于公安机关、人民检察院、人民法院正在侦查、起诉、审理的非法集资刑事案件，有关单位或者个人就同一事实向人民法院提起民事诉讼或者申请执行涉案财物的，人民法院应当不予受理，并将有关材料移送公安机关或者检察机关。二是人民法院在审理民事案件或者执行过程中，发现有非法集资犯罪嫌疑的，应当裁定驳回起诉或者中止执行，并及时将有关材料移送公安机关或者检察机关。三是公安机关、人民检察院、人民法院在侦查、起诉、审理非法集资刑事案件中，发现与人民法院正在审理的民事案件属同一事实，或者被申请执行的财物属于涉案财物的，应当及时通报相关人民法院。人民法院经审查认为确属涉嫌犯罪的，依照前款规定处理。

（八）关于跨区域案件的处理问题

《意见》第八条明确了跨区域非法集资刑事案件的处理问题，共分三款。第一款明确跨区域非法集资刑事案件，在查清犯罪事实的基础上，可以由不同地区的公安机关、人民检察院、人民法院分别处理。主要考虑：实践中，对跨区域非法集资案件，由牵头省份制定处置方案，并征求其他涉案省份意见，组织协调各涉案省份按照统一的方案开展涉案资产追缴、集资参与人登记核对、涉案财物拍卖变现、集资款清退等工作。由于跨区域非法集资案件涉及范围广、人数多，为了提高诉讼效率、降低诉讼成本、缓解办案压力，本款明确在查清犯罪事实的基础上，可以由不同地区的公安机关、人民检察院、人民法院分别处理。

第二款明确对于分别处理的跨区域非法集资刑事案件，应当按照统一制定的方案处置涉案财物。主要考虑：对于跨区域非法集资案件，各涉案省份应当按照统一的方案和原则处置涉案财物，不得因地方利益擅自处置辖区内涉案财物或者提前向辖区内集资参与人清退集资款，本款对跨区域非法集资案件的统一处置原则予以强调。

第三款明确国家机关工作人员违反规定处置涉案财物，构成渎职等犯罪的，应当依法追究刑事责任。主要考虑：在处置非法集资工作中，相关国家机关工作人员应当严格依照有关法律、法规或者规范性文件的规定处置涉案财物，不得违反有关处置程序、超越职责范围，非法或者擅自处置涉案财物。比如《意见》第五条关于涉案财物追缴和处置的规定，就必须严格执行，不得违反。对国家机关工作人员在处置涉案财物过程中，滥用职权、玩忽职守或者徇私舞弊，致使公共财产、国家和人民利益遭受重大损失，依照刑法和相关司法解释规定构成犯罪的，应当以滥用职权罪、玩忽职守罪等罪名追究刑事责任；同时有受贿行为构成受贿罪的，除刑法另有规定外，还应当以渎职犯罪和受贿罪数罪并罚。

最高人民法院、最高人民检察院、公安部关于办理利用赌博机开设赌场案件适用法律若干问题的意见

（2014年3月26日公布并施行）

各省、自治区、直辖市高级人民法院，人民检察院，公安厅、局，解放军军事法院、军事检察院，新疆维吾尔自治区高级人民法院生产建设兵团分院，新疆生产建设兵团人民检察院、公安局：

为依法惩治利用具有赌博功能的电子游戏设施设备开设赌场的犯罪活动，根据《中华人民共和国刑法》、《最高人民法院、最高人民检察院关于办理赌博刑事案件具体应用法律若干问题的解释》等有关规定，结合司法实践，现就办理此类案件适用法律问题提出如下意见：

一、关于利用赌博机组织赌博的性质认定

设置具有退币、退分、退钢珠等赌博功能的电子游戏设施设备，并以现金、有价证券等贵重款物作为奖品，或者以回购奖品方式给予他人现金、有价证券等贵重款物（以下简称设置赌博机）组织赌博活动的，应当认定为刑法第三百零三条第二款规定的“开设赌场”行为。

二、关于利用赌博机开设赌场的定罪处罚标准

设置赌博机组织赌博活动，具有下列情形之一的，应当按照刑法第三百零三条第二款规定的开设赌场罪定罪处罚：

（一）设置赌博机10台以上的；

（二）设置赌博机2台以上，容留未成年人赌博的；

（三）在中小学校附近设置赌博机2台以上的；

（四）违法所得累计达到5000元以上的；

（五）赌资数额累计达到5万元以上的；

（六）参赌人数累计达到20人以上的；

（七）因设置赌博机被行政处罚后，两年内再设置赌博机5台以上的；

（八）因赌博、开设赌场犯罪被刑事处罚后，五年内再设置赌博机5台以上的；

（九）其他应当追究刑事责任的情形。

设置赌博机组织赌博活动，具有下列情形之一的，应当认定为刑法第三百零三条第二款规定的“情节严重”：

（一）数量或者数额达到第二条第一款第一项至第六项规定标准六倍以上的；

（二）因设置赌博机被行政处罚后，两年内再设置赌博机 30 台以上的；

（三）因赌博、开设赌场犯罪被刑事处罚后，五年内再设置赌博机 30 台以上的；

（四）其他情节严重的情形。

可同时供多人使用的赌博机，台数按照能够独立供一人进行赌博活动的操作基本单元的数量认定。

在两个以上地点设置赌博机，赌博机的数量、违法所得、赌资数额、参赌人数等均合并计算。

三、关于共犯的认定

明知他人利用赌博机开设赌场，具有下列情形之一的，以开设赌场罪的共犯论处：

（一）提供赌博机、资金、场地、技术支持、资金结算服务的；

（二）受雇参与赌场经营管理并分成的；

（三）为开设赌场者组织客源，收取回扣、手续费的；

（四）参与赌场管理并领取高额固定工资的；

（五）提供其他直接帮助的。

四、关于生产、销售赌博机的定罪量刑标准

以提供给他人开设赌场为目的，违反国家规定，非法生产、销售具有退币、退分、退钢珠等赌博功能的电子游戏设施设备或者其专用软件，情节严重的，依照刑法第二百二十五条的规定，以非法经营罪定罪处罚。

实施前款规定的行为，具有下列情形之一的，属于非法经营行为“情节严重”：

（一）个人非法经营数额在五万元以上，或者违法所得数额在一万元以上的；

（二）单位非法经营数额在五十万元以上，或者违法所得数额在十万元以上的；

（三）虽未达到上述数额标准，但两年内因非法生产、销售赌博机行为受过二次以上行政处罚，又进行同种非法经营行为的；

（四）其他情节严重的情形。

具有下列情形之一的，属于非法经营行为“情节特别严重”：

（一）个人非法经营数额在二十五万元以上，或者违法所得数额在五万元以上的；

（二）单位非法经营数额在二百五十万元以上，或者违法所得数额在五十万元以上的。

五、关于赌资的认定

本意见所称赌资包括：

（一）当场查获的用于赌博的款物；（二）代币、有价证券、赌博积分等实际代表的金额；

（三）在赌博机上投注或赢取的点数实际代表的金额。

六、关于赌博机的认定

对于涉案的赌博机，公安机关应当采取拍照、摄像等方式及时固定证据，并予以认定。对于是否属于赌博机难以确定的，司法机关可以委托地市级以上公安机关出具检验报告。司法机关根据检验报告，并结合案件具体情况作出认定。必要时，人民法院可以依法通知检验人员出庭作出说明。

七、关于宽严相济刑事政策的把握办理利用赌博机开设赌场的案件，应当贯彻宽严相济刑事政策，重点打击赌场的出资者、经营者

对受雇佣为赌场从事接送参赌人员、望风看场、发牌坐庄、兑换筹码等活动的人员，除参与赌场利润分成或者领取高额固定工资的以外，一般不追究刑事责任，可由公安机关依法给予治安管理处罚。对设置游戏机，单次换取少量奖品的娱乐活动，不以违法犯罪论处。

八、关于国家机关工作人员渎职犯罪的处理

负有查禁赌博活动职责的国家机关工作人员，徇私枉法，包庇、放纵开设赌场违法犯罪活动，或者为违法犯罪分子通风报信、提供便利、帮助犯罪分子逃避处罚，构成犯罪的，依法追究刑事责任。

国家机关工作人员参与利用赌博机开设赌场犯罪的，从重处罚。

最高人民法院
最高人民检察院
公安部
2014年3月26日

《最高人民法院、最高人民检察院、公安部关于办理利用赌博机开设赌场案件适用法律若干问题的意见》理解与适用

韩耀元 吴峤滨*

2014年3月26日，最高人民法院、最高人民检察院、公安部联合印发了《关于办理利用赌博机开设赌场案件适用法律若干问题的意见》（以下简称《意见》）。根据刑法和《"两高"关于办理赌博刑事案件具体应用法律若干问题的解释》等有关规定，结合司法实践，进一步明确了办理利用赌博机开设赌场案件的有关法律适用问题。这是最高人民法院、最高人民检察院、公安部依法惩治利用赌博机开设赌场犯罪活动，深入推进打击赌博犯罪专项行动，净化社会风气，维护社会秩序的重大举措，展示了公安司法机关铲除赌患、匡扶正气的坚定决心。为便于深入理解和掌握《意见》的基本精神和主要内容，现就《意见》的有关问题解读如下：

一、制定《意见》的背景及过程

2005年5月，最高人民法院、最高人民检察院（以下简称"两高"）公布施行了《关于办理赌博刑事案件具体应用法律若干问题的解释》（以下简称《2005年解释》），对刑法第三百零三条关于赌博罪的规定作了解释，明确了相关定罪量刑标准，为公安司法机关认定和处理赌博违法犯罪案件提供了法律依据。为了完善我国刑法有关赌博犯罪的规定，全国人大常委会于2006年6月29日通过了《刑法修正案（六）》，将"开设赌场"从赌博罪中分立出来，规定为独立的犯罪，并将最高法定刑从三年有期徒刑提高到十年。2010年9月，"两高"、公安部联合出台了《关于办理网络赌博犯罪案件适用法律若干问题的意见》（以下简称《2010年意见》），针对利用互联网、移动通讯终端等传输赌博视频、数据，组织网络赌博等犯罪行为，进一步明确了法律适用标准。

近年来，赌博违法犯罪活动出现新的动向，特别是利用赌博机组织赌博的违法犯罪活动日趋严重，并呈发展蔓延之势。赌博机具有欺骗性强、迷惑性大、牟利快等特点，有的利用遥控器、手机、网络远程控制赌博机，调控输赢难度，参赌必输；有的将赌博机修饰装扮成游戏机，赌博游戏一键切换，混淆

* 作者单位：最高人民检察院法律政策研究室。

视线；有的赌博机成本低廉，但一天牟利少则数百多则数万，具有极大的社会危害性，严重扰乱社会秩序，败坏社会道德风尚。全国公安机关每年均查处大量利用赌博机组织赌博的治安、刑事案件，每年收缴、销毁逾10万台赌博机，但利用赌博机组织赌博及生产、销售赌博机的违法犯罪活动仍屡打不绝、屡禁不止。同时，各地公安司法机关由于对利用赌博机组织赌博案件的法律适用问题认识和处理不一，一定程度上影响了对此类违法犯罪活动的有效惩治。社会各界对此也高度关注，特别是中小学生家长强烈呼吁严惩此类犯罪活动，切实保护广大青少年的身心健康。

自2012年3月起，最高人民法院、最高人民检察院、公安部共同启动了《意见》的研究制定工作，在《2005年解释》和《2010年意见》的基础上，结合司法实践中遇到的法律适用问题，研究起草了《意见》稿。通过专题调研、召开会议等方式听取了有关部门、单位的意见和建议，并在全国公安、检察院、法院系统内征求了意见。经综合各方面的意见，多次研究修改，2014年1月23日由最高人民检察院第十二届检察委员会第十五次会议审议通过了《意见》稿，3月26日“两高”、公安部联合印发了《意见》。

二、主要内容及说明

《意见》共八条，明确了八个方面的问题：一是关于利用赌博机组织赌博的性质认定问题；二是关于利用赌博机开设赌场犯罪的定罪处罚标准；三是关于共犯的认定问题；四是关于生产、销售赌博机的定罪量刑标准；五是关于赌资的认定问题；六是关于赌博机的认定问题；七是关于宽严相济刑事政策的把握问题；八是关于国家机关工作人员渎职犯罪的处理问题。现具体说明如下：

（一）关于利用赌博机组织赌博的性质认定问题

《意见》第一条明确了利用赌博机开设赌场行为的认定问题，包括两个层次：一是设置具有退币、退分、退钢珠等赌博功能的电子游戏设施设备，并以现金、有价证券等贵重款物作为奖品，或者以回购奖品方式给予他人现金、有价证券等贵重款物的，即为“设置赌博机”；二是设置赌博机组织赌博活动的，应当认定为刑法第三百零三条第二款规定的“开设赌场”行为。主要考虑：一是2000年《国务院办公厅转发文化部等部门关于开展电子游戏场所专项治理的意见》第三条第七项规定，对设置具有退币、退钢珠、退奖券、荧屏记分和其他中奖方式等赌博功能的电子游戏机机型、机种、电路板的电子游戏经营场所，除由文化部门会同公安、信息产业、工商行政管理等部门依照有关规定分别处罚外，工商行政管理部门要吊销其营业执照或予以取缔，构成犯罪的，依法追究刑事责任。2006年《娱乐场所管理条例》第十九条规定，游艺娱乐场所不得设置具有赌博功能的电子游戏机机型、机种、电路板等游戏设施设备，不得以现金或者有价证券作为奖品，不得回购奖品。因此，《意见》第一条根据目前执法办案的实际情况，明确设置具有退币、退分、退钢珠等赌博功能的电子游戏设施设备，并以贵重款物作为奖品，或者以回购奖品方式给予他人贵重款物的，属于“设置赌博机”的行为。二是刑法第三百零三条第二款规定的“开设赌场”，一般是指开设专门用于进行赌博的场所，设定赌博方式，提供赌具、筹码，接受赌客投注的行为。而设置赌博机组织赌博活动的行为，与传统开设赌场的行为性质相同，因此应当将其认定为刑法第三百零三条第二款规定的“开设赌场”，以开设赌场罪定性处理。

（二）关于利用赌博机开设赌场的定罪处罚标准

《意见》第二条共分四款，明确了利用赌博机开设赌场的定罪处罚标准。

第一款规定了设置赌博机组织赌博活动，构成开设赌场罪的九种情形。第一项“设置赌博机 10 台以上的”、第四项“违法所得累计达到五千元以上的”、第五项“赌资数额累计达到五万元以上的”、第六项“参赌人数累计达到 20 人以上的”情形，主要参照了《2005 年解释》第一条关于聚众赌博构成赌博罪的认定标准，从设置赌博机数量、违法所得数额、赌资数额、参赌人数等方面作了规定，各项数量数额标准保持大致平衡，社会危害性也大体相当。第二项“设置赌博机 2 台以上，容留未成年人赌博的”，第三项“在中小学校附近设置赌博机 2 台以上的”情形，主要为了体现对未成年人和在校学生的特殊保护，将设置赌博机入罪的数量标准在第一项规定的基础上大幅度降低。第七项“因设置赌博机被行政处罚后，两年内再设置赌博机 5 台以上的”，第八项“因赌博、开设赌场犯罪被刑事处罚后，五年内再设置赌博机 5 台以上的”情形，主要考虑到这类犯罪分子屡教不改，受过处罚后继续重操旧业，主观恶性较大，有必要予以从严惩处。第九项“其他应当追究刑事责任的情形”是兜底条款。

第二款规定了设置赌博机组织赌博活动，构成开设赌场罪“情节严重”的四种情形：一是数量或者数额达到第一款第一项至第六项规定标准六倍以上的；二是因设置赌博机被行政处罚后，两年内再设置赌博机 30 台以上的；三是因赌博、开设赌场犯罪被刑事处罚后，五年内再设置赌博机 30 台以上的；四是其他情节严重的情形。本款的数量数额标准与第一款的标准保持六倍关系。

第三款规定了赌博机数量的计算问题，明确可同时供多人使用的赌博机，台数按照能够独立供一人进行赌博活动的操作基本单元的数量认定。主要考虑到实践中有的赌博机可同时供多人使用，为避免以此逃避打击，对其台数应折合成单人的操作基本单元计算。

第四款明确在两个以上地点设置赌博机，赌博机的数量、违法所得、赌资数额、参赌人数等，均合并计算。

（三）关于共犯的认定问题

《意见》第三条明确了开设赌场罪共犯的认定问题，具体规定了可以构成共犯的五类情形，即提供赌博机、资金、场地、技术支持、资金结算服务的；受雇参与赌场经营管理并分成的；为开设赌场者组织客源，收取回扣、手续费的；参与赌场管理并领取高额固定工资的以及提供其他直接帮助的情形。该条规定参照了《2005年解释》和《2010年意见》的有关规定，也符合执法办案的实际情况。这些人员明知他人利用赌博机开设赌场，有的为其提供开设赌场的物质技术条件，有的为赌场组织客源并从中牟利，有的受其雇用从事直接帮助行为，都符合刑法关于共同犯罪的规定，应当以开设赌场罪的共犯论处。

（四）关于生产、销售赌博机的定罪量刑标准

《意见》第四条共分三款，明确了生产、销售赌博机的定罪量刑标准。

第一款明确以提供给他人开设赌场为目的，违反国家规定，非法生产、销售具有退币、退分、退钢珠等赌博功能的电子游戏设施设备或者其专用软件，情节严重的，应当以非法经营罪定罪处罚。主要考虑：2000年《国务院办公厅转发文化部等部门关于开展电子游戏场所专项治理的意见》第六条规定："自本意见发布之日起，面向国内的电子游戏设备及其零、附件生产、销售即行停止。任何企业、个人不得再从事面向国内的电子游戏设备及其零、附件的生产、销售活动。一经发现向电子游戏经营场所销售电子游戏设备及其零、附件的，由经贸、信息产业部门会同工商行政管理等部门依照有关规定进行处理。"由此可见，以提供给他人开设赌场为目的，生产、销售赌博机或者其专用软件的行为，是以为他人从事违法犯罪活动提供商品为经营业务的行为，可以认定为刑法第二百二十五条规定的"其他严重扰乱市场秩序的非法经营行为"，情节严重的，以非法经营罪定罪处罚是适当的。同时，当前利用赌博机组织赌博的违法犯罪活动屡打不绝、屡禁不止的重要原因之一，就是存在受利益驱动生产、销售赌博机及其专用软件的上游产业链条，对其予以刑事打击具有现实必要性，在罪名适用上也体现了惩治源头犯罪的精神。

第二款明确了非法生产、销售赌博机或者其专用软件，构成非法经营行为"情节严重"的四种情形：个人非法经营数额在五万元以上，或者违法所得数额在一万元以上的；单位非法经营数额在五十万元以上，或者违法所得数额在十万元以上的；虽未达到上述数额标准，但两年内因非法生产、销售赌博机行为受过二次以上行政处罚，又进行同种非法经营行为的；其他情节严重的情形。上述规定与2010年《最高人民检察院、公安部关于公安机关管辖的刑事

案件立案追诉标准的规定（二）》规定的非法经营案立案追诉的一般标准保持一致。

第三款明确了非法生产、销售赌博机或者其专用软件，构成非法经营行为“情节特别严重”的两种情形，即个人非法经营数额在二十五万元以上，或者违法所得数额在五万元以上的；单位非法经营数额在二百五十万元以上，或者违法所得数额在五十万元以上的。第三款的数额标准与第二款的标准保持五倍关系。

（五）关于赌资的认定问题

《意见》第五条明确了赌资的认定问题，即赌资包括当场查获的用于赌博的款物，代币、有价证券、赌博积分等实际代表的金额，以及在赌博机上投注或赢取的点数实际代表的金额。该条规定参照了《2005年解释》和《2010年意见》的有关规定，能够客观反映并准确计算开设赌场犯罪中的赌资数额。

（六）关于赌博机的认定问题

《意见》第六条明确了赌博机的认定问题，要求公安机关应当采取拍照、摄像等方式及时固定证据，并予以认定。同时，考虑到实践中可能出现对于是否属于赌博机难以确定的情况，本条还明确在这种情况下，司法机关可以委托地市级以上公安机关出具检验报告。司法机关根据检验报告，并结合案件具体情况作出认定。必要时，人民法院可以依法通知检验人员出庭作出说明。

（七）关于宽严相济刑事政策的把握问题

《意见》第七条明确了宽严相济刑事政策的把握问题，包括三个层次：一是明确了打击重点，对于办理利用赌博机开设赌场的案件，应当重点打击赌场的出资者、经营者；二是要求对受雇用为赌场从事接送参赌人员、望风看场、发牌坐庄、兑换筹码等活动的人员，除参与赌场利润分成或者领取高额固定工资的以外，一般不追究刑事责任，可由公安机关依法给予治安管理处罚；三是要求对设置游戏机，单次换取少量奖品的娱乐活动，不以违法犯罪论处。主要考虑：一是为贯彻宽严相济刑事政策，应当将赌场的出资者、经营者作为打击重点，而对受雇用单纯从事劳务工作的一般参与者，应当区别于《意见》第三条规定的受雇参与赌场经营管理并分成或者参与赌场管理并领取高额固定工资构成共犯的人员，一般不追究刑事责任，防止不当扩大刑事打击面；二是正确区分罪与非罪界限，考虑到《2005年解释》第九条“不以营利为目的，进行带有少量财物输赢的娱乐活动，以及提供棋牌室等娱乐场所只收取正常的场所和服务费用的经营行为等，不以赌博论处”的规定，这里也明确对设置游戏机，单次换取少量奖品的娱乐活动，不以违法犯罪论处。

（八）关于国家机关工作人员渎职犯罪的处理问题

《意见》第八条共分两款，明确了国家机关工作人员渎职犯罪的处理问题。

第一款针对有的国家机关工作人员徇私枉法，或者帮助犯罪分子逃避处罚的情况明确规定：负有查禁赌博活动职责的国家机关工作人员，徇私枉法，包庇、放纵开设赌场违法犯罪活动，或者为违法犯罪分子通风报信、提供便利、帮助犯罪分子逃避处罚，构成犯罪的，依法追究刑事责任。

第二款根据《2005 年解释》第五条的规定再次明确，国家机关工作人员参与利用赌博机开设赌场犯罪的，从重处罚。

最高人民法院、最高人民检察院、公安部关于办理网络犯罪案件适用刑事诉讼程序若干问题的意见

（2014 年 5 月 4 日公布并施行　公通字〔2014〕10 号）

各省、自治区、直辖市高级人民法院，人民检察院，公安厅、局，新疆维吾尔自治区高级人民法院生产建设兵团分院，新疆生产建设兵团人民检察院、公安局：

为解决近年来公安机关、人民检察院、人民法院在办理网络犯罪案件中遇到的新情况、新问题，依法惩治网络犯罪活动，根据《中华人民共和国刑法》、《中华人民共和国刑事诉讼法》及有关司法解释的规定，结合侦查、起诉、审判实践，现就办理网络犯罪案件适用刑事诉讼程序问题提出以下意见：

一、关于网络犯罪案件的范围

1. 本意见所称网络犯罪案件包括：

（1）危害计算机信息系统安全的犯罪案件；

（2）通过危害计算机信息系统安全实施的盗窃、诈骗、敲诈勒索等犯罪案件；

（3）在网络上发布信息或者设立主要用于实施犯罪活动的网站、通讯群组，针对或者组织、教唆、帮助不特定多数人实施的犯罪案件；

（4）主要犯罪行为在网络上实施的其他案件。

二、关于网络犯罪案件的管辖

2. 网络犯罪案件由犯罪地公安机关立案侦查。必要时，可以由犯罪嫌疑人居住地公安机关立案侦查。

网络犯罪案件的犯罪地包括用于实施犯罪行为的网站服务器所在地，网络接入地，网站建立者、管理者所在地，被侵害的计算机信息系统或其管理者所在地，犯罪嫌疑人、被害人使用的计算机信息系统所在地，被害人被侵害时所在地，以及被害人财产遭受损失地等。

涉及多个环节的网络犯罪案件，犯罪嫌疑人为网络犯罪提供帮助的，其犯罪地或者居住地公安机关可以立案侦查。

3. 有多个犯罪地的网络犯罪案件，由最初受理的公安机关或者主要犯罪地公安机关立案侦查。有争议的，按照有利于查清犯罪事实、有利于诉讼的原则，由共同上级公安机关指定有关公安机关立案侦查。需要提请批准逮捕、移送审查起诉、提起公诉的，由该公安机关所在地的人民检察院、人民法院受理。

4. 具有下列情形之一的，有关公安机关可以在其职责范围内并案侦查，需要提请批准逮捕、移送审查起诉、提起公诉的，由该公安机关所在地的人民检察院、人民法院受理：

（1）一人犯数罪的；

（2）共同犯罪的；

（3）共同犯罪的犯罪嫌疑人、被告人还实施其他犯罪的；

（4）多个犯罪嫌疑人、被告人实施的犯罪存在关联，并案处理有利于查明案件事实的。

5. 对因网络交易、技术支持、资金支付结算等关系形成多层级链条、跨区域的网络犯罪案件，共同上级公安机关可以按照有利于查清犯罪事实、有利于诉讼的原则，指定有关公安机关一并立案侦查，需要提请批准逮捕、移送审查起诉、提起公诉的，由该公安机关所在地的人民检察院、人民法院受理。

6. 具有特殊情况，由异地公安机关立案侦查更有利于查清犯罪事实、保证案件公正处理的跨省（自治区、直辖市）重大网络犯罪案件，可以由公安部商最高人民检察院和最高人民法院指定管辖。

7. 人民检察院对于公安机关移送审查起诉的网络犯罪案件，发现犯罪嫌疑人还有犯罪被其他公安机关立案侦查的，应当通知移送审查起诉的公安机关。

人民法院受理案件后，发现被告人还有犯罪被其他公安机关立案侦查的，可以建议人民检察院补充侦查。人民检察院经审查，认为需要补充侦查的，应当通知移送审查起诉的公安机关。

经人民检察院通知，有关公安机关根据案件具体情况，可以对犯罪嫌疑人所犯其他罪行并案侦查。

8. 为保证及时结案，避免超期羁押，人民检察院对于公安机关提请批准逮捕、移送审查起诉的网络犯罪案件，第一审人民法院对于已经受理的网络犯罪案件，经审查发现没有管辖权的，可以依法报请共同上级人民检察院、人民法院指定管辖。

9. 部分犯罪嫌疑人在逃，但不影响对已到案共同犯罪嫌疑人、被告人的犯罪事实认定的网络犯罪案件，可以依法先行追究已到案共同犯罪嫌疑人、被告人的刑事责任。在逃的共同犯罪嫌疑人、被告人归案后，可以由原公安机关、人民检察院、人民法院管辖其所涉及的案件。

三、关于网络犯罪案件的初查

10. 对接受的案件或者发现的犯罪线索，在审查中发现案件事实或者线索不明，需要经过调查才能够确认是否达到犯罪追诉标准的，经办案部门负责人批准，可以进行初查。

初查过程中，可以采取询问、查询、勘验、检查、鉴定、调取证据材料等不限制初查对象人身、财产权利的措施，但不得对初查对象采取强制措施和查封、扣押、冻结财产。

四、关于网络犯罪案件的跨地域取证

11. 公安机关跨地域调查取证的，可以将办案协作函和相关法律文书及凭证电传或者通过公安机关信息化系统传输至协作地公安机关。协作地公安机关经审查确认，在传来的法律文书上加盖本地公安机关印章后，可以代为调查取证。

12. 询（讯）问异地证人、被害人以及与案件有关联的犯罪嫌疑人的，可以由办案地公安机关通过远程网络视频等方式进行询（讯）问并制作笔录。

远程询（讯）问的，应当由协作地公安机关事先核实被询（讯）问人的身份。办案地公安机关应当将询（讯）问笔录传输至协作地公安机关。询（讯）问笔录经被询（讯）问人确认并逐页签名、捺指印后，由协作地公安机关协作人员签名或者盖章，并将原件提供给办案地公安机关。询（讯）问人员收到笔录后，应当在首页右上方写明“于某年某月某日收到”，并签名或者盖章。

远程询（讯）问的，应当对询（讯）问过程进行录音录像，并随案移送。

异地证人、被害人以及与案件有关联的犯罪嫌疑人亲笔书写证词、供词的，参照本条第二款规定执行。

五、关于电子数据的取证与审查

13. 收集、提取电子数据，应当由二名以上具备相关专业知识的侦查人员进行。取证设备和过程应当符合相关技术标准，并保证所收集、提取的电子数据的完整性、客观性。

14. 收集、提取电子数据，能够获取原始存储介质的，应当封存原始存储介质，并制作笔录，记录原始存储介质的封存状态，由侦查人员、原始存储介质持有人签名或者盖章；持有人无法签名或者拒绝签名的，应当在笔录中注明，由见证人签名或者盖章。有条件的，侦查人员应当对相关活动进行录像。

15. 具有下列情形之一，无法获取原始存储介质的，可以提取电子数据，但应当在笔录中注明不能获取原始存储介质的原因、原始存储介质的存放地点等情况，并由侦查人员、电子数据持有人、提供人签名或者盖章；持有人、提供人无法签名或者拒绝签名的，应当在笔录中注明，由见证人签名或者盖章；有条件的，侦查人员应当对相关活动进行录像：

（1）原始存储介质不便封存的；

（2）提取计算机内存储的数据、网络传输的数据等不是存储在存储介质上的电子数据的；

（3）原始存储介质位于境外的；

（4）其他无法获取原始存储介质的情形。

16. 收集、提取电子数据应当制作笔录，记录案由、对象、内容，收集、提取电子数据的时间、地点、方法、过程，电子数据的清单、规格、类别、文件格式、完整性校验值等，并由收集、提取电子数据的侦查人员签名或者盖章。远程提取电子数据的，应当说明原因，有条件的，应当对相关活动进行录像。通过数据恢复、破解等方式获取被删除、隐藏或者加密的电子数据的，应当对恢复、破解过程和方法作出说明。

17. 收集、提取的原始存储介质或者电子数据，应当以封存状态随案移送，并制作电子数据的复制件一并移送。

对文档、图片、网页等可以直接展示的电子数据，可以不随案移送电子数据打印件，但应当附有展示方法说明和展示工具；人民法院、人民检察院因设备等条件限制无法直接展示电子数据的，公安机关应当随案移送打印件。

对侵入、非法控制计算机信息系统的程序、工具以及计算机病毒等无法直接展示的电子数据，应当附有电子数据属性、功能等情况的说明。

对数据统计数量、数据同一性等问题，公安机关应当出具说明。

18. 对电子数据涉及的专门性问题难以确定的，由司法鉴定机构出具鉴定意见，或者由公安部指定的机构出具检验报告。

六、关于网络犯罪案件的其他问题

19. 采取技术侦查措施收集的材料作为证据使用的，应当随案移送批准采取技术侦查措施的法律文书和所收集的证据材料。使用有关证据材料可能危及有关人员的人身安全，或者可能产生其他严重后果的，应当采取不暴露有关人员身份、技术方法等保护措施，必要时，可以由审判人员在庭外进行核实。

20. 对针对或者组织、教唆、帮助不特定多数人实施的网络犯罪案件，确因客观条件限制无法逐一收集相关言词证据的，可以根据记录被害人数、被侵害的计算机信息系统数量、涉案资金数额等犯罪事实的电子数据、书证等证据材料，在慎重审查被告人及其辩护人所提辩解、辩护意见的基础上，综合全案证据材料，对相关犯罪事实作出认定。

最高人民法院
最高人民检察院
公安部
2014 年 5 月 4 日

《关于办理网络犯罪案件适用刑事诉讼程序若干问题的意见》理解与适用

吴孟栓　侯庆奇*

2014年5月4日，最高人民法院、最高人民检察院、公安部联合制定下发了《关于办理网络犯罪案件适用刑事诉讼程序若干问题的意见》（以下简称《意见》）。《意见》结合侦查、起诉、审判实践，对网络犯罪案件的办理程序作了细化、完善，进一步规范了公、检、法三机关在办理网络犯罪案件中的职权和具体工作程序。这是最高人民法院、最高人民检察院、公安部充分发挥刑事司法职能，依法惩治网络犯罪活动，保障公民合法权益，切实维护社会秩序的一项重要举措。《意见》的出台，对于保证网络犯罪案件的办案质量，提高办案效率，促进公安机关、人民检察院、人民法院严格依照刑事诉讼法公正执法具有重要意义。为便于准确理解和掌握《意见》的基本精神和主要内容，现就《意见》的有关问题作出解读。

一、制定《意见》的背景及过程

近年来随着信息网络技术的不断革新，网络犯罪案件呈快速蔓延态势，犯罪种类和数量越来越多，社会危害性越来越大。一些不法分子将网络作为犯罪平台，大肆实施非法侵入计算机信息系统、破坏计算机信息系统、赌博、诈骗、敲诈勒索、非法经营等违法犯罪活动，不仅严重扰乱社会秩序，侵犯公民合法权益，而且妨害经济社会发展，影响社会和谐稳定，人民群众反映强烈。为了加大对网络犯罪活动的打击力度，2009年2月《刑法修正案（七）》对刑法第二百八十五条作了完善，将非法控制计算机信息系统、非法获取计算机信息系统数据、提供“黑客”工具等行为入罪。近年来，“两高”也先后出台了《关于办理利用互联网、移动通讯终端、声讯台制作、复制、出版、贩卖、传播淫秽电子信息刑事案件具体应用法律若干问题的解释》等数个司法解释，初步解决了常见网络犯罪案件的法律适用问题。

由于网络犯罪与传统犯罪存在很大差异，特别是网络犯罪的跨地域性、技术性、分工合作等特点导致传统办案程序相关规定在打击网络犯罪方面存在很多不适应的地方。一是案件管辖不明确。跨地域性是网络犯罪的突出特点，犯

---

* 作者单位：最高人民检察院法律政策研究室。

罪嫌疑人、被害人以及与犯罪相关的银行账户、网站服务器等要素往往分布在不同地方，没有明显的地域范围，传统的地域管辖概念无法适应新形势下打击网络犯罪活动的需要。二是电子数据取证程序不规范。修改后的刑事诉讼法将电子数据规定为法定证据种类，但对电子数据的提取、固定、出示、辨认、质证等缺乏规定，对电子数据的取证程序亟待明确。三是取证困难。网络犯罪案件往往涉案人员和被害人人数众多，司法机关经常面临跨地域取证问题，很多案件难以及时有效调取相关证据。四是案件初查问题。大量的网上违法犯罪线索必须经过初查才能确定是否达到立案标准，有必要尽快明确网络犯罪案件的初查问题。

为了解决公安机关、人民检察院、人民法院在办理网络犯罪案件中遇到的上述新情况、新问题，对司法实践中探索积累形成的一些较为成熟的经验和做法予以固定，进一步规范办理网络犯罪案件适用刑事诉讼程序的相关问题，保证法律的统一正确适用，最高人民法院、最高人民检察院和公安部共同启动了《意见》的研究起草工作，在深入调研、充分论证的基础上形成了此《意见》。

二、《意见》的主要内容及说明

《意见》共六部分二十条，第一部分明确了网络犯罪案件的范围问题；第二部分明确了网络犯罪案件的管辖问题；第三部分明确了网络犯罪案件的初查问题；第四部分明确了网络犯罪案件的跨地域取证问题；第五部分明确了电子数据的取证与审查问题；第六部分对网络犯罪案件的其他问题作了说明。

（一）网络犯罪案件的范围

《意见》第一条根据网络犯罪的案件特点，从预防和控制网络犯罪的需要出发，对网络犯罪案件的范围作了限定：一是危害计算机信息系统安全的犯罪，主要涉及刑法第二百八十五条、第二百八十六条规定的非法侵入计算机信息系统罪，非法获取计算机信息系统数据、非法控制计算机信息系统罪，提供侵入、非法控制计算机信息系统程序、工具罪，破坏计算机信息系统罪四个罪名。这类犯罪危害了计算机信息系统、网络和数据的保密性、完整性和可用性。二是主要犯罪行为与网络相关的犯罪，即以信息技术为犯罪方法并借助网络实施的盗窃、诈骗、敲诈勒索等犯罪。三是网络涉众型犯罪，包括以不特定多数人为犯罪对象的网络犯罪和组织、教唆、帮助不特定多数人实施的网络犯罪两种情形。四是主要犯罪行为在网络上实施的其他犯罪。

《意见》在将网络犯罪案件划分为以网络为对象的犯罪和以网络为工具的犯罪的基础上，又对以网络为工具的犯罪作了更细致的划分，将网络犯罪案件划分为四种类型，并将一般的涉网犯罪排除在《意见》适用范围之外，如只是利用网络进行联系的抢劫犯罪案件。

（二）网络犯罪案件的地域管辖

《意见》第二条至第九条明确了网络犯罪案件的管辖问题。网络犯罪经常涉及多个区域，甚至跨越多个省、市、自治区。依照刑事诉讼法关于管辖的规定，所涉区域的有关侦查机关对这些网络犯罪案件都具有管辖权，很容易产生管辖争议或者互相推诿，影响侦查、起诉和审判活动的顺利进行。为解决这一问题，《意见》依照刑事诉讼法等有关规定，进一步明确了网络犯罪案件的管辖原则、管辖争议的处理办法、并案侦查和指定管辖情形。

1. 地域管辖的一般原则。《意见》第二条第一款重申了刑事诉讼法关于地域管辖的一般原则，即以犯罪地管辖为主、以犯罪嫌疑人居住地管辖为辅。这一规定有利于与人民法院的审判管辖相衔接，确保刑事诉讼活动的顺利进行。第二款结合网络犯罪案件的特点，对网络犯罪案件的“犯罪地”作了合理界定，以适应实际办案需要。根据该款规定，犯罪地包括用于实施犯罪行为的网站服务器所在地，网络接入地，网站建立者、管理者所在地，被侵害的计算机信息系统或其管理者所在地，犯罪嫌疑人、被害人使用的计算机信息系统所在地，被害人被侵害时所在地，被害人财产遭受损失地等。

2. 多个公安机关都有管辖权的网络犯罪案件的处理。依照刑事诉讼法和《意见》第二条，有多个犯罪地的网络犯罪案件，各犯罪地公安机关都可以立案侦查。为解决多个公安机关都有权管辖的网络犯罪案件，具体应由哪个公安机关行使管辖权的问题。《意见》第三条规定，对有多个犯罪地的，由最初受理的公安机关或者主要犯罪地公安机关管辖。这主要是考虑到由上述公安机关立案侦查，有利于及时查明案件事实，迅速侦破案件，故没有必要再行指定立案侦查。不同地方的公安机关对管辖权有争议的，可以按照有利于查清犯罪事实、有利于诉讼的原则，报共同的上级公安机关指定管辖。需要注意的是，为保证及时结案，避免超期羁押，上级公安机关指定管辖后，案件需要提请批准逮捕、移送审查起诉、提起公诉的，由侦查该案件的公安机关所在地的同级人民检察院、人民法院受理。

3. 可以“并案侦查”的情形。网络犯罪的分工合作特性尤其是经济领域网络犯罪呈现的“地下产业链”发展态势使得网络犯罪在实践中的表现形态极为复杂多样。一是同一犯罪嫌疑人可能在不同地方实施多个网络犯罪；二是网络犯罪常以共同犯罪的形态出现并存在层级关系，如网络赌博、传销犯罪案件中，犯罪团伙可能在很多地方都直接发展了下级犯罪分支；三是网络犯罪涉及人员较多，并且经常存在关联，如网络销售枪支犯罪团伙可能分别从不同的人员或者犯罪团伙手中购买枪支配件。为了对存在关联的相关网络犯罪一并打击，提高案件侦破率，节约诉讼资源，《意见》第四条参照2012年12月《最高人民法院、最高人民检察院、公安部、国家安全部、司法部、全国人大常委会法制工作委员会〈关于实施刑事诉讼法若干问题的规定〉》的有关规定，明确了并案侦查的具体情形：（1）一人犯数罪的；（2）共同犯罪的；（3）共同犯罪的犯罪嫌疑人、被告人还实施其他犯罪的；（4）多个犯罪嫌疑人、被告人实施的犯罪存在关联，并案处理有利于查明案件事实的。公安机关并案侦查后，案件需要提请批准逮捕、移送审查起诉、提起公诉的，直接由该公安机关所在地的同级人民检察院、人民法院受理。

4. 两类特殊案件的指定管辖。一是存在多层级链条、跨区域网络犯罪案件的指定管辖。为了强化侦查职能，提高侦查效率，《意见》第四条规定，对因网络交易、技术支持、资金支付结算等关系形成多层级链条、跨区域的网络犯罪案件，共同的上级公安机关可以按照有利于查清犯罪事实、有利于诉讼的原则，直接指定有关公安机关一并立案侦查。此类案件需要提请批准逮捕、移送审查起诉、提起公诉的，由该公安机关所在地的人民检察院、人民法院受理。该条与《意见》第三条并案管辖的区别在于，可以并案侦查的网络犯罪案件之间具有直接的帮助、组织和交易等关系。而形成多层级链条、跨区域的网络犯罪案件不存在直接的关联，相互之间并无直接的帮助、组织和交易等关系。二是重大网络犯罪案件的指定管辖。《意见》第五条明确了跨省（自治区、直辖市）重大网络犯罪案件的异地指定管辖问题。实践中，跨省（自治区、直辖市）重大网络犯罪案件有时会出现有管辖权的公安机关不宜行使管辖权的情况，如有的重大网络犯罪案件的犯罪嫌疑人与当地公安机关负责人、侦查人员有一定的利害关系或者其他关系。为了保证案件的及时、公正处理，这类网络犯罪案件有必要指定其他省（自治区、直辖市）的相关公安机关立案侦查。这类案件的指定管辖，可以由公安部与最高人民法院和最高人民检察院协商确定。

此外，案件在侦查环节指定管辖后，为了确保侦查、起诉、审判的衔接，也为了保证及时结案，避免超期羁押，《意见》第八条规定，人民检察院对于公安机关提请批准逮捕、移送审查起诉的网络犯罪案件，第一审人民法院对于已经受理的网络犯罪案件，经审查发现没有管辖权的，可以依法报请共同的上级人民检察院、人民法院指定管辖。

5. 一人犯数罪被不同公安机关分别立案侦查案件的处理。一人犯数罪的案件，实践中经常存在被不同地方的公安机关分别立案侦查的情形。根据修改后刑事诉讼法第二十四条、第二十五条以及相关司法解释的规定，此种情形的案件应当依法移送管辖或者报请指定管辖。公安机关未移送管辖或者报请指定管辖的，人民检察院、人民法院如继续分案处理，不利于对案件事实作出准确、全面的认定，甚至会影响案件的公正处理。此外，对本可合并审理的案件分案处理也影响诉讼效率，增加司法成本。因此，《意见》第七条规定，人民检察院对于公安机关移送审查起诉的网络犯罪案件，发现犯罪嫌疑人还有犯罪被其他公安机关立案侦查的，应当通知移送审查起诉的公安机关。经人民检察院通知，有关公安机关根据案件具体情况，可以对犯罪嫌疑人所犯其他犯罪并案侦查。需要说明的是，人民法院受理网络犯罪案件后，发现被告人还有犯罪被其他公安机关立案侦查的，也可以建议人民检察院补充侦查。人民检察院经审查，认为需要补充侦查的，应当通知移送审查起诉的公安机关。换言之，对人民法院的建议，检察机关应当根据案件情况具体决定，而不能一概通知公安机关补充侦查。

6. 网络共同犯罪案件可以先行追究已到案犯罪嫌疑人、被告人的刑事责任。由于网络犯罪的跨地域和分工合作特性，很多网络犯罪案件经常出现只抓获部分犯罪嫌疑人的情况。如等到将全部犯罪嫌疑人抓获归案后再对全案作出结论，会影响案件的及时处理，也影响在案犯罪嫌疑人、被告人的合法权利。为了及时追诉犯罪，保障刑事诉讼参与人的合法权益，《意见》第九条明确了网络共同犯罪的先行追诉原则，即在案犯罪嫌疑人、被告人犯罪事实清楚，证据确实、充分，部分犯罪嫌疑人在逃并不影响对在案犯罪嫌疑人、被告人事实和证据认定的，可以依法先行追究已到案共同犯罪嫌疑人、被告人的刑事责任。同时，针对司法实践中对后到案的犯罪嫌疑人、被告人的管辖尤其是指定管辖较为混乱的情形，第九条同时规定，在逃的共同犯罪嫌疑人、被告人归案后，可以由原公安机关、人民检察院、人民法院管辖其所涉及的案件。

（三）网络犯罪案件初查

《意见》第十条明确了网络犯罪案件的初查问题。网络犯罪案件在时间和空间上都具有高度的隐蔽性，并且犯罪证据极易隐匿、转移和灭失，侦查取证难度远大于普通刑事案件。公安机关仅凭报案、控告、举报和自首材料常常无法判断是否有犯罪事实，是否需要追究刑事责任。为及时、有效打击网络犯罪活动，为下一步的立案和侦查奠定基础，根据修改后刑事诉讼法第一百条和《公安机关办理刑事案件程序规定》第一百七十一条，《意见》第十条规定了网络犯罪案件的初查制度，包括初查的具体内容以及可以使用的调查措施。具体而言，公安机关对接受的网络犯罪案件或者发现的犯罪线索，在审查中发现案件线索或者事实不明，需要经过调查才能够确认是否达到犯罪追诉标准的，经办案部门负责人批准，可以在立案前进行初查。但初查不得采取强制措施。因为初查的目的只是查明是否符合立案条件、是否应当立案，因此只能使用一般性的、不限制被查对象人身、财产权利的调查措施，不能对被查对象采取刑事诉讼法规定的强制措施，也不能对被查对象的财物采取查封、扣押、冻结等措施。《意见》第十条规定的询问、查询、勘验、检查、鉴定、调取证据材料等措施，均不限制被查对象的人身权利和财产权利，也不带有任何强制性。

（四）网络犯罪案件的跨地域取证

《意见》第十一条、第十二条结合侦查实践的需要，对网络犯罪案件的跨地域取证问题作了规定。一是对远程询（讯）问作了一般授权性规定。询（讯）问异地证人、被害人以及与案件有关联的犯罪嫌疑人的，办案地公安机关可以通过远程网络视频等方式进行询（讯）问。二是明确了远程询（讯）问的具体程序。远程询（讯）问的，办案地公安机关应当将询（讯）问笔录传输给协作地公安机关。协作地公安机关应当事先核实被询（讯）问人的身份。询（讯）问笔录应当交被询（讯）问人确认并在笔录上逐页签字、或者捺指印后，由协作地公安机关协作人员签名或者盖章，并将原件及时提供给办案地公安机关。办案地公安机关询（讯）问人员收到笔录后，应当在笔录上记明收到时间并签名或者盖章。三是远程询（讯）问的，应当对询（讯）问过程进行全程同步录音录像并随案移送。

（五）电子数据的取证与审查

电子数据在以计算机和网络为依托的网络犯罪案件中，对于证明案件事实发挥着至关重要的作用，很多网络犯罪案件如果缺少电子数据的支撑将难以认定犯罪事实。为规范司法机关对于电子数据的运用，《意见》第十三条至第十八条对电子数据取证和审查认定的一般原则、重点内容和具体程序作了规定。进行电子数据的取证和审查时，应当注意把握好以下几个问题。

1. 收集、提取电子数据以获取原始存储介质为原则。与物证、书证等传统的证据种类不同，电子数据具有虚拟性、易变性、易复制性等特点，容易被变造、伪造或者毁坏。为了减少中间环节，尽可能保持电子数据的原始性和完整性，防止电子数据遭人为破坏，第十四条明确了电子数据取证以获取原始存储介质为原则，以直接提取电子数据为例外。收集、提取电子数据时，应当同时将原始存储介质予以扣押，并作为证据移送，只有在无法同时移送原始存储介质的情况下，才允许使用移动存储介质等从原始存储介质中提取电子数据。

2. 可以直接提取电子数据的情形。电子数据不同于物证、书证等证据种类，其可以同原始存储介质完全分离，存储于硬盘、光盘等其他存储介质中。《意见》第十五条规定，具有下列情形之一，无法获取原始存储介质的，可以直接提取电子数据：一是原始存储介质不便封存的，如电子数据存管于云服务器等大型服务器；二是提取计算机内存储的数据、网络传输的数据等不是存储在存储介质上的电子数据的；三是原始存储介质位于境外的；四是其他无法获取原始存储介质的情形。

3. 电子数据取证、审查的具体程序和注意事项。电子数据具有很强的技术性和对存储介质的依赖性，极易丢失和被篡改，并且通常需用借助一定的技术手段予以转化才可能作为证据被感知和展示，因此电子数据的取证和审查应当遵守比一般证据的取证、审查更为科学、严格的标准，并且要符合法律及有关技术规范的要求。(1) 收集、提取电子数据，应当由二名以上具备相关专业知识的侦查人员进行，取证设备和过程应当符合相关技术标准，保持电子数据的真实性和完整性。(2) 应当制作笔录，记录案由、对象、内容，收集、提取电子数据的时间、地点、方法、过程，电子数据的清单、规格、类别、文件格式、完整性校验值等，并由收集、提取电子数据的侦查人员、原始存储介质（电子数据）持有人、见证人签名或者盖章。有条件的，侦查人员应当对相关活动进行录像。(3) 远程提取电子数据的，应当说明原因，有条件的，应当对相关活动进行录像。通过数据恢复、破解等方式获取被删除、隐藏或者加密的电子数据的，还应当对恢复、破解过程和方法做出说明。(4) 为了防止人为对电子数据进行篡改，收集、提取的原始存储介质或者电子数据，应当以封存状态随案移送，并制作电子数据的复印件一并移送。对文档、图片、网页等可以直接展示的电子数据，可以不随案移送电子数据打印件，但应当附有展示方法说明和展示工具。(5) 检察机关、法院因设备等条件限制无法直接展示电子数据的，公安机关应当随案移送打印件。对侵入、非法控制计算机信息系统的程序、工具，计算机病毒等无法直接展示的电子数据，还应当附有电子数据属性、功能等情况的说明。

4. 电子数据的鉴定和检验。电子数据的取证、审查与书证、物证等传统证据种类的取证、审查方式及过程有很大差别，需要较高的专业知识和技术水平，同时取证设备和过程也要依照一定的技术规范和流程操作。为了弥补检察机关、审判机关专业技术方面的不足，满足电子证据认定的法律要求，《意见》第十八条规定，对电子数据涉及的专门性问题，可以由司法鉴定机构出具鉴定意见，或者由公安部指定的机构出具检验报告。

（六）其他需要说明的问题

一是明确了重大网络犯罪案件的技术侦查措施。依据刑事诉讼法第一百四十八条和《公安机关办理刑事案件程序规定》第二百五十四条的相关规定，对严重危害社会的重大网络犯罪案件，公安机关在立案以后根据侦查犯罪的需要，经过严格的批准手续，可以采取电子侦听、电子监控、秘密获取某些物证等技术侦查措施。《意见》第十九条进一步规定，采取技术侦查措施收集的材料作为证据使用的，应当随案移送批准采取技术侦查措施的法律文书和所收集的证据材料。使用有关证据材料可能危及有关人员的人身安全，或者可能产生其他严重后果的，应当采取不暴露有关人员身份、技术方法等保护措施，必要的时候，可以由审判人员在庭外进行核实。

二是对涉众型网络犯罪的有关证明标准作了规定。针对或者组织、教唆、帮助不特定多数人实施的涉众型网络犯罪案件，受犯罪嫌疑人或者被害人、证人人数众多，地域分布广泛等条件的限制，客观上有时无法逐一收集相关言词证据，如有的网络诈骗、盗窃、传销等犯罪案件，犯罪行为人的银行账号中可能有数万甚至数十万笔被害人、证人的汇款记录，难以逐一对被害人、证人进行调查核实。实践中司法机关对这类网络犯罪案件的证明标准认识不一，给认定犯罪带来很大困难，影响了打击犯罪的力度和效果。为依法准确打击涉众型网络犯罪，及时惩罚犯罪分子，《意见》第二十条规定："对针对或者组织、教唆、帮助不特定多数人实施的网络犯罪案件，确因客观条件限制无法逐一收集相关言词证据的，可以根据被害人数、被侵入的计算机信息系统数量、涉案资金数额等犯罪事实的电子数据、书证等证据材料，在慎重审查被告人及其辩护人所提辩解、辩护意见的基础上，综合全案证据材料，对相关犯罪事实作出认定。"

需要说明的是，上述规定有先例可循。如 2013 年最高人民法院、最高人民检察院、公安部《关于办理组织领导传销活动刑事案件适用法律若干问题的意见》第一条第四款规定："办理组织、领导传销活动刑事案件中，确因客观条件的限制无法逐一收集参与传销活动人员的言词证据的，可以结合依法收集并查证属实的缴纳、支付费用及计酬、返利记录、视听资料，传销人员关系图，银行账号交易记录，互联网电子数据，鉴定意见等证据，综合认定参与传销的人数、层级数等犯罪事实。"

实践中适用《意见》第二十条时应当注意和把握以下三个条件：一是只能适用于涉众型网络犯罪，即针对或者组织、教唆、帮助不特定多数人实施的网络犯罪案件，不能适用于其他的一般网络犯罪案件；二是必须是确因客观条件无法逐一收集言词证据；三是必须有电子数据、书证等证据材料，能够证明被害人数、被侵入的计算机信息系统数量、涉案资金数额等犯罪事实，并且相应的客观性证据能够相互印证。

人民检察院办理减刑、假释案件规定

（2014年7月21日最高人民检察院第十二届检察委员会第25次会议通过）

第一条　为了进一步加强和规范减刑、假释法律监督工作，确保刑罚变更执行合法、公正，根据《中华人民共和国刑法》、《中华人民共和国刑事诉讼法》和《中华人民共和国监狱法》等有关规定，结合检察工作实际，制定本规定。

第二条　人民检察院依法对减刑、假释案件的提请、审理、裁定等活动是否合法实行法律监督。

第三条　人民检察院办理减刑、假释案件，应当按照下列情形分别处理：

（一）对减刑、假释案件提请活动的监督，由对执行机关承担检察职责的人民检察院负责；

（二）对减刑、假释案件审理、裁定活动的监督，由人民法院的同级人民检察院负责；同级人民检察院对执行机关不承担检察职责的，可以根据需要指定对执行机关承担检察职责的人民检察院派员出席法庭；下级人民检察院发现减刑、假释裁定不当的，应当及时向作出减刑、假释裁定的人民法院的同级人民检察院报告。

第四条　人民检察院办理减刑、假释案件，依照规定实行统一案件管理和办案责任制。

第五条　人民检察院收到执行机关移送的下列减刑、假释案件材料后，应当及时进行审查：

（一）执行机关拟提请减刑、假释意见；

（二）终审法院裁判文书、执行通知书、历次减刑裁定书；

（三）罪犯确有悔改表现、立功表现或者重大立功表现的证明材料；

（四）罪犯评审鉴定表、奖惩审批表；

（五）其他应当审查的案件材料。

对拟提请假释案件，还应当审查社区矫正机构或者基层组织关于罪犯假释后对所居住社区影响的调查评估报告。

第六条　具有下列情形之一的，人民检察院应当进行调查核实：

（一）拟提请减刑、假释罪犯系职务犯罪罪犯，破坏金融管理秩序和金融诈骗犯罪罪犯，黑社会性质组织犯罪罪犯，严重暴力恐怖犯罪罪犯，或者其他在社会上有重大影响、社会关注度高的罪犯；

（二）因罪犯有立功表现或者重大立功表现拟提请减刑的；

（三）拟提请减刑、假释罪犯的减刑幅度大、假释考验期长、起始时间早、间隔时间短或者实际执行刑期短的；

（四）拟提请减刑、假释罪犯的考核计分高、专项奖励多或者鉴定材料、奖惩记录有疑点的；

（五）收到控告、举报的；

（六）其他应当进行调查核实的。

第七条 人民检察院可以采取调阅复制有关材料、重新组织诊断鉴别、进行文证鉴定、召开座谈会、个别询问等方式，对下列情况进行调查核实：

（一）拟提请减刑、假释罪犯在服刑期间的表现情况；

（二）拟提请减刑、假释罪犯的财产刑执行、附带民事裁判履行、退赃退赔等情况；

（三）拟提请减刑罪犯的立功表现、重大立功表现是否属实，发明创造、技术革新是否系罪犯在服刑期间独立完成并经有关主管机关确认；

（四）拟提请假释罪犯的身体状况、性格特征、假释后生活来源和监管条件等影响再犯罪的因素；

（五）其他应当进行调查核实的情况。

第八条 人民检察院可以派员列席执行机关提请减刑、假释评审会议，了解案件有关情况，根据需要发表意见。

第九条 人民检察院发现罪犯符合减刑、假释条件，但是执行机关未提请减刑、假释的，可以建议执行机关提请减刑、假释。

第十条 人民检察院收到执行机关抄送的减刑、假释建议书副本后，应当逐案进行审查，可以向人民法院提出书面意见。发现减刑、假释建议不当或者提请减刑、假释违反法定程序的，应当在收到建议书副本后十日以内，依法向审理减刑、假释案件的人民法院提出书面意见，同时将检察意见书副本抄送执行机关。案情复杂或者情况特殊的，可以延长十日。

第十一条 人民法院开庭审理减刑、假释案件的，人民检察院应当指派检察人员出席法庭，发表检察意见，并对法庭审理活动是否合法进行监督。

第十二条 出席法庭的检察人员不得少于二人，其中至少一人具有检察官职务。

第十三条 检察人员应当在庭审前做好下列准备工作：

（一）全面熟悉案情，掌握证据情况，拟定法庭调查提纲和出庭意见；

（二）对执行机关提请减刑、假释有异议的案件，应当收集相关证据，可以建议人民法院通知相关证人出庭作证。

第十四条　庭审开始后，在执行机关代表宣读减刑、假释建议书并说明理由之后，检察人员应当发表检察意见。

第十五条　庭审过程中，检察人员对执行机关提请减刑、假释有疑问的，经审判长许可，可以出示证据，申请证人出庭作证，要求执行机关代表出示证据或者作出说明，向被提请减刑、假释的罪犯及证人提问并发表意见。

第十六条　法庭调查结束时，在被提请减刑、假释罪犯作最后陈述之前，经审判长许可，检察人员可以发表总结性意见。

第十七条　庭审过程中，检察人员认为需要进一步调查核实案件事实、证据，需要补充鉴定或者重新鉴定，或者需要通知新的证人到庭的，应当建议休庭。

第十八条　检察人员发现法庭审理活动违反法律规定的，应当在庭审后及时向本院检察长报告，依法向人民法院提出纠正意见。

第十九条　人民检察院收到人民法院减刑、假释裁定书副本后，应当及时审查下列内容：

（一）人民法院对罪犯裁定予以减刑、假释，以及起始时间、间隔时间、实际执行刑期、减刑幅度或者假释考验期是否符合有关规定；

（二）人民法院对罪犯裁定不予减刑、假释是否符合有关规定；

（三）人民法院审理、裁定减刑、假释的程序是否合法；

（四）按照有关规定应当开庭审理的减刑、假释案件，人民法院是否开庭审理；

（五）人民法院减刑、假释裁定书是否依法送达执行并向社会公布。

第二十条　人民检察院经审查认为人民法院减刑、假释裁定不当的，应当在收到裁定书副本后二十日以内，依法向作出减刑、假释裁定的人民法院提出书面纠正意见。

第二十一条　人民检察院对人民法院减刑、假释裁定提出纠正意见的，应当监督人民法院在收到纠正意见后一个月以内重新组成合议庭进行审理并作出最终裁定。

第二十二条　人民检察院发现人民法院已经生效的减刑、假释裁定确有错误的，应当向人民法院提出书面纠正意见，提请人民法院按照审判监督程序依法另行组成合议庭重新审理并作出裁定。

第二十三条　人民检察院收到控告、举报或者发现司法工作人员在办理减刑、假释案件中涉嫌违法的，应当依法进行调查，并根据情况，向有关单位提出纠正违法意见，建议更换办案人，或者建议予以纪律处分；构成犯罪的，依法追究刑事责任。

第二十四条 人民检察院办理职务犯罪罪犯减刑、假释案件，按照有关规定实行备案审查。

第二十五条 本规定自发布之日起施行。最高人民检察院以前发布的有关规定与本规定不一致的，以本规定为准。

《人民检察院办理减刑、假释案件规定》理解与适用

袁其国　周　伟　刘　颖　陈梦琪*

2014年8月1日，最高人民检察院印发了《人民检察院办理减刑、假释案件规定》（以下简称《规定》）。《规定》根据有关法律规定和刑事政策，结合司法实践，全面规范人民检察院办理减刑、假释案件工作，是各级检察机关依法办理减刑、假释案件的重要指导性文件，对于进一步加强减刑、假释法律监督，确保刑罚变更执行合法、公正具有重要意义。为便于深入理解和掌握《规定》的主要内容和基本精神，现就《规定》的有关问题解读如下：

一、起草背景及过程

2007年以来，最高人民检察院先后出台了《最高人民检察院关于减刑、假释法律监督工作的程序规定》、《人民检察院监狱检察办法》和《人民检察院刑事诉讼规则（试行）》，对规范和指导全国检察机关依法办理减刑、假释案件发挥了重要作用。近年来，减刑、假释法律和司法实践发生了重大变化，亟须对减刑、假释相关规定作出调整和修改，对检察机关办理减刑、假释案件的新职责和任务予以明确和规范。

一是中央对减刑、假释工作提出了更高要求。习近平总书记多次就减刑、假释工作作出重要指示批示。《中共中央关于全面深化改革若干重大问题的决定》明确要求：“严格规范减刑、假释保外就医程序，强化监督制度。”中央政法委员会《关于严格规范减刑、假释、暂予监外执行切实防止司法腐败的意见》（以下简称《意见》）对规范减刑、假释工作提出指导意见，要求最高人民法院、最高人民检察院、公安部、国家安全部、司法部修改相关规范性文件，确保该意见切实得到执行。

二是减刑、假释法律和司法实践发生了重大变化。修改后刑事诉讼法赋予了人民检察院新的职责，执行机关在提请减刑、假释时应当将建议书副本抄送人民检察院，人民检察院可以向人民法院提出书面意见。人民法院审理减刑、假释案件方式由书面审理向开庭审理转变，2011年以来，最高人民法院先后出台或修改了相关司法解释，要求对六类减刑、假释案件实行开庭审理。检察

* 作者单位：最高人民检察院监所检察厅。

机关对人民法院开庭审理的减刑、假释案件，依法派员出庭并发表检察意见，2013 年共派员出庭 5.3 万件左右减刑、假释案件。客观需要对修改后刑事诉讼法赋予的新职责予以落实和规范，同时针对司法实践的新变化，对检察监督工作相应作出调整和明确。

三是减刑、假释工作中暴露出来的问题亟待解决。近年来，全国执法司法机关依法办理减刑、假释案件，减刑、假释工作总体情况是好的。但也确实存在不容忽视的问题，如有的罪犯通过假计分、假立功、权钱交易等方式获得减刑、假释，个别执法司法人员徇私舞弊办理减刑、假释等，严重损害国家法制尊严和司法公信力。检察机关多次单独或者联合开展减刑、假释专项检察活动，集中清理问题，严查司法腐败；同时，需要巩固专项活动成效，堵塞产生问题的漏洞，加强和规范检察监督，建立长效机制。

从 2012 年 5 月起，最高人民检察院启动文件起草工作，先后开展了减刑、假释庭审监督，新增监所检察业务等专题调研。2013 年 6 月，在中政委牵头下，最高人民法院、最高人民检察院、公安部、司法部有关部门，联合赴河南、广东、四川三省进行实地调研。2013 年 8 月，最高人民检察院起草了文件初稿，派员赴吉林、上海、江苏、云南等地检察机关听取意见和建议。2014 年初《意见》印发后，根据文件精神进行修改，先后两次征求各省级检察院的意见，分送最高人民检察院、公安部、司法部有关部门征求意见，提交全国检察机关监所检察工作座谈会暨新增业务培训班进行了讨论。根据各地和各单位反馈意见，逐条进行研究，认真修改完善。2014 年 7 月 21 日，最高人民检察院第十二届检察委员会第 25 次会议通过了《规定》，向中政委报告后，于 8 月 1 日正式印发。

二、主要内容及说明

《规定》共二十五条，主要包括检察机关办理减刑、假释案件的原则，对减刑、假释案件提请、审理、裁定等活动的监督，严查司法腐败等几个方面。

（一）以办案实现减刑、假释监督

将减刑、假释案件作为案件办理，以办案实现减刑、假释监督，这是最高人民检察院研究制定《规定》总的思路和原则。主要考虑：检察机关对减刑、假释的监督，包括受理案件、书面审查、调查核实、出席法庭、发表意见、纠正违法、查办犯罪等，已经不是一般意义上的监督了，而是一项综合性的办案工作。特别是，刑事诉讼法修改后，改变了检察机关在人民法院裁定后才开始监督的局面，检察机关从执行机关提请阶段就开始介入，对减刑、假释案件逐案进行审查，向人民法院提出书面意见，派员出席法庭并发表检察意见，这属于典型的办理案件形式。我们理解，执行机关提请减刑、假释是办案，人民法院审理减刑、假释是办案，检察机关监督减刑、假释也是办案。《意见》也明确要求建立减刑、假释案件办案责任制，推进执行机关、审判机关、检察机关减刑、假释网上协同办案平台建设。因此，检察机关确立将减刑、假释案件作为案件办理的原则，以办案实现减刑、假释监督，既体现了贯彻落实《意见》精神，也强化了检察机关办理减刑、假释案件的意识和责任，增强了减刑、假释法律监督的刚性效力。

根据办案的一般规律，《规定》要求实行统一案件管理和办案责任制。检察机关将办案工作纳入案管，是当前的大形势，办理减刑、假释案件也不例外。考虑到监管场所一般距离市区较远，派驻检察室可以先行受理执行机关移送的案件材料和建议书副本，办结后统一填录案件信息。以检察院名义提出的书面检查意见或者纠正意见，应当经由案管统一制作法律文书。办案责任制的总体要求是"谁承办谁负责、谁主管谁负责、谁签字谁负责"，检察人员在监督职责范围内对案件质量终身负责。为了确保办案责任制的落实，检察机关在办理减刑、假释案件过程中应当"全程留痕"，完成审查案件材料、调查核实、列席评审会议、审查建议书、出席法庭、审查裁定书等工作任务后，应当以书面形式予以记录，在检察机关内部留存备查。

（二）在执行机关提请前审查案件材料

《规定》第五条规定，检察机关在执行机关提请前就应当介入减刑、假释案件，对执行机关移送的案件材料及时进行审查。主要考虑：执行机关提请减刑、假释后，案件材料随之移送人民法院，抄送检察机关的只是建议书副本。如果检察机关只对建议书副本进行审查，不审查案件材料，难以发现存在的问题，起不到监督的作用，很容易流于形式。《意见》也要求，执行机关在决定提请减刑、假释前，应当征求检察机关意见。根据中央司法改革任务要求，从2004年开始，检察机关开始构建同步监督制度，审查减刑、假释案件材料是同步监督的具体体现，各地检察机关与执行机关普遍达成共识，经过多年的实践证明行之有效。根据《规定》要求，检察机关审查案件材料的时间节点是在执行机关提请减刑、假释前，具体来说，一般在派员列席执行机关提请减刑、假释评审会议前，这样便于检察机关进一步了解案件有关情况，根据需要发表意见。

需要指出的是，《规定》第五条没有明确检察机关审查案件材料的具体期限，而是要求及时进行审查。主要考虑：各监狱羁押犯罪人员数量不一，执行机关一般采用成批办理减刑、假释案件的方式，导致减刑、假释案件数量差别较大。有的小型监狱一批减刑、假释案件只有几十件，而有的大型监狱一批减刑、假释案件有数百件，甚至上千件。各监狱派驻检察人员数量较少且分布也不平衡。因此,《规定》对案件材料审查期限不作统一限制规定,各地检察机关可以根据监狱羁押犯罪人员数量和减刑、假释案件数量大小,参考第十条中审查减刑、假释建议书的期限,与执行机关因地制宜地协调解决。既要保证检察机关审查减刑、假释案件的质量,也不影响执行机关正常的提请程序。必要时,检察机关可以复制留存有关案件材料后,将案卷先行退回执行机关。

(三)对六类案件一律进行调查核实

针对实践中一些具有“特殊”身份的罪犯往往通过假计分、假立功、权钱交易等方式违法获取减刑、假释,以及“踩点”减刑、假释、实际执行刑期过短等问题,《规定》要求检察机关对六类减刑、假释案件一律进行调查核实。检察机关可以采取调阅复制有关材料、重新组织诊断鉴别、进行文证鉴定、召开座谈会、个别询问等方式,对罪犯服刑表现和有关情况进行全面调查核实,确保减刑、假释合法、公正。这六类减刑、假释案件中,除“收到控告、举报的”和“其他应当进行调查核实的”这两类案件外,其余四类案件主要可以分为“有特殊身份的罪犯”和“有易发问题的情节”两大类。

有特殊身份的罪犯,主要是指《规定》第六条第一项规定的特定罪犯,具体包括“拟提请减刑、假释罪犯系职务犯罪罪犯,破坏金融管理秩序和金融诈骗犯罪罪犯,黑社会性质组织犯罪罪犯,严重暴力恐怖犯罪罪犯,或者其他在社会上有重大影响、社会关注度高的罪犯”。当前刑罚变更执行中存在的问题,突出表现在职务犯罪、金融犯罪、涉黑犯罪等三类罪犯上,这三类罪犯的减刑幅度大、间隔时间短、假释比例高。《规定》将“三类罪犯”作为第一类调查核实对象,同时为严厉打击恐怖主义,还将严重暴力恐怖犯罪罪犯也列为第一类调查核实对象。

有易发问题的情节,具体包括《规定》第六条第二、三、四项规定的案件。《规定》将“因罪犯有立功表现或者重大立功表现拟提请减刑的;拟提请减刑、假释罪犯的减刑幅度大、假释考验期长、起始时间早、间隔时间短或者实际执行刑期短的;拟提请减刑、假释罪犯的考核计分高、专项奖励多或者鉴定材料、奖惩记录有疑点的”等三类案件列入调查核实范围,是司法实践的需要。其中,对假立功、乱减刑、滥假释加强监督相对容易理解,而计分奖励问题则显得隐蔽很多。计分考核反映罪犯在服刑期间的悔改表现,是办理减刑、假释的依据之一。每次加两三分计分奖励并不显眼,一旦累计起来却很可观,而且因其隐蔽难以被发现,容易成为被违法利用的目标。

(四)列席减刑、假释评审会议

评审会议是执行机关提请减刑、假释的内部程序,检察机关基于对减刑、假释提请活动监督的职责,可以派员列席执行机关提请减刑、假释评审会议,了解案件有关情况，根据需要发表意见。检察人员应当注意把握自身的角色定位，明确列席评审会议的职责和任务，不应出现参与举手表决或者在执行机关评审会议记录上签字等情形。对于通过列席评审会议发现案件疑点，评审会议后减刑、假释公示期间收到控告举报等情形的，检察机关应当进一步调查核实。对于执行机关未采纳检察人员在列席评审会议时提出的意见，检察机关认为执行机关提请减刑、假释不当的，应当在收到减刑、假释建议书副本后，依法向人民法院提出书面意见。

（五）向人民法院提出书面意见

根据修改后刑事诉讼法规定，检察机关收到执行机关减刑、假释建议书副本后，可以向人民法院提出书面意见。《规定》对此予以细化落实，第十条要求，检察机关发现执行机关减刑、假释建议不当或者提请减刑、假释违反法定程序的，应当依法向人民法院提出书面意见，同时将检察意见书副本抄送执行机关。对于未发现不当情形的是否向人民法院提出书面意见，《规定》未作统一要求，可以由各省检察机关结合当地实际确定。这里表述为“同时将检察意见书副本抄送执行机关”而非以前的“同时也可以向执行机关提出书面纠正意见”，主要考虑：执行机关提请减刑、假释建议并不具有终局性，执行机关提请后，案件就已经移送人民法院，能否申请撤回取决于人民法院的决定，而且此前检察人员在列席评审会议时已经提出口头意见，检察机关收到建议书副本后再专门向执行机关提出纠正意见已经没有实际意义。

《规定》根据司法实践需要，将检察机关对减刑、假释建议书副本的审查期限确定为十日，案情复杂或者情况特殊的，可以延长十日。对于延长审查期限的，检察机关应当及时与人民法院沟通，避免书面意见尚未提出人民法院减刑、假释裁定就已经作出的情形出现。

需要强调的是，根据办案责任制，不论是否向人民法院提出书面意见，检察机关对减刑、假释建议书逐案审查后，均应当以书面形式记录审查意见，在检察机关内部留存备查。

（六）派员出席法庭并发表检察意见

对部分减刑、假释案件实行开庭审理，是近年来减刑、假释案件审理方式的重大变革，有利于保证减刑、假释案件的质量，达到以公开促公正的目的。《规定》要求，人民法院开庭审理减刑、假释案件的，检察机关应当指派检察人员出席法庭，发表检察意见，并对法庭审理活动是否合法进行监督。

考虑到司法实践需要，《规定》明确，同级人民检察院对执行机关不承担检察职责的，可以根据需要指定对执行机关承担检察职责的人民检察院派员出席法庭。主要考虑：检察机关对监狱等监管场所实行派驻检察体制，派驻检察人员掌握罪犯的悔改表现，熟悉案件全面情况，由其出庭，可以保持监督工作的亲历性和办案连续性，减少工作交接环节，增强监督效果。而且减刑、假释案件实行一审终审制，与刑事案件一、二审程序不同，对抗和等级的色彩不明显。各地实际情况多样，不宜“一刀切”，既要考虑对等监督的级别要求，又要考虑派驻检察体制特殊性，原则性与灵活性相结合。但是，出庭检察人员发现法庭审理活动违反法律规定的，应当在庭审后及时向本院检察长报告，由同级人民检察院依法向人民法院提出纠正意见。

需要注意的是，检察人员在法庭上发表检察意见的节点及侧重点。为了促进减刑、假释案件的实质性审理、确保案件质量和效果，最高人民检察院在起草《规定》过程中，注意与最高人民法院充分沟通，在有关问题上达成共识。《规定》主要明确了检察人员在法庭上发表意见的三个时间节点，其内容侧重点有所不同。一是在庭审开始后，在执行机关代表宣读减刑、假释建议书并说明理由之后，检察人员应当发表检察意见。这时发表检察意见是指检察人员根据审查案件和调查核实情况，宣读检察机关对减刑、假释提请检察的意见。二是在庭审过程中，检察人员对执行机关提请减刑、假释有疑问的，经审判长许可，可以出示证据，申请证人出庭作证，要求执行机关代表出示证据或者作出说明，向被提请减刑、假释罪犯及证人提问并发表意见。这时发表意见主要是围绕罪犯是否符合减刑、假释的条件，对有关证据、证人证言提出有针对性的意见。三是在法庭调查结束时，在被提请减刑、假释罪犯作最后陈述之前，经审判长许可，检察人员可以发表总结性意见。这时发表意见主要是总结法庭调查情况，阐明罪犯是否符合减刑、假释法定条件，提请减刑、假释的程序是否符合法律规定，提请减刑的幅度是否适当等，向法庭提出具体意见和要求。

（七）纠正不当减刑、假释裁定

《规定》第二十二条规定，人民检察院发现人民法院已经生效的减刑、假释裁定确有错误的，应当向人民法院提出书面纠正意见，提请人民法院按照审判监督程序依法另行组成合议庭重新审理并作出裁定。这里的生效减刑、假释裁定，既包括检察机关收到裁定书副本后二十日以内没有向人民法院提出纠正意见的减刑、假释裁定，也包括检察机关在二十日以内提出纠正意见后人民法院经重新审理作出的最终裁定。司法实践中，这种案件数量不少，有的是检察机关在查办职务犯罪案件过程中发现的徇私舞弊办理减刑、假释案件，例如广东健力宝集团原董事长张海违法减刑案等；有的是时过多年后发现了新的事实、证据，例如专项检察活动中发现和纠正的违法减刑、假释案件等。另外，根据案件管辖分工，下级人民检察院发现减刑、假释裁定不当的，应当及时向作出减刑、假释裁定的人民法院的同级人民检察院报告，由同级人民检察院依法向人民法院提出纠正意见。

（八）严查减刑、假释中的司法腐败

近年来，检察机关不断加大办案力度，查办了一批徇私舞弊减刑、假释案件。这些案件有几个共同特点：一是后果严重、影响恶劣，极大损害了国家法制尊严和司法公信力，被社会舆论视为严重的司法腐败；二是窝案串案特点较为突出，个别执法司法人员为求私利，违法办理减刑、假释，在多个环节上相互利用和勾结，实现利益均沾；三是案件发现难、查办难、处理难，判处实刑的较少，违法犯罪成本偏低。针对这些问题，《规定》要求，检察机关收到控告、举报或者发现司法工作人员在办理减刑、假释案件中涉嫌违法的，应当依法进行调查。检察机关要加大检务公开力度，充分发挥检察信箱和举报电话的作用，注意发现案件线索。经调查，对于司法工作人员违法违纪的，检察机关可以向有关单位提出纠正违法意见，建议更换办案人，或者建议予以纪律处分。其中，对具有捏造事实、伪造材料、收受财物或者接受吃请等四类情形之一的，应当建议有关单位将其清除出执法司法队伍。对司法工作人员在办理减刑、假释中徇私舞弊、权钱交易、失职渎职构成犯罪的，检察机关应当依法追究其刑事责任，且建议人民法院依法从重量刑，原则上不适用缓刑或者免予刑事处罚，加大对犯罪分子的惩处力度。

最高人民法院、最高人民检察院关于办理走私刑事案件适用法律若干问题的解释

（2014年2月24日最高人民法院审判委员会第1608次会议、2014年6月13日最高人民检察院第十二届检察委员会第23次会议通过 2014年8月12日公布 2014年9月10日施行 法释〔2014〕10号）

为依法惩治走私犯罪活动，根据刑法有关规定，现就办理走私刑事案件适用法律的若干问题解释如下：

第一条 走私武器、弹药，具有下列情形之一的，可以认定为刑法第一百五十一条第一款规定的“情节较轻”：

（一）走私以压缩气体等非火药为动力发射枪弹的枪支二支以上不满五支的；

（二）走私气枪铅弹五百发以上不满二千五百发，或者其他子弹十发以上不满五十发的；

（三）未达到上述数量标准，但属于犯罪集团的首要分子，使用特种车辆从事走私活动，或者走私的武器、弹药被用于实施犯罪等情形的；

（四）走私各种口径在六十毫米以下常规炮弹、手榴弹或者枪榴弹等分别或者合计不满五枚的。

具有下列情形之一的，依照刑法第一百五十一条第一款的规定处七年以上有期徒刑，并处罚金或者没收财产：

（一）走私以火药为动力发射枪弹的枪支一支，或者以压缩气体等非火药为动力发射枪弹的枪支五支以上不满十支的；

（二）走私第一款第二项规定的弹药，数量在该项规定的最高数量以上不满最高数量五倍的；

（三）走私各种口径在六十毫米以下常规炮弹、手榴弹或者枪榴弹等分别或者合计达到五枚以上不满十枚，或者各种口径超过六十毫米以上常规炮弹合计不满五枚的；

（四）达到第一款第一、二、四项规定的数量标准，且属于犯罪集团的首要分子，使用特种车辆从事走私活动，或者走私的武器、弹药被用于实施犯罪

等情形的。

具有下列情形之一的，应当认定为刑法第一百五十一条第一款规定的“情节特别严重”：

（一）走私第二款第一项规定的枪支，数量超过该项规定的数量标准的；

（二）走私第一款第二项规定的弹药，数量在该项规定的最高数量标准五倍以上的；

（三）走私第二款第三项规定的弹药，数量超过该项规定的数量标准，或者走私具有巨大杀伤力的非常规炮弹一枚以上的；

（四）达到第二款第一项至第三项规定的数量标准，且属于犯罪集团的首要分子，使用特种车辆从事走私活动，或者走私的武器、弹药被用于实施犯罪等情形的。

走私其他武器、弹药，构成犯罪的，参照本条各款规定的标准处罚。

第二条　刑法第一百五十一条第一款规定的“武器、弹药”的种类，参照《中华人民共和国进口税则》及《中华人民共和国禁止进出境物品表》的有关规定确定。

第三条　走私枪支散件，构成犯罪的，依照刑法第一百五十一条第一款的规定，以走私武器罪定罪处罚。成套枪支散件以相应数量的枪支计，非成套枪支散件以每三十件为一套枪支散件计。

第四条　走私各种弹药的弹头、弹壳，构成犯罪的，依照刑法第一百五十一条第一款的规定，以走私弹药罪定罪处罚。具体的定罪量刑标准，按照本解释第一条规定的数量标准的五倍执行。

走私报废或者无法组装并使用的各种弹药的弹头、弹壳，构成犯罪的，依照刑法第一百五十三条的规定，以走私普通货物、物品罪定罪处罚；属于废物的，依照刑法第一百五十二条第二款的规定，以走私废物罪定罪处罚。

弹头、弹壳是否属于前款规定的“报废或者无法组装并使用”或者“废物”，由国家有关技术部门进行鉴定。

第五条　走私国家禁止或者限制进出口的仿真枪、管制刀具，构成犯罪的，依照刑法第一百五十一条第三款的规定，以走私国家禁止进出口的货物、物品罪定罪处罚。具体的定罪量刑标准，适用本解释第十一条第一款第六、七项和第二款的规定。

走私的仿真枪经鉴定为枪支，构成犯罪的，依照刑法第一百五十一条第一款的规定，以走私武器罪定罪处罚。不以牟利或者从事违法犯罪活动为目的，且无其他严重情节的，可以依法从轻处罚；情节轻微不需要判处刑罚的，可以免予刑事处罚。

第六条 走私伪造的货币，数额在二千元以上不满二万元，或者数量在二百张（枚）以上不满二千张（枚）的，可以认定为刑法第一百五十一条第一款规定的“情节较轻”。

具有下列情形之一的，依照刑法第一百五十一条第一款的规定处七年以上有期徒刑，并处罚金或者没收财产：

（一）走私数额在二万元以上不满二十万元，或者数量在二千张（枚）以上不满二万张（枚）的；

（二）走私数额或者数量达到第一款规定的标准，且具有走私的伪造货币流入市场等情节的。

具有下列情形之一的，应当认定为刑法第一百五十一条第一款规定的“情节特别严重”：

（一）走私数额在二十万元以上，或者数量在二万张（枚）以上的；

（二）走私数额或者数量达到第二款第一项规定的标准，且属于犯罪集团的首要分子，使用特种车辆从事走私活动，或者走私的伪造货币流入市场等情形的。

第七条 刑法第一百五十一条第一款规定的“货币”，包括正在流通的人民币和境外货币。伪造的境外货币数额，折合成人民币计算。

第八条 走私国家禁止出口的三级文物二件以下的，可以认定为刑法第一百五十一条第二款规定的“情节较轻”。

具有下列情形之一的，依照刑法第一百五十一条第二款的规定处五年以上十年以下有期徒刑，并处罚金：

（一）走私国家禁止出口的二级文物不满三件，或者三级文物三件以上不满九件的；

（二）走私国家禁止出口的三级文物不满三件，且具有造成文物严重毁损或者无法追回等情节的。

具有下列情形之一的，应当认定为刑法第一百五十一条第二款规定的“情节特别严重”：

（一）走私国家禁止出口的一级文物一件以上，或者二级文物三件以上，或者三级文物九件以上的；

（二）走私国家禁止出口的文物达到第二款第一项规定的数量标准，且属于犯罪集团的首要分子，使用特种车辆从事走私活动，或者造成文物严重毁损、无法追回等情形的。

第九条 走私国家一、二级保护动物未达到本解释附表中（一）规定的数量标准，或者走私珍贵动物制品数额不满二十万元的，可以认定为刑法第一百五十一条

百五十一条第二款规定的“情节较轻”。

具有下列情形之一的，依照刑法第一百五十一条第二款的规定处五年以上十年以下有期徒刑，并处罚金：

（一）走私国家一、二级保护动物达到本解释附表中（一）规定的数量标准的；

（二）走私珍贵动物制品数额在二十万元以上不满一百万元的；

（三）走私国家一、二级保护动物未达到本解释附表中（一）规定的数量标准，但具有造成该珍贵动物死亡或者无法追回等情节的。

具有下列情形之一的，应当认定为刑法第一百五十一条第二款规定的“情节特别严重”：

（一）走私国家一、二级保护动物达到本解释附表中（二）规定的数量标准的；

（二）走私珍贵动物制品数额在一百万元以上的；

（三）走私国家一、二级保护动物达到本解释附表中（一）规定的数量标准，且属于犯罪集团的首要分子，使用特种车辆从事走私活动，或者造成该珍贵动物死亡、无法追回等情形的。

不以牟利为目的，为留作纪念而走私珍贵动物制品进境，数额不满十万元的，可以免予刑事处罚；情节显著轻微的，不作为犯罪处理。

第十条 刑法第一百五十一条第二款规定的“珍贵动物”，包括列入《国家重点保护野生动物名录》中的国家一、二级保护野生动物，《濒危野生动植物种国际贸易公约》附录Ⅰ、附录Ⅱ中的野生动物，以及驯养繁殖的上述动物。

走私本解释附表中未规定的珍贵动物的，参照附表中规定的同属或者同科动物的数量标准执行。

走私本解释附表中未规定珍贵动物的制品的，按照《最高人民法院、最高人民检察院、国家林业局、公安部、海关总署关于破坏野生动物资源刑事案件中涉及的CITES附录Ⅰ和附录Ⅱ所列陆生野生动物制品价值核定问题的通知》（林濒发〔2012〕239号）的有关规定核定价值。

第十一条 走私国家禁止进出口的货物、物品，具有下列情形之一的，依照刑法第一百五十一条第三款的规定处五年以下有期徒刑或者拘役，并处或者单处罚金：

（一）走私国家一级保护野生植物五株以上不满二十五株，国家二级保护野生植物十株以上不满五十株，或者珍稀植物、珍稀植物制品数额在二十万元以上不满一百万元的；

（二）走私重点保护古生物化石或者未命名的古生物化石不满十件，或者一般保护古生物化石十件以上不满五十件的；

（三）走私禁止进出口的有毒物质一吨以上不满五吨，或者数额在二万元以上不满十万元的；

（四）走私来自境外疫区的动植物及其产品五吨以上不满二十五吨，或者数额在五万元以上不满二十五万元的；

（五）走私木炭、硅砂等妨害环境、资源保护的货物、物品十吨以上不满五十吨，或者数额在十万元以上不满五十万元的；

（六）走私旧机动车、切割车、旧机电产品或者其他禁止进出口的货物、物品二十吨以上不满一百吨，或者数额在二十万元以上不满一百万元的；

（七）数量或者数额未达到本款第一项至第六项规定的标准，但属于犯罪集团的首要分子，使用特种车辆从事走私活动，造成环境严重污染，或者引起甲类传染病传播、重大动植物疫情等情形的。

具有下列情形之一的，应当认定为刑法第一百五十一条第三款规定的“情节严重”：

（一）走私数量或者数额超过前款第一项至第六项规定的标准的；

（二）达到前款第一项至第六项规定的标准，且属于犯罪集团的首要分子，使用特种车辆从事走私活动，造成环境严重污染，或者引起甲类传染病传播、重大动植物疫情等情形的。

第十二条 刑法第一百五十一条第三款规定的“珍稀植物”，包括列入《国家重点保护野生植物名录》、《国家重点保护野生药材物种名录》、《国家珍贵树种名录》中的国家一、二级保护野生植物、国家重点保护的野生药材、珍贵树木，《濒危野生动植物种国际贸易公约》附录Ⅰ、附录Ⅱ中的野生植物，以及人工培育的上述植物。

本解释规定的“古生物化石”，按照《古生物化石保护条例》的规定予以认定。走私具有科学价值的古脊椎动物化石、古人类化石，构成犯罪的，依照刑法第一百五十一条第二款的规定，以走私文物罪定罪处罚。

第十三条 以牟利或者传播为目的，走私淫秽物品，达到下列数量之一的，可以认定为刑法第一百五十二条第一款规定的“情节较轻”：

（一）走私淫秽录像带、影碟五十盘（张）以上不满一百盘（张）的；

（二）走私淫秽录音带、音碟一百盘（张）以上不满二百盘（张）的；

（三）走私淫秽扑克、书刊、画册一百副（册）以上不满二百副（册）的；

（四）走私淫秽照片、画片五百张以上不满一千张的；

（五）走私其他淫秽物品相当于上述数量的。

走私淫秽物品在前款规定的最高数量以上不满最高数量五倍的，依照刑法第一百五十二条第一款的规定处三年以上十年以下有期徒刑，并处罚金。

走私淫秽物品在第一款规定的最高数量五倍以上，或者在第一款规定的最高数量以上不满五倍，但属于犯罪集团的首要分子，使用特种车辆从事走私活动等情形的，应当认定为刑法第一百五十二条第一款规定的“情节严重”。

第十四条 走私国家禁止进口的废物或者国家限制进口的可用作原料的废物，具有下列情形之一的，应当认定为刑法第一百五十二条第二款规定的“情节严重”：

（一）走私国家禁止进口的危险性固体废物、液态废物分别或者合计达到一吨以上不满五吨的；

（二）走私国家禁止进口的非危险性固体废物、液态废物分别或者合计达到五吨以上不满二十五吨的；

（三）走私国家限制进口的可用作原料的固体废物、液态废物分别或者合计达到二十吨以上不满一百吨的；

（四）未达到上述数量标准，但属于犯罪集团的首要分子，使用特种车辆从事走私活动，或者造成环境严重污染等情形的。

具有下列情形之一的，应当认定为刑法第一百五十二条第二款规定的“情节特别严重”：

（一）走私数量超过前款规定的标准的；

（二）达到前款规定的标准，且属于犯罪集团的首要分子，使用特种车辆从事走私活动，或者造成环境严重污染等情形的；

（三）未达到前款规定的标准，但造成环境严重污染且后果特别严重的。

走私置于容器中的气态废物，构成犯罪的，参照前两款规定的标准处罚。

第十五条 国家限制进口的可用作原料的废物的具体种类，参照国家有关部门的规定确定。

第十六条 走私普通货物、物品，偷逃应缴税额在十万元以上不满五十万元的，应当认定为刑法第一百五十三条第一款规定的“偷逃应缴税额较大”；偷逃应缴税额在五十万元以上不满二百五十万元的，应当认定为“偷逃应缴税额巨大”；偷逃应缴税额在二百五十万元以上的，应当认定为“偷逃应缴税额特别巨大”。

走私普通货物、物品，具有下列情形之一，偷逃应缴税额在三十万元以上不满五十万元的，应当认定为刑法第一百五十三条第一款规定的“其他严重情节”；偷逃应缴税额在一百五十万元以上不满二百五十万元的，应当认定为“其他特别严重情节”：

（一）犯罪集团的首要分子；

（二）使用特种车辆从事走私活动的；

（三）为实施走私犯罪，向国家机关工作人员行贿的；

（四）教唆、利用未成年人、孕妇等特殊人群走私的；

（五）聚众阻挠缉私的。

第十七条 刑法第一百五十三条第一款规定的“一年内曾因走私被给予二次行政处罚后又走私”中的“一年内”，以因走私第一次受到行政处罚的生效之日与“又走私”行为实施之日的时间间隔计算确定；“被给予二次行政处罚”的走私行为，包括走私普通货物、物品以及其他货物、物品；“又走私”行为仅指走私普通货物、物品。

第十八条 刑法第一百五十三条规定的“应缴税额”，包括进出口货物、物品应当缴纳的进出口关税和进口环节海关代征税的税额。应缴税额以走私行为实施时的税则、税率、汇率和完税价格计算；多次走私的，以每次走私行为实施时的税则、税率、汇率和完税价格逐票计算；走私行为实施时间不能确定的，以案发时的税则、税率、汇率和完税价格计算。

刑法第一百五十三条第三款规定的“多次走私未经处理”，包括未经行政处理和刑事处理。

第十九条 刑法第一百五十四条规定的“保税货物”，是指经海关批准，未办理纳税手续进境，在境内储存、加工、装配后应予复运出境的货物，包括通过加工贸易、补偿贸易等方式进口的货物，以及在保税仓库、保税工厂、保税区或者免税商店内等储存、加工、寄售的货物。

第二十条 直接向走私人非法收购走私进口的货物、物品，在内海、领海、界河、界湖运输、收购、贩卖国家禁止进出口的物品，或者没有合法证明，在内海、领海、界河、界湖运输、收购、贩卖国家限制进出口的货物、物品，构成犯罪的，应当按照走私货物、物品的种类，分别依照刑法第一百五十一条、第一百五十二条、第一百五十三条、第三百四十七条、第三百五十条的规定定罪处罚。

刑法第一百五十五条第二项规定的“内海”，包括内河的入海口水域。

第二十一条 未经许可进出口国家限制进出口的货物、物品，构成犯罪的，应当依照刑法第一百五十一条、第一百五十二条的规定，以走私国家禁止进出口的货物、物品罪等罪名定罪处罚；偷逃应缴税额，同时又构成走私普通货物、物品罪的，依照处罚较重的规定定罪处罚。

取得许可，但超过许可数量进出口国家限制进出口的货物、物品，构成犯罪的，依照刑法第一百五十三条的规定，以走私普通货物、物品罪定罪处罚。

租用、借用或者使用购买的他人许可证，进出口国家限制进出口的货物、物品的，适用本条第一款的规定定罪处罚。

第二十二条 在走私的货物、物品中藏匿刑法第一百五十一条、第一百五十二条、第三百四十七条、第三百五十条规定的货物、物品，构成犯罪的，以实际走私的货物、物品定罪处罚；构成数罪的，实行数罪并罚。

第二十三条 实施走私犯罪，具有下列情形之一的，应当认定为犯罪既遂：

（一）在海关监管现场被查获的；

（二）以虚假申报方式走私，申报行为实施完毕的；

（三）以保税货物或者特定减税、免税进口的货物、物品为对象走私，在境内销售的，或者申请核销行为实施完毕的。

第二十四条 单位犯刑法第一百五十一条、第一百五十二条规定之罪，依照本解释规定的标准定罪处罚。

单位犯走私普通货物、物品罪，偷逃应缴税额在二十万元以上不满一百万元的，应当依照刑法第一百五十三条第二款的规定，对单位判处罚金，并对其直接负责的主管人员和其他直接责任人员，处三年以下有期徒刑或者拘役；偷逃应缴税额在一百万元以上不满五百万元的，应当认定为“情节严重”；偷逃应缴税额在五百万元以上的，应当认定为“情节特别严重”。

第二十五条 本解释发布实施后，《最高人民法院关于审理走私刑事案件具体应用法律若干问题的解释》（法释〔2000〕30号）、《最高人民法院关于审理走私刑事案件具体应用法律若干问题的解释（二）》（法释〔2006〕9号）同时废止。之前发布的司法解释与本解释不一致的，以本解释为准。

《关于办理走私刑事案件适用法律若干问题的解释》理解与适用

韩耀元　王文利　吴峤滨*

近日，最高人民法院、最高人民检察院联合出台了《关于办理走私刑事案件适用法律若干问题的解释》（以下简称《解释》），自2014年9月10日起施行。《解释》根据经济社会的发展变化情况对此前发布的相关司法解释进行了调整、完善，针对办理走私刑事案件存在的认识分歧问题提出了明确处理意见，进一步明确了走私犯罪的定罪量刑标准和法律适用问题。这是最高人民法院、最高人民检察院依法严厉打击走私犯罪，遏制走私违法犯罪的蔓延势头，保障国家进出口贸易监管秩序的重大举措。为便于深入理解和掌握《解释》的基本精神和主要内容，现就《解释》有关问题作一解读。

一、制定《解释》的背景、过程及总体情况

为了进一步完善走私犯罪的刑法规制，自2012年9月起，最高人民法院、最高人民检察院、海关总署共同启动了《解释》的研究制定工作。通过专题调研、召开会议等方式听取了有关部门、单位的意见和建议，针对刑法作出修改的走私国家禁止进出口的货物、物品罪和走私普通货物、物品罪的定罪量刑标准，以及此前相关司法解释未规定的其他法律适用问题，起草了司法解释初稿。并就司法解释稿书面征求了全国人大常委会法工委、公安部等有关部门的意见，同时听取了有关专家学者的意见。为统一执法、便于操作，保持司法解释的体例完整和内容协调，经共同研究，对2000年《最高人民法院关于审理走私刑事案件具体应用法律若干问题的解释》（以下称《走私解释（一）》）、2006年《最高人民法院关于审理走私刑事案件具体应用法律若干问题的解释（二）》（以下称《走私解释（二）》）相关内容进行系统梳理完善后与司法解释稿合并，形成统一的走私犯罪司法解释。经多次研究修改，2014年2月24日由最高人民法院审判委员会第1576次会议、2014年6月13日由最高人民检察院第十二届检察委员会第23次会议分别审议通过了该解释。

《解释》共二十五条，对刑法分则第三章第二节规定的走私武器、弹药罪，走私假币罪，走私文物罪，走私珍贵动物、珍贵动物制品罪，走私国家禁

* 作者单位：最高人民检察院法律政策研究室。

止进出口的货物、物品罪，走私淫秽物品罪，走私废物罪，走私普通货物、物品罪等八个罪名的定罪量刑标准以及其他有关问题作了规定。相对于《走私解释（一）》、《走私解释（二）》的规定，《解释》的内容可分为沿用、修改和新增三种情况：

一是基本沿用《走私解释（一）》、《走私解释（二）》的规定，仅作了文字修改的条文，共有十条。包括走私假币罪、走私文物罪、走私淫秽物品罪、走私废物罪的定罪量刑标准，以及走私武器、弹药罪中"武器、弹药"种类的确定问题；走私枪支散件的定性处理和定罪量刑标准；走私各种弹药的弹头、弹壳行为的定性处理、定罪量刑标准和鉴定问题；走私废物罪中"国家限制进口的可用作原料的废物"的确定问题；"保税货物"的范围认定问题；夹藏走私行为的认定处理问题。

二是在《走私解释（一）》、《走私解释（二）》规定的基础上，进行较大幅度修改的条文，共有八条。包括走私武器、弹药罪和走私珍贵动物、珍贵动物制品罪的定罪量刑标准；单位实施走私犯罪的定罪量刑标准，以及走私仿真枪、管制刀具行为的定性处理和定罪量刑标准；走私假币罪中"货币"的范围及数额折算问题；走私珍贵动物、珍贵动物制品罪中"珍贵动物"范围、数量标准及价值核定问题；走私普通货物、物品罪中"应缴税额"和"多次走私未经处理"的认定问题；以走私罪论处的认定处理问题。

三是《解释》根据刑法修改和司法实践需要新增加的条文，共有七条。包括走私国家禁止进出口的货物、物品罪和走私普通货物、物品罪的定罪量刑标准，以及走私国家禁止进出口的货物、物品罪中"珍稀植物"、"古生物化石"的认定范围；走私普通货物、物品罪中小额多次走私行为的认定问题；走私国家限制进出口的货物、物品的定性处理问题，以及走私犯罪发生竞合情况下的处理原则；走私犯罪既遂的认定问题；关于司法解释的效力规定。

二、《解释》的主要内容

（一）关于走私武器、弹药罪的定罪量刑标准和"武器、弹药"种类的确定问题

《解释》第一条明确了走私武器、弹药罪的定罪量刑标准。本条规定将《走私解释（一）》、《走私解释（二）》关于走私武器、弹药罪定罪量刑标准的规定进行了合并，并针对实践中反映比较突出的问题作了如下修改和调整：

1. 对枪支不再以"军用"、"非军用"来分类，而是将枪支分为"以火药为动力发射枪弹"的枪支和"以压缩气体等非火药为动力发射枪弹"的枪支。对两类枪支分别规定不同的量刑标准，"以火药为动力发射枪弹"的枪支沿用

《走私解释（一）》中“军用枪支”的定罪量刑标准，“以压缩气体等非火药为动力发射枪弹”的枪支沿用“非军用枪支”的定罪量刑标准。主要是考虑：一是符合枪支管理法的规定。根据枪支管理法的规定，枪支是指以火药或者压缩气体等为动力，利用管状器具发射金属弹丸或者其他物质，足以致人伤亡或者丧失知觉的各种枪支。经研究并专门听取枪支鉴定、研制专家的意见，“军用”、“非军用”的分类以用途为标准，不符合枪支管理法以枪支的动力来源为标准的分类，有必要作出相应修改。二是符合以社会危害程度来决定罪刑轻重的精神。1995 年最高人民法院《关于办理非法制造、买卖、运输非军用枪支、弹药刑事案件适用法律问题的解释》最早开始使用“非军用枪支、弹药”的概念；2000 年《走私解释（一）》沿用其规定，对枪支以“军用”、“非军用”来分类；2001 年最高人民法院《关于审理非法制造、买卖、运输枪支、弹药、爆炸物等刑事案件具体应用法律若干问题的解释》（以下简称《枪支、弹药、爆炸物解释》）在沿用“军用”、“非军用”分类的同时，将“非军用枪支”进一步划分为“以火药为动力发射枪弹”和“以压缩气体为动力发射枪弹”两类，并将“以火药为动力发射枪弹的非军用枪支”与“军用枪支”规定了相同的定罪量刑标准。从涉枪犯罪司法解释对枪支分类的沿革来看，主要是通过分类来反映涉案枪支的杀伤力和危害性，对涉枪犯罪行为的社会危害程度作出判断，进而明确定罪量刑标准。因此，以枪支的动力来源为标准的分类，能够体现刑法以社会危害程度来决定罪刑轻重的精神。三是符合走私犯罪案件的实际情况。实践中，根据 2010 年《公安机关涉案枪支弹药性能鉴定工作规定》的规定，对涉案枪支只能作“制式”、“非制式”的鉴定，无法作“军用”、“非军用”的鉴定。而枪支“制式”、“非制式”的分类是以是否“按照国家标准或公安部、军队下达的战术技术指标要求，经国家有关部门或军队批准定型”为标准来划分的，对走私的境外枪支用“制式”、“非制式”进行分类，不符合走私枪支犯罪案件的实际情况，导致执法办案存在障碍。

2. 对子弹相应地不再以“军用”、“非军用”来分类，而是分为“气枪铅弹”和“其他子弹”。对两类子弹分别规定不同的量刑标准，“气枪铅弹”参照《枪支、弹药、爆炸物解释》中“气枪铅弹”的定罪量刑标准，“其他子弹”沿用“军用子弹”的定罪量刑标准。主要考虑：“以压缩气体等非火药为动力发射枪弹”的枪支主要使用的是“气枪铅弹”，杀伤力、危害性较小，而且从司法实践中查获的走私气枪铅弹案件来看，多是出于个人爱好等原因，且气枪铅弹体积较小，往往查获的数量较大，有必要单独规定量刑标准。“以火药为动力发射枪弹”的枪支使用的子弹在杀伤力、危害性方面基本相当，可以沿用“军用子弹”的定罪量刑标准。

除上述修改外，本条中关于走私炮弹、手榴弹、枪榴弹等弹药的定罪量刑标准，对属于犯罪集团的首要分子，使用特种车辆走私，或者走私的武器、弹药被用于实施犯罪等情形升档处理以及走私其他武器、弹药的定罪量刑标准的规定均基本沿用了《走私解释（一）》的规定。在各档量刑幅度的标准设定上，走私枪支为二倍关系，走私子弹、炮弹、手榴弹、枪榴弹等弹药为五倍关系。

《解释》第二条明确了走私武器、弹药罪中“武器、弹药”种类的确定问题，沿用了《走私解释（一）》第一条的刑法第一百五十一条第一款规定的“武器、弹药”的种类，参照《中华人民共和国进口税则》及《中华人民共和国禁止进出境物品表》的有关规定确定。

（二）关于走私枪支散件的定性处理和定罪量刑标准

《解释》第三条明确了走私枪支散件的定性处理和量刑标准，沿用了《走私解释（一）》第一条的规定，即走私枪支散件，构成犯罪的，以走私武器罪定罪处罚；成套枪支散件以相应数量的枪支计，非成套枪支散件以每三十件为一套枪支散件计。

（三）关于走私各种弹药的弹头、弹壳行为的定性处理、定罪量刑标准和鉴定问题

《解释》第四条明确了走私各类弹药的弹头、弹壳行为的定性处理、定罪量刑标准和鉴定问题，将《走私解释（二）》第二条、第三条的规定合并并作了个别文字修改，规定：走私各种弹药的弹头、弹壳，构成犯罪的，以走私弹药罪定罪处罚。具体的定罪量刑标准，按照《解释》第一条规定的数量标准的五倍执行。走私报废或者无法组装并使用的各种弹药的弹头、弹壳，构成犯罪的，以走私普通货物、物品罪定罪处罚；属于废物的，以走私废物罪定罪处罚。弹头、弹壳是否属于前款规定的“报废或者无法组装并使用”或者“废物”，由国家有关技术部门进行鉴定。

（四）关于走私仿真枪、管制刀具行为的定性处理和定罪量刑标准

《解释》第五条第一款明确走私国家禁止或者限制进出口的仿真枪、管制刀具，构成犯罪的，以走私国家禁止进出口的货物、物品罪定罪处罚。具体的定罪量刑标准，适用《解释》第十一条第一款第六、七项和第二款的规定。主要是考虑：根据《走私解释（一）》第一条第六款的规定，走私管制刀具、仿真枪支构成犯罪的，以走私普通货物、物品罪定罪处罚。在《刑法修正案（七）》将走私珍稀植物、珍稀植物制品罪修改为走私国家禁止进出口的货物、物品罪后，对走私仿真枪、管制刀具的行为以走私国家禁止进出口的货物、物品罪定罪处罚更为准确。因为从目前行政执法情况看，我国对于仿真枪、管制

刀具采取了严格管制的办法：首先，根据海关总署《关于将仿真武器列为禁止进出境物品的通知》和《关于修订和〈中华人民共和国限制进出境物品表〉重新发布的通知》以及公安部、海关总署、国家工商总局《关于严厉打击走私、制造、销售仿真枪违法犯罪活动的通知》的相关规定，仿真枪被列为禁止进出境物品和禁止进口货物；其次，目前关于管制刀具的进出口，需经有关主管部门（主要是公安机关）批准，未经批准的，不得进出口管制刀具。

《解释》第五条第二款明确走私的仿真枪经鉴定为枪支，构成犯罪的，以走私武器罪定罪处罚；不以牟利或者从事违法犯罪活动为目的，且无其他严重情节的，可以从宽处罚。主要是考虑：一是《公安部关于印发〈仿真枪认定标准〉的通知》、《公安部关于对以气体等为动力发射金属弹丸或者其他物质的仿真枪认定问题的批复》等文件对仿真枪的认定问题作了规定，界定了枪支与仿真枪的认定标准。因此，对走私的仿真枪经鉴定为枪支的，应当适用走私武器罪的定罪量刑标准。二是司法实践中，发现一些行为人出于个人爱好等原因走私仿真枪支，在涉案仿真枪经鉴定为枪支的情况下，对其作出的处理应当有别于以牟利或者从事违法犯罪活动为目的的走私枪支行为。为体现罪刑相适应原则，贯彻宽严相济刑事政策，本款专门规定对不以牟利或者从事违法犯罪活动为目的，且无其他严重情节的走私仿真枪行为，可以依法从轻处罚；情节轻微不需要判处刑罚的，可以免予刑事处罚。

（五）关于走私假币罪的定罪量刑标准以及“货币”的范围和数额折算问题

《解释》第六条明确了走私假币罪的定罪量刑标准。本条规定基本沿用了《走私解释（一）》第二条的规定，并根据2010年最高人民法院《关于审理伪造货币等案件具体应用法律若干问题的解释（二）》的规定，将定罪量刑标准的表述由“总面额”、“币量”修改为“数额”、“数量”。

《解释》第七条明确了走私假币罪中“货币”的范围及数额折算问题，与2010年最高人民检察院、公安部《关于公安机关管辖的刑事案件立案追诉标准的规定（二）》、2010年最高人民法院《关于审理伪造货币等案件具体应用法律若干问题的解释（二）》的规定保持一致。

（六）关于走私文物罪的定罪量刑标准

《解释》第八条明确了走私文物罪的定罪量刑标准，沿用了《走私解释（一）》第三条的规定。

（七）关于走私珍贵动物、珍贵动物制品罪的定罪量刑标准以及从宽处理情节

《解释》第九条第一款、第二款、第三款中关于走私珍贵动物罪的数量标准，对属于犯罪集团的首要分子，使用特种车辆走私，或者造成该珍贵动物死亡、无法追回等情形升档处理的规定均沿用了《走私解释（一）》第四条的规定。第一款、第二款、第三款主要对走私珍贵动物制品罪的数额标准作了修改，将各档量刑幅度的数额标准从“价值不满十万元”、“价值十万元以上不满二十万元”、“价值二十万元以上”分别提高为“数额不满二十万元”、“数额二十万元以上不满一百万元”、“数额一百万元以上”。主要考虑：近年来，北京等地的司法机关反映对走私象牙等珍贵动物制品行为处罚偏重，量刑标准失之于严，许多案件不得不报请最高法院核准在法定刑以下判处刑罚。造成这一问题的原因：一是《走私解释（一）》规定的数额标准未合理拉开距离，造成量刑时难以做到罪刑均衡。二是象牙、犀牛角等珍贵动物制品的价值标准较高，行为人走私少量珍贵动物制品即可能超过 20 万元，应处无期徒刑。以实践中查获较多的象牙为例，根据 2001 年国家林业局《关于发布破坏野生动物资源刑事案件中涉及走私的象牙及其制品价值标准的通知》的规定，一根未加工象牙的价值为 25 万元，无法确定是否属一根象牙切割或者雕刻成象牙块或象牙制品的，单价为 41667 元/千克。行为人如果携带一根象牙或者超过五千克的象牙制品进境，就应对其判处无期徒刑。为使走私珍贵动物制品罪的数额标准更加科学、合理，“两高”在深入调研论证的基础上，在《解释》中大幅拉开各档量刑幅度的数额标准，确保罪刑相适应。

《解释》第九条第四款明确了走私珍贵动物制品罪的从宽处理情节。为解决实践中《走私解释（一）》关于走私珍贵动物制品罪的数额标准过严的问题，2002 年最高人民法院、最高人民检察院、海关总署《关于办理走私刑事案件适用法律若干问题的意见》（以下简称《走私意见》）第七条对走私珍贵动物制品罪的从宽处理情节作了规定，即走私珍贵动物制品情节较轻并同时具备下列情形的，一般不以犯罪论处：（一）珍贵动物制品购买地允许交易的；（二）入境人员为留作纪念或者作为礼品而携带珍贵动物制品进境，不具有牟利目的的。《走私意见》印发以来，相关司法机关反映实践中查处的走私珍贵动物制品案件很难同时具备上述两种情形，该条规定的可操作性不强。此外，“作为礼品携带进境”的表述不符合当前打击惩治行贿犯罪的实际情况，也不宜保留。因此，本款将《走私意见》中“珍贵动物制品购买地允许交易”、“作为礼品携带进境”删去，并增加规定数额标准上限，修改为“不以牟利为目的，为留作纪念而走私珍贵动物制品进境，数额不满十万元的，可以免予刑

事处罚；情节显著轻微的，不作为犯罪处理”，便于司法机关根据案件具体情况具体掌握。

（八）关于走私珍贵动物、珍贵动物制品罪中“珍贵动物”范围、数量标准及价值核定问题

《解释》第十条第一款、第二款对走私珍贵动物罪中“珍贵动物”范围、数量标准的问题作了规定，沿用了《走私解释（一）》第四条的规定。

《解释》第十条第三款对《解释》附表中未规定的珍贵动物制品的价值核定问题作了规定，即按照2012年“两高”、国家林业局、公安部、海关总署《关于破坏野生动物资源刑事案件中涉及的CITES附录Ⅰ和附录Ⅱ所列陆生野生动物制品价值核定问题的通知》执行。根据该通知的规定，未作规定的珍贵动物的制品价值，依次参照同属、同科、同目、同纲或者同门的国家重点保护陆生野生动物的同类制品价值标准核定。

（九）关于走私国家禁止进出口的货物、物品罪的定罪量刑标准

《解释》第十一条明确了走私国家禁止进出口的货物、物品罪的定罪量刑标准。《刑法修正案（七）》将走私珍稀植物、珍稀植物制品罪修改为走私国家禁止进出口的货物、物品罪，主要因为当时出现了走私古植物化石、无脊椎动物化石和来自境外疫区的动植物及其产品等国家禁止进出口的货物、物品的新情况，同时考虑到随着我国社会经济形势的发展变化，国家禁止进出口的货物、物品还会不断有所调整，所以作了概括式的罪状表述。实践中，我国禁止进出口货物、物品的种类众多，相关规定散见于有关法律、行政法规以及国务院有关部门依据法律、行政法规的授权发布的禁止目录中，主要包括：2009年海关总署、商务部联合发布的《加工贸易禁止类商品目录》、《禁止进出境物品表》以及2001以来陆续发布的六批《禁止进口货物目录》和五批《禁止出口货物目录》；我国缔结或者参加的国际条约、协定中也有关于禁止进出口的货物、物品的规定，如《濒危野生动植物种国际贸易公约》及其附录等；其他法律、行政法规规定的禁止进出口的货物、物品。根据上述规定，《解释》第十一条将国家禁止进出口的货物、物品根据其不同属性以及走私行为的社会危害性大小分为以下六类，并分别制定了相应的定罪量刑标准：

1.《解释》第十一条第一款第一项明确了走私珍稀植物及其制品的定罪量刑标准，是在参照《解释》第九条关于走私珍贵动物制品罪的定罪量刑标准和2001年国家林业局、公安部《关于森林和陆生野生动物刑事案件管辖及立案标准》中走私珍稀植物、珍稀植物制品案立案标准，并征求了有关行政主管部门意见的基础上作出的相应规定。

2.《解释》第十一条第一款第二项明确了走私古生物化石的标准。近年

来，我国古生物化石群的接连发现和进行古生物化石非法交易的利润增加，古生物化石滥挖、滥采、贩卖情况趋于突出，走私外流情况也日益严重，这不仅导致越来越多的珍贵化石被破坏、贩卖和流失，也使我国失去大量宝贵的地质遗产，对科学研究会造成不可估量的损失。根据2010年《古生物化石保护条例》的规定，古生物化石分为未命名、重点保护、一般保护三类。其中，未命名的古生物化石不得出境；重点保护古生物化石在出于科研需要或文化交流等目的，经国务院国土资源主管部门批准方可出境；一般保护古生物化石经所在地省级人民政府国土资源主管部门批准，方可出境。根据上述规定对三类古生物化石保护程度的不同，在征求有关行政主管部门意见的基础上，对走私古生物化石的定罪量刑标准作了相应规定。

3.《解释》第十一条第一款第三项明确了走私有毒物质的标准。走私这类货物、物品，可能引起重大环境污染或者安全事故，危害人体健康和环境安全，危害性最大，有必要予以严厉打击。鉴于这类货物、物品的属性与危害性与国家禁止进口的危险性固体废物、液态废物近似，因此参照《走私解释(二)》第六条第一项规定的走私危险性固体废物、液态废物的数量标准，将走私禁止进出口的有毒物质的数量标准确定为一吨以上不满五吨。此外，考虑到某些可用作化工原料的剧毒物品数量标准单位较小（多为千克），但数额标准较高（如剧毒化工原料氰化金钾，1毫克的剂量即可致死20人，其市场价格约15万元/千克），因此本项还确定了二万元以上不满十万元的数额标准。

4.《解释》第十一条第一款第四项明确了走私来自境外疫区的动植物及其产品的标准。近年来，不法分子受利益驱动，走私来自境外疫区的动植物及其产品的案件屡有发生，对人们的身体健康和社会经济秩序具有严重的危害性：一是由于来自疫区的冻品（大多是冷冻的鸡翅、鸡胸脯、鸡腿、牛肉、猪蹄和内脏等）未经过合法的检验、检疫，且大多来自境外爆发疯牛病、禽流感、口蹄疫的国家或者地区，很可能含有危害公共卫生安全的致病细菌和病毒。一旦走私进入内地市场，将严重威胁人民群众的生命安全和身体健康。二是冻品在我国境内有着巨大的市场需求，走私冻品入境给走私分子带来高额利润，也严重冲击了国内的冻品市场和畜牧业等相关行业的健康发展，破坏正常的市场经济秩序。实践中，来自境外疫区的动植物及其产品的不同种类之间计量数量、计算数额的方式也不尽相同，往往差别巨大。例如，来自于同一境外疫区的动物产品，一吨牛肉的价值金额要远大于一吨动物内脏，但两者的危害性基本相当。因此，本款采取数量与数额并用的方式，并在征求有关行政主管部门意见的基础上确定了数量数额标准。

5.《解释》第十一条第一款第五项明确了走私妨害环境资源保护类货物、

物品的标准。走私这类货物物品的危害性主要在于违反我国关于环境资源保护的法律、法规，其危害性要小于走私危害人体健康和环境安全的货物物品，因此将走私这类货物物品的数量数额标准提高至本款第三项走私有毒物质标准的十倍和五倍。

6.《解释》第十一条第一款第六项明确了走私旧汽车、切割车、旧机电产品或者其他禁止进出口货物、物品的标准。这类货物、物品有的是因没有经过安全检测，有的因不符合我国产业更新升级需要而被禁止进出口，故其危害性要小于本款第三项、第五项规定的两类货物、物品。考虑到这类货物物品的重量、数额往往较大，因此对其数量数额标准比照本款第五项走私妨害环境资源保护类的货物物品提高一倍。

此外，《解释》第十一条第一款第七项明确走私国家禁止进出口的货物、物品的数量或者数额虽未达到第一项至第六项规定标准，但属于犯罪集团的首要分子，具有使用特种车辆从事走私活动等严重情节，或者造成环境严重污染、引起甲类传染病传播、重大动植物疫情等严重后果，也应定罪处罚。

《解释》第十一条第二款明确了走私国家禁止进出口的货物、物品罪“情节严重”的认定标准，走私相关货物、物品的数量数额标准与第一款保持五倍关系，同时还规定对具有属于犯罪集团的首要分子，使用特种车辆从事走私活动等严重情节，或者造成环境严重污染、引起甲类传染病传播、重大动植物疫情等严重后果的升档处理。

（十）关于走私国家禁止进出口的货物、物品罪中“珍稀植物”、“古生物化石”的认定范围

《解释》第十二条第一款明确了“珍稀植物”的认定范围。主要考虑：《国家重点保护野生植物名录》、《国家重点保护野生药材物种名录》、《国家珍贵树种名录》中规定了禁止及限制出口的珍稀植物、珍贵野生药材、珍贵树种的范围：此外，根据我国参加的《濒危野生动植物种国际贸易公约》的规定，公约附录一、二中所列的野生植物属于禁止或限制国际贸易的物种。因此，本款参照《解释》第十条珍贵动物及其制品认定范围的规定，并在征求有关行政主管部门意见的基础上，对“珍稀植物”的认定范围作了规定。

《解释》第十二条第二款明确了“古生物化石”的认定范围。主要考虑：根据《古生物化石保护条例》的规定，古生物化石是指地质历史时期形成并赋存于地层中的动物和植物的实体化石及其遗迹化石。同时，2005 年全国人大常委会《关于〈中华人民共和国刑法〉有关文物的规定适用于具有科学价值的古脊椎动物化石、古人类化石的解释》规定：“刑法有关文物的规定，适用于具有科学价值的古脊椎动物化石、古人类化石。”因此，对走私具有科学

价值的古脊椎动物化石、古人类化石，应当以走私文物罪定罪处罚。

（十一）关于走私淫秽物品罪的定罪量刑标准

《解释》第十三条明确了走私淫秽物品罪的定罪量刑标准，沿用了《走私解释（一）》第五条的规定。

（十二）关于走私废物罪的定罪量刑标准以及“国家限制进口的可用作原料的废物”的确定问题

《解释》第十四条明确了走私废物罪的定罪量刑标准。第十四条第一款明确了走私固态废物、液态废物的定罪量刑标准，将《走私解释（二）》第六条、第七条合并，并根据《刑法修正案（八）》对污染环境罪的修改，将“造成重大环境污染事故”的表述修改为“造成环境严重污染”。第十四条第二款明确了走私气态废物的处罚原则，沿用了《走私解释（二）》第九条的规定。

《解释》第十五条明确了走私废物罪中“国家限制进口的可用作原料的废物”的确定问题，沿用了《走私解释（二）》第九条的规定。

（十三）关于走私普通货物、物品罪的定罪量刑标准

《解释》第十六条明确了走私普通货物、物品罪的定罪量刑标准。1997 年刑法以“偷逃应缴税额在五万元以上不满十五万元”、“偷逃应缴税额在十五万元以上不满五十万元”、“偷逃应缴税额在五十万元以上”来设置三档量刑幅度。《刑法修正案（八）》对走私普通货物、物品罪作了修改，取消了具体数额标准的规定，以“偷逃应缴税额较大”、“偷逃应缴税额巨大”、“偷逃应缴税额特别巨大”以及相应情节来重新设置三档量刑幅度。因此，《解释》需要对修改后走私普通货物、物品罪的数额、情节认定问题作出规定。

《解释》第十六条第一款明确走私普通货物、物品罪“偷逃应缴税额较大”、“偷逃应缴税额巨大”、“偷逃应缴税额特别巨大”的认定标准，分别为偷逃应缴税额在十万元以上不满五十万元的，偷逃应缴税额在五十万元以上不满二百五十万元的，偷逃应缴税额在二百五十万元以上的。科学、合理地确定走私普通货物、物品罪的数额标准，应当充分考虑以下三个方面的因素：一是注意体现立法精神和适应经济社会发展形势。《刑法修正案（八）》取消具体数额标准的规定，就是考虑到经济社会经过十几年的发展，1997 年规定的具体数额标准已经不适应当前打击走私犯罪的形势需要。走私普通货物、物品罪是经济犯罪，其定罪量刑标准应当与经济社会发展状况保持协调。根据国家统计局公布的数据，2013 年城镇人均可支配收入为 26955 元，是 1997 年刑法施行时城镇人均可支配收入 5160 元的 5.2 倍。在此背景下，走私普通货物、物品罪三档量刑幅度的数额标准分别提高至 1997 年刑法规定的数额标准的二倍、三倍、五倍，符合当前经济社会发展的实际情况。二是注意保持与其他近似罪

名定罪量刑标准的平衡。走私普通货物、物品罪是涉税犯罪，与刑法第二百零一条逃税罪、第二百零四条骗取出口退税罪比较近似。比如，走私普通货物、物品罪与骗取出口退税罪虽然行为人主观恶性和行为方式略有区别，但社会危害性基本相当。根据2002年最高人民法院《关于审理骗取出口退税刑事案件具体应用法律若干问题的解释》的规定，骗取国家出口退税款五万元以上为“数额较大”，五十万元以上为“数额巨大”，二百五十万元以上为“数额特别巨大”。《解释》对走私普通货物、物品罪的数额标准作出调整后，与骗取出口退税罪的数额标准就比较平衡。三是注意保持各档量刑幅度的数额标准的合理级差。为了做到量刑科学规范，在同一罪名下的轻刑、重刑合理分布，各档量刑幅度的数额标准应当保持合理的级差或倍差，避免出现量刑畸重、失之于严的情况。1997年刑法规定的走私普通货物、物品罪各档量刑幅度之间的倍差是1∶3∶10（5万∶15万∶50万），与破坏社会主义市场经济秩序罪的其他相关犯罪的倍差相比，倍差过小。《解释》对走私普通货物、物品罪的数额标准作出调整后，各档量刑幅度之间的倍差是1∶5∶25（10万∶50万∶250万），更加合理。

《解释》第十六条第二款明确了走私普通货物、物品罪“其他严重情节”、“其他特别严重情节”的认定标准。主要考虑到对行为人主观恶性较深、走私手段恶劣、社会危害较大的情形应当从严惩处，只要达到上一档最高数额标准一半的，即应升档处罚。本款规定了五种应当升档处罚的情形：第一项规定的“走私犯罪集团的首要分子”和第二项规定的“使用特种车辆走私的”情形，与《解释》中关于走私武器、弹药罪，走私假币罪等的升档处罚情节保持一致。第三项规定“为实施走私犯罪，向国家机关工作人员行贿的”情形，主要考虑是：走私犯罪，尤其是成规模的走私犯罪，走私犯罪分子为了达到犯罪目的，往往采用向查缉走私的国家机关工作人员行贿的手段，其主观恶性和社会危害性比一般走私犯罪更加恶劣，必须予以严惩。第四项规定“利用、教唆未成年人、孕妇等特殊人群走私的”情形，主要考虑是：司法实践中，一些走私犯罪分子利用、教唆未成年人、孕妇等特殊人群，通过随身携带等方式走私数额较大的奢侈品、电子产品等的案件时有发生。行为人利用特殊人群作为走私工具，主观恶性较大、行为的社会危害性较大，有必要予以从严惩处。第五项规定“聚众阻挠缉私的”情形，主要考虑是：司法实践中，一些走私犯罪分子为抗拒缉私，煽动一些不明真相的群众采取暴力、威胁以外的其他方法阻挠海关工作人员的查缉，以达到逃避打击的目的。这种行为不仅妨害对走私犯罪活动的查缉，也往往会在社会上造成不良影响，极易引发群体性事件。虽然尚不构成妨害公务罪，不能数罪并罚，但仍应作为严重情节予以从严惩处。

（十四）关于走私普通货物、物品罪中小额多次走私行为的认定问题

《解释》第十七条明确了走私普通货物、物品罪中小额多次走私行为的认定问题。《刑法修正案（八）》针对实践中出现的“蚂蚁搬家”式的走私行为无法追究刑事责任的情况，将“一年内曾因走私被给予二次行政处罚后又走私的”行为规定为犯罪。

本条明确了两个方面的问题：一是明确了“一年内”的认定问题，即以因走私第一次受到行政处罚的生效之日作为“一年内”的起算点，以“又走私”的行为实施之日作为“一年内”的终结点。主要考虑：根据行政处罚法、《海关行政处罚实施条例》的规定，行政处罚决定书送达当事人之日即为行政处罚生效之日。根据行政复议法、行政诉讼法的有关规定，在行政复议和行政诉讼期间，除特殊情形外不停止具体行政行为的执行。因此，以因走私第一次受到行政处罚的生效之日作为起算点，能够体现依法行政的要求，最为严谨。同时，根据刑法的立法原意，行为人第三次又走私被查获即可，不涉及是否受到行政处罚的问题，因此，以“又走私”的行为实施之日作为终结点。二是明确了行为人三次走私行为的对象问题。小额多次走私是走私普通货物、物品罪的人罪标准之一，因此第三次走私行为的对象只能是普通货物、物品。行为人前两次因走私被给予行政处罚是小额多次走私的构成要件之一，不影响对第三次走私行为的定性处理，因此前两次走私行为的对象可以包括走私普通货物、物品以及其他货物、物品。

（十五）关于走私普通货物、物品罪中“应缴税额”和“多次走私未经处理”的认定问题

《解释》第十八条明确了走私普通货物、物品罪中“应缴税额”和“多次走私未经处理”的认定问题，在《走私解释（一）》第六条规定的基础上作了修改。

第十八条第一款明确了“应缴税额”的认定问题，包括两个方面的内容：一是“应缴税额”的认定范围，即包括进出口货物、物品应当缴纳的进出口关税和进口环节海关代征税的税额，沿用了《走私解释（一）》第六条的规定。二是“应缴税额”的计算标准。《走私解释（一）》第六条规定：“走私货物、物品所偷逃的应缴税额，应当以走私行为案发时所适用的税则、税率、汇率和海关审定的完税价格计算，并以海关出具的证明为准。”经研究认为，实践中的走私犯罪案件具有复杂性、多样性的特点，同时关税政策性强、税率调整较为频繁，应当区分不同情况分别计算应缴税额。偷逃应缴税额属于走私犯罪的构成要件和定罪量刑标准之一，在走私行为实施时与走私行为案发时相

分离的情况下，只有依据走私行为实施时的计税标准，才能准确反映走私行为的社会危害性。因此，本款参照2002年《海关计核涉嫌走私的货物、物品偷逃税款暂行办法》第二十八条的规定分三个层次作了规定：（1）走私行为实施时间可以确定的，应缴税额以走私行为实施时的税则、税率、汇率和完税价格计算；（2）多次走私的，以每次走私行为实施时的税则、税率、汇率和完税价格逐票计算；（3）走私行为实施时间不能确定的，以案发时的税则、税率、汇率和完税价格计算。主要考虑到关税税则、税率的变化趋势一般是由重到轻，从有利于犯罪嫌疑人、被告人的角度出发，以案发时为计算时间点。

《解释》第十八条第二款明确了"多次走私未经处理"的认定问题。《走私解释（一）》第六条规定："'对多次走私未经处理的'，是指对多次走私未经行政处罚处理的。"本款参照近年来"两高"关于知识产权、内幕交易等司法解释的规定，明确"多次走私未经处理"，包括未经行政处理和刑事处理。

（十六）关于"保税货物"的范围认定问题

《解释》第十九条明确了刑法第一百五十四条规定的"保税货物"的范围认定问题，沿用了《走私解释（一）》第七条的规定。

（十七）关于以走私罪论处的认定处理问题

《解释》第二十条在《走私解释（一）》第八条规定的基础上作了修改。该条第二十条第一款参照《海关行政处罚实施条例》第八条的规定，明确了以走私罪论处的三种情形：一是直接向走私人非法收购走私进口的货物、物品的，包括直接收购禁止进口的货物、物品，直接收购限制进出口的货物、物品，直接收购普通货物、物品，偷逃应缴税额较大等三种具体情形。二是在内海、领海、界河、界湖运输、收购、贩卖国家禁止进出口的物品的。三是没有合法证明，在内海、领海、界河、界湖运输、收购、贩卖国家限制进出口的货物、物品的。对上述三种情形构成犯罪的，应当按照走私货物、物品的种类，分别依照刑法规定的走私犯罪罪名定罪处罚。

《解释》第二十条第二款明确刑法第一百五十五条第二项规定的"内海"，包括内河的入海口水域，沿用了《走私解释（一）》第八条的规定。

（十八）关于走私国家限制进出口的货物、物品的定性处理

《解释》第二十一条明确了走私国家限制进出口的货物、物品的定性处理问题，以及走私犯罪发生竞合情况下的处理原则。包括以下四个方面内容：

一是明确未经许可进出口国家限制进出口的货物、物品的，以走私国家禁止进出口的货物、物品罪等罪名定罪处罚。主要考虑是：国家对普通货物、物品外的货物、物品的进出口管理措施分为两类：一类是国家明令绝对禁止进出口的货物、物品，比如《解释》第十一条规定的来自境外疫区的动植物及其

产品；另一类是国家限制进出口的货物、物品，即国家虽未明令绝对禁止进出口，但其需要获得有关国家行政主管部门的许可，并取得相应的进出口许可证件。由于国家进出口管理措施会根据国家利益、贸易政策、动植物疫情等因素进行调整，因此刑法规定的“禁止进出口”货物、物品与国家进出口管理措施要求的“禁止进出口”货物、物品不是严格对应的关系。比如，珍贵动物及其制品根据刑法的规定，是国家禁止进出口的。而实际上，随着科技的发展进步，不少人工驯养繁殖的珍贵动物及其制品已达到可进行商业化经营利用的程度，这些珍贵动物及其制品在取得国家林业局濒危物种进出口管理办公室许可的情况下，是允许进出口的。对此，全国人大常委会法工委刑法室在回复有关单位的意见中明确指出：“刑法第一百五十一条规定的走私国家禁止进出口的珍贵动物、珍稀植物及其制品的行为，是指走私未经国家有关部门批准，并取得相应进出口证明的珍贵动物、珍稀植物及其制品的行为。”上述答复实际上明确了刑法第一百五十一条中规定的“国家禁止进出口”是对行为的禁止，而非对货物、物品的禁止。因此，行为人在未经许可的情况下，进出口国家限制进出口的货物、物品，由于这一行为本身是被禁止的，对其依照刑法第一百五十一条第二款、第三款规定的走私国家禁止进出口的货物、物品罪等罪名定罪处罚，是根据实际情况对刑法条文作的合理解释，也能够准确反映这一行为的性质和社会危害性。

二是明确未取得许可进出口国家限制进出口的货物、物品，偷逃应缴税额，同时又构成走私普通货物、物品罪的，依照处罚较重的规定定罪处罚。主要考虑到部分限制进出口的货物、物品既要取得相应的进出口许可证明，又要缴纳关税。如果既逃证又逃税，一个行为触犯多个罪名，属于想像竞合犯，应当从一重罪处断。

三是明确取得许可，但超过许可数量进出口国家限制进出口的货物、物品，构成犯罪的，以走私普通货物、物品罪定罪处罚。主要考虑到行为人已经获得进出口许可，不存在实施禁止行为的情形，对其超过许可数量进出口的行为，如果偷逃应缴税额较大，以走私普通货物、物品罪定罪处罚是合适的。

四是明确租用、借用或者使用购买的他人许可证，进出口国家限制进出口的货物、物品的，按照“未经许可进出口国家限制进出口的货物、物品”处理。

（十九）关于夹藏走私行为的认定处理问题

《解释》第二十二条沿用了《走私解释（二）》第五条的规定，即在走私的货物、物品中藏匿其他货物、物品，构成犯罪的，以实际走私的货物、物品定罪处罚；构成数罪的，实行数罪并罚。

（二十）关于走私犯罪既遂的认定问题

对于走私犯罪有无未遂以及既遂的认定标准，司法实践中有不同意见：一种意见认为，走私犯罪属于行为犯，不存在未遂形态；另一种意见认为，走私犯罪属于结果犯，只有成功逃避海关监管的才成立既遂。经研究认为，行为犯同样存在未遂形态，走私犯罪既未遂需要结合其表现形式的多样性、行为实施的多环节性以及查获的现场性等特点来具体认定。《解释》明确了三种应当认定为犯罪既遂的情形。

《解释》第二十三条第一项明确在海关监管现场被查获的，应当认定为犯罪既遂。主要考虑是：司法实践中，查获的走私案件除通过海关监管区的走私外，多是在水上或是接近国（边）境线的地区被查获。根据海关法的规定，海关在海关监管区和海关附近沿海沿边规定地区，可以行使进出境监督管理职责。海关监管区，是指设立海关的港口、车站、机场、国界孔道、国际邮件互换局（交换站）和其他有海关监管业务的场所，以及虽未设立海关，但是经国务院批准的进出境地点；海关附近沿海沿边规定地区的范围，由海关总署和国务院公安部门会同有关省级人民政府确定。此外，在海关监管区和海关附近沿海沿边规定地区以外，海关在调查走私案件时，经批准也可以进行检查。因此，不论是通关走私（通过海关监管区走私），还是绕关走私（绕开海关监管区走私），只要被海关在行使进出境监督管理职责的监管现场查获，均属于逃避海关监管的走私行为，应当认定为犯罪既遂。

《解释》第二十三条第二项明确以虚假申报方式走私，申报行为实施完毕的，应当认定为犯罪既遂。主要考虑是：货物、物品的进出境是否合法，关键在于当事人的报关行为是否实施完毕并为海关接受。从海关的执法实践来看，行为人在海关申报后，海关通常情况下只对其中约5%的货品进行抽检，行为人如采取伪报、瞒报等方式进行虚假申报，申报完成时就意味着行为人在法律上已实施完毕了逃避海关监管的行为，应当认定为犯罪既遂。

《解释》第二十三条第三项明确了以保税货物或者特定减税、免税进口的货物、物品为对象走私，在境内销售的，或者申请核销行为实施完毕的，应当认定为犯罪既遂。主要考虑是：刑法第一百五十四条明确了对走私保税货物以及特定减税、免税货物、物品的后续走私行为，以走私普通货物、物品罪定罪处罚。根据海关对上述货物、物品管理方式的不同，后续走私可以分为“先销售，后核销”、“直接销售，不核销”和“先核销，后销售”。就“先销售，后核销”和“直接销售，不核销”来说，行为人未经海关许可，擅自将货物、物品销售时，就已经对海关监管秩序造成了侵害，销售行为一经实施即构成既遂，并不要求其实际牟取到利益；就“先核销，后销售”来说，行为人申请海关核销的行为实施完毕，就意味着其已完成逃避海关监管的行为，海关监管秩序已经实际受到侵害，应当认定为犯罪既遂。

（二十一）关于单位实施走私犯罪的定罪量刑标准

《解释》第二十四条第一款明确了单位实施走私普通货物、物品罪以外的走私犯罪的，适用本《解释》规定的自然人犯罪的定罪量刑标准，沿用了《走私解释（一）》第十条第一款的规定。

《解释》第二十四条第二款明确了单位实施走私普通货物、物品罪的定罪量刑标准，即入罪起刑点、“情节严重”、“情节特别严重”的认定标准分别为“偷逃应缴税额在二十万元以上不满一百万元”、“偷逃应缴税额在一百万元以上不满五百万元”、“偷逃应缴税额在五百万元以上”。这一标准是《解释》第十六条规定的自然人实施走私普通货物、物品罪数额标准的二倍。《走私解释（一）》第十条第二款规定的单位实施走私普通货物、物品罪的数额标准是1997年刑法规定的自然人实施走私普通货物、物品罪数额标准的五倍，《解释》对此作出调整。

在征求意见过程中，对于是否需要统一走私普通货物、物品罪自然人犯罪与单位犯罪的定罪量刑标准，始终存在着两种不同意见。一种意见认为，走私普通货物、物品罪的自然人犯罪与单位犯罪应当采用一致的标准。主要理由有三：一是随着经济社会发展，走私犯罪的主体从以自然人为主变化为以单位为主，区分定罪量刑标准的必要性已经不大。二是区分定罪量刑标准导致许多具体执行问题。由于自然人走私和单位走私定罪量刑标准的巨大差异，如何区分认定走私犯罪主体的性质，成为侦查、起诉、审判中的一个重要问题。三是统一自然人与单位犯罪定罪量刑标准已经成为大势所趋。目前，刑法中同一罪名下既有自然人犯罪又有单位犯罪的，绝大多数都采取相同的定罪量刑标准。近年来研究制定的司法解释或者司法解释性质文件对自然人犯罪与单位犯罪也都规定了相同的定罪量刑标准。

另一种意见认为，走私普通货物、物品罪的自然人犯罪与单位犯罪可以区分不同的标准。主要理由有二：一是刑法第一百五十三条第二款对单位实施走私普通货物、物品罪专门规定了与自然人犯罪有所不同的量刑标准，如果对单位犯罪依照自然人犯罪的量刑标准处罚，与刑法的上述规定不衔接，没有准确反映立法精神。二是走私普通货物、物品刑事案件中单位犯罪系常见形态，如果对单位犯罪依照自然人犯罪的量刑标准处罚，则意味着单位走私犯罪的人罪标准从《走私解释（一）》规定的二十五万元降至《解释》第十六条规定的十万元，数额标准下调较大，走私犯罪案件可能会大量增加，对于单位走私犯罪的处罚也将大幅度加重，不利于贯彻宽严相济刑事政策。

经反复研究，“两高”从遵循立法原意，满足打击走私犯罪需要的角度采纳了第二种意见，在《解释》中对单位犯罪和自然人犯罪分别规定定罪量刑标准，但不宜拉开过大差距，因而将《走私解释（一）》规定的五倍关系下调为二倍。

（二十二）关于司法解释的效力规定

由于《解释》的内容已完全涵盖《走私解释（一）》、《走私解释（二）》，本解释公布施行后，上述两个司法解释同时废止。之前发布的司法解释和规范性文件，如2002年《走私意见》等文件，与本解释不一致的，以本解释为准。

人民检察院案件信息公开工作规定（试行）

（2014 年 6 月 20 日最高人民检察院第十二届检察委员会第 24 次会议通过 2014 年 8 月 9 日公布 2014 年 10 月 1 日施行 高检发办字〔2014〕68 号）

第一章 总 则

第一条 为了保障人民群众对检察工作的知情权、参与权和监督权，进一步深化检务公开，增强检察机关执法办案的透明度，规范司法办案行为，促进公正执法，根据有关法律规定，制定本规定。

第二条 人民检察院公开案件信息，应当遵循依法、便民、及时、规范、安全的原则。

第三条 人民检察院应当通过互联网、电话、邮件、检察服务窗口等方式，向相关人员提供案件程序性信息查询服务，向社会公开重要案件信息和法律文书，以及办理其他案件信息公开工作。

最高人民检察院依托国家电子政务网络建立统一的人民检察院案件信息公开系统，各级人民检察院依照本规定，在该系统办理案件信息公开的有关工作。各级人民检察院互联网网站应当与人民检察院案件信息公开系统建立链接。

第四条 人民检察院对涉及国家秘密、商业秘密、个人隐私和未成年人犯罪的案件信息，以及其他依照法律法规和最高人民检察院有关规定不应当公开的信息，不得公开。

人民检察院应当建立健全案件信息发布保密审查机制，明确审查的程序和责任。案件信息公开前，应当依照《中华人民共和国保守国家秘密法》、《中华人民共和国保守国家秘密法实施条例》、《检察工作中国家秘密范围的规定》等相关规定，审查拟公开的案件信息。各部门对案件信息不能确定是否可以公开的，应当依照规定报保密部门确定。

第五条 人民检察院案件管理部门是案件信息公开工作的主管部门，负责案件信息公开的组织、监督、指导和有关服务窗口的查询服务等工作；案件办理部门负责本部门案件信息公开的密级确定、文字处理和审核；新闻宣传部门负责审核、发布重要案件信息和收集、处理舆情反映；保密部门负责保密检查、管理；技术信息部门负责技术保障。相关部门应当分工负责，相互配合。

第六条 任何单位和个人不得利用案件信息公开工作谋取利益。

第二章 案件程序性信息查询

第七条 人民检察院应当依法、及时履行法律规定的通知、告知、送达、公开宣布等职责。当事人及其法定代理人、近亲属、辩护人、诉讼代理人，可以依照规定，向办理该案件的人民检察院查询案由、受理时间、办案期限、办案部门、办案进程、处理结果、强制措施等程序性信息。

第八条 当事人及其法定代理人、近亲属、辩护人、诉讼代理人查询案件程序性信息，应当向办理该案件的人民检察院案件管理部门提交身份证明、委托书等证明材料。

人民检察院对查询申请人身份审核认证后，对符合条件的，应当提供查询服务，或者提供网上查询账号。查询申请人可以凭账号登录人民检察院案件信息公开系统，查询相关案件程序性信息。

第九条 当事人及其法定代理人、近亲属、辩护人、诉讼代理人需要查询经常居住地以外的人民检察院办理的案件程序性信息的，可以到经常居住地所在的县、区级人民检察院案件管理部门请求协助办理身份认证。被请求协助的人民检察院应当及时与办理该案件的人民检察院联系，传输有关材料，办理该案件的人民检察院审核认可后，应当提供查询服务或者查询账号。

第十条 辩护人、诉讼代理人因与当事人解除委托关系等原因丧失查询资格的，人民检察院应当及时注销其查询账号。

第三章 重要案件信息发布

第十一条 人民检察院应当及时向社会发布下列重要案件信息：

（一）有较大社会影响的职务犯罪案件的立案侦查、决定逮捕、提起公诉等情况；

（二）社会广泛关注的刑事案件的批准逮捕、提起公诉等情况；

（三）已经办结的典型案例；

（四）重大、专项业务工作的进展和结果信息；

（五）其他重要案件信息。

人民检察院对正在办理的案件，不得向社会发布有关案件事实和证据认定的信息。

第十二条 人民检察院可以通过新闻发言人、召开新闻发布会、提供新闻稿等方式对外发布重要案件信息，并且应当同时在人民检察院案件信息公开系统上发布该信息。

第十三条 重要案件信息由办理该案件的人民检察院负责发布。对于重大、敏感案件以及上级人民检察院交办、督办的案件，在发布信息前应当报上级人民检察院批准；对于在全国范围内有重大影响的案件，在发布信息前应当层报最高人民检察院批准。上级人民检察院可以与下级人民检察院同步发布已经获得批准的重要案件信息。

第十四条 各级人民检察院案件办理部门负责拟制本部门应当发布的案件信息，经分管副检察长或者检察长批准后，由本院新闻宣传部门负责发布。没有设立新闻宣传部门的，由案件管理部门负责在人民检察院案件信息公开系统上发布，需要向其他媒体发布的，由办公室或者其他指定的部门负责发布。

第十五条 新闻宣传部门、案件管理部门发现有应当发布的案件信息没有及时发布的，应当协调案件办理部门及时发布。

第四章 法律文书公开

第十六条 人民检察院制作的法律文书，应当依照法律规定，及时向当事人、其他诉讼参与人和有关单位送达、宣布。

第十七条 人民检察院作出撤销案件、不批准逮捕等决定的法律文书，可以通过在本院设立电子触摸显示屏等方式提供查阅。

第十八条 人民检察院制作的下列法律文书，应当在人民检察院案件信息公开系统上发布：

（一）人民法院所作判决、裁定已生效的刑事案件起诉书、抗诉书；

（二）不起诉决定书；

（三）刑事申诉复查决定书；

（四）最高人民检察院认为应当在该系统发布的其他法律文书。

人民检察院不得在案件信息公开系统发布内部工作性文书。

第十九条 人民检察院在案件信息公开系统上发布法律文书，应当采取符号替代等方式对下列当事人及其他诉讼参与人的姓名做匿名处理：

（一）刑事案件的被害人及其法定代理人、证人、鉴定人；

（二）不起诉决定书中的被不起诉人；

（三）被判处三年有期徒刑以下刑罚以及免予刑事处罚，且不属于累犯或者惯犯的被告人。

当事人或者其他诉讼参与人要求公开本人姓名，并提出书面申请的，经承办人核实、案件办理部门负责人审核、分管副检察长批准后，可以不做相应的匿名处理。

第二十条 人民检察院在案件信息公开系统上发布法律文书，应当屏蔽下列内容：

（一）自然人的家庭住址、通讯方式、身份证号码、银行账号、健康状况等个人信息；

（二）未成年人的相关信息；

（三）法人以及其他组织的银行账号；

（四）涉及国家秘密、商业秘密、个人隐私的信息；

（五）根据文书表述的内容可以直接推理或者符合逻辑地推理出属于需要屏蔽的信息的；

（六）其他不宜公开的内容。

第二十一条 案件承办人应当在案件办结后或者在收到人民法院生效判决、裁定后十日以内，依照本规定，对需要公开的法律文书做出保密审查和技术处理，报部门负责人审核、分管副检察长或者检察长批准后，提交案件管理部门复核、发布。

对需要报上级人民检察院备案审查的法律文书，应当在备案审查后十日以内，依照前款规定办理法律文书发布手续。

第二十二条 向社会公开的法律文书，除依照本规定的要求做技术处理的内容以外，应当与送达当事人的法律文书内容一致。

第五章 监督和保障

第二十三条 上级人民检察院应当组织、指导下级人民检察院依法、有序开展案件信息公开工作，发现下级人民检察院在案件信息公开工作中存在不合法或者不适当情形的，应当及时纠正。

案件当事人及其法定代理人、近亲属、辩护人、诉讼代理人或者其他单位、个人认为人民检察院发布案件信息不规范、不准确的，可以向人民检察院案件管理部门反映。案件管理部门应当及时协调相关部门核实、处理。

第二十四条 各级人民检察院新闻宣传部门或者其他指定部门，应当全面收集、研判案件信息公开工作引发的社会舆情，并会同相关部门及时处理。

第二十五条 人民检察院案件管理部门应当定期统计、通报本院和本地区检察机关案件信息公开工作情况。

第六章 附 则

第二十六条 人民检察院案件信息公开的技术规范、标准由最高人民检察院另行制定。

第二十七条 省级人民检察院可以根据本规定，结合本地实际情况，制定案件信息公开工作实施细则。

第二十八条 本规定自2014年10月1日起试行。最高人民检察院此前发布的相关规定与本规定不一致的，以本规定为准。

《人民检察院案件信息公开工作规定（试行）》理解与适用

王 晋*

2014年9月18日，最高人民检察院印发《人民检察院案件信息公开工作规定（试行）》（以下简称《规定》），自2014年10月1日起实行。《规定》共六章二十八条，分为总则、案件程序性信息查询、重要案件信息发布、法律文书公开、监督和保障、附则等六个部分，为检察机关全面、规范、有序地开展案件信息公开工作提供了有力的制度保障，对于深化检务公开，推进检察机关司法规范化建设，具有重要意义。

一、起草背景和制定过程

党的十八大明确指出，要推进权力运行的公开化、规范化，完善党务公开、政务公开、司法公开和各领域办事公开制度，让人民监督权力，让权力在阳光下运行。十八届三中全会决定进一步指出，要健全司法权力运行机制，推进审判公开、检务公开。中央办公厅、国务院办公厅联合印发的《关于深化司法体制和社会体制改革的意见》中，把深化检务公开作为推进司法公开的重要内容。按照中央政法委的统一部署，从2013年10月起，最高人民检察院组织黑龙江、上海、河南、四川、甘肃五省市检察院开展了深化检务公开制度改革试点工作。为在更大范围内积累和总结经验，又将北京、江苏、山东、广东、广西五省（区、市）纳入试点地区。在2014年年初召开的全国检察长会议和年中大检察官研讨班上，曹建明检察长对推进检务公开改革试点工作作出专门部署，进一步明确了深化检务公开的各项要求。案件信息公开是检务公开的核心，也是深化检务公开的龙头。为全面推进案件信息公开工作，最高人民检察院有关部门在全面总结试点经验、广泛征求意见的基础上，起草了《人民检察院案件信息公开工作规定（试行）》，提交检察委员会审议通过，自2014年10月1日起试行。

案件信息公开是一项政策性、法律性很强的工作，也是一项社会关注度高、涉及面广的工作。在研究制定《规定》过程中，注意把握好以下几个方面：一是坚持以强化自身监督和便民利民为出发点，坚定不移地推进检务公开

* 最高人民检察院检察委员会委员、案件管理办公室主任。

工作。把顶层设计与分步实施有机结合起来，充分运用新闻媒体和现代信息技术，全方位、多途径地开展案件信息公开工作。除涉及国家秘密、当事人隐私等原因外，对可以公开的信息，都要及时公开。二是依法规范，积极稳健。充分考虑到检察机关在诉讼活动中处于中间或起始环节这一重要特点，在确定公开的范围、内容和时机时，把尊重司法规律与自觉维护司法权威统一起来，严格遵守法律规定，注意处理好与其他司法机关的分工协作关系，突出重点，区分轻重缓急，做到适时、适当，实现政治效果、社会效果和法律效果的有机统一。三是处理好公开和保密的关系。在保障人民群众知情权、参与权、监督权的同时，注意建立健全严格的质量和安全保密审核、监督机制，保护公民个人合法权益，保障诉讼工作顺利进行。四是处理好统一规范和探索创新的关系。既通过制定、实施《规定》，推动案件信息公开工作全面、规范开展，又赋予各地检察机关一定的探索空间，确保案件信息公开工作不断创新发展。

二、案件信息公开的基本要求和方式方法

《规定》要求，案件信息公开工作应当遵循依法、便民、及时、规范、安全的原则。依法，就是要严格依照法律以及最高检有关规定，把案件信息公开工作作为硬任务、硬要求来做，不能想公开就公开，不想公开就不公开。要坚持以公开为原则，不公开为例外，最大限度地予以公开。便民，就是要采取最便捷的方式开展案件信息公开工作，最大限度地保障人民群众知情权、参与权、监督权。及时，就是要严格依照规定的时间节点公开，让人民群众快速便捷地了解相关信息，确保信息公开的时效性。规范，就是要严格依照规定的内容、范围、程序和方式方法予以公开，确保信息真实、准确。安全，就是要在公开的同时，确保该守的秘密一定守住，不能因为公开而发生失密、泄密事故。

《规定》要求，各级人民检察院应当通过互联网、电话、邮件、检察服务窗口等方式，向相关人员提供案件程序性信息查询服务，向社会公开重要案件信息和法律文书，以及办理其他案件信息公开工作。互联网包括门户网站、微信、微博、新闻客户端等方式。最高人民检察院依托国家电子政务网络建立统一的人民检察院案件信息公开系统，名称为“人民检察院案件信息公开网”（www. ajxxgk. jcy. gov. cn）。各级人民检察院依照本《规定》，在该系统办理案件信息公开的有关工作。各级人民检察院门户网站应当与人民检察院案件信息公开系统建立链接。该系统自 2014 年 10 月 1 日起在互联网全面运行，其主要特点如下：一是功能齐备。涵盖案件程序性信息查询、重要案件信息发布、法律文书公开以及律师预约等功能，能够为全方位、全过程开展案件信息公开提供强大的技术支撑。二是智能提取。案件信息公开的数据均来自统一业务应用

系统，数据动态、智能提取，并在统一业务应用系统设置相关的办理流程，只有完成有关公开工作，办案流程才能终结，使案件信息公开成为网上办案工作的重要组成部分，确保信息全面、及时公开。三是信息聚合。各级检察机关统一使用一个平台开展案件信息公开，各类信息大量汇集，人民群众在同一平台上可以查阅全国检察机关公开的信息，并可以通过关键词检索予以查询，非常便捷，能够产生很好的规模集聚效应。四是集约利用。案件信息公开系统依托国家电子政务网络建设，由最高人民检察院统一租用服务平台，不仅大大节约了资金，而且保障检务公开工作统一开展，各地使用情况一目了然，便于统一管理。

三、案件程序性信息查询

案件程序性信息查询是依照特定人员申请进行的案件信息公开，对于保障诉讼参与人的合法权益具有重要意义。案件程序性信息主要是指各类案件的主要办理情况，包括涉嫌什么罪名、什么时候受理的、办案期限、办案部门、办案进程、处理结果、强制措施等程序性信息。当事人及其法定代理人、近亲属、辩护人、诉讼代理人，可以依照规定，向办理该案件的人民检察院查询这些信息。之所以限定特定人员查询，主要是考虑到案件还在办理之中，法院还没有开庭审理，为了保护当事人合法权益，规定只有与案件相关的特定人员才可以依照规定进行查询。对于有重大影响的案件，采取主动向社会发布消息的方式予以公开。

当事人及其法定代理人、近亲属、辩护人、诉讼代理人查询案件程序性信息，应当向办理该案件的人民检察院案件管理部门提交身份证明、委托书等证明材料。人民检察院对查询申请人身份审核认证后，对符合条件的，提供查询服务，或者提供网上查询账号。查询申请人可以凭账号登录人民检察院案件信息公开系统，查询相关案件程序性信息。鉴于当前异地犯罪情况突出，为便利相关查询人员，规定了异地查询的协作审核机制，即对于当事人及其法定代理人、近亲属、辩护人、诉讼代理人需要查询经常居住地以外的人民检察院办理的案件程序性信息的，可以到经常居住地所在的县、区级人民检察院案件管理部门请求协助办理身份认证。被请求协助的人民检察院应当及时与办理该案件的人民检察院联系，传输有关材料，办理该案件的人民检察院审核认可后，应当提供查询服务或者查询账号。由于查询的信息包括案由、受理时间、办案期限、办案部门、办案进程、处理结果、强制措施等，都来源于统一业务应用系统，因此，必须严格落实统一业务应用系统的工作要求，坚持全员、全面、全程、规范使用统一业务应用系统，及时、准确地填写案卡，使符合条件的程序性信息能够及时查到。在开展案件程序性信息查询服务的同时，要做好查询信息的主动告知。对于法律明确规定应当通知、告知的，要依照规定及时办理，不得因为有查询渠道而拒绝履行通知、告知义务。技术条件具备的地方，对经过身份核实，已经进行查询的，在案件流程发生变化后，可以主动推送信息。

四、重要案件信息发布

重要案件信息发布是检察机关积极回应社会关切的重要方式。各级检察机关要依照《规定》，积极稳妥地做好重要案件信息发布。《规定》要求，人民检察院应当及时向社会发布下列重要案件信息：（一）有较大社会影响的职务犯罪案件的立案侦查、决定逮捕、提起公诉等情况；（二）社会广泛关注的刑事案件的批准逮捕、提起公诉等情况；（三）已经办结的典型案例；（四）重大、专项业务工作的进展和结果信息；（五）其他重要案件信息。在试点运行期间，有的检察机关把普通盗窃、故意伤害案件的批捕、起诉情况也放到网上公开发布，把一般的流程信息混同于重要案件信息发布，这既不符合最高人民检察院的规定，也不符合人民群众的要求。当前，发布重要案件信息，应当把重点放在职务犯罪案件的办理进展上；对于刑事犯罪，应当发布在社会上产生重大影响的案件信息。案件信息发布的方式多样。《规定》要求，各级检察机关可以通过门户网站、微信、微博、召开新闻发布会、提供新闻稿等方式对外发布重要案件信息，同时，要把人民检察院案件信息公开系统作为重要案件信息发布的重要平台。要规范重要案件信息发布的内容、形式。对于正在办理的案件，一般只发布案件办理进展信息，不公布具体的案件事实和证据认定的信息。对于涉及人民群众切身利益，有助于普法和预防犯罪发生的案件，可以在办结后，作为典型案例发布，全面介绍案件情况，以案说法，发挥警示教育作用。《规定》要求严格审批、报告程序。对重要案件信息，由办案部门拟制，经院领导批准后，由新闻宣传部门负责发布，没有新闻宣传部门的，由案件管理部门负责在案件信息公开系统上发布。对于重大、敏感案件以及上级检察机关交办、督办的案件，在发布前要报上级检察院批准。要充分发挥省级院对本地信息的筛选把关作用，对于下级检察机关发布的有价值、有影响、社会关注的案件信息，要及时精选到省级院网页上，优先展示，方便人民群众了解。

五、法律文书公开

人民检察院作为国家的法律监督机关，在诉讼活动中，涉及控告、举报、立案、侦查、批捕、起诉、抗诉、申诉、国家赔偿、民事行政诉讼活动监督等，作为这些职权活动载体的法律文书众多，不可能也没必要将所有的法律文书都通过互联网公开。为正确处理好公开和保密的关系，保障诉讼顺利进行，维护当事人权益，《规定》对不同文书采取了不同的公开方式。首先，要求对作出的法律文书，应当依照法律规定，及时向有关单位和个人送达、宣布。其次，在检察机关设立电子触摸显示屏，对于作出撤销案件、不批准逮捕决定的文书提供查阅，主要是考虑到这些决定是填充式的，辨析性内容不多，如果再做匿名处理，信息量更少，因此，目前是通过在检察院设置电子触摸显示屏等方式提供查阅，适度公开。当前，要求在互联网发布的文书，是人民法院所作判决、裁定已生效的刑事案件起诉书、抗诉书，不起诉决定书，刑事申诉复查决定书，以及最高人民检察院认为应当公开的其他法律文书。这些法律文书的共同特点是，对于案件事实和证据都有比较全面的阐述，说理性强，属于检察机关对案件作出重要处理决定的文书。

需要说明的是，起诉书是检察机关在审查起诉环节作出的结论性意见，对事实、证据认定和法律定性作了比较全面的阐述，在检察机关法律文书中占有特殊地位，公开起诉书有利于向社会全面展示检察机关的执法办案水平和文书质量。目前，各地检察机关也都将起诉书作为网上发布的主要文书种类。在研究制定《规定》过程中，有的同志提出，起诉书的发布时间应提前到起诉以后判决生效之前。经研究认为，起诉书只是代表检察机关一方的意见，在法院开庭审判、作出判决前，不宜在网上发布，以保障审判活动客观公正进行。

关于不起诉决定书，有的建议只公开绝对不起诉决定书和相对不起诉决定书，存疑不起诉决定书因案件尚有不确定性不应公开。经研究认为，存疑不起诉决定书也具有终局性，实践中被不起诉人因证据发生变化被追诉的情况非常少，按照国家赔偿法规定，对存疑不起诉的，当赔则赔。实践中，如果确实出现再被追诉的情况，可以通过公布起诉书、发布有关信息的方式予以纠正，因此，没有把存疑不起诉决定书排除在网上发布范围之外。

此外，对于涉及国家秘密、商业秘密、个人隐私以及其他需要屏蔽的信息，如被害人、证人的姓名，当事人的身份证号码、住址、银行账号等，要求作出屏蔽、删除处理。对于其他内容，应当与送达给其他司法机关和当事人的文书保持一致。

六、保障措施

为保障案件信息公开工作依法、全面、持续开展，《规定》要求建立健全上级检察机关对案件信息公开工作的监督、检查机制，实行定期统计、通报制度，健全舆情收集、研判、处理机制。即上级人民检察院应当组织、指导下级人民检察院依法、有序开展案件信息公开工作，发现下级人民检察院在案件信息公开工作中存在不合法或者不适当情形的，应当及时纠正。案件当事人及其法定代理人、近亲属、辩护人、诉讼代理人或者其他单位、个人认为人民检察院发布案件信息不规范、不准确的，可以向人民检察院案件管理部门反映。案件管理部门应当及时协调相关部门核实、处理。各级人民检察院新闻宣传部门或者其他指定部门，应当全面收集、研判案件信息公开工作引发的社会舆情，并会同相关部门及时处理。人民检察院案件管理部门应当定期统计、通报本院和本地区检察机关案件信息公开工作情况。

最高人民法院、最高人民检察院关于办理危害药品安全刑事案件适用法律若干问题的解释

（2014年11月3日公布 2014年12月1日施行 法释〔2014〕14号）

为依法惩治危害药品安全犯罪，保障人民群众生命健康安全，维护药品市场秩序，根据《中华人民共和国刑法》的规定，现就办理这类刑事案件适用法律的若干问题解释如下：

第一条 生产、销售假药，具有下列情形之一的，应当酌情从重处罚：

（一）生产、销售的假药以孕产妇、婴幼儿、儿童或者危重病人为主要使用对象的；

（二）生产、销售的假药属于麻醉药品、精神药品、医疗用毒性药品、放射性药品、避孕药品、血液制品、疫苗的；

（三）生产、销售的假药属于注射剂药品、急救药品的；

（四）医疗机构、医疗机构工作人员生产、销售假药的；

（五）在自然灾害、事故灾难、公共卫生事件、社会安全事件等突发事件期间，生产、销售用于应对突发事件的假药的；

（六）两年内曾因危害药品安全违法犯罪活动受过行政处罚或者刑事处罚的；

（七）其他应当酌情从重处罚的情形。

第二条 生产、销售假药，具有下列情形之一的，应当认定为刑法第一百四十一条规定的“对人体健康造成严重危害”：

（一）造成轻伤或者重伤的；

（二）造成轻度残疾或者中度残疾的；

（三）造成器官组织损伤导致一般功能障碍或者严重功能障碍的；

（四）其他对人体健康造成严重危害的情形。

第三条 生产、销售假药，具有下列情形之一的，应当认定为刑法第一百四十一条规定的“其他严重情节”：

（一）造成较大突发公共卫生事件的；

（二）生产、销售金额二十万元以上不满五十万元的；

（三）生产、销售金额十万元以上不满二十万元，并具有本解释第一条规定情形之一的；

（四）根据生产、销售的时间、数量、假药种类等，应当认定为情节严重的。

第四条 生产、销售假药，具有下列情形之一的，应当认定为刑法第一百四十一条规定的“其他特别严重情节”：

（一）致人重度残疾的；

（二）造成三人以上重伤、中度残疾或者器官组织损伤导致严重功能障碍的；

（三）造成五人以上轻度残疾或者器官组织损伤导致一般功能障碍的；

（四）造成十人以上轻伤的；

（五）造成重大、特别重大突发公共卫生事件的；

（六）生产、销售金额五十万元以上的；

（七）生产、销售金额二十万元以上不满五十万元，并具有本解释第一条规定情形之一的；

（八）根据生产、销售的时间、数量、假药种类等，应当认定为情节特别严重的。

第五条 生产、销售劣药，具有本解释第二条规定情形之一的，应当认定为刑法第一百四十二条规定的“对人体健康造成严重危害”。

生产、销售劣药，致人死亡，或者具有本解释第四条第一项至第五项规定情形之一的，应当认定为刑法第一百四十二条规定的“后果特别严重”。

生产、销售劣药，具有本解释第一条规定情形之一的，应当酌情从重处罚。

第六条 以生产、销售假药、劣药为目的，实施下列行为之一的，应当认定为刑法第一百四十一条、第一百四十二条规定的“生产”：

（一）合成、精制、提取、储存、加工炮制药品原料的行为；

（二）将药品原料、辅料、包装材料制成成品过程中，进行配料、混合、制剂、储存、包装的行为；

（三）印制包装材料、标签、说明书的行为。

医疗机构、医疗机构工作人员明知是假药、劣药而有偿提供给他人使用，或者为出售而购买、储存的行为，应当认定为刑法第一百四十一条、第一百四十二条规定的“销售”。

第七条 违反国家药品管理法律法规，未取得或者使用伪造、变造的药品经营许可证，非法经营药品，情节严重的，依照刑法第二百二十五条的规定以非法经营罪定罪处罚。

以提供给他人生产、销售药品为目的，违反国家规定，生产、销售不符合药用要求的非药品原料、辅料，情节严重的，依照刑法第二百二十五条的规定以非法经营罪定罪处罚。

实施前两款行为，非法经营数额在十万元以上，或者违法所得数额在五万元以上的，应当认定为刑法第二百二十五条规定的“情节严重”；非法经营数额在五十万元以上，或者违法所得数额在二十五万元以上的，应当认定为刑法第二百二十五条规定的“情节特别严重”。

实施本条第二款行为，同时又构成生产、销售伪劣产品罪、以危险方法危害公共安全罪等犯罪的，依照处罚较重的规定定罪处罚。

第八条　明知他人生产、销售假药、劣药，而有下列情形之一的，以共同犯罪论处：

（一）提供资金、贷款、账号、发票、证明、许可证件的；

（二）提供生产、经营场所、设备或者运输、储存、保管、邮寄、网络销售渠道等便利条件的；

（三）提供生产技术或者原料、辅料、包装材料、标签、说明书的；

（四）提供广告宣传等帮助行为的。

第九条　广告主、广告经营者、广告发布者违反国家规定，利用广告对药品作虚假宣传，情节严重的，依照刑法第二百二十二条的规定以虚假广告罪定罪处罚。

第十条　实施生产、销售假药、劣药犯罪，同时构成生产、销售伪劣产品、侵犯知识产权、非法经营、非法行医、非法采供血等犯罪的，依照处罚较重的规定定罪处罚。

第十一条　对实施本解释规定之犯罪的犯罪分子，应当依照刑法规定的条件，严格缓刑、免予刑事处罚的适用。对于适用缓刑的，应当同时宣告禁止令，禁止犯罪分子在缓刑考验期内从事药品生产、销售及相关活动。

销售少量根据民间传统配方私自加工的药品，或者销售少量未经批准进口的国外、境外药品，没有造成他人伤害后果或者延误诊治，情节显著轻微危害不大的，不认为是犯罪。

第十二条　犯生产、销售假药罪的，一般应当依法判处生产、销售金额二倍以上的罚金。共同犯罪的，对各共同犯罪人合计判处的罚金应当在生产、销售金额的二倍以上。

第十三条　单位犯本解释规定之罪的，对单位判处罚金，并对直接负责的主管人员和其他直接责任人员，依照本解释规定的自然人犯罪的定罪量刑标准处罚。

第十四条 是否属于刑法第一百四十一条、第一百四十二条规定的“假药”、“劣药”难以确定的，司法机关可以根据地市级以上药品监督管理部门出具的认定意见等相关材料进行认定。必要时，可以委托省级以上药品监督管理部门设置或者确定的药品检验机构进行检验。

第十五条 本解释所称“生产、销售金额”，是指生产、销售假药、劣药所得和可得的全部违法收入。

第十六条 本解释规定的“轻伤”、“重伤”按照《人体损伤程度鉴定标准》进行鉴定。

本解释规定的“轻度残疾”、“中度残疾”、“重度残疾”按照相关伤残等级评定标准进行评定。

第十七条 本解释发布施行后，《最高人民法院、最高人民检察院关于办理生产、销售假药、劣药刑事案件具体应用法律若干问题的解释》（法释〔2009〕9号）同时废止；之前发布的司法解释和规范性文件与本解释不一致的，以本解释为准。

《最高人民法院、最高人民检察院关于办理危害药品安全刑事案件适用法律若干问题的解释》理解与适用

韩耀元　卢宇蓉　杨建军*

2014 年 11 月 18 日，最高人民法院、最高人民检察院联合发布了《关于办理危害药品安全刑事案件适用法律若干问题的解释》（以下简称《解释》），自 2014 年 12 月 1 日起实施。该《解释》根据《刑法修正案（八）》的有关规定，结合社会经济发展和司法实践中的新情况新问题，针对实践中办理危害药品安全刑事案件存在的争议问题提出了明确意见，同时进一步明确了有关危害药品安全犯罪的定罪量刑标准。为便于理解和适用，现对《解释》的制定背景、过程和主要内容作如下说明：

一、制定《解释》的背景及过程

近年来，随着社会经济的快速发展，制售假药、劣药行为违法犯罪活动猖獗，呈现高发态势，严重破坏了我国社会主义市场经济秩序，严重侵害了人民群众的身体健康和生命安全，甚至危及国家利益和公共安全。药品安全问题成为人民群众反映强烈的社会问题之一。为了切实加大对危害药品安全犯罪的打击力度，全国人大常委会 2011 年 2 月 25 日通过的《刑法修正案（八）》，将刑法第一百四十一条生产、销售假药罪修改为行为犯，取消了入罪门槛，并增加了可以适用较重刑罚的条件。法律的上述修改需制定新的司法解释，明确适用标准。同时，药品安全的监管和刑事司法也面临着一些新情况新问题。一是制售假药、劣药犯罪行为的产业链特征明显，查处难度加大。许多制售假药、劣药的犯罪分子形成利益联盟，有的已形成了产、供、销“一条龙”的犯罪网络，有的形成了跨省市、组织严密的犯罪团伙。二是药品原辅料、包装材料安全问题严重，非法生产药用辅料的现象很突出，直接导致严重的药品安全问题，如有地方出现了通过利用回收的废弃包装材料生产假药的案例。三是药品流通领域，未取得合法资质，非法生产、经营药品的行为较为突出，利用互联网、快递等现代物流手段成为假药流通的重要渠道。基于上述这些原因，社会各界都希望及时出台相应司法解释。2012 年到 2014 年“两会”期间，多位全

* 作者单位：最高人民检察院法律政策研究室。

国人大代表和政协委员提出书面意见和建议，要求“两高”尽早出台有关司法解释，为打击危害药品安全犯罪提供明确的法律依据。

2012年6月，高检院研究室会同最高人民法院、公安部、原国家食品药品监督管理局等单位有关部门启动了《解释》研究制定工作。经专题研究、实地调研、召开座谈会听取司法机关一线办案部门和人员的意见和建议，针对《刑法修正案（八)》关于生产、销售假药罪的修改规定和危害药品安全犯罪的定罪量刑标准及有关法律适用问题，起草了《解释》征求意见稿。2013年7月，听取了医学药学专家对《解释》稿的意见；8月，听取了刑法专家学者的意见；9月，书面征求了全国人大常委会法工委、公安部、司法部、国家卫计委、国家食药监督总局等有关中央部门，以及全国省级人民检察院意见。2014年1月，高检院研究室再次邀请全国人大常委会法工委、最高法院、公安部、国家食药监督总局等部门，就生产、销售假药罪是否设置入罪门槛等争议较大的问题进行了专门论证，并听取和吸取了有关全国人大代表的意见。

“两高”研究室经多次共同研究和反复修改，并综合调研和征求意见情况，2014年上半年形成了《解释》审议稿，后经2014年3月17日最高人民检察院第十二届检察委员会第18次会议、2014年9月22日最高人民法院审判委员会第1626次会议审议通过，于2014年11月18日对外发布，自2014年12月1日起实施。

二、《解释》的主要内容及说明

《解释》共十七条，主要内容有生产、销售假药罪，生产、销售劣药罪的定罪量刑标准；对“生产”、“销售”含义的解释；对非法经营药品、药品原料、药品辅料行为的处理原则和标准；共同犯罪、危害药品安全犯罪限制缓、免刑适用和罚金刑适用标准、单位犯罪、假药劣药的认定等。

（一）关于生产、销售假药罪酌情从重处罚的规定

《解释》第一条根据司法实践情况，规定了七种应当酌情从重处罚的情节。其中，第（一)、(二)、(三）项吸收了《最高人民法院、最高人民检察院关于办理生产、销售假药、劣药刑事案件具体应用法律若干问题的解释》(法释〔2009〕9号，以下简称《2009年解释》）第一条中“足以严重危害人体健康”的有关规定；第（五）吸收了《2009年解释》第七条的规定；第(四)、(六）项是对实践中危害性较大的生产、销售假药的情形予以明确。

第（一）项规定“生产、销售的假药以孕产妇、婴幼儿、儿童或者危重病人为主要使用对象的”，是因为孕产妇、婴幼儿、儿童或者危重病人是需要特殊关照的群体，生产、销售这几类特殊对象使用的假药，易引起较严重的危害后果，社会危害性较大。第（二)、(三）项规定“生产、销售的假药属于

麻醉药品、精神药品、医疗用毒性药品、放射性药品、避孕药品、血液制品、疫苗的”、“生产、销售的假药属于注射剂药品、急救药品的”情形，是因为这两种情形的假药由于用途特殊，更容易给使用对象造成严重危害，因此将其规定为应当酌情从重处罚的情形。第（四）项规定“医疗机构、医疗机构工作人员生产、销售假药的”，是由医疗机构和医疗机构工作人员的职能和职责特点所决定的。医疗机构及其工作人员应当是病患者最信赖的地方和人，其应以治病救人、救死扶伤为职责。医疗机构及其工作人员利用患者的信任生产、销售假药，主观恶性更大，客观危害也更为严重。第（五）项规定“在自然灾害、事故灾难、公共卫生事件、社会安全事件等突发事件期间，生产、销售用于应对突发事件的假药的”情形，是因为突发事件发生时期的生产、销售假药的行为对人民群众的生命健康安全具有更严重、更直接的危害，并且易引发重大医疗卫生事件，社会影响更为恶劣。例如，在传染病大流行时期生产、销售用于防控该传染病急需药品的假药，在大地震等造成人员重大伤亡的自然灾害发生时期生产、销售用于止血的假药等。对这类行为从重处罚符合刑事司法维护人民群众根本权益，维护社会公共利益的需要。第（六）项规定“两年内曾因危害药品安全违法犯罪活动受过行政处罚或者刑事处罚的”情形，主要是考虑犯罪分子多次实施危害药品安全违法犯罪，屡教不改，主观恶性较大，人身危险性大，有必要予以从重处罚。第（七）项“其他应当酌情从重处罚的情形”，是兜底条款。

需要进一步说明的是生产、销售假药罪的入罪标准问题。《刑法修正案(八)》将生产、销售假药罪由危险犯修改为行为犯之后，如何把握其入罪标准、正确区分罪与非罪的界限，成为司法实践中亟待解决的重要问题。《解释》起草过程中，对生产、销售假药罪是否应当设立入罪门槛存在两种不同的意见。

第一种意见认为，根据《刑法修正案（八)》的有关规定，生产、销售假药罪是行为犯，无论数量多少，依法都构成犯罪，不存在入罪门槛问题。主要理由：一是设置入罪门槛违背立法原意，与国家从严打击假药犯罪的刑事政策相悖。《刑法修正案（八)》修改生产、销售假药罪犯罪成立要件的目的，就在于扩大刑罚适用，严惩危害药品安全的犯罪分子。二是基于药品安全形势的严峻现实，必须以“零容忍”的态度打击生产、销售假药犯罪，才能有效震慑违法犯罪分子，维护正常的社会秩序，确保人民群众的生命健康与财产安全。

第二种意见认为，对生产、销售假药罪应当规定入罪门槛。主要理由：一是从生产、销售假药行为人的主观恶性、行为方式、销售金额、违法所得等方面设置相应的入罪标准，可以区分一般违法与犯罪行为，有利于刑事司法与行政执法的衔接。二是生产、销售假药的实际情况比较复杂，实践中必然存在对情节轻微的生产、销售假药行为不作为犯罪处理的情形。如果对入罪门槛不作规定，可能导致各地司法机关在判断罪与非罪时出现不一致的状况，反而不利于打击犯罪行为，更有损法律的严肃性和权威性。三是防止刑事打击面过大。

经研究，《解释》基于严格遵循立法原意、切实加大对危害药品安全犯罪刑事打击力度等方面的考虑，采纳了第一种意见。第一条之所以没有进一步明确规定，主要是考虑到刑法第一百四十一条已经规定得很明确，生产、销售假药罪是行为犯，生产、销售假药的，处三年以下有期徒刑或者拘役，并处罚金。因此，只要实施了生产、销售假药的行为，无论数量多少，包括假药数量、销售金额、违法所得的多少，均依法构成生产、销售假药罪。对于生产、销售假药行为具有《解释》第一条规定的七种情形的，不仅依法构成生产、销售假药罪，而且还要酌情从重处罚。

（二）关于生产、销售假药罪第二档法定刑的适用条件

《解释》第二条、第三条规定了生产、销售假药罪第二档法定刑的适用条件，明确了生产、销售假药“对人体健康造成严重危害或者有其他严重情节”的认定标准。

《刑法修正案（八）》将原刑法规定的生产、销售假药罪第二档法定刑适用条件中“对人体健康造成严重危害的”修改为“对人体健康造成严重危害或者有其他严重情节的”。《解释》第二条从伤情程度、残疾程度和器官功能障碍程度等方面对“对人体健康造成严重危害”的认定标准作出规定，主要延续了《2009年解释》第二条第一款有关的内容。根据《解释》第二条规定，符合以下四项情形之一的，应当认定为刑法第一百四十一条规定的“对人体健康造成严重危害”：（一）造成轻伤或者重伤的；（二）造成轻度残疾或者中度残疾的；（三）造成器官组织损伤导致一般功能障碍或者严重功能障碍的；（四）其他对人体健康造成严重危害的情形。

《解释》第三条明确了生产、销售假药“其他严重情节”的认定标准。根据本条规定，符合以下四项情形之一的，应当认定为刑法第一百四十一条规定的“其他严重情节”：（一）造成较大突发公共卫生事件的；（二）生产、销售金额二十万元以上不满五十万元的；（三）生产、销售金额十万元以上不满二十万元，并具有本解释第一条规定情形之一的；（四）根据生产、销售的时间、数量、假药种类等，应当认定为情节严重的。其中，第（一）项“造成较大突发公共卫生事件的”情形，主要考虑到生产、销售假药的行为造成社会公众健康严重损害的重大传染病疫情、群体性不明原因疾病、重大食物和职

业中毒以及其他严重影响公众健康的重大突发公共卫生事件的，通常具有较大的社会危害性，应当从严惩处。第（二）项“生产、销售金额二十万元以上不满五十万元的”情形，主要考虑生产、销售假药尚未对人体健康造成严重危害或者造成较大突发公共卫生事件发生，但生产、销售假药达到一定金额的情形，社会危害性很大，也应认定为其他严重情节。将有关数额起点标准设置为二十万元，既与生产、销售伪劣产品罪第二档定罪数额标准基本相当，又与司法解释对生产、销售不符合安全标准的食品罪和生产、销售有毒、有害食品罪规定的相关数额标准保持了均衡。第（三）项“生产、销售金额十万元以上不满二十万元，且具有本解释第一条规定情形之一的”情形，主要考虑到具有第一条规定的七种情形其行为的社会危害性更大，应当从严惩处。第（四）项是兜底性规定，同时根据生产、销售的时间、数量、假药种类等进行具体判断是否达到情节严重，避免兜底条款被虚置，更有利于具体适用。

（三）关于生产、销售假药罪第三档法定刑适用条件中的“其他特别严重情节的”认定问题

《解释》第四条规定了生产、销售假药罪第三档法定刑适用条件中的“其他特别严重情节的”认定标准。《刑法修正案（八）》将原刑法规定的生产、销售假药罪第三档法定刑适用条件中的“致人死亡或者有其他对人体健康造成特别严重危害的”修改为“致人死亡或者有其他特别严重情节的”情形。其中，“致人死亡”是明确的，《解释》吸收了《2009 年解释》第二条第二款有关内容，同时根据办案实践情况，对“有其他特别严重情节的”作了明确规定。

第四条第（一）项至第（四）项吸收了《2009 年解释》第二条第二款的相关内容，只是在表述上稍有调整，分别规定了以下内容：（一）致人重度残疾的；（二）造成三人以上重伤、中度残疾或者器官组织损伤导致严重功能障碍的；（三）造成五人以上轻度残疾或者器官组织损伤导致一般功能障碍的；（四）造成十人以上轻伤的。相对《2009 年解释》，新增三项内容：一是考虑到突发公共卫生事件所具有的严重社会危害性，第（五）项规定了“造成重大、特别重大突发公共卫生事件的”。二是考虑到与第三条第（二）项有关数额标准相衔接，在第（六）项规定了“生产、销售金额五十万元以上的”。三是综合考虑客观行为的社会危害性和行为人的人身危害性，并与第三条第（三）项有关规定相适应，在第（七）项将“生产、销售金额二十万元以上不满五十万元，且具有本解释第一条规定情形之一的”作为“其他特别严重情节”的一种情况予以明确。第（八）项根据生产、销售的时间、数量、假药种类等，应当认定为情节特别严重的，是兜底条款。

（四）关于生产、销售劣药罪的定罪量刑标准

《解释》第五条分三款，分别规定了生产、销售劣药罪的定罪量刑标准和酌定从重处罚情节。由于《刑法修正案（八）》对刑法规定的生产、销售劣药罪没有修改，因此，根据司法实践的需要，《解释》第五条关于生产、销售劣药罪的入罪标准基本沿用了《2009年解释》第三条规定，只是对第二档刑适用条件“后果特别严重”的认定标准稍作调整，增加了“造成重大、特别重大突发公共卫生事件”等规定。

第五条第一款明确规定了生产、销售劣药罪的定罪标准，即明确了刑法第一百四十二条规定的“对人体健康造成严重危害”的认定标准。根据本款规定，具有本解释第二条规定情形之一的，应当认定为“对人体健康造成严重危害”。包括（一）造成轻伤或者重伤的；（二）造成轻度残疾或者中度残疾的；（三）造成器官组织损伤导致一般功能障碍或者严重功能障碍的；（四）其他对人体健康造成严重危害的情形。

第五条第二款明确了生产、销售劣药罪第二档法定刑适用条件，即明确了刑法第一百四十二条规定的“后果特别严重”的认定标准。根据本款规定，生产、销售劣药，致人死亡或者具有本解释第四条第一项至第五项规定情形之一的，应当认定为“后果特别严重”。除致人死亡外，包括：（一）致人重度残疾的；（二）造成三人以上重伤、中度残疾或者器官组织损伤导致严重功能障碍的；（三）造成五人以上轻度残疾或者器官组织损伤导致一般功能障碍的；（四）造成十人以上轻伤的；（五）造成重大、特别重大突发公共卫生事件的。

第五条第三款明确了生产、销售劣药罪酌定从重处罚情节。根据本款规定，生产、销售劣药罪中应当酌情从重处罚的情形与生产、销售假药罪的相关规定保持了一致。

（五）关于“生产”、医疗机构及其工作人员“销售”行为的认定标准

《解释》第六条分两款，对生产、销售假药、劣药罪中的“生产”和“销售”的含义予以明确规定。

第六条第一款对刑法第一百四十一条、第一百四十二条中规定的“生产”作了解释。实践中，危害药品安全违法犯罪行为呈现出较强的隐蔽性，制售假、劣药犯罪呈现出跨地区、团伙化、专业化等特点，查处难、打击难。为严厉打击此类危害药品安全的犯罪，《解释》本款规定，以生产、销售假药、劣药为目的，实施下列行为之一的，应当认定为刑法第一百四十一条、第一百四十二条规定的“生产”：（一）合成、精制、提取、储存、加工炮制药品原料的行为；（二）将药品原料、辅料、包装材料制成成品过程中，进行配料、混

合、制剂、储存、包装的行为；（三）印制包装材料、标签、说明书的行为。《解释》将生产过程各环节的阶段性行为都独立规定为生产行为。这样规定的主要考虑：一是目前危害药品安全犯罪已经形成分工明确、环环相扣的犯罪链条，药品监督管理部门和公安机关有时仅查获犯罪链条的某个环节，难以查清全部犯罪链条，有的生产链条中的行为人往往通过声称自己“不明知”来逃避打击，难以按照生产、销售假药、劣药犯罪的共同犯罪来追究刑事责任。本款对“生产”的概念作细化规定，涵盖了将药品原料、辅料、包装材料变成成品过程中的每一个生产环节，符合执法办案的实际需要，具有针对性和可操作性。二是对能够查明行为人具有生产、销售假药、劣药的主观故意，或者查明印制包装材料、标签、说明书等行为是用于生产、销售假药、劣药的，直接认定为“生产”假药、劣药行为，既有利于行政执法和司法机关查办危害药品安全犯罪案件，又能有效避免犯罪分子逃避打击。

第六条第二款对医疗机构、医疗机构工作人员销售假药、劣药作出了专门规定。实践中，对于医疗机构和医疗机构工作人员向他人提供假药、劣药的行为能否视为销售，存在不同认识。根据本款规定，医疗机构、医疗机构工作人员明知是假药、劣药而有偿提供给他人使用，或者为出售而购买、储存的行为，应当认定为刑法第一百四十一条、第一百四十二条规定的“销售”。之所以这样规定主要考虑：“销售”除了具有一般意义上的出售含义外，还应包括“有偿使用”、“为出售而购买、储存”，既涵盖了医疗机构、医疗机构工作人员有偿使用假药、劣药的行为，也涵盖了为出售而购买、储存的中间环节行为，有利于统一认识，加强对医疗机构、医疗机构工作人员销售假药、劣药行为的刑事打击。

（六）关于非法经营药品及其原料、辅料行为的定罪量刑问题

《解释》第七条有四款，分别明确规定了非法经营药品及生产、销售不符合药用要求的非药品原料、辅料行为的定性和处罚标准问题，以及犯本罪同时构成他罪的处罚原则。

第一款明确规定了非法经营药品构成非法经营罪的情形。根据本款规定，违反国家药品管理法律法规，未取得或者使用伪造、变造的药品经营许可证，非法经营药品，情节严重的，依照刑法第二百二十五条的规定以非法经营罪定罪处罚。主要考虑是：根据《中华人民共和国药品管理法》（以下简称《药品管理法》）的规定，药品经营企业必须符合一定资质，由药品监督管理部门批准并发给《药品经营许可证》，按照《药品经营质量管理规范》经营药品，执行有关制度规范。未取得或者使用伪造、变造药品经营许可证行为属于无证经营行为，符合非法经营罪“违反国家规定，进行非法经营活动，扰乱市场秩

序”的行为特征，应该以非法经营罪追究刑事责任。

第二款明确规定了非法经营不符合药用要求的非药品原料、辅料构成非法经营罪的情形。根据本款规定，以提供给他人生产、销售药品为目的，违反国家规定，生产、销售不符合药用要求的非药品原料、辅料，情节严重的，依照刑法第二百二十五条的规定以非法经营罪定罪处罚。实践中，生产、销售不符合药用要求的非药品原料、辅料并销售给制药企业的行为具有极大的社会危害性，有必要予以刑事打击以切实保障药品的源头安全。但是，非药品原料、辅料尚不属于药品，对生产、销售不符合药用要求的非药品原料、辅料的行为难以直接以制售假劣药犯罪处理。同时，不符合药用要求的非药品原料、辅料多是几经倒手才最终用于药品生产，这种情况难以认定行为人的行为构成生产、销售假药、劣药犯罪的共同犯罪。考虑到《药品管理法》及其实施条例等法律法规、行政规章明确规定，生产药品所需的原料、辅料，必须符合药用要求。《中华人民共和国药典》也从技术规范的角度明确了国家药品标准。因此，对于以提供给他人生产、销售药品为目的的生产、销售不符合药用要求的非药品原料、辅料的行为，可以认定为违反国家规定，以非法经营罪追究刑事责任于法有据，也是切实可行的。

第 7 条第三款明确规定了实施本条前两款行为构成非法经营罪的定罪量刑标准。一是非法经营数额在十万元以上，或者违法所得数额在五万元以上的，应当认定为刑法第二百二十五条规定的“情节严重”；二是非法经营数额在五十万元以上，或者违法所得数额在二十五万元以上的，应当认定为刑法第二百二十五条规定的“情节特别严重”。其中，“情节特别严重”的数额标准是按照“情节严重”的五倍标准掌握。

第七条第四款明确规定了实施非法经营药品犯罪同时构成他罪的处断原则。根据本款规定，实施本条第二款行为，同时又构成生产、销售伪劣产品罪、以危险方法危害公共安全罪等犯罪的，依照处罚较重的规定定罪处罚。实践中，行为人以提供给他人生产、销售药品为目的，违反国家规定，生产、销售不符合药用要求的非药品原料、辅料，情节严重构成非法经营罪的同时还可能构成生产、销售伪劣产品罪、以危险方法危害公共安全罪等犯罪，为了避免特殊情况下出现罪刑失衡，根据想象竞合犯的刑法理论和司法实践，明确规定从一重罪论处。例如，生产具有毒害性的非药用原料、辅料并销售给制药企业生产药品，对不特定多数人的生命健康构成危害的情况，可能同时构成非法经营罪和以危险方法危害公共安全罪，对此应当以以危险方法危害公共安全罪论处。

（七）关于共同犯罪的规定

《解释》第八条是关于危害药品安全犯罪共同犯罪的规定。该条规定基本沿用了《2009年解释》第五条的内容，并根据新情况增加规定了提供网络销售渠道、标签、说明书等帮助行为。根据本条规定，明知他人生产、销售假药、劣药，而有下列情形之一的，以共同犯罪论处：（一）提供资金、贷款、账号、发票、证明、许可证件的；（二）提供生产、经营场所、设备或者运输、储存、保管、邮寄、网络销售渠道等便利条件的；（三）提供生产技术或者原料、辅料、包装材料、标签、说明书的；（四）提供广告宣传等帮助行为的。

（八）关于药品虚假广告行为的定性处理问题

《解释》第九条规定了药品虚假广告的定性处理问题。实践中，药品广告普遍存在虚假宣传的现象，各种虚假广告对于假药、劣药泛滥起着推波助澜的作用，明确对药品虚假广告依法追究刑事责任，对于打击遏制危害药品安全犯罪，净化药品市场具有现实意义。根据本条规定，广告主、广告经营者、广告发布者违反国家规定，利用广告对药品作虚假宣传，情节严重的，依照刑法第二百二十二条的规定以虚假广告罪定罪处罚。

（九）关于犯罪竞合的处断原则

《解释》第十条明确了犯罪竞合情况下的处理原则，即实施生产、销售假药、劣药犯罪，同时构成其他犯罪的，应当从一重罪处断。根据本条规定，实施生产、销售假药、劣药犯罪，同时构成生产、销售伪劣产品、侵犯知识产权、非法经营、非法行医、非法采供血等犯罪的，依照处罚较重的规定定罪处罚。

（十）关于缓、免刑限制适用和出罪的规定。

《解释》第十一条分两款对危害药品安全犯罪的缓、免刑适用和不作为犯罪处理的法律适用问题作出了专门规定，全面体现宽严相济刑事政策的精神和要求。

第十一条第一款主要规定了对于危害药品安全犯罪限制缓刑和免刑的适用，体现了宽严相济刑事政策“严”的一面。根据本款规定，对实施本解释规定之犯罪的犯罪分子，应当依照刑法规定的条件，严格缓刑、免予刑事处罚的适用。对于适用缓刑的，应当同时宣告禁止令，禁止犯罪分子在缓刑考验期内从事药品生产、销售及相关活动。

第十一条第二款是出罪条款，既是刑法第十三条“但书”在办理危害药品安全犯罪刑事案件中的具体适用标准，也是宽严相济刑事政策“宽”的一面的充分体现。根据本款规定，销售少量根据民间传统配方私自加工的药品，或者销售少量未经批准进口的国外、境外药品，没有造成他人伤害后果或者延误诊治，情节显著轻微危害不大的，不认为是犯罪。

（十一）对生产、销售假药罪适用的罚金刑标准

《解释》第十二条规定了对生产、销售假药罪适用罚金刑的标准。《刑法修正案（八）》取消了生产、销售假药罪罚金数额的限制，但司法实践中仍需要进一步明确罚金数额的具体执行标准。根据本条规定，犯生产、销售假药罪的，一般应当依法判处生产、销售金额二倍以上的罚金。共同犯罪的，应当对各共同犯罪人合计判处生产、销售金额二倍以上的罚金。司法解释明确规定罚金数额，有利于统一司法尺度，避免适用罚金刑过程中出现判处过低罚金刑的局面。立足司法实践，考虑到既要加大经济处罚力度又要兼顾同类犯罪之间罚金刑的必要协调以及判决执行等问题，本条将罚金刑下限确定为生产、销售金额二倍。在共同犯罪中，从犯罪整体性考虑，也将各共同犯罪人合计判处罚金的下限确定为生产、销售金额二倍。

（十二）单位犯罪的定罪量刑标准

《解释》第十三条明确了单位犯罪的定罪量刑标准。根据本条规定，单位犯本解释规定之罪的，对单位判处罚金，并对直接负责的主管人员和其他直接责任人员，依照本解释规定的自然人犯罪的定罪量刑标准处罚。

（十三）关于"假药"、"劣药"的司法认定问题

《解释》第十四条明确了生产、销售假药、劣药犯罪中"假药"和"劣药"的司法认定问题。根据本条规定，是否属于刑法第一百四十一条、第一百四十二条规定的"假药"、"劣药"难以确定的，司法机关可以根据地市级以上药品监督管理部门出具的认定意见等相关材料进行认定。必要时，可以委托省级以上药品监督管理部门设置或者确定的药品检验机构进行检验。实践中，关于"假药"、"劣药"的司法认定，主要通过以下三种途径：一是司法机关根据《药品管理法》的规定，对于证据能够直接明确认定为假药、劣药的，可以直接依法认定为假药或者劣药。根据刑法第一百四十一条第二款的规定，我国刑法规定中所称假药，是指依照《药品管理法》的规定属于假药和按假药处理的药品、非药品。根据我国《药品管理法》相关规定，药品，是指用于预防、治疗、诊断人的疾病，有目的地调节人的生理机能并规定有适应症或者功能主治、用法和用量的物质，包括中药材、中药饮片、中成药、化学原料药及其制剂、抗生素、生化药品、放射性药品、血清、疫苗、血液制品和诊断药品等。假药包括以下两类情况，第一类情况，具下列情形之一的，为假药：（1）药品所含成分与国家药品标准规定的成分不符的；（2）以非药品冒充药品或者以他种药品冒充此种药品的。第二类情况，具有下列情形之一的药

品，按假药论处：（1）国务院药品监督管理部门规定禁止使用的；（2）依照本法必须批准而未经批准生产、进口，或者依照本法必须检验而未经检验即销售的；（3）变质的；（4）被污染的；（5）使用依照本法必须取得批准文号而未取得批准文号的原料药生产的；（6）所标明的适应症或者功能主治超出规定范围的。根据刑法第一百四十二条第二款的规定，刑法中规定的劣药，是指依照《药品管理法》的规定属于劣药的药品。根据《药品管理法》第四十九条规定，劣药也包括以下两种情况。第一种情况是药品成分的含量不符合国家药品标准的为劣药。第二种情况是有下列情形之一的药品，按劣药论处：（1）未标明有效期或者更改有效期的；（2）不注明或者更改生产批号的；（3）超过有效期的；（4）直接接触药品的包装材料和容器未经批准的；（5）擅自添加着色剂、防腐剂、香料、矫味剂及辅料的；（6）其他不符合药品标准规定的。二是对于情况复杂，司法机关难以直接判断是否属于“假药”、“劣药”的，司法机关可以根据地市级以上药品监督管理部门出具的认定意见等相关材料进行认定。三是司法机关认为有必要对药品所含成分是否与国家药品标准规定的成分相符，药品成分的含量是否符合国家药品标准等问题进行检验的，可以委托省级以上药品监督管理部门设置或者确定的药品检验机构进行检验。

（十四）关于“生产、销售金额”的含义

《解释》第十五条明确了本解释所称的“生产、销售金额”的含义。根据本条规定，本解释所称“生产、销售金额”，是指生产、销售假药、劣药所得和可得的全部违法收入。具体来说包括生产、销售假药、劣药后已获得的收入额以及还没有销售的货值金额或者已销售但还没有获得的金额。

（十五）关于伤害、残疾程度的认定问题

《解释》第十六条分两款，第一款明确了“轻伤”“重伤”的认定。根据本款规定，本解释规定的“轻伤”“重伤”按照《人体损伤程度鉴定标准》进行鉴定。主要考虑《人体损伤程度鉴定标准》（自 2014 年 1 月 1 日起施行）已经取代《人体重伤鉴定标准》（司发〔1990〕070 号）、《人体轻伤鉴定标准（试行）》（法【司】发〔1990〕6 号），有必要予以明确。

第二款明确了“轻度残疾”、“中度残疾”、“重度残疾”的认定问题。根据本款规定，本解释规定的“轻度残疾”、“中度残疾”、“重度残疾”按照相关伤残等级评定标准进行评定。目前在司法实践中涉及伤残的认定问题，通常参照《职工工伤与职业病致残程度鉴定标准》、《道路交通事故受伤人员伤残评定》进行伤残等级评定，因此第二款采用“按照相关伤残等级评定标准进行评定”的表述。

（十六）关于《解释》的效力问题

《解释》第十七条是关于司法解释的效力规定。根据本条规定，本解释发布施行后，《最高人民法院、最高人民检察院关于办理生产、销售假药、劣药刑事案件具体应用法律若干问题的解释》（法释〔2009〕9号）同时废止；之前发布的司法解释和规范性文件与本解释不一致的，以本解释为准。

最高人民检察院关于依法保障律师执业权利的规定

（2014年12月16日最高人民检察院第十二届检察委员会第32次会议通过 2014年12月23日公布并施行）

第一条 为了切实保障律师依法行使执业权利，严肃检察人员违法行使职权行为的责任追究，促进人民检察院规范司法，维护司法公正，根据《中华人民共和国刑事诉讼法》、《中华人民共和国民事诉讼法》、《中华人民共和国行政诉讼法》和《中华人民共和国律师法》等有关法律规定，结合工作实际，制定本规定。

第二条 各级人民检察院和全体检察人员应当充分认识律师在法治建设中的重要作用，认真贯彻落实各项法律规定，尊重和支持律师依法履行职责，依法为当事人委托律师和律师履职提供相关协助和便利，切实保障律师依法行使执业权利，共同维护国家法律统一、正确实施，维护社会公平正义。

第三条 人民检察院应当依法保障当事人委托权的行使。人民检察院在办理案件中应当依法告知当事人有权委托辩护人、诉讼代理人。对于在押或者被指定居所监视居住的犯罪嫌疑人提出委托辩护人要求的，人民检察院应当及时转达其要求。犯罪嫌疑人的监护人、近亲属代为委托辩护律师的，应当由犯罪嫌疑人确认委托关系。

人民检察院应当及时查验接受委托的律师是否具有辩护资格，发现有不得担任辩护人情形的，应当及时告知当事人、律师或者律师事务所解除委托关系。

第四条 人民检察院应当依法保障当事人获得法律援助的权利。对于符合法律援助情形而没有委托辩护人或者诉讼代理人的，人民检察院应当及时告知当事人有权申请法律援助，并依照相关规定向法律援助机构转交申请材料。人民检察院发现犯罪嫌疑人属于法定通知辩护情形的，应当及时通知法律援助机构指派律师为其提供辩护，对于犯罪嫌疑人拒绝法律援助的，应当查明原因，依照相关规定处理。

第五条 人民检察院应当依法保障律师在刑事诉讼中的会见权。人民检察院办理直接受理立案侦查案件，除特别重大贿赂犯罪案件外，其他案件依法不需要经许可会见。律师在侦查阶段提出会见特别重大贿赂案件犯罪嫌疑人的，人民检察院应当严格按照法律和相关规定及时审查决定是否许可，并在三日以内答复；有碍侦查的情形消失后，应当通知律师，可以不经许可会见犯罪嫌疑人；侦查终结前，应当许可律师会见犯罪嫌疑人。人民检察院在会见时不得派员在场，不得通过任何方式监听律师会见的谈话内容。

第六条 人民检察院应当依法保障律师的阅卷权。自案件移送审查起诉之日起，人民检察院应当允许辩护律师查阅、摘抄、复制本案的案卷材料；经人民检察院许可，诉讼代理人也可以查阅、摘抄、复制本案的案卷材料。人民检察院应当及时受理并安排律师阅卷，无法及时安排的，应当向律师说明并安排其在三个工作日以内阅卷。人民检察院应当依照检务公开的相关规定，完善互联网等律师服务平台，并配备必要的速拍、复印、刻录等设施，为律师阅卷提供尽可能的便利。律师查阅、摘抄、复制案卷材料应当在人民检察院设置的专门场所进行。必要时，人民检察院可以派员在场协助。

第七条 人民检察院应当依法保障律师在刑事诉讼中的申请收集、调取证据权。律师收集到有关犯罪嫌疑人不在犯罪现场、未达到刑事责任年龄、属于依法不负刑事责任的精神病人的证据，告知人民检察院的，人民检察院相关办案部门应当及时进行审查。

案件移送审查逮捕或者审查起诉后，律师依据刑事诉讼法第三十九条，申请人民检察院调取侦查部门收集但未提交的证明犯罪嫌疑人无罪或者罪轻的证据材料的，人民检察院应当及时进行审查，决定是否调取。经审查，认为律师申请调取的证据未收集或者与案件事实没有联系决定不予调取的，人民检察院应当向律师说明理由。人民检察院决定调取后，侦查机关移送相关证据材料的，人民检察院应当在三日以内告知律师。

案件移送审查起诉后，律师依据刑事诉讼法第四十一条第一款的规定申请人民检察院收集、调取证据，人民检察院认为需要收集、调取证据的，应当决定收集、调取并制作笔录附卷；决定不予收集、调取的，应当书面说明理由。人民检察院根据律师的申请收集、调取证据时，律师可以在场。

律师向被害人或者其近亲属、被害人提供的证人收集与本案有关的材料，向人民检察院提出申请的，人民检察院应当在七日以内作出是否许可的决定。人民检察院没有许可的，应当书面说明理由。

第八条 人民检察院应当依法保障律师在诉讼中提出意见的权利。人民检察院应当主动听取并高度重视律师意见。法律未作规定但律师要求听取意见的，也应当及时安排听取。听取律师意见应当制作笔录，律师提出的书面意见应当附卷。对于律师提出不构成犯罪，罪轻或者减轻、免除刑事责任，无社会危险性，不适宜羁押，侦查活动有违法情形等书面意见的，办案人员必须进行审查，在相关工作文书中叙明律师提出的意见并说明是否采纳的情况和理由。

第九条 人民检察院应当依法保障律师在刑事诉讼中的知情权。律师在侦查期间向人民检察院了解犯罪嫌疑人涉嫌的罪名以及当时已查明的涉嫌犯罪的主要事实，犯罪嫌疑人被采取、变更、解除强制措施等情况的，人民检察院应当依法及时告知。办理直接受理立案侦查案件报请上一级人民检察院审查逮捕时，人民检察院应当将报请情况告知律师。案件侦查终结移送审查起诉时，人民检察院应当将案件移送情况告知律师。

第十条 人民检察院应当依法保障律师在民事、行政诉讼中的代理权。在民事行政检察工作中，当事人委托律师代理的，人民检察院应当尊重律师的权利，依法听取律师意见，认真审查律师提交的证据材料。律师根据当事人的委托要求参加人民检察院案件听证的，人民检察院应当允许。

第十一条 人民检察院应当切实履行对妨碍律师依法执业的法律监督职责。律师根据刑事诉讼法第四十七条的规定，认为公安机关、人民检察院、人民法院及其工作人员阻碍其依法行使诉讼权利，向同级或者上一级人民检察院申诉或者控告的，接受申诉或者控告的人民检察院控告检察部门应当在受理后十日以内进行审查，情况属实的，通知有关机关或者本院有关部门、下级人民检察院予以纠正，并将处理情况书面答复律师；情况不属实的，应当将办理情况书面答复律师，并做好说明解释工作。人民检察院在办案过程中发现有阻碍律师依法行使诉讼权利行为的，应当依法提出纠正意见。

第十二条 建立完善检察机关办案部门和检察人员违法行使职权行为记录、通报和责任追究制度。对检察机关办案部门或者检察人员在诉讼活动中阻碍律师依法行使会见权、阅卷权等诉讼权利的申诉或者控告，接受申诉或者控告的人民检察院控告检察部门应当立即进行调查核实，情节较轻的，应当提出纠正意见；具有违反规定扩大经许可会见案件的范围、不按规定时间答复是否许可会见等严重情节的，应当发出纠正通知书。通知后仍不纠正或者屡纠屡犯的，应当向纪检监察部门通报并报告检察长，由纪检监察部门依照有关规定调查处理，相关责任人构成违纪的给予纪律处分，并记入执法档案，予以通报。

第十三条 人民检察院应当主动加强与司法行政机关、律师协会和广大律师的工作联系，通过业务研讨、情况通报、交流会商、定期听取意见等形式，分析律师依法行使执业权利中存在的问题，共同研究解决办法，共同提高业务素质。

第十四条　本规定自发布之日起施行。2004 年 2 月 10 日最高人民检察院发布的《关于人民检察院保障律师在刑事诉讼中依法执业的规定》、2006 年 2 月 23 日最高人民检察院发布的《关于进一步加强律师执业权利保障工作的通知》同时废止。最高人民检察院以前发布的有关规定与本规定不一致的，以本规定为准。

《最高人民检察院关于依法保障律师执业权利的规定》解读

吴孟栓　李昊昕　王　佳*

2014年12月16日最高人民检察院第十二届检察委员会第32次会议审议通过了《关于依法保障律师执业权利的规定》。《规定》对检察机关保障律师各项执业权利提出了明确、具体的要求，对促进检察人员严格公正文明执法、规范司法行为、提高检察机关司法公信力，具有十分重要的意义。

一、起草背景

近年来，随着刑事诉讼法、民事诉讼法、行政诉讼法和律师法的修改和实施，律师执业权利的内容进一步丰富，《人民检察院刑事诉讼规则（试行）》、《人民检察院民事诉讼监督规则（试行）》根据上述法律要求，对检察机关保障律师执业权利进行了规范。多年来各级检察机关认真贯彻落实各项法律规范和制度规范，为依法保障律师权益做了大量工作，取得了较好效果，同时，实践中也还存在限制律师权利等不规范的做法和问题。进一步加强对律师执业权利的保护，是贯彻实施修改后法律、解决司法中不规范突出问题的迫切需要。

2013年7月，高检院专门召开律师界全国人大代表、全国政协委员座谈会，听取了律师界代表、委员对检察工作、检察队伍建设和高检院开展党的群众路线教育实践活动的意见建议，曹建明检察长在会上对检察机关全面保障和促进律师依法执业提出了明确要求。2014年4月，高检院《党的群众路线教育实践活动整改方案》将“制定保护律师合法权益，形成良性互动关系的意见”列为一项重要整改措施，规划出台相关规范性文件。2014年10月29日，曹建明检察长在第十二届全国人民代表大会常务委员会第11次会议上作了《关于人民检察院规范司法行为工作情况的报告》。在审议这个报告时，一些委员提出，检察机关应当进一步加强对律师执业权利的保障工作。

党的十八届四中全会《决定》第一次鲜明提出“法治工作队伍”这一重要概念并进行了专门部署。按照《决定》要求，法治工作队伍既包括立法队伍、行政执法队伍、司法队伍等法治专门队伍，也包括律师、公证员、基层法律服务工作者、人民调解员等法律服务队伍，还包括法学教育、法学研究工作

* 作者单位：最高人民检察院法律政策研究室。

者。人民检察官和人民律师，都是社会主义法治工作队伍的重要组成部分，都是全面推进依法治国基本方略、加快建设社会主义法治国家的重要力量。同时，全会《决定》突出强调，强化诉讼过程中当事人和其他诉讼参与人的知情权、陈述权、辩护辩论权、申请权、申诉权的制度保障。

为了贯彻落实好十八届四中全会精神，结合司法实践的实际情况，根据修改后的刑事诉讼法、民事诉讼法、行政诉讼法及相关司法解释的规定，高检院研究室在系统梳理最高人民检察院以往出台的保障律师权利等文件的基础上，经过广泛调研、征求意见，起草了《关于依法保障律师执业权利的规定(稿)》。2014 年 12 月 8 日，最高人民检察院召开了律师界代表座谈会，座谈会上曹建明检察长再次就检察机关如何进一步加强依法保障律师执业权利工作作出了重要指示，同时当面听取了律师代表对《规定稿》的意见。按照曹建明检察长的指示，结合律师代表反馈的意见，对《规定稿》进行了再次修改。2014 年 12 月 16 日最高人民检察院第十二届检察委员会第 32 次会议审议通过了该规定。

出台这一规范性文件，不仅是检察机关拓展和巩固党的群众路线教育实践活动成果的实际步骤，也是检察机关贯彻落实修改后刑事诉讼法、民事诉讼法、行政诉讼法，进一步规范司法行为的重要内容，更是检察机关贯彻落实四中全会《决定》的一项具体举措。它的颁布实施，有助于检察机关更好地保障律师各项执业权利，有助于充分发挥律师在维护公民权益、维护法律正确实施方面的作用，对于促进检察机关公正司法，提高司法公信力，具有十分重要的意义。

二、指导思想

律师制度是中国特色社会主义司法制度的重要组成部分。尊重和保障律师的权利，是增强全社会尊重和保障人权意识、依法保护公民权利的重要途径，也是实现司法公正的重要保证。检察机关作为国家法律监督机关，既是诉讼参与者，也是诉讼监督者和诉讼权利救济者，对保障律师执业权利发挥着重要作用。近年来，高检院先后单独或者会同有关部门制定了《关于人民检察院保障律师在刑事诉讼中依法执业的规定》、《关于刑事诉讼法律援助工作的规定》等文件。修改后的刑事诉讼法实施以来，各级检察机关严格依法办案，不少地方检察机关还通过出台规范性文件、深化检务公开等方式，认真落实法律关于律师执业权利的相关规定。律师界普遍反映，检察机关对律师执业权利保障总体上更加重视，有不少新措施和新要求，但有些地方仍存在执法理念陈旧、对律师依法执业不予配合、与律师尖锐对立等现象问题，损害了检察机关的形象。

在制定《规定》时，针对司法实践存在的突出问题，重点把握好以下三点：一是更加注重树立正确的司法理念，高度重视、正确认识律师在诉讼活动中的地位和作用；二是紧紧围绕保证公正司法、提高司法公信力，更好地保障和促进律师依法执业；三是更加注重加强制度机制建设，严肃检察人员阻碍律师依法执业行为的追责，将法律法规规定的各项律师执业权利的保障机制落到实处。

基于上述考虑，在制定《规定》时遵循了以下基本原则：一是遵循现有法律和相关司法解释的规定。《规定》不是对现行法律的修改，而是以现行法律及司法解释、规范性文件为基础，对检察机关如何保障律师权利、规范检察人员和律师关系作出规范。二是细化监督措施。《规定》立足于将解决司法实践中的突出问题落到实处，建立完善检察人员违法违纪行为记录、通报和责任追究制度，充分发挥控告检察部门对妨碍律师依法行使会见权、阅卷权等诉讼权利行为的监督职责，尤其是加强对检察机关自身行为的监督，通过提出纠正意见、发出纠正通知书、通报纪检监察部门、给予纪律处分、记入执法档案等多种方式，确保律师各项执业权利落到实处。

三、《规定》的主要内容

《规定》全文共十四条，对检察机关正确认识律师在诉讼活动中的地位和作用、依法保障律师各项执业权利、建立健全对侵犯律师执业权利的救济机制、严肃检察人员阻碍律师依法执业行为的追责提出了明确具体的要求。

（一）正确认识律师在诉讼活动中的地位和作用

我国律师是中国特色社会主义法律工作者，也是社会主义法治队伍的重要组成部分。党的十八届四中全会《决定》第一次鲜明提出“法治工作队伍”这个十分重要的概念并进行了专门部署。按照《决定》要求，法治工作队伍既包括立法队伍、行政执法队伍、司法队伍等法治专门队伍，也包括律师、公证员、基层法律服务工作者、人民调解员等法律服务队伍，还包括法学教育、法学研究工作者。全会《决定》进一步明确和定位了在全面推进依法治国背景下检察官和律师的关系。人民检察官和人民律师，秉承相同的法治理念、职业信仰和核心价值观，都是社会主义法治工作队伍的重要组成部分，都是全面推进依法治国基本方略、加快建设社会主义法治国家的重要力量。

近年来，广大律师积极从事刑事辩护、诉讼代理、法律援助和非诉讼法律服务工作，开拓法律服务领域，创新法律服务方式，在保障公民和法人的合法权益、维护社会公平正义、化解矛盾纠纷、促进社会和谐稳定方面发挥着重要作用。律师队伍在法治实践中不断发展壮大，已经成为我们国家法治建设的重要推动者、实践者。

《规定》第二条对检察机关正确认识律师在诉讼活动中的地位和作用提出了明确要求:“各级人民检察院和全体检察人员应当充分认识律师在法治建设中的重要作用,认真贯彻落实各项法律规定,尊重和支持律师依法履行职责,依法为当事人委托律师和律师履职提供相关协助和便利,切实保障律师依法行使执业权利,共同维护国家法律统一、正确实施,维护社会公平正义。”

(二)依法保障律师执业权利

四中全会《决定》突出强调,强化诉讼过程中当事人和其他诉讼参与人的知情权、陈述权、辩护辩论权、申请权、申诉权的制度保障。加强对律师执业权利的保障,是落实四中全会《决定》的重要内容,也是一个国家法治文明的重要标志。近年来,随着律师法、刑事诉讼法、行政诉讼法、民事诉讼法的先后修改实施,律师执业权利的内容不断丰富完善。就调研掌握的情况来看,总体上全国检察机关在贯彻落实刑事诉讼法,依法保障律师各项执业权利方面做了不少工作,取得了一定成效。

根据现行刑事诉讼法、民事诉讼法、行政诉讼法、律师法和相关司法解释中关于律师执业权利的内容,《规定》从依法保障律师的接受委托代理权,会见权,阅卷权,申请收集、调取证据权,提出意见权,知情权,民事行政诉讼中的代理权等方面提出了规范检察人员和检察机关司法行为的要求。

1. 依法保障律师接受委托权

当事人的委托是律师行使执业权利、参与诉讼的根据和基础,为了充分发挥律师在诉讼中的作用,根据刑事诉讼法、民事诉讼法、行政诉讼法中的相关规定,《规定》第三条第一款重申了人民检察院依法保障律师接受委托权的职责:一是在办理案件中要依法告知当事人有权委托辩护人、诉讼代理人。具体到刑事诉讼,人民检察院办理直接立案受理的职务犯罪案件,应当在第一次讯问或者采取强制措施之日起,告知犯罪嫌疑人有权委托律师作为辩护人。人民检察院自收到移送审查起诉的案件材料之日起,应当告知犯罪嫌疑人有权委托辩护人。对于在押或者被指定居所监视居住的犯罪嫌疑人提出委托辩护人要求的,人民检察院应当及时转达其要求。犯罪嫌疑人的监护人、近亲属代为委托辩护律师的,应当由犯罪嫌疑人确认委托关系。在民事诉讼中,当事人有权随时委托诉讼代理人。

此外,为了防止律师在接受委托后,办案部门故意拖延、扯皮阻碍律师依法行使执业权利,无法及时为犯罪嫌疑人提供帮助,《规定》第三条第二款强调“人民检察院应当及时查验接受委托的律师是否具有辩护资格。”根据人民检察院现行内部分工安排,由案件管理部门统一接待律师,并负责律师辩护资格的查验。

2. 依法保障当事人获得法律援助的权利

获得律师帮助是诉讼当事人的重要权利，对于保证案件得到公正准确的处理，维护当事人的诉讼权利和其他合法权益具有十分重要的意义。但在实践中，有的犯罪嫌疑人或者民事诉讼的当事人由于经济困难、身体残疾或者其他原因未能委托律师，为确保此类公民平等获得法律保护、充分保障当事人的诉讼权益，有必要确立法律援助制度。2003 年国务院颁布的《法律援助条例》确立了法律援助的原则、援助范围、申请和审查程序及援助方式。2005 年 9 月最高人民法院、司法部发布的《民事诉讼法律援助工作的规定》（司发通〔2005〕77 号）对民事诉讼法律援助的具体程序进行了规范。2012 年修订后的《律师法》第四十二条再次重申了律师具有提供法律援助义务的规定："律师、律师事务所应当按照国家规定履行法律援助义务，为受援人提供符合标准的法律服务，维护受援人的合法权益。"

2012 年修订后的《刑事诉讼法》第三十四条进一步扩大了刑事诉讼法律援助的范围，规定："犯罪嫌疑人、被告人因经济困难或者其他原因没有委托辩护人的，本人及其近亲属可以向法律援助机构提出申请。对符合法律援助条件的，法律援助机构应当指派律师为其提供辩护。犯罪嫌疑人、被告人是盲、聋、哑人，或者是尚未完全丧失辨认或者控制自己行为能力的精神病人，没有委托辩护人的，人民法院、人民检察院和公安机关应当通知法律援助机构指派律师为其提供辩护。犯罪嫌疑人、被告人可能被判处无期徒刑、死刑，没有委托辩护人的，人民法院、人民检察院和公安机关应当通知法律援助机构指派律师为其提供辩护。"2013 年 2 月《最高人民法院、最高人民检察院、公安部、司法部关于刑事诉讼法律援助工作的规定》（司发通〔2014〕18 号）根据修改后的刑事诉讼法，对刑事诉讼中法律援助的具体程序进行了规范。

根据上述法律、法规的内容，《规定》第四条重申了检察机关在依法保障当事人获得法律援助方面的义务，规定："对于符合法律援助情形而没有委托辩护人或者诉讼代理人的，人民检察院应当及时告知当事人有权申请法律援助，并依照相关规定向法律援助机构转交申请材料。人民检察院发现犯罪嫌疑人属于法定通知辩护情形的，应当及时通知法律援助机构指派律师为其提供辩护，对于犯罪嫌疑人拒绝法律援助的，应当查明原因，依照相关规定处理。"这里的"依照相关规定处理"是指，检察机关经查明原因，有正当理由的，应当予以准许，但犯罪嫌疑人需另行委托辩护人；犯罪嫌疑人未另行委托辩护人的，应当书面通知法律援助机构另行指派律师为其提供辩护。

3. 依法保障律师会见权

会见当事人是律师提供法律援助、维护当事人合法权益的重要内容。根据修改后刑事诉讼法第37条，除危害国家安全、恐怖活动犯罪、特别重大贿赂犯罪案件外，律师凭“三证”皆可要求会见犯罪嫌疑人，且在会见时不被监听。刑诉法修改以来，检察机关采取多种手段依法保障律师会见权的实现，普通刑事案件“会见难”的问题已经基本解决。2014年上半年，各级人民检察院案管部门接待律师和其他辩护人侦查阶段会见申请同比上升9.2%，其中许可会见同比上升9.5%。但也有律师反映，有的地方检察机关存在扩大经许可会见的案件范围的问题，将本不属于“特别重大贿赂犯罪”的案件列为需经许可的范围，不许可律师会见，或者不在法定期限内作出是否许可会见的答复，部分自侦案件中的“会见难”是律师行使执业权利的突出难题。

针对司法实践反映的问题，《规定》根据现行刑诉法及司法解释的规定，对检察机关和检察人员依法保障律师会见权进行了更为严格的规范：一是严格限定需要经许可的案件范围。《规定》提出：“人民检察院办理直接受理立案侦查案件，除特别重大贿赂犯罪案件外，其他案件依法不需要经许可会见。”二是要求检察机关必须在规定的期限内作出是否许可的决定。《规定》要求“律师在侦查阶段提出会见特别重大贿赂案件犯罪嫌疑人的，人民检察院应当严格按照法律和相关规定及时审查决定是否许可，并在三日以内决定答复。”三是在侦查阶段必须允许律师会见犯罪嫌疑人。《规定》要求：“有碍侦查的情形消失后，应当通知律师，可以不经许可会见犯罪嫌疑人。侦查终结前，应当许可辩护律师会见犯罪嫌疑人。人民检察院在会见时不得派员在场，不得通过任何方式监听律师会见的谈话内容。”此外，为使上述要求落到实处，《规定》第十二条规定了严格的记录、通报、责任追究制度，特别强调控告检察部门对于“具有违反规定扩大经许可会见案件的范围、不按规定时间答复是否许可会见等严重情节的，应当发出纠正通知书。”

4. 依法保障律师的阅卷权

阅卷是律师全面掌握证据、行使辩护权的前提和基础。修改后的刑事诉讼法第三十八条规定：“辩护律师自人民检察院对案件审查起诉之日起，可以查阅、摘抄、复制本案的案卷材料。其他辩护人经人民法院、人民检察院许可，也可以查阅、摘抄、复制上述材料。”刑事诉讼法修改后，各级检察机关落实律师阅卷权总体良好，2014年上半年，接待律师阅卷申请90492次，安排阅卷85581次，同比上升45.5%。各地检察机关通过建立网上阅卷中心、提供案卷拍照、刻录服务等，为律师阅卷提供了极大便利。但也有一些律师反映，个别地方检察机关为保证公诉人获得证据方面的信息优势，以办案人员出差为由，拖延时间，不及时安排律师阅卷，甚至开庭后再通知律师阅卷，或者不提供完整的案卷材料等。《规定》针对实践中存在的问题，在重申法律法规要求的同时吸收了各地保障律师阅卷权的经验做法，《规定》第六条规定：“人民检察院应当依法保障律师的阅卷权。自案件移送审查起诉之日起，人民检察院应当允许辩护律师查阅、摘抄、复制本案的案卷材料；经人民检察院许可，诉讼代理人也可以查阅、摘抄、复制本案的案卷材料。人民检察院应当及时受理并安排律师阅卷，无法及时安排的，应当向律师说明并安排其在三个工作日以内阅卷。人民检察院应当依照检务公开的相关规定，完善互联网等律师服务平台，并配备必要的速拍、复印、刻录等设施，为律师阅卷提供尽可能的便利。律师查阅、摘抄、复制案卷材料应当在人民检察院设置的专门场所进行。必要时，人民检察院可以派员在场协助。”

5. 依法保障律师在刑事诉讼中的申请收集、调取证据权

依法保障律师在刑事诉讼中的申请收集、调取证据权是为了更准确、更全面地查明犯罪事实，对于保证案件依法公正处理具有重要作用。修改后刑事诉讼法第三十九条规定：“辩护人认为在侦查、审查起诉期间公安机关、人民检察院收集的证明犯罪嫌疑人、被告人无罪或者罪轻的证据材料未提交的，有权申请人民检察院、人民法院调取。”第四十条规定：“辩护人收集的有关犯罪嫌疑人不在犯罪现场、未达到刑事责任年龄、属于依法不负刑事责任的精神病人的证据，应当及时告知公安机关、人民检察院。”第四十一条规定：“辩护律师经证人或者其他有关单位和个人同意，可以向他们收集与本案有关的材料，也可以申请人民检察院、人民法院收集、调取证据，或者申请人民法院通知证人出庭作证。辩护律师经人民检察院或者人民法院许可，并且经被害人或者其近亲属、被害人提供的证人同意，可以向他们收集与本案有关的材料。”有的律师反映，司法实践中由于律师需要收集的主要是证明犯罪嫌疑人、被告人无罪或者罪轻的证据材料，个别检察机关和检察人员对自身客观性义务认识不准确，为了追求控诉成功率，不愿让律师收集证据，对律师调查取证或者调取证据的申请不认真研究，就不同意、不许可。针对司法实践中的情况，《规定》根据刑事诉讼法第三十九条、第四十条、第四十一条的规定，分别从及时审查律师提供的无罪或者罪轻的证据、对律师申请调取已收集的无罪或者罪轻证据的审查处理、根据律师申请调取证据三个方面进行了规范。《规定》第七条规定：“人民检察院应当依法保障律师在刑事诉讼中的申请收集、调取证据权。律师收集到有关犯罪嫌疑人不在犯罪现场、未达到刑事责任年龄、属于依法不负刑事责任的精神病人的证据，告知人民检察院的，人民检察院相关办案部门应当及时进行审查。案件移送审查逮捕或者审查起诉后，律师依据刑事诉讼法第三十九条申请人民检察院调取侦查部门收集但未提交的证明犯罪嫌疑人无罪或者罪轻的证据材料的，人民检察院应当及时进行审查，决定是否调

取。经审查，认为律师申请调取的证据未收集或者与案件事实没有联系决定不予调取的，人民检察院应当向律师说明理由。人民检察院决定调取后，侦查机关移送相关证据材料的，人民检察院应当在三日以内告知律师。案件移送审查起诉后，律师依据刑事诉讼法第四十一条第一款的规定申请人民检察院收集、调取证据，人民检察院认为需要收集、调取证据的，应当决定收集、调取并制作笔录附卷；决定不予收集、调取的，应当书面说明理由。人民检察院根据律师的申请收集、调取证据时，律师可以在场。”需要特别强调的是，针对实践中出现的不认真对待律师调取证据的申请，《规定》一是要求人民检察院应当及时进行审查；二是要求对不予调取的，必须说明理由；三是对于决定收集调取的，必须制作笔录附卷。

6. 依法保障律师在诉讼中提出意见的权利

律师在诉讼中提出意见的权利，是当事人辩护权的重要体现，也是确保案件质量、防止冤假错案的必然要求。修改后刑事诉讼法第三十六条规定：“辩护在侦查期间可以为犯罪嫌疑人提供法律帮助；代理申诉、控告；申请变更强制措施；向侦查机关了解犯罪嫌疑人涉嫌的罪名和案件有关情况，提出意见。”第八十六条第二款规定：“人民检察院审查批准逮捕，可以询问证人等诉讼参与人，听取辩护律师的意见；辩护律师提出要求的，应当听取辩护律师的意见。”第一百五十九条规定：“在案件侦查终结前，辩护律师提出要求的，侦查机关应当听取辩护律师的意见，并记录在案。辩护律师提出书面意见的，应当附卷。”第一百七十条规定：“人民检察院审查案件，应当讯问犯罪嫌疑人、听取辩护人、被害人及其诉讼代理人的意见，并记录在案。辩护人、被害人及其诉讼代理人提出书面意见的，应当附卷。”可以说，听取律师意见贯穿检察机关审查批准逮捕、侦查终结、审查起诉各个重要办案环节。高检院在贯彻落实修改后刑事诉讼法的全国检察长座谈会、全国检察机关防范冤假错案电视电话会议和全国检察机关第四次侦查监督等重要工作会议中，都反复、突出强调，各级检察机关要始终保持客观公正立场，高度重视、认真听取律师的意见，尤其是对律师提出无罪、罪轻或者不需要追究刑事责任，侦查中有刑讯逼供等违法情况，证据真实性、合法性存在问题的，一定要认真审查核实，及时依法处理。2013 年 8 月《最高人民检察院关于切实履行检察职能防止和纠正冤假错案的若干意见》专门就在审查逮捕、审查起诉中高度重视和认真听取辩护律师的意见提出了要求。总体来看，各级检察机关听取律师意见的情况较好，2014 年上半年，在侦查、审查逮捕、审查起诉中，共听取意见 19462 件，是去年同期的 2 倍。但也有律师反映个别检察人员认为律师提出意见就是故意挑错，对律师提出的意见不重视，甚至存在抵触情绪。针对实践中存在的问题，《规定》第八条对检察机关听取律师意见提出了比刑事诉讼法更为严格的要求："人民检察院应当依法保障律师在诉讼中提出意见的权利。人民检察院应当主动听取并高度重视律师意见。法律未作规定但律师要求听取意见的，也应当及时安排听取。听取律师意见应当制作笔录，律师提出的书面意见应当附卷。对于律师提出不构成犯罪，罪轻或者减轻、免除刑事责任，无社会危险性，不适宜羁押，侦查活动有违法情形等书面意见的，办案人员必须进行审查，在相关工作文书中叙明律师提出的意见并说明是否采纳的情况和理由。"需要特别强调的是，较之刑事诉讼法，在听取律师意见方面《规定》的严格性主要体现在：第一，要以主动听取为原则；第二，法律未作规定，但律师提出要求的，检察机关也应当听取；第三，听取意见必须制作笔录，律师书面意见必须附卷；第四，对于律师关于特定情形提出的书面意见，包括不构成犯罪，罪轻或者减轻、免除刑事责任，无社会危险性，不适宜羁押，侦查活动有违法情形等这几类冤假错案的多发情形，办案人员必须要进行审查，并在相关工作文书中说明采纳的情况及理由。

7. 依法保障律师在刑事诉讼中的知情权

律师知情权是律师行使辩护权的前提，也是律师充分保障当事人权益的前置条件。修改后刑事诉讼法实施以来，各级检察机关在检务公开方面采取了多种措施，健全及时主动公开和依申请公开制度，不断提高执法办案的透明度。2014 年 10 月，全国统一的"人民检察院案件信息公开系统"正式运行，全国检察机关通过互联网、电话、邮件、检察服务窗口等方式，向相关人员提供案件程序性信息查询服务，向社会公开重要案件信息和法律文书，并公开其他办理案件的相关信息。

根据刑事诉讼法第三十六条、第九十三条、第九十五条、第九十七条、第一百六十条、《人民检察院刑事诉讼规则》第 328 条第 2 款，律师在侦查期间可以向人民检察院了解犯罪嫌疑人涉嫌的罪名和案件有关情况，人民检察院对犯罪嫌疑人采取、变更、解除强制措施、审查批准逮捕、侦查终结移送审查起诉都应当告知律师。《规定》第九条根据刑事诉讼法和司法解释的上述规定，要求："人民检察院应当依法保障律师在刑事诉讼中的知情权。律师在侦查期间向人民检察院了解犯罪嫌疑人涉嫌的罪名以及当时已查明的涉嫌犯罪的主要事实，犯罪嫌疑人被采取、变更、解除强制措施等情况的，人民检察院应当依法及时告知。办理直接受理立案侦查案件报请上一级人民检察院审查逮捕时，人民检察院应当将报请情况告知律师。案件侦查终结移送审查起诉时，人民检察院应当将案件移送情况告知律师。"

8. 依法保障律师在民事、行政诉讼中的代理权

民事诉讼法第二百零九条规定了当事人有权就人民法院驳回再审申请、逾期未对再审申请作出裁定和再审判决、裁定有明显错误向人民检察院申请检察建议或者抗诉。民事诉讼法第二百一十条规定了人民检察院因履行法律监督职责提出建议或者抗诉的需要，可以向当事人或者案外人调查核实有关情况。民事诉讼主要体现当事人对自己诉讼权利和民事权利的自主掌控，人民检察院在行使法律监督职责时，也应当充分保障律师实现代理权。《规定》第十条规定："人民检察院应当依法保障律师在民事、行政诉讼中的代理权。在民事行政检察工作中，当事人委托律师代理的，人民检察院应当尊重律师的权利，依法听取律师意见，认真审查律师提交的证据材料。律师根据当事人的委托要求参加人民检察院案件听证的，人民检察院应当允许。"

（三）建立健全对侵犯律师执业权利的救济机制，严肃检察人员阻碍律师依法执业行为的追责

在制定《规定》过程中，一些律师反映检察机关一贯重视保障律师权益，先后出台了《关于人民保障律师在刑事诉讼中依法执业的规定》、《关于进一步加强律师执业权利保障工作的通知》，这些规范性文件在不同时期保障律师执业权利均发挥了重要的作用。希望《规定》能够在既有法律法规要求的基础上，出台硬性措施，切实规范司法行为，将各项律师执业权利落到实处。研究室对律师的建议进行了认真研究，为切实、充分保障律师各项执业权利，尤其是保障会见权、阅卷权的实现，结合控告检察部门对妨碍律师依法执业行为的监督职责，《规定》在吸收刑诉法和司法解释内容的基础上，对检察机关履行该项法律监督职责进行了更为严格的规范，对加强自身监督规定了更为硬性的措施：

一是要求人民检察院控告检察部门对律师反映的情况，无论是否属实，一律予以书面答复。《规定》第十一条规定，对于律师关于阻碍其依法行使诉讼权利的控告和申诉，"人民检察院控告检察部门应当在受理后十日之内进行审查，情况属实的，通知有关机关或者本院有关部门、下级人民检察院予以纠正，并将处理情况书面答复律师；情况不属实的，应当将办理情况书面答复律师，并做好说明解释工作。人民检察院在办案过程中发现有阻碍律师依法行使诉讼权利行为的，应当依法提出纠正意见"。

二是建立完善检察人员违法违纪行为记录、通报和责任追究制度，对检察人员阻碍律师依法行使执业权利尤其是超出法定范围阻碍律师会见的行为，通过提出纠正意见、发出纠正违法通知书、给予纪律处分、记入执法档案、予以通报等方式加强监督。《规定》第十二条规定："对检察机关办案部门或者检

察人员在诉讼活动中阻碍律师依法行使会见权、阅卷权等诉讼权利的申诉或者控告，接受申诉或者控告的人民检察院控告检察部门应当立即进行调查核实，情节较轻的，应当提出纠正意见；具有违反规定扩大经许可会见案件的范围、不按规定时间答复是否许可会见等严重情节的，应当发出纠正通知书。通知后仍不纠正或者屡纠屡犯的，应当向纪检监察部门通报并报告检察长，由纪检监察部门依照有关规定调查处理，相关责任人构成违纪的给予纪律处分，并记入执法档案，予以通报。”

二、指导性案例

最高人民检察院案例指导工作概述

韩耀元　卢宇蓉*

检察案例指导制度，是指最高人民检察院通过选编检察机关办理的在认定事实、证据采信、适用法律和规范裁量权等方面具有普遍指导意义的案例，为全国检察机关处理同类案件提供指导和参考，规范检察官执法办案行为，促进公正行使自由裁量权，促进法律统一正确实施的一项检察制度。

检察案例指导制度是在深刻把握我国检察工作规律和总结检察管理经验基础上，坚持中国特色社会主义法律体系前提下，以正确理解和适用法律、维护国家法制统一和司法公正为目的的制度创新。这一制度既是有效解决检察实践中统一执法标准的客观需要，也是我国检察制度改革的重要内容，同时也是中国特色检察制度的新发展。建立检察案例指导制度，有利于促进检察权的正确行使，有效化解社会矛盾；有利于统一法律适用标准，加强工作指导；有利于提高检察官法律素养和理论水平，提高办案质量和水平，维护公平正义；有利于满足广大人民群众日益增长的司法需求，宣传社会主义法治，彰显司法公正。

一、检察案例指导制度和工作开展情况

2010年以来，按照中央司法体制改革统一部署，“两高”及有关部门积极探并逐步建立案例指导制度。2010年7月，最高人民检察院出台了《关于案例指导工作的规定》（以下简称《规定》）。根据《规定》，最高人民检察院成立了案例指导工作委员会，委员由院领导、业务部门负责人和有关法学专家组成，负责指导性案例的审查、编选和发布等工作。案例指导工作委员会的工作机构设在高检院法律政策研究室，负责统一受理选送、推荐和征集的案例以及报请案例指导工作委员会审查决定等工作。2010年7月，最高人民检察院下发了《关于开展案例指导工作的通知》，要求各级检察机关要充分认识开展案例指导工作的重要性和必要性，切实加强领导，积极做好选送有关案例的工作。2010年以来，最高人民检察院根据各省级人民检察院报送的案件材料，经研究和筛选、广泛征求意见、高检院案例指导工作委员会审议，并经高检院

* 作者单位：最高人民检察院法律政策研究室。

检察委员会审议通过，先后印发了三批指导性案例。

2010 年 12 月，经最高人民检察院第十一届检察委员会第五十三次会议审议，第一批指导性案例发布了施某某等 17 人聚众斗殴案等三个案例。其中，施某某等 17 人聚众斗殴案的指导意义在于办理群体性事件引发的犯罪案件，检察机关要从促进社会矛盾化解的角度，深入了解案件背后的各种复杂因素，依法慎重处理，积极参与调处矛盾纠纷，促进社会和谐，实现办案政治效果、法律效果与社会效果的有机统一。忻某某绑架案的指导意义是对死刑案件的抗诉，要正确把握适用死刑的条件，严格证明标准，依法履行刑事审判法律监督职责。林某某徇私舞弊暂予监外执行案的指导意义在于强调司法工作人员收受贿赂，对不符合减刑、假释、暂予监外执行条件的罪犯，予以减刑、假释或者暂予监外执行的，应当根据案件具体情况，依法追究刑事责任。

2012 年 11 月，经最高人民检察院第十一届检察委员会第八十一次会议审议，第二批指导性案例发布了崔某某环境监管失职案等五个案例。其中，崔某某环境监管失职案的指导意义在于强调，实际行使行政管理职权的国有公司、企业和事业单位的工作人员拥有一定管理公共事务和社会事务的职权，符合渎职罪主体要求，实施渎职行为构成犯罪的，应当依照刑法关于渎职罪的规定追究刑事责任。陈某某等三人滥用职权案的指导意义在于指出，村民委员会、居民委员会等基层组织人员协助人民政府从事行政管理工作时，滥用职权、玩忽职守构成犯罪的，应当依照刑法关于渎职罪的规定追究刑事责任。罗某某等四人滥用职权案的指导意义在于说明，国家机关工作人员滥用职权“造成恶劣社会影响的”，应当依法认定为“致使公共财产、国家和人民利益遭受重大损失”。胡某某、郑某某徇私舞弊不移交刑事案件案的指导意义在于强调，检察机关和办案人员应当坚持办案与监督并重，建立健全行政执法与刑事司法有效衔接的工作机制，善于在办案中发现各种职务犯罪线索。对于行政执法人员徇私舞弊不移交刑事案件构成犯罪的，应当依法追究刑事责任。杨某某玩忽职守、徇私枉法、受贿案的指导意义有两点：一是负有监管职责的国家机关工作人员不认真履行其监管职责，未能有效防止危害结果发生的，其行为与危害结果之间具有刑法意义上的因果关系的，应当承担相应的刑事责任；二是国家机关工作人员实施渎职犯罪并收受贿赂，同时构成受贿罪的，除刑法第三百九十九条第四款有特别规定的外，以渎职犯罪和受贿罪数罪并罚。

2013 年 5 月，经最高人民检察院第十二届检察委员会第六次会议审议，第三批指导性案例发布了李泽强编造、故意传播虚假恐怖信息案，卫学臣编造虚假恐怖信息案，袁才彦编造虚假恐怖信息案三个案例。其中，李泽强编造、故意传播虚假恐怖信息案的指导意义在于说明“编造行为”和“故意传播行为”的认定问题。编造、故意传播虚假恐怖信息罪是选择性罪名。编造恐怖信息以后向民航、商场等特定对象散布，严重扰乱社会秩序的，构成编造虚假恐怖信息罪；编造恐怖信息以后向不特定对象散布，严重扰乱社会秩序的，构成编造、故意传播虚假恐怖信息罪。对于实施数个编造、故意传播虚假恐怖信息行为的，不需要实行数罪并罚，但应当将其作为从重量刑的情节。卫学臣编造虚假恐怖信息案的指导意义在于为认定“严重扰乱社会秩序”提供指导和参考。该案例的要旨强调对于编造、故意传播虚假恐怖信息造成“严重扰乱社会秩序”的认定，应当结合行为对正常的工作、生产、生活、经营、教学、科研等秩序的影响程度，对公众造成的恐慌程度以及处置情况等因素进行综合分析判断。对于编造、故意传播虚假恐怖信息威胁民航安全，引起公众恐慌，或者致使航班无法正常起降的，应当认定为“严重扰乱社会秩序”，依法定罪处罚。袁才彦编造虚假恐怖信息案的指导意义有两点：一是“造成严重后果”的认定问题。根据刑法第二百九十一条之一的规定，对于编造、故意传播虚假恐怖信息，严重扰乱社会秩序，同时造成严重后果的，应当处五年以上有期徒刑。实践中，对于编造、故意传播虚假恐怖信息“造成严重后果”的认定，应当结合行为对公众造成的恐慌程度，对生产、工作和生活等秩序的影响程度，以及该行为导致相关事件发生造成的人员伤亡、经济损失和社会影响等情况进行综合分析判断。袁才彦的行为造成多个部门实施人员疏散，并致使多个相关单位无法正常营业，造成重大经济损失和公众恐慌，应当认定为“造成严重后果”，依法在五年有期徒刑以上量刑。二是本罪与他罪的关系问题。对于以编造虚假恐怖信息的方式，实施敲诈勒索等其他犯罪的，应当根据案件事实和证据情况，择一重罪处断。

二、案例指导制度的几个重要问题

最高人民检察院《规定》的出台和三批指导性案例的发布标志着具有中国特色的检察案例指导制度初步确立并付诸实施。

（一）指导性案例的定位和作用

1. 发布指导性案例是最高人民检察院指导检察工作的一种形式。根据《规定》第十四条，检察机关指导性案例由最高人民检察院公开发布，作为指导全国检察机关工作的一种形式。总结经验、教训的案例以及不宜公开发布的案例，可以在检察机关内部发布。可见，指导性案件是最高人民检察院指导检察工作的一种重要方式；根据案例的内容和司法实践需要，可以采取公开发布和内部发布两种发文形式。

2. 指导性案例是各级检察机关办理案件、处理问题的重要参考。根据《规定》第十五条，指导性案例发布后，各级人民检察院在办理同类案件、处理同类问题时，可以参照执行。第十六条规定，在办理同类案件、处理同类问题时，承办案件的检察官认为不应当适用指导性案例的，应当书面提出意见，报经检察长或者检察委员会决定。可见，指导性案例是各级人民检察院在办理同类案件、处理同类问题时的重要参考，并具有一定的示范作用和执行效力。

3. 指导性案例是最高人民检察院根据《规定》发布的案例。指导性案例，已成为检察机关特定的规范用语，特指最高人民检察院根据《规定》发布的案例。对于那些并非是根据《规定》发布的地方各级人民检察院编发的典型案例、包括最高人民检察院及其业务厅（局）编发的其他各类案例，都不能称之为指导性案例。实行案例指导工作以后，需要各级检察机关和办案部门注重总结办案经验，及时发现、注意培育并向最高人民检察院推荐有普遍指导意义的典型案例。为此，根据《规定》第六条，最高人民检察院各业务部门对人民检察院办理的案件，认为符合指导性案例条件的，可以向最高人民检察院案例指导工作委员会选送。省级人民检察院对本院办结的以及下级人民检察院选送的案件进行审查，认为可以作为指导性案例的，经审查后向最高人民检察院案例指导工作委员会选送。

（二）指导性案例与司法解释的关系

司法解释和检察案例指导制度都是中国特色社会主义检察制度的重要组成部分，都是最高人民检察院领导地方各级人民检察院和专门人民检察院正确适用法律，开展法律监督，维护公平正义的重要手段。但是，指导性案例和司法解释是两种不同性质和形式的指导方式，两者存在本质的不同。

司法解释，是最高司法机关根据全国人大常委会的授权，对司法工作中具体应用法律的问题进行的解释。司法解释具有法律效力，能够在法律文书中直接引用，可以作为司法机关据以定罪处罚的依据。检察案例指导制度是由最高人民检察院主导，通过选编具有典型性的案例指导各地检察机关办案的制度。检察案例指导制度既不是司法解释，也不同于英美法系国家的判例，其不具有普遍约束力，只能作为办案的参考。建立检察案例指导制度的目的就是发挥指导性案例灵活、简便、快捷地指导司法的作用。检察人员在坚持严格依照法律和司法解释规定办案的同时，可以参考借鉴指导性案例中对事实证据的审查、判断和运用的方法，对案件性质的分析、理解和认定，对量刑情节的认定，对量刑尺度的衡量与把握以及法律规范具体化于案件事实的规律等，用以处理和解决办案中遇到的类似情况和问题。简而言之，司法解释是办案的依据，指导性案例是办案的参考。

（三）指导性案例的范围

检察指导性案例是特指最高人民检察院根据《规定》发布的案例，主要是检察机关在履行法律监督职责过程中办理的具有普遍指导意义的案例。根据《规定》第三条，指导性案例的范围主要包括：（1）职务犯罪立案与不立案案件；（2）批准（决定）逮捕与不批准（决定）逮捕、起诉与不起诉案件；（3）刑事、民事、行政抗诉案件；（4）国家赔偿案件；（5）涉检申诉案件；（6）其他新型、疑难和具有典型意义的案件。可见，指导性案例的范围主要包括两个方面：一是体现检察工作特点的案件；二是其他新型、疑难和具有典型意义的案件。

据《规定》第八条，指导性案例应当同时符合四个条件：一是已经发生法律效力的案件。二是具有下列情形之一：（1）涉及的法律适用问题在现行法律规定中比较原则、不够明确具体的案件；（2）可能多发的新类型案件或者容易发生执法偏差的案件；（3）群众反映强烈、社会关注的热点案件；（4）在法律适用上具有指导意义的其他案件。三是在事实认定、法律适用、政策掌握或者法律监督实践中具有典型性和代表性。四是适用法律正确，对法律的解释合乎法律的原则和精神，处理结果恰当、社会效果良好。

（四）检查案例指导制度的工作程序

检察案例指导制度的工作程序，也就是指导性案例的选送、审查、编选和发布的工作程序。

1. 案例的来源。根据《规定》第六条、第七条，指导性案例的来源主要有四个：一是最高人民检察院各业务部门向最高人民检察院案例指导工作委员会选送；二是省级人民检察院对本院办结的以及下级人民检察院选送的案件进行审查，认为可以作为指导性案例的，经审查后向最高人民检察院案例指导工作委员会选送；三是最高人民检察院案例指导工作委员会向地方各级人民检察院征集的有关案例；四是人大代表、政协委员、专家学者等社会各界人士对人民检察院办理的案件，认为符合指导性案例条件的，可以向最高人民检察院案例指导工作委员会推荐。

2. 案例的要求。根据《规定》第八条到第十条，案例的选送要求，包括实质要求和形式要求两个方面。实质要求，即是要求选送的案例内容上要具有普遍的指导意义，也就是上面讲的指导性案例应当同时符合的四个条件。形式要求，包括提交材料的范围和撰写案例材料的体例。根据《规定》第九条，选送和征集的案例，有关单位或者部门应当提交下列材料：（1）填写《案例选送表》，简要说明选送理由和依据；（2）按照本规定体例要求撰写的案例材料；（3）有关法律文书。上述材料以纸质和电子介质两种形式一并报送。根据《规定》第十条，撰写案例材料的体例一般应当包括标题（主标题和副标题）、要旨、基本案情、主要争议问题、处理理由五个部分。但是撰写案例材料体例可以根据案件不同情况做出适当调整，不一定拘泥于形式，关键是要写明基本案情、诉讼过程、争议焦点、分析理由。

3. 案例的审议。指导性案例的审议主要有三个步骤：一是案例指导工作委员会的工作机构初审并广泛征求意见；二是案例指导工作委员会审议；三是检察委员会审议。最高人民检察院案例指导工作委员会的工作机构设在法律政策研究室，负责案例指导工作委员会的日常事务，统一受理选送、推荐和征集的案例，报请案例指导工作委员会审查决定等工作。根据《规定》第十一条，最高人民检察院案例指导工作委员会（由法律政策研究室具体执行）对选送、推荐和征集的案例进行初步审查后，分送有关业务部门，由其提出审查意见。有关业务部门审查同意作为指导性案例的，应当准备相关材料，送交案例指导工作委员会的工作机构，由其报请案例指导工作委员会审议。必要时，召开专家论证会论证。根据《规定》第十三条，案例指导工作委员会审查指导性案例实行民主集中制原则，对案例进行集体讨论。案例指导工作委员会认为应当作为指导性案例的，提请检察委员会审议决定。

4. 案例的发布。备选的指导性案例经最高人民检察院检察委员会审议通过后发布；必要时，可以征求有关机关的意见或者与有关机关共同发布指导性案例。其中，公开发布的指导性案例，通过以下渠道供各级人民检察院和社会各界查询：（1）最高人民检察院公报；（2）人民检察院指导性案例汇编；（3）最高人民检察院网站。

综上所述，案例指导制度是我国检察制度改革的重要内容之一，也是中国特色检察制度的新发展。但是，由于这项制度刚刚起步，最高人民检察院发布的指导性案例的数量还相当有限，选取案例的代表性与典型性也存在一定程度的不足，指导性案例的要旨分析和说理尚显不够。我们认为，有必要进一步加强案例指导工作，包括加强案例选送工作、加大发布指导性案例的数量、增强指导性案例的典型性、强化说理和案例的指导作用等，并进一步推进检察案例指导制度科学发展。

最高人民检察院关于印发第一批指导性案例的通知

（2010年12月31日公布　高检发研字〔2010〕12号）

检例第1号

施某等17人聚众斗殴案

要旨

检察机关办理群体性事件引发的犯罪案件，要从促进社会矛盾化解的角度，深入了解案件背后的各种复杂因素，依法慎重处理，积极参与调处矛盾纠纷，以促进社会和谐，实现法律效果与社会效果的有机统一。

基本案情

犯罪嫌疑人施某等9人系福建省石狮市永宁镇西岑村人。

犯罪嫌疑人李某等8人系福建省石狮市永宁镇子英村人。

福建省石狮市永宁镇西岑村与子英村相邻，原本关系友好。近年来，两村因土地及排水问题发生纠纷。永宁镇政府为解决两村之间的纠纷，曾组织人员对发生土地及排水问题的地界进行现场施工，但被多次阻挠未果。2008年12月17日上午8时许，该镇组织镇干部与施工队再次进行施工。上午9时许，犯罪嫌疑人施某等9人以及数十名西岑村村民头戴安全帽，身背装有石头的袋子，手持木棍、铁锹等器械到达两村交界处的施工地界，犯罪嫌疑人李某等8人以及数十名子英村村民随后也到达施工地界，手持木棍、铁锹等器械与西岑村村民对峙，双方互相谩骂、互扔石头。出警到达现场的石狮市公安局工作人员把双方村民隔开并劝说离去，但仍有村民不听劝说，继续叫骂并扔掷石头，致使二辆警车被砸损（经鉴定损失价值人民币761元），三名民警手部被打伤（经鉴定均未达轻微伤）。

诉讼过程

案发后，石狮市公安局对积极参与斗殴的西岑村施某等9人和子英村李某等8人以涉嫌聚众斗殴罪向石狮市人民检察院提请批准逮捕。为避免事态进一步扩大，也为矛盾化解创造有利条件，石狮市人民检察院在依法作出批准逮捕决定的同时，建议公安机关和有关部门联合两村村委会做好矛盾化解工作，促成双方和解。2010 年 3 月 16 日，石狮市公安局将本案移送石狮市人民检察院审查起诉。石狮市人民检察院在办案中，抓住化解积怨这一关键，专门成立了化解矛盾工作小组，努力促成两村之间矛盾的化解。在取得地方党委、人大、政府支持后，工作小组多次走访两村所在的永宁镇党委、政府，深入两村争议地点现场查看，并与村委会沟通，制订工作方案。随后协调镇政府牵头征求专家意见并依照镇排水、排污规划对争议地点进行施工，从交通安全与保护环境的角度出发，在争议的排水沟渠所在地周围修建起护栏和人行道，并纳入镇政府的统一规划。这一举措得到了两村村民的普遍认同。化解矛盾工作期间，工作小组还耐心、细致地进行释法说理、政策教育、情绪疏导和思想感化等工作，两村相关当事人及其家属均对用聚众斗殴这种违法行为解决矛盾纠纷的做法进行反省并表示后悔，都表现出明确的和解意愿。2010 年 4 月 23 日，西岑村、子英村两村村委会签订了两村和解协议，涉案人员也分别出具承诺书，表示今后不再就此滋生事端，并保证遵纪守法。至此，两村纠纷得到妥善解决，矛盾根源得以消除。

石狮市人民检察院认为：施某等 17 人的行为均已触犯了《中华人民共和国刑法》第二百九十二条第一款、第二十五条第一款之规定，涉嫌构成聚众斗殴罪，依法应当追究刑事责任。鉴于施某等 17 人参与聚众斗殴的目的并非为了私仇或争霸一方，且造成的财产损失及人员伤害均属轻微，并未造成严重后果；两村村委会达成了和解协议，施某等 17 人也出具了承诺书，从惩罚与教育相结合的原则出发以及有利于促进社会和谐的角度考虑，2010 年 4 月 28 日，石狮市人民检察院根据《中华人民共和国刑事诉讼法》第一百四十二条第二款之规定，决定对施某等 17 人不起诉。

检例第 2 号

忻某绑架案

要旨

对于死刑案件的抗诉，要正确把握适用死刑的条件，严格证明标准，依法履行刑事审判法律监督职责。

基本案情

被告人忻某，男，1959 年 2 月 1 日出生，汉族，浙江省宁波市人，高中文化。2005 年 9 月 15 日，因涉嫌绑架罪被刑事拘留，2005 年 9 月 27 日被逮捕。

被告人忻某因经济拮据而产生绑架儿童并勒索家长财物的意图，并多次到浙江省慈溪市进行踩点和物色被绑架人。2005 年 8 月 18 日上午，忻某驾驶自己的浙 B3C751 通宝牌面包车从宁波市至慈溪市浒山街道团圈支路老年大学附近伺机作案。当日下午 1 时许，忻某见女孩杨某（女，1996 年 6 月 1 日出生，浙江省慈溪市浒山东门小学三年级学生，因本案遇害，殁年 9 岁）背着书包独自一人经过，即以“陈老师找你”为由将杨某骗上车，将其扣在一个塑料洗澡盆下，开车驶至宁波市东钱湖镇“钱湖人家”后山。当晚 10 时许，忻某从杨某处骗得其父亲的手机号码和家中的电话号码后，又开车将杨某带至宁波市北仑区新碶镇算山村防空洞附近，采用捂口、鼻的方式将杨某杀害后掩埋。8 月 19 日，忻某乘火车到安徽省广德县购买了一部波导 1220 型手机，于 20 日凌晨 0 时许拨打杨某家电话，称自己已经绑架杨某并要求杨某的父亲于当月 25 日下午 6 时前带 60 万元赎金到浙江省湖州市长兴县交换其女儿。尔后，忻某又乘火车到安徽省芜湖市打勒索电话，因其将记录电话的纸条丢失，将被害人家的电话号码后四位 2353 误记为 7353，电话接通后听到接电话的人操宁波口音，而杨某的父亲讲普通话，由此忻某怀疑是公安人员已介入，遂停止了勒索。2005 年 9 月 15 日忻某被公安机关抓获，忻某供述了绑架杀人经过，并带领公安人员指认了埋尸现场，公安机关起获了一具尸骨，从其浙 B3C751 通宝牌面包车上提取了杨某头发两根（经法医学 DNA 检验鉴定，是被害人杨某的尸骨和头发）。公安机关从被告人忻某处扣押波导 1220 型手机一部。

诉讼过程

被告人忻某绑架一案，由浙江省慈溪市公安局立案侦查，于 2005 年 11 月 21 日移送慈溪市人民检察院审查起诉。慈溪市人民检察院于同年 11 月 22 日告知了忻某有权委托辩护人等诉讼权利，也告知了被害人的近亲属有权委托诉讼代理人等诉讼权利。按照案件管辖的规定，同年 11 月 28 日，慈溪市人民检察院将案件报送宁波市人民检察院审查起诉。宁波市人民检察院依法讯问了被告人忻某，审查了全部案件材料。2006 年 1 月 4 日，宁波市人民检察院以忻某涉嫌绑架罪向宁波市中级人民法院提起公诉。

2006 年 1 月 17 日，浙江省宁波市中级人民法院依法组成合议庭，公开审理了此案。法庭审理认为：被告人忻某以勒索财物为目的，绑架并杀害他人，其行为已构成绑架罪。手段残忍、后果严重，依法应予严惩。检察机关指控的罪名成立。

2006 年 2 月 7 日，宁波市中级人民法院作出一审判决：一、被告人忻某犯绑架罪，判处死刑，剥夺政治权利终身，并处没收个人全部财产。二、被告人忻某赔偿附带民事诉讼原告人杨某、张某应得的被害人死亡赔偿金317640元、丧葬费11380元，合计人民币329020元。三、供被告人忻某犯罪使用的浙B3C751通宝牌面包车一辆及波导1220型手机一部，予以没收。

忻某对一审刑事部分的判决不服，向浙江省高级人民法院提出上诉。

2006年10月12日，浙江省高级人民法院依法组成合议庭，公开审理了此案。法庭审理认为：被告人忻某以勒索财物为目的，绑架并杀害他人，其行为已构成绑架罪。犯罪情节特别严重，社会危害极大，依法应予严惩。但鉴于本案的具体情况，对忻某判处死刑，可不予立即执行。2007年4月28日，浙江省高级人民法院作出二审判决：一、撤销浙江省宁波市中级人民法院（2006）甬刑初字第16号刑事附带民事判决中对忻某的量刑部分，维持判决的其余部分；二、被告人忻某犯绑架罪，判处死刑，缓期二年执行，剥夺政治权利终身。

被害人杨某的父亲不服，于2007年6月25日向浙江省人民检察院申诉，请求提出抗诉。

浙江省人民检察院经审查认为，浙江省高级人民法院二审判决改判忻某死刑缓期二年执行确有错误，于2007年8月10日提请最高人民检察院按照审判监督程序提出抗诉。最高人民检察院派员到浙江专门核查了案件相关情况。最高人民检察院检察委员会两次审议了该案，认为被告人忻某绑架犯罪事实清楚，证据确实、充分，依法应当判处死刑立即执行，浙江省高级人民法院以"鉴于本案具体情况"为由改判忻某死刑缓期二年执行确有错误，应予纠正。理由如下：

一、忻某绑架犯罪事实清楚，证据确实、充分。本案定案的物证、书证、证人证言、被告人供述、鉴定结论、现场勘查笔录等证据能够形成完整的证据体系。公安机关根据忻某的供述找到被害人杨某尸骨，忻某供述的诸多隐蔽细节，如埋尸地点、尸体在土中的姿势、尸体未穿鞋袜、埋尸坑中没有书包、打错勒索电话的原因、打勒索电话的通话次数、通话内容、接电话人的口音等，得到了其他证据的印证。

二、浙江省高级人民法院二审判决确有错误。二审改判是认为本案证据存在两个疑点。一是卖给忻某波导1220型手机的证人傅某在证言中讲该手机的串号与公安人员扣押在案手机的串号不一致，手机的同一性存有疑问；二是证人宋某和花某证实，在案发当天看见一中年妇女将一个与被害人特征相近的小女孩带走，不能排除有他人作案的可能。经审查，这两个疑点均能够排除。一是关于手机同一性问题。经审查，公安人员在询问傅某时，将波导1220型手机原机主洪某的身份证号码误记为手机的串号。宁波市人民检察院移送给宁波市中级人民法院的《随案移送物品文件清单》中写明波导1220型手机的串号是350974114389275，且洪某将手机卖给傅某的《旧货交易凭证》等证据，清楚地证明了从忻某身上扣押的手机即是索要赎金时使用的手机，且手机就在宁波市中级人民法院，手机同一性的疑点能够排除。二是关于是否存在中年妇女作案问题。案卷原有证据能够证实宋某、花某证言证明的“中年妇女带走小女孩”与本案无关。宋某、花某证言证明的中年妇女带走小女孩的地点在绑架现场东侧200米左右，与忻某绑架杨某并非同一地点。花某证言证明的是迪欧咖啡厅南边的电脑培训学校门口，不是忻某实施绑架的地点；宋某证言证明的中年妇女带走小女孩的地点是迪欧咖啡厅南边的十字路口，而不是老年大学北围墙外的绑架现场，因为宋某所在位置被建筑物阻挡，看不到老年大学北围墙外的绑架现场，此疑问也已经排除。此外，二人提到的小女孩的外貌特征等细节也与杨某不符。

三、忻某所犯罪行极其严重，对其应当判处死刑立即执行。一是忻某精心预谋犯罪、主观恶性极深。忻某为实施绑架犯罪进行了精心预谋，多次到慈溪市“踩点”，并选择了相对僻静无人的地方作为行车路线。忻某以“陈老师找你”为由将杨某骗上车实施绑架，与慈溪市老年大学剑桥英语培训班负责人陈老师的姓氏相符。忻某居住在宁波市的鄞州区，选择在宁波市的慈溪市实施绑架，选择在宁波市的北仑区杀害被害人，之后又精心实施勒索赎金行为，赴安徽省广德县购买波导1220型手机，使用异地购买的手机卡，赴安徽省宣城市、芜湖市打勒索电话并要求被害人父亲到浙江省长兴县交付赎金。二是忻某犯罪后果极其严重、社会危害性极大。忻某实施绑架犯罪后，为使自己的罪行不被发现，在得到被害人家庭信息后，当天就将年仅9岁的杨某杀害，并烧掉了杨某的书包，扔掉了杨某挣扎时脱落的鞋子，实施了毁灭罪证的行为。忻某归案后认罪态度差。开始不供述犯罪，并隐瞒作案所用手机的来源，后来虽供述犯罪，但编造他人参与共同作案。忻某的犯罪行为不仅剥夺了被害人的生命、给被害人家属造成了无法弥补的巨大痛苦，也严重影响了当地群众的安全感。三是二审改判忻某死刑缓期二年执行不被被害人家属和当地群众接受。被害人家属强烈要求判处忻某死刑立即执行，当地群众对二审改判忻某死刑缓期二年执行亦难以接受，要求司法机关严惩忻某。

2008年10月22日，最高人民检察院依照《中华人民共和国刑事诉讼法》第二百零五条第三款之规定，向最高人民法院提出抗诉。2009年3月18日，最高人民法院指令浙江省高级人民法院另行组成合议庭，对忻某案件进行再审。

2009年5月14日，浙江省高级人民法院另行组成合议庭公开开庭审理本案。法庭审理认为：被告人忻某以勒索财物为目的，绑架并杀害他人，其行为已构成绑架罪，且犯罪手段残忍、情节恶劣，社会危害极大，无任何悔罪表现，依法应予严惩。检察机关要求纠正二审判决的意见能够成立。忻某及其辩护人要求维持二审判决的意见，理由不足，不予采纳。

2009年6月26日，浙江省高级人民法院依照《中华人民共和国刑事诉讼法》第二百零五条第二款、第二百零六条、第一百八十九条第二项，《中华人民共和国刑法》第二百三十九条第一款、第五十七条第一款、第六十四条之规定，作出判决：一、撤销浙江省高级人民法院（2006）浙刑一终字第146号刑事判决中对原审被告人忻某的量刑部分，维持该判决的其余部分和宁波市中级人民法院（2006）甬刑初字第16号刑事附带民事判决；二、原审被告人忻某犯绑架罪，判处死刑，剥夺政治权利终身，并处没收个人全部财产，并依法报请最高人民法院核准。

最高人民法院复核认为：被告人忻某以勒索财物为目的，绑架并杀害他人的行为已构成绑架罪。其犯罪手段残忍，情节恶劣，后果严重，无法定从轻处罚情节。浙江省高级人民法院再审判决认定的事实清楚，证据确实、充分，定罪准确，量刑适当，审判程序合法。

2009年11月13日，最高人民法院依照《中华人民共和国刑事诉讼法》第一百九十九条和《最高人民法院关于复核死刑案件若干问题的规定》第二条第一款之规定，作出裁定：核准浙江省高级人民法院（2009）浙刑再字第3号以原审被告人忻某犯绑架罪，判处死刑，剥夺政治权利终身，并处没收个人全部财产的刑事判决。

2009年12月11日，被告人忻某被依法执行死刑。

检例第3号

林某徇私舞弊暂予监外执行案

要旨

司法工作人员收受贿赂，对不符合减刑、假释、暂予监外执行条件的罪犯，予以减刑、假释或者暂予监外执行的，应根据案件的具体情况，依法追究刑事责任。

基本案情

被告人林某，男，1964年8月21日出生，汉族，原系吉林省吉林监狱第三监区监区长，大学文化。2008年11月1日，因涉嫌徇私舞弊暂予监外执行罪被刑事拘留，2008年11月14日被逮捕。

2003年12月，高某因犯合同诈骗罪，被北京市东城区人民法院判处有期徒刑12年，2004年1月入吉林省吉林监狱服刑。服刑期间，高某认识了服刑犯人赵某，并请赵某为其办理保外就医。赵某找到时任吉林监狱第五监区副监区长的被告人林某，称高某愿意出钱办理保外就医，让林某帮忙把手续办下来。林某答应帮助沟通此事。之后赵某找到服刑犯人杜某，由杜某配制了能表现出患病症状的药物。在赵某的安排下，高某于同年3月24日服药后“发病”住院。林某明知高某伪造病情，仍找到吉林监狱刑罚执行科的王某（另案处理），让其为高某办理保外就医，并主持召开了对高某提请保外就医的监区干部讨论会。会上，林某隐瞒了高某伪造病情的情况，致使讨论会通过了高某的保外就医申请，然后其将高某的保外就医相关材料报到刑罚执行科。其间高某授意其弟高甲与赵某向林某行贿人民币5万元（林某将其中3万元交王某）。2004年4月28日，经吉林监狱呈报，吉林省监狱管理局以高某双肺肺炎、感染性休克、呼吸衰竭，批准高某暂予监外执行一年。同年4月30日，高某被保外就医。2006年5月18日，高某被收监。

诉讼过程

2008年10月28日，吉林省长春市宽城区人民检察院对林某涉嫌徇私舞弊暂予监外执行一案立案侦查。2009年8月4日，长春市宽城区人民检察院以林某涉嫌徇私舞弊暂予监外执行罪向长春市宽城区人民法院提起公诉。2009年10月20日，长春市宽城区人民法院作出（2009）宽刑初字第223号刑事判决，以被告人林某犯徇私舞弊暂予监外执行罪，判处有期徒刑三年。

最高人民检察院关于印发第二批指导性案例的通知

（2012 年 11 月 15 日公布　高检发研字〔2012〕5 号）

检例第 4 号

崔某环境监管失职案

关键词　渎职罪主体　国有事业单位工作人员　环境监管失职罪

要旨

实践中，一些国有公司、企业和事业单位经合法授权从事具体的管理市场经济和社会生活的工作，拥有一定管理公共事务和社会事务的职权，这些实际行使国家行政管理职权的公司、企业和事业单位工作人员，符合渎职罪主体要求；对其实施渎职行为构成犯罪的，应当依照刑法关于渎职罪的规定追究刑事责任。

相关立法

《中华人民共和国刑法》第四百零八条，全国人民代表大会常务委员会《关于〈中华人民共和国刑法〉第九章渎职罪主体适用问题的解释》。

基本案情

被告人崔某，男，1960 年出生，原系江苏省盐城市饮用水源保护区环境监察支队二大队大队长。

江苏省盐城市标新化工有限公司（以下简称“标新公司”）位于该市二级饮用水保护区内的饮用水取水河蟒蛇河上游。根据国家、市、区的相关法律法规文件规定，标新公司为重点污染源，系“零排污”企业。标新公司于 2002 年 5 月经过江苏省盐城市环保局审批建设年产 500 吨氯代醚酮项目，2004 年 8 月通过验收。2005 年 11 月，标新公司未经批准在原有氯代醚酮生产车间套产甘宝素。2006 年 9 月建成甘宝素生产专用车间，含 11 台生产反应釜。氯代醚酮的生产过程中所产生的废水有钾盐水、母液、酸性废水、间接冷却水及生活污水。根据验收报告的要求，母液应外售，钾盐水、酸性废水、间接冷却水均应经过中和、吸附后回用（钾盐水也可收集后出售给有资质的单位）。但标新公司自生产以来，从未使用有关排污的技术处理设施。除在2006年至2007年部分钾盐废水（共50吨左右）外售至阜宁助剂厂外，标新公司生产产生的钾盐废水及其他废水直接排放至厂区北侧或者东侧的河流中，导致2009年2月发生盐城市区饮用水源严重污染事件。盐城市城西水厂、越河水厂水源遭受严重污染，所生产的自来水中酚类物质严重超标，近20万盐城市居民生活饮用水和部分单位供水被迫中断66小时40分钟，造成直接经济损失543万余元，并在社会上造成恶劣影响。

盐城市环保局饮用水源保护区环境监察支队负责盐城市区饮用水源保护区的环境保护、污染防治工作，标新公司位于市饮用水源二级保护区范围内，属该支队二大队管辖。被告人崔某作为二大队大队长，对标新公司环境保护监察工作负有直接领导责任。崔某不认真履行环境保护监管职责，并于2006年到2008年多次收受标新公司法定代表人胡某小额财物。崔某在日常检查中多次发现标新公司有冷却水和废水外排行为，但未按规定要求标新公司提供母液台账、合同、发票等材料，只是填写现场监察记录，也未向盐城市饮用水源保护区环境监察支队汇报标新公司违法排污情况。2008年12月6日，盐城市饮用水源保护区环境监察支队对保护区内重点化工企业进行专项整治活动，并对标新公司发出整改通知，但崔某未组织二大队监察人员对标新公司进行跟踪检查，监督标新公司整改。直至2009年2月18日，崔某对标新公司进行检查时，只在该公司办公室填写了1份现场监察记录，未对排污情况进行现场检查，没有能及时发现和阻止标新公司向厂区外河流排放大量废液，以致发生盐城市饮用水源严重污染。在水污染事件发生后，崔某为掩盖其工作严重不负责任，于2009年2月21日伪造了日期为2008年12月10日和2009年2月16日两份虚假监察记录，以逃避有关部门的查处。

诉讼过程

2009年3月14日，崔某因涉嫌环境监管失职罪由江苏省盐城市阜宁县人民检察院立案侦查，同日被刑事拘留，3月27日被逮捕，5月13日侦查终结移送审查起诉。2009年6月26日，江苏省盐城市阜宁县人民检察院以被告人崔某犯环境监管失职罪向阜宁县人民法院提起公诉。2009年12月16日，阜宁县人民法院作出一审判决，认为被告人崔某作为负有环境保护监督管理职责的国家机关工作人员，在履行环境监管职责过程中，严重不负责任，导致发生重大环境污染事故，致使公私财产遭受重大损失，其行为构成环境监管失职罪；依照《中华人民共和国刑法》第四百零八条的规定，判决崔某犯环境监管失职罪，判处有期徒刑二年。一审判决后，崔某以自己对标新公司只具有督查的职责，不具有监管的职责，不符合环境监管失职罪的主体要求等为由提出上诉。盐城市中级人民法院认为，崔某身为国有事业单位的工作人员，在受国家机关的委托代表国家机关履行环境监督管理职责过程中，严重不负责任，导致发生重大环境污染事故，致使公私财产遭受重大损失，其行为构成环境监管失职罪。崔某所在的盐城市饮用水源保护区环境监察支队为国有事业单位，由盐城市人民政府设立，其系受国家机关委托代表国家机关行使环境监管职权，原判决未引用全国人民代表大会常务委员会《关于〈中华人民共和国刑法〉第九章渎职罪主体适用问题的解释》的相关规定，直接认定崔某系国家机关工作人员不当，予以纠正；原判认定崔某犯罪事实清楚，定性正确，量刑恰当，审判程序合法。2010 年 1 月 21 日，盐城市中级人民法院二审终审裁定，驳回上诉，维持原判。

检例第 5 号

陈某、林某、李甲滥用职权案

关键词 渎职罪主体 村基层组织人员 滥用职权罪

要旨

随着我国城镇建设和社会主义新农村建设逐步深入推进，村民委员会、居民委员会等基层组织协助人民政府管理社会发挥越来越重要的作用。实践中，对村民委员会、居民委员会等基层组织人员协助人民政府从事行政管理工作时，滥用职权、玩忽职守构成犯罪的，应当依照刑法关于渎职罪的规定追究刑事责任。

相关立法

《中华人民共和国刑法》第三百九十七条，全国人民代表大会常务委员会《关于〈中华人民共和国刑法〉第九章渎职罪主体适用问题的解释》。

基本案情

被告人陈某，男，1946 年出生，原系上海市奉贤区四团镇推进小城镇社会保险（以下简称“镇保”）工作领导小组办公室负责人。

被告人林某，女，1960 年出生，原系上海市奉贤区四团镇杨家宅村党支部书记、村民委员会主任、村镇保工作负责人。

被告人李甲（曾用名李乙），男，1958 年出生，原系上海市奉贤区四团镇杨家宅村党支部委员、村民委员会副主任、村镇保工作经办人。

2004 年 1 月至 2006 年 6 月期间，被告人陈某利用担任上海市奉贤区四团镇推进镇保工作领导小组办公室负责人的职务便利，被告人林某、李甲利用受上海市奉贤区四团镇人民政府委托分别担任杨家宅村镇保工作负责人、经办人的职务便利，在从事被征用农民集体所有土地负责农业人员就业和社会保障工作过程中，违反相关规定，采用虚增被征用土地面积等方法徇私舞弊，共同或者单独将杨家宅村、良民村、横桥村114名不符合镇保条件的人员纳入镇保范围，致使奉贤区四团镇人民政府为上述人员缴纳镇保费用共计人民币600余万元、上海市社会保险事业基金结算管理中心（以下简称“市社保中心”）为上述人员实际发放镇保资金共计人民币178万余元，并造成了恶劣的社会影响。其中，被告人陈某共同及单独将71名不符合镇保条件人员纳入镇保范围，致使镇政府缴纳镇保费用共计人民币400余万元、市社保中心实际发放镇保资金共计人民币114万余元；被告人林某共同及单独将79名不符合镇保条件人员纳入镇保范围，致使镇政府缴纳镇保费用共计人民币400余万元、市社保中心实际发放镇保资金共计人民币124万余元；被告人李甲共同及单独将60名不符合镇保条件人员纳入镇保范围，致使镇政府缴纳镇保费用共计人民币300余万元，市社保中心实际发放镇保资金共计人民币95万余元。

诉讼过程

2008年4月15日，陈某、林某、李甲因涉嫌滥用职权罪由上海市奉贤区人民检察院立案侦查，陈某于4月15日被刑事拘留，4月29日被逮捕，林某、李甲于4月15日被取保候审，6月27日侦查终结移送审查起诉。2008年7月28日，上海市奉贤区人民检察院以被告人陈某、林某、李甲犯滥用职权罪向奉贤区人民法院提起公诉。2008年12月15日，上海市奉贤区人民法院作出一审判决，认为被告人陈某身为国家机关工作人员，被告人林某、李甲作为在受国家机关委托代表国家机关行使职权的组织中从事公务的人员，在负责或经办被征地人员就业和保障工作过程中，故意违反有关规定，共同或单独擅自将不符合镇保条件的人员纳入镇保范围，致使公共财产遭受重大损失，并造成恶劣社会影响，其行为均已触犯刑法，构成滥用职权罪，且有徇个人私情、私利的徇私舞弊情节。其中被告人陈某、林某情节特别严重。犯罪后，三被告人在尚未被司法机关采取强制措施时，如实供述自己的罪行，属自首，依法可从轻或减轻处罚。依照《中华人民共和国刑法》第三百九十七条，第二十五条第一款，第六十七条第一款，第七十二条第一款，第七十三条第二、三款之规定，判决被告人陈某犯滥用职权罪，判处有期徒刑二年；被告人林某犯滥用职权罪，判处有期徒刑一年六个月，宣告缓刑一年六个月；被告人李甲犯滥用职权罪，判处有期徒刑一年，宣告缓刑一年。一审判决后，被告人林某提出上诉。上海市第一中级人民法院二审终审裁定，驳回上诉，维持原判。

检例第6号

罗甲、罗乙、朱某、罗丙滥用职权案

关键词 滥用职权罪 重大损失 恶劣社会影响

要旨

根据刑法规定，滥用职权罪是指国家机关工作人员滥用职权，致使“公共财产、国家和人民利益遭受重大损失”的行为。实践中，对滥用职权“造成恶劣社会影响的”，应当依法认定为“致使公共财产、国家和人民利益遭受重大损失”。

相关立法

《中华人民共和国刑法》第三百九十七条，全国人民代表大会常务委员会《关于〈中华人民共和国刑法〉第九章渎职罪主体适用问题的解释》。

基本案情

被告人罗甲，男，1963年出生，原系广州市城市管理综合执法局黄埔分局大沙街执法队协管员。

被告人罗乙，男，1967年出生，原系广州市城市管理综合执法局黄埔分局大沙街执法队协管员。

被告人朱某，男，1964年出生，原系广州市城市管理综合执法局黄埔分局大沙街执法队协管员。

被告人罗丙，男，1987年出生，原系广州市城市管理综合执法局黄埔分局大沙街执法队协管员。

2008年8月至2009年12月期间，被告人罗甲、罗乙、朱某、罗丙先后被广州市黄埔区人民政府大沙街道办事处招聘为广州市城市管理综合执法局黄埔分局大沙街执法队（以下简称“执法队”）协管员。上述四名被告人的工作职责是街道城市管理协管工作，包括动态巡查，参与街道、社区日常性的城管工作；劝阻和制止并督促改正违反城市管理法规的行为；配合综合执法部门，开展集中统一整治行动等。工作任务包括坚持巡查与守点相结合，及时劝导中心城区的乱摆卖行为等。罗甲、罗乙从2009年8月至2011年5月担任协管员队长和副队长，此后由罗乙担任队长，罗甲担任副队长。协管员队长职责是负责协管员人员召集，上班路段分配和日常考勤工作；副队长职责是协助队长开展日常工作，队长不在时履行队长职责。上述四名被告人上班时，身着统一发放的迷彩服，臂上戴着写有“大沙街城市管理督导员”的红袖章，手持一根木棍。2010年8月至2011年9月期间，罗甲、罗乙、朱某、罗丙和罗丁（另案处理）利用职务便利，先后多次向多名无照商贩索要12元、10元、5元不等的少量现金、香烟或直接在该路段的“士多店”拿烟再让部分无照商贩结账，后放弃履行职责，允许给予好处的无照商贩在严禁乱摆卖的地段非法占道经营。由于上述被告人的行为，导致该地段的无照商贩非法占道经营十分严重，几百档流动商贩恣意乱摆卖，严重影响了市容市貌和环境卫生，给周边商铺和住户的经营、生活、出行造成极大不便。由于执法不公，对给予钱财的商贩放任其占道经营，对其他没给好处费的无照商贩则进行驱赶或通知城管部门到场处罚，引起了群众强烈不满，城市管理执法部门执法人员在依法执行公务过程中遭遇多次暴力抗法，数名执法人员受伤住院。上述四名被告人的行为严重危害和影响了该地区的社会秩序、经济秩序、城市管理和治安管理，造成了恶劣的社会影响。

诉讼过程

2011年10月1日，罗甲、罗乙、朱某、罗丙四人因涉嫌敲诈勒索罪被广州市公安局黄埔分局刑事拘留，11月7日被逮捕。11月10日，广州市公安局黄埔分局将本案移交广州市黄埔区人民检察院。2011年11月10日，罗甲、罗乙、朱某、罗丙四人因涉嫌滥用职权罪由广州市黄埔区人民检察院立案侦查，12月9日侦查终结移送审查起诉。2011年12月28日，广州市黄埔区人民检察院以被告人罗甲、罗乙、朱某、罗丙犯滥用职权罪向黄埔区人民法院提起公诉。2012年4月18日，黄埔区人民法院一审判决，认为被告人罗甲、罗乙、朱某、罗丙身为虽未列入国家机关人员编制但在国家机关中从事公务的人员，在代表国家行使职权时，长期不正确履行职权，大肆勒索辖区部分无照商贩的钱财，造成无照商贩非法占道经营十分严重，暴力抗法事件不断发生，社会影响相当恶劣，其行为触犯了《中华人民共和国刑法》第三百九十七条第一款的规定，构成滥用职权罪。被告人罗甲与罗乙身为城管协管员前、后任队长及副队长不仅参与勒索无照商贩的钱财，放任无照商贩非法占道经营，而且也收受其下属勒索来的香烟，放任其下属胡作非为，在共同犯罪中所起作用相对较大，可对其酌情从重处罚。鉴于四被告人归案后能供述自己的罪行，可对其酌情从轻处罚。依照《中华人民共和国刑法》第三百九十七条第一款、第六十一条，全国人民代表大会常务委员会《关于〈中华人民共和国刑法〉第九章渎职罪主体适用问题的解释》的规定，判决被告人罗甲犯滥用职权罪，判处有期徒刑一年六个月；被告人罗乙犯滥用职权罪，判处有期徒刑一年五个月；被告人朱某犯滥用职权罪，判处有期徒刑一年二个月；被告人罗丙犯滥用职权罪，判处有期徒刑一年二个月。一审判决后，四名被告人在法定期限内均未上诉，检察机关也没有提出抗诉，一审判决发生法律效力。

检例第7号

胡某、郑某徇私舞弊不移交刑事案件案

关键词 诉讼监督 徇私舞弊不移交刑事案件罪

要旨

诉讼监督，是人民检察院依法履行法律监督的重要内容。实践中，检察机关和办案人员应当坚持办案与监督并重，建立健全行政执法与刑事司法有效衔接的工作机制，善于在办案中发现各种职务犯罪线索；对于行政执法人员徇私舞弊，不移送有关刑事案件构成犯罪的，应当依法追究刑事责任。

相关立法

《中华人民共和国刑法》第四百零二条。

基本案情

被告人胡某，男，1956年出生，原系天津市工商行政管理局河西分局公平交易科科长。

被告人郑某，男，1957年出生，原系天津市工商行政管理局河西分局公平交易科科员。

被告人胡某在担任天津市工商行政管理局河西分局（以下简称工商河西分局）公平交易科科长期间，于2006年1月11日上午，带领被告人郑某等该科工作人员对群众举报的天津华夏神龙科贸发展有限公司（以下简称“神龙公司”）涉嫌非法传销问题进行现场检查，当场扣押财务报表及宣传资料若干，并于当日询问该公司法定代表人李某，李某承认其公司营业额为114万余元（与所扣押财务报表上数额一致），后由被告人郑某具体负责办理该案。2006年3月16日，被告人胡某、郑某在案件调查终结报告及处罚决定书中，认定神龙公司的行为属于非法传销行为，却隐瞒该案涉及经营数额巨大的事实，为牟取小集体罚款提成的利益，提出行政罚款的处罚意见。被告人胡某在局长办公会上汇报该案时亦隐瞒涉及经营数额巨大的事实。2006年4月11日，工商河西分局同意被告人胡某、郑某的处理意见，对当事人作出“责令停止违法行为，罚款50万元”的行政处罚，后李某分数次将50万元罚款交给工商河西分局。被告人胡某、郑某所在的公平交易科因此案得到2.5万元罚款提成。

李某在分期缴纳工商罚款期间，又成立河西、和平、南开分公司，由王某担任河西分公司负责人，继续进行变相传销活动，并造成被害人华某等人经济损失共计40万余元人民币。公安机关接被害人举报后，查明李某进行传销活动非法经营数额共计2277万余元人民币（工商查处时为1600多万元）。天津市河西区人民检察院在审查起诉被告人李某、王某非法经营案过程中，办案人员发现胡某、郑某涉嫌徇私舞弊不移交被告人李某、王某非法经营刑事案件的犯罪线索。

诉讼过程

2010年1月13日，胡某、郑某因涉嫌徇私舞弊不移交刑事案件罪由天津市河西区人民检察院立案侦查，并于同日被取保候审，3月15日侦查终结移送审查起诉，因案情复杂，4月22日依法延长审查起诉期限半个月，5月6日退回补充侦查，6月4日侦查终结重新移送审查起诉。2010年6月12日，天津市河西区人民检察院以被告人胡某、郑某犯徇私舞弊不移交刑事案件罪向河西区人民法院提起公诉。2010年9月14日，河西区人民法院作出一审判决，认为被告人胡某、郑某身为工商行政执法人员，在明知查处的非法传销行为涉及经营数额巨大，依法应当移交公安机关追究刑事责任的情况下，为牟取小集体利益，隐瞒不报违法事实涉及的金额，以罚代刑，不移交公安机关处理，致使犯罪嫌疑人在行政处罚期间，继续进行违法犯罪活动，情节严重，二被告人负有不可推卸的责任，其行为均已构成徇私舞弊不移交刑事案件罪，且系共同犯罪。依照《中华人民共和国刑法》第四百零二条、第二十五条第一款、第三十七条之规定，判决被告人胡某、郑某犯徇私舞弊不移交刑事案件罪。一审判决后，被告人胡某、郑某在法定期限内均没有上诉，检察机关也没有提出抗诉，一审判决发生法律效力。

检例第8号

杨某玩忽职守、徇私枉法、受贿案

关键词　玩忽职守罪　徇私枉法罪　受贿罪　因果关系　数罪并罚

要旨

本案要旨有两点：一是渎职犯罪因果关系的认定。如果负有监管职责的国家机关工作人员没有认真履行其监管职责，从而未能有效防止危害结果发生，那么，这些对危害结果具有“原因力”的渎职行为，应认定与危害结果之间具有刑法意义上的因果关系。二是渎职犯罪同时受贿的处罚原则。对于国家机关工作人员实施渎职犯罪并收受贿赂，同时构成受贿罪的，除刑法第三百九十九条有特别规定的外，以渎职犯罪和受贿罪数罪并罚。

相关立法

《中华人民共和国刑法》第三百九十七条、第三百九十九条、第三百八十五条、第六十九条。

基本案情

被告人杨某，男，1958年出生，原系深圳市公安局龙岗分局同乐派出所所长。

犯罪事实如下：

一、玩忽职守罪

1999年7月9日，王某（另案处理）经营的深圳市龙岗区舞王歌舞厅经深圳市工商行政管理部门批准成立，经营地址在龙岗区龙平路。2006年该歌舞厅被依法吊销营业执照。2007年9月8日，王某未经相关部门审批，在龙岗街道龙东社区三和村经营舞王俱乐部，辖区派出所为同乐派出所。被告人杨某自2001年10月开始担任同乐派出所所长。开业前几天，王某为取得同乐派出所对舞王俱乐部的关照，在杨某之妻何某经营的川香酒家宴请了被告人杨某等人。此后，同乐派出所三和责任区民警在对舞王俱乐部采集信息建档和日常检查中，发现王某无法提供消防许可证、娱乐经营许可证等必需证件，提供的营业执照复印件上的名称和地址与实际不符，且已过有效期。杨某得知情况后没有督促责任区民警依法及时取缔舞王俱乐部。责任区民警还发现舞王俱乐部经营过程中存在超时超员、涉黄涉毒、未配备专业保安人员、发生多起治安案件等治安隐患，杨某既没有依法责令舞王俱乐部停业整顿，也没有责令责任区民警跟踪监督舞王俱乐部进行整改。

2008年3月，根据龙岗区“扫雷”行动的安排和部署，同乐派出所成立“扫雷”专项行动小组，杨某担任组长。有关部门将舞王俱乐部存在治安隐患和消防隐患等于2008年3月12日通报同乐派出所，但杨某没有督促责任区民警跟踪落实整改措施，导致舞王俱乐部的安全隐患没有得到及时排除。

2008年6月至8月期间，广东省公安厅组织开展“百日信息会战”，杨某没有督促责任区民警如实上报舞王俱乐部无证无照经营，没有对舞王俱乐部采取相应处理措施。舞王俱乐部未依照消防法、《建筑工程消防监督审核管理规定》等规定要求取得消防验收许可，未通过申报开业前消防安全检查，擅自开业、违法经营，营业期间不落实安全管理制度和措施，导致2008年9月20日晚发生特大火灾，造成44人死亡、64人受伤的严重后果。在这起特大消防事故中，杨某及其他有关单位的人员负有重要责任。

二、徇私枉法罪

2008年8月12日凌晨，江某、汪某、赵某等人在舞王俱乐部消费后乘坐电梯离开时与同时乘坐电梯的另外几名顾客发生口角，舞王俱乐部的保安员前来劝阻。争执过程中，舞王俱乐部的保安员易某及员工罗某等五人与江某等人在舞王俱乐部一楼发生打斗，致江某受轻伤，汪某、赵某受轻微伤。杨某指示以涉嫌故意伤害对舞王俱乐部罗某、易某等五人立案侦查。次日，同乐派出所依法对涉案人员刑事拘留。案发后，舞王俱乐部负责人王某多次打电话给杨某，并通过杨某之妻何某帮忙请求调解，要求使其员工免受刑事处罚。王某并为此在龙岗中心城邮政局停车场处送给何某人民币 3 万元。何某收到钱后发短信告诉杨某。杨某明知该案不属于可以调解处理的案件，仍答应帮忙，并指派不是本案承办民警的刘某负责协调调解工作，于 2008 年 9 月 6 日促成双方以赔偿人民币 11 万元达成和解。杨某随即安排办案民警将案件作调解结案。舞王俱乐部有关人员于 9 月 7 日被解除刑事拘留，未被追究刑事责任。

三、受贿罪

2007 年 9 月至 2008 年 9 月，杨某利用职务便利，为舞王俱乐部负责人王某谋取好处，单独收受或者通过妻子何某收受王某好处费，共计人民币 30 万元。

诉讼过程

2008 年 9 月 28 日，杨某因涉嫌徇私枉法罪由深圳市人民检察院立案侦查，10 月 25 日被刑事拘留，11 月 7 日被逮捕，11 月 13 日侦查终结移交深圳市龙岗区人民检察院审查起诉。2008 年 11 月 24 日，深圳市龙岗区人民检察院以被告人杨某犯玩忽职守罪、徇私枉法罪和受贿罪向龙岗区人民法院提起公诉。一审期间，延期审理一次。2009 年 5 月 9 日，深圳市龙岗区人民法院作出一审判决，认为被告人杨某作为同乐派出所的所长，对辖区内的娱乐场所负有监督管理职责，其明知舞王俱乐部未取得合法的营业执照擅自经营，且存在众多消防、治安隐患，但严重不负责任，不认真履行职责，使本应停业整顿或被取缔的舞王俱乐部持续违法经营达一年之久，并最终导致发生 44 人死亡、64 人受伤的特大消防事故，造成了人民群众生命财产的重大损失，其行为已构成玩忽职守罪，情节特别严重；被告人杨某明知舞王俱乐部发生的江某等人被打案应予刑事处罚，不符合调解结案的规定，仍指示将该案件予以调解结案，构成徇私枉法罪，但是鉴于杨某在实施徇私枉法行为的同时有受贿行为，且该受贿事实已被起诉，依照刑法第三百九十九条的规定，应以受贿罪一罪定罪处罚；被告人杨某作为国家工作人员，利用职务上的便利，非法收受舞王俱乐部负责人王某的巨额钱财，为其谋取利益，其行为已构成受贿罪；被告人杨某在未被采取强制措施前即主动交代自己全部受贿事实，属于自首，并由其妻何某代为退清全部赃款，依法可以从轻处罚。依照《中华人民共和国刑法》

第三百九十七条第一款，第三百九十九条第一款、第四款，第三百八十五条第一款，第三百八十六条，第三百八十三条第一款第（一）项、第二款，第六十四条，第六十七条第一款，第六十九条第一款之规定，判决被告人杨某犯玩忽职守罪，判处有期徒刑五年；犯受贿罪，判处有期徒刑十年；总和刑期十五年，决定执行有期徒刑十三年；追缴受贿所得的赃款人民币30万元，依法予以没收并上缴国库。一审判决后，被告人杨某在法定期限内没有上诉，检察机关也没有提出抗诉，一审判决发生法律效力。

最高人民检察院关于印发第三批指导性案例的通知

（2013 年 5 月 27 日公布　高检发研字〔2013〕3 号）

检例第 9 号

李泽强编造、故意传播虚假恐怖信息案

关键词　编造、故意传播虚假恐怖信息罪

要旨

编造、故意传播虚假恐怖信息罪是选择性罪名。编造恐怖信息以后向特定对象散布，严重扰乱社会秩序的，构成编造虚假恐怖信息罪。编造恐怖信息以后向不特定对象散布，严重扰乱社会秩序的，构成编造、故意传播虚假恐怖信息罪。

对于实施数个编造、故意传播虚假恐怖信息行为的，不实行数罪并罚，但应当将其作为量刑情节予以考虑。

相关立法

《中华人民共和国刑法》第二百九十一条之一。

基本案情

被告人李泽强，男，河北省人，1975 年出生，原系北京欣和物流仓储中心电工。

2010 年 8 月 4 日 22 时许，被告人李泽强为发泄心中不满，在北京市朝阳区小营北路 13 号工地施工现场，用手机编写短信“今晚要炸北京首都机场”，并向数十个随意编写的手机号码发送。天津市的彭某收到短信后于 2010 年 8 月 5 日向当地公安机关报案，北京首都国际机场公安分局于当日接警后立即通知首都国际机场运行监控中心。首都国际机场运行监控中心随即启动紧急预案，对东、西航站楼和机坪进行排查，并加强对行李物品的检查和监控工作，耗费大量人力、物力，严重影响了首都国际机场的正常工作秩序。

诉讼过程

2010年8月7日，李泽强因涉嫌编造、故意传播虚假恐怖信息罪被北京首都国际机场公安分局刑事拘留，9月7日被逮捕，11月9日侦查终结移送北京市朝阳区人民检察院审查起诉。2010年12月3日，朝阳区人民检察院以被告人李泽强犯编造、故意传播虚假恐怖信息罪向朝阳区人民法院提起公诉。2010年12月14日，朝阳区人民法院作出一审判决，认为被告人李泽强法制观念淡薄，为泄私愤，编造虚假恐怖信息并故意向他人传播，严重扰乱社会秩序，已构成编造、故意传播虚假恐怖信息罪；鉴于被告人李泽强自愿认罪，可酌情从轻处罚，依照《中华人民共和国刑法》第二百九十一条之一、第六十一条之规定，判决被告人李泽强犯编造、故意传播虚假恐怖信息罪，判处有期徒刑一年。一审判决后，被告人李泽强在法定期限内未上诉，检察机关也未提出抗诉，一审判决发生法律效力。

检例第10号

卫学臣编造虚假恐怖信息案

关键词 编造虚假恐怖信息罪 严重扰乱社会秩序

要旨

关于编造虚假恐怖信息造成"严重扰乱社会秩序"的认定，应当结合行为对正常的工作、生产、生活、经营、教学、科研等秩序的影响程度、对公众造成的恐慌程度以及处置情况等因素进行综合分析判断。对于编造、故意传播虚假恐怖信息威胁民航安全，引起公众恐慌，或者致使航班无法正常起降的，应当认定为"严重扰乱社会秩序"。

相关立法

《中华人民共和国刑法》第二百九十一条之一。

基本案情

被告人卫学臣，男，辽宁省人，1987年出生，原系大连金色假期旅行社导游。

2010年6月13日14时46分，被告人卫学臣带领四川来大连的旅游团用完午餐后，对四川导游李忠键说自己可以让飞机停留半小时，遂用手机拨打大连周水子国际机场问询处电话，询问3U8814航班起飞时间后，告诉接电话的机场工作人员说"飞机上有两名恐怖分子，注意安全"。大连周水子国际机场接到电话后，立即启动防恐预案，将飞机安排到隔离机位，组织公安、安检对飞机客、货舱清仓，对每位出港旅客资料核对确认排查，查看安检现场录像，确认没有可疑问题后，当日 19 时 33 分，3U8814 航班飞机起飞，晚点 33 分钟。

诉讼过程

2010 年 6 月 13 日，卫学臣因涉嫌编造虚假恐怖信息罪被大连市公安局机场分局刑事拘留，6 月 25 日被逮捕，8 月 12 日侦查终结移送大连市甘井子区人民检察院审查起诉。2010 年 9 月 20 日，甘井子区人民检察院以被告人卫学臣涉嫌编造虚假恐怖信息罪向甘井子区人民法院提起公诉。2010 年 10 月 11 日，甘井子区人民法院作出一审判决，认为被告人卫学臣故意编造虚假恐怖信息，严重扰乱社会秩序，其行为已构成编造虚假恐怖信息罪；鉴于被告人卫学臣自愿认罪，可酌情从轻处罚，依照《中华人民共和国刑法》第二百九十一条之一之规定，判决被告人卫学臣犯编造虚假恐怖信息罪，判处有期徒刑一年六个月。一审判决后，被告人卫学臣在法定期限内未上诉，检察机关也未提出抗诉，一审判决发生法律效力。

检例第 11 号

袁才彦编造虚假恐怖信息案

关键词　编造虚假恐怖信息罪　择一重罪处断

要旨

对于编造虚假恐怖信息造成有关部门实施人员疏散，引起公众极度恐慌的，或者致使相关单位无法正常营业，造成重大经济损失的，应当认定为“造成严重后果”。

以编造虚假恐怖信息的方式，实施敲诈勒索等其他犯罪的，应当根据案件事实和证据情况，择一重罪处断。

相关立法

《中华人民共和国刑法》第二百七十四条、第二百九十一条之一。

基本案情

被告人袁才彦，男，湖北省人，1956 年出生，无业。

被告人袁才彦因经济拮据，意图通过编造爆炸威胁的虚假恐怖信息勒索钱财。2004 年 9 月 29 日，被告人袁才彦冒用名为“张锐”的假身份证，在河南省工商银行信阳分行红星路支行体彩广场分理处申请办理了牡丹灵通卡账户。

2005年1月24日14时许，被告人袁才彦拨打上海太平洋百货有限公司徐汇店的电话，编造已经放置炸弹的虚假恐怖信息，以不给钱就在商场内引爆炸弹自杀相威胁，要求上海太平洋百货有限公司徐汇店在1小时内向其指定的牡丹灵通卡账户内汇款人民币5万元。上海太平洋百货有限公司徐汇店即向公安机关报警，并进行人员疏散。接警后，公安机关启动防爆预案，出动警力300余名对商场进行安全排查。被告人袁才彦的行为造成上海太平洋百货有限公司徐汇店暂停营业3个半小时。

1月25日10时许，被告人袁才彦拨打福州市新华都百货商场的电话，称已在商场内放置炸弹，要求福州市新华都百货商场在半小时内将人民币5万元汇入其指定的牡丹灵通卡账户。接警后，公安机关出动大批警力进行人员疏散、搜爆检查，并对现场及周边地区实施交通管制。

1月27日11时，被告人袁才彦拨打上海市铁路局春运办公室的电话，称已在火车上放置炸弹，并以引爆炸弹相威胁要求春运办公室在半小时内将人民币10万元汇入其指定的牡丹灵通卡账户。接警后，上海铁路公安局抽调大批警力对旅客、列车和火车站进行安全检查。

1月27日14时，被告人袁才彦拨打广州市天河城百货有限公司的电话，要求广州市天河城百货有限公司在半小时内将人民币2万元汇入其指定的牡丹灵通卡账户，否则就在商场内引爆炸弹自杀。

1月27日16时，被告人袁才彦拨打深圳市天虹商场的电话，要求深圳市天虹商场在1小时内将人民币2万元汇入其指定的牡丹灵通卡账户，否则就在商场内引爆炸弹。

1月27日16时32分，被告人袁才彦拨打南宁市百货商场的电话，要求南宁市百货商场在1小时内将人民币2万元汇入其指定的牡丹灵通卡账户，否则就在商场门口引爆炸弹。接警后，公安机关出动警力300余名在商场进行搜爆和安全检查。

诉讼过程

2005年1月28日，袁才彦因涉嫌敲诈勒索罪被广州市公安局天河区分局刑事拘留。2005年2月案件移交袁才彦的主要犯罪地上海市公安局徐汇区分局管辖，3月4日袁才彦被逮捕，4月5日侦查终结移送上海市徐汇区人民检察院审查起诉。2005年4月14日，上海市人民检察院将案件指定上海市人民检察院第二分院管辖，4月18日上海市人民检察院第二分院以被告人袁才彦涉嫌编造虚假恐怖信息罪向上海市第二中级人民法院提起公诉。2005年6月24日，上海市第二中级人民法院作出一审判决，认为被告人袁才彦为勒索钱财故意编造爆炸威胁等虚假恐怖信息，严重扰乱社会秩序，其行为已构成编造虚假恐怖信息罪，且造成严重后果，依照《中华人民共和国刑法》第二百九十一条之一、第五十五条第一款、第五十六条第一款、第六十四条的规定，判决被告人袁才彦犯编造虚假恐怖信息罪，判处有期徒刑十二年，剥夺政治权利三年。一审判决后，被告人袁才彦提出上诉。2005 年 8 月 25 日，上海市高级人民法院二审终审裁定，驳回上诉，维持原判。

最高人民检察院关于印发第四批指导性案例的通知

（2014年2月20日公布　高检发研字〔2014〕2号）

检例第12号

柳立国等人生产、销售有毒、有害食品，生产、销售伪劣产品案

关键词　生产、销售有毒、有害食品罪　生产、销售伪劣产品罪

要旨

明知对方是食用油经销者，仍将用餐厨废弃油（俗称“地沟油”）加工而成的劣质油脂销售给对方，导致劣质油脂流入食用油市场供人食用的，构成生产、销售有毒、有害食品罪；明知油脂经销者向饲料生产企业和药品生产企业等单位销售豆油等食用油，仍将用餐厨废弃油加工而成的劣质油脂销售给对方，导致劣质油脂流向饲料生产企业和药品生产企业等单位的，构成生产、销售伪劣产品罪。

相关立法

《中华人民共和国刑法》第一百四十四条、第一百四十条、第一百四十一条第一款。

基本案情

被告人柳立国，男，山东省人，1975年出生，原系山东省济南博汇生物科技有限公司（以下简称博汇公司）、山东省济南格林生物能源有限公司（以下简称格林公司）实际经营者。

被告人鲁军，男，山东省人，1968年出生，原系博汇公司生产负责人。

被告人李树军，男，山东省人，1974年出生，原系博汇公司、格林公司采购员。

被告人柳立海，男，山东省人，1965年出生，原系格林公司等企业管理后勤员工。

被告人于双迎，男，山东省人，1970年出生，原系格林公司员工。

被告人刘凡金，男，山东省人，1975 年出生，原系博汇公司、格林公司驾驶员。

被告人王波，男，山东省人，1981 年出生，原系博汇公司、格林公司驾驶员。

自 2003 年始，被告人柳立国在山东省平阴县孔村镇经营油脂加工厂，后更名为中兴脂肪酸甲酯厂，并转向餐厨废弃油（俗称“地沟油”）回收再加工。2009 年 3 月、2010 年 6 月，柳立国又先后注册成立了博汇公司、格林公司，扩大生产，进一步将地沟油加工提炼成劣质油脂。自 2007 年 12 月起，柳立国从四川、江苏、浙江等地收购地沟油加工提炼成劣质油脂，在明知他人将向其所购的劣质成品油冒充正常豆油等食用油进行销售的情况下，仍将上述劣质油脂销售给他人，从中赚取利润。柳立国先后将所加工提炼的劣质油脂销售给经营食用油生意的山东聊城昌泉粮油实业公司、河南郑州宏大粮油商行等(均另案处理)。前述粮油公司等明知从柳立国处购买的劣质油脂系地沟油加工而成，仍然直接或经勾兑后作为食用油销售给个体粮油店、饮食店、食品加工厂以及学校食堂，或冒充豆油等油脂销售给饲料、药品加工等企业。截止 2011 年 7 月案发，柳立国等人的行为最终导致金额为 926 万余元的此类劣质油脂流向食用油市场供人食用，金额为 9065 万余元的劣质油脂流入非食用油加工市场。

期间，经被告人柳立国招募，被告人鲁军负责格林公司的筹建、管理；被告人李树军负责地沟油采购并曾在格林公司分提车间工作；被告人柳立海从事后勤工作；被告人于双迎负责格林公司机器设备维护及管理水解车间；被告人刘凡金作为驾驶员运输成品油脂；被告人王波作为驾驶员运输半成品和厂内污水，并提供个人账户供柳立国收付货款。上述被告人均在明知柳立国用地沟油加工劣质油脂并对外销售的情况下，仍予以帮助。其中，鲁军、于双迎参与生产、销售上述销往食用油市场的劣质油脂的金额均为 134 万余元，李树军为 765 万余元，柳立海为 457 万余元，刘凡金为 138 万余元，王波为 270 万余元；鲁军、于双迎参与生产、销售上述流入非食用油市场的劣质油脂金额均为 699 万余元，李树军为 9065 万余元，柳立海为 4961 万余元，刘凡金为 2221 万余元，王波为 6534 万余元。

诉讼过程

2011 年 7 月 5 日，柳立国、鲁军、李树军、柳立海、于双迎、刘凡金、王波因涉嫌生产、销售不符合安全标准的食品罪被刑事拘留，8 月 11 日被逮捕。

该案侦查终结后，移送浙江省宁波市人民检察院审查起诉。浙江省宁波市人民检察院经审查认为，被告人柳立国、鲁军、李树军、柳立海、于双迎、刘凡金、王波违反国家食品管理法规，结伙将餐厨废弃油等非食品原料进行生产、加工，并将加工提炼而成且仍含有有毒、有害物质的非食用油冒充食用油予以销售，并供人食用，严重危害了人民群众的身体健康和生命安全，其行为均触犯了《中华人民共和国刑法》第一百四十四条，犯罪事实清楚，证据确实充分，应当以生产、销售有毒、有害食品罪追究其刑事责任。被告人柳立国、鲁军、李树军、柳立海、于双迎、刘凡金、王波又违反国家食品管理法规，结伙将餐厨废弃油等非食品原料进行生产、加工，并将加工提炼而成的非食用油冒充食用油予以销售，以假充真，销售给饲料加工、药品加工单位，其行为均触犯了《中华人民共和国刑法》第一百四十条，犯罪事实清楚，证据确实充分，应当以生产、销售伪劣产品罪追究其刑事责任。2012 年 6 月 12 日，宁波市人民检察院以被告人柳立国等人犯生产、销售有毒、有害食品罪和生产、销售伪劣产品罪向宁波市中级人民法院提起公诉。

2013 年 4 月 11 日，宁波市中级人民法院一审判决：被告人柳立国犯生产、销售有毒、有害食品罪和生产、销售伪劣产品罪，数罪并罚，判处无期徒刑，剥夺政治权利终身，并处没收个人全部财产；被告人鲁军犯生产、销售有毒、有害食品罪和生产、销售伪劣产品罪，数罪并罚，判处有期徒刑十四年，并处罚金人民币四十万元；被告人李树军犯生产、销售有毒、有害食品罪和生产、销售伪劣产品罪，数罪并罚，判处有期徒刑十一年，并处罚金人民币四十万元；被告人柳立海犯生产、销售有毒、有害食品罪和生产、销售伪劣产品罪，数罪并罚，判处有期徒刑十年六个月，并处罚金人民币四十万元；被告人于双迎犯生产、销售有毒、有害食品罪和生产、销售伪劣产品罪，数罪并罚，判处有期徒刑十年，并处罚金人民币四十万元；被告人刘凡金犯生产、销售有毒、有害食品罪和生产、销售伪劣产品罪，数罪并罚，判处有期徒刑七年，并处罚金人民币三十万元；被告人王波犯生产、销售有毒、有害食品罪和生产、销售伪劣产品罪，数罪并罚，判处有期徒刑七年，并处罚金人民币三十万元。

一审宣判后，柳立国、鲁军、李树军、柳立海、于双迎、刘凡金、王波提出上诉。

浙江省高级人民法院二审认为，柳立国利用餐厨废弃油加工劣质食用油脂，销往粮油食品经营户，并致劣质油脂流入食堂、居民家庭等，供人食用，其行为已构成生产、销售有毒、有害食品罪。柳立国还明知下家购买其用餐厨废弃油加工的劣质油脂冒充合格豆油等，仍予以生产、销售，流入饲料、药品加工等企业，其行为又构成生产、销售伪劣产品罪，应予二罪并罚。柳立国生产、销售有毒、有害食品的犯罪行为持续时间长，波及范围广，严重危害食品安全，严重危及人民群众的身体健康，情节特别严重，应依法严惩。鲁军、李树军、柳立海、于双迎、刘凡金、王波明知柳立国利用餐厨废弃油加工劣质油脂并予销售，仍积极参与，其行为分别构成生产、销售有毒、有害食品罪和生产、销售伪劣产品罪，亦应并罚。在共同犯罪中，柳立国起主要作用，系主犯；鲁军、李树军、柳立海、于双迎、刘凡金、王波起次要或辅助作用，系从犯，原审均予减轻处罚。原判定罪和适用法律正确，量刑适当；审判程序合法。2013 年 6 月 4 日，浙江省高级人民法院二审裁定驳回上诉，维持原判。

检例第 13 号

徐孝伦等人生产、销售有害食品案

关键词 生产、销售有害食品罪

要旨

在食品加工过程中，使用有毒、有害的非食品原料加工食品并出售的，应当认定为生产、销售有毒、有害食品罪；明知是他人使用有毒、有害的非食品原料加工出的食品仍然购买并出售的，应当认定为销售有毒、有害食品罪。

相关立法

《中华人民共和国刑法》第一百四十四条、第一百四十一条第一款。

基本案情

被告人徐孝伦，男，贵州省人，1969 年出生，经商。

被告人贾昌容，女，贵州省人，1966 年出生，经商。

被告人徐体斌，男，贵州省人，1986 年出生，经商。

被告人叶建勇，男，贵州省人，1980 年出生，经商。

被告人杨玉美，女，安徽省人，1971 年出生，经商。

2010 年 3 月起，被告人徐孝伦、贾昌容在瑞安市鲍田前北村育英街 12 号的加工点内使用工业松香加热的方式对生猪头进行脱毛，并将加工后的猪头分离出猪头肉、猪耳朵、猪舌头、肥肉等销售给当地菜市场内的熟食店，销售金额达 61 万余元。被告人徐体斌、叶建勇、杨玉美明知徐孝伦所销售的猪头系用工业松香加工脱毛仍予以购买，并做成熟食在其经营的熟食店进行销售，其中徐体斌的销售金额为 3.4 万元，叶建勇和杨玉美的销售金额均为 2.5 万余元。2012 年 8 月 8 日，徐孝伦、贾昌容、徐体斌在瑞安市的加工点内被公安机关及瑞安市动物卫生监督所当场抓获，并现场扣押猪头（已分割）50 个，猪耳朵、猪头肉等600公斤，松香10公斤及销售单。经鉴定，被扣押的松香系工业松香，属食品添加剂外的化学物质，内含重金属铅，经反复高温使用后，铅等重金属含量升高，长期食用工业松香脱毛的禽畜类肉可能会对人体造成伤害。案发后徐体斌协助公安机关抓获两名犯罪嫌疑人。

诉讼过程

2012年8月8日，徐孝伦、贾昌容因涉嫌生产、销售有毒、有害食品罪被刑事拘留，9月15日被逮捕。2012年8月8日，徐体斌因涉嫌生产、销售有毒、有害食品罪被刑事拘留，8月13日被取保候审，2013年3月12日被逮捕。2012年9月27日，叶建勇、杨玉美因涉嫌生产、销售有毒、有害食品罪被取保候审，2013年3月12日被逮捕。

该案由浙江省瑞安市公安局侦查终结后，移送瑞安市人民检察院审查起诉。瑞安市人民检察院经审查认为，被告人徐孝伦、贾昌容在生产、销售的食品中掺有有害物质，被告人徐体斌、叶建勇、杨玉美销售明知掺有有害物质的食品，其中被告人徐孝伦、贾昌容有其他特别严重情节，其行为均已触犯《中华人民共和国刑法》第一百四十四条之规定，犯罪事实清楚、证据确实充分，应当以生产、销售有害食品罪追究被告人徐孝伦、贾昌容的刑事责任；以销售有害食品罪追究被告人徐体斌、叶建勇、杨玉美的刑事责任。被告人徐孝伦、贾昌容、徐体斌、叶建勇、杨玉美归案后均能如实供述自己的罪行，依法可以从轻处罚。2013年3月1日，瑞安市人民检察院以被告人徐孝伦、贾昌容犯生产、销售有害食品罪，被告人徐体斌、叶建勇、杨玉美犯销售有害食品罪向瑞安市人民法院提起公诉。

2013年5月22日，瑞安市人民法院一审认为，被告人徐孝伦、贾昌容在生产、销售的食品中掺入有害物质，有其他特别严重情节，其行为均已触犯刑法，构成生产、销售有害食品罪；徐体斌、叶建勇、杨玉美销售明知掺有有害物质的食品，其行为均已触犯刑法，构成销售有害食品罪。被告人徐孝伦、贾昌容共同经营猪头加工厂，生产、销售猪头，系共同犯罪。在共同犯罪中，被告人徐孝伦起主要作用，系主犯；被告人贾昌容起次要作用，系从犯，依法减轻处罚。被告人贾昌容、徐体斌、叶建勇归案后均能如实供述自己的罪行，依法从轻处罚。被告人徐体斌有立功表现，依法从轻处罚。依照刑法和司法解释有关规定，判决被告人徐孝伦犯生产、销售有害食品罪，判处有期徒刑十年六个月，并处罚金人民币一百二十五万元；被告人贾昌容犯生产、销售有害食品罪，判处有期徒刑六年，并处罚金人民币六十万元；被告人徐体斌犯销售有害食品罪，判处有期徒刑一年六个月，并处罚金人民币七万元；被告人叶建勇犯销售有害食品罪，判处有期徒刑一年六个月，并处罚金人民币五万元；被告人杨玉美犯销售有害食品罪，判处有期徒刑一年六个月，并处罚金人民币五万元。

一审宣判后，徐孝伦、贾昌容、杨玉美提出上诉。

2013 年 6 月 21 日，浙江省温州市中级人民法院二审裁定驳回上诉，维持原判。

检例第 14 号

孙建亮等人生产、销售有毒、有害食品案

关键词 生产、销售有毒、有害食品罪 共犯

要旨

明知盐酸克伦特罗（俗称“瘦肉精”）是国家禁止在饲料和动物饮用水中使用的药品，而用以养殖供人食用的动物并出售的，应当认定为生产、销售有毒、有害食品罪。明知盐酸克伦特罗是国家禁止在饲料和动物饮用水中使用的药品，而买卖和代买盐酸克伦特罗片，供他人用以养殖供人食用的动物的，应当认定为生产、销售有毒、有害食品罪的共犯。

相关立法

《中华人民共和国刑法》第一百四十四条。

基本案情

被告人孙建亮，男，天津市人，1958 年出生，农民。

被告人陈林，男，天津市人，1964 年出生，农民。

被告人郝云旺，男，天津市人，1973 年出生，农民。

被告人唐连庆，男，天津市人，1946 年出生，农民。

被告人唐民，男，天津市人，1971 年出生，农民。

2011 年 5 月，被告人陈林、郝云旺、唐连庆、唐民明知盐酸克伦特罗（俗称“瘦肉精”）属于国家禁止在饲料和动物饮用水中使用的药品而进行买卖，郝云旺从唐连庆、唐民处购买三箱盐酸克伦特罗片（每箱 100 袋，每袋 1000 片），后陈林从郝云旺处为自己购买一箱该药品，同时帮助被告人孙建亮购买一箱该药品。孙建亮在自己的养殖场内，使用陈林从郝云旺处购买的盐酸克伦特罗片喂养肉牛。2011 年 12 月 3 日，孙建亮将喂养过盐酸克伦特罗片的 9 头肉牛出售，被天津市宝坻区动物卫生监督所查获。经检测，其中 4 头肉牛尿液样品中所含盐酸克伦特罗超过国家规定标准。郝云旺、唐连庆、唐民主动到公安机关投案。

诉讼过程

2011年12月14日，孙建亮因涉嫌生产、销售有毒、有害食品罪被刑事拘留，2012年1月9日被取保候审，10月25日被逮捕。2011年12月21日，陈林因涉嫌生产、销售有毒、有害食品罪被刑事拘留，2012年1月9日被取保候审，10月25日被逮捕。2011年12月20日，郝云旺因涉嫌生产、销售有毒、有害食品罪被取保候审，2012年10月25日被逮捕。2011年12月28日，唐连庆、唐民因涉嫌生产、销售有毒、有害食品罪被取保候审。

该案由天津市公安局宝坻分局侦查终结后，移送天津市宝坻区人民检察院审查起诉。天津市宝坻区人民检察院经审查认为，被告人孙建亮使用违禁药品盐酸克伦特罗饲养肉牛并将使用该药品饲养的肉牛出售，被告人陈林、郝云旺、唐连庆、唐民明知盐酸克伦特罗是禁止用于饲养供人食用的动物的药品而进行买卖，其行为均触犯了《中华人民共和国刑法》第一百四十四条之规定，应当以生产、销售有毒、有害食品罪追究刑事责任。2012年8月15日，天津市宝坻区人民检察院以被告人孙建亮、陈林、郝云旺、唐连庆、唐民犯生产、销售有毒、有害食品罪向宝坻区人民法院提起公诉。

2012年10月29日，宝坻区人民法院一审认为，被告人孙建亮使用违禁药品盐酸克伦特罗饲养肉牛并将肉牛出售，其行为已构成生产、销售有毒、有害食品罪；被告人陈林、郝云旺、唐连庆、唐民明知盐酸克伦特罗是禁止用于饲养供人食用的动物药品而代购或卖给他人，供他人用于饲养供人食用的肉牛，属于共同犯罪，应依法以生产、销售有毒、有害食品罪予以处罚。在共同犯罪中，孙建亮起主要作用，系主犯；被告人陈林、郝云旺、唐连庆、唐民起次要作用，系从犯，依法应当从轻处罚。被告人郝云旺、唐连庆、唐民在案发后主动到公安机关投案，并如实供述犯罪事实，属自首，依法可以从轻处罚。被告人孙建亮、陈林到案后如实供述犯罪事实，属坦白，依法可以从轻处罚。依照刑法相关条款规定，判决如下：被告人孙建亮犯生产、销售有毒、有害食品罪，判处有期徒刑二年，并处罚金人民币七万五千元；被告人陈林犯生产、销售有毒、有害食品罪，判处有期徒刑一年，并处罚金人民币二万元；被告人郝云旺犯生产、销售有毒、有害食品罪，判处有期徒刑一年，并处罚金人民币二万元；被告人唐连庆犯生产、销售有毒、有害食品罪，判处有期徒刑六个月，缓刑一年，并处罚金人民币五千元；被告人唐民犯生产、销售有毒、有害食品罪，判处有期徒刑六个月，缓刑一年，并处罚金人民币五千元。

一审宣判后，郝云旺提出上诉。

2012年12月12日，天津市第一中级人民法院二审裁定驳回上诉，维持原判。

检例第 15 号

胡林贵等人生产、销售有毒、有害食品，行贿；骆梅等人销售伪劣产品；朱伟全等人生产、销售伪劣产品；黎达文等人受贿，食品监管渎职案

关键词 生产、销售有毒、有害食品罪 生产、销售伪劣产品罪 食品监管渎职罪 受贿罪 行贿罪

要旨

实施生产、销售有毒、有害食品犯罪，为逃避查处向负有食品安全监管职责的国家工作人员行贿的，应当以生产、销售有毒、有害食品罪和行贿罪实行数罪并罚。

负有食品安全监督管理职责的国家机关工作人员，滥用职权，向生产、销售有毒、有害食品的犯罪分子通风报信，帮助逃避处罚的，应当认定为食品监管渎职罪；在渎职过程中受贿的，应当以食品监管渎职罪和受贿罪实行数罪并罚。

相关立法

《中华人民共和国刑法》第一百四十四条 第一百四十条 第四百零八条之一 第三百八十五条 第三百八十九条

基本案情

被告人胡林贵，男，1968 年出生，重庆市人，原系广东省东莞市渝湘腊味食品有限公司股东。

被告人刘康清，男，1964 年出生，重庆市人，原系广东省东莞市渝湘腊味食品有限公司股东。

被告人叶在均，男，1954 年出生，重庆市人，原系广东省东莞市渝湘腊味食品有限公司股东。

被告人刘国富，男，1976 年出生，重庆市人，原系广东省东莞市渝湘腊味食品有限公司股东。

被告人张永富，男，1969 年出生，重庆市人，原系广东省东莞市渝湘腊味食品有限公司股东。

被告人叶世科，男，1979 年出生，重庆市人，原系广东省东莞市渝湘腊味食品有限公司驾驶员。

被告人骆梅，女，1977 年出生，重庆市人，原系广东省东莞市大岭山镇信立农产品批发市场销售人员。

被告人刘康素，女，1971 年出生，重庆市人，原系广东省东莞市中堂镇江南农产品批发市场销售人员。

被告人朱伟全，男，1958 年出生，广东省人，无业。

被告人曾伟中，男，1971 年出生，广东省人，无业。

被告人黎达文，男，1973 年出生，广东省人，原系广东省东莞市中堂镇人民政府经济贸易办公室（简称经贸办）副主任、中堂镇食品药品监督站站长，兼任中堂镇食品安全委员会（简称食安委）副主任及办公室主任。

被告人王伟昌，男，1965 年出生，广东省人，原系广东省东莞市中堂中心屠场稽查队队长。

被告人陈伟基，男，1982 年出生，广东省人，原系广东省东莞市中堂中心屠场稽查队队员。

被告人余忠东，男，1963 年出生，湖南省人，原系广东省东莞市江南市场经营管理有限公司仓储加工管理部主管。

（一）被告人胡林贵、刘康清、叶在均、刘国富、张永富等人于 2011 年 6 月以每人出资 2 万元，在未取得工商营业执照和卫生许可证的情况下，在东莞市中堂镇江南农产品批发市场租赁加工区建立加工厂，利用病、死、残猪猪肉为原料，加入亚硝酸钠、工业用盐等调料，生产腊肠、腊肉。并将生产出来的腊肠、腊肉运至该市农产品批发市场固定铺位进行销售，平均每天销售约 500 公斤。该工厂主要由胡林贵负责采购病、死、残猪猪肉，刘康清负责销售，刘国富等人负责加工生产，张永富、叶在均等人负责打杂及协作，该加工厂还聘请了被告人叶世科等人负责运输，聘请了骆梅、刘康素等人负责销售上述加工厂生产出的腊肠、腊肉，其中骆梅于 2011 年 8 月初开始受聘担任销售，刘康素于 2011 年 9 月初开始受聘担任销售。

2011 年 10 月 17 日，经群众举报，执法部门查处了该加工厂，当场缴获腊肠 500 公斤、腊肉 500 公斤、未检验的腊肉半成品 2 吨、工业用盐 24 包（每包 50 公斤）、“敌百虫” 8 支、亚硝酸钠 11 支等物品；10 月 25 日，公安机关在农产品批发市场固定铺位缴获胡林贵等人存放的半成品猪肉 7980 公斤，经广东省质量监督检测中心抽样检测，该半成品含敌百虫等有害物质严重超标。

（二）自 2010 年 12 月至 2011 年 6 月份期间，被告人朱伟全、曾伟中等人收购病、死、残猪后私自屠宰，每月运行 20 天，并将每天生产出的约 500 公斤猪肉销售给被告人胡林贵、刘康清等人。后曾伟中退出经营，朱伟全等人于

2011 年 9 月份开始至案发期间，继续每天向胡林贵等人合伙经营的腊肉加工厂出售病、死、残猪猪肉约 500 公斤。

（三）被告人黎达文于 2008 年起先后兼任中堂镇产品质量和食品安全工作领导小组成员、经贸办副主任、中堂食安委副主任兼办公室主任、食品药品监督站站长，负责对中堂镇全镇食品安全的监督管理，包括中堂镇内食品安全综合协调职能和依法组织各执法部门查处食品安全方面的举报等工作。被告人余忠东于 2005 年起在东莞市江南市场经营管理有限公司任仓储加工管理部的主管。

2010 年至 2011 年期间，黎达文在组织执法人员查处江南农产品批发市场的无证照腊肉、腊肠加工窝点过程中，收受被告人刘康清、胡林贵、余忠东等人贿款共十一次，每次 5000 元，合计 55000 元，其中胡林贵参与行贿十一次，计 55000 元，刘康清参与行贿十次，计 50000 元，余忠东参与行贿六次，计 30000 元。

被告人黎达文在收受被告人刘康清、胡林贵、余忠东等人的贿款之后，滥用食品安全监督管理的职权，多次在组织执法人员检查江南农产品批发市场之前打电话通知余忠东或胡林贵，让胡林贵等人做好准备，把加工场内的病、死、残猪猪肉等生产原料和腊肉、腊肠藏好，逃避查处，导致胡林贵等人在一年多时间内持续非法利用病、死、残猪猪肉生产“敌百虫”和亚硝酸盐成分严重超标的腊肠、腊肉，销往东莞市及周边城市的食堂和餐馆。

被告人王伟昌自 2007 年起任中堂中心屠场稽查队队长，被告人陈伟基自 2009 年 2 月起任中堂中心屠场稽查队队员，二人负责中堂镇内私宰猪肉的稽查工作。2009 年 7 月至 2011 年 10 月间，王伟昌、陈伟基在执法过程中收受刘康清、刘国富等人贿款，其中王伟昌、陈伟基共同收受贿款 13100 元，王伟昌单独受贿 3000 元。

王伟昌、陈伟基受贿后，滥用食品安全监督管理的职权，多次在带队稽查过程中，明知刘康清和刘国富等人非法销售死猪猪肉、排骨而不履行查处职责，王伟昌还多次在参与中堂镇食安委组织的联合执法行动前打电话给刘康清通风报信，让刘康清等人逃避查处。

诉讼过程

2011 年 10 月 22 日，胡林贵、刘康清因涉嫌生产、销售有毒、有害食品罪被刑事拘留，11 月 24 日被逮捕；10 月 23 日，叶在均、刘国富、张永富、叶世科、骆梅、刘康素因涉嫌生产、销售有毒、有害食品罪被刑事拘留，11 月 24 日被逮捕；10 月 28 日，朱伟全、曾伟中因涉嫌生产、销售有毒、有害食品罪被刑事拘留，11 月 24 日被逮捕。2012 年 3 月 6 日，黎达文因涉嫌受贿罪被刑事拘留，3 月 20 日被逮捕。2012 年 4 月 26 日，王伟昌、陈伟基因涉嫌受贿罪被刑事拘留，5月10日被逮捕。2012年3月6日，余忠东因涉嫌受贿罪被刑事拘留，3月20日被逮捕。

被告人胡林贵、刘康清、叶在均、刘国富、张永富、叶世科、骆梅、刘康素、曾伟中、朱伟全涉嫌生产、销售有毒、有害食品罪一案，由广东省东莞市公安局侦查终结，移送东莞市第一市区人民检察院审查起诉。被告人黎达文、王伟昌、陈伟基涉嫌受贿、食品监管渎职罪，被告人胡林贵、刘康清、余忠东涉嫌行贿罪一案，由东莞市人民检察院侦查终结，移送东莞市第一市区人民检察院审查起诉。因上述两个案件系关联案件，东莞市第一市区人民检察院决定并案审查。东莞市第一市区人民检察院经审查认为，被告人胡林贵、刘康清、叶在均、刘国富、张永富、叶世科无视国法，在生产、销售的食品中掺入有毒、有害的非食品原料，胡林贵、刘康清还为谋取不正当利益，多次向被告人黎达文、王伟昌、陈伟基等人行贿，胡林贵、刘康清的行为均已触犯了《中华人民共和国刑法》第一百四十四条、第三百八十九条第一款之规定，被告人叶在均、刘国富、张永富、叶世科的行为均已触犯了《中华人民共和国刑法》第一百四十四条之规定；被告人骆梅、刘康素在销售中以不合格产品冒充合格产品，其中骆梅销售的金额五十万元以上，刘康素销售的金额二十万元以上，二人的行为均已触犯了《中华人民共和国刑法》第一百四十条之规定；被告人朱伟全、曾伟中在生产、销售中以不合格产品冒充合格产品，生产、销售金额五十万元以上，二人的行为均已触犯了《中华人民共和国刑法》第一百四十条之规定；被告人黎达文、王伟昌、陈伟基身为国家机关工作人员，利用职务之便，多次收受贿款，同时黎达文、王伟昌、陈伟基身为负有食品安全监督管理职责的国家机关工作人员，滥用职权为刘康清等人谋取非法利益，造成恶劣社会影响，三人的行为已分别触犯了《中华人民共和国刑法》第三百八十五条第一款、第四百零八条之一之规定；被告人余忠东为谋取不正当利益，多次向被告人黎达文、王伟昌、陈伟基等人行贿，其行为已触犯《中华人民共和国刑法》第三百八十九条第一款之规定。2012年5月29日，东莞市第一市区人民检察院以被告人胡林贵、刘康清犯生产、销售有毒、有害食品罪、行贿罪，叶在均、刘国富、张永富、叶世科犯生产、销售有毒、有害食品罪，骆梅、刘康素犯销售伪劣产品罪，朱伟全、曾伟中犯生产、销售伪劣产品罪，黎达文、王伟昌、陈伟基犯受贿罪、食品监管渎职罪，余忠东犯行贿罪，向东莞市第一人民法院提起公诉。

2012年7月9日，东莞市第一人民法院一审认为，被告人胡林贵、刘康清、叶在均、刘国富、张永富、叶世科无视国法，在生产、销售的食品中掺入有毒、有害的非食品原料，其行为已构成生产、销售有毒、有害食品罪，且属情节严重；被告人骆梅、刘康素作为产品销售者，以不合格产品冒充合格产品，其中被告人骆梅销售金额为五十万元以上不满二百万元，被告人刘康素销售金额为二十万元以上不满五十万元，其二人的行为已构成销售伪劣产品罪；被告人朱伟全、曾伟中在生产、销售中以不合格产品冒充合格产品，涉案金额五十万元以上不满二百万元，其二人的行为已构成生产、销售伪劣产品罪；被告人黎达文身为国家工作人员，被告人王伟昌、陈伟基身为受国家机关委托从事公务的人员，均利用职务之便，多次收受贿款，同时，被告人黎达文、王伟昌、陈伟基还违背所负的食品安全监督管理职责，滥用职权为刘康清等人谋取非法利益，造成严重后果，被告人黎达文、王伟昌、陈伟基的行为已构成受贿罪、食品监管渎职罪；被告人胡林贵、刘康清、余忠东为谋取不正当利益，多次向黎达文、王伟昌、陈伟基等人行贿，其三人的行为均已构成行贿罪。对上述被告人的犯罪行为，依法均应惩处，对被告人胡林贵、刘康清、黎达文、王伟昌、陈伟基依法予以数罪并罚。被告人刘康清系累犯，依法应从重处罚；刘康清在被追诉前主动交代其行贿行为，依法可以从轻处罚；刘康清还举报了胡林贵向黎达文行贿5000元的事实，并经查证属实，是立功，依法可以从轻处罚。被告人黎达文、王伟昌、陈伟基归案后已向侦查机关退出全部赃款，对其从轻处罚。被告人胡林贵、刘康清、张永富、叶世科、余忠东归案后如实供述犯罪事实，认罪态度较好，均可从轻处罚；被告人黎达文在法庭上认罪态度较好，可酌情从轻处罚。依照刑法相关条款规定，判决：

（一）被告人胡林贵犯生产、销售有毒、有害食品罪和行贿罪，数罪并罚，判处有期徒刑九年九个月，并处罚金人民币十万元。被告人刘康清犯生产、销售有毒、有害食品罪和行贿罪，数罪并罚，判处有期徒刑九年，并处罚金人民币九万元。被告人叶在均、刘国富、张永富、叶世科犯生产、销售有毒、有害食品罪，分别判处有期徒刑八年六个月并处罚金人民币十万元、有期徒刑八年六个月并处罚金人民币十万元、有期徒刑八年三个月并处罚金人民币十万元、有期徒刑七年九个月并处罚金人民币五万元。被告人骆梅、刘康素犯销售伪劣产品罪，分别判处有期徒刑七年六个月并处罚金人民币三万元、有期徒刑六年并处罚金人民币二万元。

（二）被告人朱伟全、曾伟中犯生产、销售伪劣产品罪，分别判处有期徒刑八年并处罚金人民币七万元、有期徒刑七年六个月并处罚金人民币六万元。

（三）被告人黎达文犯受贿罪和食品监管渎职罪，数罪并罚，判处有期徒刑七年六个月，并处没收个人财产人民币一万元。被告人王伟昌犯受贿罪和食品监管渎职罪，数罪并罚，判处有期徒刑三年三个月。被告人陈伟基犯受贿罪和食品监管渎职罪，数罪并罚，判处有期徒刑二年六个月。被告人余忠东犯行贿罪，判处有期徒刑十个月。

一审宣判后，被告人胡林贵、刘康清、叶在均、刘国富、张永富、叶世科、骆梅、刘康素、曾伟中、黎达文、王伟昌、陈伟基提出上诉。

2012年8月21日，广东省东莞市中级人民法院二审裁定驳回上诉，维持原判。

检例第16号

赛跃、韩成武受贿、食品监管渎职案

关键词 受贿罪 食品监管渎职罪

要旨

负有食品安全监督管理职责的国家机关工作人员，滥用职权或玩忽职守，导致发生重大食品安全事故或者造成其他严重后果的，应当认定为食品监管渎职罪。在渎职过程中受贿的，应当以食品监管渎职罪和受贿罪实行数罪并罚。

相关立法

《中华人民共和国刑法》第三百八十五条 第四百零八条之一

基本案情

被告人赛跃，男，云南省人，1965年出生，原系云南省嵩明县质量技术监督局（以下简称嵩明县质监局）局长。

被告人韩成武，男，云南省人，1963年出生，原系云南省嵩明县质监局副局长。

2011年9月17日，根据群众举报称云南丰瑞粮油工业产业有限公司（位于云南省嵩明县杨林工业园区，以下简称杨林丰瑞公司）违法生产地沟油，时任嵩明县质监局局长、副局长的赛跃、韩成武等人到杨林丰瑞公司现场检查，查获该公司无生产许可证，其生产区域配套的食用油加工设备以“调试设备”之名在生产，现场有生产用原料毛猪油2244.912吨，其中有的外包装无标签标识等，不符合食品安全标准。9月21日，被告人赛跃、韩成武没有计量核实毛猪油数量、来源，仅凭该公司人员陈述500吨，而对毛猪油591.4吨及生产用活性土30吨、无证生产的菜油100吨进行封存。同年10月22日，韩成武以“杨林丰瑞公司采购的原料共59.143吨不符合食品安全标准”建议立案查处，赛跃同意立案，并召开案审会经集体讨论，决定对杨林丰瑞公司给予行政处罚。10月24日，嵩明县质监局作出对杨林丰瑞公司给予销毁不符合安全标准的原材料和罚款1419432元的行政处罚告知，并将行政处罚告知书送达该公司。之后，该公司申请从轻、减轻处罚。同年12月9日，赛跃、韩成武以企业配合调查及经济困难为由，未经集体讨论，决定减轻对杨林丰瑞公司的行政处罚，嵩明县质监局于12月12日作出行政处罚决定书，对杨林丰瑞公司作出销毁不符合食品安全标准的原料和罚款20万元的处罚，并下达责令改正通知书，责令杨林丰瑞公司于2011年12月27日前改正“采购的原料毛猪油不符合食品安全标准”的违法行为。12月13日，嵩明县质监局解除了对毛猪油、活性土、菜油的封存，实际并未销毁该批原料。致使杨林丰瑞公司在2011年11月至2012年3月期间，使用已查获的原料无证生产食用猪油并流入社会，对人民群众的生命健康造成较大隐患。

2011年10月至11月间，被告人赛跃、韩成武在查处该案的过程中，先后两次在办公室收受该公司吴庆伟（另案处理）分别送给的人民币10万元、3万元。

2012年3月13日，公安机关以该公司涉嫌生产、销售有毒、有害食品罪立案侦查。3月20日，赛跃和韩成武得知该情况后，更改相关文书材料、销毁原始行政处罚文书、伪造质监局分析协调会、案审会记录及杨林丰瑞公司毛猪油原材料的销毁材料，将所收受的13万受贿款作为对杨林丰瑞公司的罚款存入罚没账户。

诉讼过程

2012年5月4日，赛跃、韩成武因涉嫌徇私舞弊不移交刑事案件罪、受贿罪被云南省嵩明县人民检察院立案侦查，韩成武于5月7日被刑事拘留，赛跃于5月8日被刑事拘留，5月21日二人被逮捕。

该案由云南省嵩明县人民检察院反渎职侵权局侦查终结后，移送该院公诉部门审查起诉。云南省嵩明县人民检察院经审查认为，被告人赛跃、韩成武作为负有食品安全监督管理职责的国家机关工作人员，未认真履行职责，失职、渎职造成大量的问题猪油流向市场，后果特别严重；同时二被告人利用职务上的便利，非法收受他人贿赂，为他人谋取利益，二被告人之行为已触犯《中华人民共和国刑法》第四百零八条之一、第三百八十五条第一款之规定，应当以食品监管渎职罪、受贿罪追究其刑事责任。2012年9月5日，云南省嵩明县人民检察院以被告人赛跃、韩成武犯食品监管渎职罪、受贿罪向云南省嵩明县人民法院提起公诉。

2012年11月26日，云南省嵩明县人民法院一审认为，被告人赛跃、韩成武作为国家工作人员，利用职务上的便利，非法收受他人财物，为他人谋取利益，其行为已构成受贿罪；被告人赛跃、韩成武作为质监局工作人员，在查办杨林丰瑞公司无生产许可证生产有毒、有害食品案件中玩忽职守、滥用职权，致使查获的不符合食品安全标准的原料用于生产，有毒、有害油脂流入社会，造成严重后果，其行为还构成食品监管渎职罪。鉴于杨林丰瑞公司被公安机关查处后，赛跃、韩成武向领导如实汇报受贿事实，且将受贿款以“罚款”上交，属自首，可从轻、减轻处罚。依照刑法相关条款之规定，判决被告人赛跃犯受贿罪和食品监管渎职罪，数罪并罚，判处有期徒刑六年；韩成武犯受贿罪和食品监管渎职罪，数罪并罚，判处有期徒刑二年六个月。

一审宣判后，赛跃、韩成武提出上诉。

2013 年 4 月 20 日，云南省昆明市中级人民法院二审裁定驳回上诉，维持原判。

《最高人民检察院第四批指导性案例》理解与指导

韩耀元　王文利　王广聪*

2014年2月20日，最高人民检察院发布了第四批指导性案例，这批案例以惩治危害食品安全犯罪为专题，包括五个案例：柳立国等人生产、销售有毒、有害食品，生产、销售伪劣产品案；徐孝伦等人生产、销售有害食品案；孙建亮等人生产、销售有毒、有害食品案；胡林贵等人生产、销售有毒、有害食品，行贿，骆梅、刘康素销售伪劣产品，朱伟全、曾伟中生产、销售伪劣产品，黎达文等人受贿、食品监管渎职案；赛跃、韩成武受贿、食品监管渎职案。为了深入理解和准确参照适用第四批指导性案例，现对该批案例的推选过程、具体法律适用以及对检察机关正确办理危害食品安全犯罪案件的指导作用等问题予以说明。

一、第四批指导性案例的推选过程及意义

食品安全与人民群众身体健康和生命安全息息相关，近年来重大恶性食品安全犯罪案件屡屡发生，食品安全已经成为人民群众最为关心的问题。为了更好地保证食品安全，对现行食品安全制度加以补充、完善，2009年2月28日，第十一届全国人大常委会第7次会议通过了食品安全法。之后，为与食品安全法有关规定相衔接，同时根据近年来食品安全违法犯罪方面出现的新情况，为适应打击犯罪的需要，2011年2月25日，第十一届全国人大常委会第19次会议通过了《刑法修正案（八）》，对刑法第一百四十三条生产、销售不符合安全标准的食品罪和第一百四十四条生产、销售有毒、有害食品罪作了修改完善，增设了第四百零八条之一食品监管渎职罪。为准确适用法律，严惩危害食品安全犯罪，2013年5月4日，最高人民法院、最高人民检察院出台了《关于办理危害食品安全刑事案件适用法律若干问题的解释》（以下简称《食品安全解释》），对生产、销售不符合安全标准的食品罪，生产、销售有毒、有害食品罪等危害食品安全犯罪的定罪量刑标准作出了明确规定：

为加强对检察机关办理危害食品安全犯罪案件及相关职务犯罪案件的业务指导，依法从严惩治危害食品安全犯罪及其背后的职务犯罪，根据《最高人

* 作者单位：最高人民检察院法律政策研究室。

民检察院关于案例指导工作的规定》，最高人民检察院有关部门启动了惩治危害食品安全犯罪指导性案例选编工作，经认真筛选并征求意见后，由最高人民检察院案例指导工作委员会和最高人民检察院检察委员会审议通过，于2014年2月20日正式发布了该批指导性案例。

这五个案例主要涉及惩治生产、销售有毒、有害食品罪等犯罪以及食品监管渎职罪等职务犯罪，适用法律正确，定罪准确，量刑适当，社会效果良好。发布这一批指导性案例，一是指导检察机关正确办理危害食品安全犯罪及相关职务犯罪案件，为检察机关正确履行批捕、起诉，职务犯罪侦查和刑事诉讼监督等职能提供指导和参考。二是有力震慑犯罪分子，指导性案例体现了从严打击危害食品安全犯罪行为的精神，也体现了在打击危害食品安全犯罪的同时注重惩办其背后的食品监管渎职、受贿等职务犯罪的工作要求。三是发挥宣传、教育作用。向社会及时公布这一批指导性案例，有助于广大民众知晓刑法关于危害食品安全犯罪的规定、认识危害食品安全犯罪的具体手段和形式、认清其危害性，有助于发挥刑法对于此类犯罪的特殊预防和一般预防作用，在全社会形成支持惩治和预防危害食品安全犯罪的良好氛围。

二、第四批指导性案例的指导价值

（一）柳立国等人生产、销售有毒、有害食品，生产、销售伪劣产品案（检例第12号）

本案例是全国特大地沟油犯罪案件，涉案范围广，上、下游犯罪关系复杂，犯罪金额特别巨大，危害后果特别严重。本案例的要旨在于：明知对方是食用油经销者，仍将用餐厨废弃油（俗称“地沟油”）加工而成的劣质油脂销售给对方，导致劣质油脂流入食用油市场供人食用的，构成生产、销售有毒、有害食品罪；明知油脂经销者向饲料生产企业和药品生产企业等单位销售豆油等食用油，仍将用餐厨废弃油加工而成的劣质油脂销售给对方，导致劣质油脂流向饲料生产企业和药品生产企业等单位的，构成生产、销售伪劣产品罪。检察机关在适用中应当注意：

1. 准确认定生产、销售有毒、有害食品罪的主观方面。刑法第一百四十四条规定的生产、销售有毒、有害食品罪属于故意犯罪，构成本罪要求其主观方面具有生产、销售有毒、有害食品的故意，即行为人明知是有毒、有害食品而进行生产、销售。以地沟油加工劣质油脂，可以用于脂肪酸产品、金属加工等合法工业用途，但决不能用作食用油。根据2012年1月9日《最高人民法院、最高人民检察院、公安部关于依法严惩“地沟油”犯罪活动的通知》，对于利用地沟油生产“食用油”以及明知是利用地沟油生产的“食用油”而予以销售的，应当以生产、销售有毒、有害食品罪追究刑事责任。本案例中，柳立国等人如果将地沟油提炼后合法供工业用途，则不构成犯罪。但是柳立国等人明知他人将其使用地沟油加工的劣质油脂冒充食用油进行销售，而仍然进行生产、销售，表明柳立国等人具有生产、销售有毒、有害食品的明知，希望或者放任生产、销售有毒、有害食品犯罪的发生。同样道理，刑法第一百四十条规定的生产、销售伪劣产品犯罪属于故意犯罪，构成本罪要求其主观方面具有生产、销售伪劣产品的故意，即行为人明知是伪劣产品而进行生产、销售。柳立国等人明知下游厂商将其用地沟油加工而成的劣质油脂直接或者经勾兑后，冒充豆油等油脂以假充真销售给饲料生产企业和药品生产企业等单位，仍予生产、销售，表明柳立国等人具有生产、销售伪劣产品的明知，希望或者放任生产、销售伪劣产品犯罪的发生。

2. 准确适用危害食品安全犯罪相关罪名。认定和适用某一具体罪名，是以行为人犯罪行为是否符合某一犯罪的全部构成要件为前提的。本案例中，柳立国等人以地沟油加工劣质油脂进行生产、销售的行为可以分为两类情形：一类是柳立国等人将用地沟油加工而成的劣质油脂销售给食用油经销者，导致劣质油脂流入食用油市场供人食用，其行为侵害了食品安全，主观上具有生产、销售有毒、有害食品的故意，客观上实施了生产、销售有毒、有害食品的行为，符合生产、销售有毒、有害食品罪的构成要件，应当认定为生产、销售有毒、有害食品罪。另一类是柳立国等人将用地沟油加工而成的劣质油脂销售给下游厂商，由其直接或者经勾兑后，冒充豆油等油脂以假充真销售给饲料生产企业和药品生产企业等单位，其行为破坏了社会主义市场经济秩序、侵害了消费者的合法权益，主观上具有生产、销售伪劣产品的故意，客观上实施了生产、销售伪劣产品的行为，符合生产、销售伪劣产品罪的构成要件，应当认定为生产、销售伪劣产品罪。因此，柳立国等人用地沟油加工而成的劣质油脂的生产、销售行为，分别侵犯了不同客体，应当根据具体犯罪构成要件，分别适用生产、销售有毒、有害食品罪和生产、销售伪劣产品罪。

检察机关办理此类案件时，还应注意：一是提出从严适用刑罚的量刑建议。本案例中，柳立国等人的行为最终导致金额为926万余元的劣质油脂流向食用油市场供人食用，金额为9065万余元的劣质油脂流入非食用油加工市场。犯罪金额特别巨大，危害后果特别严重，理应从严惩处。柳立国犯生产、销售有毒、有害食品罪，被判处无期徒刑，剥夺政治权利终身，并处没收个人全部财产；犯生产、销售伪劣产品罪，被判处无期徒刑，剥夺政治权利终身，并处没收个人全部财产，决定执行无期徒刑，剥夺政治权利终身，并处没收个人全部财产，体现了从严适用刑罚的精神。检察机关在对危害食品安全犯罪案件起诉时，要注意提出从严量刑的建议，以贯彻严惩危害食品安全犯罪的刑事政策。

二是综合全案准确认定犯罪构成要件，特别是认定犯罪人的主观明知、核实客观的犯罪数额。本案例中多名犯罪分子形成了一个较为稳定的犯罪团伙，成员之间分工明确，生产、销售等各个环节相互配合又相对独立，上、下游犯罪关系复杂，取证特别是证实犯罪行为的主观故意要求高。在办案过程中，检察机关通过突破上、下游环节，获取证据，证实被告人具有生产、销售有毒、有害食品的明知。危害食品安全犯罪持续性、链条性特点，给取证特别是查清生产、销售全部金额带来障碍，对此，检察机关在审查证据时结合具体案情，注意生产、销售犯罪行为实施的时间、过程，注重审查主客观证据以认定被告人的犯罪数额。

（二）徐孝伦等人生产、销售有害食品案（检例第13号）

在食品加工过程中，直接使用有毒、有害的非食品原料加工食品是日常、多发的犯罪现象，本案例中犯罪分子使用工业松香这一食品添加剂外的化学物质生产、销售食品具有典型性。本案例的要旨在于：在食品加工过程中，使用有毒、有害的非食品原料加工食品并出售的，应当认定为生产、销售有毒、有害食品罪；明知是他人使用有毒、有害的非食品原料加工出的食品仍然购买并出售的，应当认定为销售有毒、有害食品罪。检察机关在适用中应当注意：

1. 对于在食品加工过程中，使用有毒、有害的非食品原料加工食品的行为，应认定为刑法第一百四十四条生产、销售有毒、有害食品罪。刑法第一百四十四条规定了在生产、销售的食品中掺入有毒、有害的非食品原料的行为方式。但在实践中，一些犯罪分子不是在生产、加工环节将有毒、有害的非食品原料“掺入”到食品中，而是使用有毒、有害的非食品原料对食品进行外部加工，表面上似乎只是在食品外面使用，没有在食品中“掺入”有毒、有害的非食品原料，不属于刑法第一百四十四条规定的“在生产、销售的食品中掺入有毒、有害的非食品原料的”情形。这种使用有毒、有害的非食品原料加工食品的方式，虽与典型的“掺入”方式有区别，但仍不可避免地使加工的食品沾染、残留有毒、有害的非食品原料，其危害性并不比“掺入”小，被人食用后同样会危害人体健康，对此《食品安全解释》第九条明确将使用有毒、有害的非食品原料加工食品，依照刑法第一百四十四条的规定以生产、销售有毒、有害食品罪定罪处罚。这样规定符合刑法对食品安全严格标准的立法精神，体现了对人民群众生命健康高度负责态度，有助于警示食品加工者不要采用有毒、有害的非食品原料加工食品的方式，从而转向采用健康卫生的食品加工方式，进而实现食品安全。徐孝伦、贾昌容使用工业松香这一食品添加剂外的化学物质对生猪头进行脱毛，构成生产、销售有害食品罪，徐体斌、叶建勇、杨玉美销售明知使用有害物质加工的食品，构成销售有害食品罪。

2. 提出对危害食品安全犯罪分子判处财产刑的量刑建议，注重对其经济上的处罚。徐孝伦销售金额达61万余元，最终被法院判处有期徒刑十年六个月，并处罚金人民币125万元。徐体斌销售金额为3.4万元，有立功表现的情况下，被判处有期徒刑一年六个月，并处罚金人民币7万元，叶建勇和杨玉美的销售金额均为2.5万余元，被判处有期徒刑一年六个月，并处罚金人民币5万元。危害食品安全犯罪多为以牟利为目的的常业犯，贪利性强，且一些违法犯罪分子往往屡教不改、一犯再犯，因此应当注重从经济上剥夺犯罪分子再犯能力。检察机关在办理危害食品安全犯罪时，应把建议对被告人判处财产刑作为向法院提出量刑建议的重要内容，对于需要判处罚金的，要严格按照《食品安全解释》的规定，提出一般按照生产、销售数额两倍以上判处罚金的量刑建议，加大对危害食品安全犯罪分子的经济处罚力度，从经济上剥夺犯罪分子再犯能力和条件。

（三）孙建亮等人生产、销售有毒、有害食品案（检例第14号）

危害食品安全犯罪往往涉及加工、销售、运输、储存等多个环节，具有持续性、链条性特点，共同犯罪成为常态。既要准确认定主犯行为，也要合理界定共犯范围。本案例的要旨在于：明知盐酸克伦特罗（俗称“瘦肉精”）是国家禁止在饲料和动物饮用水中使用的药品，而用以养殖供人食用的动物并出售的，应当认定为生产、销售有毒、有害食品罪；明知盐酸克伦特罗是国家禁止在饲料和动物饮用水中使用的药品，而买卖和代买盐酸克伦特罗片，供他人用以养殖供人食用的动物的，应当认定为生产、销售有毒、有害食品罪的共犯。检察机关在适用中应当注意：

1. 使用盐酸克伦特罗喂养肉牛构成生产、销售有毒、有害食品罪。盐酸克伦特罗严重危害人体生命健康。食用含有盐酸克伦特罗的肉会对身体产生危害，常见的有恶心、头晕、四肢无力、手颤等中毒症状，特别对心脏病、高血压患者危害更大，长期食用则可能导致染色体基变，诱发恶性肿瘤。2002年2月9日，国家有关部门发布《禁止在饲料和动物饮用水中使用的药物品种目录》，将盐酸克伦特罗列为禁止在饲料和动物饮用水中使用的药物之一。2002年8月16日公布的《最高人民法院、最高人民检察院关于办理非法生产、销售、使用禁止在饲料和动物饮用水中使用的药品等刑事案件具体应用法律若干问题的解释》第三条规定：“使用盐酸克伦特罗等禁止在饲料和动物饮用水中使用的药品或者含有该类药品的饲料养殖供人食用的动物，或者销售明知是使用该类药品或者含有该类药品的饲料养殖的供人食用的动物的，依照刑法第一百四十四条的规定，以生产、销售有毒、有害食品罪追究刑事责任。”孙建亮明知盐酸克伦特罗是国家禁止在饲料和动物饮用水中使用的药品，而用以饲养肉牛并出售的，应当认定为生产、销售有毒、有害食品罪。除了使用盐酸克伦特罗养殖的供人食用的动物以外，截止到2013年，根据国家有关部门公告的《禁止在饲料和动物饮用水中使用的药物品种目录》（农业部公告第176号）、《禁止在饲料和动物饮用水中使用的物质》（农业部公告第1519号），还确定其他禁止在饲料和动物饮用水中使用的药品、物质共50种，对于使用上述禁止的药品、物质用于养殖供人食用的动物的，同样应以生产、销售有毒、有害食品罪追究其刑事责任。

2. 明知盐酸克伦特罗是国家禁止在饲料和动物饮用水中使用的药品，而买卖和代买盐酸克伦特罗片，供他人用以养殖供人食用的动物的，应当认定为生产、销售有毒、有害食品罪的共犯。本案例中，陈林、郝云旺、唐连庆、唐民均为贩牛户或养牛户，明知盐酸克伦特罗是国家禁止在饲料和动物饮用水中使用的药品，而买卖和代买盐酸克伦特罗片，供他人用以养殖供人食用的肉牛，主观上明知他人实施生产、销售有毒、有害食品犯罪，客观上为他人生产、销售有毒、有害食品犯罪提供帮助，应当认定为生产、销售有毒、有害食品罪的共犯。据此检察机关以被告人孙建亮、陈林、郝云旺、唐连庆、唐民犯生产、销售有毒、有害食品罪向人民法院提起公诉，人民法院作出了判决。《食品安全解释》第十四条规定：“明知他人生产、销售不符合食品安全标准的食品，有毒、有害食品，具有下列情形之一的，以生产、销售不符合安全标准的食品罪或者生产、销售有毒、有害食品罪的共犯论处：（一）提供资金、贷款、账号、发票、证明、许可证件的；（二）提供生产、经营场所或者运输、贮存、保管、邮寄、网络销售渠道等便利条件的；（三）提供生产技术或者食品原料、食品添加剂、食品相关产品的；（四）提供广告等宣传的。”危害食品安全犯罪往往涉及加工、销售、运输、储存等多个环节，检察机关在办理此类案件时，应注重对相关上下游犯罪环节的深挖，应当准确认定、依法严惩共同犯罪，力求除恶务尽。

（四）胡林贵等人生产、销售有毒、有害食品，行贿；骆梅、刘康素销售伪劣产品；朱伟全、曾伟中生产、销售伪劣产品；黎达文等人受贿，食品监管渎职案（检例第15号）

本案例涉及生产、销售有毒、有害食品罪与行贿罪并罚，受贿罪与食品监管渎职罪并罚，生产、销售伪劣产品罪罪名适用等问题。本案例的要旨在于：实施生产、销售有毒、有害食品犯罪，为逃避查处向负有食品安全监管职责的国家工作人员行贿的，应当以生产、销售有毒、有害食品罪和行贿罪实行数罪并罚。负有食品安全监督管理职责的国家机关工作人员，滥用职权，向生产、销售有毒、有害食品的犯罪分子通风报信，帮助逃避处罚的，应当认定为食品监管渎职罪；在渎职过程中受贿的，应当以食品监管渎职罪和受贿罪实行数罪并罚。检察机关在适用中应当注意：

1. 实施生产、销售有毒、有害食品犯罪，为逃避查处向负有食品安全监管职责的国家工作人员行贿的，应当以生产、销售有毒、有害食品罪和行贿罪实行数罪并罚。有的犯罪分子在实施生产、销售有毒、有害食品犯罪过程中，为了逃避检查，蒙混过关，达到其长期非法牟利的目的，往往通过向负有食品安全监管职责的国家机关工作人员行贿，以换取该国家机关工作人员对生产有毒、有害食品行为不去查处，甚至予以包庇、纵容。本案例中，胡林贵等人在用病死猪肉中添加有毒、有害原料非法生产腊肠、腊肉过程中，多次向黎达文等人行贿，黎达文等人受贿后，多次向胡林贵等人通风报信，帮助其逃避查处。胡林贵等人在生产、销售的食品中掺入有毒、有害的非食品原料，构成生产、销售有毒、有害食品罪，同时胡林贵等人向被告人黎达文、王伟昌、陈伟基等人行贿，构成行贿罪，依法应予以数罪并罚。检察机关在办理危害食品安全犯罪过程中，应注意查处与生产、销售有毒、有害食品犯罪相关的犯罪行为，如本案例中胡林贵等人为谋取不正当利益而进行的行贿犯罪。

2. 负有食品安全监督管理职责的国家机关工作人员，滥用职权或玩忽职守，导致发生重大食品安全事故或者其他严重后果的，应当认定为食品监管渎职罪；在渎职过程中受贿的，应当以食品监管渎职罪和受贿罪实行数罪并罚。黎达文身为国家工作人员，利用职务之便，多次收受贿款，同时，黎达文违背所担负的食品安全监督管理职责，滥用职权为行贿人谋取非法利益，造成有毒、有害食品长期流入市场的严重后果，黎达文的行为已构成受贿罪、食品监管渎职罪，应予数罪并罚。王伟昌、陈伟基系中堂中心屠场稽查队队长、队员，二人所在单位受中堂镇政府委托负责中堂镇内私宰猪肉的稽查工作，根据《全国人民代表大会常务委员会关于〈中华人民共和国刑法〉第九章渎职罪主体适用问题的解释》，二人属于受国家机关委托从事公务。王伟昌、陈伟基二人在代表国家机关行使职权时，收受贿赂，并滥用食品安全监督管理的职权，多次在带队稽查过程中，明知存在生产、销售有毒、有害食品的事实，不履行查处职责，王伟昌还多次通风报信，让犯罪分子逃避查处，符合受贿罪和食品监管渎职罪的犯罪构成要件，亦应予以数罪并罚。

3. 生产、销售不符合食品安全标准的食品，同时构成生产、销售伪劣产品等其他犯罪的，依照处罚较重的规定定罪处罚。刑法第一百四十九条第一款规定了生产、销售不符合安全标准的食品罪、生产、销售有毒、有害食品罪与生产、销售伪劣产品罪竞合情况下择一重处罚的原则。本案例中，朱伟全、曾伟中二人生产、销售病死猪肉，金额在50万元以上，同时构成刑法第一百四十三条销售不符合安全标准的食品罪和刑法第一百四十条生产、销售伪劣产品罪，如果按销售不符合安全标准的食品罪定罪，则应在刑法第一百四十三条规定的第二档法定刑“三年以上七年以下有期徒刑”幅度内量刑，如果按生产、销售伪劣产品罪定罪，根据其犯罪数额，则应在刑法第一百四十条规定的第三档法定刑“七年以上有期徒刑”幅度内量刑。检察机关以朱伟全、曾伟中涉嫌生产、销售伪劣产品罪起诉，人民法院以朱伟全、曾伟中犯生产、销售伪劣产品罪分别判处有期徒刑八年、七年六个月。《食品安全解释》第十三条进一步明确：“生产、销售不符合安全标准的食品，有毒、有害食品，符合刑法第一百四十三条、第一百四十四条规定的，以生产、销售不符合安全标准的食品罪或者生产、销售有毒、有害食品罪定罪处罚。同时构成其他犯罪的，依照处罚较重的规定定罪处罚。”

（五）赛跃、韩成武受贿、食品监管渎职案（检例第16号）

本案例是检察机关查处食品安全犯罪背后渎职犯罪的典型案件。本案例的要旨在于：负有食品安全监督管理职责的国家机关工作人员，滥用职权或玩忽职守，导致发生重大食品安全事故或者造成其他严重后果的，应当认定为食品监管渎职罪。在渎职过程中受贿的，应当以食品监管渎职罪和受贿罪实行数罪并罚。检察机关在适用中应当注意：

1. 准确适用食品监管渎职罪。明确对于负有食品安全监督管理职责的国家机关工作人员，滥用职权或玩忽职守，导致发生重大食品安全事故或者造成其他严重后果的，应当认定为食品监管渎职罪。

一是准确认定食品监管“渎职”行为。质量技术监督局当时负责生产环节食品安全监督管理职责，赛跃、韩成武二人作为质量技术监督局的领导，负有监督本行政区内食品生产企业生产符合安全标准食品的职责，同时对生产不符合安全标准食品的行为进行查处。赛跃、韩成武到杨林丰瑞公司现场检查，查获该公司无生产许可证，其生产区域的食用油加工设备以“调试设备”之名在生产，现场有生产用原料毛猪油2000多吨，其中有的外包装无标签标识等，不符合食品安全标准。对此，赛跃、韩成武本应全面核实其来源、数量，对于不符合食品安全标准的原材料予以全面封存，并立案，同时在作出行政处罚后，应予监督强制企业销毁不符合安全标准的食品原材料，有效防止用不符合安全标准的原材料生产食品流入市场，但二人没有计量核实毛猪油数量、来源，仅凭该公司人员陈述500吨，而对毛猪油591.4吨及生产用活性土30吨、无证生产的菜油100吨进行封存，且仅对其中59.143吨立案查处，在作出行政处罚后也不执行销毁不符合安全标准的原材料的行政处罚，致使不符合安全标准的原材料仍然被用于生产食用猪油并流入市场，存在玩忽职守的渎职行为。赛跃、韩成武二人未经集体讨论，违反程序，擅自决定减轻对杨林丰瑞公司的行政处罚，存在滥用职权的行为。

二是正确把握食品监管渎职“造成其他严重后果”。食品监管渎职罪是结果犯，要求行为人的渎职行为导致发生重大食品安全事故或者造成其他严重后果。赛跃、韩成武在查处杨林丰瑞公司过程中，违背监管职责，没有依法查处食品生产中的违法犯罪行为，客观上纵容了犯罪分子，且在解除了对毛猪油、活性土、菜油的封存后，实际并未监督销毁该批原料，致使该公司在 2011 年 11 月至 2012 年 3 月期间，仍然使用已查获不符合安全标准的原料生产成食用猪油并流入市场，持续对人民群众的生命健康造成较大隐患，应当认定为“造成其他严重后果”。

2. 对食品监管渎职罪和受贿罪的处理。赛跃、韩成武作为负有食品安全监督管理职责的国家机关工作人员，滥用职权、玩忽职守，造成其他严重后果，应当认定为食品监管渎职罪。二人在负责查处相关公司违法生产不符合安全标准的食品案件中，还收受当事公司贿赂，违法决定减轻对当事公司的处罚，符合受贿罪构成要件。在渎职过程中受贿的，应当以食品监管渎职罪和受贿罪实行数罪并罚。赛跃、韩成武同时构成食品监管渎职罪和受贿罪，食品监管渎职罪与受贿罪具有独立关系的牵连犯，是实质的数罪，应当数罪并罚。与检例第 15 号中黎达文等人的处罚原则一致。

最高人民检察院关于印发第五批指导性案例的通知

（2014年9月10日公布　高检发研字〔2014〕4号）

检例第17号

陈邓昌抢劫、盗窃，付志强盗窃案

关键词　第二审程序刑事抗诉　入户抢劫　盗窃罪　补充起诉

要旨

1. 对于入户盗窃，因被发现而当场使用暴力或者以暴力相威胁的行为，应当认定为“入户抢劫”。

2. 在人民法院宣告判决前，人民检察院发现被告人有遗漏的罪行可以一并起诉和审理的，可以补充起诉。

3. 人民检察院认为同级人民法院第一审判决重罪轻判，适用刑罚明显不当的，应当提出抗诉。

相关立法

《中华人民共和国刑法》第二百六十三条、第二百六十四条、第二百六十九条、第二十五条、第六十九条，《中华人民共和国刑事诉讼法》第二百一十七条、第二百二十五条第一款第二项。

基本案情

被告人陈邓昌，男，贵州省人，1989年出生，无业。

被告人付志强，男，贵州省人，1981年出生，农民。

一、抢劫罪

2012年2月18日15时，被告人陈邓昌携带螺丝刀等作案工具来到广东省佛山市禅城区澜石石头后二村田边街10巷1号的一间出租屋，撬门进入房间盗走现金人民币100元，后在客厅遇到被害人陈南妲，陈邓昌拿起铁锤威胁不让其喊叫，并逃离现场。

二、盗窃罪

1. 2012年2月23日，被告人付志强携带作案工具来到广东省佛山市高明区荷城街道井溢村398号302房间，撬门进入房间内盗走现金人民币300元。

2. 2012年2月25日，被告人付志强、陈邓昌密谋后携带作案工具到佛山市高明区荷城街道井溢村287号502出租屋，撬锁进入房间盗走一台华硕笔记本电脑（价值人民币2905元）。后二人以1300元的价格销赃。

3. 2012年2月28日，被告人付志强携带作案工具来到佛山市高明区荷城街道井溢村243号402房间，撬锁进入房间后盗走现金人民币1500元。

4. 2012年3月3日，被告人付志强、陈邓昌密谋后携带六角匙等作案工具到佛山市高明区荷城街道官当村34号401房，撬锁进入房间后盗走现金人民币700元。

5. 2012年3月28日，被告人陈邓昌、叶其元、韦圣伦（后二人另案处理，均已判刑）密谋后携带作案工具来到佛山市禅城区跃进路31号501房间，叶其元负责望风，陈邓昌、韦圣伦二人撬锁进入房间后盗走联想一体化电脑一台（价值人民币3928元）、尼康P300数码相机一台（价值人民币1813元）及600元现金人民币。后在逃离现场的过程中被人发现，陈邓昌等人将一体化电脑丢弃。

6. 2012年4月3日，被告人付志强携带作案工具来到佛山市高明区荷城街道岗头冯村283号301房间，撬锁进入房间后盗走现金人民币7000元。

7. 2012年4月13日，被告人陈邓昌、叶其元、韦圣伦密谋后携带作案工具来到佛山市禅城区石湾凤凰路隔田坊63号5座303房间，叶其元负责望风，陈邓昌、韦圣伦二人撬锁进入房间后盗走现金人民币6000元、港币900元以及一台诺基亚N86手机（价值人民币608元）。

诉讼过程

2012年4月6日，付志强因涉嫌盗窃罪被广东省佛山市公安局高明分局刑事拘留，同年5月9日被逮捕。2012年5月29日，陈邓昌因涉嫌盗窃罪被佛山市公安局高明分局刑事拘留，同年7月2日被逮捕。2012年7月6日，佛山市公安局高明分局以犯罪嫌疑人付志强、陈邓昌涉嫌盗窃罪向佛山市高明区人民检察院移送审查起诉。2012年7月23日，高明区人民检察院以被告人付志强、陈邓昌犯盗窃罪向佛山市高明区人民法院提起公诉。

一审期间，高明区人民检察院经进一步审查，发现被告人陈邓昌有三起遗漏犯罪事实。2012年9月24日，高明区人民检察院依法补充起诉被告人陈邓昌入室盗窃转化为抢劫的犯罪事实一起和陈邓昌伙同叶其元、韦圣伦共同盗窃的犯罪事实二起。

2012年11月14日，佛山市高明区人民法院一审认为，检察机关指控被告人陈邓昌犯抢劫罪、盗窃罪，被告人付志强犯盗窃罪的犯罪事实清楚，证据确实充分，罪名成立。被告人陈邓昌在入户盗窃后被发现，为抗拒抓捕而当场使用凶器相威胁，其行为符合转化型抢劫的构成要件，应以抢劫罪定罪处罚，但不应认定为“入户抢劫”。理由是陈邓昌入户并不以实施抢劫为犯罪目的，而是在户内临时起意以暴力相威胁，且未造成被害人任何损伤，依法判决：被告人陈邓昌犯抢劫罪，处有期徒刑三年九个月，并处罚金人民币四千元；犯盗窃罪，处有期徒刑一年九个月，并处罚金人民币二千元；决定执行有期徒刑五年，并处罚金人民币六千元。被告人付志强犯盗窃罪，处有期徒刑二年，并处罚金人民币二千元。

2012年11月19日，佛山市高明区人民检察院认为一审判决适用法律错误，造成量刑不当，依法向佛山市中级人民法院提出抗诉。2013年3月21日，佛山市中级人民法院二审判决采纳了抗诉意见，撤销原判对原审被告人陈邓昌抢劫罪量刑部分及决定合并执行部分，依法予以改判。

抗诉理由

一审宣判后，佛山市高明区人民检察院审查认为一审判决未认定被告人陈邓昌的行为属于“入户抢劫”，属于适用法律错误，且造成量刑不当，应予纠正，遂依法向佛山市中级人民法院提出抗诉；佛山市人民检察院支持抗诉。抗诉和支持抗诉理由是：

1. 原判决对“入户抢劫”的理解存在偏差。原判决以“暴力行为虽然发生在户内，但是其不以实施抢劫为目的，而是在户内临时起意并以暴力相威胁，且未造成被害人任何损害”为由，未认定被告人陈邓昌所犯抢劫罪具有“入户”情节。根据2005年7月《最高人民法院关于审理抢劫、抢夺刑事案件适用法律若干问题的意见》关于认定“入户抢劫”的规定，“入户”必须以实施抢劫等犯罪为目的。但是，这里“目的”的非法性不是以抢劫罪为限，还应当包括盗窃等其他犯罪。

2. 原判决适用法律错误。2000年11月《最高人民法院关于审理抢劫案件具体应用法律若干问题的解释》（以下简称《解释》）第一条第二款规定，“对于入户盗窃，因被发现而当场使用暴力或者以暴力相威胁的行为，应当认定为入户抢劫。”依据刑法和《解释》的有关规定，本案中，被告人陈邓昌入室盗窃被发现后当场使用暴力相威胁的行为，应当认定为“入户抢劫”。

3. 原判决适用法律错误，导致量刑不当。“户”对一般公民而言属于最安全的地方。“入户抢劫”不仅严重侵犯公民的财产所有权，更是危及公民的人身安全。因为被害人处于封闭的场所，通常无法求救，与发生在户外的一般抢劫相比，被害人的身心会受到更为严重的惊吓或者伤害。根据刑法第二百六十三条第一项的规定，“入户抢劫”应当判处十年以上有期徒刑、无期徒刑或者死刑，并处罚金或者没收财产。原判决对陈邓昌抢劫罪判处三年九个月有期徒刑，属于适用法律错误，导致量刑不当。

终审判决

广东省佛山市中级人民法院二审认为，一审判决认定原审被告人陈邓昌犯抢劫罪，原审被告人陈邓昌、付志强犯盗窃罪的事实清楚，证据确实、充分。陈邓昌入户盗窃后，被被害人当场发现，意图抗拒抓捕，当场使用暴力威胁被害人不许其喊叫，然后逃离案发现场，依法应当认定为“入户抢劫”。原判决未认定陈邓昌所犯的抢劫罪具有“入户”情节，系适用法律错误，应当予以纠正。检察机关抗诉意见成立，予以采纳。据此，依法判决：撤销一审判决对陈邓昌抢劫罪量刑部分及决定合并执行部分；判决陈邓昌犯抢劫罪，处有期徒刑十年，并处罚金人民币一万元，犯盗窃罪，处有期徒刑一年九个月，并处罚金二千元，决定执行有期徒刑十一年，并处罚金一万二千元。

检例第18号

郭明先参加黑社会性质组织、故意杀人、故意伤害案

关键词 第二审程序刑事抗诉 故意杀人 罪行极其严重 死刑立即执行

要旨

死刑依法只适用于罪行极其严重的犯罪分子。对故意杀人、故意伤害、绑架、爆炸等涉黑、涉恐、涉暴刑事案件中罪行极其严重，严重危害国家安全和公共安全、严重危害公民生命权，或者严重危害社会秩序的被告人，依法应当判处死刑，人民法院未判处死刑的，人民检察院应当依法提出抗诉。

相关立法

《中华人民共和国刑法》第二百三十二条、第二百三十四条、第二百九十四条，《中华人民共和国刑事诉讼法》第二百一十七条、第二百二十五条第一款第二项。

基本案情

被告人郭明先，男，四川省人，1972年出生，无业。1997年9月因犯盗窃罪被判有期徒刑五年六个月，2001年12月刑满释放。

2003年5月7日，李泽荣（另案处理，已判刑）等人在四川省三台县“经典歌城”唱歌结账时与该歌城老板何春发生纠纷，被告人郭明先受李泽荣

一方纠集，伙同李泽荣、王成鹏、王国军（另案处理，均已判刑）打砸“经典歌城”，郭明先持刀砍人，致何春重伤、顾客吴启斌轻伤。

2008 年 1 月 1 日，闵思金（另案处理，已判刑）与王元军在四川省三台县里程乡岩崖坪发生交通事故，双方因闵思金摩托车受损赔偿问题发生争执。王元军电话通知被害人兰金、李西秀等人，闵思金电话召集郭明先及闵思勇、陈强（另案处理，均已判刑）等人。闵思勇与其朋友代安全、兰在伟先到现场，因代安全、兰在伟与争执双方均认识，即进行劝解，事情已基本平息。后郭明先、陈强等人亦分别骑摩托车赶至现场。闵思金向郭明先指认兰金后，郭明先持菜刀欲砍兰金，被路过并劝架的被害人蓝继宇（殁年 26 岁）阻拦，郭明先遂持菜刀猛砍蓝继宇头部，致蓝继宇严重颅脑损伤死亡。兰金、李西秀等见状，持木棒击打郭明先，郭明先持菜刀乱砍，致兰金重伤，致李西秀轻伤。后郭明先搭乘闵思勇所驾摩托车逃跑。

2008 年 5 月，郭明先负案潜逃期间，应同案被告人李进（犯组织、领导黑社会性质组织罪、故意伤害罪等，被判处有期徒刑十四年）的邀约，到四川省绵阳市安县参加了同案被告人王术华（犯组织、领导黑社会性质组织罪、故意伤害罪等罪名，被判处有期徒刑二十年）组织、领导的黑社会性质组织，充当打手。因王术华对胡建不满，让李进安排人教训胡建及其手下。2009 年 5 月 17 日，李进见胡建两名手下范平、张选辉在安县花荄镇姜记烧烤店吃烧烤，便打电话叫来郭明先。经指认，郭明先蒙面持菜刀砍击范平、张选辉，致该二人轻伤。

诉讼过程

2009 年 7 月 28 日，郭明先因涉嫌故意伤害罪被四川省绵阳市安县公安局刑事拘留，同年 8 月 18 日被逮捕，经查犯罪嫌疑人郭明先还涉嫌王术华等人黑社会性质组织系列犯罪案件。四川省绵阳市安县公安局侦查终结后，移送四川省绵阳市安县人民检察院审查起诉。该院受理后，于 2010 年 1 月 3 日报送四川省绵阳市人民检察院审查起诉。2010 年 7 月 19 日，四川省绵阳市人民检察院对王术华等人参与的黑社会性质组织系列犯罪案件向绵阳市中级人民法院提起公诉，其中指控该案被告人郭明先犯参加黑社会性质组织罪、故意伤害罪和故意杀人罪。

2010 年 12 月 17 日，绵阳市中级人民法院一审认为，被告人郭明先 1997 年因犯盗窃罪被判处有期徒刑，2001 年 12 月 26 日刑满释放后，又于 2003 年故意伤害他人，2008 年故意杀人、参加黑社会性质组织，均应判处有期徒刑以上刑罚，系累犯，应当从重处罚。依法判决：被告人郭明先犯参加黑社会性质组织罪，处有期徒刑两年；犯故意杀人罪，处死刑，缓期二年执行，剥夺政治权利终身；犯故意伤害罪，判处有期徒刑五年；数罪并罚，决定执行死刑，缓期二年执行，剥夺政治权利终身。

2010 年 12 月 30 日，四川省绵阳市人民检察院认为一审判决对被告人郭明先量刑畸轻，依法向四川省高级人民法院提出抗诉。2012 年 4 月 16 日，四川省高级人民法院二审判决采纳抗诉意见，改判郭明先死刑立即执行。2012 年 10 月 26 日，最高人民法院裁定核准四川省高级人民法院对被告人郭明先的死刑判决。2012 年 11 月 22 日，被告人郭明先被执行死刑。

抗诉理由

一审宣判后，四川省绵阳市人民检察院经审查认为原审判决对被告人郭明先量刑畸轻，依法向四川省高级人民法院提出抗诉；四川省人民检察院支持抗诉。抗诉和支持抗诉理由是：一审判处被告人郭明先死刑，缓期二年执行，量刑畸轻。郭明先 1997 年因犯盗窃罪被判有期徒刑五年六个月，2001 年 12 月刑满释放后，不思悔改，继续犯罪。于 2003 年 5 月 7 日，伙同他人打砸三台县“经典歌城”，并持刀行凶致一人重伤，一人轻伤，其行为构成故意伤害罪。负案潜逃期间，于 2008 年 1 月 1 日在三台县里程乡岩崖坪持刀行凶，致一人死亡，一人重伤，一人轻伤，其行为构成故意杀人罪和故意伤害罪。此后，又积极参加黑社会性质组织，充当他人打手，并于 2009 年 5 月 17 日受该组织安排，蒙面持刀行凶，致两人轻伤，其行为构成参加黑社会性质组织罪和故意伤害罪。根据本案事实和证据，被告人郭明先的罪行极其严重、犯罪手段残忍、犯罪后果严重，主观恶性极大，根据罪责刑相适应原则，应当依法判处其死刑立即执行。

终审结果

四川省高级人民法院二审认为，本案事实清楚，证据确实、充分，原审被告人郭明先犯参加黑社会性质组织罪、故意杀人罪、故意伤害罪，系累犯，主观恶性极深，依法应当从重处罚。检察机关认为“原判对郭明先量刑畸轻”的抗诉理由成立。据此，依法撤销一审判决关于原审被告人郭明先量刑部分，改判郭明先犯参加黑社会性质组织罪，处有期徒刑两年；犯故意杀人罪，处死刑；犯故意伤害罪，处有期徒刑五年；数罪并罚，决定执行死刑，并剥夺政治权利终身。经报最高人民法院核准，已被执行死刑。

检例第 19 号

张某、沈某某等七人抢劫案

关键词 第二审程序刑事抗诉 未成年人与成年人共同犯罪 分案起诉 累犯

要旨

1. 办理未成年人与成年人共同犯罪案件，一般应当将未成年人与成年人分案起诉，但对于未成年人系犯罪集团的组织者或者其他共同犯罪中的主犯，或者具有其他不宜分案起诉情形的，可以不分案起诉。

2. 办理未成年人与成年人共同犯罪案件，应当根据未成年人在共同犯罪中的地位、作用，综合考量未成年人实施犯罪行为的动机和目的、犯罪时的年龄、是否属于初犯、偶犯、犯罪后的悔罪表现、个人成长经历和一贯表现等因素，依法从轻或者减轻处罚。

3. 未成年人犯罪不构成累犯。

相关立法

《中华人民共和国刑法》第二百六十三条、第二十五条、第二十六条、第六十一条、第六十五条、第七十七条，《中华人民共和国刑事诉讼法》第二百一十七条、第二百二十五条第一款第二项。

基本案情

被告人沈某某，男，1995 年 1 月出生。2010 年 3 月因抢劫罪被判拘役六个月，缓刑六个月，并处罚金五百元。

被告人胡某某，男，1995 年 4 月出生。

被告人许某，男，1993 年 1 月出生。2008 年 6 月因抢劫罪被判有期徒刑六个月，并处罚金五百元；2010 年 1 月因犯盗窃罪被判有期徒刑七个月，并处罚金一千四百元。

另四名被告人张某、吕某、蒋某、杨某，均为成年人。

被告人张某为牟利，介绍沈某某、胡某某、吕某、蒋某认识，教唆他们以暴力方式劫取助力车，并提供砍刀等犯罪工具，事后负责联系销赃分赃。2010 年 3 月，被告人沈某某、胡某某、吕某、蒋某经被告人张某召集，并伙同被告人许某、杨某等人，经预谋，相互结伙，持砍刀、断线钳、撬棍等作案工具，在上海市内公共场所抢劫助力车。其中，被告人张某、沈某某、胡某某参与抢劫四次；被告人吕某、蒋某参与抢劫三次；被告人许某参与抢劫二次；被告人杨某参与抢劫一次。具体如下：

1. 2010年3月4日11时许，沈某某、胡某某、吕某、蒋某随身携带砍刀，至上海市长寿路699号国美电器商场门口，由吕、沈撬窃停放在该处的一辆黑色本凌牌助力车，当被害人甲制止时，沈、胡、蒋拿出砍刀威胁，沈砍击被害人致其轻伤。后吕、沈等人因撬锁不成，砸坏该车外壳后逃离现场。经鉴定，该助力车价值人民币1930元。

2. 2010年3月4日12时许，沈某某、胡某某、吕某、蒋某随身携带砍刀，结伙至上海市老沪太路万荣路路口的临时菜场门口，由胡、吕撬窃停放在该处的一辆白色南方雅马哈牌助力车，当被害人乙制止时，沈、蒋等人拿出砍刀威胁，沈砍击被害人致其轻微伤，后吕等人撬开锁将车开走。经鉴定，该助力车价值人民币2058元。

3. 2010年3月11日14时许，沈某某、胡某某、吕某、蒋某、许某随身携带砍刀，结伙至上海市胶州路669号东方典当行门口，由沈撬窃停放在该处的一辆黑色宝雕牌助力车，当被害人丙制止时，胡、蒋、沈拿出砍刀将被害人逼退到东方典当行店内，许则在一旁接应，吕上前帮助撬开车锁后由胡将车开走。经鉴定，该助力车价值人民币2660元。

4. 2010年3月18日14时许，沈某某、胡某某、许某、杨某及王某（男，13岁）随身携带砍刀，结伙至上海市上大路沪太路路口地铁七号线出口处的停车点，由胡持砍刀威胁该停车点的看车人员，杨在旁接应，沈、许等人则当场劫得助力车三辆。其中被害人丁的一辆黑色珠峰牌助力车，经鉴定，该助力车价值人民币2090元。

诉讼过程

2010年3、4月，张某、吕某、蒋某、杨某以及三名未成年人沈某某、胡某某、许某因涉嫌抢劫罪先后被刑事拘留、逮捕。2010年6月21日，上海市公安局静安分局侦查终结，以犯罪嫌疑人张某、沈某某、胡某某、吕某、蒋某、许某、杨某等七人涉嫌抢劫罪向静安区人民检察院移送审查起诉。静安区人民检察院经审查认为，本案虽系未成年人与成年人共同犯罪案件，但鉴于本案多名未成年人系共同犯罪中的主犯，不宜分案起诉。2010年9月25日，静安区人民检察院以上述七名被告人犯抢劫罪依法向静安区人民法院提起公诉。

2010年12月15日，静安区人民法院一审认为，七名被告人行为均构成抢劫罪，其中许某系累犯。依法判决：（一）对未成年被告人量刑如下：沈某某判处有期徒刑五年六个月，并处罚金人民币五千元，撤销缓刑，决定执行有期徒刑五年六个月，罚金人民币五千元；胡某某判处有期徒刑七年，并处罚金人民币七千元；许某判处有期徒刑五年，并处罚金人民币五千元。（二）对成年被告人量刑如下：张某判处有期徒刑十四年，剥夺政治权利二年，并处罚金人民币一万五千元；吕某判处有期徒刑十二年六个月，剥夺政治权利一年，并处罚金人民币一万二千元；蒋某判处有期徒刑十二年，剥夺政治权利一年，并处罚金人民币一万二千元；杨某判处有期徒刑二年，并处罚金人民币二千元。

2010 年 12 月 30 日，上海市静安区人民检察院认为一审判决适用法律错误，对未成年被告人的量刑不当，遂依法向上海市第二中级人民法院提出抗诉。张某以未参与抢劫，量刑过重为由，提出上诉。2011 年 6 月 16 日，上海市第二中级人民法院二审判决采纳抗诉意见，驳回上诉，撤销原判决对原审被告人沈某某、胡某某、许某抢劫罪量刑部分，依法予以改判。

抗诉理由

一审宣判后，上海市静安区人民检察院审查认为，一审判决对犯罪情节相对较轻的胡某某判处七年有期徒刑量刑失衡，对未成年被告人沈某某、胡某某、许某判处罚金刑未依法从宽处罚，属适用法律错误，量刑不当，遂依法向上海市第二中级人民法院提出抗诉；上海市人民检察院第二分院支持抗诉。抗诉和支持抗诉的理由是：

1. 一审判决量刑失衡，对被告人胡某某量刑偏重。本案中，被告人胡某某、沈某某均参与了四次抢劫犯罪，虽然均系主犯，但是被告人胡某某行为的社会危害性及人身危险性均小于被告人沈某某。从犯罪情节看，沈某某实施抢劫过程中直接用砍刀造成一名被害人轻伤，一名被害人轻微伤；被告人胡某某只有持刀威胁及撬车锁的行为。从犯罪时年龄看，沈某某已满十五周岁，胡某某尚未满十五周岁。从人身危险性看，沈某某因抢劫罪于 2010 年 3 月 4 日被判处拘役六个月，缓刑六个月，缓刑期间又犯新罪；胡某某系初犯。一审判决分别以抢劫罪判胡某某有期徒刑七年、沈某某有期徒刑五年六个月，属于量刑不当。

2. 一审判决适用法律错误，对未成年被告人罚金刑的适用既没有体现依法从宽，也没有体现与成年被告人罚金刑适用的区别。根据最高人民法院《关于适用财产刑若干问题的规定》、《关于审理未成年人刑事案件具体应用法律若干问题的解释》的规定，对未成年人犯罪应当从轻或者减轻判处罚金。一审判决对未成年被告人判处罚金未依法从宽，均是按照同案成年被告人罚金的标准判处五千元以上的罚金，属于适用法律错误。

此外，2010 年 12 月 21 日一审判决认定未成年被告人许某系累犯正确，但审判后刑法有所修改。根据 2011 年 2 月全国人大常委会通过的《中华人民共和国刑法修正案（八）》和 2011 年 5 月最高人民法院《关于〈中华人民共和国刑法修正案（八）时间效力问题的解释〉》的有关规定，被告人许某实施犯罪时不满十八周岁，依法不构成累犯。

终审判决

上海市第二中级人民法院二审认为，原审判决认定抢劫罪事实清楚，定性准确，证据确实、充分。鉴于胡某某在抢劫犯罪中的地位作用略低于沈某某及对未成年犯并处罚金应当从轻或减轻处罚等实际情况，原判对胡某某主刑及对沈某某、胡某某、许某罚金刑的量刑不当，应予纠正。检察机关的抗诉意见正确，应予支持。另依法认定许某不构成累犯。据此，依法判决：撤销一审判决对原审三名未成年被告人沈某某、胡某某、许某的量刑部分；改判沈某某犯抢劫罪，处有期徒刑五年六个月，并处罚金人民币二千元，撤销缓刑，决定执行有期徒刑五年六个月，罚金人民币二千元；胡某某犯抢劫罪，处有期徒刑五年，罚金人民币二千元；许某犯抢劫罪，处有期徒刑四年，罚金人民币一千五百元。

《最高人民检察院第五批指导性案例》理解与指导

韩耀元 李清亮 王 杰*

2014年9月15日，最高人民检察院发布第五批指导性案例。该批指导性案例以检察机关第二审刑事抗诉为主题，包括三个案例：陈邓昌抢劫、盗窃，付志强盗窃案；郭明先参加黑社会性质组织、故意杀人、故意伤害案；张某、沈某某等7人抢劫案。为准确理解和参照适用第五批指导性案例，现就发布该批案例的背景、意义以及对检察机关正确办理刑事抗诉案件的指导作用等问题予以说明。

一、发布第五批指导性案例的背景及意义

刑事抗诉是人民检察院发现或者认为人民法院作出的刑事判决、裁定确有错误，提请人民法院重新审理并予以纠正的诉讼行为。① 修改后刑事诉讼法第二百一十七条规定：地方各级人民检察院认为本级人民法院第一审的判决、裁定确有错误的时候，应当向上一级人民法院提出抗诉。通过抗诉纠正确有错误的判决、裁定，保证法律统一正确实施，是法律赋予人民检察院的重要职责，也是人民检察院履行法律监督职能的重要手段。依法、准确、及时、有效地开展刑事抗诉工作，对于促进刑事审判活动程序合法、裁判公正，准确地惩罚犯罪分子，保护人民群众合法权益，促进社会和谐稳定，维护法制权威具有重要意义。

近年来，各级检察机关充分发挥诉讼监督职能作用，全面加强和改进刑事抗诉工作。2011年至2013年，全国检察机关对认为确有错误的刑事裁判提出抗诉案件数量分别为5346件、6196件、6234件，抗诉案件数量稳步增长；其中法院改判案件数量分别为1678件、2122件、2433件，分别占法院审结刑事抗诉案件数量的43.62%、47.47%、55.48%，反映出检察机关抗诉案件的整体质量不断提高。与此同时，伴随着我国法治建设不断推进，人民群众司法需求不断提高，加强刑事抗诉工作、维护司法公正面临新的更高的要求。为指导和促进地方各级检察院提高刑事抗诉工作水平，确保抗诉案件质量，最高人民

---

* 作者单位：最高人民检察院法律政策研究室。

① 参见朗胜主编：《中华人民共和国刑事诉讼法释义》，法律出版社2012年版，第472页。

检察院有关部门经认真筛选并征求意见后，由最高人民检察院案例指导工作委员会和最高人民检察院检察委员会审议通过，于2014年9月15日正式发布了该批指导性案例。

该批三个指导性案例均为检察机关在第二审程序提出抗诉、人民法院予以改判的案件，检察机关抗诉理由准确，刑事政策把握得当，适用法律正确，社会效果良好。发布这批指导性案例的意义在于：一是有利于树立正确的抗诉理念。通过发布抗诉成功的指导性案例，指导地方各级检察院纠正实践中存在的“重公诉、轻抗诉”、“只抗轻、不抗重”、“重配合、轻监督”等倾向，客观公正、理性平和地办理刑事抗诉案件，进一步提高抗诉效果。二是有利于统一执法标准和尺度。本批三个指导性案例均为检察机关第二审程序抗诉成功的刑事案件，既包括对人民法院适用法律错误、量刑不当提出抗诉，也包括对人民法院应当判处死刑而未判处死刑的判决提出抗诉，通过在编写体例上突出抗诉理由，全面展现检察机关提出抗诉和人民法院采纳抗诉意见情况，进一步明确刑事抗诉条件和标准，保证抗诉案件的质量。三是有利于增强人民群众对实现司法公正的信心。修改后刑事诉讼法第八条规定：人民检察院依法对刑事诉讼实行法律监督。将抗诉成功的刑事案件作为指导性案例，能够充分展现检察机关在刑事诉讼中准确适用法律、依法履行法律监督职能的独特价值，也有利于人民群众更好地认识刑事抗诉工作在准确及时惩罚犯罪、保障无罪的人不受刑事追究、维护司法公正、尊重和保障人权方面具有的重要作用，进一步提高对检察机关法律监督职能和我国司法制度优越性的认同，增强对实现司法公正的信心。

二、第五批指导性案例的指导作用

（一）陈邓昌抢劫、盗窃，付志强盗窃案（检例第17号）

本案例主要涉及转化型“入户抢劫”认定、检察机关在第一审程序中补充起诉以及第二审抗诉条件等问题。本案例的要旨在于：对于入户盗窃，因被发现而当场使用暴力或者以暴力相威胁的行为，应当认定为“入户抢劫”；在人民法院宣告判决前，人民检察院发现被告人有遗漏的罪行可以一并起诉和审理的，可以补充起诉；人民检察院认为同级人民法院第一审判决重罪轻判，适用刑罚明显不当的，应当提出抗诉。检察机关在适用中应当注意：

1. 准确把握转化型“入户抢劫”的认定问题。本案中对于被告人陈邓昌2012年2月18日的盗窃行为属于“入户盗窃”没有争议，争议焦点在于“入户盗窃”在什么条件下能够转化为“入户抢劫”，是否认定“入户抢劫”直接影响对抢劫罪的量刑结果。对此，2000年11月17日最高人民法院《关于审理抢劫案件具体应用法律若干问题的解释》第一条规定，对于入户盗窃，因被发现而当场使用暴力或以暴力相威胁的行为，应当认定为入户抢劫。2005年6月8日最高人民法院《关于审理抢劫、抢夺刑事案件适用法律若干问题的意见》第一条依据前述解释，对于“入户抢劫”中“户”的范围、“入户”目的的非法性、暴力行为发生地点等问题作了进一步细化规定，其中，关于“入户”目的的非法性，明确规定进入他人住所须以实施抢劫等犯罪为目的。这里的“抢劫等”犯罪就意味着不仅限于抢劫罪，还应包括盗窃等其他犯罪。本案中一审判决认定陈邓昌“入户”不以抢劫为目的而是在“户内临时起意并以暴力相威胁”，从而未认定其所犯抢劫罪具有“入户”情节显然错误。经检察机关抗诉，二审判决予以改判，认定陈邓昌抢劫行为属于“入户抢劫”。

2. 正确行使第一审程序中检察机关的补充起诉权。在刑事诉讼中，人民检察院提起公诉后可以变更、追加、补充、撤回起诉，是现代刑事诉讼制度控审分离、不告不理原则的体现和要求。我国刑事诉讼法对公诉案件变更、追加、补充、撤回起诉未作明确规定，但从司法实践和办案需要出发，在理论和司法实务中均认为人民检察院有权变更、追加、补充和撤回起诉。[①] 关于追加、补充起诉问题，修改后《人民检察院刑事诉讼规则（试行）》第四百五十八条规定：在人民法院宣告判决前，人民检察院发现被告人的真实身份或者犯罪事实与起诉书中叙述的身份或者指控犯罪事实不符的，或者事实、证据没有变化，但罪名、适用法律与起诉书不一致的，可以变更起诉；发现遗漏的同案犯罪嫌疑人或者罪行可以一并起诉和审理的，可以追加、补充起诉。其中，追加起诉适用于追加遗漏的同案犯罪嫌疑人，而补充起诉适用于补充遗漏的罪行。[②] 本案一审期间，高明区人民检察院发现被告人陈邓昌有遗漏的入室盗窃转化为抢劫的犯罪事实一起和陈邓昌伙同他人共同盗窃的犯罪事实二起，遂依法向人民法院补充起诉，保证了起诉的公正性和准确性，也符合准确及时惩罚犯罪及有罪必究的要求。

3. 准确把握检察机关第二审程序刑事抗诉的条件。修改后刑事诉讼法第二百一十七条规定：地方各级人民检察院认为本级人民法院第一审的判决、裁定确有错误的时候，应当向上一级人民法院提出抗诉。为便于实践中准确理解和把握“判决、裁定确有错误”的内涵，修改后《人民检察院刑事诉讼规则（试行）》第五百八十四条列举了六种情形，符合这六种情形之一的，人民检

① 参见孙谦主编：《〈人民检察院刑事诉讼规则（试行）〉理解与适用》，中国检察出版社2012年版，第310页。

② 陈国庆主编：《人民检察院刑事诉讼法律文书适用指南》，中国检察出版社2013年版，第733～736页。

察院即可认为属于“判决、裁定确有错误”，其中第三项“重罪轻判，轻罪重判，适用刑罚明显不当的”，是指适用的刑种、刑期与所犯罪行严重不相适应，或者不符合刑法总则规定的量刑原则和刑法分则规定的法定刑。① 从本案来看，刑法第二百六十三条规定犯抢劫罪的，处三年以上十年以下有期徒刑，并处罚金；但有“入户抢劫”等八种情形之一的，处十年以上有期徒刑、无期徒刑或者死刑，并处罚金或者没收财产。本案一审判决虽然认定被告人陈邓昌犯抢劫罪，认定罪名正确，但由于未能准确认定其行为属于“入户抢劫”，因此只判处其有期徒刑三年零九个月，明显属于量刑畸轻。检察机关抗诉后，二审判决认定其行为属于“入户抢劫”，改判其有期徒刑十年，符合刑法关于抢劫罪的处罚规定和罪责刑相适应的原则。

（二）郭明先参加黑社会性质组织、故意杀人、故意伤害案（检例第18号）

死刑问题不仅在我国，在全世界范围内都是充满争议的话题。这其中不仅有立法上是否废除死刑之争，也有刑事司法中具体适用死刑政策之争。我国刑法明确规定了死刑，但如何正确把握死刑适用条件仍然是一个复杂的问题。本案例的要旨在于：死刑依法只适用于罪行极其严重的犯罪分子。对于故意杀人、故意伤害、绑架、爆炸等涉黑、涉恐、涉暴刑事案件中罪行极其严重，严重危害国家安全和公共安全、严重危害公民生命权，或者严重危害社会秩序的罪犯，依法应当判处死刑，人民法院未判处死刑的，人民检察院应当依法提出抗诉。检察机关在适用中应当注意：

1. 全面理解我国关于死刑适用的刑事司法政策。死刑是剥夺犯罪分子生命的刑种，是所有刑罚方式中最严厉的刑罚。近年来死刑问题成为我国刑法理论界关注的一个热点问题，理论上的共识是现阶段应当逐步减少死刑，而不是废除死刑。② 虽然我国刑法仍然保留死刑，但在司法实践中严格控制并慎用死刑。全国人大常委会2011年通过的《刑法修正案（八）》，取消13个经济性非暴力犯罪的死刑，死刑罪名消减幅度近1/5。该修正案还对审判时已满75周岁的人犯罪适用死刑作了限制性规定。最高人民法院、最高人民检察院等联合发布的《关于办理死刑案件审查判断证据若干问题的规定》，对死刑案件的证据审查判断采用更为严格的标准。修改后刑事诉讼法要求判处死刑的第二审

---

① 参见孙谦主编：《〈人民检察院刑事诉讼规则（试行）〉理解与适用》，中国检察出版社2012年版，第431页。

② 参见高铭暄、马克昌主编：《刑法学》，北京大学出版社、高等教育出版社2011年版，第236～237页。

案件全部开庭审理，并加强死刑复核监督。[①] 这些都充分体现了我国对待死刑问题的慎重态度。

2. 准确把握宽严相济刑事政策和死刑适用条件。刑法第四十八条规定，死刑依法只适用于罪行极其严重的犯罪分子。对于应当判处死刑的犯罪分子，如果不是必须立即执行的，可以判处死刑同时宣告缓期二年执行。在理解该条规定时，需要对严格控制死刑的死刑政策和宽严相济的刑事政策有一个全面正确的把握。从死刑政策上说，少杀慎杀并非绝对不杀，只是强调要从严掌握适用条件，能不杀的则不杀。从宽严相济刑事政策上说，当宽则宽，该严则严，需要把握正确的尺度，二者不能偏废。是否适用死刑，应当充分考虑化解矛盾、维护稳定、促进和谐以及保护公众利益的实际需要和社会公众的接受程度，结合犯罪行为性质、犯罪情节、犯罪后果和被告人主观恶性等因素进行综合考量。虽然对死刑的基本态度是严格限制适用，但从维护国家和社会重大利益、保护人民生命安全的角度，对一些罪行极其严重、犯罪手段残忍、犯罪后果严重，人身危险性和主观恶性极大的罪犯，还是应当依法判处死刑。根据本案中被告人郭明先的罪行严重程度和主观恶性程度，一审判决判处其死刑缓期二年执行，明显属于量刑畸轻。检察机关抗诉后，二审法院予以改判，使罪行极其严重、依法应当判处死刑立即执行的犯罪分子受到应有的惩罚，也符合广大人民群众对于刑罚公正的预期。

（三）张某、沈某某等 7 人抢劫案（检例第 19 号）

本案例系未成年人和成年人共同犯罪案件（基于未成人犯罪记录封存的考虑，本案所有被告人均用化名）。我国一贯重视对未成年人的保护，提出对违法犯罪的未成年人要实行“教育、感化、挽救”的方针，坚持“教育为主、惩罚为辅”的原则，并通过一系列具体措施，确保这一方针、原则在刑事立法和刑事诉讼中得以贯彻落实。本案例的要旨在于：办理未成年人与成年人共同犯罪案件，一般应当将未成年人与成年人分案起诉，但对于未成年人系犯罪集团的组织者或者其他共同犯罪中的主犯，或者具有其他不宜分案起诉情形的，可以不分案起诉；办理未成年人与成年人共同犯罪案件，应当根据未成年人在共同犯罪中的地位、作用，综合考量未成年人实施犯罪行为的动机、目的，犯罪时年龄、是否初犯、犯罪后悔罪表现、个人成长经历和一贯表现等因素，依法从轻或者减轻处罚；未成年人犯罪不构成累犯。检察机关在适用中应当注意：

---

① 参见中华人民共和国国务院新闻办公室：《2012 年中国人权事业的进展》白皮书，载 http://scio.gov.cn/zfbps/2013/document/1322521/1322521.htm（2013/5/14）。

1. 准确理解适用未成年人刑事案件分案起诉制度。未成年人刑事案件分案起诉制度的目的，在于通过将未成年人与成年人分开审理，采取特殊办案方式和诉讼模式，更好地贯彻宽严相济刑事政策，充分体现对未成年人的特殊保护要求。2007 年《人民检察院办理未成年人刑事案件的规定》第二十三条规定：“人民检察院审查未成年人与成年人共同犯罪案件，一般应当将未成年人与成年人分案起诉。”但该条规定不是绝对的，在确定是否对未成年人分案起诉时，还应当结合具体案情及其他因素综合考量，既要充分保护未成年人诉讼权利，又要考虑保证案件诉讼的顺利进行。因此，该条具体规定了不宜分案起诉的几种情形：未成年人系犯罪集团的组织者或者其他共同犯罪中的主犯的；案件重大、疑难、复杂，分案起诉可能妨碍案件审理的；涉及刑事附带民事诉讼，分案起诉妨碍附带民事诉讼部分审理的；具有其他不宜分案起诉情形的。（2013 年 12 月 27 日公布施行的修改后《人民检察院办理未成年人刑事案件的规定》，对未成年人与成年人共同犯罪分案起诉以及不宜分案起诉的情形作出相同规定）据此，本案虽系未成年人与成年人共同犯罪案件，但鉴于多名未成年人系共同犯罪中的主犯，因此检察机关未将未成年人与成年人分案起诉，而是一并向人民法院提起公诉。

2. 正确适用我国对未成年人适用刑罚的特殊规定。刑法第十七条明确规定：已满十四周岁不满十八周岁的人犯罪，应当从轻或者减轻处罚。2006 年最高人民法院《关于审理未成年人刑事案件具体应用法律若干问题的解释》第十一条规定了对未成年罪犯适用刑罚应当考虑的各种情况。第十五条专门针对未成年人罚金刑适用作出规定：对未成年罪犯判处罚金刑时，应当依法从轻或者减轻判处，并根据犯罪情节，综合考虑其缴纳罚金的能力，确定罚金数额。这就要求法院对未成年人适用罚金刑时，必须充分考虑未成年人无个人财产、无收入来源等特点，尽量予以从轻或者减轻处罚。本案一审判决对几名未成年被告人均按照同案成年被告人适用罚金刑的标准判处 5000 元以上罚金，对未成年人罚金刑的适用既没有体现依法从轻或减轻，也没有体现与成年被告人罚金刑适用的区别，明显属于量刑不当。检察机关抗诉后，二审法院分别将未成年人罪犯沈某某、胡某某、许某的罚金刑由 5000 元、7000 元、5000 元分别改为 2000 元、2000 元、1500 元，符合刑法关于对未成年人从轻或减轻处罚以及充分考虑有利于未成年人教育矫正的量刑原则。

3. 准确理解和适用刑法关于累犯的规定。刑法第六十五条规定：被判处有期徒刑以上刑罚的犯罪分子，刑罚执行完毕或者赦免以后，在五年以内再犯应当判处有期徒刑以上刑罚之罪的，是累犯，应当从重处罚。为了体现对未成年人罪犯教育挽救为主的方针，使他们能够更好地接受教育改造，2011 年 5

月1日施行的《刑法修正案（八）》第六条增加了不满十八周岁的人犯罪不构成累犯的规定。在该修正案颁布前，2010年12月21日本案一审判决认定未成年被告人许某系累犯仍属正确，但二审时刑法已有所修改，明确规定未成年人犯罪不构成累犯。另外，根据2011年5月最高人民法院《关于〈中华人民共和国刑法修正案（八）〉时间效力问题的解释》第三条规定：被判处有期徒刑以上刑罚，刑罚执行完毕或者赦免以后，在2011年4月30日以前再犯应当判处有期徒刑以上刑罚之罪的，是否构成累犯，适用修正前刑法第六十五条的规定；但是，前罪实施时不满十八周岁的，是否构成累犯，适用修正后刑法第六十五条的规定。根据以上规定，鉴于本案中被告人许某实施犯罪时尚不满十八周岁，二审法院依法认定其不构成累犯。